A ideia de História na Antiguidade Clássica

A ideia de História na Antiguidade Clássica

Glaydson José da Silva e Maria Aparecida de Oliveira Silva
(Organizadores)

alameda

Grafia atualizada segundo o Acordo Ortográfico da Língua Portuguesa de 1990, que entrou em vigor no Brasil em 2009.

Edição: Haroldo Ceravolo Sereza/ Joana Monteleone
Assistente acadêmica: Bruna Marques
Projeto gráfico, diagramação e capa: Jean Ricardo Freitas
Assistente de produção: Luara Ruegenberg
Revisão: Alexandra Collontini
Preparação e padronização editorial: Jonathan Cruz Oliveira
Imagens da capa: *Mosaico da época severiana (193-211), Palazzo Massimo, Roma*

Esta obra foi publicada com apoio da Fapesp (nº do processo 2015/16155-9) e do Grupo de Estudos e Pesquisas sobre a Antiguidade Clássica e suas Conexões Afro-Asiáticas da Unifesp. http://www.mundoclassiconectado.unifesp.br

CIP-BRASIL. CATALOGAÇÃO-NA-FONTE
SINDICATO NACIONAL DOS EDITORES DE LIVROS, RJ

I22

A ideia de história na Antiguidade Clássica
organização Glaydson José da Silva , Maria Aparecida
de Oliveira Silva. - 1. ed.
São Paulo : Alameda, 2017.
638 p. : il. ; 23 cm.

Inclui bibliografia e índice
ISBN: 978-85-7939-472-0

1. Roma - História. 2. Historiografia. I. Silva, Glaydson José da. II. Silva, Maria Aparecida de Oliveira.

17-41764 CDD: 937
CDU: 94(37)

ALAMEDA CASA EDITORIAL
Rua 13 de Maio, 353 – Bela Vista
CEP 01327-000 – São Paulo, SP
Tel. (11) 3012-2403
www.alamedaeditorial.com.br

Índice

Prefácio

A História dos homens antigos interpretada pelos homens da contemporaneidade: eis aqui a proposta dessa obra que possui como objetivo facilitar para o leitor o que vem a ser História para personagens ilustres da antiguidade clássica.

Gregos e romanos se esforçaram ao máximo na transmissão de suas histórias, mesclando tradição oral, escrita, fatos por eles mesmos vivenciados e outras coisas mais como uma mistura inebriante de realidade, sonhos, fantasias, narrativas bélicas, tragédias, comédias, enfim, tantas alusões ao que chamaram de ações do passado e ações do presente. Dessa forma, o que seria História para nossos queridos gregos e romanos senão a soma de suas vivências contextuais, regionais e políticas? Não seria a maneira como perceberam o que ocorreu em torno de seus redores preocupados com objetividades repletas de subjetividades?

Isso é o que nós, contemporâneos, achamos. Para nossos autores clássicos a vida era um somatório de experiências permeadas por elementos divinos ou reais em suas concepções diversas de pensamentos. A História jamais era uma só, jamais pertencia a um só modelo, por mais que possuíssem inspiradores. A regra principal, mesmo sem atinarem para o fato, era a diversidade, a eloquência de pensamentos verbalizados e a fluência da escrita, a propaganda de um conjunto de ações políticas, bélicas e sociais, portanto, político-culturais.

Com todos os elementos apontados acima, gregos e romanos se preocuparam em construir memórias para a posteridade, um repertório de exemplos que alimentavam suas mentes, seus cotidianos e a esperança de estarem transmitindo para o futuro o alvorecer de momentos felizes e heroicos, exemplos de coragem e um alerta para o que não deverá ser seguido. Herdamos todos esses pensamentos: afinal de contas, não pesquisamos e estudamos seus discursos e imagens em nossa atualidade?

Temos muito que aprender com os antigos: em primeiro lugar, a sermos criativos, a não nos prendermos a aspectos normativos da vida, pois mesmo quando tais autores exprimiam o significado da tradição, sabiam unir a essência com a experiência dos fatos vividos.

Não é à toa que admiramos Homero, Heródoto, Tucídides, Eurípides, Xenofonte, Platão, Aristóteles, Políbio, Estrabão, Plutarco, Pausânias, Luciano, Cícero, Júio César, Salústio, Virgílio, Ovídio, Tito Lívio, Flávio Josefo, Tácito, Plínio, o Jovem, Suetônio, Dião Cássio e demais imagens retóricas e materiais sobre personagens da antiguidade.

Ao nos trazer a público todos esses autores e imagens antigos, literatos e historiadores de nossa contemporaneidade, presentes nessa obra, descortinam em um palco iluminado por suas próprias experiências intelectuais, um saber crítico sobre a antiguidade atuante em nossas vidas.

A rica obra organizada por dois amantes da antiguidade clássica, Glaydson José da Silva e Maria Aparecida de Oliveira Silva, brindará e abrirá um novo caminho pela busca do antigo. Talvez, tal livro não expresse somente a busca pelo antigo, mas o encontro de novas inspirações na busca de um tempo presente melhor.

Margarida Maria de Carvalho
Departamento de História e Programa de Pós-graduação em História da UNESP, Franca

Introdução

A História como gênero literário surge entre os gregos, mas a reflexão histórica e sua escrita remontam à Antiguidade oriental (Carreira 1993), nas continuidades das listas reais, na escrita oficial dos escribas, na necessidade de memória da narrativa bíblica. Como observa François Hartog, os gregos apresentam-se (...) como quem chega tarde na cena da historiografia (2001: 16), mas é deles que parte a noção do historiador como uma figura subjetiva com um posicionamento crítico em relação aos registros que tem o passado como objeto. Já no discurso épico da Ilíada o papel do hístor era o daquele que julgava, arbitrava quando das disputas, das contendas (Homero, Ilíada, 23, 482-487), tendo que opinar no litígio e ditar a sentença mais reta, guardando, assim, uma lembrança do passado. A reflexão sobre o passado alcança, com Xenófanes e Hecateu, antes dos "fundadores" da narrativa histórica - Heródoto e Tucídides, a preocupação com o rompimento com a crença nos deuses, a insustentabilidade da cronologia mítica, a incerteza do conhecimento humano e sua relatividade, a investigação empírica. É conhecida a passagem de Hecateu, nas Genealogias, que diz que as histórias dos gregos são muitas e são ridículas, buscando romper com a tradição e com as fantasias (Momigliano, 2004: 55). Com Heródoto vem a historía, a história como investigação, pesquisa, observação e, de modo diferente das narrativas orientais, o autor sem vínculo oficial direto, sem remuneração. Se os gregos inventaram alguma coisa, é menos a história que o historiador enquanto o sujeito que escreve (Hartog, 2001: 17). No prefácio de suas Histórias Heródoto demonstra-se, a um só tempo, interessado em preservar a memória das ações humanas, dos gregos e dos bárbaros, para que não sejam esquecidas, mas, também, em investigar a verdade sobre ela, buscando suas causas. Com Tucídides tem-se a proposição do relato de um grande evento - a História da Guerra do Peloponeso -, o mais digno de nota (I, 1), cuja autoridade da narrativa se centra no fato de o autor ter vivido na época mesma do desenrolar dos acontecimentos. É a narrativa da experiência política, com vistas à oferta de uma interpretação precisa e imparcial do acontecido, sem implicações míticas, com uso de documentos, textos transmitidos pela tradição e informações orais, enfim, provas. Tucídides desejou diferenciar-se dos poetas, que adornavam os feitos para torná-los maiores, e dos logógrafos, que os desejavam tornar atraentes para suas audiências (I, 20,1). A preocupação com as causas da guerra, os eventos a ela anteriores leva uma reflexão sobre o passado, imprescindível para compreensão do presente, só lhe tendo interesse nesse sentido. A compreensão da guerra oferecia um caráter de aprendizado, pautado no repetitivo das experiências humanas, do novo igual ou semelhante ao acontecido (I, 22).

No mundo romano, Políbio, o narrador do expansionismo de Roma, da Primeira Guerra Púnica à destruição de Cartago e Corinto, preocupou-se com as causas dos fatos e seus efeitos, intentando escrever uma historia geral, universal, não restrita a assuntos circunscritos. Como observa Paul Pédech na introdução da edição francesa das Histórias, da Belles Lettres (1989, XII), Polibio procurou a economia geral e global dos acontecimentos, instância na qual o fato só tem valor no conjunto; para ele a tarefa do historiador é instruir e convencer com a veracidade das palavras (I, 56), sendo esta a utilidade maior da História. O relato dos acontecimentos passados também se assenta no seu caráter útil, em Salústio (Guerra de Jugurta, IV, 1) - o que em Cícero se desdobrará com a idéia da História como magistra uitae (mestra da vida), fornecedora de exemplos a serem observados e seguidos.

A historiografia de gregos e romanos posterior a Heródoto e Tucídides, e também Aristóteles, inspira-se e refere-se a esses autores (Funari & Silva 2008: p.24), e isso não é ocasional. A preocupação com a memória dos eventos passados, o quadro cronológico e uma interpretação dos acontecimentos são elementos de historiografia que são encontrados em muitas civilizações (Momigliano 2004: 55), e a alusão a essas primeiras experiências da narrativa histórica, ora para criticar ou fundamentar-se figura na base do conhecimento histórico posterior. Da historie herodotiana à história moderna, passando pela historia romana e medieval, a continuidade parece efetivamente clara (Hartog, 2001: 16). Desse modo, em uma longa tradição interpretativa, de um lado tem-se as necessidades de registro, as concepções de tempo, as ideias de continuidade, a preocupação com o presente, o rompimento com o mítico, com o fantástico, a necessidade de documentos, a impossibilidade de se tangenciar o real e os limites do conhecimento, a busca pela compreensão do total, o imperativo da pesquisa e, de outro, os juízos proferidos, a busca pelas causas e consequências, a crença no que se repete das ações humanas, os vínculos com os poderes oficiais, a História com caráter didático – mestra da vida. Aspectos definidores e presentes, *ab origine*, no ofício dos historiadores, os pontos ora arrolados são de compreensões historicamente variáveis. Presentes na historiografia antiga, fundaram a reflexão histórica e perpassam, ainda hoje, o ofício e as preocupações dos historiadores. A História como ciência e a própria História Antiga como disciplina que lhe é agregada são indissociáveis desses pontos. Nessa obra, com a colaboração de diferentes estudiosos, apresentamos aportes que nos auxiliam pensar uma Ideia de História na Antiguidade Clássica – projeto com o qual nos engajamos com o intuito de propiciar, aos estudos das áreas de História Antiga e Teoria da História no Brasil, uma contribuição, em reconhecendo a carência de títulos e de estudos sistematizados a respeito.

Referências bibliográficas

CARREIRA, J. N. *História antes de Heródoto*. Lisboa: Edições Cosmos, 1993. FUNARI, P. P . A., SILVA, G. J. da. *Teoria da História*. São Paulo: Editora Brasiliense, 2008.

HARTOG, F. (Org.) *A história de Homero a Santo Agostinho*. Belo Horizonte: Editora UFMG, 2001.

MOMIGLIANO, A. *As raízes clássicas da historiografia moderna*. Tradução de Maria Beatriz Borba Florenzano. Bauru: Edusc, 2004.

POLYBE. Histoires. texte etabli et traduit par Paul Pedech. Paris: Les Belles Lettres, 1989.

GRÉCIA

Apresentação

A primeira parte de *A Ideia de História na Antiguidade* destina-se à análise da produção literária dos antigos gregos sobre a sua *ideia* de história. A história insere-se em um movimento de preservação da memória dos grandes feitos dos gregos, tradição que se esboça em Homero, a nossa maior fonte sobre o Período Micênico e a Guerra Troia, por exemplo. Do esforço homérico de registrar a memória de seu povo passamos para as investigações de Heródoto, ainda marcada pela presença da narrativa mítica. No entanto, a narrativa herodotiana mostra-se mais comprometida com a verdade, além de seu registro ter sido em prosa, o que a configurou como obra inaugural do gênero histórico no Ocidente.

Em seguida, temos a prosa de Tucídides que se aproxima mais do que entendemos por história. O historiador demonstra compromisso não apenas com a verdade dos fatos, mas com a cronologia deles, com uma relação de causa e efeito distanciada da interpretação mítica do mundo. Neste cenário mais realista, temos a presença da tragédia grega que se revela homérica no sentido de sua escrita ser poética e de ter Homero como inspiração temática, sem qualquer compromisso com o gênero histórico em si. Dentre os três maiores tragediógrafos do período clássico grego, selecionamos Eurípides por sua obra conter informações sobre o feminino e seu espaço de atuação, tão pouco discutido nas fontes gregas.

Xenofonte desponta no século IV a.C. como um expoente de um novo tipo de história que não se distancia da narrativa das grandes guerras e suas batalhas, mas traz informações que hoje nos remetem aos gêneros encomiástico, biográfico e autobiográfico. O historiador surge então manifestando a influência do pensamento filosófico de sua época no qual o homem surge como o objeto central de sua análise. Neste cenário, temos Platão e Aristóteles que analisam o homem e a cidade voltados para sua definição e teorização da cidade como uma comunidade de homens, o que implica na construção de teorias sobre o seu funcionamento. E na tessitura de suas reflexões sobre o homem e a cidade notamos os fios da história nelas entrelaçados.

A história pragmática da narrativa polibiana desponta no período helenístico grego, que coincide com a época da República Romana, quando a Grécia já está sob o domínio dos romanos. Políbio escreve suas histórias de modo objetivo e preocupado com a relação de causa e efeito em contexto mais amplo que os seus antecessores. A contribuição polibiana para historiografia amplifica-se na crítica que faz a outros historiadores. Nos últimos anos da República Romana, temos a escrita descritiva de Estrabão que nos apresenta sua percepção do espaço como testemunho de memória, em muito influenciada por Heródoto. Por isso a descrição geográfica de Estrabão das regiões visitadas trazem narrativas míticas, literárias, etnográficas e históricas que nos conduzem para um olhar mais acurado sobre a cultura material dos povos antigos.

No período imperial romano, história e biografia assumem sua forma mais refinada em Plutarco. Embora a narrativa plutarquiana apresente interpolações e julgamentos morais, por exemplo, os fatos narrados encontram registros em outras obras. Além disso, todas as suas personagens, algumas ainda que míticas, possuem seu lugar na história de seus povos, são homens que atuaram como agentes históricos de seu tempo. Outra perspectiva de leitura da escrita histórica também vem de Pausânias, as descrições e reflexões desse geógrafo e historiador aproximam-se das de Estrabão e delas se diferenciam por ser um guia escrito para os que desejavam conhecer os lugares mais importantes da Grécia, uma espécie de guia de viagem. A escrita histórica também é objeto de reflexão de Luciano, que em pequenos tratados pensa no papel do historiador durante o seu processo de registro de um fato histórico sob o ponto de vista da verdade. Os ensaios de Luciano sobre o historiador e a história conduz o leitor não somente ao tempo de nosso autor, com também ao modo como a história era escrita na antiga Grécia.

Os capítulos deste livro estão organizados conforme a cronologia dos autores para que o leitor acompanhe as mudanças e as permanências na ideia dos antigos gregos e romanos sobre a escrita e o uso da história em suas obras. Nesta primeira seção, abrimos a parte sobre Grécia com o capítulo "A "Novidade" do Canto na *Odisseia*", de André Malta. O autor reflete sobre o encontro de Odisseu com o aedo Demódoco, afastando-se do lugar-comum da discussão sobre o canto e o cantor, e centra-se na questão do aedo ser, nas palavras do autor, um "construtor de histórias passadas". O segundo capítulo, "Heródoto: "Pai da História"?, elaborado por Leandro Hecko, reacende a discussão sobre o fato de Heródoto ser chamado de "pai da história" tecendo reflexões sobre o Proêmio da obra de Heródoto, ressaltando aspectos importantes de sua escrita que a caracterizam como uma narrativa histórica.

Em “Uma Ambiguidade Retórica Tucididiana”, de Anderson Zalewski Vargas, o autor expõe detalhadamente o percurso narrativo tucididiano, desde o seu prólogo até o fim sua conhecida Arqueologia, para demonstrar não apenas o conceito de história em Tucídides, mas também sua percepção de como ela deve ser escrita. Além disso, Vargas nos mostra a deliberada ambiguidade da narrativa tucididiana por meio do uso da arte retórica. O espaço feminino na cidade grega é debatido por Fernando Brandão dos Santos em seu capítulo “Eurípides, o Poeta do Feminino: o Caso de *Alceste*”, o quatro capítulo. O autor argumenta que as tragédias euripidianas trazem dados sobre importantes aspectos da Atenas do século V a.C., que seus textos apresentam dilemas circunscritos ao universo feminino, a partir dos quais é possível visualizar certas particulares do espaço feminino na cidade.

Já em “Considerações sobre a Visão de História de Xenofonte”, José Francisco de Moura chama a atenção para o reduzido número de trabalhos científicos destinados à obra de Xenofonte no Brasil. A despeito disso, Moura mostra como Xenofonte pensa a escrita da história em suas obras, demonstrando sua metodologia de análise dos fatos históricos. Escrito por Hector Benoit, o sexto capítulo intitula-se “Platão e a História”. O autor responde a duas questões: “teria Platão, apesar de filósofo, caminhado muito mais longe do que Heródoto e Tucídides? Teria ele ultrapassado o âmbito meramente moral para pensar o passado, o presente e o futuro dos homens?”. Durante o seu percurso para responder tais questões, Benoit nos esclarece sobre a ideia platônica de história e a sua relação com a filosofia.

Em ‘La Ideia de História en Aristóteles”, o sétimo capítulo, María José Martín Velasco descreve a visão aristotélica de história, tendo como premissa de que ahistória em Aristóteles é mais que uma ciência, é uma forma de conhecimento e um método de trabalho, conforme o próprio autor declara em *Política* 1252a24-25. A autora demonstra ainda as mudanças existentes no conceito de história dentro de suas obras. O capítulo seguinte “El Pensamiento Histórico en Polibio. Un Puente entre la Tradición Griega y la Universalización de la Historia”, de María Leonor Milia e Claudio Horacio Lizárraga, traz ao leitor uma minuciosa análise da metodologia narrativa de Políbio, bem como a sua percepção do que a história e o registro histórico representam para a história da humanidade, como seu aspecto de preservação da memória e sobretudo pedagógico.

No nono capítulo, “A Ideia de História em Estrabão a partir do Relato sobre a Magna Grécia (*Geografia*, Livro VI)”, escrito por Airton Pollini, o autor introduz o leitor à escrita de Estrabão sob a perspectiva história, demonstrando as influências de outros historiadores em sua escolha dos temas e dos caminhos metodológicos, com destacada influência de Políbio. Nesse sentido, Pollini demonstra que Estrabão contempla elementos que destaquem as correlações entre os acontecimentos em um plano mais universal. No capítulo subsequente, "História e Biografia em Plutarco: o Público e o Privado na *Vida de Sólon*", Maria Aparecida de Oliveira Silva afirma que a interface da história com a biografia na escrita plutarquiana responde por essa amálgama textual que nos apresenta fatos da vida pública e privada de seus biografados, dado que nos leva a crer que ora estamos lendo uma narrativa biográfica, ora histórica. Assim, tendo como estudo de caso a biografia plutarquiana de Sólon, a autora demonstra a metodologia empregada na construção de sua biografia.

"Pausânias Historiador?" Capítulo de Gilberto da Silva Francisco, que logo no seu título propõe a natureza de suas reflexões sobre a escrita de Pausânias e o lugar da história em seus relatos. Portanto, o autor afirma que seu objetivo é entender os argumentos que propõem a inserção de tal autor e de sua obra na disciplina histórica. Encerrando esta seção, o capítulo "Luciano e sua Relação com o Discurso do Historiador", de Pedro Ipiranga Júnior. Por meio da análise dos textos de Luciano, o autor conclui que sua narrativa tem como pano de fundo as relações e interpretações dos gêneros discursivos a partir de uma releitura do legado cultural grego; o papel político de quem escreve história no contexto do Império Romano do século II d.C.

Para concluir, destacamos que esta obra tem como objetivo levar ao leitor interessado pela historiografia grega debates atualizados sobre a escrita da história na Grécia antiga junto com análises interessantes sobre cada um dos autores citados.

1

A "Novidade" do Canto na *Odisseia*

André Malta
Universidade de São Paulo

A presença do "canto dentro do canto", com a atuação de Fêmio (em Ítaca) e Demódoco (na Esquéria), talvez seja um dos elementos da *Odisseia* mais estudados atualmente, e aquilo que parece a diferenciar da *Ilíada* como poema mais "moderno" e complexo. Sabemos, contudo, que é preciso cuidado para que se veja, na devida perspectiva, o que significa essa representação do canto que se volta sobre si próprio. Por um lado, deve-se dizer que essa "autorreflexividade" tem um componente natural: ao representar os valores e costumes de uma sociedade oral, nada mais esperado do que encontrarmos, aí, a referência ao canto como atividade corriqueira, totalmente integrada à realidade poética. Mas, por outro, não podemos descartar os efeitos decorrentes do uso tão enfático desse elemento, num poema com uma estrutura intrincada como a *Odisseia*, em que Odisseu fica responsável pela narrativa ao longo de quatro cantos (aproximadamente um sexto do poema) e, mais do que isso, em que ouve, dentro do poema que narra suas aventuras, poemas que narram suas aventuras.

Em outras palavras, pode-se afirmar que também na *Ilíada* há referências importantes ao papel do canto, também lá temos personagens cantores/narradores – e que têm a desconcertante consciência de que serão (são) temas de cantos –, mas é no outro épico que isso ganha relevo máximo, com um impacto direto sobre nossa apreensão do texto. Se na *Ilíada* vemos, por exemplo, Aquiles cantando "as glórias dos homens" e ouvimos o "épico" de Meleagro narrado pela boca de Fênix – ambos as passagens surgindo no Canto 9 –, ainda assim não existe lá a fusão tão poderosa entre herói e canto que vemos na *Odisseia*, porque, como se disse, não só o Odisseu celebrado por Homero é internamente celebrado por Demódoco, numa reprodução exata da situação "externa" (com desdobramentos importantes), mas também é, de diferentes maneiras, assimilado à figura do aedo, numa confusão que pode fornecer pistas decisivas para a compreensão do seu comportamento no poema.

Não se trata, é bom deixar claro, de uma visão diferente, supostamente perceptível na passagem de um épico para o outro. A *Odisseia* parece apenas elevar a uma potência máxima aquilo que já entrevemos na *Ilíada*, e esse grau exponencial com que surge a atividade do canto pode estar associado ao fato de que temos um protagonista que deve rever/rememorar/reavaliar sua trajetória pregressa, revelando assim amplo conhecimento sobre suas ações. Sendo essa conjugação entre memória e saber eixo central da prática das Musas, nada mais natural que a música/poesia/narrativa seja trazida a um primeiro plano num poema em que há um passado a ser recuperado, como se o retrato do aedo profissional nos preparasse para entender devidamente a ação do aedo amador.

Neste ensaio, não pretendo abordar o modo como o canto e cantor nos são apresentados na *Odisseia*, nem como os cantos aí relatados, ou apenas indicados, podem ter relevância especular para o contexto mais amplo do poema. O objetivo é me concentrar na figura de Odisseu enquanto ouvinte de Demódoco (o cantor dos feácios) – enquanto herói tematizado pelo aedo de Esquéria e, ele próprio, construtor de histórias passadas: essa sobreposição de papéis, ao mesmo tempo em que potencializa o efeito de espelhamento, cria uma situação especial, já que o caráter tradicional e antigo do canto deve necessariamente ser suspenso.

É importante lembrar que, excetuando-se da história dos amores de Ares e Afrodite, os outros dois cantos de Demódoco – ambos sobre a guerra de Troia – provocam o choro de Odisseu, reação que se explica, em parte, pelo fato de estar envolvido diretamente nos eventos contadas (em contraste com seus anfitriões, que delas extraem prazer). Mas há outros dois efeitos interligados produzidos pelo primeiro e terceiro canto, que podemos apresentar assim:

1. aquilo que é dito é atestado por aquele que foi um dos agentes principais das ações narradas; e
2. a tradicional distância entre a audiência e os fatos passados, projetada dentro do poema, é perturbada por uma proximidade que torna o canto "novo".

Trata-se de duas situações excepcionais, uma vez que, em tese, a narrativa épica deve abordar eventos "antigos", aos quais seus heróis – já mortos – não poderiam ter acesso enquanto ouvintes, ou, dito de outro modo, cujos ouvintes não poderiam ser jamais os próprios heróis. O tempo da épica, no entanto, torna-se internamente recente, e o sofrimento de Odisseu (ouvinte de si mesmo) é sinal claro dessa "anomalia": se o que acontece comumente é a plateia esquecer "o desânimo e as aflições" no momento em que o aedo rememora "as glórias dos homens passados" (*kleîa protéron anthrópon*, *Teogonia*, v. 98-103), aqui temos a situação estranha do personagem ouvindo a própria história e sendo tocado por ela.

Como explicar esses efeitos na *Odisseia*? O primeiro ponto, referente à acuidade, parece ter a função de realçar o poder da Musa - seu conhecimento ilimitado e profundo - imediatamente antes de Odisseu agir, ele mesmo, como um "aedo" inspirado e afirmar a própria glória. O cantor de Esquéria, ao receber a chancela do herói (a quem, sem saber, glorifica), ratifica o poder da palavra divina em transcender tempo e espaço, em seu saber total:

> Demódoco, louvo a ti acima dos mortais todos!
> Ou a Musa te ensinou, filha de Zeus, ou Apolo,
> pois é com extrema ordem que cantas a sina acaia
> – quanto fizeram, e quanto agüentaram e sofreram –,
> como se presenciaras ou escutaras de alguém...
> Mas vamos, vai adiante: canta o arranjo do cavalo
> de madeira, o qual Epeu com Atena construiu,
> ardil levado à acrópole pelo divino Odisseu,
> após deixá-lo repleto de homens, que saquearam Ílion.
> Caso venhas a contar tais coisas com proporção,
> de imediato eu mesmo vou dizer a todos os homens
> como o deus, propenso a ti, deu-te canto divinal!
> (*Od.* 8, 487-498)[1]

Fica implícito, nessa fala de Odisseu, que o cego Demódoco nada presenciou, nada escutou a respeito dos eventos narrados - basta o ensinamento da Musa ou de Apolo para que ele cante "com extrema ordem" (*líen katà kósmon*, v. 489) a sina acaia, e também a história passada no Olimpo. A fusão, porém, entre protagonista e ouvinte representa, como se viu, o dado anômalo - a possibilidade de confirmação do que foi dito - numa situação de performance que, tradicionalmente, não abre espaço para esse tipo de aferimento. E ainda que a narrativa de Odisseu não vá ter, naturalmente, o

1 A tradução é sempre de minha autoria, tanto de Homero quanto da literatura secundária.

mesmo estatuto divino da de Demódoco, é interessante notar que ela vai se apresentar como algo impossível de ser comprovado (por ser o herói o único sobrevivente), tal como o canto comumente o é para sua audiência. Nesse sentido, pode-se afirmar que o interesse em atestar a precisão das palavras do aedo feácio contamina o modo como podemos apreender as palavras do próprio personagem-narrador, ainda que a questão seja complexa e precisemos, mais adiante, determinar qual seria essa "verdade".

De qualquer forma, não me parece que na passagem do Canto 8 para o 9 Odisseu esteja afirmando sua autoridade – da experiência de fato – sobre a autoridade da Musa (e de Demódoco), de tal forma que se descortina um lado negativo do canto. Essa é a visão exposta por Zachary Biles num ensaio provocador, em que busca justamente explorar a não-naturalidade de termos o herói ouvindo a própria glória (2003, 191-208). Minha leitura é diametralmente oposta; a força do canto não sai diminuída do encontro entre cantor e cantado – é o contrário que se dá: o encontro tem justamente o efeito de iluminar os liames entre palavra falada, conhecimento e autoridade, de tal modo que a "performance" de Odisseu possa ser encarada sob luz semelhante.

Mas é o segundo ponto, relativo à temporalidade, que realmente me interessa aqui. Ele é bastante espinhoso, porque representa uma quebra do espelhamento de que se falou acima: se, para a audiência externa, a épica está associada a um tempo antigo, dos homens de outrora, o que vemos aqui na *Odisseia*, internamente, é a aproximação desse passado, que faz com que as histórias se tornem "recentes": Odisseu, para quem ouve a *Odisseia*, pertence a uma idade longínqua; mas Odisseu, para quem ouve Demódoco, ainda vive – está, na realidade, presente à própria recitação.

Essa escolha é tanto mais notável porque frequentemente encontramos, mesmo dentro da poesia homérica, uma postura de *distanciamento* em relação a um passado maior, mais glorioso.[2] Os exemplos não são poucos; começo citando, respectivamente, uma fala de Nestor e outra de Fênix, ambas tiradas da *Ilíada*:

> Com varões superiores (*areíosin*) até mesmo a vós outrora (*poté*)
> eu convivi, e jamais eles me menosprezavam.
> Pois nunca mais vi varões desse tipo – nem verei –,
> tal qual Pirítoo, tal qual o pastor de tropas Drias,
> tal qual Exádio, Ceneu e o quase-deus Polifemo,

---

2 Para uma abordagem diferente, relativa à manipulação das ações passadas feita pelos próprios personagens, segundo os interesses e necessidade do momento, ver Andersen: 1990, 25-45.

tal qual o Egida Teseu, semelhante aos imortais:
cresceram como os mais fortes (*kártistoi*) dentre os homens sobre a terra,
e, sendo então os mais fortes, enfrentavam os mais fortes,
feras montesas a quem destruíram com assombro.
Com esses *eu* convivia então, após vir de Pilos,
de longe, terra remota (pois eles próprios chamaram),
e por mim mesmo lutava; e contra aqueles nenhum
dos mortais que agora estão sobre a terra lutaria.
(*Il.* 1, 260-272)

Isto dos de outrora (*tôn prósthen*) ouvíamos contar as glórias dos homens,
dos heróis, quando veemente cólera atingia um deles:
que eram sensíveis às dádivas, e mudáveis com palavras.
Eu me lembro deste feito antigo, nada recente (*pálai, oú ti néon ge*),
tal qual se deu; vou contá-lo a vós, que sois todos caros:
(*Il.* 9, 524-528)

Repare-se, no primeiro caso, na insistência na superioridade, e, no segundo, no "feito antigo, nada recente", feito esse que, correspondendo às "glórias dos homens" (*kléa andrôn*), se identifica com a própria narrativa épica. Vemos claramente, no caso de Nestor, que o passado não é longínquo o bastante para impedir um contato – o ancião conviveu com esses homens superiores –, mas ainda que possamos calcular as gerações e precisar um maior ou menor afastamento, Homero não parece interessado tanto numa cronologia exata quanto na "mitificação" dos homens de antanho, como assinalou Vincenzo Di Benedetto ao tratar de um passo do Canto 2 da *Odisseia*, no qual vemos, na fala de Antínoo sobre Penélope, a mesma consciência de um passado remoto e maior, ainda que aqui ele pareça ser desafiado (o anacoluto está no original) (Di Benedetto: 2010, 212-213):

Mas se ainda provocar por muito tempo os acaios,
concentrando-se naquilo que lhe deu a mais Atena
– ser versada nos tão belos trabalhos, boas ideias
e ganhos, qual não ouvimos em nenhuma das antigas (*palaiôn*),
entre as que há muito (*páros*) viveram, bem-penteadas acaias,
tanto Tiro quanto Alcmena e a bem-coroada Micene;
entre essas, nenhuma iguais planos aos de Penélope sabia (...)
(*Od.* 2, 115-122)

Talvez a figura heroica que melhor sintetize isso seja Héracles, a respeito de quem Odisseu pode afirmar aos feácios:

> Dos demais, digo que sou de longe mais destacado
> – dos mortais que sobre a terra vão, comedores de pão.
> Mas com os de outrora (*protéroisin*) não quererei rivalizar,
> nem com Héracles e nem com o eucaliano Êurito,
> que também com imortais rivalizavam pelo arco.
> (*Od.* 8, 221-225)

Sabemos que, na *Ilíada*, essa figura – mortal – paira como uma espécie de Aquiles "antigo" (*Il.* 5, 638-642 e 18, 117-212), e que quando, na *Odisseia*, surge no Hades diante de Odisseu – assim como as mencionadas Tiro e Alcmena, aliás –, é também como um duplo desse herói, uma versão "passada" sua (obrigada a visitar os mortos, vítima de inúmeros sofrimentos, auxiliada por Atena), ainda que seja agora um Héracles agora apenas "espectro", porque o verdadeiro fora imortalizado e se banqueteava em meio aos deuses (*Od.* 11, 601-627) (Dimock: 1989, 160-161).[3]

No mesmo sentido, ainda que de modo mais oblíquo, estilisticamente os famosos símiles homéricos constituem, em uma de suas modalidades, a assunção desse fosso temporal, mas não no sentido de criar uma defasagem entre os personagens e seus antepassados, mas entre o mundo da audiência – ordinário – e seus antepassados extraordinários. Veja-se, a título de ilustração, este exemplo, escolhido ao acaso entre tantos:

> E deles, tal como o estrondo que brota dos lenhadores
> nas clareiras das montanhas (pode-se ouvi-lo de longe)
> – assim deles o fragor brotou, do chão de amplas rotas,
> e dos bronzes, e dos couros, e dos escudos bem-feitos,
> ao se espetarem com gládios e com lanças de dois gumes.
> (*Il.* 16, 633-637)

3 É essa caracterização tradicional de Héracles como "antigo" que nos chama a atenção quando, no Canto 21, na digressão sobre o arco de Odisseu (v. 22-30), ele aparece, anacronicamente, como um contemporâneo do protagonista da *Odisseia*. Sobre as consequências disso, e o modo como aí Odisseu eHáracles se aproximam e contrastam entre si, ver Crissy: 1997, 41-53.

Ou seja, de diferentes modos, vemos nesses casos a criação de uma "perspectiva temporal", com um inevitável distanciamento, seja entre platéia e poema, seja entre a ação do poema e seu passado. Como afirmou Jonas Grethlein, ao tratar do que chamou de "passado embutido" nos poemas homéricos – e especificamente na *Ilíada* (que "fornece constantes insights sobre sua relação com a história"):

> A relação dos heróis com seu passado tem paralelo na relação do narrador e da audiência com o passado heroico (...). A inferioridade dos heróis em comparação com seus ancestrais espelha sua superioridade sobre os homens do presente (Grethlein, 2010: 131-132)

Um bom exemplo da relação passado presente nos é fornecido por uma fala de Heitor, no Canto 7 da *Ilíada*, quando reflete sobre sua eventual vitória no duelo com Ájax. O troiano afirma que entregará o corpo aos acaios, para que erijam uma tumba e ela seja no futuro sinal de sua glória (dele, Heitor):

> Um dia (*poté*) dirá alguém dentre os homens do futuro (*opsigónon anthrópon*), navegando na nau multibanco sobre o mar vinoso: "Eis a tumba de um varão que no passado morreu (*pálai katatethneôtos*), e a quem, excelente, certa vez (*poté*) matou o ilustre Heitor". Isso um dia (*poté*) dirá, minha glória (*kléos*) jamais perecendo.
> (*Il.* 7, 87-91)

Essa fala, por sua vez, encontra eco na afirmação de Nestor a Antíloco, no Canto 23, de que a marca (*sêma*, v. 326) do ponto de virada na corrida de carros é talvez a tumba (*sêma*) de um homem "que no passado morreu" (*pálai katatethneôtos*, v. 331). O olhar prospectivo de Heitor converte-se num olhar retrospectivo de Nestor, mas a abordagem é a mesma. Além do mais, os dois passos, lidos conjuntamente, nos mostram como a tumba, entre outros elementos, funciona como a inscrição de um passado dentro da narrativa, como um "marcador temporal", conforme vemos nas repetidas menções ao túmulo do "antigo" (*palaiós*) Ilo, avô de Príamo, um ponto de referência na planície troiana (*Il.* 10, 414-416; 11, 166-168 e 369-372; e 24, 349-351).[4]

Mas talvez a passagem que apresente a perspectiva histórica de maneira mais explícita na poesia homérica seja aquela do início do Canto 12 da *Ilíada*, quando o

4 Esse aspecto da "memória material" foi explorado pelo mesmo Grethlein: 2008, 27-51.

narrador faz uma digressão a respeito da muralha, construída pelos acaios "contra a vontade dos imortais" e depois destruída por uma enchente; vale a pena citar os versos na íntegra:

> (...) e por muito tempo (*oú ti polùn khrónon*) não ficou de pé.
> Enquanto Heitor ficou vivo, e enfurecia-se Aquiles,
> e a pólis do soberano Príamo ia não-pilhada
> – também a grande muralha acaia ficou de pé.
> Porém depois que morreram os melhores dos troianos
> e muitos argivos (uns por chacina, abandono outros),
> e no décimo ano (*dekátoi eniautôi*) a pólis de Príamo foi pilhada
> e os argivos embarcaram nas naus para a cara pátria,
> nessa hora planejaram então Posídon e Apolo
> varrer a muralha conduzindo o furor dos rios
> todos que, desde as montanhas do Ida, correm para o mar
> – tanto o Reso quanto o Heptáporo, o Careso quanto o Ródio,
> o Granico e ainda o Esepo, mais o divino Escamandro
> e o Simoente, onde muitos elmos e escudos de boi
> tombaram no pó, e a raça de varões semi-divinos (*hemithéon*).
> De todos fez convergir as bocas o Puro Apolo,
> em nove dias de fluxo contra o muro; Zeus chovia
> contínuo, pra que depressa pusesse a muralha ao mar.
> E o Treme-terra em pessoa com o tridente nas mãos
> ia à frente, despachando para as ondas toda base
> – trave, pedra – que os acaios com esforço tinham posto,
> e a tudo liso deixou junto ao fluente Helesponto.
> E com areia cobriu a grande orla de volta,
> após varrer a muralha. E mandou os rios tornarem
> ao fluxo com o qual antes tinham bela correnteza.
> Assim depois (*ópisthe*) deveriam ambos, Posídon e Apolo,
> dispor; mas então (*tóte*) a luta e a grita ardiam em torno
> da bem-construída muralha (...)
> (*Il.* 12, 9-36)

Sim, trata-se aí da projeção do futuro desse passado ("depois", "mas então"), futuro imediato ("não por muito tempo", "no décimo ano"), para o qual a narrativa já vai se encaminhando – e, a bem da verdade, já vai antecipando em várias cenas, como o faz, por exemplo, por meio da estrutura tradicional das mortes de Pátroclo e Heitor, que nos permite antever a de Aquiles, não-narrada na *Ilíada*. Mas percebemos no trecho, ao mesmo tempo, uma tentativa de justificar a paisagem "contemporânea" da platéia (v. 30-32) – que não vê muro algum –, o que já implica uma grande defasagem. Conforme Bryan Hainsworth comenta, "o presente passo parece um recurso ingênuo para explicar por que nenhuma muralha acaia, ou suas ruínas, permaneciam de pé na época do poeta" (Hainsworth: 1993, 317).

Nesse sentido, é decisivo o emprego, no verso 23, do adjetivo "semidivinos", qualificação única em Homero, que nos faz lembrar a raça heroica – "anterior" (*protére*) – descrita nos *Trabalhos e dias* (v. 160).[5] Mais uma vez, a contagem estrita das gerações não nos ajuda: trata-se sim, como nos mostra Hesíodo, de um passado recente, mas a ênfase é sempre sobre uma "substancial distância temporal", como se houvesse uma "lacuna" separando os heróis épicos do presente (Grethlein: 2010, 132-133 e 2008, 44). É justamente essa "descontinuidade", pela qual o presente contrasta com o passado, que dá origem à ideia de que os homens, "quais são os mortais de agora" (*hoîoi nûn brotoí eisi*), não poderiam ter a força suficiente para realizar algo, força extraordinária que encontramos contudo no guerreiro homérico; essa fórmula aparece quatro vezes na *Ilíada* – sendo que duas das ocorrências estão, curiosamente, nesse mesmo Canto 12 (*Il.* 5, 304; 12, 383 e 449; e 20, 287; ver também 21, 403-406) (Hainsworth: 1993, 40).[6]

Podemos propor, portanto, que nesses versos encontramos, em destaque, um reconhecimento da passagem do tempo ou, dito de outra forma, um reconhecimento de que esses heróis pertencem ao passado – única maneira de serem glorificados. Nos termos de Bryan Hainsworth, ao assinalar precisamente que aí o poeta "revela sua perspectiva histórica", "a peculiaridade da presente passagem reside no fato de que o poeta tece (...) seus comentários sobre os eventos a partir do ponto de vista de uma época posterior" (Hainsworth: *op. cit.*, 320).

Quem analisou de forma esclarecedora esse necessário distanciamento para a glorificação – implicado também na história de um objeto como a tumba (como vimos) –, foi Sheila Murnaghan, em seu livro fundamental sobre a *Odisseia*, de 1987:

---

5 Ver o que diz sobre esse termo novamente B. Hainsworth: *op. cit.*, 320, e também Thalmann: 1984, 103-105.

6 Ver onde cita comentário de M. West na mesma direção (1978, 191)

> Na maioria dos casos a canção heroica é como um túmulo glorioso que também comemora o feito de um herói, um sinal de honra do qual ele mesmo não pode desfrutar porque está morto, e cuja própria existência indica sua morte. A disjunção que sempre existe entre a narrativa e seu tema torna-se, nesse mundo, um indício de mortalidade. (...) Não apenas o contexto em que se dá a canção heroica deve se distanciar daquele em que se passam os eventos, mas os seus cantores e ouvintes também são marcados pela distância da vida e da ação heroica (Murnaghan: 1987, 150).

O envolvimento de Odisseu com o canto, contudo, parece eliminar o "intervalo que normalmente existe entre as experiências do herói e os cantos em que são comemoradas", como apontou a mesma Murnaghan (1987: 152). Contrariamente a esse modelo de distanciamento, o herói é, por assim dizer, um passado que ainda é presente: além de conversar com o "antigo" Héracles, ele ouve, vivo, seu próprio *kléos*, o que equivale a dizer que é como já tivesse morrido e se tornado, ele próprio, "antigo".[7]

Mas, nessa construção, é o canto que se volta, inesperadamente, para o tempo "recente". O fato, a bem da verdade, não é isolado na *Odisseia*, vindo já destacado no Canto 1, na conhecida fala de Telêmaco dirigida à mãe:[8]

> Não há mal em que esse [Fêmio] cante a triste sina dos dânaos:
> pois é este mesmo o canto que os homens mais glorificam
> – o que novíssimo (*neotáte*) vem em volta de seus ouvidos.
> (*Od.* 1, 350-352)

Se é certo que a visão aí exposta coincide com o que encontramos no Canto 8 – e, de certo modo, com a recusa de Odisseu em se repetir (*Od.* 12, 447-453) – (Jong: 2001, 192), não é menos certo que, na mesma *Odisseia*, percebemos indícios da consciência de uma necessária passagem de tempo e de um necessário distanciamento entre a vida

---

7 Sobre essa situação "não-natural" e a "ambiguidade" da posição do herói, ver ainda Biles: 2003, 201.

8 Quem chama atenção para isso é Biles: 2003, 200. Richard Martin imagina que a novidade é uma alusão à "remodelação" que todo canto inevitavelmente sofria, numa cultura oral, a cada reperformance (1993: 222-240 e 238-240; na mesma direção já ia, antes, Fränkel (1966, 16-17). Já Carol Dougherty, (1991: 93-103), sugeriu que num abiente oral a "novidade" representa uma adequação à ocasião (ver especificamente p. 101).

daqueles que são objeto do canto e o momento em que esse canto passa a existir. As palavras de Alcínoo dirigidas ao forasteiro no final do Canto 8 – justamente nesse momento do poema em que o fosso temporal se desfaz – são significativas:

> E fala por que lamentas e choras dentro do peito
> quando tu ouves a sina dos argivos dânaos e Ílion.
> Isso os *deuses* preparam, tramando a destruição
> aos homens a fim de haver canto também para os pósteros (*essoménoisin*)...
> Será que um aliado teu perante Ílion pereceu
> sendo um bravo – genro ou sogro, aqueles que são os mais
> dedicados em seguida aos de nosso sangue e raça?
> Será talvez que um varão amigo, sábio em favores,
> um bravo? Uma vez que não é em nada inferior
> ao irmão quem, sendo amigo, seja sábio em ponderar".
> (*Od.* 8, 577-586)

Como se sabe, essa percepção de uma glória futura, que virá celebrada na boca dos homens vindouros, não é inusitada, tendo surgido, mais uma vez, já no Canto 1 da *Odisseia*, na fala de Mentes-Atena. O mesmo canto que sublinha a novidade do canto traz também em seu bojo o motivo da sua "antiguidade":

> Tu também, amigo – e muito belo e imponente te vejo –
> sê valente, pra que algum dos pósteros (*opsigónon*) te bem-diga (*eù eípei*)!
> (*Od.* 1, 301-302)

Na *Ilíada*, temos, na mesma direção, as conhecidas falas de Helena (a Heitor) e Pátroclo (a Aquiles):

> Mas vamos, agora entra e senta nesta cadeira,
> cunhado, que a luta envolve muito mais a ti, por minha
> causa – cadela – e por causa da perdição de Alexandre,
> a quem Zeus impôs um mau quinhão, a fim de depois (*opísso*)
> nos tornarmos para os homens futuros (*anthrópoisi essoménoisi*) tema de canto.
> (*Il.* 6, 354-358)

> Que não se aposse de mim essa cólera que guardas,
> terrível! Quem mais de ti vai se beneficiar – póstero (*opsígonos*) –,
> se dos argivos a ruína ultrajante não desvias?
> (*Il.* 16, 30-32)

Nesses momentos, Homero dialoga com sua audiência, assinalando que o presente da ação corresponde ao passado dos ouvintes, os "pósteros" que agora usufruem do canto – ou da tumba, como vimos com Heitor. No citado passo do Canto 8, porém, nós (mas não Alcínoo) sentimos a ironia: Odisseu é, simultaneamente, tema do canto e um dos "pósteros" que o escutam, de tal forma que a passagem do tempo implicada na afirmação do rei feácio fica perturbada. O canto torna-se tão "novo" que pode até mesmo chegar "em volta dos ouvidos" do celebrado. Alcínoo, é verdade, admite a possibilidade de o forasteiro ter perdido um "aliado" ou "amigo", mas – ainda que haja aí uma aproximação temporal –, ele só considera a hipótese de o herói ouvir as glórias de alguém já morto, "ido", "passado" (Segal: 1994, 122-123).

Parece-me que uma explicação possível para essa condição única de Odisseu – que faz com que a *Odisseia* produza, desde o Canto 1, uma "fratura" na perspectiva temporal típica – está justamente na vontade de retratar o herói como alguém que tem uma "intimidade" (na falta de termo melhor) com a atividade do canto. Sendo capaz de ouvir sua glória e de depois "cantá-la", em Odisseu convergem, de maneira muito especial, papéis inconciliáveis, que potencializam seu conhecimento e domínio da palavra. Vindo depois do aedo Demódoco, o herói torna-se ao longo de quatro cantos ele mesmo "aedo", quase como se "se revezasse", em sua performance, com o cego de Esquéria. Ao mesmo tempo, e de modo inverso, é como se Odisseu alcançasse um extraordinário distanciamento de si mesmo, como se entre ele e seu canto se interpusesse um intervalo fundamental, que lhe permite ter uma perspectiva posterior – e, devemos acrescentar, superior, exatamente porque retrospectiva – das próprias ações.

Para que fique claro, contudo, que Odisseu se aproximar do canto a seu respeito serve para potencializar sua própria atividade enquanto "cantor", é preciso que vejamos, a seguir, que indicações o texto nos dá de que ele, de fato, constrói seu próprio poema dentro da *Odisseia*, e que significado tem ele rever suas ações nesse ponto da narrativa.

Entre as questões da *Odisseia* mais envoltas em desacordo está a referente à representação de Odisseu como cantor. O problema é muitas vezes colocado em termos simplificadores e mutuamente excludentes – ele age ou não como cantor? –, quando uma abordagem mais ajuizada talvez nos obrigue a reconhecer que se, por um lado, o herói *em momento algum atua de fato como aedo*, por outro, *em inúmeras passagens ele é assimilado a essa figura*. Em outras palavras, o poema jamais coloca a lira nas mãos de Odisseu e o faz inspirado pelas Musas, mas as reações dos personagens ao modo como ele fala, sua própria postura e certos comentários da parte do narrador nos levam, inevitavelmente, a sentir o herói como alguém que, de certa maneira, compartilha das qualidades e habilidades de um cantor, ainda que não seja um.

A sua posição de narrador aplicado, com direito à reprodução de discursos diretos e outros recursos típicos do narrador principal, não basta, por si só, para produzir essa assimilação. Na realidade, ela encontra paralelo nas falas de outros personagens homéricos, como Glauco, Fênix e Nestor, na *Ilíada* (Cantos 6, 9 e 11, respectivamente), e, na *Odisseia*, mais uma vez Nestor (Canto 3) e, principalmente, Menelau (Canto 4) (*Il.* 6, 145-311; 9, 524-599; e 11, 67-761. *Od.* 3, 254-311; e 4, 347-586). Trata-se da loquacidade que esperamos encontrar num poema produzido oralmente, numa cultura em que a palavra falada tem proeminência sobre outras formas de comunicação. Em Homero, além do mais, já foi largamente demonstrado que a ênfase nas muitas falas dos heróis e deuses é ferramenta importante para a caracterização, porque permite que acessemos as motivações e intenções dos personagens.

Odisseu, no entanto, difere desses exemplos por um dado imediato, que salta aos olhos: sua narrativa estende-se por quatro cantos (do 9 ao 12) e mais de dois mil versos, superando, em muito, qualquer outro discurso da poesia homérica – e sendo responsável por fazer que a "imitação" (a presença do discurso direto) predomine amplamente na *Odisseia* sobre a narração, ocupando 67% da história.[9] Além do mais, há um efeito de "sobreposição" – de forma e conteúdo – que é fundamental, e foi assim descrito por Lillian Doherty:

> A própria narrativa de Odisseu, por sua inserção dentro do tecido épico, demonstra cabalmente o potencial para a sobreposição entre a performance épica e as histórias contadas por "não-profissionais". (...) Todos os discursos relatados na *Odisseia* são necessariamente épicos na forma, isto é, em dicção e versificação, mas apenas alguns são recapitulações de temas épicos (1992, 161).

9 I. de Jong afirma que os apólogos são "de longe a mais extensa história embutida de toda a poesia homérica" (*op. cit.*, 221). Excluída a fala de Odisseu, o porcentual de discursos diretos cairia para 47%, próximo do que encontramos na *Ilíada*.

De um lado, temos o fato de que a fala de Odisseu, como a de outros heróis homéricos, está voltada para a *rememoração de feitos*, empenhando-se assim, por causa dessa vontade retrospectiva, em descortinar um passado – o que a aproxima do movimento maior dos poemas épicos. De outra parte, cabe notar, junto a isso, que a apresentação *em versos* dessa fala produz em nós, inevitavelmente, uma *percepção poética* do seu discurso. Naturalmente, as falas de *todos* os personagens em Homero são em forma de poesia, mas nem por isso imaginamos que eles falam "poeticamente", como se "cantassem": Agamênon e Aquiles trocam versos entre si no Canto 1 da *Ilíada*, mas, internamente, a comunicação deles é "em prosa". Estamos diante de um artifício – da poesia homérica e de muitas outras (narrativas e dramáticas) – tão corriqueiro e banal, de uma convenção tácita assumida de forma tão automática entre leitor e obra, que nem nos detemos nisso. Todavia, no caso de Odisseu, a *extensão* de sua fala, somada às cores "performáticas" que assume (assinalada de diferentes modos), deve nos deixar alertas para um olhar diverso. De certo modo, a possibilidade aí de uma "fusão" entre o discurso corriqueiro e o discurso musical é ensejada pelo que acontece pouco antes de o herói dar início à sua narrativa: conforme vimos, quando Demódoco cantou os "Amores de Ares e Afrodite", sua voz poética fundiu-se com a voz do narrador principal. Sim, devemos evitar qualquer equívoco: para a audiência interna (Odisseu e os feácios), Demódoco fala em versos, enquanto o herói, a partir do Canto 9, fala "em prosa". Porém, ao "assumir" a narrativa – e ser equiparado a um cantor –, Odisseu certamente se transforma em um narrador bem menos "prosaico" e, portanto, ficamos autorizados a ver mais poesia no seu apólogo – nesse contexto – do que vemos nos longos discursos de outros personagens homéricos.

É verdade que a presença da primeira pessoa, em lugar da terceira, é um dado distintivo evidente, que separa Odisseu de Demódoco. Irene de Jong mostrou que esse olhar "pessoal" traz quatro "deficiências" à palavra do herói, em comparação com a do aedo/Musa: uma restrição de espaço; uma restrição de acesso (ao pensamento dos outros); uma restrição de compreensão (dos fatos); e uma subjetividade de estilo (Jong: *op. cit.*, 223-227). Deborah Beck investigou essa mesma questão num artigo em que apresenta as diferenças, entre narrador principal e personagens-narradores, no emprego de fórmulas (Beck: 2005, 213-227). Esses dados são incontestáveis, mas, ainda assim, o que me parece decisivo na discussão é o fato de que Odisseu produz sua narrativa dentro de um ambiente "musical", sucedendo a um aedo e dele tomando emprestado muitos dos recursos, extraindo assim da sua audiência reações similares, senão idênticas. Some-se a isso sua caracterização, na segunda parte do poema

(Cantos 13-24), como hábil fabricador de histórias, as quais novamente têm o poder de envolver a audiência – agora em Ítaca –, e a conclusão é de que o Odisseu-narrador claramente se destaca dos demais personagens narradores da épica, sendo preciso, portanto, dar conta do efeito produzido pela presença desse herói "aedo".

Vejamos rapidamente quais são as indicações dadas pelo poema relativas a essa assimilação, começando pelo "proêmio" da narrativa, no início do Canto 9. Interrompido o canto de Demódoco, o forasteiro é instado por Alcínoo a revelar sua identidade; repare-se como Odisseu insiste no contraste entre a beleza do banquete com acompanhamento musical ("belo", "mais agradável", "euforia", "mais belo") e o caráter aflitivo de suas aventuras ("penosas aflições", "pene", "lamentoso", "muitas aflições").[10] A passagem funciona como um comentário sobre as diferentes reações ao canto – da parte de que não está absolutamente envolvido nele (os feácios) e de quem tomou parte nos acontecimentos (Odisseu). Ao mesmo tempo, ela parece antecipar a ideia de que as dores passadas, quando relatadas por quem as sofreu, trazem prazer – ideia que será afirmada por Eumeu no Canto 15 ("com as aflições de cada um, penosas, deleitemo-nos,/ rememorando: *depois*, com dores o homem deleita-se,/ quem quer que tenha muitíssimo sofrido e muito vagado", v. 399-401). Há, portanto, certa ambiguidade nestas palavras:

> Como resposta lhe disse o multiastuto Odisseu:
> "Reinante Alcínoo, entre todas as gentes muito eminente:
> isto certamente é belo – escutar a um aedo
> do tipo que este aqui é, rival dos deuses na voz!
> Eu mesmo digo que não há meta mais agradável
> do que quando a euforia se apossa de todo o povo
> e os convivas no palácio vão escutando a um aedo,
> sentados em série; as mesas ao lado ficam repletas
> de carne e pão, e o escanção, retirando da cratera
> o vinho, o vai transportando e vertendo pelas taças.

10 Para uma visão dessa introdução como construção retórica próxima do canto simposial, em que a ordem do baquete é um espelhamento da ordem social, ver Andrew Ford, 1999, 109-123, especialmente 112-115. Para as referências antigas a essa passagem – por Platão (*República*, 390a-b), autor do *Certame de Hesíodo e Homero* (90-94), por Heráclito, o Alegorista (*Problemas homéricos*, 79), e por Plutarco (*Sobre a vida e a obra de Homero*, 150), entre outros, ver p. 109 e 114. Ver ainda W. Slater: 1990, p. 213-220.

> Isso me parece ser o que de mais belo existe!
> Mas teu ânimo te fez perguntar minhas penosas
> aflições, para que eu pene, lamentoso, ainda mais;
> o que devo então falar em primeiro, e o que por último?
> A mim os deuses celestes deram muitas aflições...
> Agora direi primeiro meu nome, pra vós também
> saberdes – e eu, escapando ao impiedoso dia,
> vir a ser o vosso hóspede, longínqua casa habitando.
> Sou o Odisseu Laercida, com quem pelos ardis todos
> os homens se preocupam: minha glória alcança o céu.
> (*Od.* 9, 1-20)

A revelação do nome corresponde ao movimento padrão nesse tipo de circunstância – o estrangeiro, depois de acolhido, deve finalmente se apresentar –, mas constitui também a afirmação da glória, do (re)nome, típica do canto, ainda que seja aqui anômala, porque na boca do próprio cantado.[11] Da mesma forma, a hesitação retórica entre o que deve ser narrado primeiro e o que por último ou, dito de outra maneira, a respeito da maneira como se deve organizar o material a ser apresentado, remete-nos à abertura da *Odisseia* ("Disso *a partir de algo*, deusa de Zeus, nos fala também") e a uma fala do narrador no Canto 16 da *Ilíada* ("mas então quem em primeiro, que por último mataste,/ Pátroclo, quando pra morte os deuses já te chamaram?", v. 692-693), funcionando como mais uma sinalização para o papel que Odisseu assume (Benedetto: *op. cit.*, 498). Mais à frente, deparamo-nos ainda com estes versos significativos, nos quais figura o mesmo verbo do verso 1:

> Vamos, que eu também evoque (*eníspo*) meu multiaflito retorno,
> que Zeus enviou a mim depois que parti de Tróia!
> (*Od.* 9, 37-38)

Como observou Irene de Jong, este "anúncio de Odisseu lembra um proêmio épico: tema no acusativo, adjetivo, verbo de dizer, oração relativa com informação

11 Veja-se o que diz C. Segal (*op. cit.*, 87 e 91) sobre a construção anômala com melo na primeira pessoa, e não na usual terceira, o que só reforça o caráter extraordinário da situação em que o herói canta a si mesmo.

adicional, e ponto de partida", estrutura típica que ele voltará a adotar no Canto 11, tal como notou, mais uma vez, a estudiosa holandesa (Jong: *op. cit.*, 229 e 286):

> Se tu ainda desejas ouvir, eu mesmo não iria me recusar a proferir pra ti outras coisas, ainda mais lamentáveis, *as aflições dos meu companheiros, que depois pereceram, os quais escaparam da gritaria gemente dos troianos, mas na volta pereceram por vontade de uma mulher má.* (*Od.* 11, 380-384)

Essa percepção de que ele se identifica com Demódoco, como se estivesse se revezando com ele, vem reforçada não só por fazer uso de catálogos no Canto 11 (v. 235-332 e 568-600), os quais, por sua dificuldade, ensejam a mesma "queixa" ("não seria capaz de enumerar", v. 328) que encontramos no Canto 2 da *Ilíada* antes do "Catálogo das naus" (v. 488-492) e na *Teogonia* (v. 369-370); essa percepção vem reforçada não só por essas listas, mas também, e sobretudo, pelo trinômio "interrupção/retomada-a-pedidos/elogios", tão evidente na performance do cantor feácio (*Od.* 8, 90-92 e 487-491). De fato, no único trecho dos Cantos 9 a 12 em que o narrador principal intervém (*Od.* 11, 333-384), Alcínoo se manifesta assim:

> Tens formosura de palavras (*morphè epéon*) e belo espírito.
> Como aedo relataste tua história – com ciência (*epistaménos*) –,
> os tristes sofrimentos dos argivos e os teus.
> Mas diz-me agora tu com verdade e sem rodeios,
> se viste algum dos teus divinos companheiros, que contigo
> foram para Ílion e lá o seu destino encontraram.
> Esta noite é longa, maravilhosamente longa; não chegou
> a hora de dormir no palácio: conta pois os feitos maravilhosos (*théskela érga*)! Por mim aguentaria até chegar a divina Aurora, se tu te
> dispusesses a contar (*muthésasthai*), aqui no palácio, todas as tuas aflições.
> (*Od.* 11, 367-376)

O pedido de um "tema" específico retoma o que o forasteiro fizera com Demódoco, reafirmando mais uma vez que "o modo como Odisseu apresenta sua história lembra uma performance poética", mas o mais importante talvez seja perceber que o elogio vem da parte de um povo acostumado, como vimos, à arte do canto, da qual tem total domínio (Thalmann: *op. cit.*, 171); além do mais, o interesse e prazer nesse história ratificam a valorização do canto "novo", de que falamos atrás (Jong: *op. cit.*, 38 e 285). Por outro lado, Homero aprece querer enfatizar, na interrupção deliberada do herói, seu controle sobre os ouvintes. Robert Rabel, ao tratar do efeito especular gerado pelas interrupções *da Odisseia* (as "demoras" que potencializam as cenas de reconhecimento) e pelas interrupções *na Odisseia* – efeito que serviria de estímulo para audiência externa observar de perto a técnica narrativa do poeta –, diz o seguinte a esse respeito:

> Ao se interromper num ponto de sua escolha, Odisseu demonstra um nível de influência sobre sua audiência não compartilhado por outros cantores profissionais no poema, mas apenas com o próprio poeta da *Odisseia* (...). Embora não chegue perto da monumentalidade da *Odisseia* – sua história se restringe a quatro cantos dentro de um poema muito maior –, Odisseu proporciona uma ilustração clara de um contador de histórias que busca um controle sobre seu tema e audiência como o demonstrado pelo poeta (Rabel: 2002, 87).

Na segunda metade do poema, três passagens sublinham, de diferentes perspectivas, essa associação de Odisseu com o canto. Na primeira, é o próprio herói, disfarçado de mendigo, que brinca com sua capacidade de "cantar":

> Ouvi-me agora, Eumeu, e vós outros companheiros todos! Quero contar uma história ufanosa, pois o vinho me impele, o vinho louco, que leva até alguém multipensante a cantar (*aeîsai*) e a rir-se com moleza: fá-lo levantar-se para dançar e leva-o a proferir palavras que seria melhor ficarem por dizer. (*Od.* 14, 462-466)

Mais adiante, é a vez de o porqueiro, impressionado com o poder de sedução do seu hóspede, afirmar para Penélope:

> Quem me dera, rainha, que os acaios se calassem! As coisas que ele diz! Enfeitiçará (*thélgoito*) teu querido coração. Há três noites que ele está comigo; três dias passou comigo no casebre, pois foi primeiro para junto de mim que chegou quando fugiu da naus; mas não contou ainda as dores todas. Tal como um homem observa um aedo (*aoidón*) que pelos deuses canta (*aeídei*) instruído palavras sedutoras para os mortais, e todos dese-

> jam ardentemente ouvi-lo cada vez que canta (*aeídei*); assim o forasteiro me enfeitiçou (*éthelge*), sentado no meu casebre.
> (*Od.* 17, 513-521)

A ideia de "encantar" (verbo *thélgo*), repetida dentro da estrutura em anel, nos remete às "encantações" (*thelktéria*) de Fêmio no Canto 1 (v. 337), mas não precisamos nos socorrer desse paralelo numa passagem em que a atuação de Odisseu é, explícita e enfaticamente, comparada à do aedo. Convém recordar que no Canto 11 o narrador já nos havia dito, no momento em que o relato havia sido interrompido, que os ouvintes foram tomados por um "feitiço" (*kelethmôi éskhonto*, v. 333-334), reação idêntica à descrita, mais uma vez, ao fim do apólogo (*Od.* 13, 1-2 = *Od.* 11, 333-334).

O mesmo vale para o momento em que o herói, prestes a chacinar os pretendentes, arma seu arco como se estivesse manipulando um instrumento musical de corda. A perspectiva agora é a do narrador, que em certo sentido vem coroar, com sua objetividade, a visão expressa anteriormente pelos personagens:

> Assim falavam os pretendentes; mas o astucioso Odisseu, após ter levantado o grande arco e de o ter examinado, tal como um varão com ciência da lira e canto (*phórmiggos epistámenos kaì aoidês*) facilmente estica uma corda a partir de uma cravelha nova, atando bem a tripa torcida de ovelha de um lado e de outro, assim sem qualquer esforço Odisseu armou o grande arco. Pegando nele com a mão direita, experimentou a corda, que logo cantou (*áeise*) com belo som, semelhante a uma andorinha.
> (*Od.* 21, 404-411)

Do ponto de vista da construção, é interessante perceber que o que se inicia como uma comparação ("tal como... assim") acaba se transformando numa metáfora ("a corda [do arco]... cantou"): esse movimento do estilo parece funcionar aí como uma súmula perfeita da nossa apreensão de Odisseu, que hesita entre ser *como* um aedo e um aedo de fato, entre uma assimilação e uma quase total identificação. Como diz Sheila Murnaghan, "o símile assinala o ápice de seu disfarce como poeta" (*op. cit.*, 169).

Além dessas referências, temos nessa parte da *Odisseia* as próprias histórias contadas por Odisseu – algumas apresentadas diretamente, outras apenas aludidas ou resumidas. Desse segundo grupo, o mais conhecido exemplo vem do Canto 23, quando o herói relata suas aventuras para Penélope (v. 306-341), que se deleita em ouvi-lo (*etérpet' akoúousa*, v. 308) (*op. cit*, 149, nota 2)[12]. Podemos supor que temos aí a reapresentação do discurso feito aos feácios, e que Odisseu, contra o que dissera no Canto 12, se repete? O fato é que a prática da "omissão" nos lembra do que acontece com Demódoco no Canto 8, em seu primeiro e terceiro canto - mais um ponto de contato com o cantor profissional (Doherty: *op. cit*, 169-170). O mais curioso é notar que não se trata de um caso isolado: dentro da narrativa do herói, ele próprio faz alusão a um provável "relato épico" dirigido a Éolo (*Od.* 10, 14-16) (Fränkel: *op. cit.*, 13).

Vimos como se opera no poema essa assimilação de Odisseu à figura do aedo, segundo a maneira que o herói apresenta seus discursos e eles são percebidos por seus interlocutores (não só o "apólogo" entre os Cantos 9 e 12 - relato repetido depois para Penélope –, mas também as "mentiras cretenses" narradas em Ítaca). Vimos também que essa aproximação pode ter a função de destacar o poder verbal e o saber de Odisseu, e que o "canto" de si mesmo promove, concomitantemente, tanto uma perspectiva de "dentro" quanto um afastamento salutar, pela oportunidade do olhar retrospectivo: vivo, ele se apresenta como "antigo". Falta ainda abordar, porém, duas questões: 1. por que essa assimilação se dá quando ele está entre os feácios e qual o propósito dramático geral do relato nesse ponto?; e 2. como resolver o espinhoso problema da distinção, em suas histórias, entre verdade e mentira? Essas questões não podem ser respondidas aqui, mas são igualmente fundamentais para que se tenha uma compreensão profunda do que significa, na *Odisseia*, Odisseu, à sua maneira, também "cantar".

Referências bibliográficas

ANDERSEN, O. "The making of the past in the *Iliad*". *Harvard Studies in Classical Philology*, 91, 1990, p. 25-45.

BILES, Z. "Perils of Song in Homer's *Odyssey*". *Phoenix*, 54/3, 2003, pp. 191-208.

CRISSY, K. "Herakles, Odysseus, and the Bow: *Odyssey* 21.11-41". *The Classical Journal* 93/1, 1997, p. 41-53.

DI BENEDETTO, V. *Omero. Odissea*. Milano: BUR, 2010.

DIMOCK, G. *The unity of the Odyssey*. Amherst: The University of Massachusetts Press, 1989.

12 S. Murnaghan chama atenção para a presença do verbo *érxato* ("começou", v. 310), mais um ponto de assiliação com a estrutura típica dos cantos.

DOHERTY, L. "Gender and internal Audiences in the *Odyssey*". *The American Journal of Philology* 113/2 (1992): 161-177

DOUGHERTY, C. "Phemius' last stand: the impact of occasion on tradition in the *Odyssey*". *Oral Tradition* 6/1, 1991, p. 93-103.

FORD, A. "Odysseus after Dinner: *Od.* 9, 2-11 and the Traditions of Sympotic Song". In: KAZAZIS, J. & RENGAKOS, A. (eds.) *Euphrosúne: Studies in Ancient Epic and its legacy in Honor of Dimitris N. Maronitis*. Stuttgart: Frank Steiner Verlag, 1999, p. 109-123.

FRÄNKEL, H. *Early greek poetry and philosophy*. Transl. by Moses Hadas and James Willlis. New York: Harcourt Brace Jovanovich, 1966.

JONG, I. *Narratological commentary on the Odyssey*. Cambridge: Cambridge University Press, 2001.

GRETHLEIN, J. "Memory and material objects in the *Iliad* and the *Odyssey*". *Journal of Hellenic Studies*, 128, 2008, pp. 27-51.

______. "From imperishable glory to History: the *Iliad* and the Trojan War". In: KONSTAN, D. & RAAFLAUB, K. (eds.), *Epic and History*. West Sussex: Wiley-Blackwell, 2010, pp. 122-144.

HAINSWORTH, B. *The Iliad: a commentary*. Vol. III (Books 9-12). Cambridge: Cambridge University Press, 1993.

MURNAGHAN, S. *Disguise and recognition in the Odyssey*. Princeton: Princeton University Press, 1987.

RABEL, R. "Interruption in the Odyssey". *Colby Quarterly*, 38/1, 2002, pp. 77-93.

SEGAL, C. *Singers, heroes and Gods in the Odyssey*. Ithaca: Cornell University Press, 1994.

SLATER, W. "Sympothic ethics in the *Odyssey*". In: MURRAY, O. (ed.) *Sympotica*. Oxford: Oxford University Press, 1990, pp. 213-220.

THALMANN, W. *Conventions of form and thought in Early greec epic poetry*. Baltimore: The Johns Hoplins University Press, 1984.

WEST, M. *Hesiod: works and days*. Oxford: The Clarendon Press, 1978.

2

Heródoto: "Pai da História"?

Leandro Hecko
Universidade Federal de Mato Grosso do Sul

Os estudos acerca da historiografia grega, tradicionalmente, se iniciam em torno da figura de Heródoto, ao qual objetivamente se atribui a primeira escrita da história em aspectos gerais, falando sobre investigação, memória, ações humanas e exposição de registros. Este breve estudo de apresentação que aqui se dispõe objetiva enumerar alguns elementos da obra desse historiador grego, assinalando aspectos gerais de sua constituição, método e problemáticas buscando mostrar sua riqueza e, mais que responder à pergunta do título do capítulo, deixar ao leitor a oportunidade de pensar sobre a mesma. Neste caminho, o trabalho deseja, primeiramente, elencar alguns dados biográficos e características da obra e edições (em grego e versões traduzidas). Em seguida, faz-se um breve estudo sobre o Proêmio da obra de Heródoto, ressaltando aspectos importantes de sua escrita da história, seguido de um breve olhar sobre a historiografia contemporânea que versa sobre o autor grego, elencando seus principais recortes analíticos. Por fim, se enumeram algumas edições disponíveis em língua portuguesa, com o intuito de subsidiar os estudos acerca desse importante historiador grego.

Vida e obra

Busto de Heródoto, cópia romana do século II a.C., de uma versão do século IV a.C.
Fonte: http://greciantiga.org/img.asp?num=0391

O historiador grego[1] é base de muitas discussões. Nascido em Halicarnasso (Atual Bodrum, na Turquia) (485 a.C.), na Cária, vivendo entre um mundo de helenos e diversos povos não-helenos, Heródoto percorreria boa parte do mundo conhecido, entre Ásia, África e Europa, após rusgas políticas em sua cidade de origem. Após sua saída de Halicarnasso, durante suas viagens, Heródoto desenvolveria um conjunto de produções às quais hoje se atribui natureza diversa, não obstante considere-se um marco na escrita da história: a geografia, a etnografia, a biologia (fauna e flora), a política, a mitologia, descrições de costumes (de diversas origens), registros de anedotas e opiniões sobre todos os casos anteriores – e, óbvio, considerações que se mostram como históricas – constituem a riqueza dos registros de suas viagens. Ao fim de sua vida (que pode ser por volta de 420 a.C.), diz-se que rumou para *Turioi*, cidade na Magna Grécia, de onde por vezes se fala de Heródoto de *Turioi*.

1 As informações biográficas mais comuns são encontradas nas edições das *Histórias*.

Iniciou uma longa série de viagens pelo mundo antigo, passando pelas costas do Mar Negro; Cítia (sul da Rússia); Lídia (na Turquia); Egito; Líbia; boa parte da própria Grécia e, complementando, Pérsia e Mesopotâmia, conforme se pode apurar pelos seus relatos e demais informações, embora por vezes o que diz varie daquilo que viu e ouviu e não se possa ter certeza. De fato, há que considerar ao menos que conheceu boa parte daquele mundo que fazia parte dos mapas antigos e, da obra de Heródoto também se derivaram mapas, na contemporaneidade (vide abaixo).

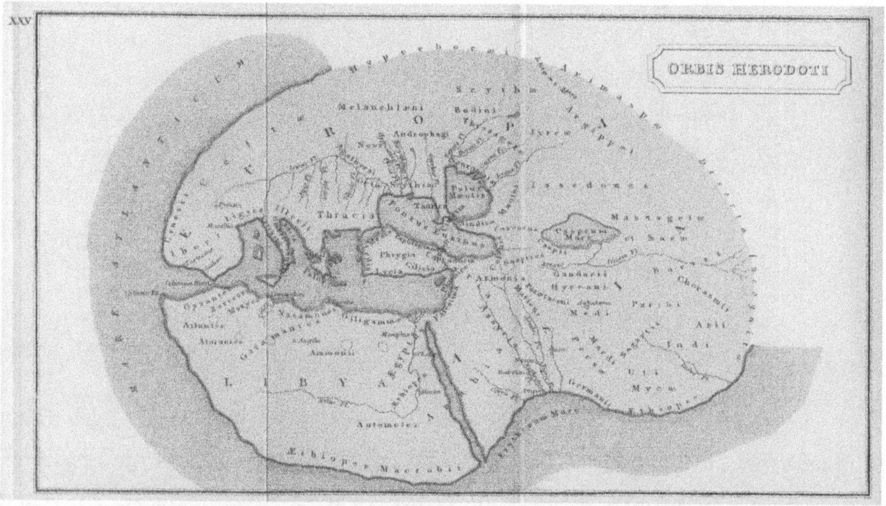

Orbis Herodoti (Butler: 1907): O mundo conhecido em seus limites físicos, breves aportes etnográficos e geográficos, nomeando espaços e coisas.
Fonte: http://www.gutenberg.org/files/17124/17124-h/17124-h.htm

Quando se fala de sua obra, a única que nos chegou (*Histórias*[2]) cabe considerar concomitantemente um breve histórico de suas edições mais difundidas. A obra de Heródoto passaria pela mão de inúmeros tradutores ou ainda daqueles que vieram a estabelecer versões do seu texto. O historiador grego escreve num dialeto que se chama jônico novo, uma versão um pouco diferente do utilizado por Homero. Desde a Idade Média, muitas edições de seu texto se estabeleceriam, passando pelas mãos de monges copistas. A partir daí seu texto seria estabelecido com o grego de Erasmo de Roterdam, presente em muitas outras obras advindas da Grécia. Bartolomé Pou[3]

2 É um dos nomes estabelecidos. Também aparece como "Persians wars".

3 Segundo a introdução à sua tradução de Heródoto, citada na bibliografia final como *Losnueve libros de la Historia*.. Barcelona: Editorial Ibéria, 1955, Ts I y II.

(1955), ao publicar sua tradução das *Histórias*, faz uma breve retrospectiva das edições de Heródoto, estabelecendo o seguinte[4] cronograma:

> "1474 – versión latina de Valia, em Venecia;
> 1502 – versión griega de Aldo Manucio, Venecia;
> 1510 – latin de Pedro Fênix, Paris;
> 1537 – latín de Conrado Heresbachio, Venecia;
> 1541 – griego de Hervasio, Basilea;
> 1557 – griego de Hervasio, otra versión;
> 1570 – grecolatina de Enrique Stefano, Venecia;
> 1592 – Stefano corrigiendo la de Valia;
> 1608 – grecolatina de Jungerman, Francfort;
> 1689 – grecolatina de Tomás Gale, Londres;
> 1715 – grecolatina de Gronovio, Leinden;
> 1716 – grecolatina de Glascual;
> 1763 – grecolatina de Pedro Wesselingio, Amsterdan."
> (Bartolomé Pou: 1955, 8)

Segundo Bartolomé Pou existem ainda três versões romanceadas de Heródoto, uma de 1553, em italiano, de Boyardo, Veneza; outra italiana, de 1733, de Becelli, Verona e uma em francês, de 1733, de Pedro Du-Ryer. Atualmente, se tem versões muito boas, como é o caso da versão de A.R. Godley[5], pela *Harvard University Press* ou ainda a versão francesa da *Belles Letres*[6]. Há ainda algumas traduções para a língua portuguesa, conforme se enumerará ao fim do texto, para subsidiar os estudos. Além disso, graças ao avanço tecnológico pode-se recorrer ao texto de Heródoto também na internet. Isso é possível com a ajuda de um projeto estadunidense intitulado *Perseus*[7], que disponibiliza inúmeras fontes clássicas em meios virtuais.

---

4 Reproduz-se o quadro no idioma de Bartolomé Pou, espanhol, por não se considerar necessária uma tradução.

5 Segundo sua tradução e versão, intitulada *Persian wars*.Cambridge: Harvard University Press, 1986, Ts I – IV.

6 *Histoires*. Paris: Les Belles Lettres, 1952-54.

7 Para tanto, basta acessar http://www.perseus.tufts.edu e digitar, em expressão de busca, o autor desejado. Aqui, no texto grego, será utilizada essa versão.

Fragmento do Livro VIII das Histórias de Heródoto, no Papiro de Oxirrinco, nº 2009, séc. II a.C.
Fonte: http://en.wikipedia.org/wiki/File:POxy_v0017_n2099_a_01_hires.jpg

Heródoto: novos olhares sobre um velho observador

> *Ele vai bem, o velho Heródoto. É lido (pelo menos supõe-se), editado, glossado e interpretado. Estará satisfeito com isso?*
> (Hartog: 1999, 15)

Deve-se observar, no contexto da obra e produção acerca da obra de Heródoto, que no universo acadêmico há certas questões que sempre estarão ligadas à produção científica, seja em questões metodológicas, seja na própria compreensão do conhecimento que se pratica. Aqui, ao se tratar do conhecimento histórico há que se atentar para a forma de sua produção pelos historiadores, as suas diferentes tendências e alterações de paradigma. Além disso, ao se tratar da produção mais recente, outros fatores devem também fazer parte do instrumental de análise. François Hartog, no prefácio ao seu *O espelho de Heródoto* (Hartog: 1999, 15-16) assinala elementos de importância central sobre a produção acadêmica:

> O ritmo da produção acadêmica;
> Releituras de fontes;
> Atualização da historiografia de acordo com novos objetos, métodos e problemas.

Hartog observa esses itens principalmente na historiografia que trata de Heródoto, a qual interessa aqui e se passa a pontuar a partir de agora. Para ele o movimento e aumento da produção sobre Heródoto, principalmente após o ano de 1950, são fruto das releituras possíveis, graças aos novos métodos e perspectivas na pesquisa que objetivam acabar com a inatualidade do conhecimento, projetando novas questões aos escritos do autor, estabelecendo novos recortes. Essa projeção de novos métodos, perspectivas e recortes refletem uma mudança historiográfica também, assim como já foi dito anteriormente. Além de tudo isso há o ritmo de produção das universidades que, graças ao aprimoramento dos programas de pós-graduação, impulsiona os estudantes a produzirem para obterem seus títulos. É sobre essa ideia de Hartog, considerando a historiografia contemporânea em constante movimento de pesquisa, diante das sempre possíveis novas abordagens, que se vai observar o historiador grego e a historiografia que o tem como tema em seu conteúdo. Trata-se, pois, de observar elementos da obra do historiador grego e da historiografia que versa sobre Heródoto, mormente aquela que trata de caracteres teórico-metodológicos nas *Histórias* de autoria do historiador grego.

Há que se iniciar, seguindo esse caminho, refletindo acerca daquilo que por vezes se considera um marco na produção do conhecimento histórico na antiguidade grega, qual seja: o Proêmio das *Histórias* de Heródoto. Obra organizada a partir de nove livros que recebem os nomes das Musas Gregas (Clio, Euterpe, Tália, Melpômene, Terpsícore, Érato, Polímnia, Urânia e Calíope), estabelecidos nas versões de copistas, o material se inicia com uma introdução bastante reveladora, enumerando elementos importantes a se compreender na escrita da história do autor grego.

No proêmio da obra de Heródoto está lançado o principio axiológico de sua narrativa:[8]

> *Ἡροδότου Ἁλικαρνησσέος ἱστορίης ἀπόδεξις ἥδε, ὡς μήτε τὰ γενόμενα ἐξά νθρώπων τῷ χρόνῳ ἐξίτηλα γένηται, μήτε ἔργα μεγάλα τε καὶ θωμαστά, τ ὰ μὲνἝλλησι τὰ δὲ βαρβάροισι ἀποδεχθέντα, ἀκλεᾶ γένηται, τά τε ἄλλα κα ὶ δι' ἣναἰτίην ἐπολέμησαν ἀλλήλοισι. (I, 1)*

8 Aqui se referencia, no grego e com o alfabeto grego, apenas o primeiro trecho de Heródoto, conforme consta no site do Perseus Project, utilizando: *Herodotus*, com a tradução e texto em inglês da *Harvard University Press*. Os demais aparecem em grego mas transliterado para nosso alfabeto, para facilitar a leitura.

> Os resultados das investigações de Herôdotos de Halicarnassos são apresentados aqui, para que a memória dos acontecimentos não se apague entre os homens com o passar do tempo, e para que feitos e maravilhosos e admiráveis dos helenos e bárbaros não deixem de ser lembrados, inclusive as razões pelas quais eles se guerrearam.[9]

Primeiramente *histories apodexis* (exposição pública da investigação), para que "*hôs mête ta genomena ex anthrôpôn tôi chronôi exitêla genêtai, mête erga megala te kai thômasta, ta men Hellêsi ta de barbaroisi apodechthenta, aklea genêtai, ta te alla kai di' hên aitiên epolemêsan allêloisi*" (para que feitos e maravilhas de gregos e bárbaros bem como as causas pelas quais lutaram não se percam com o tempo). Desse parágrafo ecoariam na historiografia que versa sobre Heródoto a *historiês*[10] (investigação), a *megala* (grandeza) e *thômasta* (maravilha) as quais comportariam a grandeza das práxis humanas e toda sua portentosidade trágica, daí a questão axiológica (PIRES: 1999, 148). Esse proêmio, possível certidão de nascimento da História (HARTOG: 2001, 43) também seria refletido em Aristóteles, ainda na tradição antiga, ao diferenciar o objeto do trabalho do poeta e do historiador. Este como se detendo ao que aconteceu (feitos humanos) e aquele ao que poderia acontecer (Aristóteles: 1999, 47). E a partir de então o historiador grego muito seria criticado, desacreditado, interpretado, de forma que as mais variadas gamas historiográficas surgissem. Seria demasiado exaustiva uma análise de todas essas gamas, não obstante, opta-se por delimitar a análise a partir da produção das últimas décadas que, malgrado aqui se restrinjam a uma pequena quantidade, refletem questões de ordem geral para o entendimento das problemáticas e interpretações do historiador grego. Aclara-se também que não se está preso a nenhuma tendência teórica nem escola ligada a país e se observa apenas a ordem cronológica do lançamento das obras e possíveis temáticas em comum.

Na década de 1980, Guy Lachenaud faz um balanço historiográfico dos estudos sobre Heródoto do século XX, dizendo sobre o repertório das óticas, intelectuais e político-ideológicas imbricadas na interpretação da obra:

---

9 Tradução de Mario da Gama Kury: 1988.

10 Aparece com essa conotação pela primeira vez em Heródoto, no sentido de investigação de acontecimentos passados para a memória. A palavra torna a aparecer mais 5 vezes no texto herodotiano (I,1-II,99-II,118 e 119-VII, 96) e outras 364 em textos gregos.

> o triunfo do positivismo e da hipercrítica, a ascensão dos nacionalismos no entre guerras, a exaltação do artista criador de uma obra profundamente unificada, a importância crescente da crítica formal, temática ou estruturalista, a crise da ideologia do sujeito criador, a evolução da ciência histórica que redescobre o interesse da história social, da anedota significativa ou das mentalidades coletivas. (Lachenaud *apud* Pires: 2000, 2)

E é nesse mar de confluências de pensamentos, tendências e inovações historiográficas fruto do saber cumulativo que surge aqui o primeiro autor a ser observado, François Hartog (1980) e o seu *O Espelho de Heródoto: ensaio sobre a representação do outro.* A obra antes de tudo lança um olhar hermenêutico à narrativa herodotiana apreendendo a forma como o historiador grego cria um mecanismo de decodificação da cultura do *outro* para a cultura grega, o que Hartog chama de *retórica da alteridade.* Por outro lado, Hartog também enfatiza, e daí o efeito do espelho, que o olhar de Heródoto objetiva ver no *outro*, diferente, nada senão a si mesmo, uma vez que um dos mecanismos de construção da identidade é justamente aquele que se acentua na definição daquilo que é diferente do que se quer criar como identitário. Essa é uma contribuição bastante profunda que se pode atribuir à análise hermenêutica empreendida por Hartog. Por sua vez a análise hermenêutica de Hartog nasce das influências da antropologia histórica de Lois Gernet e Jean-Pierre Vernant, além das questões da escrita da história trazidas por Michel de Certeau as quais também contribuirão para descortinar um novo horizonte epistemológico aos pesquisadores que posteriormente abordarão as *Histórias.* Primeiramente tem-se uma contribuição na ampliação do horizonte historiográfico descortinado por Hartog: o da antropologia histórica, que por si só já projeta novos problemas, métodos e objetos. Em seguida, analisando a questão da construção do conhecimento histórico, mais voltado ao texto herodotiano, Hartog discute os objetivos da escrita e faz uma aproximação ligeira com a escrita do aedo, aonde, tanto o historiador quanto o aedo se preocupam com a *kléos* (glória para o não esquecimento) daquilo que narram, mas também há suas diferenciações, que estão no fato de que o aedo entoa o *épos* (epopeia), com ênfase no individual e suas façanhas, enquanto o historiador se utiliza da prosa, voltada à coletividade e aos grandes feitos humanos em geral. Mas o caráter de maior diferenciação estaria ligado ao que Heródoto enuncia no proêmio: *historiês.* Outra contribuição importante é aquela que se assenta nos princípios de efeito de realidade presentes na narrativa herodotiana:

> Tradução da diferença entre aquém e além, o thôma produz finalmente um efeito de realidade, como se dissesse: eu sou o real do outro. Com efeito, na esfera do outro, as coisas, os erga não podem menos que os thomastá. Nesse postulado repousa a verossimilhança. Na medida em que sua presença na narrativa produz um efeito sério, na medida em que cria um efeito de realidade (e há o efeito sério apenas porque há efeito de realidade), enfim, na medida em que repousa no olho-medida do viajante, o thôma é bem um procedimento para fazer-crer, desenvolvido pela narrativa de viagem. (Hartog: 1999, 251)

Assim evidencia-se um meio de percepção e restrição dos seus objetivos (o que cerca o *erga megala te kai thômasta* do seu proêmio) e também uma preocupação com a recepção de sua *historiês apodexis*, no seu processo de tradução do *outro*, de confrontação com o diferente e do efeito de crença a ser gerado nos seus ouvintes. Além disso, Hartog recupera no texto herodotiano as quatro marcas de enunciação do sujeito narrativo: eu vi, eu ouvi, eu digo, eu escrevo (Hartog: 1999, 228). E é a partir dessas marcas de enunciação que:

> o historiador firma todo o alcance declaradamente pretendido para a veracidade de sua narrativa porque atende aos reclamos de seu dever historiante: por vezes ajuíza a verdade dos informes, por vezes adverte sua incredulidade, por vezes meramente os expõe, por vezes deixa em suspenso esse juízo remetendo-o para a decisão do ouvinte/leitor. E por tais modos narrativos almeja persuadi-lo pela ambigüidade mesma dessa sua retórica discursiva. (Pires: 2000, 4)

Assim o próprio elemento de construção textual, a forma como Heródoto expõe suas fontes e seus informantes, suas opiniões e/ou suspensões de juízo, na análise de Hartog, muito dizem sobre seu método investigativo e contribuem para a apropriação hermenêutica de seu texto.

Vê-se, portanto, que o *thôma* (maravilhoso), o *erga* (feito, obra, trabalho) e a *historiês apodexis* (exposição da investigação) são retomados e revalidados em Hartog[11] para o melhor entendimento de Heródoto, junto ao instrumental hermenêu-

11 Aqui se opta por não discutir ainda a questão do *histor*, trabalhada por Hartog em seu *Espelho* e também em *A historia de Homero a Santo Agostinho*. Não se discute a mesma por entendê-la não como elemento central da análise dele, nem de suas contribuições às

tico de análise da narrativa e à antropologia histórica, que auxiliam ao se desvendar o processo de construção do conhecimento histórico presente nas *Histórias*.

Num outro tipo de análise, anos depois de Hartog, vem Keineth Waters (1985) e *Herodotos the Historian: his problems, methods and originality*. Waters se detém mais à composição e construção de um Heródoto historiador, buscando métodos (ou construindo-os no historiador grego) não enunciados. Primeiramente dá importância às viagens na formação de Heródoto e em sua investigação (Waters: 1985, 24-25). Daí muitas das coisas que viu e ouviu iriam parar nos seus escritos finais, a partir dos relatos que coleta de sacerdotes egípcios ou não (além de outros informantes oficiais), persas ou ainda de coisas dispersas que ouve. Waters percebe também aspectos que circundariam uma "filosofia da história" presente nas *Histórias*, o que pode ser atestado pela presença das crenças, atitudes morais e religiosas que se fazem presentes no decorrer da obra ou ainda, de forma geral, no imaginário grego do século V a.C. (Idem, 96). Quanto a estrutura da obra, Waters observa suas digressões (o próprio livro IV seria uma delas, quando Heródoto se dedica à análise dos Citas, trabalhados por Hartog, ou ainda em V, 52-96 e VI, 51-93, para citar apenas uns poucos exemplos) mas também vê nelas um caráter positivo, enriquecedor da obra que deve ser levada em consideração segundo as propostas que levanta para os gregos antigos e não para os historiadores modernos. A narrativa herodotiana seria fruto de influências literárias, quer épicas, com elementos genealógicos e temáticos bastante acentuados (Idem, 61-62) quer trágicas, observadas pelas dramatizações perceptíveis em certas histórias que conta (I,8-13, como no caso de Giges e Candaules ou I,30-45 na história de Creso, dentre outras).

Assim, Waters ressalta a formação de Heródoto conjuntamente à própria construção das *Histórias*, não se podendo dissociar Heródoto e sua obra. Também ressalta a influência do pensamento da época, quer o mítico quer o racional, gerando um tipo de "filosofia da história". Tudo isso e suas múltiplas problemáticas seriam responsáveis por um certo caminho (método) na obra, o qual deve ser levado em consideração por qualquer historiador modernos que a leia.

questões aqui abordadas. Por outro lado, ao se observar a *gnome* e *doxa*, seria interessante ter em mente sua ligação à tradição do *histor*, pois "a historie de Heródoto, com seu zelo de guardar a memória do que aconteceu dos dois lados (gregos e bárbaros), conservará algo da posição do hístor como árbitro, mesmo se o historiador não é nem pode ser um hístor". (Hartog: 2001, 35).

Catherine Darbo-Peschansky em 1987 publica um livro bastante completo intitulado *O discurso do particular: ensaio sobre a investigação de Heródoto*, onde aborda a questão da verdade nas *Histórias*. A especificidade de suas investigações não chegaria a uma verdade absoluta como resultado, visto que isso seria impossível para os humanos, mas se chega a uma verdade relativa através da narrativa, pelo testemunho oral e da literatura, a qual ele escolhe como verdadeiro, conforme fala Paul Veyne no prefácio à obra (Darbo-Peschansky: 1998, 10). Neste sentido imagina-se poder estender essa ideia declarada sobre a obra de Darbo-Peschansky como que uma extensão das modalidades de crença do próprio Veyne (1983), vistas como verdades historicamente construídas. No entanto Paul Veyne declara no prefácio o não sectarismo de Darbo-Peschansky, mas sua imersão no pensamento de Marcel Détienne, Genette, Lois Gernet, Nicole Loraux, Vernant e Vidal-Naquet.

Ainda no prefácio Veyne declara, em consonância com Darbo-Peschansky, que o próprio saber para Heródoto é estar bem informado (Darbo-Peschansky: 1998, 10) e não deter a verdade sobre algo. E a análise de Darbo-Peschansky vai demonstrar grandes domínios historiográficos, teóricos e metodológicos e erudição de crítica da fonte observando alguns elementos que de certa forma avançam ao já enunciado por Hartog e também a outros que a antecederam. A *diké* (justiça, principalmente a divina) como o motor da história herodotiana (Idem, 48-49), numa perspectiva filosófica do devir das ações humanas e suas implicações com a qualidade de seus atos. Outro ponto em que se detém Darbo-Peschansky é aquele em que interpreta as *Histórias* não de acordo com uma tradição já estabelecida, vendo digressões, lapsos e falta de unidade na obra. Ela vê a diversidade em Heródoto como indicativo da unidade de suas narrativas, unidade lançada num estilo de narrar (Idem, 18). Seguindo alguns passos de uma interpretação discursiva já feita por Hartog, ao tratar dos princípios de enunciação da narrativa, Darbo-Peschansky vai mais além e aprofunda a análise, observando três categorias de discurso segundo o emissor: uma onde Heródoto se firma no *eu*, uma outra em *informantes* e por fim nos comentários que chama de *soltos*, impessoais no caso. No *eu*, afirma suas opiniões, o que viu, mediu, constatou. Nos *informantes*, o que ouviu, o que de qualquer modo tenha chegado aos seus ouvidos e ele reproduz. E os comentários *soltos*, dispostos aleatoriamente sem vinculação pessoal nenhuma, talvez fruto de especulação que se quer como impessoal. Assim chega-se a algum tipo de limite de informação por parte das fontes de Heródoto. Sabe-se que ele se apoia em boa parte a sua visão (*opsis*) e na sua audição (*akoe*). Veja-se, por exemplo, o excerto que indica Darbo-Peschansky, das *Histórias*:

> Tudo que eu disse até agora é o resultado de minhas próprias observações (no texto lê-se do que tenho visto, *opsis)*[12] de meu julgamento (no sentido de reflexões, *gnome*) e de minhas investigações (*historie*); daqui em diante me reportarei às crônicas egípcias, de acordo com o que ouvi (*ekouon*), acrescentando a isso algumas observações (novamente no sentido de *opsis*) feitas por mim mesmo. (II, 99)

Desta forma, delimita-se a *opsis* e a *akoé* (verbalmente conjugado acima como *eukouon)* e seu papel nesse pequeno contexto, que à grande maioria pode ser estendido. Outro ponto importante que aparece no excerto e que na análise que Darbo-Peschansky faz das *Histórias* é importante é a *gnome* (opinião, julgamento reflexivo) que faz par com a *doxa* (crença, o que aparenta, opinião). *Doxa* e *gnome* estarão ligadas portanto a uma positivação da opinião, uma vez que a verdade é inatingível para os humanos. Mas o campo da verdade, em palavras, aparece em Heródoto, conforme o detalha Darbo-Peschansky:

> Nas *Histórias*, o campo léxico da *alethéia* consiste de 81 ocorrência: 28 no próprio substantivo, 17 do advérbio *alethéos*, 34 do adjetivo alethes e 2 do verbo *alethizomai*. Somente em 15 oportunidades, Heródoto emprega esse vocabulário em declarações geralmente de menor importância. Tais declarações dividem-se de fato em quatro categorias: reservas em relação ao fato discutido, e isso por nove vezes; ou 'opiniões de verdade', em dois casos; ou ainda, em duas ocasiões, precisões eruditas de puro detalhe, sem comprometer de modo algum o conjunto da exposição em que se inserem; por fim, assertivas hesitantes, em dois casos apenas. (Darbo-Peschansky: 1998, 186)

Daí se associar a modalidades de crença, ou mesmo graus de verdade, contidos em opiniões recolhidas, em observações e declarações que apontam para uma *dóxa* ou *gnome*, mas que não soam como um tipo de verdade (*alethéia*) inatingível, como se enunciou há pouco. Darbo-Peschansky desenvolve essas questões minuciosamente, seja quantitativa seja qualitativamente. Por fim ela circunscreve um jogo que chama de *três tempos*, centrado na opinião, onde:

---

12 As observações são nossas, de acordo com Darbo-Peschansky, mas como se utiliza a tradução de Mário da Gama Kury, conforme referências bibliográficas, há algumas alterações nas palavras traduzidas, mas mantemos o sentido, entre parêntesis, do grego).

> os informantes proporcionam opiniões sobre as quais, a seu turno, se exerce a opinião do investigador, enquanto o leitor ouvinte é convidado a apresentar a sua própria diante desse contexto. (Darbo-Peschansky: 1998, 216)

Tem-se, por conseguinte, segundo ela, um campo de verdades atingíveis pelos homens, *atrékéia* (exatamente) e *orthotes* (retidão, justeza, correção), pelos seus próprios meios (Darbo-Peschansky: 1998, 216). Darbo-Peschansky contribui em muito no aprofundamento das questões aqui esboçadas. Fornece subsídios a outros diversos tipos de leituras e análises das *Histórias*, lembrando-se principalmente que ela as caracteriza como diversidade unida em torno de uma complexidade.

Num outro tipo de análise, não tão minuciosa quanto a de Darbo-Peschansky, Donald Lateiner, em1989, cria o seu *The historical method of Herodotus*. Aqui segue a vertente daqueles que trabalham com os elementos literários presentes na obra de Heródoto, tais como filosóficos, retóricos, políticos entre muitos outros, uma análise dos costumes literários nas *Histórias* (Lateiner: 1989, 5). Observa a forma como dentro da obra herodotiana se pode perceber (ou mesmo construir!) a estruturação de um método, seja de construção de um passado (mesmo que recente), mesmo que pela arte da retórica. Neste sentido Lateiner analisa também o proêmio das *Histórias*, observando suas categorias de enunciação, delimitação de objetivos e o suposto caráter de investigação (*historiês*) e esquadrinhamento de uma obra em tão pouco espaço, realmente algo sintético e "didático", imerso, obviamente, em sua complexidade. Outro aspecto que analisa é a própria forma que a exposição da investigação (*historiês apodexis*) toma, em seus aspectos de demonstração pela argumentação linear da narrativa, os critérios de credibilidade que tenta passar ao leitor/ouvinte, as versões de determinados acontecimentos, para os quais em alguns casos dá mais de uma versão e em outros apenas uma. Veja-se, por exemplo:

> Façam bom uso dessas histórias egípcias as pessoas que acreditam nelas. Quando a mim, meu objetivo ao longo de toda a obra é registrar tudo que me foi dito tal como ouvi de cada informante. (II, 123)
>
> Não sei se isso é verdade; escrevo o que se fala; mas tudo é possível... (IV, 195)
>
> Ainda me causa admiração, no que ouvi dizer... (VII, 153)[13]

13 Tradução Mario da Gama Kury: 1988.

No primeiro caso, um apelo à credibilidade pela certificação de que ele ouviu, supondo que seja de um interlocutor confiável, e reproduz tal qual chegou aos seus ouvidos. Aqui o mesmo mecanismo explorado por Darbo-Peschansky, da *akoe*, também presente nos outros dois excertos. Há também a argumentação de credibilidade à exposição que se liga ao mecanismo da *opsis*. Não analisados com a profundidade de Darbo-Peschansky, mas presentes implicitamente nas análises literárias de Lateiner que de sua forma tenta evidenciar um método em Heródoto. Outro ponto que observa é o da *poiesis* (no sentido de criação) do fato histórico, observando-os de acordo com o que constituiria um fato para um grego, aí a ligação com questões materiais de propriedade, etnografia (para resumir a ideia de culturas diversas e o interesse que porventura isso pudesse causar aos helenos), questões as quais tornariam a paternidade da história de Heródoto bastante discutida. Da análise de Lateiner, o ponto mais interessante talvez seja aquele em que se detém ao sentido do método herodotiano e às suas peripécias explicativas dos acontecimentos. O evento e sua explicação em Heródoto, segundo a interpretação de Lateiner, poderia ser caracterizado por cinco sistemas: 1)inveja divida; 2)ciclo e destino; 3) divindades; 4) ação e reação e 5) análises históricas de origens (em alguns dos pontos uma aproximação da ação da *diké*, *hybris*, esta como abuso ou insolência por parte dos homens, etc). Tais formas de explicação têm, em muitos aspectos, algo de filosofia da história também, para além de uma análise dos pressupostos epistemológicos em metodologia histórica. Tais perspectivas interpretativas estão, por sua vez, mais voltadas à explicação dos fatos, neste momento, que à sua própria construção. Não obstante, é nesse sentido que mais contribui Lateiner, pois além de um horizonte exclusivamente voltado a um método direto, ele também busca os elementos sutis ou não que fornecem esse tipo de explicação para os acontecimentos e, de certa forma, para o próprio devir humano, reconhecendo as relações entre mundo humano e divino, suas problemáticas e a importância dessa ideia no contexto cultural grego do século V a.C.

Considerações finais

E é na forma de cada um dos pesquisadores se portarem diante do seu objeto (na forma e conteúdo que se buscam explorar na obra de Heródoto) bem como dos demais fatores em torno da produção do conhecimento histórico que se apontou, de acordo com Hartog (produção acadêmica, releituras de fontes e atualização historiográfica), que são dispostos os trabalhos e os historiadores aqui apresentados. Pode-se definir tais trabalhos como que pertencentes a uma historiografia bastante heterodoxa que, independente dos seus lugares de origem e/ou vinculação teórica, ou não, coincidentemente fizeram parte de uma década, a de 1980, de releituras dos aspectos da construção do conhecimento em Heródoto. Quanto às suas utilidades pode-se dizer que (e isso é um olhar totalizante, uma vez que para sua utilização não é necessário ser vinculado a nenhum tipo de análise especificamente) o mais interessante é o aproveitamento daquilo que é mais útil à análise do objeto de quem vai utilizar os seus instrumentais. O que vale dizer é que a não vinculação a uma tendência interpretativa torna possível essa ecleticidade ao se construir uma própria metodologia de trabalho para compreender o autor grego.

Desta forma, cada autor enumerado representa uma contribuição a qualquer historiador que se aventure no mundo das releituras e revisitações às *Histórias* de Heródoto. Hartog com sua análise da *retórica da alteridade*, a análise da *histories* herodotiana, assim como outros autores, sua delimitação do campo do *thôma*, bem como outros detalhes na obra. Waters e sua análise da influência da formação de Heródoto, das suas viagens, da percepção de uma possível "filosofia da história", da presença do caráter religioso e moral nas *Histórias*, análise das digressões e do método de coleta dos dados de Heródoto. Darbo-Peschansky e seu cercamento dos campos da *opsis*, *akoe*, *gnome e alethéia*, bem como sua análise da *historiês*. Lateiner e seu estudo sobre o literário na narrativa herodotiana, elementos de retórica na construção da narrativa, a *poiesis* do fato e a definição dos sistemas explicativos dos fatos nas *Histórias*. Cada um limita um campo de análise, propõe uma explicação e/ou interpretação, relê as *Histórias* e auxilia no seu entendimento. Muitos os utilizam com frequência em seus trabalhos, que por sua vez cercam também problemáticas as mais variadas (religião, política, literatura, gênero etc.). E no meio do constante produzir conhecimento, reler fontes, interpretar e reinterpretar questões vale a perspicácia e rigorosidade do historiador ao cercar seu objeto, se utilizar do conhecimento que se acumula academicamente e criar seu instrumental de análise. Desta forma a renovação do conhecimento continua perene e, no caso de Heródoto e suas *Histórias*, malgrado os 2500 anos aproximadamente em que se ecoam considerações a seu respeito, ainda há muito que se descortinar, muitos campos a serem analisados, relidos, reinterpretados e, por fim, reconsiderados enquanto objeto do conhecimento.

Algumas edições em Língua Portuguesa

Com o intuito de subsidiar os estudos sobre Heródoto, fora as observações anteriores sobre as edições e versões em grego da obra do historiador grego, cabem algumas menções aos materiais disponíveis em língua portuguesa para o público em geral e pesquisadores.

A Editora Ediouro possui uma versão, baseada na tradução de J. Brito Broca de uma versão em Inglês da coleção Clássicos Jackson. Esta versão conta com um breve estudo crítico de Vítor Azevedo e pode servir como um primeiro passo para leitura do historiador grego para o público em geral.

Existe a tradução de Mário da Gama Kury, *Histórias*, publicada pela Editora da Universidade de Brasília, baseada na versão em grego de H. Stein, de Berlim (*Herodoti historiae*, 1869-1871). O trabalho de Gama Kury, que conta com subsídios de diversos outros materiais, buscou conservar diversas características da obra de Heródoto, mormente nomes próprios que na referida versão não são latinizados. Conta com um breve estudo crítico introdutório, tabela de valores e medidas gregos e um bom índice onomástico, indicado para estudos acadêmicos.

Numa versão portuguesa, pela Editora Edições 70, de Lisboa, há a tradução coletiva de José Ribeiro Ferreira, Maria de Fátima Silva, Cristina Abranches Guerreiro, Delfim Ferreira e Leão e Carmem Leal Soares. A obra foi publicada e dividida em livros fragmentados, disponibilizando um bom estudo crítico dos autores, sendo a melhor versão em língua portuguesa disponível para trabalhos acadêmicos.

Referências bibliográficas.

Fontes:

HERÓDOTO. *História*. Trad. J. Brito Broca. Rio de Janeiro: Ediouro, s.d.

HERODOTO. *Los nueve libros de la Historia*. Trad. S.J. P. Bartolomé. Barcelona: Editorial Ibéria, 1955, Ts I y II.

HERÓDOTO. *História*. Trad. Mário da Gama Kury. Brasília: EdUNB, 1998.

HERÓDOTO. *Histórias: Livros I ao IX*. Tradutores: José Ribeiro Ferreira, Maria de Fátima Silva, Cristina Abranches Guerreiro, Delfim Ferreira e Leão e Carmem Leal Soares. Lisboa: Edições 70, 1994-2002.

HERODOTUS. *Persian wars*. Translation by A.R. Godley. Cambridge: Harvard University Press, 1986, Vol. I - IV.

ARISTÓTELES. *Política. Coleção Os Pensadores*. Tradução de Therezinha Monteiro Deutsch e Baby Abrão. São Paulo: Nova Cultural: 1999.

Outras:

BUTLER, S. *The Atlas of ancient and classical geography*. Richard Clay & Sons, Limited: 1907.

DARBO-PESCHANSKI, C. *O discurso do particular: ensaio sobre a investigação de Heródoto*. Trad. Ângela Martinazzo. Brasília: EDUNB, 1998.

HARTOG, F. *A História de Homero a Santo Agostinho*. Trad. Jacyntho Lins Brandão. Belo Horizonte: EdUFMG, 2001.

______. *O Espelho de Heródoto: ensaio sobre a representação do outro*. Trad. Jacyntho Lins Brandão. Belo Horizonte: EdUFMG, 1999.

LATEINER, D. *The Historical Method of Herodotus*. Toronto: University of Toronto Press, 1989.

PIRES, F. M. *Resenha: HARTOG, François. O espelho de Heródoto*. Texto consultado em setembro de 2002 no site www.ceveh.com.br.

______. *Mithistória*. São Paulo: Humanitas Publicações/FFLCH/USP, 1999.

WATERS, K.H. *Herodotus the Historian: his problems, methods and originality*. Norman: University of Oklahoma Press, 1985.

3

Uma ambiguidade retórica tucididiana

Anderson Zalewski Vargas
Universidade Federal do Rio Grande do Sul

> Compreendo agora como eram inevitáveis as antigas versões mitológicas [de desastres] e como são artificiais e contrários à índole de nosso entendimento espontâneo os hábitos recentes que a ciência nos ensina. (William James, filósofo, depois de testemunhar o terremoto de São Francisco em 1908.)

Este é o proêmio da obra do famoso historiador Tucídides (460-400/396 A.E.C.), *A história da guerra dos peloponésios e atenienses*[1]:

> Tucídides de Atenas escreveu a guerra dos peloponésios e atenienses, como a fizeram uns contra os outros. Começou a narração logo a partir da eclosão da guerra, tendo prognosticado que ela haveria de ganhar grandes proporções e que seria mais digna de menção de que as já travadas, porque verificava que, ao entrar em luta, uns e outros estavam no auge de todos os seus recursos e porque via o restante do povo helênico alinhando-se de um lado e outro lado, uns imediatamente, outros pelo menos em projeto.[2]Esta comoção foi a maior para os helenos e para uma parcela dos povos bárbaros e, pode-se mesmo dizer, atingiu a maior parte da humanidade (I. 1.2).

1 As traduções do primeiro livro de Tucídides são de Anna Lia Amaral de Almeida Prado, por vezes com pequenas alterações. Os eventuais destaques do texto e das citações são todos meus.

É preciso reconhecer que o qualificativo "famoso" deve parecer estranho ao leitor não iniciado – pois, hoje, é preciso ser participante de um restrito grupo para não indagar "quem?". Não bastasse o *status* ambíguo da história em nosso tempo, o interessado pelo passado greco-romana é minoritário no universo dos estudos da disciplina que apenas concede, muitas vezes sem maior reflexão, ter seu nascimento definido pela obra do outro grande historiador heleno, Heródoto (484-430/420 A.E.C.).

Há pouco tempo, contudo, em coleção sobre os historiadores clássicos, ambos, Heródoto e Tucídides, foram incluídos. O texto sobre o filho de Tucídides de Oloros ficou a cargo do colega Luiz Otávio de Magalhães (2012), que conseguiu conciliar uma apresentação geral com análise de diversos pontos relevantes do autor e da obra. A *Guerra dos peloponésios e atenienses* é, contudo, muito complexa, e, ecoando sua fama já na Antiguidade, tem sido objeto de diversos trabalhos acadêmicos desde o Humanismo (Murari, 2007). Resolvi destacar um aspecto polêmico do trabalho tucidídiano, contraditor de algumas de suas principais avaliações modernas, reescrevendo parcialmente seção de minha tese de doutorado.

Em *Thucydides Mythistoricus* (1971, 68-69), Francis M. Cornford transcreve uma passagem admirável de Th. Gomperz(1901, 503); admirável porque mostra a solidariedade entre uma determinada concepção *moderna* do escrito de Tucídides e uma correlata visão *moderna* de natureza:

> É difícil existir outro par de contemporâneos que ofereçam um contraste mais fulgurante que Heródoto e Tucídides. Um escasso número de anos separa uma obra da outra, mas um abismo de séculos parece abrir-se entre seus respectivos temperamentos e inspirações. Heródoto cria através de uma concepção inteiramente antiquada; Tucídides é o moderno dos modernos. Ele faz a depuração geral de aspectos políticos e religiosos, das simpatias por lendas e novelas, das crenças primitivas, raramente mitigadas pela luz da crítica, que caracterizaram o seu antecessor. O olhar de Tucídides é primariamente fixado nos fatores políticos, sobre a verdadeira relação de forças, sobre *a fundação natural*, por assim dizer, do fenômeno histórico. Ele procura pelas fontes deste, não nas interferências de seres sobrenaturais, nem também, exceto em grau moderado, nos caprichos e paixões do indivíduo. Para além destes, ele sempre buscou as *forças universais* que o animavam, as condições dos povos, o interesse dos estados. Foi seu empreendimento constante descrever o curso dos assuntos humanos

como se eles fossem um *processo da natureza* determinados pela luz da *causalidade inexorável.*[grifos meus]

Não é à toa que Gomperz vê um abismo de séculos entre Heródoto e Tucídides. O historiador ateniense é, aos seus olhos, *moderno*, porque a concepção de história a ele atribuída é análoga a uma concepção *moderna* de natureza. Tucídides é considerado *moderno* porque sua *História*[2], assim como a *natureza moderna*, é uma realidade submetida à ação de forças universais, que a determinam de forma inexorável. Tucídides é *moderno* porque concebe seu ofício de historiador como se fosse o de um cientista contemporâneo. A visão e o trabalho depurador daquele que escreve sobre o passado corresponde à visão e ao trabalho depurador daquele que examina o mundo natural. Ambos, inicialmente, eliminam da realidade o fantasioso, o inexistente, tal como as crenças supersticiosas dos homens comuns ou antiquados; em seguida, distinguem o humano do inumano, o natural do artificial, podendo assim destacar as forças universais determinantes dos processos histórico e natural. No caso do primeiro, as *forças* são as condições dos povos, os interesses dos estados, e constituem a *fundação natural* do processo histórico.

Há, no entanto, uma pequena passagem na *História* que tem embaraçado comentadores modernos há muito tempo; a razão é a suspeita de que nela Tucídides sugeriu ou mesmo afirmou que uma guerra como a do Peloponeso não poderia deixar de ser acompanhada por alterações perturbadoras da natureza. Ora, isso contradiz a base de uma concepção moderna, "racional", separativa de mundo; seria mais adequada ao "antiquado" Heródoto, ou a qualquer heleno dominado pela "mitológica" concepção de um cosmo interligado.[3] Para compreender essa passagem é necessário, acredito, acompanhar o escrito tucididiano desde as suas primeiras linhas.

2 A partir desse momento, por comodidade, assim referirei a obra tucididiana.

3 Sucintamente: a cosmologia separativa imagina a realidade composta de domínios essencialmente separados e independentes - o humano, o divino e o natural; a interligante, supõe a existência de uma totalidade viva em que distintas categorias (vivos/mortos, homens/animais) são reconhecidas, mas ao mesmo tempo conectadas por *links* internos. Na primeira, a univocidade é absoluta; na segunda, impera a ambiguidade. (Oudemans e Lardinois: 1987, 60).

A grandeza da narrativa e o extraordinário do narrado

Há certo tempo tem sido destacada a conexão entre a epopeia homérica e o gênero narrativo histórico (Pires: 1999, 147; Hartog: 2001). Seria convenção herdada a ideia do prólogo em que são expostos os elementos identitários de registros narrativos. No entanto, ao contrário da invocação das Musas, como em Homero[4] e Hesíodo[5], Tucídides primeiro apresenta seu nome, particularizado pelo seu local de nascimento, como sendo o autor do escrito[6]. O mesmo tinham feito Hecateu de Mileto e Heródoto demarcando claramente a esfera de responsabilidade humana na produção deste gênero narrativo[7]. Imediatamente após, Tucídides informa ao leitor ter começado a *escrever a guerra*[8] quando da eclosão da mesma, tendo "prognosticado" que ela teria grandes proporções e que seria mais digna de menção (*megan* (..) *te kai axiologotaton*[9]) do que os que as precedentes. Logo no início do prólogo, portanto, Tucídides o legitima pela *grandeza do fato* – é este o motivo de sua escrita ser a mais

4 "Canta-me a cólera – ó deusa – funesta de Aquiles Pelida.". Homero. *Ilíada*, I. 1; "O homem canta-me, ó Musa, o multifacetado, que muitos males padeceu, depois de arrasar Troia, cidadela sacra.", Homero, *Odisseia*, I 1.

5 "Pelas Musas heliconíades comecemos a cantar.", Hesíodo, *Teogonia*, 1.

6 No *Eutidemo*, Sócrates diz como procederia caso tivesse a tarefa de demonstrar o saber pretendido por seu adversário, o sofista Críton: "De modo que eu, de minha parte, tal como os poetas, preciso, ao principiar o relato, invocar as musas e a Memória."(275d).

7 Tal fórmula inaugural não seria, como observou Gomme, seguida por Xenofonte, nem nas *Hellenika*, que retoma a narrativa a partir da última sentença de Tucídides, nem na *Anabasis*, o relato do retorno de malsucedidos mercenários helenos em sua aventura no império persa. AWG[1] *ad* I. 1. Confira a lista de abreviaturas no final do texto.

8 A primeira historiografia helênica não tem nome individualizador de si. Heródoto faz uma *histories apodeixis*, uma "exposição pública" de sua investigação (I.1); Tucídides *xunegrapse ton polemon*, "escreveu a guerra" (I.1). Apenas no século IV, em homenagem a Heródoto, as narrativas deste, de Tucídides e do que então será julgado congênere de um tipo específico receberá o título distintivo de História. A imprecisão e diversidade original de métodos e objetivos explica, em parte, o que sempre houve de impreciso na definição do que era e do que não era História.

9 Superlativo de *aksio-logos:* digno de ser relatado; memorável. Em português, temos o antepositivo axio, com o sentido de "ponderável, valioso; digno, que merece; conveniente", presente em formadas do século XIX em diante; exs.: axiologia, axioma, axiônimo (Houaiss: 2007).

digna do que aquelas das guerras anteriores: se tratava do acme dos conflitos bélicos helênicos. G.E.R Lloyd (1978), citado por Simon Hornblower (SH *ad* I.1.1), crê ser tal tipo de ousada afirmação uma influência dos hábitos retóricos competitivos dos tribunais de justiça e das assembleias políticas atenienses, que teriam se espalhado para os prefácios de escritos médicos e historiográficos. Supõe-se também que já aqui exista uma comparação aos relatos das duas grandes guerras consagradas pela memória grega, oral e escrita. É o que pensa Moles (1993: 99-100) citado por Murari Pires (1999: 171-172):

> Tucídides, por certos modos, está seguindo nas pegadas de Heródoto, bem como Heródoto, por certos modos, seguira nas de Homero. Mas a insistência tucididiana acerca da grandeza suprema de seu tema - seus superlativos tomam nossos ouvidos - implicitamente refuta Heródoto, justo como Heródoto refutara Homero.

A refutação de Homero por Heródoto é explícita na passagem das *Histórias* (VII.20) em que são descritos os preparativos de Xerxes para a expedição contra os gregos.

> Por quatro anos inteiros a partir da conquista do Egito, Xerxes preparou um exército e tudo o que fosse necessário para ele, e antes do fim do quinto ano colocou-se em marcha com uma grande multidão. Com efeito, de todas as expedições de que temos conhecimento, esta foi em muito a maior, de forma que nenhuma outra lhe pode ser comparada, nem a de Dario contra os citas, nem a destes quando, em perseguição dos cimérios, invadiram a Média, subjugando e governando quase toda a alta Ásia - pelo que Dario depois tentou puni-los -, nem, segundo se conta, a dos atridas contra Troia, nem a mísios e teucros antes de Troia, que cruzaram o Bósforo e entraram na Europa, subjugando todos os trácios e descendo em direção ao mar Iônio, marchando para o sul até o rio Peneu.[10]

O superlativo, portanto, já fora usado por Heródoto para afirmar a superioridade, em termos de grandeza, da guerra que historiava em relação a todas as outras guerras que cria importantes, inclusive a narrada por Homero. O critério seleciona-

10 A partir da tradução de A. D. Godley (1928).

do por Heródoto é o da grandeza quantitativa da expedição organizada por Xerxes. Depois de quatro anos de preparativos, o Grande Rei reunira uma multidão enorme em muito superior a de qualquer outro exército de tempos passados. Isso incluía expedições então recentes, como a de Dario contra os citas, ou distantes, como a dos aqueus contra a Troia. Heródoto realmente "segue as pegadas de Homero", mas a expedição dos atridas é apenas uma dentre aquelas que o historiador julgou dignas de serem mencionadas para comparação com a movida pelo persa contra os gregos. É contrapondo-se a todas elas, e a seus respectivos relatos, que Heródoto confere importância maior à guerra que historia e a sua *apresentação*.

Tucídides, por sua vez, teria feito o mesmo, buscando legitimar seu relato pela afirmação da superioridade da Guerra do Peloponeso contra as relatadas por Homero e Heródoto. Homero e a Guerra de Troia são diretamente questionados pela *História*, mas o mesmo não ocorre com Heródoto e as *Histórias*, o que fez com que se levantasse dúvidas quanto a Tucídides estar ou não se referindo a ele em sua obra.[11] Tendo ou não Heródoto em mente, Tucídides sentiu necessidade de explicar como chegara a sua competitiva e polêmica asserção justificadora:

> porque verificava que, ao entrar em luta, uns e outros estavam no auge de todos os seus recursos e porque via o restante do povo helênico enfileirando-se de um lado e outro lado, uns imediatamente, outros pelo menos em projeto. Esta comoção foi a maior para os helenos e para uma parcela dos povos bárbaros e, pode-se mesmo dizer, atingiu a maior parte da humanidade. (I.1.2)

O verbo utilizado por Tucídides – *tekmairomai* – é um dos termos chaves do seu processo investigativo e da correlata produção de conhecimento, sendo também encontrado na investigação efetuada por Édipo para a determinação do motivo dos males que assolavam Tebas (Marshall, 1996: 235–238). Indica que o investigador inferiu a partir de indícios recolhidos por ele mesmo nos pródromos de um conflito ainda não iniciado. Estes sinais, não apresentados ao leitor, em parte concerniriam aos recursos e preparativos das partes beligerantes, cuja análise lhe permitiu, infe-

11 Gordon Schrimpton coloca em dúvida que Tucídides possa ter conhecido as *Histórias* antes de 420, data da provável publicação da obra herodotiana. Supondo que a *História* tenha tido sua redação iniciada em 431, Shrimpton conclui que as ideias de Tucídides, principalmente as expostas no prólogo, e em particular na *Metodologia*, não foram simples reação ao seu famoso antecessor (1998, 71-82).

rimos, concluir que os rivais tinham atingido o ápice em termos de tudo aquilo que era necessário para a realização de uma guerra. Também teria recolhido, Tucídides, dados relativos à escala humana do conflito; esses teriam-no conduzido, inferimos, ao raciocínio de que todos os povos helênicos estavam ou acabariam envolvidos. Por fim, um juízo geral: a "sua" guerra teria sido a "maior comoção" (*kinesis megiste*) de todos os tempos para helenos e uma parcela dos bárbaros e teria afetado a vida da maior parte das pessoas.

Portanto, em primeiro lugar, ápice de proporções de recursos: militares, alimentares, de treinamento, etc.; em segundo, máxima extensão de envolvimento e de impacto humano do conflito. Essas são as ordens de razões geradas por operação indiciadora e apresentadas como tendo permitido avaliar antecipadamente as inéditas dimensões do que estava por vir. Essas ordens de razões constituem, por enquanto, a dimensão de grandeza que a práxis humana teria comportado durante a guerra entre atenienses e lacedemônios – uma grandeza superior, causadora de verdadeira *kinesis*. Este termo significa literalmente *movimento*, *convulsão*, podendo ser interpretado como uma metáfora biológica, no sentido de perturbação de um organismo (SH *ad* I.1.1.). Por outro lado, o verbo a ele correspondente – *kinein* – é empregado por Tucídides quando do registro do terremoto ocorrido em Delos (II.8.3). Pode-se ver aqui, pois, a imagem de uma realidade completamente transtornada, alterada, convulsionada, como nunca antes acontecera.

Tucídides representado em um mosaico na cidade de Seleucia, Turquia

Fonte: http://www.ancient.eu.com/image/1320/

Tucídides retorna a este aspecto de seu arrazoado para justificá-lo:

> De fato, os acontecimentos anteriores e os mais antigos ainda, dado o recuo do tempo, era-me impossível estabelecê-los com clareza, mas pelos indícios, a partir dos quais, num exame de longo alcance, cheguei a uma convicção, julgo que não foram importantes, nem quanto à guerra, nem quanto ao mais (I.1-3).

Duas temporalidades são referidas: a dos "acontecimentos anteriores" e a dos "mais antigos ainda", os quais se distinguem apenas pelas suas respectivas distâncias do tempo presente. Ao invés de esclarecer o leitor a respeito destes fatos e das respectivas épocas em que ocorreram, Tucídides menciona a impossibilidade de *saphos heurein*[12]: de "apreensão cristalina, transparente de clareza", na bela fórmula de Murari Pires (1999, 156). Porém, logo esclarece ter superado tais problemas com as inferências a partir dos indícios (*tekmerion*) submetidos a um "extenso exame" (*makrotaton skopounti*). O verbo *skopein* descreve a investigação crítica e calculista que avalia e permite conclusões[13], e o resultado do escrutínio tucididiano fora a convicção de que seu prognóstico inicial estava correto: tudo o que ocorrera antes da Guerra do Peloponeso, em todos os seus aspectos, fora de escala inferior.

Tucídides submete, então, seu "extenso exame" ao leitor, escrevendo a *Arqueologia*, o nome dado modernamente ao exame do tempo decorrido dos primórdios da Hélade até a grande conflagração (I.2-19). Como observou Gomme (AWG[1] *ad* I.1.3), Tucídides não oferece novos indícios, mas interpreta os fornecidos por poetas (especialmente Homero), pelos ditos correntes, por outros escritores e mesmo sinais que hoje dizemos "arqueológicos"[14]. Os elementos utilizados para caracterização e avaliação desse passado são os da grandeza dos tempos do império de Atenas. O historiador parece considerar

---

12 Como os gregos, e em parte por causa deles provavelmente, recorremos a termos e metáforas do âmbito da luz quando pensamos em conhecimento. Saber seguro é saber claro (*saphos*). Nos tempos de escola, em aulas de história ou ciência, ficamos sabendo da historieta da *eureka* de Arquimedes. *Heurein* é o infinitivo aoristo do verbo *heurisko:* encontrar, imaginar, inventar, encontrar após investigação, reflexão.

13 Também utilizado nas investigações promovidas pelo protagonista do *Édipo Tirano* de Sófocles (Knox: 1971,100).

14 "E principalmente eram piratas os ilhéus, cários e fenícios, pois foram eles que povoaram a maior parte das ilhas. Eis uma prova: durante a purificação de Delos que os atenienses fizeram durante esta guerra, quando foram desenterradas todas as urnas fu-

a *pleonexia*, o desejo de ganho, como sendo algo espontâneo no homem, mas ele só é satisfeito através da *unidade, segurança* e *estabilidade* de uma comunidade, conferidos por um império marítimo (Farrar: 1990, 138-144). E pode-se dizer que a tese geral de Tucídides é que, até o momento em que se defrontaram atenienses, peloponésios e respectivos aliados em 431, as condições materiais dos helenos não poderiam ter propiciado um conflito da magnitude como o por ele escrito.

Conforme tal orientação geral quanto ao passado mais distante, a Hélade é caracterizada como vítima de *astheneia*, termo empregado para referir *fraqueza física* e, na passagem em questão (I.3.1), designando a falta do vigor necessário para realização de grandes ações. Dividida, instavelmente ocupada porque suas cidades eram sujeitas a *staseis* (conflitos internos que podiam atingir o ponto de uma guerra civil)[15] e à cobiça de terceiros (helenos ou estrangeiros), carecia das condições necessárias para acumular riquezas. Consequência: não havia condições materiais de empreender uma ação coletiva de grande vulto (I.2-3.1). A Guerra de Troia é resultado do primeiro momento de unidade e de prosperidade. Surpreende a muitos ter Tucídides considerado reais personagens para nós obviamente lendários. O marco inicial do fortalecimento dos helenos é, por exemplo, o reinado de Minos, verbete garantido de nossos dicionários de mitologia.[16] Tucídides apresenta o soberano de Creta depurado de detalhes que consideramos fantásticos e, baseando-se no que era conhecido pelos ditos correntes (*akoai*), assevera ter sido ele o primeiro a organizar uma frota; "como

---

nerárias existentes na ilha, viu-se que mais da metade eram cárias." (I.8.1). Conhecemos o termo para "prova" (*marturion*) pela tradição cristã.

15 É assim que o ateniense das *Leis* platônicas avalia a *stasis*: "Diz-nos então: reconheces claramente que fazemos dois tipos de guerra [*polemos*]? Em resposta a isto, presumo que mesmo um homem muitos menos capaz que Tirteu diria que está correto, que há dois tipos, um deles o que chamamos de *stasis*, que é de todas as guerras a mais amarga(...), enquanto o outro tipo, que suponho todos nós concordaremos, é aquele no qual nos envolvemos quando lutamos contra inimigos externos e estrangeiros – uma espécie de guerra muito mais branda que a primeira." (629d)

16 "Minos é um rei de Creta que *se dizia* ter vivido três gerações antes de Troia. Geralmente é dado como filho de Europa e de Zeus(...)."(Grimal: 1992, 313). Transmitindo o que se dizia sobre a relação dos cários com o soberano de Cnossos, Heródoto observou: "até onde eu posso saber por *akoe* [*o que se dizia*, tradição oral]" (I.171.2); e também escreveu saber ter sido Polícrates, o tirano de Samos, o primeiro heleno "da raça dos homens" a pretender o domínio dos mares, desconsiderando Minos e outros que porventura anteriormente tivessem exercido tal domínio (III.122. 2).

era natural", para aumentar seus recursos, expulsara os piratas das ilhas, tornando a navegação mais segura (I.4.). Os habitantes do litoral passaram então a desenvolver "aquisição de bens", a viver com maior estabilidade e algumas cidades até se cercaram de muralhas porque se tornaram mais ricas (I.8.3). Segurança levou à acumulação e esta à dominação – o desejo de ganho (*kerdos*) fazia com que os mais fracos se submetessem aos mais fortes, e "os mais poderosos, tendo reservas, submetiam as cidades menores"(I.8.3). É nesta primeira situação de prosperidade que, de acordo com Tucídides, se organizou a expedição a Troia, cujo registro coube à poesia.

Era arriscado, adverte Tucídides vez por outra, confiar nos indícios fornecidos por Homero e por qualquer outro poeta. O juízo mais conhecido está ao final da reconstrução arqueológica, quando defende a autoridade de seu escrito pela contraposição a duas outras fontes de conhecimento daquele passado distante:

> Com base nos indícios que foram enunciados, entretanto, não erraria quem julgasse os fatos, de modo geral, tais como eu os apresentei, e não confiasse nem no que a seu respeito os poetas celebraram, *tendo antes em vista adornos engrandecedores*, e nem no que os logógrafos[17] compuseram, tendo antes em vista o que é mais do agrado do auditório ao que é mais verdadeiro, dado que eles são incomprováveis e, na sua maioria, pela ação do tempo, foram transportados para a dimensão incredível do mítico. (I.21.1)

Tucídides, contudo, opera com os dados fornecidos pela épica para mostrar que a guerra por ele cantada era inferior à *comoção* que ele escrevera. Primeiro, através do cálculo de homens embarcados nas naus dirigidas à Troia (I.10.4-5); segundo, argumentando que tal número, não muito grande, era consequência da falta de recursos. Evidência disso eram os fatos da expedição não ter aproveitado o sucesso inicial alcançado, de terem sido construídas muralhas defensivas e as provisões terem sido obtidas através do cultivo e de pilhagens. Aquilo que poderia ser um sinal de grandeza, os dez anos de luta, torna-se signo de fraqueza (Pires: 1999, 176). Fossem ricos, teriam levado suprimentos suficientes e logo resolvido a situação. E Tucídides conclui: a expedição a Troia pode ter sido notável em relação às que lhe precederam, mas era inferior à fama que auferira e que mantinha graças aos poetas.

---

17 Os que registravam *logoi*, relatos.

> Mas, se por falta de recursos as empresas anteriores a essa eram de pouca importância, também essa, embora mais famosa que as precedentes, mostra-se pelos fatos muito mais pobre do que dela se fala e do que tradição atualmente firmada a seu respeito, graças ao relato dos poetas. (I 11, 3)

Fora expedição de tal porte que os helenos de então puderam realizar e novas condições para empreendimento conjunto somente surgiriam ao final de um longo processo que culminou com a derrubada dos tiranos[18] e possibilitou o enfrentamento e a derrota do bárbaro. Não é o que se pode chamar de processo linear e irreversível. Os tiranos parecem ser inicialmente razão de estabilidade e, na lógica tucididiana, de enriquecimento por permitirem a expansão da marinha e do comércio naval (I.13). Posteriormente os mesmos tiranos tornam-se, juntamente com os persas conquistadores da Jônia, um obstáculo à acumulação de riquezas por que estavam mais preocupados com sua segurança pessoal e com a prosperidade de sua família. Tinham sido, por decorrência disso, excessivamente cautelosos na administração das cidades, não realizando nenhuma empresa digna de menção. A Hélade, desta forma cerceada, e ainda dividida em cidades rivais, nada realizara de notável e mostrara-se "bem pouco ousada" (*atolmotera*)[19] até a invasão persa, quando a maioria dos tiranos já tinha sido destituída (I.17).

Tucídides não analisa detidamente a guerra contra os persas neste momento. Limita-se a referir a batalha de Maratona (I.18.1.) e a "grande expedição do bárbaro", mencionando o jogo de alianças e divisões entre os gregos que seguiu à grande vitória. Por fim, comenta:

> Assim, desde as guerras médicas até esta, ora firmando tratados de paz, ora lutando entre si ou contra os aliados dissidentes, aperfeiçoaram seus

18 Tiranos foram indivíduos de origem aristocrática que, explorando as rivalidades existentes nas *poleis* gregas, logravam conquistar e manter o poder pela força.

19 Audácia (*tolma*), em seu aspecto positivo, é qualidade atribuída aos atenienses pelos coríntios no chamado Debate em Esparta (I.70.1), e pelo próprio Péricles no Discurso Fúnebre (II.40.4). Tal caracterização é, de certa forma, confirmada pelo próprio Tucídides quando, ao observar a oportunidade perdida pelos lacedemônios de vencer a guerra depois da derrota da expedição ateniense à Sicília (VIII 96.5), escreve: "uns [os atenienses] ousados, os outros [os lacedemônios] sem audácia". SH *ad* I.71.3. Na narrativa da *stasis ateniense*, a ousadia irrefletida (*tolma alogistos*) é um dos vícios dos tempos normais, isto é, anteriores à convulsão civil. (Edmunds: 1975, 75).

> recursos bélicos e tornaram-se mais experientes, exercitando-se em meio aos perigos. (I.18.3)

Tucídides amplifica aqui seu raciocínio, anteriormente apresentado no primeiro capítulo. A grandeza dos preparativos dos beligerantes constituíra uma das duas ordens de razões que geraram sua estimativa a respeito do caráter superlativo da guerra que testemunharia. Na passagem acima transcrita, observa que houve um crescimento paralelo do poder de atenienses e lacedemônios, através de tratados de paz ou de lutas entre si e com aliados dissidentes. Através disso, todos, por um lado, "aperfeiçoaram seus recursos bélicos"; por outro, tornaram-se mais experientes, exercitando-se em meio a perigos. Em outras palavras, houve um crescendo de poder após as vitórias contra os bárbaros que fez com que os recursos de ambas as partes, na época da eclosão do *grande conflito*, estivessem em um nível superior ao da grandeza alcançada quando de Maratona, Salamina, Plateia, etc. Tucídides reitera, assim, essa dimensão de grandeza alcançada pela Guerra do Peloponeso.

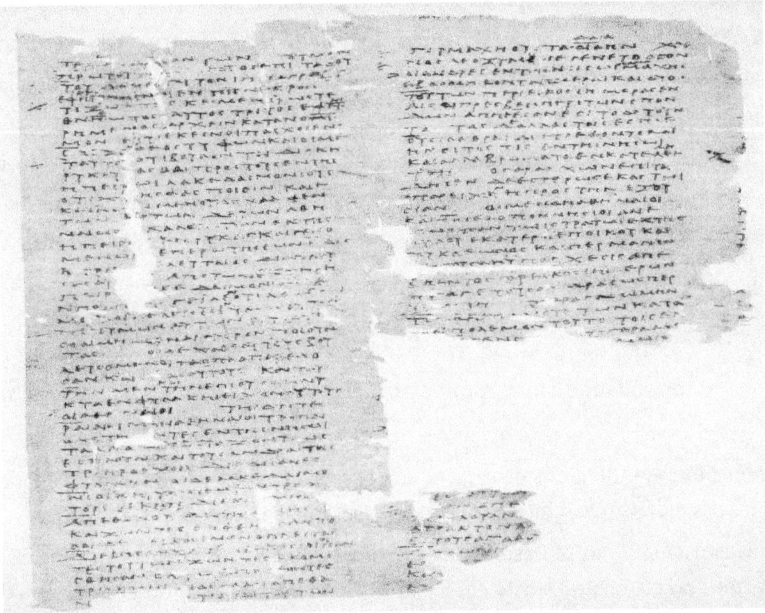

Papiro da obra de Tucídides:

Fonte: http://upload.wikimedia.org/wikipedia/commons/8/8d/P._Oxy._16.jpg.

Depois do intervalo constituído pela *Metodologia* (I.20.22), Tucídides retoma a discussão sobre a justificativa do escrito, no que diz respeito à grandeza de seu objeto. É então que expõe sua avaliação comparativa entre as guerras contra os medos e o conflito entre os helenos, talvez enfrentando o grande memorialista das primeiras, Heródoto:

> Das ações antigas a maior foi a guerra médica, e essa, contudo, foi decidida rapidamente por duas batalhas no mar e na terra. Esta guerra, porém, prolongou-se muito e para a Hélade, no seu decorrer, foram trazidos sofrimentos como não houve outros em tempo igual. (I.23.1)

De seu arrazoado anterior, Tucídides considera definido que a guerra com o persa fora a maior dentre as ações antigas, de grandeza superior à de Troia, a qual, por sua vez, fora superior a todas que lhe antecederam. O conflito mais recente com o bárbaro, entretanto, tivera solução (*krísis*), rápida: com apenas quatro batalhas fora resolvido. Estas são, presumivelmente, as navais Artemísio e Salamina, e as terrestres Termópilas e Plateia (AWG1 *ad* I.23.1; SH *ad* I.23.1). Comentadores modernos creem que Tucídides teria sido mais feliz, caso visasse realmente desqualificar Heródoto, se tivesse questionado os prodigiosos números apresentados pelo seu antecessor: um milhão e setecentos mil homens, apenas nas forças terrestres.[20] Outros acharam curioso que Tucídides tenha reduzido a guerra com o bárbaro a tais limites (AWG1 *ad* I.23.1; SH *ad* I.23.1), excluindo a primeira grande derrota persa, Maratona, a vitória grega em Mícale (parte da campanha de Plateia), e os desdobramentos militares decorrentes da formação da Liga de Delos. Constituída em torno de 477 para continuar a guerra com o bárbaro, esta aliança compreendeu atividades até o ano de 449, quando ocorreu um acordo entre Atenas e a Pérsia, a chamada Paz de Cálias. Na interpretação de Gomme, conforme seu entendimento do sentido tucididiano de *kinesis*, "força destrutiva", em termos dramáticos e mesmo conforme a "avaliação popular", a guerra para os gregos terminara com a expulsão dos invasores (AWG1 *ad* I.23.1).

De qualquer forma, restringindo a temporalidade das guerras greco-pérsicas, Tucídides pôde afirmar que o embate que escrevia em muito ultrapassara a extensão de tempo daquela que fora a maior guerra dos tempos passados. Logo em seguida complementou: sua guerra também trouxera *sofrimentos* (*pathemata*) incomparáveis em igual período de tempo. Não se está mais no âmbito das categorias expressas na *Arqueologia* – *pleonexia*, império, marinha, comércio, muralhas, acumulação, etc. O substantivo

20 Heródoto, *Histórias*, VII.60.1; a descrição completa das forças reais estão entre os capítulos 60 e 99. A crítica moderna é referida por SH *ad* I 23.1 e em Hornblower (1987, 108-109).

neutro *pathema*, derivado de *pathos*, transmite a ideia de experiência sofrida pelo homem e causadora de dor, aflição, dano, afetando tanto sua alma quanto o seu corpo (LSJ 1285; AB p. 1437; PC2 p. 862.). A demonstração do caráter superlativo da Guerra do Peloponeso adquire, portanto, outra peculiaridade individualizadora ao apreender outra dimensão de grandeza da práxis humana guerreira (Pires: 1999, 176 ss.). Durante a guerra, sofrimentos *incomparáveis* como quaisquer outros, em igual período de tempo, *tinham sido trazidos* para a Hélade – Tucídides utiliza o verbo *symphero*, em sua forma passiva. O critério da magnitude superior da Guerra do Peloponeso, e de sua escrita, agora é o *sofrimento* provocado pelo conflito, o que não é uma novidade em termos de concepção grega, tal como registrada em Homero e Heródoto.

Murari Pires caracteriza esta dimensão de sofrimentos como "portentosidade trágica", considerando-a como um dos elementos do princípio axiológico tanto da poesia quanto da história.[21] Na *Ilíada*, está no proêmio que a "ira funesta" de Aquiles causara "inúmeros sofrimentos" e muitas mortes aos aqueus, lançando "muitas almas potentes ao Hades"(I.1-7). Além disso, a contrastar com o estatuto superior do herói está a inevitabilidade da morte e o caráter vergonhoso da mesma pela profanação dos cadáveres por animais e pelo inimigo vitorioso (Pires: 1999, 164). Na *Odisseia*, também no proêmio encontra-se a menção aos sofrimentos de Odisseu que

> muitas dores no mar sofreu em seu coração
> batendo-se por sua vida e pelo retorno dos companheiros;
> mas nem assim os companheiros salvou, mesmo querendo-o,
> pois por estultícias deles mesmos pereceram,
> néscios, que os bois de Hélio Hiperiônio bem
> devoraram, mas ele os privou do dia do regresso.
> (Homero, *Odisseia*, I.4-9)

Nas *Histórias*, argumenta Murari Pires, "aspectos de relevância trágica, enquanto princípio seletivo dos temas contemplados pela narrativa, ressoam difusos nas declarações do Proêmio da obra herodotiana"(1990,170).

> e prosseguirei em frente meu discurso, falando igualmente das pequenas e grandes cidades dos homens. Porque muitas que eram outrora *grandes*,

21 Adapta-se a seguir o arrazoado de Murari Pires (1999, 163-166 (para epopeia homérica); 170-171 (para as *Histórias* de Heródoto).

> agora tornaram-se pequenas; e aquelas que eram em minha época grandes, pequenas foram. Sabendo que a *prosperidade humana jamais permanece fixa*, farei menção de ambas igualmente. (I.5)

Esta noção de transitoriedade da prosperidade humana está presente ao longo de todo o relato herodotiano. Mas o patético em Tucídides é análogo ao presente nas *Histórias*? No que consistiram as experiências dolorosas mencionadas por Tucídides, causadoras de dano e sofrimento? Qual o seu caráter?

> Com efeito, nunca *tantas* cidades foram tomadas e devastadas, umas pelos bárbaros, outras pelos próprios beligerantes (havendo as que, tomadas, trocaram de habitantes); e nunca *tantos* exílios e massacres, seja em decorrência da guerra mesma, seja dos conflitos faccionais. (I.23.2)

Todos esses desastres nos parecem unicamente humanos. Não são mencionados deuses, apenas homens - gregos e bárbaros envolvidos em uma conflagração desprovida de qualquer acento metafísico - são apresentados como os causadores de todas as experiências dolorosas arroladas pelo historiador. A narrativa estabelece o significado especial destes fatos pelo ineditismo da sua escala e, consequentemente, pelo ineditismo da grandeza do dano e do sofrimento causados. Até aquele momento da história helênica, nunca *tantas* cidades tinham sido tomadas e devastadas (*eremothesan*). Esse verbo grego transmite o sentido de *desolamento* resultante da guerra: comunidades inteiras de gregos tinham sido arruinadas pela guerra. E Tucídides acrescenta: houve cidades que sofreram uma mudança completa de habitantes. Isto é, populações – por morte, escravidão, desterro – tinham sido retiradas de seu território e substituídas por outras; e conclui sublinhando a razão da excepcionalidade dos fatos: *nunca tantas* pessoas tinham sido exiladas e massacradas, pela guerra ou pelas lutas intestinas por ela desencadeada: a dor, a ruína e o aniquilamento também tinham sido produzidos pela luta fratricida de cidadãos.

Logo a seguir, para surpresa de nossa sensibilidade (acadêmica) moderna, a lista de desastres é continuada pela menção de outros, cujo caráter nos parece antitético ao daqueles inicialmente mencionados.

> Também o que se dizia, por ouvir dizer, mas raramente era confirmado de fato, pareceu plausível: *terremotos* que, ao mesmo tempo, atingiram a maioria das regiões e foram os mais fortes; *eclipses solares*, que ocorreram

> com maior frequência do que aqueles de que se lembrava terem ocorrido em tempos anteriores; grandes secas em certas regiões e, em consequência delas, fome; e ela, não menos causadora de dano e, em parte, de destruição, a pestilencial doença.[22] Tudo isso, de fato, *caiu* sobre os gregos *juntamente* com esta guerra. (I.23.3)

A guerra de peloponésios e atenienses fizera o que nem a de Troia, nem as contra os persas tinham conseguido. Ela é apresentada como *o* evento conferidor de realidade ao que, por um lado, anteriormente "se dizia", mas, por outro, *raramente* era confirmado por acontecimentos. Esta transformação é destacada pela antítese *akoe* -(*ergo* (Parry: 1988, 7 e 114-116); o que antes era duvidoso – o elo entre as coisas humanas e naturais – tinha, *graças à* guerra, se tornado credível. Isto não pode deixar de surpreender, porquanto um dos argumentos que Tucídides utilizara pouco antes para definir a autoridade de seu relato fora a superioridade deste sobre as *akoai*, os "ditos", principalmente porque constituíam modos de transmissão do passado que dispensavam ou não incentivavam a busca da verdade por parte do ouvinte.

"De fato, os homens, mesmo quando as tradições sobre o passado dizem respeito à sua própria terra, agem do mesmo modo: aceitam-nas sem submeter à prova sua autenticidade."(I.21, 1). Como prova, dois exemplos são apresentados: a "maioria dos atenienses" pensava ser Hiparco tirano quando fora morto por Armódio e Arístogitão; e para demonstrar que a ignorância da verdade de fatos recentes "não apagados pela ação do tempo", não era exclusividade ateniense, foram acrescida duas opiniões equivocadas de "outros helenos": que os soberanos lacedemônios tinham dois votos, e não um; que havia um "batalhão de Pitane", o qual "nunca existiu em tempo algum" (I.20, 2-3).

O segundo aspecto que surpreende na passagem analisada é que os desastres listados são naturais: terremotos, eclipses, secas, fome, peste. As estórias a que se refere Tucídides são, infere-se, aquelas referentes à simultaneidade de grandes desastres humanos e grandes transtornos da natureza. O que chamamos de tradição é surpreendentemente restaurada em sua dignidade para servir de evidência justificadora da *História*. A interligação de fatos humanos e naturais, raramente atestada pelos eventos

---

22 Adota-se aqui o sentido usual de *peste* para *loimos*, entendendo-se por isso doença contagiosa grave, epidêmica, caracterizada por grande mortandade, como parece ter sido o caso da que atingiu Atenas. Tal entendimento genérico preserva a impossibilidade de definir claramente o que foi tal flagelo.

anteriores, tornara-se uma evidência. Era verdade que grandes guerras eram acompanhadas por fenômenos naturais extraordinários; a maior de todas deveria ser acompanhada por fatos naturais extraordinários de grandeza superior, o que conferiria ainda mais importância ao texto tucididiano.

Quanto aos *terremotos*, a *maioria* das regiões tinha sido abalada pelos *mais violentos* deles – portanto, extensão considerável (como a da própria guerra que envolvera a maioria da humanidade) e força superlativa dentre todos os abalos sísmicos. Os eclipses solares tinham sido *mais frequentes* do que aqueles que a memória, tão vilipendiada por Tucídides em outros momentos, lembrava terem ocorrido anteriormente *junto* com outras guerras – o verbo *symbaino* pode significar acontecer, mas também tem o sentido de *ocorrer junto* por *coincidência*, por *acaso* (LSJ p. 1674; AB p. 1819). Que acaso seria este? Para as *tradições* gregas não seria o relacionado com a noção de encontro fortuito ou de contingência, mas aquele atribuído à intervenção da *tyche*, acaso, ou de qualquer outra divindade. A conjunção de calamidades provocadas pelo homem e pela natureza não tinha nada de contingente, era significativa para quem tivesse os olhos adequados para enxergar a unidade de tudo o que existia.

O desequilíbrio natural também fora revelado pelas secas "em certas regiões", que tinham sido "enormes" (*megaloi*). Tal qualificação pode ser interpretada no sentido de que as secas tinham atingido grandes áreas, como tendo tido grande duração; em consequência disso, elas tinham causado *fomes*. E, por fim, *a doença*. Não foram *doenças* ou *as doenças*, mas uma em particular. Como observou Adam Parry (1989, 175), uma sucessão de termos destacam o substantivo *nosos* ("doença"), conferindo um clímax à descrição dos *pathemata*: "e ela, não menos causadora de dano e, em parte, de destruição, a pestilencial doença". Assim individualizada, a *peste* foi o único dos desastres que recebeu tratamento particular por parte de Tucídides (II.47-54).

Porque tais fatos *inumanos* estão arrolados com os causados diretamente pelo homem? Simon Hornblower observa que esta parte da *História* causa embaraços a seus comentadores (SH *ad* I.23. 2-3.). É embaraçosa porque Tucídides afirma a conexão entre eventos humanos e naturais, o que contradiz a visão de um bom número de estudiosos. Conforme Nanno Marinatos (1981, 17), desde o trabalho de Charles Cochrane (1929) a explicação de fenômenos naturais em termos de causas naturais tem sido usada como uma das principais evidências da atitude científica e do desligamento de Tucídides da religião. Seria uma evidência do rompimento com a ontologia unitária grega, a qual poderia explicar uma tempestade como sendo manifestação do descontentamento da divindade. Neste sentido, a lista dos *pathemata* é um problema.

H. D. Westlake acredita que o próprio Tucídides se sentiria incomodado com a simples possibilidade de que seus leitores suspeitassem que ele era capaz de sugerir ser um fato natural extraordinário um sinal de intervenção divina.[23] Baseado em passagens que isoladamente permitem tal conclusão,[24] P.J. Rhodes crê ter Tucídides concebido os fenômenos naturais desprovidos de qualquer significado para a conduta humana (1988, 13). Apenas no rol dos *pathemata*, o ateniense teria sido "tentado" a ver sentido sobrenatural em terremotos, fome, etc. O autor, entretanto, não explica porque tal visão teria sido uma "tentação" para o historiador ateniense. Talvez ele esteja apenas manifestando o curioso temor da razão de ser subvertida por um saber que, não sendo positivo, oferece porém uma recompensa prazerosa que não pode ser obtida pela apropriação racional da realidade (Detienne: 1988, 46). Já Gomme, em seus comentários (AWG1 *ad* I.23.3), é inicialmente mais cuidadoso. Afirma não ser claro se o próprio Tucídides pensou ter existido alguma conexão entre as ações humanas e os fenômenos da natureza, mas a afirmação de que os eclipses tinham sido mais frequentes durante a Guerra do Peloponeso permitiria pensar que sim. Todavia, continua, eclipses não são desastres como terremotos, e sua causa natural era conhecida na época da infância de Tucídides, graças à Anaxágoras; e quando Tucídides oferece um relato do maremoto em Orobias (III.89), não teria sugerido que fosse um portento. Então conclui o comentador: o historiador ateniense apresentara em I.23.3 apenas a "opinião popular", a qual considerava todos aqueles fenômenos naturais como sendo o acompanhamento inevitável dos desastres humanos.

Nanno Marinatos oferece um resumo de outras duas estratégias argumentativas comumente empregadas (1981, 17-18). Uma delas explica a "estranha peculiaridade" da *História* através do interesse de seu autor pela ciência de então; outra, argumenta que Tucídides teria, na verdade, se preocupado com os efeitos sociais e psicológicos dos fenômenos naturais. Na opinião da autora, são explicações parciais. Contra-argumenta que, no caso da primeira explicação, dos três eclipses mencionados na *História*, apenas dois têm explicação *naturalista*; de dez terremotos, apenas um e, no caso da peste, existe descrição, mas não indicação das causas (1981, 18).

---

23 É o comentário do autor sobre a referência de Tucídides (II.77.6) ao que *se dizia (legetai)* ter salvo Plateia da destruição pelo incêndio provocado com este fim pelos lacedemônios: a providencial ocorrência de uma violenta tempestade. (Westlake: 1977, 354).

24 II.28, VII.50.4 (sobre eclipses); III.89. 2-5, sobre a relação entre terremotos e maremotos; VII.79.3, sobre tempestades de outono.

Outros estudiosos não se mostraram tão perturbados com a hipótese da interconexão, porque não relacionaram o texto à consciência do seu autor e aceitaram o caráter retórico da passagem. Simon Hornblower considera que Tucídides fez mais do que sugerir a interconexão "provavelmente" movido por intenções retóricas, isto é, buscava justificar a importância superlativa de seu relato pelo apelo à ideia socialmente valorizada de unidade dos fatos humanos e naturais (SH *ad* 1.23.3). Mas a narrativa posterior, segundo o mesmo autor, não confirmaria de todo o caráter ruinoso apontado no prólogo, de forma que existiria uma ambiguidade essencial na postura do autor: a abordagem de Tucídides seria "complexa" e ele poderia pensar e escrever sobre a guerra de formas diferentes e com espírito diferente (SH *ad* 1.23.3 e *ad* 2 47.3-54) e, seja ao estilo reticente do rol dos *pathemata*, seja de forma aparentemente *separativa*, como a relação que estabelece entre a ocorrência de tempestades e a proximidade do outono (7.79.3).

Jaa Torrano, por sua vez, encara a obra tucididiana de forma peculiar. Na sua opinião, Tucídides descreve pelo lado humano uma ação, a guerra, "cujos agentes são homens mortais mas cujo subjacente fundamento são os Deuses imortais" (1996, 162). O rol dos sofrimentos arrolados pelo historiador e a solidariedade desses fenômenos "de diversas ordens" seriam indícios desse *subjacente fundamento*, por ele notado a partir de sua limitada e limitadora perspectiva humana.[25] A visão de mundo tucididiana ainda teria elos com a de Homero e Hesíodo, para os quais, como para a maioria dos homens antigos (orientais e ocidentais), os desastres e ocorrências excepcionais da natureza, contemporâneos de um conflito militar, mostravam o desprazer e o desfavor dos deuses (Torrano: 1996, 162).

A associação guerra e peste por sua vez, já fora feita na *Ilíada*·, como observou Murari Pires (1999, 179), quando Aquiles se dirigiu a Agamêmnon na primeira assembleia do poema homérico:

---

25 Na ótica de Torrano, um discurso como a história, que tem como sujeito um mortal, só "pode falar das palavras e ações de Deuses tomando-as pelo lado humano" (1996, 159). O que muitos outros estudiosos saúdam como signo da autonomia humana – o homem considerando-se como autor - torna-se uma perda e uma limitação de perspectiva. Tucídides, porém, ainda teria os olhos para ver o fundamento divino de fatos humanos, reconhecendo a interconexão e o caráter mitológico dos oráculos. Se Torrano está certo, a maioria dos historiadores *modernos* considera o que *pode* ver como evidência segura ou da inexistência do divino ou da compartimentação hermética, em dimensões distintas, do divino e do humano.

> Filho de Atreu, quero crer que nos cumpre voltar para casa
> sem termos nada alcançado, no caso de à Morte escapamos,
> pois os Aquivos, além das batalhas, consome-os a peste [*loimos*].
> (Homero, *Ilíada*, I.59-61)

O que Murari Pires observa ser um elo de continuidade do princípio axiológico da poesia e da história, para Torrano é a evidência de que Tucídides, apesar de limitado pela sua perspectiva humana, identificou nos desastres da guerra os sinais da contrariedade divina: os danos e sofrimentos causados por massacres, exílios, fome, peste, terremotos, secas, eclipses, fomes.

Que Tucídides afirma uma relação entre fatos humanos e naturais parece, de qualquer modo, certo. Além da proximidade no texto entre os dois róis, a inter-relação pode ser aventada pela inesperada atribuição de autoridade aos *ditos inacreditáveis* na frase: "Também o que se dizia, por ouvir dizer, mas raramente era confirmado de fato, pareceu plausível"(I.23.1). Nanno Marinatos (1981, 23) crê que essa frase "sugere" que o "próprio" Tucídides estava pensando em termos de prodígio, ou ao menos em ocorrências com sentido metafísico. Tucídides, de uma forma inaceitável para um historiador moderno, recorrera a fatos naturais para demonstrar a magnitude do evento, produzindo uma prova concorde com a tradição religiosa, conjugando o aspecto metafísico (os desastres naturais) e o secular (os desastres humanos). Marinatos (1981, 22) pondera, citando Patzer (1937)[26], que Tucídides não teria sido "capaz de *superar* o sentimento do demoníaco". Curiosamente, a visão separativa da realidade, como na observação de Rhodes sobre os *pathemata* da *História*, parece depender do controle de um sentimento ou concepção primeira, espontânea. Marinatos nada esclarece a este respeito, e apenas observa que tal "sentimento" é melhor compreendido se compararmos a passagem com a menção herodotiana de que, pouco antes da invasão persa, Delos fora abalada por um terremoto, "o primeiro e o último, como dizem os délios, até o meu tempo" (*Histórias*, VI.98.1). Heródoto complementara ainda que tal "portento", na sua opinião, "tinha sido mandado pela divindade para anunciar aos homens as desventuras vindouras". Tucídides, de forma muito semelhante, escreveu que nas cidades gregas, nas vésperas da eclosão do conflito:

> Por um lado, diziam-se muitas profecias, por outro, adivinhos cantavam muitos oráculos, tanto nas cidades que iam guerrear, quanto nas outras.

26 Marinatos não informa a página da citação.

> Além disso, pouco tempo antes, a ilha de Delos fora sacudida por um terremoto, a qual os helenos não se lembravam de ter sido abalada anteriormente; era dito, e se pensava, ser isso um sinal do que estava para acontecer. Se, por acaso, outra coisa do mesmo gênero ocorria, examinava-se tudo. (II.8.3)

Como explicar dois primeiros terremotos? Rhodes não crê que, como em I.20.3, Tucídides esteja polemizando com Heródoto e aconselha que suponhamos que ele e seus informantes tinham esquecido o terremoto anterior (PJR[1] *ad* I.8.3.). Rusten crê que depois de cada terremoto os délios logravam convencer que sua ilha era, como mencionou Píndaro (fr. 87), *akíneton*, imune aos abalos sísmicos (JSR *ad* II.8.3). Também acha importante citar uma opinião de E. Schwartz (1919, 265): Tucídides não estaria muito preocupado em estabelecer os fatos em uma seção que dizia respeito a oráculos e a portentos. Em outras palavras, aceita-se que o historiador ateniense tenha cometido um erro factual porque era um assunto de somenos importância. Gomme, por sua vez, crê ser impossível que os dois historiadores se refiram ao mesmo terremoto; Heródoto provavelmente tinha em mente a guerra iniciada em 431 ou a que ocorrera entre 459 e 445, e Tucídides não o estaria corrigindo (AWG[2] *ad* II.8.2). Já Hornblower (SH *ad* II.8.3) concorda com outra observação de Gomme (1937),[27] de que existem "terremotos e terremotos, uns violentos, outros não." Tucídides e Heródoto estariam reportando corretamente o que era dito em seu tempo e, supondo que Heródoto tenha escrito antes de 431, não haveria inconsistência factual. Porém, julgando o problema importante para a compreensão da atitude de Tucídides para com Heródoto, não concorda com Gomme quanto a outro ponto: não tem certeza de que primeiro não esteja aqui gentilmente corrigindo seu antecessor mais famoso.

De qualquer forma, é importante observar que no momento em que se inicia a narrativa da guerra propriamente dita, Tucídides caracteriza o ambiente das cidades pela efervescência de profecias e oráculos, pelo interesse extremado no exame de acontecimentos extraordinários, sem que uma única palavra de descrédito seja escrita. Pelo contrário, assim como na narrativa das *Histórias* um terremoto fora registrado como um sinal dos acontecimentos que se seguiriam, na *História* é anotada a ocorrência de um fato extraordinário, o *primeiro* terremoto em Delos, que mais estimulara e alimentara o ambiente. A ocorrência do abalo não é apresentada como um rumor que circulava entre os helenos, mas como algo realmente acontecido e considerado inédito de acordo com a memória dos mesmos. A memória coletiva não recebe aqui,

---

27 Nota 122, sobre I.23.1.

também, nenhuma observação de descrédito – é ela que confere singularidade ao fenômeno natural mencionado, que o torna adequado a um conflito caracterizado pela excepcionalidade, tanto no plano humano, quanto no plano natural. Por outro lado, o contraste com Heródoto é evidente: este último escreveu que, para ele, o terremoto de Delos fora um sinal do que se aproximava. Tucídides apenas menciona a interpretação análoga de seus contemporâneos para um mesmo fato. Na opinião de Cornford, Tucídides teria mostrado seu "usual bom senso". Como não tinha uma sequência suficiente de abalos para inferir algo sobre o fenômeno, simplesmente registrara, sem implicar em crença ou descrença da sua parte, a única coisa que era certa: dizia-se e pensava-se que fora um sinal dos eventos futuros (1971, 102). Tucídides ainda acrescentara que todo o fato do mesmo gênero, isto é, tudo aquilo que podia ser considerado como um sinal (*semeion*), era investigado. Tucídides usa o verbo *symbainein* que, novamente, pode ser entendido tanto como um *simples ocorrer*, quanto um acontecer movido pelo acaso revelador de um sentido: a investigação deveria estabelecer se tal coincidência era realmente fortuita ou *significativa*. Assim, Marinatos conclui que, nestes momentos, Tucídides estava explorando as crenças de seu tempo para conferir importância superlativa a sua obra (1981, 24). Preserva-se, desta forma, a imagem de um investigador racionalista.

Adam Parry, por sua vez, é mais incisivo: Tucídides "estabeleceu" uma inter-relação entre fatos humanos e fenômenos naturais (1988, 114-120). A correspondência seria explicitamente introduzida pelo uso do verbo bebaiów (*bebaioo*). Na *História*, os derivados do substantivo *bebaios* são empregados para transmitir a ideia de solidez, estabilidade, segurança, certeza, firmeza (PC[1] 172.). Assim, na passagem em questão o particípio da voz média (*bebaioumena*) é usado para afirmar que aquilo antes dito, mas *raramente confirmado* (*spanioteron bebaioumena*), não mais era inverossímil, "tornou-se não incrível" (*ouk apista kateste*). As "forças externas" teriam sido assim feitas, "propositadamente", acontecimentos da guerra (*erga*): as palavras tinham se tornado *realidade* (Parry: 1988, 116).

Adam Parry ainda observa que em um "lógica fria" alguns dos desastres naturais poderiam ser considerados consequência da guerra, devido à interrupção do comércio, à alteração das condições de vida (1988, 115). A peste poderia ser parcialmente atribuída ao amontoamento, informado por Tucídides (II.52, 1-2), de pessoas por trás dos muros de Atenas. Todavia, Parry não objeta que essa hipótese é enfraquecida pelo fato do próprio autor afirmar sua incapacidade de descobrir a causa do mal que aniquilou os atenienses (II.48, 3), e que o acúmulo de pessoas na cidade é apresentado como um *fator adicional* à calamidade que atingia a todos (II.52.1). Poderíamos ainda supor alguma ação humana por trás da seca e da fome, mas não é feita nenhuma menção a isso na *História*. Aliás, Tucídides não menciona sequer um episódio de seca em seu relato; não há, consequentemente, nenhuma referência exemplar a fomes causadas por grandes secas. Ou se esqueceu deste detalhe, ou talvez estivesse apenas seguindo uma convenção do princípio axiológico que o unia à Homero e a Hesíodo. Já terremotos e eclipses não podem ser, obviamente, relacionados a alguma causa humana. *Obviamente* segundo uma concepção separativa de mundo, pois em uma cosmologia interligada a relação seria e é evidente. E o caráter de portento destas ocorrências é ainda sugerido pela menção dos eclipses solares. Estes só poderiam causar sofrimento e aflição - só poderiam ser incluídos na categoria de *pathemata* - para aqueles que vissem em tais ocorrências sinais dos céus. É sintomático que Tucídides mencione especialmente os eclipses solares e silencie sobre os lunares. Sabe-se que os primeiros, apesar de mais frequentes, são de difícil visualização pelo homem, resultando assim mais raros (Lloyd: 1970, 29). Além disso, o desaparecimento do sol sempre causou temores para aqueles que o consideravam uma divindade. Assim, a menção à maior frequência dos eclipses solares durante a guerra assume seu sentido de portento significativo, ao mesmo tempo que confirma o caráter prodigioso dos demais fenômenos qualificados pela sua inédita frequência e violência.

Em parte, A. Parry considera a afirmação da interconexão por Tucídides como um expediente dramático que hoje é comum à literatura e à poesia, mas não à história (1988, 116). A estrutura analítica da *História* não excluiria uma força dramática e poética necessária para captar a dimensão grandiosa do acontecimento registrado. A força dramática e poética de uma conjunção de sofrimentos causados pelo homem e pela natureza transmitiria ao leitor o real significado da *kinesis* que fora a guerra. Recurso dramático e poético então, mas por outro lado prova da inteligência do historiador ateniense: um evento de dimensão terrífica como fora aquele conflito não podia ser reduzido à um relato puramente lógico ou materialista (Parry: 1988, 119). Apesar de não insistir em uma explicação religiosa e moral da guerra, Tucídides não a teria desdenhado, teria sido cauteloso o suficiente para não descartar o que outros racionalistas de seu tempo provavelmente teriam eliminado de suas mentes (Parry: 1988, 118).

Interpretação semelhante já fizera F. M. Cornford em seu *Thucydides Mythistoricus*, onde inicialmente reconhecera a referência aos acontecimentos naturais extraordinários como uma das formas de apresentar a Guerra do Peloponeso como a maior já registrada na história grega (1971, 102-104). Cornford acrescentara ainda quatro observações que acorreriam a qualquer "leitor sem preconceitos". Em primeiro lugar, Tucídides não sentira diferença entre fomes e peste de um lado, e eclipses, terremotos, e secas de outro. "Para nós", observou, seria fácil conectar o primeiro conjunto com o estado de guerra, e *absolutamente impossível* fazer o mesmo com o segundo. Segundo, ele, Tucídides, não vira razão na "natureza das coisas" para que os acontecimentos dos dois conjuntos não fossem mais frequentes em tempos de guerra, e ele pensara que as evidências confirmavam que elas tinham sido. Terceiro, se ele pensara na existência de algum tipo de conexão causal entre guerra e, por exemplo, secas, ele deve ter atribuído estas últimas a causas de um tipo que não tem lugar na ciência moderna. Por fim, Tucídides mostrara seu "usual bom senso" em apenas registrar que tais ocorrências aparentemente apenas tinham acontecido *ao mesmo tempo* que a guerra, sem comprometer-se com a afirmação de que ocorrera algum tipo específico de conexão. Em suma, Tucídides mostrara, ao mesmo tempo, um espírito completamente científico e uma completa destituição de uma visão científica da natureza. Isto é, ele se mostrara "superior" ao homem que sacrificava a Hefesto ou rezava à chuva, mas não era tão "avançado" quanto um camponês do início do século XX, que não via uma conexão entre sua visão de quatro corvos[28] e o fato de alguém ter tido um filho. Tucídides não adorara as inescrutáveis forças responsáveis pela convulsão da natureza, porém não pudera descartar a hipótese de que tais forças pudessem existir e que pudessem "adquirir poder" para produzir convulsões coincidentemente com a guerra. Porém, não sendo um místico e sendo agnóstico, o historiador ateniense teria considerado, pondera Cornford, imprudente a crença corrente de que "espíritos maléficos" eram responsáveis por tais "eclosões".

Por conseguinte, se a ideia de interconexão é *sugerida* ou *afirmada* quando do reconhecimento da autoridade das estórias sobre as altercações da natureza, ela é apenas *sugestão* pela afirmação da *simultaneidade* das duas cadeias de acontecimentos: "Tudo isso, de fato, *caiu sobre* os gregos juntamente com esta guerra"(I.23.3.). Há três elementos que transmitem a ideia de simultaneidade – *meta toude* (com esta [guerra]), *hama* (ao mesmo tempo) e o próprio verbo *xunepitithesthai*. Em seu léxico, E. A. Bétant (EAB, 206) dá como sentido para este último *simul adoriri*: atacar (subitamente), cair sobre alguém (desgraças) *simultaneamente*. Na *História*, esse verbo é

28 Cornford se refere a *magpies*, pássaros da família dos corvos com caudas compridas e plumagem preta e branca. (The Penguin English Dictionary: 1992, 556).

empregado outras quatro vezes. No discurso plateu posterior à rendição de sua cidade aos lacedemônios é dito que os plateus tinham sido os únicos beócios a atacarem o bárbaro juntamente com os outros gregos (III.54.3); Nícias, buscando advertir os atenienses do perigo do ataque à Sicília, observa em seu discurso que os inimigos da cidade atacariam, conjuntamente, ao verem Atenas enfraquecida (VI.10.4); Alcibíades, no discurso em que responde a Nícias, diz que numerosos bárbaros se juntariam aos atenienses no ataque à Sicília por ódio aos siracusanos (VI.17.6); por fim, designa os atenienses que se juntariam ao ataque planejado por Harmódio e Aristogíton contra Hípias (VI.56.2). Portanto, na passagem dos *pathemata* podemos identificar os seguintes aspectos dramáticos: a ideia de *inesperado ataque belicoso* dos desastres naturais que *caíram* sobre os homens e causaram sofrimentos *incomparáveis* com quaisquer outros anteriormente sofridos (I.23.1); a imprecisa noção de *simultaneidade* destes fatos com a guerra.

Entretanto, a noção de *simultaneidade* deixa imprecisa a de conexão causal dos fatos porque não afirma *claramente* sua inter-relação. E a clareza (*to saphes*) fora apresentada como atributo do saber de fatos contemporâneos: "De fato, os acontecimentos anteriores e os mais antigos ainda dado o recuo do tempo, era-me impossível estabelecê-los com clareza [*saphos*](...)" (I.2). De uma forma geral, a clareza corresponde ao desejo do pensamento racional ser direto, claro e preciso, por oposição ao mito qualificado como indireto, obscuro e ambíguo (Knox: 1971, 133). Não obstante isso, Tucídides apenas escreveu que houvera uma *coincidência* temporal de sofrimentos causados pelo homem e pelos fenômenos da natureza. Mas tal *coincidência* também é razão da magnitude da guerra narrada. Sugere-se pois, de forma imprecisa, a existência de algum elo entre ambos, o que era algo indiscutível exatamente para a tradição que via as esferas humana e natural como regidas pelo mesmo princípio de moral e justiça. Segundo ela, um desastre de tal monta como a guerra entre atenienses e peloponésios não podia deixar de implicar em um desequilíbrio da natureza.

A posição de Tucídides é, por conseguinte, ambígua.[29] Ele silencia sobre o verdadeiro caráter dos acontecimentos, e o silêncio é, por omissão, impreciso e prolixo (Rosset: 1989, 26). O leitor podia, e ainda pode, fazer duas interpretações - ou foram *dois conjuntos* de desastres independentes, curiosamente coincidentes, ou apenas um imenso sofrimento, causado por uma realidade una, em desequilíbrio.[30] De uma for-

29 "Problemática" para Marinatos (1981,29, nota 17).

30 Assim também entende Marinatos (1981, 22-23).

ma ou de outra, os desastres naturais são assim marcados como prova da magnitude da guerra. Esta por casualidade de caráter fortuito, ou não, provocara uma convulsão, *kinesis*, de toda a realidade, medida pelos desastres incomparáveis que ocorreram durante seu desenrolar. O valor máximo da narrativa dependia do caráter extraordinário daquilo que era narrado.

Lista de Abreviaturas

AB - BAILLY, A.DictionnaireGrec-Français. Paris: Hachette, 1950.

AWG1 - GOMME, A. W.A historical commentary on Thucydides. Vol. I. Oxford: Clarendon , 1945.

AWG2 - GOMME, A. W.A historical commentary on Thucydides. The ten years´ war. Vol. II. Oxford: Clarendon , 1956.

EAB- BÉTANT, E.-A. Lexicon Thucydideum. Hildesheim/ New York: Georg Olms, 1969. Vol. 2.

JSR – RUSTEN, J.S. Thucydides. The Peloponnesian War.Book II. 3 ed. Cambridge: Cambridge University, 1993 (1989).

LS – SCOTT, L. Historical commentary on Herodotus Book 6. Leiden: Brill, 2005.

LSJ - LIDDLE, H. G. & SCOTT, R. Greek-English Lexicon.Revisado e aumentadopor JONES, H.S. & MACKENZIE, R. Oxford: Clarendon, 1992.

PC1 - CHANTRAINE, P. Dictionnaireétymologique de la lannguegrecque.Histoire des mots. Paris: Klincksieck, 1990 (1968). Volume 1.

PC2 - CHANTRAINE, P. Dictionnaireétymologique de la lannguegrecque.Histoire des mots. Paris: Klincksieck, 1990 (1968). Volume 2.

PJR1 - RODHES, P.J. Thucydides. The Peloponnesian War.Book II. Warminster: Aris e Phillips, 1988.

SH - HORNBLOWER, S. A commentary on Thucydides. Vol I. 2 ed. Oxford: Clarendon, 1991 (1992).

Referências bibliográficas

ARENDT, H. *A vida do espírito. O pensar. O querer. O julgar*. Volume I. Rio de Janeiro: Relume Dumará, 1992.]

COCHRANE, C. N. *Thucydides and the science of history,* London: OUP, 1929.

CORNFORD, F. M. *Thucydides Mythistoricus*. Philadelphia: University of Pennsylvania, 1971 (1907).

DETIENNE, M. Mitos. Epistemologia dos mitos. In: FESTUGIÈRE, André J. et ali. *Grécia e mito*. Lisboa: Gradiva, 1988. p. 41-60.

DICIONÁRIO ELETRÔNICO HOUAISS DA LÍNGUA PORTUGUESA. São Paulo, Objetiva, 2007. Disco Compacto.

FARRAR, C. *The origins of democratic thinking. The invention of politics in classical Athens*. 2. ed. Cambridge: Cambridge University, 1990 (1988).

GOMME, A. W. *Essays in Greek Literature*. Oxford: Oxford University, 1937.

GOMPERZ, TH. *Greek thinkers*. Vol. I. London: Murray, 1901.

GRIMAL, P. *Dicionário de mitologia clássica*. Rio de Janeiro: Bertrand Brasil; Lisboa: DIFEL, 1992 (1951).

HARTOG, F. *De Homero a Santo Agostinho*. Belo Horizonte: UFMG, 2001.

HERODOTUS. Vol III. Tradução de A. D. Goodley. 3 ed. London: Heinimann, 1950 (1922). HESÍODO. *Teogonia*. Tradução e estudo de Jaa Torrano. São Paulo: Iluminuras, 1992.

HOMERO. *Ilíada*. Tradução de Carlos Alberto Nunes.Rio de Janeiro: EDIOURO, [s/d.].

______. *Odisseia I. Telemaquia*. Tradução de Donaldo Schüller.Porto Alegre: L&PM. 2007.

KNOX, B. M.W. *Oedipus at Thebes*. New York: The Norton Library, 1971 (1957).

LENOBLE, R. *Histoire de l´idée de nature*. Paris: Albin Michel, 1969.

LLOYD, G. E. R. *Early greek science*. New York, London: Norton, 1970.

______. *Magic, reason and experience*. Cambridge: Cambridge University Press, 1978.

EDMUNDS, L. Thucydides' ethics as reflected in the description of stasis (3.82-83). *HSCP*, 79, 1975.

MAGALHÃES, L. O. Tucídides. In: PRADA, Maurício. *Os historiadores clássicos da História. Vol. 1. De Heródoto a* Humboldt. Petrópolis, Vozes, 2012, pp. 32-50.

MARINATOS, N. *Thucydides and religion*. Königstein: Hain, 1981.

MARSHALL, F. *Saber verdade e poder na tragédia Édipo Tirano de Sófocles*. São Paulo, 1996. Tese (Doutoramento em História), Curso de Pós-Graduação em História,

Departamento de História da Faculdade de Filosofia, Letras e Ciências Humanas da Universidade de São Paulo.

MOLES, J. L. Truth and untruth in Herodotus and Thucydides. In: GILL, C. E WISEMAN, T. P. *Lies and fiction in the Ancient World.* Exeter: University of Exeter, 1993, pp. 81-121.

OUDEMANS, Th. C. W.; LARDINOIS, A. P. M. H. *Tragic ambiguity. Antropology philosophy and Sophocle's Antigone.* Leiden: E.J. Brill, 1987.

PARRY, A. M. *Logon and ergon in Thucydides.* Salem: Ayer Company Publishers, 1988.

______. *The language of Achilles and other papers.* New York: Oxford University, 1989.

PATZER, H. *Das problem der Geschichtsschreibung des Thukydides und die thukydideische Ffrage.* Berlin: [s.n.], 1937.

PIRES, F. M. *Mithistória.* São Paulo: Humanitas/FFLCH-USP, 1999.

______. *Modernidades tucididianas.* São Paulo: EDUSP, FAPESP, 2007.

PLATÃO. *Eutidemo.* Tradução, apresentação e notas de Maura Iglésias. Rio de Janeiro: PUC-RIO; Loyola, 2011.

______. *As Leis ou da legislação e epinomis.* Tradução de Edson Binni. São Paulo: EDIPRO, 1999.

PLATO. *Platonis Opera.* Oxford University Press. 1903. Edição de John Burnet. Disponível em: CRANE, Gregory. The Perseus Project. Disponível em http://www.perseus.tufts.edu. Acesso em 01 de junho de 2013.

RODHES, P. J. *Thucydides. The Peloponnesian War. Book II.* Warminster: Aris e Phillips, 1988.

ROSSET, C. *A antinatureza: elementos para uma filosofia trágica.* Rio de Janeiro: Espaço e Tempo, 1989 (1973).

SCHRIMPTON, G. Accuracy in Thucydides. *The Ancient History Bulletin,* 12,3, pp. 71-82, 1998. Revista eletrônica originalmente (no início dos anos 2000) disponível em http://ivoy.trentu.ca/www/cl/ahb/ahb12/ahb-12-3a.html.

SCHWARTZ, E. *Das Geschichtswerk des Thukydides.* Bonn: [s.n.], 1919.

The Penguin English Dictionary. London: Penguin, 1992.

TORRANO, Jaa. *O sentido de Zeus. O mito do mundo e o modo mítico de ser no mundo.* São Paulo: Iluminuras, 1996.

TUCÍDIDES. *História da Guerra do Peloponeso. Livro I.* Tradução e apresentação de Anna Lia Amaral de Almeida Prado. São Paulo: Martins Fontes, 1999.

VARGAS, A. *Ambiguidade e barbárie. A natureza nos relatos de desordem na Guerra dos Peloponésios e Atenienses.* São Paulo, 2001. Tese (Doutoramento em História), Curso de Pós-Graduação em História, Departamento de História da Faculdade de Filosofia, Letras e Ciências Humanas da Universidade de São Paulo.

WESTLAKE, H. D. *LEGETAI* in Thucydides. *Mnemosyne*, Leiden, XXX, 4, p. 345-362, 1977.

4

Eurípides, o poeta do feminino: o caso de Alceste

Fernando Brandão dos Santos
Universidade Estadual Paulista

Eurípides, um ateniense: e o que isso significa?

Eurípides, considerado por Aristóteles na *Poética* como "mais trágico" dos poetas (Aristóteles, 1453a.29-30), nasceu em Atenas por volta do ano 480 a. C. em Salamina e faleceu, segundo alguns, na Macedônia por volta de 406 (Gregory: 2002, 145-162; Stevenssource: 1956, 87-94). Como se sabe, não é fácil obtermos mais informações do que as de que dispomos sobre a vida desse ateniense que teria escrito mais de 90 tragédias e das quais temos apenas de 18 textos integrais, fragmentos de outras, e de outras tantas, apenas os títulos (Mastronarde: 2010, 5-6).

Como se tem apontado em trabalhos recentes tratando da dramaturgia de Eurípides, é evidente que quase toda a "história" de sua vida como compositor de tragédias tenha sido construída a partir das inúmeras inferências disparadas por Aristófanes, o autor ateniense de comédias entre o século V e IV a. C., e também das ilações tiradas da *Poética* e dos escólios que acompanhavam as edições e reedições dos textos do poeta (Mastronarde: 2010, 1-4).

O Eurípides de que vamos tratar aqui é aquele que nos legou tragédias, em sua maioria, versando sobre aspectos importantes da Atenas do século V a. C. Nesse legado deixado por Eurípides, temos uma gama de diferentes mulheres que ocupam o centro de seu teatro e que apresentam em cena seus dilemas mais dilacerantes que ecoam ainda em nossos dias.

Como postula o estudioso Petros Vrachiotis, num recente estudo sobre as heroínas trágicas nos palcos antigos e modernos, "A tragédia grega é dominada por imponentes figuras femininas, heroínas que se tornaram símbolos e arquétipos admiráveis em todas as civilizações ao longo dos séculos." (Vrachiotis: 2010, 27). De fato as mulheres na cena trágica não só predominam como ganham destaque que não se supera em nenhuma outra forma literária na antiguidade. E Eurípides, sem dúvida, contribui para que esse gênero seja especialmente pleno de mulheres fortes que, com seus gemidos, lamentos, gritos e gestos de desespero, tornaram-se as protagonistas de um teatro que não apenas reflete mas revela com exuberância a oposição entre os sexos num mundo dominado por homens.

Mas é preciso também ter em mente, quando se trata de estudar "o feminino" em um autor do século V a. C. em Atenas, o que Helene P. Foley destacou na introdução de seu famoso estudo *Female Acts in Greek Tragedy*. A tragédia grega foi escrita e representada por homens e quiçá vista também por uma plateia, se não exclusivamente masculina, composta em quase toda em sua maioria por homens como espectadores. (Foley: 2003, 3) Então, tudo o que se vai dizer aqui tem como pressuposto esse dado importante para uma discussão sobre o feminino em qualquer autor de tragédia grega produziada durante o século V a. C. em Atenas.

Também é preciso assinalar que, de todos os gêneros poéticos da antiguidade, o que mais problematiza os confrontos produzidos pelas relações sociais, sem dúvida, é a tragédia. E dentre os três trágicos – Ésquilo, Sófocles e Eurípides – Eurípides é o que desenha com mais profundidade a natureza da alma feminina em seus textos e a exibe em cena.

Assim, como dramaturgo ateniense, a contribuição de Eurípides para uma compreensão de como a tensão entre o homem e a mulher se dava em Atenas, no século V a. C., ultrapassa os limites de uma dramaturgia sólida como a de Ésquilo eivada por assim dizer ainda no mundo desenhado por Homero, apoiando-se na arte reflexiva como a arte dramatúrgica de Sófocles, que traz para a cena a tentativa de entendimento de como funcionaria o mundo dos homens em confronto com o mundo dos deuses. A psique feminina, como nunca até então, havia sido apresentada com tantas ambiguidades e tensões ao Ocidente. Entretanto, imediatamente pode-se pensar aqui, claro, nas figuras femininas de Homero - quão magníficas são, por exemplo, as imagens de uma Penélope ou Euricleia na *Odisseia*, de Helena ou Andrômaca na *Ilíada*.

Mas é com Eurípides que as mulheres falarão do seu universo próprio: da casa, dos filhos, do marido, dos amantes, dos pretendentes em plena cena, deixando transparecer claramente a opressão que sofriam num mundo comandado exclusivamente por homens, confinadas que eram a cerimônias públicas em calendários rigidamente estabelecidos por homens em assembleias das quais nunca podiam participar, ou confinadas ao recôndito da casa, no famoso gineceu (Adkins: 2005, 442-45).

E, assim, não é à toa que até hoje alguns textos de Eurípides prestam-se a adaptações e releituras para o teatro contemporâneo dada a força dramática que suas personagens femininas comportam. No Brasil, não podemos deixar de mencionar, entre outras, a famosa adaptação de Paulo Pontes e Chico Buarque de Holanda, *Gota d' água*, apresentada nos palcos brasileiros pela primeira vez em 1975, a partir de uma adaptação de *Medeia* escrita para a televisão por Oduvaldo Vianna Filho, em 1973. (Santos: 2010, 416; Malhadas: 1989, 240).

As personagens femininas de Eurípides

Em todas as tragédias de Eurípides supérstites há personagens femininas que se destacam por trazer à cena os problemas que rondam as mulheres de seu tempo. Ora, isso se pode dizer de todas as outras sete tragédias de Ésquilo, e de Sófocles, excetuando-se *Filoctetes*, a única em que não se encontra nenhuma personagem feminina, talvez por ter como tema um motivo exclusivamente guerreiro. A questão a ser levantada aqui é que em Eurípides, não rara vez, a presença feminina, de alguma forma, traz a tensão de gênero para a cena gerando também uma tensão dramática a ser vista pelo espectador.

O notável em Eurípides é que as personagens femininas, desde uma simples ama, como a de Fedra, no *Hipólito*, ou a nutriz em *Alceste*, por exemplo, até as grandes rainhas e princesas, tais como Alceste, Medeia, Andrômaca, Hécuba, Fedra, Electra, Clitemnestra, Ifigênia, ou personagens coletivas como em *As Suplicantes*, *As Fenícias*, *As Bacantes*, todas são desenhadas de forma a se tornarem símbolos, arquétipos ou exemplares, modelos de caráter feminino admiráveis, ícones do comportamento feminino que se confrontam com o mundo governado e ordenado por homens.

Poderíamos elencar aqui todas as figuras femininas que povoam o teatro de Eurípides, porém mencionemos, apenas como exemplo algumas delas: o dilema que a paixão de Fedra por seu enteado, Hipólito, instilada por Afrodite, traz para a cena no *Hipólito* (438 a. C.) que entre outras questões, põe em discussão a fidelidade conjugal e a traição da esposa legítima.

Em *Medeia*, de 431 a. C., como afirma Filomena Hirata, em sua introdução à tradução de Jaa Torrano:

> Tudo gira em torno de Medéia. As personagens que atuam no drama apresentam e acentuam facetas de sua personalidade, à medida que com suas interferências dão margem a novas revelações. Na verdade, o próprio mito oferece recursos para o enriquecimento da tragédia, porque a personalidade violenta de Medéia aparece enraizada na cultura bárbara e mais elementar de seus país de origem (1991: 11).

Nossa atenção durante todo o espetáculo em *Medeia* é dirigida para as reações de uma mulher traída por seu amante e pai de seus filhos. Uma tensão claramente estabelecida a partir da sexualidade e poder e, por conseguinte, de suas diferenças.

Em *Ifigênia em Áulis*, apresentada entre 405 ou 406 a. C., temos o tema do sacrifício de uma jovem virgem para salvar o exército helênico por conta de uma guerra gerada a partir da traição de uma mulher casada, Helena. Como não se emocionar com o lamento da velha rainha Hécuba tornada escrava, diante da derrota dos Troianos promovida pelos soldados helenos em *Hécuba*, apresntada cerca de 424 a. C.? Hécuba ainda é a mesma rainha que aparece prostrada ao chão em *Troianas,* de 415 a. C. O estudioso Christian Werner em sua tradução de ambas as peças, chama atenção para o fato de que tanto em Hécuba como em Troianas a guerra é em torno de uma única mulher. No entanto, o modo como o poeta trabalhou o mesmo tema é bastante diferente:

> Encontramo-nos, portanto, na situação privilegiada de examinar como um tragediógrafo trabalha, de modos diversos, o material tradicional que compartilha com seus contemporâneos, pois um instante quase idêntico da tomada de Tróia pelos gregos recebeu uma dupla configuração efetuada pelo mesmo poeta (2004, XV-XVI).

Os exemplos de como as mulheres são tratadas na pólis grega transbordam em Eurípides e como afirma Maria de Fátima Sousa e Silva em sua introdução às traduções das tragédias de Eurípides realizadas por especialistas portugueses:

> Patente foi sobretudo aos seus contemporâneos a dimensão que o feminino conquistou em seu teatro. A multiplicidadie de heroínas fez do poeta, na versão cómica, o figadal inimigo das mulheres, tal a insistência e minúcia com que, em cena, lhes desvendo os recessos da alma e lhes justificou comportamentos, de forma insuspeitada e surpreendente (2009: 12).

Assim, ainda que, desde a antiguidade, sobretudo pelo viés da comédia de Aristófanes, pese contra Eurípides a acusação de misoginia, uma leitura mais atenta de seus textos aponta justamente para o contrário. Eurípides foi um poeta-dramaturgo que deu voz às mulheres de seu tempo problematizando de maneira emblemática a tensão entre homens e mulheres.

O caso de Alceste

Alceste é a primeira peça composta por Eurípides de que dispomos integralmente, e de acordo com a *Hypothesis b* cuja autoria é desconhecida, teria sido apresentada pela primeira vez em Atenas no no arcontado de Glaucino, ou seja, no ano de 438 a. C. (Euripides: 2007, XIX e 19; Euripides: 2003, 6-7; Euripides: 1978, V-VII). Quarta peça apresentada da tetralogia que continha *Cretenses, Alcméon em Psofis* e *Télefo*, *Alceste* ocuparia o lugar de um drama satírico (Euripides: 2007, XIX-XXIV). No entanto, a estreia de Eurípides como dramaturgo teria sido bem antes, em 455 a. C. com uma tetralogia da qual conhecemos apenas um dos títulos, *Pelíades* (Lesky: 1981, 208; Conacher: 1967, 327-339).

Mas como texto de que dispomos de *Alceste* chegou até nós? Os comentadores mais importantes do texto, A. M. Dale e L. P. E. Parker, apontam-nos os caminhos que os antigos manuscritos tomaram até chegar primeiro à Renascença e depois elencam as edições modernas a partir do século passado (Euripides: 1978, XXIX-XXXVIII; Euripides: 2007, LVIII-LXVII; LXXXI-LXXXII).

O estudioso de tragédia Wilson Alves Ribeiro Jr. tece o seguinte comentário, que reproduzo aqui por sua importância ao leitor brasileiro de Eurípides, nas páginas dedicadas à sua introdução aos estudos da Grécia antiga, no Portal Grécia Antiga:

> As fontes mais importantes da Alceste são os manuscritos *Parisinus* 2713 (séc. XII), da Biblioteca Nacional de Paris, o *Vaticanus* 909 (séc. XIII), da Biblioteca do Vaticano e o *Laurentianus* xxxi 10 (séc. XIV) da Biblioteca Laurenciana de Florença. A *editio princeps* é a de Janus Lascaris, publicada em Florença em 1496. As edições modernas básicas são as de Dindorf (1869), Nauck (1871), Murray (1909) e Méridier (1926). A edição de Diggle (1984) apresenta de forma minuciosa e completa o estado atual do texto; a mais recente e acessível, porém, é a de Kovacs (1995) (Ribeiro Jr: 2000).

Ressalte-se, no entanto, que L. P. E. Parker considera edição de James Diggle a mais completa, destacando a importância da edição de Dale e da excelência da de Kovacs:

> A importância da edição de A. M. Dale ficará evidente a partir de meu comentário. Os leitores da língua inglesa beneficiam-se agora da excelente edição da Loeb de David Kovacs (Cambridge, Mass., and London, 1994, reimpressão corrigida em 2001), com os dois suplementos de *Mnemosyne* (132, 1994 e 240, 2003) em que ele discute passagens individuais da peça. Desde sua publicação em 1984, o texto de Oxford de James Diggle é a base necessária para os estudos sérios da peça. (Euripides: 2007: LXVII)

Por essa razão, nossa leitura do texto acompanhará as observações de A. M. Dale em sua edição, as de L. P. Parker, seguindo a edição de James Diggle. As traduções apresentadas são de minha autoria. O texto impresso aqui é o da edição de David Kovacs, disponível no *Perseus Digital Library*,[1] e sofreu as modificações de acordo com a edição de L. P. Parker, quando se fez necessário.

O mito de Alceste e a versão de Eurípides

Alceste, uma das filhas de Pélias e de Anaxíbia, é a única que não teria participado do assassinato do pai, quando Medeia persuadiu as outras irmãs a cortarem o pai em pedaços, pensando que depois poderiam ressuscitá-lo. Sua piedade a levaria a sofrer um outro tipo de sacrifício: o de morrer em lugar de seu próprio marido. Para alguns estudiosos, Alceste o faz por amor a Admeto, para outros, no entanto, ela o faz por outros motivos, como por exemplo, para salvar os filhos de um padrasto e perder a primazia da herança de Admeto, como veremos.

Destaque-se que Eurípides, antes de tornar visível ao olho do espectador uma Alceste moribunda, tem a precupação de evidenciar a frieza e cruldade de *Thánatos* e a indignação de Apolo, e como observou Maria do Céu Fialho, a casa de Admeto é o espaço privilegiado da peça:

> insinua, veladamente, antes de partir, la victoria futura de la vida en aquella casa. Por otro lado, pas primeras palabras del dios olímpico, al inicio de la obra, constituyen una apóstrofe expresiva : Ὦ δῶματ' Ἀδμήτεια. Esta após-

1 http://www.perseus.tufts.edu/hopper/text?doc=Perseus%3atext%3a1999.01.0087.

> trofe pesta el tono a la obra, como si constituyese la parimera aparición de um tema musical que se repite y se ensancha. Con notable frecuencia, en la boca de los dioses, el la boca del Coro, en la boca de la Sierva, se alude a la casa (δῶματα, δόμοι, στέγη, μέλαθρα, οἶκοι) o de la puerta (πύλαι) con una frecuencia *en crescendo* (...) (Fialho: 2010, 230-31)

Maria do Céu destaca as condições para o sacrifício de Alceste (282-284), ou seja, que, por conta de sua preocupação com a sucessão do *oikos*, seus filhos não venham a ter uma madrasta. Ela sabe que sua cama será ocupada por outra(s) mulher(es), porém nunca uma outra esposa (Fialho: 2011, 232).

As fontes literárias de que dispomos com algumas referências a Alceste e a Admeto são Homero, Hesíodo, Frínico e Eurípides, que depois são citados por Platão e Apolodoro.[2] Tudo indica que o mito seja bem mais antigo que essas referências, e segundo alguns estudiosos estaria ligado aos mitos agrários de Deméter e Perséfone, em que a morte e a ressurreição figuram como tema recorrente desde os tempos mais recuados. Helene P. Foley, seguindo essa tradição, munida de uma vasta discussão, também adere a essa hipótese de que a *Alceste* de Euripides, junto com *Helena*, estivesse ligada aos mitos agrários de Perséfone, usando a fórmula cristalizada por Jean-Pierre Guépin "*Anodos Drama*" (Foley: 2003, 301-338).

Outra vertente do mito, levantada pelos estudiosos da peça, ressalta o aspecto popular das lendas que relatam o sacrifício a que Alceste estaria associada, incluindo-se aí o reconhecimento do mito em canções populares. A meu ver essa é a vertente mais difícil de se reconhecer no texto de Eurípides, mas mereceu a atenção de Lesky, entre outros, talvez influenciados por Wilamowitz, conforme destaca Dale (Euripides: 1978, IX), mas, de certa forma, essa é a vertente seguida por Parker que, em sua introdução à peça, apresenta a balada grega *Monoyannis*, como exemplo de permanência ou de um novo tratamento do motivo mítico da morte da esposa pelo marido (Euripides: 2007, XI-XV).

L. P. Parker percorre também o caminho que o mito de Alceste teve na literatura posterior ao período clássico de Atenas, passando pelo tratamento dado a ele na antiguidade grega tardia, antiguidade romana, Idade Média, Renascença, chegando até o século XX de nossa era, comentando longamente a versão teatral africana, *Edufa* de Efua Sutherland, montada em Acra em 1962,e publicada posteriormente em Londres em 1967. (Euripides: 2007, XXIV-XXXVI; Hughes: 2003, 1-30).

2 Veja-se "Alcestis in Greek Literature" (Euripides: 2007, xv-xix).

O principal ponto de convergência dos diversos mitos contidos na *Alceste* parece-me apontar para a morte e a salvação de Alceste resultante de um ato de agradecimento de Apolo por Admeto tê-lo recebido como um hóspede divino e não como escravo, destacando-se daí a *philia* estabelecida entre os dois e a *xenia* de Admeto, que o torna um *hósios*.[3] Ora, essa *philia* há-de se refletir por sua vez na *xenía* de Admeto e consequente *philía* de Héracles em ser recebido como hóspede na casa enlutada de Admeto – uma relação especular, por assim dizer, da relação entre Apolo e Admeto.

Mas o que desencadeia a estadia de Apolo em casa de Admeto como escravo é também um mito que envolve aspectos da vida e da morte. Asclépio, filho de Apolo e Corônis (uma mortal), patrono da medicina, cultuado sobretudo em Epidauro, teria através de seus conhecimentos de cura ressuscitado um morto. Zeus, irado por esse ato, mata Asclépio com seu raio. Apolo descontente com a morte do filho, por sua vez, mata os Ciclopes, filhos de Zeus. Eurípides apresenta esse mito como o motivo desencadeador da punição de Apolo por Zeus e consequente salvação, primeiro, da vida de Admeto e depois da vida de Alceste, omitindo, porém, em que momento Apolo teria enganado as *Moiras*, explicação só encontrada na versão posterior de Apolodoro.

Segundo a versão de Apolodoro, Admeto teria esquecido de fazer um sacrifício a Ártemis, e ao chegar ao quarto encontrou a cama de casal cheia de serpentes. Nesse momento Apolo entra em cena e evita a morte de Admeto, embriagando as Moiras, conseguindo adiar-lhe o fim desde que encontrasse alguém para morrer em seu lugar.[4]

Já a passagem de Héracles pelo palácio de Admeto, anunciada no prólogo, insere-se na tradição dos feitos heróicos desse ilustre filho de Zeus e vai resultar na salvação de Alceste, na versão de Eurípides. Um trabalho ainda a ser feito, seria estabelecer os cruzamentos desses diferentes mitos com uma leitura entre as relações de *philia* e xenia (Fialho: 2011, 229-37; Lourenço: 1996, 61-68; Erbse: 1982, 126-28).

Os mitos na composição de Alceste de Eurípides

No prólogo (vv. 1-76)[5], Eurípides de modo econômico formula os antecedentes que resultam no dia de hoje (καὶ τόνδ' ἔσῳζον οἶκον ἐς τόδ' ἡμέρας, v. 9), neste

3 ὁσίου γὰρ ἀνδρὸς ὅσιος ὢν ἐτύγχανον (v.10) e os comentário de L. P. E. Parker (Euripides: 2007, 52-3).

4 Vejam-se os primeiros versos de *Alceste* (vv. 1-24). Veja-se *Biblioteca* 1.9 15; 2. 6 2.

5 Para um estudo do prólogo veja-se "*Alceste* de Eurípides: o prólogo (1-76)" (Santos: 2008, 87-100).

dia (τῇδε γάρ σφ' ἐν ἡμέρᾳ/θανεῖν πέπρωται καὶ μεταστῆναι βίου, v. 20-21), o dia fatídico em que Admeto deveria morrer. Não são mencionados os fatos relatados por Apolodoro que teriam acontecido no dia do casamento. Na discussão com a Morte, Apolo deixa entrever já a salvação de Alceste, sem contudo revelar o nome de Héracles (vv. 64-69), enumerando sua passagem por Feres em mais um de seus trabalhos.

Apolo
Certamente tu hás de ceder ainda que sejas excessivamente cruel.
Virá um tal homem à casa de Feres
enviado por Euristeu em busca de uma parelha
de cavalos das tempestuosas regiões da Trácia,
que, recebido como hóspede neste palácio de Admeto,
arrancará de ti esta mulher à força.

Durante a primeira intervenção do coro, no párodo, aparece uma referência à Peã, que é associado tanto a Apolo como a Asclépio. Já na *Ilíada* e na *Odisseia* Peã figura como médico dos deuses (*Il.* 5.401 e 899-901. *Od.* 4. 231-233).[6] Na segunda antístrofe, Asclépio é citado nominalmente como único a poder salvar Alceste do Hades (vv. 122-27), mas menciona-se o fato de ele ter sido capturado pelo dardo de Zeus, deixando de contar com essa expectativa (vv. 128-31)

Coro
Se estivesse vendo esta luz
com seus olhos,
o filho único de Febo, ela, tendo deixado,
voltaria dos assentos escuros e os portais do Hades,
pois ele levantava os subjugados
antes de o fogo do raio de Zeus o tomar.
Agora que expectativa de vida ainda admitirei?

Em sua primeira intervenção na peça, Alceste, como numa espécie de delírio, tem visões do outro mundo, ou seja, do mundo dos mortos. Vê-se abordada por Caronte e sua barca no "pântano", uma referência, talvez ao rio Aqueronte (vv. 252-57):

6 Para associações de Apolo, Peã e Asclépio, ver Burkert: 1993, 288 e 415-18.

Alceste
Vejo, vejo um barco de dois remos no pântano
e o barqueiro dos mortos
com a mão sobre o bastão, Caronte
já me chama: 'Por que demoras?
Apressa-te; tu me retardas.' Com isso,
impetuoso, ele me apressa.

E pelo próprio Hades que em sua visão aparece alado (vv. 259-63):

Alceste
Leva-me, leva-me alguém. Leva-me alguém - não vês? -
para a residência dos mortos,
olhando sob as sobrancelhas
sombrias, o alado - Hades.
Solta-me! O que hás de fazer? - Larga-me! Que percurso,
infeliz, atravesso!

Eurípides faz um intersecção entre Thánatos e Caronte, personagens distintas na tradição mítica, o que poderia ser considerado uma inconsistência; porém, o público ateniense deveria estar habituado a diversas figurações do processo de morte Euripides: 1993, 72)[7]; no final de sua monódia (vv. 266-72) é o próprio Hades que a vem buscar. No segundo estásimo, o coro retoma as imagens da viagem de Alceste ao mundo infernal (vv. 435-44):

Coro:
Ó filha de Pélias,
que, alegre, no palácio de Hades
habites a morada sem sol.
Saiba Hades, o deus de cabeleira negra, e o que se assenta no
no remo e no leme,
velho, condutor de mortos,
que transportam , sim em muito, em muito a melhor mulher,
ao pântano de Aqueronte,
num pinho dois remos.

7 Hades é adicionado à lista das figurações da morte.

O coro dá continuação, assim, às visões expressas por Alceste antes de morrer. A ideia de travessia por mar, por um lago ou mesmo por um rio do morto aparecem em outras tradições, tais como entre os sumérios e egípcios (Burkert: 1993, 384).

É também nesse segundo estásimo que aparece a referência ao mito de Alceste presente nas tradicionais festas celebradas anualmente em Esparta, as Carneias ou Carnéades. (vv. 445-54)

Coro:
Os cultuadores das Musas muito
hão de te cantar na lira
montanhesa de sete tons, celebrando em hinos sem música,
em Esparta, enquanto o ciclo da estação do mês Carneio
durar, na lua
alta a noite inteira,
e na brilhante e feliz Atenas.
Ao morreres, deixaste tal canto
aos aedos de melodias.

Albin Lesky, comentando essa passagem, nota que:

> nos dois pares estróficos que formam o segundo estásimo (435-475), o primeiro celebra Alceste e promete-lhe canções na Carneia de Esparta e em Atenas. Por causa da verdadeira natureza de *Alceste*, a conexão etiológica comum às instituições existentes, que usualmente aparecem no fim das tragédias de Eurípides, aqui ocorre muito antes na peça." (Lesky: 1981, 212)

A referência a *mousopoloi* (v. 445) pode indicar que o tema da morte de Alceste era muito popular nos cantos das Carneias, celebração que, segundo Walter Burkert, a partir do ano 676 a. C, passa a ser um grande *agón* musical desempenhando "um papel fundamental no desenvolvimento da poesia e da música gregas" (Burkert: 1993, 451).

O quarto estásimo, dedicado sobretudo ao louvor de *Anánke*, apresenta reflexões de natureza filosófica tomadas sobretudo do movimento órfico. No primeiro par de estrofes (vv. 962-72) o coro se pronuncia como iniciado nos mistérios de Orfeu:

Coro
Eu também através das musas

fui alçado às alturas, e
tocado por um grande número de doutrinas,
nada mais forte que a Necessidade,
encontrei nem um remédio
nas tabuinhas trácias, as que
a voz de Orfeu
inscreveu, nem os tantos remédios
que Febo entregou aos
Asclepiadas para aliviar
os mortais mui sofredores

Como A. M. Dale anotou, o canto do coro neste estásimo é:

> uma ode sobre o poder inexorável da Necessidade: poesia, ciência, filosofia, todos concordam com essa lição; mesmo as artes reveladas por Orfeu e por Apolo a seus descendentes, podem não valer nada contra ela, nem podem a prece e o sacrifício; mesmo Zeus deve harmonizar seu desejo com ela, e a matéria mais dura é submetida à sua forma. (Euripides: 1978, 119)

Este canto traz agora para a imaginação do público, não o mundo complicado dos deuses, de suas decisões, nem mesmo os caprichos da *tyche*, mas simplesmente o cumprimento do que *Anánke* exige. O tema central da ode repousa na idéia de acentuar o poder inexorável da Necessidade.

No primeiro par da ode temos uma visão ampla e genérica da característica principal de *Anánke*; no segundo, o resultado particular dessa terrível divindade para a vida de Admeto e a glorificação de Alceste como divindade (vv. 962-72)[8]. A reflexão do coro nasce de sua elevação às alturas (*metársios*, v. 963) pelo efeito das musas (*diá mousan* 962), isto é, pelo efeito da música e da poesia (Euripides: 2007, 245-46).

O efeito calmante da música produz uma espécie de elevação mística, possibilitando o contato com doutrinas filosóficas (v. 964) (Euripides: 1978, 121). Na verdade,

8 The shape of the ode is a common one in Eur. (cf., for instance, *Med.* 410 ff., 824 ff.): a general reflection, developed in the first strophic pair, is given its particular application - often in direct address - in the second pair (Euripides: 1978, 119-120).

o coro descreve uma prática oriunda das religiões de mistério, o que se confirma na referência às tábuas trácias (v. 967), que teriam sido escritas por Orfeu (vv. 968-69).[9]

Não é sem importância a referência às ideias oriundas das seitas de mistério nesse passo da peça, levando-se em conta que, dessas doutrinas, o elemento mais contrastante com o pensamento comum do homem grego é, sem dúvida, a sobrevivência da alma no além.[10] Pelo modo como os velhos o formulam, pressupõe-se que são "iniciados" nos mistérios[11], pois tem acesso a uma experiência reveladora e as musas são um meio, uma espécie de exercício místico. A música, além de Apolo como patrono, está ligada intimamente a Orfeu (Burkert: 1993, 563-72).

É interessante ainda notar que geralmente as doutrinas órficas estão mais associadas ao mistérios báquicos. Não temos notícia de celebrações de mistérios em relação a Apolo. Aqui ambos estão estreitamente ligados pelos livros (v. 967) que contém o "canto" de Orfeu e pelas ervas medicinais de Apolo[12], confiadas aos asclepíadas, médicos que remontariam sua linhagem a Asclépio. Essa medicina primitiva, pelo menos até Hipócrates, que também é um descendente da linhagem do herói-deus da medicina, pode muito bem constituir-se de um saber especial e, portanto, de caráter iniciático - não são todos os que detêm esse tipo de conhecimento. No entanto, nem os conhecimentos de tais doutrinas e práticas isentam qualquer um do jugo da Necessidade. Elas servem como pano de fundo, para ecoar o que Héracles já afirmara ao servo, na cena anterior, a respeito da impossibilidade de se aprender ou apreender

9 Sobre os livrinhos vejam-se: (Burkert: 1993, 565-66; Euripides: 1978, 121). L. P. E Parker, não acompanha essas ilações: vejam-se seus comentários sobre esta passagem (Euripides: 2007, 246).

10 Examinando as celebrações dos mistérios eleusinos, Walter Burkert afirma: "Foram duas dádivas, dizia o povo, que Deméter concedeu em Elêusis: o cereal como base da vida civilizada e os mistérios que ofereciam a promessa de "melhores esperanças" para uma vida feliz no além. Esses mistérios ocorriam exclusivamente em Elêusis, e em nenhum outro lugar" (Burkert: 1991, 17).

11 Walter Burket vê na religião de mistério uma necessidade de transcender a realidade da morte que apresenta desde suas origens a idéia de "salvação" tendo paralelos com os mistérios de Ísis, no Egito. (1991: 33).

12 A. M. Dale chama a atenção para o sentido de ἀντιτεμὼν no verso 972, como metáfora vinda das atividades dos herbalistas (Euripides: 1978, 121).

o que não se vê da *tykhe* (vide vv. 785-86). Aqui, pois, morrer, mais que cumprir um destino, como o coro também já afirmara, é uma decisão soberana da Necessidade?[13]

A antístrofe correspondente dá continuidade à exaltação de Necessidade como uma divindade que não recebe qualquer tipo de culto (vv. 973-82). O poder de Necessidade supera tudo. Os rituais perdem seu sentido, pois ela não tem altares nem recebe oferendas (963-64), e até Zeus opera com ela em harmonia. A. M. Dale observa, oportunamente, que "a natureza da relação entre Zeus e a Necessidade é sempre um dos problemas mais atraentes para ser resolvido poética ou teologicamente. Aqui há um tipo de colaboração, uma identidade de propósito, expressa pelo terrível consentimento de Zeus." (Euripides: 1978, 121) Até o ferro produzido pelos Cálibes, conhecido entre os gregos por sua dureza, está subjugado ao poder de Necessidade (Euripides: 1978, 122; Euripides: 2007, 248).

Porém, é preciso lembrar que estamos dentro de um canto coral, que, de certa forma, faz a ponte entre as cenas do féretro, do debate, da descoberta de Héracles e da volta de Admeto à casa vazia, com a cena seguinte, em que Héracles por suas mãos trará Alceste de volta ao mundo dos vivos.

Admeto não saiu de cena – o que ele faria em cena a não ser chorar? Portanto é para ele que o canto é dirigido (vv. 983-94). Não foi Alceste a vítima da Necessidade, mas Admeto (vv. 983-84).

Além da impossibilidade de trazer *para cima* os que estão *sob a terra* (vv. 986-87), como um efeito da Necessidade toda poderosa, um último apelo, a título de consolo, é constatar que até os filhos dos deuses também morrem (vv. 988-89). E como ainda nos lembra A. M. Dale, a peça começa com uma referência à morte de Asclépio. (Euripides: 1978, 121).

De maneira afetiva (vv. 991-93) o coro passa a mais uma vez valorizar Alceste, na antístrofe, e surpreendente declara: seu túmulo deve ser honrado como um objeto de reverência religiosa para os viajantes (v. 998).

Alceste, a heroína

Examinemos brevemente aqui essa "heroicização" de Alceste, nesse estásimo. seu renome ultrapassa a nobreza, até aqui ressaltada por todos, e atinge o *status* de

13 A ideia do dia marcado e do dia fatal já aparece desde o prólogo (v. 27; v.49; v. 105; v .322). A morte como algo inevitável v. 416) e toda a cena do *kommós* 861-934, em que o coro insistentemente consola Admeto, dando outros exemplos de perdas, etc.

daímon, uma força divina, sobretudo quando suas ações são obscuras e incompreensíveis aos homens.[14]

Coro
E que não se considere um monte de terra para cadáveres mortos
o túmulo de tua esposa, mas que seja honrado
semelhante dos deuses, um objeto de reverência para os viajantes.
E alguém, ao deixar o caminho
inclinado, há de dizer isso:
"Ela outrora morreu pelo marido,
agora é uma bem-aventurada divindade:
Salve, ó soberana, que dês boa sorte." Tais
palavras a saudarão!

Este último canto coral cria uma atmosfera mística e envolvente, tendo como divindade suprema a Necessidade e eleva Alceste à categoria de um *daimon*, a ser reverenciado pelos viajantes. Com a morte pelo marido, Alceste obtém sua inserção no mundo dos heróis, transformando-se em objeto de culto, reverência religiosa.

O coro interrompe seu canto para anunciar, falando, a volta de Héracles (vv. 1006-7), e com isso marca a passagem para o final da peça.

Ora, como nos esclarece Walter Burkert, as religiões de mistério tais como as celebrações dos mistérios eleusinos, além do cereal como base da vida civilizada, apresentam também a promessa de "melhores esperanças" para uma vida feliz no além.[15] O canto do coro, na verdade, prepara a cena com a volta de Héracles trazendo Alceste do mundo dos mortos para uma nova vida com seu marido, e está eivado em filosofia, poesia e ciência como formula Dale, criando uma atmosfera mística e envolvente (Euripides: 1978, 119). L. P. E. Parker vai mais longe, afirmando que o coro, ao proclamar Alceste como "μάκαιρα δαίμων" (v. 1003), a proclama como "heroína" no sentido técnico da religião, lembrando que no período pós-homérico, um herói "era um ser humano excepcional cujo túmulo tornava-se o foco de um culto e retinha algum poder para influenciar eventos em sua vizinhança" (Euripides: 2007, 250).

---

14 Para o significação de *daímon* como uma divindade, geralmente ligada ao mundo ctônico, contudo sem os privilégios do *theós* veja-se Burkert: 1993, 351-55.

15 Veja-se nota 11 e também, para os livros de Museu e Orfeu, referidos nos vv. 967-69 veja-se Burkert: 1993, 565-66.

No quinto episódio (vv. 1008-1158) temos a volta de uma Alceste que, por ter visitado o mundo dos mortos, está interditada de falar, conduzida a Admeto por Héracles. E isso tem implicações dramáticas que tem merecido algumas discussões que foram bem apontadas por G. G. Betts em seu artigo "The silence of Alcestis", chamando atenção para o fato de que Héracles não afirma que ela esteja impedida de falar (Betts: 1965, 181-82).

A conclusão da peça é feita com o êxodo do coro (vv. 1159-1163), "cujas palavras Eurípides repetirá em tragédias posteriores, como Andrómaca, Helena, Bacantes, e, em parte Medeia" (Euripides: 2009, 119 e 199).

Por essa concisa apresentação de toda a trama urdida por Eurípides para compor sua *Alceste*, pode-se afirmar que, com a morte pelo marido, Alceste obtém sua inserção no mundo dos heróis, transformando-se em motivo de culto e reverência religiosa. Entretanto essa inserção não se dá sem criar outras tensões. O feito glorioso de Alceste foi visto mais como um sacrifício à moda cristã.[16] Para o que nos interessa na presente discussão sobre o feminino, basta destacar que nesta peça as razões apresentadas por Alceste não incluem em sua escolha a morte por amor ao seu marido, já que como se sabe, a instituição do casamento na Grécia, ao longo do período que compreende a literatura desde Homero até o final do século V a. C., pautava-se por uma negociação entre o pai da noiva e os pretendentes.[17]

As razões de Alceste

No primeiro episódio, a ama, cumprindo às vezes de um mensageiro, traz notícias do que se passa dentro do palácio, e ao contrário do que postula G. M. Grube, que pensa ser Admeto a figura central da peça, é para Alceste que nossa atenção vai sendo dirigida num crescendo de intensificação dramática. A serva, como as amas costumam ser em Eurípides, é pragmática e objetiva. Faz entender que, embora não tenha morrido ainda, Alceste já está em processo de desaparecimento do mundo dos vivos, tudo estando pronto para o desfecho do dia fatal. Também confirma, com seu relato, a *aristeia* de Alceste: "Que te admires ao ouvir o que ela fez no palácio! (v. 157).

16 Veja-se "O heroísmo no sacrifício ou o sacrifício do heroísmo? (Uma leitura das *Alceste* de Eurípides) para os significados de "sacrifício" e "heroísmo" na ultura grega (Santos: 1988, 101-118).

17 Para as questões envolvendo o casamento e a tragédia, veja-se Foley: 2001, 57-105. Veja-se também Rehm: 1994.

Com essa exclamação da serva, que a seguir passa a relatar os últimos atos de Alceste, cria-se uma atmosfera de admiração, necessária para angariar cada vez mais a simpatia do público. A serva torna-se quase uma protagonista. Através de seu relato, vamos entrando num espetáculo dentro do espetáculo. Ela passa a representar Alceste, reproduzindo as palavras de sua rainha.

Não há, evidentemente, movimentação cênica durante a narrativa, a não ser a possibilidade de a serva, além das palavras, imitar também os gestos de Alceste, o que não se referenda no texto; seu olhar, porém, é meticuloso e invasivo. O poeta não esclarece como a serva teria visto os mínimos detalhes, isso não interessa ao espectador; o que interessa é fazer com que mergulhemos nossa imaginação nas preocupações de Alceste. Todos os detalhes, todos os movimentos de Alceste são importantes para que se entenda sua decisão. Assim, dentro da fala da ama, temos uma descrição de movimentações cênicas, típicas do texto narrativo, de um espetáculo a que não pudemos assistir por se passar no interior da casa, o qual nunca era representado na tragédia ática. Dentro da economia do espetáculo, essa descrição é importante pois põe o público em contato com acontecimentos extra-cena, vivificados pela teatralização da serva.

A tensão dramática começa a aumentar com esse relato, comparável aos movimentos de uma câmera a seguir seus passos por dentro da casa. Primeiramente destaca-se o banho e a paramentação, gestos rituais preparativos comuns tanto à nubente quanto ao defunto (vv. 158-161). Os rituais matrimoniais continuam com a prece a Hestia, cujo altar está colocado no centro da casa, um espaço que se relaciona ao casamento justamente por ser o ponto inaugural de um novo lar. E, é claro, na prece pronunciada neste ponto central, o que aparece é justamente a preocupação de Alceste com o destino matrimonial de seus dois filhos (vv. 162-169) e que vai reaparecer no diálogo que ela tabula com Admeto antes de morrer (vv. 280-390).

O caráter heroico do feito de Alceste tona-se mais evidente quando passa por todos os altares da casa, levando suas oferendas, sem choro, sem gemido, sem perder a cor diante da aproximação do mal, que sabemos ser sua morte (vv. 170-74). É a imagem de uma mulher firme, decidida, que a serva apresenta. No entanto, quando chega ao quarto, lá sim, cede ao choro e ao sofrimento (vv. 175-76). Temos, então, a revelação das motivações de Alceste em seu gesto de bravura feminina: ela teme a traição (vv. 177-182). Portanto, Alceste decide morrer para não trair o leito e o marido (vv. 180-81). Se Alceste decidisse também não morrer no lugar de Admeto, ficaria viúva e teria que aceitar outro marido, mas essa ideia só vai aparecer no segundo episódio, o único episódio em que Alceste está em cena (vv. 244 e seq.). O temor da possibilidade de trair o marido é a chave de sua *aristeia*. Sua dor maior centra-se no leito, local em que Alceste não poupa lágrimas e lamentos (vv. 183-88). Alceste sabe que de qualquer forma ser substituída por outra mulher (vv. 181-82).

As cenas seguintes, relatadas pela serva, intensificam o caráter patético do momento. Os filhos agarrados às vestes da mãe (vv. 189-90), a despedida afetuosa aos servos (192-195), concluem a focalização dos últimos gestos de Alceste dentro da casa. e, agora sim, Admeto aparece na fala da serva, como se, pelo fato de escapar da morte, estaria sendo punido com uma dor inesquecível (vv. 196-98).

Como Admeto é mencionado, o corifeu imagina o sofrimento de Admeto e sua reação diante dos males (vv. 199-200). O verbo προδοῦναι aparece pela segunda vez (vv. 202), com um sentido ambíguo, entre os campos semânticos de "abandono" e de "traição". Como Alceste poderia estar abandonando Admeto, se morre justamente por ele? Com a morte de Alceste, Admeto está livre para contrair novas núpcias, uma hipótese presente na fala de Alceste reproduzida pela ama (v. 181) e que deve tornar a aparecer ao longo da peça.

Após relatar um pouco mais os últimos momentos de Alceste dentro da casa, a ama relata o seu último desejo: contemplar a luz do sol pela última vez (vv. 205-8), o que justifica sua saída de dentro do palácio no próximo episódio. A ama retira-se de cena, indo anunciar a presença solícita dos velhos de Feres, amigos dos senhores da casa (vv. 209-12). Nas últimas palavras da serva, de maneira sutil, numa formulação genérica, aparece a possibilidade de Admeto não estar sendo bem visto pela comunidade (vv. 210-11). A. M. Dale descarta qualquer possibilidade de se levantar tal hipótese, argumentando servir apenas à caracterização do coro e é seguida por L P. E. Parker (Euripides: 1978, 97; Euripides: 2007, 94).

É inegável que o coro seja solidário com Admeto, pois em momento algum faz qualquer objeção à sua decisão de se deixar substituir por Alceste. No entanto, não deixa de sublinhar o máximo possível o ato heroico de Alceste, expresso mesmo pela falta das honras fúnebres necessárias, no párodo, quando ainda não tinha certeza da consumação da morte de sua rainha.

Albin Lesky vê na atitude de Alceste a relação com tradições folclóricas e cantos populares: "A peça fundamenta-se num motivo que conhecemos no folclore e nas canções populares de muitos povos, o tema do sacrifício até a morte por amor" (Lesky: 1976, 165). Esta seria, então, a seu ver, a maior motivação para a aceitação de Alceste morrer pelo amor ao marido. No entanto, dadas as condições sociais tanto em que se davam os matrimônios como também a inexistência de registros sobre esse tipo de sacrifício na Grécia antiga, torna-se um argumento inaceitável para a apreciação do gesto de Alceste. Eurípides, habilmente lidando com o vasto material que a tradição lhe dispunha, insere o sacrifício de Alceste nos domínios do *oikos*, da casa e da família.

Conformando o mito a um espetáculo teatral, o poeta explora as contradições da instituição do matrimônio, dando ênfase à sua ligação com uma espécie de morte ritual da mulher, na ocasião de seu casamento. A. Lesky também percebeu a dificuldade que o texto de Eurípides coloca, sobretudo para o leitor e para o espectador moderno: "É difícil, para a sensibilidade moderna, acomodar-se com o fato de que em suas últimas palavras Alceste não fale do amor pelo marido, que a leva à morte" (Lesky: 1976, 166). A ausência de uma manifestação de afeição pelo marido não poderia estar expressa por sua decisão que está sendo levada a cabo no aqui e agora, no dia marcado? Seu páthos é aumentado justamente pela falta que fará aos filhos, associada à presença de uma segunda esposa, madrasta para seus filhos (vv. 305-310).

Alceste inunda-nos com suas preocupações, que não são tão diferentes das preocupações da mulher comum do ocidente ainda hoje. Para Alceste, o menino tem no pai um esteio (v. 311) e de alguma forma está preservado de vexames futuros. Quanto à menina, suas preocupações são maiores: como manterá sua virgindade (v. 313); como escapará de um vexame (v. 315) capaz de destruir suas núpcias (v. 316); não terá a presença da mãe, que deveria ser uma das principais acompanhantes da jovem nubente (v. 317). Também não contará com sua ajuda na ocasião do parto de seus filhos (vv. 318-19). Todas as preocupações de Alceste apontam para o mundo da mulher e seus problemas: virgindade, casamento, maternidade.

Em seu estudo comparativo entre Alceste e Medeia, Maria do Céu Fialho, estabelece uma interessante comparação entre as duas figuras femininas de Eurípides ligadas ao *oikos*, afirmando:

> "O obra foi apresentada em 438 a. C. Em 431 a. C.outra protagonista euripidiana, igualmente extrangeira, igualmente unida a um grego por laços matrimoniais e filhos comuns, pisa no espaço da representação, convencionalmente não mais na Tessália, mas sim em Corinto: Medeia. A primeira vê sua união ameaçada pela morte, evitável, se os philoi da casa evitassem a morte de seu marido ou a sua. A segunda conhece a destruição dos laços matrimoniais graças à traição de Jasão, que, por ambição ao

poder abandona-a e põe em perigo o futuro da descendência de ambos. (Fialho: 2011, 230)."

Poderíamos adicionar a essas duas mulheres, preocupadas com sua descendência, a prória Fedra no *Hipólito*, texto apresentado em 428 a. C., já que entre as preocupações com sua morte apresentadas por Fedra, destaque-se a de que seus filhos legítimos possam ser prejudicados diante das exigências do filho bastardo de Egeu.[18] Em ambos os casos, o de Alceste e de Fedra, entretanto, vê-se a situação da mulher no mundo mediterrâneo: o poder da sexualidade feminina e o perigo do vexame que isso pode representar ao marido e aos filhos. De alguma forma as razões de Fedra a aproximam das de Alceste, que morre pelo marido, embora sob condições absolutamente diferentes. Nas falas de Alceste, percebe-se mais a preocupação, depois de sua morte, com a filha. Charles Segal aponta:

> Os estudiosos têm discutido repetidamente a primeira metade (da) longa *rhesis* (373-430), com seu notório problema dos duplos prazeres ou as duplas forma de vergonha (385-87) mas prestaram relativamente pouca atenção à segunda metade, linhas 395-430. Esta passagem formula poderosamente um dado importante das sociedades gregas e de outras do mediterrâneo: poder que a sexualidade feminina exerce sobre os homens através da vergonha que elas podem trazer à casa, à carreira dos homens e assim à toda comunidade. " (Segal: 1933, 145)

Ora, Eurípides, considerado misógino a partir da antiguidade, como observa Maria de Fátima S. Silva, em seu estudo "Eurípides, o mais trágico dos poetas, é sem dúvida é o poeta que mais explorou as diversas matizes de que se compõe a psicologia feminina (Silva: 2006, 19-21).

O tema da misoginia euripidiana perdurou até à modernidade, quando se passou a perceber que as expressões de "misoginia" em Eurípides podem refletir, na verdade, o medo que uma sociedade patriarcal tem do poder que a sexualidade feminina pode exercer sobre os homens através da vergonha, conforme apontado acima. Mas na verdade, em um outro estudo, Maria de Fátima S. Silva afirma: "a atenção privilegiada que Eurípides deu à mulher dentro da produção trágica consitui um traço par-

---

18 *Hip.* 304-309. Veja-se também "The *Hippolytus* of Euripides", para os momentos ambíguos de fala e silêncio ao longo de toda a peça (Knox: 1988, 311-331).

ticular de seu teatro que suscitou o interesse constante dos comentadores modernos do poeta" (Silva: 2007, 135).

O tema da mulher que decide morrer por vontade própria pelo marido – ela não é obrigada por ninguém – em Eurípides vai ganhar cores próprias e bastantes distintas de outras mulheres desenhadas para o seu teatro (Silva: 2007, 152). Eurípides, assim, imbrica várias discussões que se podem extrair da peça, patentes no número de estudos publicados de pontos de vista bem divergentes.

Destaque-se que Alceste por sua escolha estabelece um paradigma para configurar o heroísmo feminino. Como assevera Maria de Fátima S. Silva, "sua vida circunscreve-se aos limites da casa, onde se sacrifica em benefício da família e de onde sairá só depois de morta" (Segal: 1993, 53). Mas sua conquista de glória imperecível e seu *status* de um *dáimon* benfazejo desfazem-se quando é trazida de volta do Hades à vida pelas mãos de Héracles para as mãos de Admeto num segundo casamento, como quer Charles Segal.

O silêncio de Alceste, no entanto, é eloquente nesse momento da peça. Impedimento ritual? Não nenhuma indicação no texto que aponte para essa hipótese. Segue para dentro do palácio para vida que sempre teve como mulher grega: cuidar da casa, dos filhos e da criadagem.

Referências bibliográficas

ADKINS, L. & ADKINS, R. A. *Handbook to life in Ancient Greece*. New York: Facts On File, Inc., 2005.

ARISTÓTELES. *Poética*. Trad. de Eudoro de Sousa. Porto Alegre: Editora Globo, 1966.

BETTS, G. G. "The silence of Alcestis". *Mnemosyne*, 52, Series IV, Vol. XVIII, Fasciculus 2, 1965, pp. 181-182.

BURKERT, W. *Religião grega na época clássica e arcaica*. Trad. port. de M.J. Simões Loureiro. Lisboa: Fundação Calouste Gulbenkian, 1993.

______. *Antigos cultos de mistério*. Trad. Denise Bottman. São Paulo: Edusp, 1991.

CONACHER, D. J. *Euripidean Drama. Myth, Theme and Structure*. Toronto: University of Toronto Press, 1970 (1967).

ERBSE, F. "Zu Euripides Alk. 1119-1120". Hermes, 110. Band, Heft 1, 1 Quartal, 182, pp. 126-28.

EURÍPIDES. *Tragédias I*. Introdução geral de Maria de Fátima Sousa e Silva. Tradução de Carmen Leal Soares, Nuno Simões Rodrigues, Maria Helena da Rocha Pereira e Cláudia Raquel Cravo da Silva. Lisboa: Faculdade de Letras da Universidade de Coimbra/Imprensa Nacional - Casa da Moeda, 2009.

______. *Alcestis*. Edited with introduction & commentary by L. P. E. Parker. Oxford: Clarendon Press, 2007.

______. *Alcestis*. With notes and commentaries by C. A. E. Luschnig and H. M. Roisman. Oklahoma: University of Oklahoma Press, 2003.

______. *Alcestis*. Edited with translation and commentary by D. J. Conacher. 2nd. ed. Warminster, Wiltshire: Aris & Phillips Ltd., 1993 (1988).

______. *Alcestis*. Edited with introduction and commentary by A. M. Dale. Oxford: Oxford University Press, 1978 (reimpressão de 1954).

______. *Medéia*. Trad. de Jaa Torrano. São Paulo: Editora Hucitec, 1991.

______. *Duas tragédias gregas: Hécuba e Troianas*. Tradução e introdução de Christian Werner. São Paulo: Martins Fontes, 2004.

DE MARINO, F. e MORENILLA, C. (eds). *La mirada de las mujeres*. Bari: Levanti Editori, 2011

FIALHO, M. C. "Entre *Alcestis* y *Medea*". In: DE MARINO, F. & MORENILLA, C. *La Mirada de las mujeres*. Bari: Levanti Editori, 2011. (pp. 229-237)

FOLEY, H. P. *Female acts in Greek tragedy*. Princeton: Princeton University Press, 2003 (reed. 2001).

GREGORY, J. "Euripides as social critic". *Greece & Rome*, Second Series, vol 49, n. 2, 2002, pp. 145-162.

KNOX, B. M. "The *Hippolytus* of Euripides". In: SEGAL, E. (ed.) *Oxford readings in greek tragedy*. Oxford: Oxford University Press, 1988, pp. 311-331.

LESKY, A. *Greek Tragic poetry*. Trad. de Matthew Dillon. New Haven/London: Yale University Press, 1981.

______. *A Tragédia grega*. 2a. ed. Trad. Alberto Guzik. São Paulo: Editora Perspectiva, 1976.

LOURENÇO, F. "Φιλία na *Alceste* de Eurípides". *Classica*. 13, n. 21, 1996, pp. 61-68.

MALHADAS, D. "Le drame antique aujourd' hui - Les représentations au Brésil". In *III and IV International Meeting of Ancient Greek Drama, Delphi*. Athens: 1989, pp. 235-246.

MASTRONARDE, D. J. *The art of Euripides*. Cambridge: Cambridge University Press, 2010.

REHM, R. *Marriage to death. The conflation of wedding and funeral rituals in greek tragedy*. Princeton/New Jersey: Princeton University Press, 1994.

RIBEIRO Jr., W. A. "*Alceste*, de Eurípides". Portal Graecia Antiqua, São Carlos. Disponível em www.greciantiga.org/arquivo.asp?num=0229. Consulta: 27/08/2013.

SANTOS. F. B.. "O heroísmo no sacrifício ou o sacrifício do heroísmo? (Uma leitura da *Alceste* de Eurípides". *Alfa*, n. 32, 1988, pp. 101-118.

______. "*Alceste* de Eurípides: o prólogo (1-76)". *Humanitas*, vol. LX, 2008, pp. 87-100.

______. "Las representaciones del teatro griego en el Brasil". In: CANCELA, E. M. y DIAZ, G. H. (eds.) *Actualidad de los clásicos. III Congreso de Filología y Tradición Clásicas "Vicentina Antuña" in memoriam*. Habana: Editorial UH, 2010, pp. 416-426.

SEGAL, Ch. *Euripides and the poetics of sorrow. art, gender, and commemoration in Alcestis, Hippolytus, and Hecuba*. Durham/ London: Duke University Press, 1993.

SEGAL, E. (Ed.) *Oxford Readings in Greek Tragedy*. Oxford: Oxford University Press, 1988.

SILVA, M. F. S. *Crítica do teatro na Comédia Antiga*. Coimbra: Instituto Nacional de Investigação Científica, Centro de Estudos Clássicos e Humanísticos da Univesidade de Coimbra, 1987.

______. "Eurípides, o mais trágico dos poetas (1)". *Boletim dos Estudos Clássicos*, 49, 2006, pp. 19-21.

______. "Eurípides misógino". *Las personas de Eurípides*, 133 - 190. Amsterdam: Hakkert, 2007.

SILVA, M. F. S. e MARQUES, S. H (ed.) *Tragic Women on Ancient and Modern Stage*. Coimbra: Classica Digitalia Vniversitatis Conimbrigensis/Centre of Classical and Humanistic Studies - University of Coimbra, 2010.

STEVENSSSOURCE, P. T. "Euripides and the athenians". *The Journal of Hellenic Studies*, vol. 76, 1956, pp. 87-94.

VRACHIOTIS, P. "Medea, Clytemnestra and Antigone: a psychological approach according to the tragedies and the myths under the frame of the patriarchal society". In SILVA, M. F. S. e MARQUES, S. H (ed.) *Tragic women on ancient and modern stage*. Coimbra: Classica Digitalia Vniversitatis Conimbrigensis/Centre of Classical and Humanistic Studies - University of Coimbra, 2010, pp. 27-36.

5

Considerações sobre a visão de História de Xenofonte

José Francisco de Moura
Universidade Veiga de Almeida

Numa época em que a escrita da História é considerada por tantos acadêmicos como uma mera representação pessoal do historiador, estando desvinculada de qualquer relação com o real, não é de surpreender o motivo de Xenofonte ter sido um escritor cujas obras de história tenham sido relativamente desprezadas pelas abordagens que se voltaram para entender a historiografia grega antiga. As obras que se dedicam a estudar os textos de Heródoto e Tucídides superam em muito as que se voltam para analisar os do discípulo de Sócrates.

Da mesma forma, Xenofonte não tem suas obras de história traduzidas em nosso país, ao contrário da maioria dos demais historiadores gregos cujas obras sobreviveram. Talvez por isso ele permaneça um autor pouco conhecido, pouco lido e muito pouco mencionado nos cursos superiores que se dedicam a fazer pesquisa em história antiga.

Apesar de ser considerado um intelectual que fez pouca ou quase nenhuma reflexão sobre a prática do historiador, que desprezou qualquer generalização sobre a história enquanto "devir" e que não desenvolveu nenhuma proposta para defender alguma filosofia sobre o passado, consideramos que o papel de Xenofonte na historiografia grega é de fundamental relevância. Sem ele, nosso conhecimento de muitos acontecimentos de um vasto período da história helênica estaria irremediavelmente perdido. Também não conheceríamos uma miríade de povos e de seus costumes tendo em vista que Xenofonte é a única fonte escrita que chegou aos dias atuais a mencionar a existência deles.

Oriundo de Atenas, do longínquo demo de Erquia, que distava dezesseis quilômetros das muralhas, Xenofonte nasceu no início da Guerra do Peloponeso, que opôs Atenas e Esparta e seus respectivos aliados. Passou a primeira parte de sua infância trancado dentro das muralhas de Atenas graças à estratégia adotada por Péricles durante os primeiros anos daquele conflito. Quando ainda era criança, viu e sobreviveu à peste que dizimou milhares de cidadãos.

Durante a Paz de Nícias, quando estava no início da adolescência, provavelmente aprendeu a arte da equitação. Xenofonte tornou-se um cavaleiro, tal como seu pai, Grylos, o que implica considerar que sua família tinha uma condição econômica favorável.

Atravessou a adolescência vendo sua pátria em guerra, integrou o círculo socrático e chegou à idade adulta envolvendo-se diretamente na política ateniense. Viu a vitória espartana no conflito em 404 a.C., integrou inicialmente o grupo dos Trinta que derrubou a democracia, mas logo depois rompeu com este grupo e passou a integrar a facção oligárquica moderada conhecida como o "grupo dos 3 mil".

Como intelectual, foi um dos escritores mais diversificados da Antiguidade. Escreveu obras sobre diferentes temas e de diferentes estilos. Todas as suas obras sobreviveram em traduções posteriores, o que pode indicar que caíram no gosto das elites letradas que se seguiram.

De suas obras, as que nos interessam aqui são as que falam da história do seu tempo, quais sejam, a *Anábase*, também conhecida em um edição portuguesa como "A Retirada dos Dez Mil", que narra como mercenários gregos conseguiram voltar para a Grécia oriundos da Pérsia após uma expedição fracassada que tinha como objetivo levar Ciro ao trono; e a *Helênica*, obra na qual Xenofonte narra os fatos ocorridos na Grécia desde o final da Guerra do Peloponeso até a derrota tebana na Batalha de Mantineia, em 362 a.C..

Busto de Xenofonte - Aphrodísias
Fonte: Museu defAphrodisias (Turquia)

As demais obras serão citadas de forma pontual, principalmente a biografia do rei Agesilau, já que esta acaba sendo também uma obra da história de Esparta sob o governo daquele monarca, embora o estilo que imprimiu a ela não obedeça a rígidos critérios de sequência cronológica.

Na Helênica, apesar da suposta objetividade de sua narrativa, o autor comete algumas omissões vitais sob o ponto de vista da exatidão factual. Um exemplo claro disso ocorre quando ele simplesmente ignora a perda da Messênia pelos espartanos após a derrota para os tebanos em Leuctra, fato crucial na diminuição do poder daquela pólis e que alterou substancialmente o equilíbrio político e militar do Peloponeso, levando Esparta a ser, a partir de então, uma potência secundária na balança de poder do mundo grego.

É difícil acreditar que esta omissão não tenha se dado de propósito, pois após o episódio o próprio Xenofonte teve que abandonar a propriedade que recebeu dos espartanos em Escilunte, região da Élida que tinha sido anexada após a Guerra do Peloponeso. Dali ele foi para Corinto, onde viveu os últimos anos de sua vida.

Mas não se pode dizer que Xenofonte chegue a mentir em suas obras. Na Helênica, embora seu texto apareça como moderadamente pró espartano, mas ele não inventa fatos. Uma parte de sua aparente parcialidade pode ser atribuída às fontes de informação que possuía quando não participava ativamente dos eventos que narrava. Essas fontes eram ligadas a seu círculo particular de amizades e influenciaram marcadamente sua visão dos episódios.

Xenofonte passou boa parte de sua vida adulta e produziu parte de seus textos na propriedade que recebeu dos espartanos, na verdade um território tomado aos eleus logo após o fim da Guerra do Peloponeso. Ali, ele recebia seus amigos de Esparta, os poucos que ainda restavam de Atenas e alguns arcádios que tinham ido com ele à Pérsia como mercenários. Era através desses amigos que provinha parte de suas informações sobre os episódios narrados posteriores à batalha de Coronea (392), talvez a última em que ele tenha tomado parte diretamente.

Alguns estudiosos divergem em relação ao status de Xenofonte como historiador. Para Anderson (1974), Xenofonte era um repórter de guerra melhor que Tucídides, já que seria mais detalhista e claro na hora de narrar um episódio do qual tenha participado. Sua aparente parcialidade seria oriunda do caráter de suas fontes para episódios em que não se viu envolvido, mas daqueles que em participou ele teria reproduzido com honestidade.

Para Hatzfeld (1947), embora Xenofonte fosse parcial a ponto de arrumar desculpas para as derrotas espartanas e esconder as humilhações que sofreram após as invasões tebanas, ele era um autor claro e preciso no julgamento de homens e fatos.

Já na visão de Gual (1982), Xenofonte foi um homem digno, magnânimo e de bom caráter. Mas a sua proposta de narrar a verossimilitude dos fatos é mostrada com mais primor na *Anábase*, onde se preocupa inclusive em descrever paisagens naturais, a fauna e a flora dos locais por onde passou em seu retorno da expedição de Ciro.

Na *Anábase*, Xenofonte mantém uma narrativa factual cronologicamente encadeada, mas que se aproxima mais da forma antropológica de Heródoto narrar, procedendo de forma diferente na Helênica. Como participou de toda a expedição, na *Anábase* Xenofonte foi testemunha ocular de tudo que narrou. Ele descreve uma série de costumes e valores dos povos que os gregos encontraram pelo caminho ao tentarem retornar para casa oriundos da fracassada tentativa de ajudar Ciro a tomar o reino da Pérsia. Tendo os valores civilizatórios gregos em mente, ele hierarquizou os povos de acordo com as formas como combatiam, pelas roupas que vestiam e pelos alimentos que consumiam. Seu texto é o único antigo que menciona muitos povos que habitavam todo o leste da Ásia Menor e a costa do mar Negro, sem o qual não teríamos conhecimento da existência.

A *Anábase* é tão cheia de detalhes sobre as batalhas e sobre os costumes de outros povos que sua elaboração em forma de narrativa só pode ser explicada pela presença de um diário de campo, que teria servido de base para a elaboração da obra, escrita entre 392 a.C – 371 a.C., quando esteve na propriedade recebida dos espartanos. A obra tem um sentido claro de resgate das memórias vividas, uma conotação épica que de certa forma lembra a Odisseia, onde os gregos, liderados por Odisseu, passaram por diferentes agruras para poderem retornar para casa.

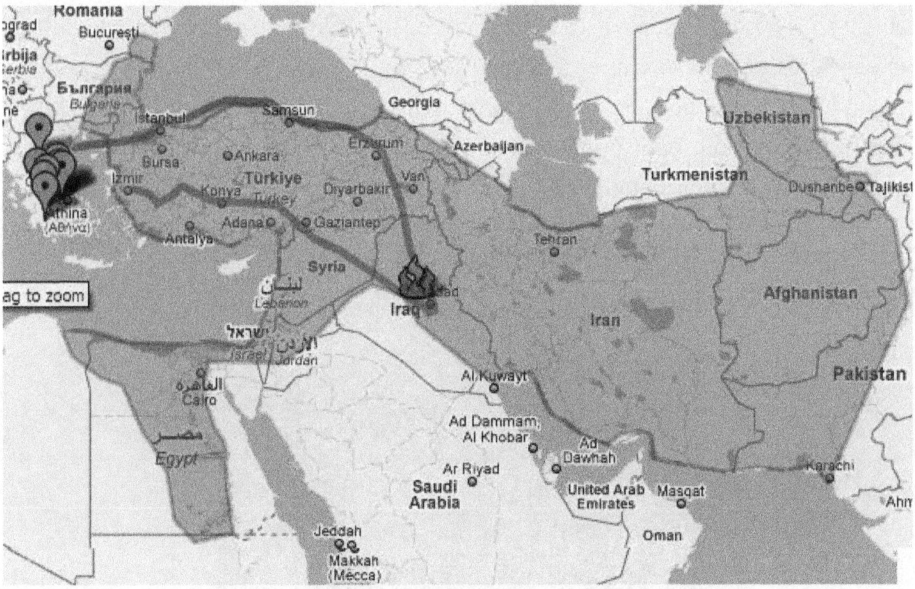

A trajetória percorrida pelos dez mil mercenários gregos
Fonte: https://ebooks.adelaide.edu.au/x/xenophon/x5an/map.html

Na *Anábase*, Xenofonte fala de si mesmo em terceira pessoa (II.1,12). Ele assinou a obra com um nome fictício, talvez para permitir que ela circulasse em Atenas no período em que esteve exilado.

Se Heródoto utilizou um amplo manancial de fontes, procurando evidências em ossos, epigramas antigos, consultando anciãos para saber sobre tradições arcaicas e se valendo do mito para explicar o passado, Xenofonte privilegiou aquilo que viu com os próprios olhos ou aquilo que seus amigos e conhecidos testemunharam. Por isso mesmo, as fontes de Xenofonte são muito mais restritas e sua narrativa parece bem mais crua e factual que a de Heródoto.

Se a *Anábase* tem um ar nostálgico positivo, na *Helênica* a intenção de Xenofonte parecia outra: relatar os acontecimentos mais dramáticos vividos na Grécia desde o final da Guerra do Peloponeso, continuando a história iniciada por Tucídides. Segundo uma tradição posterior, Xenofonte teria sido o editor da obra de seu colega ateniense, que, tal como ele, escreveu toda sua obra no exílio (Diógenes Laércio 2.57). Tucídides, porém, não a terminou, tendo morrido antes.

Sob o ponto de vista social, é certo afirmar que os acontecimentos narrados por Xenofonte na *Anábase* e na *Helênica* foram vistos e narrados através de lentes elitistas. Os homens poderosos e ricos eram considerados os principais protagonistas. O papel dos estratos inferiores na construção da história é ignorado ou relegado ao segundo plano, até porque guerra e política apareciam para ele como os dois fenômenos que moviam a história e ambas as esferas eram lideradas e conduzidas por personagens oriundos dos segmentos sociais mais abastados.

Estatueta de bronze de Mulher espartana
Fonte: British Museum (Londres)

Xenofonte também era misógino, como a grande maioria dos intelectuais gregos antigos. As mulheres têm um papel secundário em sua concepção de história e de mundo. Em suas 14 obras, as mulheres que mais se destacam são aquelas que estão em torno de reis e homens da nobreza. A irmã de Agesilau, Ciniska, por exemplo, foi exaltada por compartilhar o universo dos homens ricos, aquele que girava em torno da criação e corrida de cavalos (Agesilau 9.6-7). No Oikonomicus, a esposa nada mais é do que uma auxiliar na administração da fazenda do marido.

Por tudo isso, a historiadora de gênero, Sarah Pomeroy (2002: 124), lamenta que Xenofonte nada tenha dito sobre a visão de mundo, as práticas culturais e religiosas das mulheres espartanas, mesmo tendo conhecido tão bem aquela pólis. Ele reduz a mulher espartana ao papel de mera reprodutora de valentes guerreiros. Por outras fontes, porém, sabemos que o papel delas deve ter sido muito mais importante. Aristóteles afirmou com reprovação que elas mandavam nos homens e que eram proprietárias de dois quintos do território (*A Política*, 1269b25). Da mesma forma, Herótodos, vários autores do período helenístico, e Plutarco, que viveu no auge do Império Romano, relatam uma série de práticas culturais ignoradas no texto de Xenofonte.

A história, para Xenofonte, como em geral para os demais autores gregos do período ou anteriores, era história contemporânea. Sua preocupação com o passado longínquo parecia não existir. A exceção surge apenas para explicar as origens do modelo de governo espartano, mas ainda assim Xenofonte pega o que está mais à mão da tradição, sem nenhuma preocupação com exatidão cronológica ou com algum critério de verificação para além do que os espartanos diziam de sua própria história. Se Tucídides ainda fez comparações de sua época com a da Guerra de Troia e comentou sobre as guerras persas para explicar as origens do conflito entre Atenas e Esparta. Xenofonte ignora completamente este passado longínquo.

Por isso tudo, é difícil considerar que Xenofonte tivesse a mesma visão de tempo cíclico que era comum a alguns intelectuais gregos do século anterior, sobretudo Heródoto. A concepção de tempo linear aparece claramente em sua narrativa, porém, sem impulsos teleológicos, como aqueles que veremos com o surgimento do cristianismo e depois com o marxismo.

Na Helênica, Xenofonte marcou o tempo de sua narrativa de várias formas: pelos magistrados anuais que governavam, quase sempre associando os anos, de forma simultânea, aos arcontes em Atenas e aos éforos epônimos em Esparta. Eventualmente referiu-se ao número da Olimpíada, uma tradição grega cada vez mais comum desde que estabeleceram o ano de 776 a.C. como marco cronológico para datar a primeira delas. Mas quase sempre ele utiliza o mesmo procedimento de Tucídides, baseado nas estações, mas ainda assim numa perspectiva linear que visava diferenciar os acontecimentos de acordo com sua temporalidade próxima.

Não sabemos se Xenofonte dividia a história grega em alguma periodização particular. Como sua história é muito contemporânea, aquela do tempo de sua própria vida, ele refere-se de forma genérica a qualquer acontecimento mais antigo normalmente usando a expressão genérica "naqueles tempos" ou "naqueles anos".

Para Xenofonte, a guerra poderia mudar o rumo da história, levando-a para destinos imprevisíveis e situações ainda não vistas e imaginadas antes. Em nenhum momento ele imagina o retorno a algum tempo glorioso anterior. Se para contemporâneos dele, como Platão, a época de ouro, a melhor fase da vida humana na Terra, já havia passado, na visão de Xenofonte o que move a temporalidade parece ser a eterna luta entre os que querem levar o caos ao mundo, os homens ímpios, e os que querem que ele permaneça em ordem, os homens virtuosos e os deuses. Mas essa luta é de caráter imprevisível, pois as intervenções dos deuses aparecem a reboque das ações humanas e não se destinam a levar o mundo um fim específico.

Como aluno de Sócrates, Xenofonte pensava que a moderação e o autocontrole na forma de agir eram algumas das maiores características do Homem de virtude. Porém, ele achava que a moderação também devia ser também aplicada à guerra. Assim como os homens ímpios levam caos ao mundo, um exército destemperado em suas ações está fadado à derrota por levar ao não aproveitamento do seu potencial.

Na Helênica, ele julga que várias derrotas militares foram causadas pela falta de disciplina dos exércitos. A falta de ordem, ou seja, a assimetria dos diversos batalhões em sua formação e em sua relação com o todo, assim como a intempestividade no uso da estratégia, foram apontadas por ele como responsáveis diretas por vários desastres bélicos.

Para Dillery (1995) seu conceito de ordem (*taxis)* pode explicar parte de sua visão religiosa. Para Xenofonte, assim como para Platão, o mundo está em conflito entre os deuses, que querem manter a ordem (*taxis*), e os homens ímpios, que querem aniquila-la com seus atos desregrados que causam desordem (*atakton*). Os deuses, porém, sempre saem vitoriosos nesse confronto, cobrando dos homens ímpios suas ações intemperantes. Como não acreditava em vida após a morte, Xenofonte achava que os deuses puniam a iniquidade dos homens em seu próprio tempo de vida.

Há uma tendência geral da historiografia em considerar Xenofonte sincero e pio em sua fé. Ele foi a Delfos consultar Apolo sobre sua ida à Pérsia como mercenário na expedição de Ciro. Na Anábase, Xenofonte mostrou-se rigoroso com os sacrifícios feitos antes de cada batalha que tomava parte. Foi suficientemente devotado para guardar parte do que recebeu como estratego para construir um santuário à deusa Ártemis em Escilunte, santuário este que ganhou status público, ficando aberto a todos que visitavam a região.

A partir dos 30 anos de idade, Xenofonte foi sendo cada vez mais influenciado por valores espartanos. Na expedição que fez à Pérsia com os dez mil gregos, estabeleceu estreitos contatos com vários espartanos, principalmente com Cleárcos e Quirísifo.

Após a volta da expedição, tornou-se amigo pessoal de Agesilau, o rei espartano. Disponibilizou parte dos mercenários que trouxe consigo d Pérsia para atuarem a favor de Esparta. Ao lado de Agesilau, lutou várias batalhas, inclusive contra Atenas na Batalha de Coroneia. O episódio pode ter ocasionado o seu ostracismo, em geral atribuído à data de 392 a.C. pelos historiadores.

Xenofonte sabia os efeitos que uma educação excessivamente militarizada podia produzir, mas ao mesmo tempo mostrava grande fascínio pela coragem dos espartanos. Integrante do círculo socrático, ele acreditava que a educação era capaz de moldar o caráter de um povo. Apesar de não descartar a eugenia, a crença que atributos de caráter e coragem pudessem ser herdados geneticamente, ele também considerava que as crianças submetidas a uma educação rigorosa poderiam ser preparadas adquirirem virtude.

Há em Xenofonte uma excessiva preocupação com a ordem. O que mais o encantava em Esparta, por exemplo, era a obediência à lei e como a severidade do *agôge*, o sistema educacional espartano, poderia reprimir a destemperança. Na *Constituição dos Lacedemônios*, uma das obras que escreveu, ele louvou o fato do sistema educacional espartano ter a capacidade de controlar os jovens, fazendo com que fossem respeitosos (*aidemonésteroi*) e que nem ao menos pudessem falar em público quando não autorizados (III. 5). Nem mesmo o filho do rei Agesilau podia dirigir-se ao pai nas ruas da cidade (*Helênica* V. 4, 27).

Este elogio pedagógico faz com que possamos classificar Xenofonte um conservador, para usarmos um termo contemporâneo, já que um sistema educacional que impede que os jovens possam reoxigenar a sociedade com ideias novas e uma participação mais efetiva na vida pública tende a fossilizar antigos costumes e tradições, impedindo que os mesmos sejam questionados pelas novas gerações.

O sistema educacional espartano na verdade criava aquilo que o Estado queria: produzir soldados cidadãos que não questionassem as estruturas social, política e econômica. Para isso, crianças, jovens e adultos podiam ser castigados pela menor desobediência à lei. Numa época em que as cidades gregas estavam convulsionadas por revoltas internas, a aparente ordem espartana, que produzia certa estabilidade, era considerada uma grande virtude pelo aluno de Sócrates.

Mas o sistema não estava isento de problemas e de desviantes. Na Anábase, ele traça a análise mais completa que se tem de um espartano da elite que não fosse integrante da casa real: o general Cleárcos, que havia sido harmosta espartano em Bizâncio em 409. Cleárcos, porém, foi condenado seguidas vezes à morte pelo governo espartano por desobedecer aos éforos, o que fez com que ele nunca mais retornasse à Esparta.

Quando estava em Esparta, Cleárcos era um rico e influente cidadão, tendo status suficiente para receber Ciro, o filho do rei da Pérsia, como hóspede, o que prova que era um integrante das melhores famílias que formavam o grupo de esparciatas (ou "Iguais"). Ainda assim, o peso da lei caiu sobre ele, que se tornou um proscrito.

Na Anábase, Xenofonte elogiou a firmeza de caráter de Cleárcos. Porém, descreveu seu aspecto físico assustador e sua voz grave. Seu amor pela guerra era tamanho que gastava seu próprio dinheiro fomentando-a. Não tinha amigos, e fora da guerra era colérico e desequilibrado (II 6, 1-7). Seu caráter fora moldado pela educação guerreira que teve em Esparta, que desprezava um aprendizado maior das letras e investia grande energia no preparo de soldados cidadãos. Avesso aos prazeres da vida, que, na perspectiva socrática, poderiam levar o homem à desmedida, Cleárcos era, para Xenofonte, uma perfeita máquina de matar.

Essa atmosfera guerreira de Esparta no início do século IV a.C. chamou a atenção de Aristóteles, que disse que a cidade mais parecia um acampamento de batalha (*A Política* 1271b). Esse contexto, presenciado ao vivo por Xenofonte, foi vital em sua visão de educação, a ponto de mandar que seus filhos pequenos fossem ali educados. Por isso mesmo, pode-se dizer que seu contato estreito com Esparta influenciou sobremaneira sua visão de mundo, tornando-a cada vez mais bélica. É emblemático o fato de Xenofonte se referir com grande entusiasmo ao fato da cidade de Éfeso ter se tornado um acampamento bélico com a chegada do rei Agesilau e de milhares de gregos, que treinavam em todos os espaços possíveis da cidade (*Agesilau* 1. 25) .

Xenofonte tinha Esparta sempre em mente como pólis ideal até pelo menos a derrocada dela em Leuctras, em 371. Após o fim da expedição dos mercenários gregos, ele tentou criar uma pólis com parte dos sobreviventes. Nela, estariam os equivalentes dos esparciatas e dos periecos, que na verdade eram categorias sociais existentes em Esparta. Cansados e com planos individuais para suas vidas, os mercenários gregos não aceitaram a sugestão de Xenofonte, e ele acabou se integrando ao exército espartano na região (*Anábase* V. 6, 15).

Para Hischst (1985), Xenofonte era um cidadão do mundo dominado por paradigmas oligárquicos gregos, que tinha atração obsessiva pelos valores espartanos, mas que também era um admirador dos valores da nobreza persa, a quem elogiava na figura de Ciro.

Se no século V a.C. as elites tinham alguma repulsa à formas de combate que não fossem as de falange e do combate com a cavalaria, no século IV a.C. os gregos foram se acostumando a outras formas de luta com o aparecimento de um número cada vez maior dos grupos de peltastas e de arqueiros mercenários. As cidades gregas assistiam ao lento colapso da pólis enquanto uma comunidade defendida apenas pelo soldado cidadão. Na *Anábase*, Xenofonte parece acostumado com este novo contexto e não faz distinção de valor entre os hoplitas e as tropas leves. Na *Helênica*, a tropa de peltastas de Ifícrates é elogiada várias vezes por sua ordem de combate e por sua eficácia (IV, 4, 16).

Xenofonte transfere seus ideais de comunidade para a guerra. A disciplina desejada na pólis deveria ser também aplicada nas planícies durante as refregas. Ele, por isso mesmo, atribui a derrocada de Esparta em Leuctra à ação errada de seu rei-general Cleombrotos e não aos problemas oriundos da concentração de terras nas mãos de poucos cidadãos, fato apontado pela maioria dos estudiosos desde Aristóteles (*A Política* 1270a19).

Com o enfraquecimento dos laços políades, havia uma tendência intelectual no século IV a.C. em elogiar os indivíduos em detrimento da comunidade. O sucesso militar geralmente era atribuído à competência do comandante em manter a disciplina da tropa. O peso do indivíduo na sua narrativa é de tal ordem que ele escreve talvez a primeira biografia da história: o texto sobre a vida do rei espartano Agesilau, no qual conta aspectos do caráter e da competência militar do amigo. Embora uma biografia tenha um estilo diferente de uma narrativa histórica, ali também se observa um encadeamento cronológico no qual o caráter do rei vai sendo moldado pela educação que vai recebendo ao logo de sua vida.

Assim, a narrativa de Xenofonte está mergulhada nos novos tempos de crescimento do individualismo. Mas também está inserida dentro do estilo da história batalha comum aos historiadores gregos e romanos, onde a guerra é o tema principal não só por acharem que ela tinha um efeito direto na vida dos indivíduos, mas por se tratar de um dos elementos vitais nas mudanças da balança de poder da política externa.

Na Helênica, sua narrativa é direta e com poucas digressões. Xenofonte privilegia os fatos que viu diretamente e aqueles que ouviu através de fontes de sua confiança. Ele também utiliza os discursos que Tucídides imprimia aos protagonistas, mas de forma muito menos intensa, o que faz seu texto parecer mais pobre e sem imaginação. Quando usa o método dos discursos, é de forma rápida para esclarecer um determinado fato, como no episódio da revolta de Cinadon. Aqui, contudo, ele parece ter transcrito na íntegra as falas dos envolvidos Ele parece ter transcrito o episódio tal como ouviu da boca de seu amigo Agesilau (Helênica III 3.4-11).

Foram raras as vezes que Xenofonte explicou seu método de apuração dos fatos ou a forma como preferiu narrar alguns episódios e omitir outros. Em uma das raras exceções, quando anuncia que vai se referir aos episódios envolvendo as cidades costeiras envolvidas em batalhas marítimas os quais não participou, Xenofonte deixa claro que faria uma filtragem dos acontecimentos: "escreverei sobre os assuntos mais dignos de menção e ignorarei os demais" (IV, 7, 8.1).

Xenofonte viveu num período em que muitos intelectuais gregos pregavam o pan-helenismo. Cansados das guerras entre as cidades e das lutas intestinas de facções dentro de cada pólis, esses intelectuais viam na união das comunidades gregas contra o inimigo persa uma solução para o fim dos problemas internos. Mesmo não representando mais perigo para os gregos continentais, a Pérsia do século IV a.C. passou a ser o bode expiatório usado por autores como Isócrates e até Lícias para estancar as guerras entre os próprios gregos.

Xenofonte não ficou imune a esta tendência e, se para Isócrates o ródio Evágoras poderia exercer a liderança deste projeto, para Xenofonte Agesilau era o grego com mais predicados para conduzir o projeto.

O peso do aspecto político como elemento norteador do caminhar da história aparece de forma inconsciente e não sistematizada em seu discurso na Helênica. Para narrar o período do governo dos Trinta em Atenas, que durou pouco tempo (401-400 a.C), ele dedica um grande espaço de seu texto quando comparado a outros episódios importantes da vida grega do período. Tal como Sócrates e Platão, Xenofonte foi um crítico do curto período de governo dos Trinta em Atenas, cujos integrantes, que entre outros males, assassinaram seu amigo Aulólicos, ateniense vencedor das Olimpíadas.

Politicamente falando, Xenofonte era um oligarca moderado que via em Esparta o modelo ideal de educação por conseguir frear os intemperantes e estancar as guerras civis (*stásis*) que ocorriam em todo o mundo grego em seu período.

Na *Helênica*, Xenofonte mostra-se pró-oligarquia em um episódio bem específico. Ele dedica um espaço considerável de sua obra a elogiar a pequena pólis de Fliús. Fliús ficava na Árcadia e a facção oligárquica que dominava a cidade manteve-se fiel a aliança com Esparta mesmo após o revés que esta teve em Leuctra. Ele enaltece a coragem dos cidadãos e a fidelidade da cidade, mesmo cercada por milhares de inimigos (VII 2, 1-4).

Mas ele esteve longe de aprovar o regime oligárquico radical liderado por Crítias, que se instalou em sua cidade e que cometeu uma série de arbitrariedades e injustiças contra os cidadãos.

É interessante observar que Crítias, o modelo mais completo de oligarca radical, também tenha escrito uma obra sobre a constituição espartana. Infelizmente, a obra não nos chegou, mas o fato é mais uma prova que para as elites o regime espartano tinha virtudes que podiam ser aproveitadas em Atenas.

Na Helênica, Xenofonte deixa transparecer que o mundo Helênico atravessava um momento de grande incerteza e que não sabia como a Grécia conseguiria resolver as pendengas entre as cidades. O fim da obra é emblemático desse sentimento. Ele afirma que após a perda da hegemonia tebana, ocasionada pela morte de Epaminondas na batalha de Mantinéia em 362 a.C., a Grécia ficou em uma confusão ainda maior que antes (*Helênica* 7.5.27).

Por ser de caráter prático e ter uma forma pragmática de ver o mundo, Xenofonte não conseguiu analisar os problemas da Grécia de uma forma mais genérica para que pudesse elaborar uma teoria geral acerca das dificuldades que as cidades gregas estavam atravessando em sua época. Ele preferiu ver na estabilidade espartana gerada pela obediência à lei a solução para todos os males.

Ocorre que mesmo Esparta atravessava uma grande crise, com a diminuição do corpo de cidadãos gerados pelas constantes guerras e pela entrada de riquezas após a Guerra do Peloponeso, que também corroeu o sistema austero espartano, enriquecendo alguns poucos e flexibilizando a dureza do regime. Se pelo menos este fenômeno ele conseguiu observar (*Constituição dos Lacedemônios* XIV), ainda assim permaneceu preso a um passado que não existia mais.

Xenofonte foi incapaz de perceber que a luta pela terra e as demandas por aumento na participação política que ocasionavam as lutas entre as facções democráticas e oligárquicas eram fenômenos comuns a quase todas as cidades, e que por trás dessas brigas estava a descrença nas explicações dos cidadãos bem-nascidos de que tinham direitos a privilégios por motivos descendência ou riqueza.

Ele não conseguiu entender que o uso cada vez maior de mercenários nos exércitos e o próprio aparecimento de outras formas de combate estavam ligados a uma crise na concepção de soldado cidadão que tinha sido comum ao século anterior, quando foi vital para o fortalecimento dos laços comunitários. Na verdade, era a própria concepção de pólis que estava em crise, mas Xenofonte não percebeu. Ou se percebeu, não soube explicar a crise em todas as suas vertentes.

Se os filósofos em geral consideram que a imagem que Xenofonte elaborou de Sócrates é mais humana que a elaborada por Platão, em seus textos seu caráter pragmático é reafirmado. Em suas obras de história inexistem complicadas abstrações, estão ausentes complexas abordagens teleológicas e a história não parece ter um fim em si mesmo. Ele se concentrou naquilo que achou vital e sempre conferiu algum grau de dramaticidade a cada episódio narrado, como se este fosse único.

Conclusão

Xenofonte é um personagem que apresenta uma enorme dificuldade para os autores modernos: a de classificá-lo de forma pura.

Diferentemente de seu contemporâneo Platão e de Aristóteles, que viveu um pouco depois, ele não pode ser chamado de filósofo. Não há em suas obras a preocupação com a elaboração de um sistema de pensamento para se alcançar uma verdade imutável. Ele também não foi um sofista, pois nunca ensinou por dinheiro e desconsiderava a hipótese que a verdade seria relativa.

Foi um autor rico de temáticas. Escreveu três obras sobre Sócrates, um tratado sobre caça, outro sobre administração de fazendas e mais um sobre as rendas das cidades. Elaborou um estudo da constituição espartana e um tratado sobre equitação. Escreveu uma novela fictícia sobre educação de Ciro e uma obra sobre o tirano Hiéron.

Poderíamos chama-lo de historiador, mas esta classificação parece exagerada tendo em vista que tal categoria cobriria apenas três de suas obras: *Anábase*, *Helênica* e *Agesilau*. Enquadra-lo apenas como historiador seria uma redução da real abrangência de seus trabalhos escritos.

Por ter sido um escritor mais direto e menos sofisticado que seu colega Platão, Xenofonte parece que estava mais próximo da média do homem ateniense letrado do período clássico, o que para nós, tão distantes no tempo, pode ser um aspecto relevante para tentarmos compreender o mundo em que viveu.

Se por um lado suas obras de história se inserem dentro da tradição da historiografia clássica, preocupada, sobretudo, em narrar as guerras e as mudanças políticas ocorridas no mundo antigo, por outro elas são únicas por revelarem o imaginário de um grego bem nascido que teve uma vida intensa e que conheceu como poucos as distintas culturas, regiões e povos de sua própria época.

Por isso tudo, pode ser mais adequado caracteriza-lo apenas como um personagem vital para a compreensão da Grécia Antiga por toda contribuição intelectual e pela grande massa de impressões sobre seu mundo que legou às gerações futuras através de seus escritos.

Referências bibliográficas

ANDERSON, J.K. *Xenophon*. London: Duckworth, 1974.

ARISTÓTELES. *Politique*. Paris: Les Belles Lettres, 1973.

DELEBECQUE, E. *Essai sur la vie de Xenophon*. Paris: Études et Commentaires XXV, Librairer C. Klincksteck, 1957.

DILLERY, J. *Xenophon and the History of his Times*. London/New York: Routledge, 1995

DIOGENES LAÉRCIO. *Vida e doutrina dos Filósofos Ilustres*. Tradução, Introdução e Notas de Mário da Gama Kury. Brasília: Editora da UnB, 1988.

GARCIA GUAL, C. *Introdución a Anábase*. Madri: Editorial Gredos, 1982.

HIGGINS, W. *Xenophon, the Athenian. The problem of individual and society of the Polis*. Albany: State University of New York Press, 1977.

HIRSCH, S. W. *The Friendship of barbarians. Xenophon and the Persian Empire*. Hanover/ London: Tufts University Press of New England, 1985.

POMEROY, S. B. *Spartan woman*. Oxfod: Oxford University Press, 2002.

XENOPHON. *Hellenika, Books I-V*. Translated by Carleton Lewis Brownson London :New York/London/Cambridge : G. P. Putnam's son/ William Heinemann/ Harvard University Press, 1947.

______. *Hellenika, Books VI-VII* Translated by Carleton Lewis Brownson. New York/London/Cambridge : G. P. Putnam's son/ William Heinemann/ Harvard University Press, 1961.

______. Anabasis. Books I-III. Translated by Carleton Lewis Brownson. New York/London/Cambridge : G. P. Putnam's son/ William Heinemann/ Harvard University Press, 1961.

______. *Opera Minori.* Translated by Carleton Lewis Brownson London :New York/London/Cambridge : G. P. Putnam's son/ William Heinemann/ Harvard University Press, 1925.

6

Platão e a História

Hector Benoit
Universidade Estadual de Campinas

A questão deste capítulo é a relação que Platão possui filosoficamente com a história. Sem dúvida, o pensamento grego antigo foi o primeiro a reconhecer, com Heródoto e Tucídides, algo conhecido como "história". Estes autores foram os primeiro que podemos considerar propriamente como e enquanto historiadores, ainda que muito distantes da ciência que , sobretudo, a partir do século XIX, foi fundada como uma das ciências humanas, aquele discurso rigoroso que ainda hoje chamamos de "História".

Dizer isto elogiosamente de Heródoto e Tucídides, por outro lado, não significa desconhecer os trabalhos anteriores que procuraram narrar os acontecimentos do passado, desde os chamados "logógrafos" gregos às narrações orientais, particularmente, aquelas de caráter sagrado ou envolvidas com relatos religiosos ou semirreligiosos, tais como as deixadas pelos hebreus e pelos egípcios. No entanto, posto isto a respeito de Heródoto e Tucídides, percebe-se em ambos os autores uma ausência epistemológica clara: por mais que eles, várias vezes, discorram sobre o destino geral dos humanos, estes autores não possuem propriamente uma teoria mais geral a respeito da história dos homens. Quando esboçam algo nessa direção, caem ou recaem no âmbito quase religioso da moral e produzem enunciados que não se diferenciam muito dos discursos anteriores que refletiam sobre a imperfeição e fraquezas da natureza humana em contraste com uma perfeição atribuída algumas vezes aos deuses.

Estas observações iniciais são importantes diretamente para o problema central deste capítulo, a história em Platão. Teria Platão, apesar de filósofo, caminhado muito mais longe do que Heródoto e Tucídides? Teria ele ultrapassado o âmbito meramente moral para pensar o passado, o presente e o futuro dos homens? A pertinência dessas dúvidas explica-se por razões que ultrapassam a citação de um ou outro texto isolado do autor. Existiriam no autor dos Diálogos, talvez, impedimentos de caráter profundamente filosófico que estariam arraigados na própria concepção da metafísica ocidental. Platão, assim como a longa tradição desta metafísica, jamais teriam rompido totalmente com a Escola de Eléia, onde o grande mestre, e pai de toda esta metafísica, Parmênides, negava a essencialidade e, assim, a verdade plena e o valor ontológico ao devir (Aubenque: 1987,102-135). Se é verdade que no diálogo de Platão denominado *O sofista* se fala da necessidade em romper com o mestre de Eléia, cometer o chamado "parricídio" a Parmênides, talvez, segundo muitos intérpretes, este ato jamais tenha sido plenamente realizado nem por Platão e nem pela longa tradição da metafísica onto-teológica ocidental.

Para compreender a grande dificuldade do problema, é necessário que nos voltemos, ainda que rapidamente, ao próprio *Poema* de Parmênides, cujos poucos fragmentos restantes foram suficientes para envolver de maneira decisiva toda a história da Filosofia grega e ocidental. Parmênides, discursando em forma de versos, escuta os conselhos de uma deusa: "esta me acolheu benévola", diz ele, "e na sua a minha mão direita tomou"[1], aconselhando-o, então, aponta a deusa que apesar de existirem, aparentemente, duas vias, somente um caminho deve ser tomado, aquele do ser e não aquele do não-ser:

> Pois bem, eu te direi, e tu recebe a palavra que ouviste,
> os únicos caminhos de inquérito que são a pensar:
> o primeiro, que é e portanto não é não ser,
> de Persuasão é caminho (pois a verdade acompanha);
> o outro, que não é e portanto que é preciso não ser,
> este então, eu te digo, é atalho de todo incrível;
> pois nem conhecerias o que não é (pois não é exequivel),
> nem o dirias...
> (Parmênides em Proclo, Comentário ao Timeu, I, 345)

1 1, versos 22-23. Nas outras citações de Parmênides seguirei a mesma tradução e edição de Pré-Socraticos: 1978, tradução de José Cavalcante de Souza.

Estava aqui já dado o conselho principal que se repetirá diversas vezes no poema, somente existe a via do ser, e a via do não-ser não é, e não pode ser de forma alguma, sendo igual a nada ou, então, literalmente em grego, ao "não-um" (*mêdén).*[2]

A primeira é a via do ser, a via do pensar, a via do inteligível, a via do *logos*, a via essencial sempre igual a si mesma, ingênita e imperecível (8, verso 2, p. 148), ou seja, sem qualquer passado e sem qualquer futuro. Enquanto a outra, a via do não-ser ou "não-um", seria a via do impensável, do ininteligível, a via do movimento e do devir, a via em que tudo se transforma de forma permanente, jamais atingindo qualquer univocidade. No entanto, esta via não-é, somente seria ilusão e aparência.

É verdade, segundo a deusa, que para muitos mortais que nada sabem existiria uma terceira via: "erram duplas cabeças, pois o imediato em seu peito dirige errante pensamento; e são levados como surdos e cegos, perplexas indecisa massas, para os quais ser e não ser é reputado o mesmo e não o mesmo, e de tudo é reversível caminho" (6, versos 5 e seguintes, ibidem.).

Em outras palavras, muitos dos mortais, acreditam erroneamente, que podem seguir os dois caminhos, ao mesmo tempo, constituindo uma terceira via, mas, esta hipótese é afastada logo a seguir, e são diversos os comentadores, em interpretar que esta terceira via entre a via do ser e aquela do não-ser, no poema de Parmênides, nem sequer se constitui, em uma alternativa propriamente posta diante das outras duas vias. Esta terceira via seria, conforme alguns comentadores, uma espécie de via que não se confunde, evidentemente, com a via do ser, mas, não coincidiria também, totalmente com a via do não-ser, sendo, assim, uma via "fantasmagórica".[3]

Toda esta linguagem poética de Parmênides, porém, não nos deve enganar. Não estávamos diante de um pensador arcaico. Discorria ele, nos seus versos, a respeito da teoria da não-contradição, aquela da identidade, ou seja, que "A não pode ser Não-A ao mesmo tempo e na mesma relação", isto é, aquilo que para Aristóteles será considerado o "princípio dos princípios". Assim, a partir de Parmênides, o devir, enquanto e no momento em que é devir, não-é, e não pode ser verdadeiro. Sendo impossível a via do não-ser, sendo verdadeira somente a via do ser, muito mais ainda, talvez,

---

2 Por exemplo, 6, versos 1-2:
Necessário é o dizer e pensar que (o) ente é; pois é ser,
e nada [ou não-um {mêdén }] não é; isto eu te mando considerar.
Pois primeiro desta via de inquérito eu te afasto,

3 Como escreve Dennis O´Brien: "Mais il manifeste qu´ il s´ agit d´ une voie hybride, d' une Voie fantôme." (1987: 224).

nenhum valor pode ter um caminho intermediário entre as duas, esta hipotética terceira via seria, para alguns, ainda mais absurda do que a via do não-ser. Neste caso, trata-se também de uma outra regra lógica fundamental, aquela conhecida como "o princípio do terceiro excluído": Sócrates está sentado ou não está sentado; Teeteto está nesta sala ou não está nesta sala.

Ora, que significam esses ensinamentos de Parmênides para a nossa questão, o problema da história e, particularmente, a história em Platão? Caso levemos a sério esses ensinamentos, jamais o domínio do devir, ou seja, do passado, que passa pelo presente em direção a um futuro, no próprio ato do movimento contraditório, não poderia ser um domínio que se desenvolvesse em direção de uma verdade (*alétheia*) mais essencial. Nesse caso, consequentemente, jamais poderia se desenvolver uma teoria mais rigorosa da história, e este saber estaria, então, renegado ao domínio da opinião (*doxa*), mas jamais àquele da verdadeira ciência (*episteme*). Qualquer noção de transição imanente, interna a um ente ou estrutura, não poderia ganhar o estatuto de cientificidade. Nesse sentido, não seriam meros acasos que mesmo os melhores historiadores gregos, Heródoto e Tucídides, não houvessem desenvolvido propriamente uma teoria mais rigorosa da história.

Como se vê, os enunciados de Parmênides colocam um problema para a própria noção de movimento. Não por acaso, a sua escola será chamada como aquela dos "imobilistas" e um dos seus maiores discípulos elaborará o célebre paradoxo de Aquiles e a tartaruga, argumento que nega o movimento.[4]

---

4 A partir desses princípios de Parmênides, a escola de Eléia desenvolveu-se em direção da sofística, demonstrando paradoxos absurdos. É conhecido o chamado "argumento de Aquiles". Se Aquiles de pés ligeiros, numa corrida, partir após uma tartaruga, jamais a ultrapassará, já que toda distância entre dois pontos é divisível ao infinito. Assim Hegel comenta o argumento: "De dois corpos que se movem numa direção, dos quais um está na frente e outro o segue numa determinada distância, movendo-se, porém, mais rapidamente que aquele, sabemos que o segundo alcançará o primeiro. Zenão, porém, diz: o mais vagaroso nunca poderá ser alcançado nem mesmo pelo mais rápido; e isto ele demosntra assim: o que segue necessita determinada parte do tempo para alcançar o lugar de onde partiu o que está em fuga, no começo desta determinada parte do tempo. Durante o tempo em que o segundo atingiu o ponto onde o primeiro se achava, este já avançou para mais longe, deixou atrás de si novo espaço que o segundo novamente deverá percorrer numa desta parte do tempo: e assim se vai até o infinito" (Hegel, tradução de Ernildo Stein, p. 211. In: *Os Pré-Socráticos*, edição citada).

Fica claro que após Parmênides, a Escola de Eléia evoluirá como uma variante da sofística, e assim, em parte, já é apresentado Zenão no diálogo *Parmênides* de Platão. Como afinal, negar de forma absoluta o movimento?

Seja como for, refutar filosoficamente de alguma maneira tais argumentos da Escola de Eléia, não eram tarefa fácil. Para isto, Aristóteles desenvolve uma teoria do movimento através da concepção da passagem da potência (*dýnamis*) ao ato (*energéia*). Sem dúvida, tal teoria dá um certo estatuto ao movimento e ao devir que mostra o absurdo das teorias mais radicais de Zenão. Mas, até que ponto esta teoria refuta, de fato, a Parmênides? Aristóteles, para explicar como Sócrates foi um dia criança, outro dia adulto, e finalmente morreu, ou então como A pode ser Não-A, desenvolve a diferença no interior do tempo. Ou seja, A pode ser Não-A, mas, em outro tempo e em outra relação. Cada ente ou estrutura pode ser outra, mas, não ao mesmo tempo e na mesma relação. Cada ente ou estrutura deixa de ser isto para *depois* passar a ser outro. Isto não significa romper totalmente com a verdade de Parmênides, ou com a teoria da Identidade, assim como não significa romper com a verdade parmenidiana que o não-ser em si não é e que o devir em si não é imanente aos entes, não podendo estar no seu próprio interior. O não-ser em si mesmo continua sendo uma via impercorrível. Enquanto e como devir imanente, o devir não pode possuir uma verdade essencial absoluta. A solução de Aristóteles com a teoria do movimento, na qual este é dividido em potência e ato, assim, se aproxima um pouco da via "híbrida" ou "fantasmagórica" de Parmênides, aquela via dos "mortais de duplas cabeças" que enveredam por uma hipotética terceira via. Ou seja, o movimento contraditório do devir, em si e por si mesmo, que rompe com o princípio de Identidade, enquanto tal, continua sendo uma via que não pode ser o local de uma teoria propriamente científica e nos remete a um certo questionamento de uma teoria mais rigorosa da história. Nesse sentido, é célebre a frase de Aristóteles na *Poética*, na qual o autor rebaixa a cientificidade da história mesmo em relação àquela da poesia.

Mas, quanto aos Diálogos de Platão, poderia haver alguma diferença? Poderiam os Diálogos nos apresentar algo que pudesse nos libertar do imobilismo parmenidiano e da sua teoria da identidade absoluta que impede atribuir um ser pleno ao devir em si e por si mesmo? Sem dúvida, se lermos os Diálogos de Platão como a tradição dominante aristotélica e neoplatônica percorreu esses textos, encontraremos um conjunto de escritos que permanece totalmente no interior do território de Parmênides, chegando mesmo, com a Teoria das Ideias, a ultrapassar o relativo imobilismo aristotélico, que admite certa verdade ao movimento, ainda que este ancorado na racionalidade analítica da não-contradição e da identidade absoluta.

No entanto, o filósofo alemão Hegel, no século XIX, um dos maiores filósofos modernos da teoria da história, anota nas páginas finais da sua grande *Ciência da Lógica* que Platão foi o criador da dialética. Da mesma forma, em suas *Lições da História da Filosofia*, nas partes dedicadas a Platão, Hegel estende-se em várias páginas para reconhecer que a sua própria dialética contraditória, aquela que atribui ser ao não-ser, dando ser pleno ao devir, teria sido inaugurada por Platão, ainda que suas formas conceituais houvessem vagado sem dono por mais de dois mil anos.[5] A noção de dialética que aparece nos Diálogos não seria assim um mero jogo de palavras ou então quase um sinônimo de argumentações contraditórias, quase um sinônimo do que passamos a conhecer – desde Aristóteles – como uma forma apenas introdutória ou preparatória para os raciocínios silogísticos verdadeiramente rigorosos. Ao contrário, a dialética, elevada a ciência suprema, seria o embasamento para uma lógica que admite a contradição, o não-ser, e este em si e por si mesmo seria a raiz de uma outra forma de lógica, aquela que realmente pode dar cientificidade ao devir e à história, transformando a história de um saber inferior àquele que possui a maior essencialidade e a cientificidade superior.

Nós, particularmente, após lermos e relermos Platão por mais de uma década e após muitos anos de reflexão filosófica sobre a teoria da história e a tradição dialética, encaminhamo-nos para uma ruptura profunda com a tradição dominante de interpretar os Diálogos, chegando à conclusão que, de fato, Hegel não falara em vão.[6]

---

5 Comentando a interpretação hegeliana escrevi em artigo publicado na Revista Ideias, Ano I, nº1, Revista do Instituto de Filosofia e Ciências Humanas, janeiro/junho de 1995, Campinas, Unicamp, p. 87: " Se em Spinoza – para Hegel- teríamos a descontinuidade, em Leibniz teríamos a continuidade. Mas ambos, permanecendo ao nível do entendimento, não teriam atingido propriamente o devir imanente do negativo que produz as formas do verdadeiro pensamento especulativo, formas estas que, no entanto, já teriam sido atingidas por Platão, 'formas que – diz Hegel significativamente – desde Platão permaneceram baldias (brach) por dois mil anos'(*Vorlesungen,* ed. Glockner, p. 253). A própria religião cristã, segundo ele, não as teria apreendido corretamente, e só na idade moderna, nos últimos tempos, teríamos começado a compreendê-las (idem, pp.253-254)." Ora, evidentemente, tal compreensão recente seria aquela atingida pela sua própria filosofia.

6 Desenvolvemos amplamente esta interpretação em tese de livre-docência defendida na Unicamp em 2004 e que pensamos em breve publicar em forma de livro. Antes disso, no

Porém, ele próprio, Hegel, não teria desenvolvido suficientemente as consequências e as necessidades de sua interpretação, já que mesclava à sua leitura de Platão elementos aristotélicos, neoplatônicos (particularmente, proclianos) e cristãos.[7]

Assim, para que surgisse dos Diálogos a dialética contraditória que teria já realizado pelo menos o começo do fim da metafísica ocidental-parmenidiana e dado ser pleno ao devir, foi necessário primeiramente descobrir que os Diálogos não são monólogos de Platão e que são, como diz o próprio nome, "diálogos". Ora, somente esta premissa levada a sério altera totalmente a perspectiva de leitura.

Se Sócrates é, sem dúvida, um personagem muito importante em boa parte dos Diálogos, aquilo que ele diz é dito como e enquanto personagem mergulhado no devir, o mesmo devir que envolve Parmênides, o Estrangeiro de Eléia, o Ateniense das *Leis*, assim como, Alcibíades, Protágoras, Górgias, Teeteto e tantos outros. Sócrates e outros personagens, como Alcibíades, são primeiramente jovens e depois aparecem em outro tempo, com outra idade já bem mais avançada. Ora, somente esta percepção já quebra a identidade absoluta do Autor-Platão, proprietário de um pensamento expresso em todos os enunciados principais dos Diálogos. Mas, com isto, quebrando a identidade absoluta de Platão, tudo se altera na leitura dos Diálogos. Ao quebrar esta identidade, quebram-se, pouco a pouco, as diversas verdades estáticas que imobilizaram os Diálogos fazendo-os extensão do poema de Parmênides.

Entre outras coisas, passamos a perceber que boa parte dos personagens que participam dos Diálogos são históricos, mergulhados no devir histórico da história de Atenas e da Grécia, que participam dos confrontos doutrinários (entre mobilistas ou heraclitianos, imobilistas, pitagóricos, sofísticos, e outros), que participam também das batalhas políticas e jurídicas internas, das campanhas militares contra outras cidades, das festas e festivais poéticos, das viagens e visitas célebres, das mortes de um ou outro personagem, dos julgamentos decisivos -como aquele do próprio Sócrates- e de outros acontecimentos também históricos.

Mas, todo esse devir e toda essa historicidade que vai aparecendo nos Diálogos, não significa uma redução historicista da interpretação. Não significa querer explicar o conteúdo filosófico pelo espaço externo da história ou mesmo da biografia do autor. Todo esse devir e historicidade que nos referimos, em grande parte, são elementos

---

entanto, já na tese de doutoramento, defendida na USP em 1990, desenvolvíamos certos princípios que foram sendo aperfeiçoados.

7 Jean Louis Vieillard-Baron (1976 e 1988) é um dos poucos autores contemporâneos que se dedicou a interpretar as relações cerradas existentes entre Hegel e Platão.

datados de forma clara pela própria observação de detalhes que aparecem inscritos nos próprios textos. Caminhamos, assim, para uma historicidade e datação originadas internamente. Esta datação que passamos a designar de *temporalidade da lexis* (ou seja, a temporalidade da "ação de dizer"): quando, em que data aproximada, tal e tal personagem teria dito ou disse realmente isto e quando tal e tal cena, de fato, teria hipoteticamente ocorrido. Com absoluta certeza podemos datar, dessa forma, de maneira aproximada, o ano em que ocorreu a maior parte dos Diálogos. Esta *temporalidade da lexis* cria de forma clara uma ordem possível de leitura dos Diálogos que se dá em uma determinada disposição, em um determinado devir, e, aquilo que é mais importante, uma temporalidade que está ali posta de forma imanente no texto e posta pelo próprio autor dos Diálogos, sendo como que uma espécie de intencionalidade última do autor, que não pode ser elidida, uma intencionalidade que dispõe boa parte dos Diálogos numa ordem e um em relação ao outro no tempo.

Por exemplo, não por acaso, ou ao contrário, justamente e rigorosamente, nesta temporalidade da lexis, tudo começa com as figuras de Parmênides e Zenão visitando Atenas. Pois, são eles que dialogam com o jovem Sócrates em aproximadamente 450. E a discussão começa com o conteúdo das afirmações do poema de Parmênides que são inicialmente resumidas por um texto supostamente lido por Zenão. É essa leitura, próxima ao conteúdo do poema, que entabula o começo da discussão entre Zenão e o jovem Sócrates. O dialogo *Parmênides*, pela temporalidade da lexis, são unânimes os comentadores, caso ele ocorreu, aconteceu por volta de 450. Sócrates teria então cerca de vinte anos, Parmênides cerca de sessenta e cinco anos e Zenão, aproximadamente, trinta anos. A cena situa-se por volta de 450 com Parmênides e Zenão que foram visitar Atenas e se encontram com o jovem Sócrates. No diálogo, o jovem Sócrates (juventude esta várias vezes lembrada no início do diálogo) já defende a teoria das idéias em oposição ao conteúdo do poema de Parmênides.[8]

---

8 Fato este confirmado retrospectivamente por Sócrates em 399, quando no *Fédon*, pouco antes de beber a cicuta, recorda a sua juventude e afirma que muito cedo se decepcionara com as teorias dos *phisiólogoi*, abandonara o estudo dos entes como seres meramente sensíveis, voltando-se para o estudo dos entes em si e por si mesmos, ou seja, como formas conceituais, ideias ou *lógoi*. A recordação da sua juventude começa no diálogo *Fédon*, em 96a, passagem na qual Sócrates começa a contar o seu estudo juvenil dos textos dos *physiólogoi*, as suas decepções, inclusive com Anaxágoras e, finalmente, a sua chegada aos entes inteligíveis: "temi que minha alma viesse a ficar completamente cega se continuasse a olhar com os olhos para as coisas e tentasse compreendê-las através

No entanto, o jovem Sócrates, ao apresentar com vigor a sua teoria de que o sensível pode participar do inteligível e de que as ideias em si e por si mesmas podem participar entre si, após uma certa condescendência inicial dos eleatas presentes, será questionado longamente pelo experiente Parmênides, que toma o lugar de polemizador, ocupado até então por Zenão. O grande Parmênides, conforme ao seu célebre poema, questionando longamente o jovem Sócrates, mostrará como é difícil explicar alguma forma de participação entre o sensível e o inteligível e, ainda de acordo com o seu poema, reafirmará a univocidade da via do ser, chegando à sua tese de identificação entre o ser e o Um. O jovem Sócrates, após um longo diálogo com o filósofo do imobilismo, não sabendo responder as suas indagações a respeito da participação e não sendo capaz de explicar como as duas vias – aquela do sensível e aquela do inteligível podem se cruzar- termina por se calar. Segue-se, na segunda parte do diálogo, uma longa demonstração de Parmênides reafirmando a verdade afirmada em seu poema a respeito do ser que aparece como identificado ao Um. O diálogo termina com a derrota absoluta de Sócrates, que, aliás, torna-se apenas ouvinte na segunda parte da demonstração parmenidiana, sendo substituído por um outro jovem nomeado Aristóteles.[9] O jovem Sócrates, então, passa a ter somente uma certeza, aquela de que nada sabe, ou seja, Sócrates é lançado em profunda e provável dolorosa aporia, que o conduzirá ao silêncio por vários anos. Ora, seria ocasional tal intróito para os Diálogos de Platão?

Este diálogo *Parmênides*, cronologicamente, ou pela temporalidade da ação de produção (*poiesis*), é considerado como escrito pelo último Platão, ou o Platão da maturidade, e isto é bem provável graças a conclusões de estudos filológicos. Mas, como, em geral, os intérpretes consideram que o personagem dominante em cada diálogo, ou o personagem "vencedor", seria o próprio Platão, tudo aquilo que diz Parmênides no diálogo passou a ser considerado o pensamento do próprio Platão e, por isso, muitos intérpretes concluem daí que o Platão da maturidade teria se afastado relativamente da teoria das ideias.[10] Ora, mesmo que tendo sido escrito pelo Platão da matu-

---

de cada um dos meus sentidos. Refleti que devia buscar refúgio nos raciocínios (*tous lógous*) e procurar neles a verdade dos entes." (99e1-6).

9 Evidentemente, pela idade dos personagens, talvez, somente por ironia, tal jovem que colabora na negação da teoria das ideias, chamava-se Aristóteles. Em 450, o filósofo Aristóteles não era nem sequer nascido.

10 Alguns intérpretes, durante o século XIX, chegaram a levantar a hipótese de que o diálogo fora apócrifo e escrito por algum aristotélico crítico da teoria "platônica" das ideias.

ridade, na instância da temporalidade da lexis, ou seja, pela temporalidade da própria ação de dizer, o diálogo é posto pelo autor no *começo* de sua obra, quase como uma grandiosa introdução aos problemas principais que preocupavam realmente a filosofia grega do período. Este fato é inquestionável. Ora, isto nos interessa de forma profunda do ponto de vista da temporalidade da lexis. No sentido da temporalidade da lexis, aquilo que importa é que na introdução dos Diálogos, como princípio ou *arkhé*, o *Parmênides* é ali posto no começo, e no diálogo, Sócrates, procurando demonstrar uma passagem entre os sensível e o inteligível, é derrotado pelo sabedoria do grande Parmênides. O grande sábio de Eléia, reafirmando o seu poema, confirma que a via do ser é única, que a via do ser coincide com o Um e só o que é um é, caso contrário seria "nada", ou em grego, literalmente, "não-um" ("mêdén"), nenhum. Como se vê, o diálogo *Parmênides* seria uma repetição mais extensa e desenvolvida do próprio poema. O importante, filosoficamente, reafirmamos, é que, no *começo* ou *arkhé* dos Diálogos, Parmênides derrota a teoria da participação do jovem Sócrates. Este jovem, apesar da sua *hormé* (ou elã juvenil), como não poderia deixar de ser, cai em profunda aporia.

Após este fatídico encontro, prosseguindo com a temporalidade da lexis, constataremos que os diálogos somente serão retomados por Sócrates apenas após mais de uma década. Mas, que fatos teriam ocorrido para que isto acontecesse? Como Sócrates saiu do seu longo silêncio e voltou a falar? Ainda que retrospectivamente, a temporalidade da lexis nos revela isto de forma bastante clara: no período aporético teriam ocorrido duas grandes revelações.[11]

Ocorreram nesse período a revelação do Oráculo de Delfos que teria afirmado a um amigo de Sócrates que, este, apesar do seu aparente não-saber, era o mais sábio dos homens. A outra revelação seria aquela da sacerdotisa Diotima que teria ensinado a Sócrates, por volta de 440, que as virtudes de Eros, ou seja, que a força da beleza sensível, seria capaz de ser um dos degraus para se elevar ao inteligível. Sócrates recomeça então os diálogos para comprovar essas revelações e dialoga com sofistas e com jovens belos (desse período, lembremos, entre outros, os diálogos *Protágoras*,

---

De fato, a crítica aristotélica à teoria das ideias, em grande parte, utiliza os argumentos do personagem Parmênides no diálogo do mesmo nome escrito por Platão. Esta hipótese do possível caráter apócrifo do *Parmênides*, no entanto, após análises filológicas estilométricas mais rigorosas, já no século XIX, foi totalmente abandonada.

11 Tratam-se das recordações retrospectivamente lembradas por Sócrates na *Apologia* e no discurso de Diotima, sacerdotisa que teria conversado com o jovem Sócrates nessa época, como no *Banquete*.

Eutidemo, *Cármides*, *Lysis*[12], *Alcibíades I*[13] – todos datáveis com relativa precisão pelos fatos citados; entre eles, a campanha militar de Potidéia comentada em um desses diálogos e pressuposto no outro[14]). Nesses novos diálogos, Sócrates constatará que realmente ele é mais sábio que os outros homens, mas, somente pelo fato simples de saber que nada sabe, algo que já seria um grande primeiro saber. Além disso, graças ao discurso de Diotima, percebe que mesmo estando distante da ideia em si e por si, a potencialidade da beleza sensível seria um primeiro patamar para ir se elevando, pouco a pouco ao inteligível.[15] Com essas duas revelações, Sócrates volta a dialogar e supera assim o seu triste silêncio de mais de uma década.

Após superar a fase de aporia, pouco a pouco, recomeça a ter algumas certezas e percebe-se já no diálogo *Górgias* um Sócrates bastante dogmático. Não se contenta mais, como antes, em demonstrar o não-saber dos sofistas, mas também, além de os

12 Sócrates, dirigindo-se a Hipotales, o apaixonado por Lysis, afirma: "é inútil que me digas se amas ou não; eu sei que tu amas e que estás nos primeiros passos na rota do amor" (Platão, *Lysis*, 204b). E vangloriando-se de sua arte erótica, acrescenta: "Para todas as outras coisas sou medíocre e de poucos recursos; mas está em mim uma espécie de dom dos deuses e sei reconhecer ao primeiro olhar aquele que ama ou é amado."(204c).

13 Neste diálogo o caráter "erótico" se manifesta, sobretudo, no final, quando o jovem Alcibíades, seduzido por Sócrates, promete segui-lo como discípulo em qualquer lugar onde este for. Como diz Alcibíades: "Poderá bem nos ocorrer, Sócrates, que mutuamente troquemos de personagem, eu, tomando o teu, e tu, o meu; pois é impossível que, a contar deste dia, eu não faça o papel do pedagogo, ligado a teus passos, e que tu, ao contrário, tu não sejas a criança seguida do seu pedagogo". Sócrates então responde: "Neste caso, meu amor por ti nobre amigo, não diferirá daquele da cegonha; após ter em teu ninho implantado um amor alado" (tradução L. Robin, 135d-e). Sócrates, porém, como prevendo o destino histórico e político de Alcibíades, diz confiar na sua natureza, mas, teme por seu destino devido "à potência que possui a nossa cidade, e que esta potência não nos subjugue, tanto a ti quanto a mim mesmo."(135e).

14 No diálogo *Cármides* Sócrates acaba de retornar do cerco de Potidéia, estamos portanto em 429 (*Cármides*, 153a). Por outro lado, no *Alcibíades I*, como se pode ver, nenhuma menção existe à campanha de Potidéia, ainda que se saiba que Sócrates salvou a vida de Alcibíades nessa batalha (*Banquete*, discurso de Alcibíades).

15 Como lhe explicou a sacerdotisa, o amor erótico não é voltado propriamente para os objetos sensíveis belos, trata-se muito mais, de um desejo "de gênese e de engendramento no interior do belo"(*Banquete*, 206e3-4).

refutar, começa a pronunciar longas intervenções[16]. Cálicles -personagem do diálogo *Górgias*, chega a reclamar da extensão dos discursos socráticos, que apesar de exigir dos outros a absoluta brevidade nas respostas, agora fala longamente como se estivesse discursando em praça pública[17]. De fato, repleto de convicções morais, Sócrates condena duramente a retórica e os sofistas e chegando a afirmar que ele próprio seria o único verdadeiro político de Atenas. O diálogo inclusive é concluído com a narração de Sócrates a respeito de um mito moral que promete castigo depois da morte aos que se conduziram mal neste mundo. Como se vê, Sócrates já está distante da sua fase meramente cética e negativa, avança para um saber moral, e deste, para um possível saber político.

Um pouco após essa fase, mais precisamente em 416, um dia após a vitória de Agatão nos jogos da cidade, ocorre o diálogo *Banquete*, quando Sócrates, já com mais de cinquenta anos recorda os discursos de Diotima que teriam lhe ensinado a como se elevar do belo sensível ao inteligível. No entanto, após o nobre pronunciamento de Sócrates sobre a importância do belo sensível para chegar ao Belo em si e por si, quase para desmenti-lo ou ao menos para levantar dúvidas a respeito da sua trajetória, aparece Alcibíades totalmente embriagado. Este, outrora, no diálogo *Alcibíades I* (ocorrido por volta de 430), ainda semi-adolescente, fora um dos discípulos prediletos de Sócrates. A ele Sócrates prometera grandes ensinamentos filosóficos. Agora, no entanto, com cerca de trinta e cinco anos, Alcibíades tornou-se um dos chefes da democracia ateniense, repleto de ambições e projetos imperialistas em relação à Sicília. Ora, seria essa a bela elevação prometida por Sócrates a Alcibíades e aos seus discípulos?

Alcibíades, quebrando toda a moderação do banquete, convida todos a excederem-se no vinho e tomará a palavra para falar exatamente do seu antigo mestre. Apesar de Alcibíades elogiar Sócrates, no seu próprio discurso, ao final dele, lança

16 Já na primeira parte do diálogo, quando o interlocutor é Górgias, apesar do sofista respeitar a brevidade nas respostas, Sócrates, ao contrário, por seis vezes estende as suas colocações por mais de vinte linhas, desrespeitando assim as regras de brevidade que impunha aos outros. Já durante todo o diálogo, faz vinte e cinco intervenções com mais de trinta linhas. As passagens são as seguintes: 451a-c; 452a-d; 455a-d; 457c-458b; 459c-460a; 463a-c; 464b-466a; 469c-e; 471e-472d; 480b-d; 480e-481b; 481c-482c; 486e-488b; 492e-493d; 493d-494a; 500a-d; 500e-501c; 503d-504a; 506c-507e; 507a-509c; 511c-513c; 517b-519d; 521d-522a; 522c-e; 523a-527e.

17 Sócrates até reconhece a vontade de discursar: "A falar verdadeiramente como discursando diante do povo, me obrigastes Cálicles, por tua recusa em me responder." (519d)

sérias dúvidas a respeito das intenções socráticas com os jovens, como insinuando um caráter sofístico-sedutor contido em suas atitudes e palavras. A dialética seria uma hipnotizadora de jovens belos? A prática socrática seria uma variante perigosa da sofística? Não seria ela a culpada do desenvolvimento perverso de Alcibíades? Mas, sobretudo, teria ele, Sócrates, enfrentado o principal problema, aquele que se arrasta desde a sua juventude: as aporias de Parmênides que separam, fatalmente, o belo sensível do belo inteligível?

Seja como for, por volta de 410, já com cerca de sessenta anos, ocorre o diálogo *A República*, no qual Sócrates, como já profetizara no *Górgias*, finalmente, se dedica de forma direta à política. Sem que aqui entremos em detalhes, como se sabe, em *A República*, Sócrates projeta uma nova cidade, que se realizaria quando no mesmo sujeito coincidisse o poder político e a filosofia. Novamente, portanto, Sócrates está às voltas de como vincular o devir sensível à verdade essencial da filosofia. Evidentemente, trata-se de uma teoria que potencialmente procuraria ultrapassar a distância parmenidiana que faz da via sensível algo inominável, ilusório, ininteligível, algo que não é. Sócrates estaria próximo de elaborar uma teoria ou filosofia da história que atribuiria rigor à prática política, ao devir e assim à história? Estaria, assim, finalmente, Sócrates caminhando para refutar o poema de Parmênides, superando aquelas aporias que o atormentaram desde a sua juventude?

O livro I começa de forma aparentemente despretensiosa, discutindo-se as diversas imagens do homem justo. Logo depois, porém, no livro II, resolvem investigar a questão da justiça em um quadro maior, além do indivíduo: perguntam o que levaria os homens a fundar cidades. Chegam à conclusão de que as cidades são fundadas porque um homem precisa de outro homem para viver. Concluem que é evidente uma maior e melhor produção de cada homem se ele se especializar em certas tarefas, sendo assim, não tem sentido os homens não colaborarem entre si, uns produzindo sapatos, outros ferramentas, outros os alimentos, outros as vestimentas. Há, portanto, o reconhecimento de uma maior e melhor produção se houver uma certa divisão do trabalho. Mas, posto isto, é normal que apareçam novas necessidades cada vez mais complexas e a cidade vai crescendo, sendo constituída por múltiplas novas necessidades e assim profissões. O crescimento das necessidades leva à ambição cada vez maior e conduz ao luxo, à riqueza e até ao desejo de se apossar das terras das cidades vizinhas. A cidade torna-se poderosa, mas, ao mesmo tempo, corre o risco de ser invadida pelas outras cidades. Será preciso então de guardiões que protejam as cidades dos seus vizinhos, será necessário criar um exército.

Estes guardiões, no entanto, precisam ser bem educados, pois, caso contrário, de cães de boa raça, podem se transformar em lobos. Começa então toda uma preocupação com a boa educação dos guardiões. Os detalhes são muitos, mas, em suma, para serem bons guardiões, doces com os amigos e valentes com os inimigos, eles precisam ser educados nas musas e no corpo. Após descrever um longo plano de educação, Sócrates, chega à conclusão que com a educação dos guardiões, sem perceber, purificaram a cidade que havia se degenerado na ambição imperialista. Entre outras coisas, os guardiões deverão comer em comum, viver em comum e possuir tudo em comum. Mesmo os seus filhos e suas mulheres serão comuns, sendo assim, desaparecerá até a família tradicional. Com essas medidas a cidade possuirá unidade absoluta e não cairá em guerras internas. Possuindo tal unidade, a cidade também será muito forte, e invencível, pois, as outras cidades são repletas de lutas e divisões internas, não sendo capazes de enfrentar uma cidade unificada como aquela que acabaram de imaginar.

Como se vê, parece que Sócrates está desenvolvendo uma verdadeira filosofia da história, e dando inteligibilidade ao devir. No entanto, logo os problemas começam a aparecer, e, em certo sentido, aqueles mesmos problemas levantados pelo velho Parmênides. Essa cidade construída em *lógos* é realizável, ou não passa de apenas uma utopia? Seria ela possível na via imperfeita do devir? De fato, o problema tanto existe que, logo, os interlocutores fascinados pela cidade hipotética começam a se perguntar como ela se realizará. É visível que Sócrates começa a adiar o problema com novos argumentos, introduzindo novos detalhes a respeito da cidade projetada. Finalmente, após muita pressão dos interlocutores, Sócrates anuncia que tal cidade somente será possível quando um filósofo for rei ou um rei for filósofo, ou seja, quando o poder político e a filosofia coincidirem em um mesmo sujeito. Os interlocutores se espantam com a revelação e Sócrates lhes explicará que não se refere àqueles que hoje são reconhecidos ou designados como filósofos, mas sim, às verdadeiras naturezas filosóficas, aquelas que, assim como os guardiões, devem percorrer um longo caminho educativo de elevação.

A teoria que pode ser considerada como "a educação dos filósofos" e ao mesmo tempo como o caminho para a possível realização da cidade é desenvolvida, até em detalhes, sobretudo, nos livros VI e VII. Seria, em certo sentido, a teoria que cruzaria finalmente as duas vias, aquela do ser e aquela do não-ser. No entanto, no livro VI, quando se desenvolve a teoria desse processo de participação entre o sensível e o inteligível a própria exposição teórica mostra já a sua fragilidade. No livro VI se descreve um processo que parte do território mais sensível, as imagens, o domínio da imaginação ou *eikasia*, deste nos elevamos ao território das crenças, o domínio de *pistis*, aqui já ultrapassando a região sensível e penetrando no inteligível chegaríamos ao domínio da racionalidade analítica ou *diánoia* (domínio das matemáticas), finalmente, saindo do território que ainda se apoia em hipóteses penetraríamos no domínio superior da *nóesis* (ou o domínio propriamente da dialética) que nos conduziria ao princípio (*arkhé*) de todo o processo, o princípio a-hipotético que ilumina todos os passos anteriores, este seria aquele que designamos como o Bem, o momento supremo da dialética. Com a posse do Bem, final do quarto momento, desceríamos novamente para o começo, colocaríamos o Bem no começo dos momentos inferiores e ascendendo outra vez refundaríamos com o Bem todo o caminho hipotético percorrido até aqui.

Glauco, irmão de Platão e interlocutor de Sócrates, no entanto, não fica satisfeito com a mera descrição socrática e quer saber mais sobre o próprio Bem. Afinal como seria tal princípio tão poderoso que além de concluir o caminho o refundaria de maneira superior? Sócrates, após alguns rodeios, bastante significativos, pois parecem adiar inexplicavelmente o discurso sobre o Bem, afirma que o Bem é algo tão elevado e, assim, tão transcendente que supera a própria essência ou a *ousia.*[18] Glauco, então, em tom claramente irônico comenta: "por Apolo! Que magnífica transcendência!". Sócrates percebe esse tom irônico de Glauco e afirma que a culpa de tal afirmação seria do próprio Glauco que o obrigara a falar de algo tão elevado e supremo para o qual ainda não estavam preparados. Diante desse óbvio fracasso, Sócrates se propõe a falar do filho do Bem, o Sol, que seria a forma ainda sensível daquele ser além da *ousia*. Como se vê, o Bem inteligível propriamente dito permanece inatingível e separado do sensível.

Após discorrer a respeito do filho do Bem, o Sol, Sócrates termina o livro VI e no começo do livro VII, através da alegoria da caverna, resume sinteticamente todo esse percurso anteriormente descrito. Somos prisioneiros numa caverna escura contemplando apenas sombras, mas, se alguém escapar e chegar ao Sol que lá fora brilha, poderá depois disso contemplar o próprio Bem. Sua tarefa será então retornar novamente lá na escuridão e libertar os outros prisioneiros. Ora, na verdade, a alegoria da caverna é apenas mais uma imagem. Ainda uma imagem inútil se não se consegue atingir o próprio Bem. A verdade é que a indeterminação do Bem socrático perma-

---

18 Como afirma Sócrates: "alguma coisa que ultrapassa de longe a essência (*epékeina tês ousias*) em majestade e potência" (509b).

necerá até o final deste diálogo.[19] Preso a essa indeterminação do Bem, portanto, seria ainda Parmênides que retorna mostrando a dificuldade de determinar a via do Ser e aquela do próprio Bem. A indeterminação do Bem de qualquer forma fecha a porta à realização da cidade. A via do devir permanece separada da via do ser e permanece como a via do não-ser, uma via que não é, ou, em outras palavras, uma via que jamais será superada em suas imperfeições e multiplicidade. Tanto é assim que ao final do diálogo em nada se avança a respeito da realização da cidade e Sócrates se conforma dizendo que o sábio somente poderá militar numa cidade que talvez jamais existirá, ou existirá apenas como um paradigma situado no céu. A filosofia da história que parece começar a se esboçar no livro II com a teoria da "divisão do trabalho" não chega a se concretizar. O devir e a história enquanto tais não atingem uma teoria. Mais uma vez não estaria ocorrendo, sem dúvida, a vitória de Parmênides?

Também sem entrar em maiores detalhes, em 399, quando Sócrates já possui cerca de setenta anos, pela temporalidade da lexis, ocorrerão uma série de diálogos importantes, todos claramente datados nesse ano, pois fazem referência direta ou indireta à morte de Sócrates. Pelos indícios léxicos estes diálogos são ocorridos precisamente na seguinte ordem: *Teeteto-Eutífron-Crátilo-Sofista-Político-Apologia-Criton-Fédon.*[20] Para o nosso propósito são mais importantes os diálogos *Teeteto*, o *Sofista* e o *Político.*

No diálogo *Teeteto*, parece-nos, sobretudo, interessante, o fato de que Sócrates volta a ser modesto, sem grandes teorias nem morais, nem políticas, e volta a se apresentar como alguém que nada sabe. É então que ele se compara a uma velha parteira que não é mais capaz de engendrar devido à idade e que somente pode ajudar os

---

19 Devemos lembrar que o Bem socrático, como o Ser-Um de Parmênides na primeira hipótese do diálogo *Parmênides*, jamais receberá qualquer determinação: ele é além da própria *ousia*, ele é o inefável, o inominável, algo que jamais recebe outro predicado que aquele do Um que é ele próprio. Assim, não seria um acidente essa sua indeterminação, mas sim, a sua essência parmenideana. O Bem socrático seria a versão moral ou ética do Ser-Um parmenidiano.

20 O diálogo *Teeteto* termina com Sócrates indo ao Pórtico do Rei para saber da acusação que pesa sobre ele. No *Eutífron*, Sócrates encontra-se com Eutífron – um adivinho – na porta do Pórtico do Rei e discutem a respeito das acusações que sofreu. No diálogo *Crátilo*, Sócrates se refere diversas vezes à conversa que teria tido antes com Eutífron. No *Sofista*, Sócrates volta para continuar a discussão que tinha tido no dia anterior no *Teeteto*. Quanto ao diálogo *Político*, este continua diretamente o *Teeteto*. Na *Apologia*, Sócrates é julgado, no *Críton*, ele se encontra na prisão e no *Fédon* dialoga pela última vez antes da morte, falecendo no próprio diálogo.

jovens a engendrarem.[21] Não se mostra sedutor como nos diálogos de sua juventude e também aparece sem qualquer doutrina. Entabula uma discussão acirrada com o jovem Teeteto a respeito do que é a ciência, discute a teoria de Protágoras e sequencialmente as posições dos heraclitianos, prometendo que discutirá também a posição dos imobilistas, ou seja, aquela da Escola de Eléia. No entanto, quando cobrado a respeito por Teeteto, Sócrates recua e diz ainda temer muito esse homem, Parmênides, com o qual discutiu – relembra ele – na sua juventude: "Tenho vergonha já de examinar grosseiramente Melissos e os outros, que dizem o todo um e imóvel, mas, isto me envergonha menos do que examinar a unidade dos seres sustentada por Parmênides. Pois, Parmênides me aparece, como o herói de Homero, sendo 'para mim venerável' e, ao mesmo tempo, 'temível'" (183e2-6). Sócrates recorda, então, o seu fatídico encontro com o mestre de Eléia, relembra aquele diálogo ocorrido há cinquenta anos atrás e, abertamente, reconhece que ainda está envolto pelas postulações enigmáticas do seu pensamento: "Encontrei-me com esse homem quando eu era bastante jovem e ele bastante idoso, e pareceu-me possuir uma profundidade absolutamente vigorosa. Eu temo, portanto, que não compreendamos nem mesmo as suas palavras e que seu pensamento muito mais ainda nos ultrapasse"(183e7-184a3).Parece como se aquela aporia posta lá no *Parmênides* se mostrasse como uma sombra permanente que atravessa todos os diálogos.

Como se vê, a temporalidade da lexis é uma realidade inquestionável. Pouco a pouco, tal temporalidade foi forjando uma clara temporalidade da *nóesis* (ação de pensar), ou se quisermos, uma temporalidade conceitual que vai se desenvolvendo toda ela em torno do enfrentamento à verdade de Parmênides, que desde o começo aparece como uma sombra a ser superada. Sócrates recua mais esta vez e agora para sempre. O diálogo *Teeteto* é concluído sem que consigam atingir nenhum objetivo. Todas as "dores do parto" que prometiam grandes engendramentos teóricos em Teeteto mostram-se como apenas vento. Sócrates, porém, se retira, como dissemos, sob a alegação de que deverá ir agora saber da acusação que pesa sobre ele no fórum de Atenas. Promete ele, no entanto, que voltará no dia seguinte para continuar a discussão com Teeteto e Teodoro.

---

21 Parece-nos, nesse sentido, que a teoria da "maiêutica" socrática somente se aplica plenamente ao Sócrates da maturidade que se confessa como incapaz de engendrar e não pode ser generalizada como uma prática educacional socrática que ele teria sempre aplicado desde a sua juventude.

De fato, no dia seguinte, lá está Sócrates para continuar a discussão, mas tem um surpresa: Teodoro traz consigo para a conversa um outro personagem, um estrangeiro, mas, um estrangeiro que veio, não por acaso, da terra de Parmênides: trata-se do Estrangeiro de Eléia. Mais uma vez, sem que nos alonguemos na discussão da argumentação, o curioso é perceber que será o Estrangeiro de Eléia e não mais Sócrates que dirigirá a discussão. Sócrates volta a se calar, como lá no começo, no diálogo *Parmênides*. Pronuncia algumas palavras apenas na introdução da conversa e depois passa a ser um ouvinte que não mais toma a palavra. A tarefa do Estrangeiro será definir o ser do sofista. Após diversas definições que são tentadas através do método da divisão, chegam à conclusão que esse ser, o sofista, é extremamente escorregadio e difícil de apanhar. O curioso é que nas diversas seis primeiras definições Sócrates quase se confunde com o sofista, escapando, na maioria das vezes por pequenos detalhes e algumas vezes até praticamente se identificando com o sofista. A tal ponto é difícil a tarefa que chegam a dizer que o filósofo e o sofista são muito semelhantes, quase como o lobo e o cão. O texto, praticamente pergunta quem seria o lobo e quem seria o cão? Ou, em outras palavras, quem seria o sofista e quem seria o filósofo? Implícita, evidentemente, está a questão: Sócrates não seria um sofista? Ou, talvez, aqui se possa ler que jamais teria se diferenciado dele justamente por ser incapaz de enfrentar a Parmênides? Mas, será exatamente disso que tratará agora o diálogo. O Estrangeiro de Eléia enfrentará a Parmênides!

Finalmente, o Estrangeiro de Eléia chega à seguinte conclusão: em nada conseguirão avançar se temerem de ser chamados de parricidas. Ou seja, não podem temer de enfrentar o pai de todos eles, aquele que lhes proibiu, quando eram crianças, a via do não-ser. E explica o Estrangeiro algo que foi sendo preparado por todo o desenvolvimento da temporalidade da lexis que desenvolveu uma temporalidade claramente da nóesis ou conceitual: devem agora enfrentar "o pai Parmênides" ou se calam para sempre. Trata-se de ir contra a verdade que Parmênides repetiu a todos quando eram jovens: o não-ser não é, afasta desta via o teu pensamento. O Estrangeiro de Eléia, após uma argumentação que não cabe desenvolver aqui, finalmente, demonstra que, de certa forma, o não-ser é e possui o mesmo valor *ousiológico* do que o ser. Com isso, ao mesmo tempo, descobrem o ser próprio da imagem. Somente assim poderão enfrentar propriamente o sofista mostrando que algo que não-é possui também uma forma de ser, somente assim, também poderão pensar o movimento e o devir como algo que possui uma forma de ser. Com esse passo dado no diálogo *Sofista* passa a ser possível um pensamento dialético que é capaz de pensar a *transição* imanente de uma forma para outra e ao pensar a noção de transição imanente será possível pensar a história.

Isto fica bastante claro quando vemos o novo modelo de cidade que se pretende fundar nas *Leis*, um diálogo ocorrido cerca de cinquenta anos após a morte de Sócrates.[22] O seu personagem principal é um Ateniense, já idoso, que pretende juntamente a um espartano e a um cretense fundar uma nova cidade. Não se pensa agora porém de fundar uma cidade em *lógos* como em *A República*. O Ateniense e seus companheiros, apesar de teorizarem a respeito do passado da Grécia, apesar refletirem sobre as Guerras Médicas, apesar de elaborarem hipóteses sobre um passado distante da Grécia, apesar de procurarem compreender qual o motivo da decadência das cidades e dos possíveis erros cometidos pelas principais cidades gregas, pretendem fundar uma colônia, uma nova cidade existente de fato e historicamente real. Certamente, teorizam sobre como realiza-la da melhor forma possível, mas, sabendo que tratam com cidadãos reais, formados nas cidades gregas existentes, diante disso, reconhecem que não podem colocar ideais muito distantes daqueles viáveis e postos pelo presente. Por exemplo, apesar de elogiarem o comunismo como sendo o melhor de todos os regimes, reconhecem que tal regime, imediatamente, é impossível para os cidadãos educados nas antigas leis. Assim, quanto à terra, por exemplo, defendem que a propriedade não será privada, a propriedade será da cidade, mas, a *posse* será de quem explorar tal e tal pedaço de terra.

Em poucas palavras, já por essa posição a respeito da propriedade e da posse da terra percebe-se que procuram não fundar um cidade ideal distante e somente possível em um futuro distante, mas sim, uma cidade *transitória*, uma cidade que realize o devir imanente de uma forma para outra. Propõe o Ateniense, então, que procurem captar, se puderem, "a causa da transformação (τῆς μεταβολῆς τὴν αἰτίαν) (*As Leis*, 676c6-7). Pois, seria a causa da transformação que, talvez, "nos mostrará a gênese primeira das formas de governo" (δείξειεν ἡμῖν τὴν πρώτην τῶν πολιτειῶν γένεσιν) (*As Leis*, 676c7-8). Essa causa nos mostrará, talvez, também, a *metábasis* (μετάβασις) (*As Leis*, 676c8), ou seja, a "transição", o encaminhamento de uma forma para outra.

Porém, repentinamente, o ateniense interrompe a narração e faz uma pergunta que o conduz, a seguir, a importante observação metodológica. Pergunta ele: "Quando uma realeza foi derrubada, ou quando qualquer outro poder (τις ἀρχὴ) foi

---

22 Para uma análise exclusiva das *Leis* pode-se ler com proveito o texto de Gérson Pereira Filho (2009).

abolido no passado, isso ocorreu por causa de outros ou a partir deles mesmos (σφῶν αὐτῶν)?"(683e3-5). Ou seja, o ateniense volta a um tema tratado inicialmente, quando discutiam ainda sobre a virtude guerreira. Já lá haviam concluído que o *inimigo interno*, isto é, a contradição interna, é o mais perigoso para uma cidade e aquilo que a faz transformar-se. Agora, porém, diz o ateniense, "estabeleceremos melhor a nossa tese" (683e9). Aquilo que permitirá agora um melhor estudo dessa questão, como explica ele, é justamente que não farão mais uma análise abstrata, mas sim, uma investigação embasada em "acontecimentos ocorridos", isto é, em fatos históricos. Como diz ele, literalmente: "após haver encontrado fatos históricos (περιτυχόντες γὰρ ἔργοις γενομένοις) parece que retornamos ao mesmo tema. Ora, compreender esse ponto é compreender que o futuro nasce do presente e do passado de forma imanente. Isso, por mais simples que possa parecer é compreender que uma forma carrega dentro de si a outra, ou seja, que a negatividade de uma forma é o que a faz se transformar em outra. Em outras palavras, compreende-se que sem o caminho ou via do não-ser que é, jamais será possível pensar o devir imanente de uma forma para outra. Enquanto se trabalha com a identidade absoluta, ou seja que "A jamais é Não-A ao mesmo tempo e na mesma relação", o máximo que podemos pensar em termos de devir é aquele no qual uma determinada estrutrura "A" se transforma, *posteriormente*, em uma estrutura "B". Mas, nesse caso, são duas estruturas diferentes e paralelas que são descritas, uma justaposta à outra.[23] Ora, pensar propriamente o devir fundador de uma teoria da história não é descrever primeiramente uma estrutura escravista e depois uma estrutura feudal, ou descrever primeiramente um regime monárquico e depois um regime democrático, mas sim, descrever como do *próprio interior* de uma determinada estrutura forma-se a negatividade que gera a nova estrutura. Mas, isso é de maneira precisa pensar dialeticamente, ou seja, pensar o não-ser, pensar a negatividade engendradora que gera a transição de uma forma para outra. Isto aparece na cidade das *Leis* claramente na forma como é colocada a propriedade e posse da terra, mas também em muitos outros aspectos.

Por exemplo, o mesmo problema aparece na questão da forma de governo. Nas *Leis*, ao invés de esperar pelo filósofo-rei de *A república* que realizaria a cidade sonhada, só realizável "por um acaso divino", ocorre uma revalorização das formas democráticas

23 É dessa maneira precisa que Augusto Comte e concepções positivistas de história como de sociologia pensam o seu "progresso" e os seus desenvolvimentos. Jamais explicam a passagem imanente de uma estrutura para outra, mas sim, descrevem duas estruturas diferentes estáticas.

e dos conselhos que governavam boa parte das cidades gregas. No diálogo *Político*, aliás, já o Estrangeiro de Eléia chega a afirmar que caso não se possua a ciência política perfeita, o melhor dos governos para se viver é ainda a democracia. No diálogo *As Leis*, acreditamos que a revalorização da democracia é ainda maior. Ao contrário do que ocorrera em *A República*, não se trata de fundar uma cidade perfeita, acabada, fundada no saber hipotético dos guardiões que pretensamente possuiriam uma ciência perfeita e teriam contemplado o Bem.[24] Ao contrário, nas *Leis* procura-se uma cidade transitória saída dos homens existentes que se reunirão em conselhos eleitos diretamente e discutirão as leis melhores para cada momento da cidade. A democracia é sem dúvida recuperada, sendo que todo o poder emanará dos conselhos eleitos em assembleias cujo voto será realizado com as mãos levantadas. Mesmo o poder militar, os arqueiros, os cavaleiros e cada setor das forças militares elegerá com as mãos levantadas em assembleias diretas os seus chefes. Conselhos eleitos diretamente serão eleitos para cada uma das funções, somente as funções supremas, como aquelas do chamado "Conselho Noturno" terão formas de eleição indiretas, mas, em última instância saídas dos outros conselhos. Como se vê, nas *Leis*, em certo sentido, surgirá a primeira grande teorização do poder originado no entrecruzamento dos conselhos.[25]

Tudo isso somente foi possível porque se compreendeu que o Não-Ser é, que o Outro é, que o Movimento é, que o Devir é, que a alteridade não somente participa do ser, como é constitutiva do próprio ser e da identidade.[26] Sem essas premissas dialéti-

---

24 É comum entre comentadores de qualidade lerem, praticamente, em bloco, ao menos em diversas passagens, *A República* e as *As Leis*. Partem claro do preceito enganoso que os Diálogos seriam monólogos de Platão, sem qualquer devir. Nesse sentido, muitas vezes, ainda que não sempre, falam conjuntamente de trechos de *A república* e de trechos de *As Leis*, como se não existissem diferenças claras entre os dois projetos, um de Sócrates e outro do Ateniense. Isto ocorre, por exemplo, no livro de François Châtelet (1974).

25 Sabe-se que naquela época a cidade grega entrava em decadência e viria o federalismo. Mas, sempre, em toda a história ocidental renasceram os conselhos eleitos diretamente, seja em assembleia de soldados, seja em levantes populares, seja em experiências maiores como aquelas vividas pelas grandes revoluções da época moderna e contemporânea.

26 Uma das fórmulas mais importantes contidas no diálogo *Sofista*, na dialética dos gêneros supremos, é justamente aquela que quebra a identidade absoluta: quando o Ser é o Mesmo que si ele é Outro, outro que o Mesmo. Ou seja, a própria Identidade, o Ser, para ser igual a si mesmo, precisa entrar em movimento, relacionar-se com o gênero Movimento, isto é, um Outro, um outro que é o gênero do Mesmo. Assim, a própria Identidade precisa ser deduzida para atingir o gênero Ser.

cas é impossível pensar a história e particularmente uma teoria rigorosa da história. Não por acaso, Hegel, ainda que enredado em complicada tradição aristotélica, neoplatônica e cristã, quando no século XIX começou a pensar a história dialeticamente, quando pensou a contradição (*Widerspruch*t), voltou-se para as páginas de o *Sofista*, momento no qual o Estrangeiro de Eléia começou, com o parricídio de Parmênides o fim da metafísica ocidental dando ser ao não-ser. Da mesma forma, pensamos que a teoria da história desenvolvida por Marx, somente é possível graças ao ser do não-ser. Em Marx, um modo de produção carrega em suas entranhas a sua própria negação, uma estrutura produz no interior de si própria a quebra da sua própria identidade e gera a negatividade que abrirá o futuro.

Exatamente nesse sentido, elaborando uma teoria rigorosa da história, Marx escreverá no capítulo XXIV do Livro I de *O capital* que uma nova sociedade surge das entranhas da sociedade anterior. São as próprias formas negativas que uma sociedade carrega dentro de si que realizam o engendramento de uma nova sociedade. Ora, neste sentido, a teoria da história em Marx deve muito ao parricídio cometido pelo Estrangeiro de Eléia nas páginas do diálogo *Sofista*. Somente quando se superou a Parmênides, somente quando se deu ser ao não-ser, tornou-se possível uma teoria do devir e compreender que a história somente torna-se rigorosa quando trilha o caminho ou a via do não-ser. Assim, ainda que em formas embrionárias, as páginas de o *Sofista*, apesar de vagarem ao vento, sem serem lidas, por mais de dois mil anos, seriam a raiz conceitual do que podemos chamar rigorosamente de "história".

Referências bibliográficas

AUBENQUE, P. "Syntaxe et sémantique de l´être dans le Poéme de Parmenide". In: AUBENQUE, P. & O'BRIEN, D. (Eds.) *Études sur Parménide: le poème de Parménide*. Paris: Vrin, 1987, p.102-135.

BENOIT, A. H. R. "A dialética Hegeliana como superação da dialética Platônica". *Revista Idéias*, IFCH-Unicamp, v. n 1, 1995, p. 79-93.

______. *Platão: o Saber Esotérico da dialética*. Tese de Doutorado em Filosofia. FFLCH/USP, 1990.

______. *Tetralogia Dramática do Pensar*. Tese de Livre-docência. IFCHS/UNICAMP, 2004.

CHÂTELET, F. *La naissance de L`Histoire*, dois volumes. Paris: Union Générale D` Éditions, Minuit, 1974.

O´BRIEN, D. "Poeme de Parménide Essai Critique". In: AUBENQUE, P. & O'BRIEN, D. (Eds.) *Études sur Parménide: le poème de Parménide.* Paris: Vrin, 1987, p. 135-162.

PARMÊNIDES. "Fragmentos B". Tradução de José Cavalcante de Souza. In: *Os Pré-Socráticos.* Coleção Os Pensadores. São Paulo: Abril Cultural, 1ª edição, 1973.

PEREIRA FILHO, G. *Uma Filosofia da História em Platão: o percurso histórico da cidade platônica de As Leis.* São Paulo: Ed. Paulus, 2009.

VIEILLARD-BARON, J. L. *Hegel.Leçons sur Platon.* Texte inédit, 1825-1826. Édition, traduction et notes. Bibliotheque Philosophique Bilingue, Paris: Aubier, Paris, 1976.

______. *Platonisme et intepretation de Platon à l ´epoque moderne.* Paris: Vrin, 1988.

7

A ideia de História em Aristóteles[1]

[1]María José Martín Velasco
Universidade de Santiago de Compostela

O termo "história" e seu uso em Aristóteles. A "História" como um tipo de conhecimento

O termo "história" (Muller: 1926, 46) vem da palavra de origem indo-europeia relacionada com a raiz **wid-* / **weid-*, "ver" que encontramos no latim *uideo* e no tema do passado do verbo *horáo*, "ver" em grego. A forma *hóida* "saber" em grego é também uma derivação originária do perfeito da mesma raiz, pela qual sempre se mantém o sentido de "saber" como um conhecimento direto, por "ter visto" (Moradiellos: 2001, 36). Com esta raiz está relacionado termo *hístor*, "o que já viu", "o testemunho direto". A palavra que designa a "história" nasce, pois, na Grécia, com o significado de "indagação", "investigação", "averiguação" e em certo sentido também de "constatação" pela relação que o termo estabelece entre o conhecimento e o testemunho direto. Mais que uma ciência, a *historía* é em Aristóteles uma forma de conhecimento e um método de trabalho como está descrito na Política 1252a24-25: "Se se observa desde a sua origem a evolução das coisas (...) poderá obter uma visão mais perfeita".[2] Como um aluno que foi da Academia, na qual entrou em 367 aC, antes dos dezoito anos, quando Platão já havia completado cinquenta anos, começou a sua obra filosófica inicialmente interessado na busca da *Ideia* teórica, mas logo começou a criticar as doutrinas de seu mestre pela separação que estabelecia entre o mundo abstrato e o sensível (Jaeger:

1 Tradução de Maria Aparecida de Oliveira Silva.

2 Tradução de García: 1999.

1993, 334) e orientou seu estudo à investigação empírica, a fim de que suas construções conceituais se elaborassem relacionadas aos dados que lhes proporcionavam os sentidos (Idem, 373). Desenvolveu, assim, um sistema de trabalho ambicioso e inovador tanto pela amplitude de seus interesses como por seu método e sua finalidade, pois, aspira a um conhecimento o mais completo possível da realidade, não demarcou limites quanto ao objeto de sua investigação, ao mesmo tempo que não ficou no estudo pormenorizado dos detalhes, mas sempre manteve seu objetivo de chegar a aplicar o princípio da uniformidade formal a essa realidade sensível variável (Idem, 377).

O termo *historía*[3] (Rey: 2001, 314), adquire, no corpus aristotélico, como é frequente também com outras palavras, significados diversos em contextos diferentes. Designa às vezes um tipo de conhecimento que debruça sobre a observação e descrição dos fatos biológicos e fenômenos naturais, sem tentar dar uma explicação racional deles:

> (1) Tal é com efeito o método natural da investigação, uma vez se adquiriu o *conhecimento* (*historía*) de cada ponto concreto. Pois assim aparecem claramente o objeto próprio de nosso estudo e as razões sobre as quais há de se apoiar nossa argumentação (*Investigações sobre os animais* 491a12-28).[4]
> (2) Partindo do pressuposto de que o saber é uma das coisas mais valiosas e dignas de estima e que certos saberes são superiores a outros, quer por seu rigor, quer por ocupar-se de objetos melhores e mais admiráveis, por um e por outro motivo deveríamos com justiça colocar entre as primeiras a *investigação* (*historía*) sobre a alma (*De Anima* 420a1-4).[5]

É um tipo de conhecimento válido, pois, como afirma em *Partes dos animais* 680a2-4: "Algumas coisas devem ser explicadas melhor pelo raciocínio e outras pela própria visão."[6] Em outra passagem se entende por *historía* o processo de constatação de dados que segue a observação e descrição:

---

3 Um estudo completo do termo no qual se reúnem todas as passagens em que aparece o substantivo *historía*, o verbo *historéin*, o advérbio de modo *historikós* e o adjetivo *historicós* se encontra em Bonitz: 1955, Louis: 1955, 44, Sainte Croix: 1992, 24, Wartelle: 1982 e 1985 e Weil: 1960, 89.

4 Tradução de Pallí: 1992.

5 Tradução de Calvo: 1978.

6 Tradução de Jiménez-Alonso: 2000.

> (3) Se não se deixa de lado na *descrição* (*historía*) nada do que se dá verdadeiramente em todas as coisas, estaremos em condições, acerca de tudo aquilo do que há de demonstração, de encontrar e mostrar essa demonstração e aquilo que não é natural que haja demonstração torná-lo evidente (*Analíticos Primeiros* 46a24-27)

Poucas linhas antes se chama a este conhecimento *empeiría*, "experiência" e se descreve como uma etapa inicial e necessária para alcançar o conhecimento artístico ou científico, em que os múltiplos dados fornecidos pelos sentidos se infere uma relação entre os predicados e o sujeito em questão:

> (4) É próprio da *experiência* fornecer os princípios correspondentes a coisa; quero dizer, por exemplo, que a experiência astronômica fornece os princípios do saber astronômico (com efeito, uma vez captados corretamente os fenômenos, se encontrarão as demonstrações astronômicas), de maneira semelhante também sobre qualquer outra arte ou saber existente, de modo que, se se toma o que se dá em relação com cada coisa, já é competência nossa expor devidamente as demonstrações (*Analíticos Primeiros* 46a17-22).[7]

O terceiro sentido de *historía* como o que hoje em dia se entende por *historía* está em:

> (5) De maneira que se torna evidente o úteis que resultam a fim das deliberações políticas *os escritos históricos* (*historíai*) daqueles que escrevem sobre as ações dos homens (*Retórica* 1360a37).[8]
>
> (6) Do dito se depreende claramente também que não é missão do poeta contar as coisas que aconteceram, senão aquelas que poderiam acontecer, quer dizer, as que são possíveis conforme o verossímil ou o necessário. Pois o historiador e o poeta não se diferenciam por expressar-se em verso ou prosa (pois se poderia pôr em verso a obra de Heródoto, mas seria um tipo de história tanto em verso como em prosa), senão por isto: por um dizer o sucedido e o outro o que poderia suceder. Por esta razão, a poesia é mais

7 Idem.

8 Tradução de Racionero: 1990.

> filosófica e mais séria que a história. Pois a poesia diz mais bem o universal e a história o particular. "Universal" é o tipo de coisa que corresponde fazer ou dizer a certo tipo de pessoa conforme o verossímil ou o necessário: a isto aspira a poesia, ainda que logo atribua nomes aos próprios personagens. "Particular" é, por exemplo, o que Alcibíades fez ou o que se passou com ele (*Poética* 1451a36-B11).[9]
>
> (7) E convém que as composições não sejam semelhantes às histórias habituais nas quais necessariamente se expõe não uma única ação senão um só período de tempo, quer dizer, o que em tal tempo sucedia a uma ou mais pessoas, ainda que entre estes acontecimentos exista somente uma relação fortuita. Pois, assim como, no mesmo ano tiveram lugar a batalha naval de Salamina e a batalha dos cartagineses na Sicília, que não estava dirigidas para um mesmo fim, assim também na sucessão dos tempos alguma vez um feito ocorre após o outro sem que ambos tenham uma finalidade comum. Mas a maioria dos poetas não atuam assim (*Poética*1459a17-32).[10]

Nos referiremos mais adiante a como devem ser entendidas estas afirmações. Agora, vamos considerar qual é, em nosso entendimento, o ponto de união das três acepções do termo *historía* (Rey: 2001, 317), segundo a doutrina aristotélica dos diferentes graus de conhecimento. Sentindo-se uma cópia de imagem e não visto como si é a memória. Da sensação se gera uma *imagem* que contemplada como cópia e não em si mesma é a *recordação*. A evocação da recordação é a *memória*. Da multiplicidade de memórias acerca de uma coisa se produz a experiência descrita como "o repouso total da alma" (*Analíticos Segundos* 100a6), aquele que permanece uno e idêntico a si mesmo em meio de todas as sensações e memórias transitórias dos entes particulares. A experiência é fixa e somente una, pois unifica e estabiliza a multiplicidade sensorial e mnemônica, quando se decorreu muito tempo (*Ética a Nicômaco* 1142a15-16). É precisamente esta referência ao tempo passado (*Metafísica* 981a7-9), e a fixação objetiva não generalizadora, o que tem em comum as três acepções do termo *historía*, pois designam em cada contexto um tipo de conhecimento dos feitos concretos e passados, consequentemente, não universal nem necessário, um tipo de conhecimento preliminar ao científico ou filosófico e sobre o qual este se apoia.

9 Tradução de Martínez-Rodríguez: 2011.

10 Idem.

A *historía* é pois um ponto de partida comum a todas as ciências, que deriva em algo diferente segundo o objeto de estudo de cada um. Nas ciências naturais, refere-se à tarefa da observação e constatação que será suficiente em alguns casos e em outros servirá de base para um posterior conhecimento científico, como vimos em (1), (2), (3) e (4) . Nas ciências humanas se refere ao sucedido, aos dados singulares a partir dos quais se pode levar a cabo uma generalização relativa a conduta dos homens, mas que não será tarefa, senão de outras ciências, como explica em (5), (6) e (7). Resta ainda referir-se a outro aspecto da história importante, mesmo que não esteja relacionada em Aristóteles com o termo *historía*, e recopilação de conhecimento externo, as opiniões comuns autorizadas pelos peritos, que servem como ponto de partida especialmente para ciências teoréticas (Harper: 1998).

Aristóteles. *Crônica de Nürenberg*
Fonte: https://philipstanfield.com/2015/08/

A continuidade do conhecimento (éndoxa)

Tanto os tratados de metafísica e cosmologia, como os referentes às ciências naturais e humanas, se introduzem, como apontamos, com uma exposição histórica, que reúne o desenvolvimento do pensamento filosófico anterior. A experiência indireta, as opiniões dos especialistas, os *éndoxa*, adquirem assim (Le Blond: 1973, 251) o valor de conhecimento de experiência similar ao que fornecem os dados proporcionados pela investigação direta:

> (8) Deve-se levar em conta as asseverações e opiniões dos especialistas, anciães e prudentes não menos que as demonstrações, pois eles vêem diretamente, porque possuem a visão de experiência (*Ética a Nicômaco* 1143b11)

A ideia na qual se baseia este modo de trabalhar é a de que há um certo progresso histórico linear (Good: 1980, 98), um desenvolvimento no pensamento ao longo do tempo, um novo tipo de consciência filosófica, mais responsável e complexa (Jaeger: 1993, 11):

> (9) Os que buscam sem ter-se detido antes nas aporias se assemelham aos que ignoram aonde eles têm que ir, e ademais ignoram inclusive se encontraram ou não o que buscavam. Para isto não está claro o final, mas sim que o está para o que previamente se deteve na aporia (*Metafísica* 995a54-b3) [11]

Por estas exposições com as quais inicia suas obras, Aristóteles é considerado uma fonte de informação fundamental para a história do pensamento (Weil: 1960, 88). Exerceu sem pretender a tarefa de doxógrafo, pois o conhecimento que nós temos dos filósofos antigos se baseia em grande medida nos testemunhos que nos proporcionaram em forma de fragmentos, resumos e críticas. De fato, mais de cem fragmentos recolhidos por Diels-Kranz sobre os filósofos pré-socráticos são citações de Aristóteles, o início da história do drama ateniense é conhecido através das informações fornecidas pela *Poética* e o mesmo pode-se dizer das obras de história natural em geral. A questão que se suscita nesta área é se esta doutrina dos primeiros filósofos nos tem sido transmitida por Aristóteles com fidelidade ou se o seu conteúdo foi alterado voluntariamente, para

11 Tradução de Calvo: 1994. Como bem assinal Evans (1977: 13) Aristóteles considera predecesores "aqueles para quem as questões a ser investigadas, ainda quando não as respostas, foram as mesmas que as suas próprias".

demonstrar sua própria superioridade, ou involuntariamente, porque não era capaz de compreendê-lo corretamente ou de expressá-lo de forma coerente.[12]

A intenção de Aristóteles ao fazer essas introduções históricas está clara em várias passagens. Como ponto de partida, se serve destas opiniões para delimitar com precisão o tema e para encontrar o enfoque adeuqado, depois de contradizer as posições que considera equivocadas (*Tópicos* 100a12-21, *Metafísica* 983b1-7 e 995a25):

> (10) Deve-se revisar primeiro as opiniões dos demais: pois as demonstrações das teses contrárias são outras tantas dificuldades para suas contrárias (*De caelo* 279b7-12).[13]

E uma vez estabelecido o tema se utilizam de novo no raciocínio como pedra de toque da coerência (*Ética a Nicômaco* 1145b1-7):

> (11) De maneira semelhante, também, a igualdade de raciocínios contrários parece ser produtora da incerteza: pois quando, raciocinando em ambos os sentidos, nos parece que tudo resulta de maneira semelhante em um e outro caso, duvidamos sobre que faremos"(*Tópicos* 145b17-20).[14]

A polêmica sobre até que ponto transmitiu com veracidade o pensamento de seus predecessores a iniciou Cherniss (1957, 104-114 e 1991, 10-13), quem afirmava que Aristóteles não estava interessado em fazer uma exposição fiel ideias de seus precursores, senão só mostrar como acertos daqueles que se ajustava a sua teoria e como erros o que não o servia, razão pela qual não hesita em distorcer suas opiniões e tirar consequências que aquelas provavelmente não colocam. Na mesma linha está McDiarmid (1970, 178-238), que Guthrie (1970, 240) respondeu defendendo a honestidade intelectual de Aristóteles quem, em sua opinião, fez uma exposição das opiniões de seus predecessores para evitar cair na repetição desnecessária ou na arbitrariedade distinguindo cuidadosamente entre suas próprias conjecturas e as opiniões daqueles. Certamente, ao incorporar ao seu próprio discurso os juízos do antigos, tive que traduzir as questões levantadas por eles em seu próprio vocabulário e sua própria

12 Um quadro da questão até sua época nos é oferecido por Weil 1960: 88 e Di Camilo 2004.

13 Tradução de Candel: 1996.

14 Tradução de Candel: 1982.

maneira de argumentar, mas isso não implica necessariamente que se situe num plano de superioridade ao refutá-las nem que as manipule com o fim de buscar nelas o apoio para as suas próprias teorias. A história da filosofia, como aponta MacIntyre (1984, 31), só pode ser feito de duas formas igualmente válidas e igualmente insatisfatórias, ou melhor como leitura descritiva dos filósofos do passado nos seus próprios termos, caso em que se transforma em uma mera doxografia, como faz Aristóteles, estabelecendo um diálogo com os próprios conceitos.

A história humana e evolução do Universo

A ideia de progresso no desenvolvimento do pensamento e da ciência que acabamos de expor contrasta com a visão de descontinuidade que Aristóteles oferece em outras passagens nas que os supõe, como se fosse um fato constatado, que periodicamente as civilizações desaparecem por motivos diversos e de distintos modos, o que provoca uma ruptura na tradição:

> (12) Dado que toda alteração na natureza do terra se produz gradualmente e em lapsos de tempo desmesurados em relação com nossa vida, esses processos passam despercebidos, e têm lugar a aniquilação e a destruição de povos inteiros antes de que se registrem em seu memória essas mudanças do início ao fim. Assim, pois, as maiores e mais rápidas destruições se produzem nas guerras, outras nas enfermidades, outras nas penúrias: e entre estas, algumas são grandes, outras paulatinas, de modo que passam despercebidas as imigrações de tais povos, e outros que abandonam a região e outros que permanecem até que o território já não é mais capaz de alimentar população alguma. Assim, pois, desde a primeira emigração até a última, é provável que transcorra um longo do tempo, de modo que não se lembra de nada, senão que passa despercebido aos sobreviventes que ainda permanecem devido ao grande lapso de tempo. Do mesmo modo deve-se supor que isso foi esquecido quando tiveram lugar pela primeira vez os assentamentos dos diferentes povos em lugares que estavam mudando e passando de pantanosos e úmidos a secos: com efeito, também aqui o avanço é paulatino ao longo de muito tempo, de modo que não se recorda

> quais chegaram primeiro e quando e em que estado estavam os territórios (*Meteorológicos* 351b9-13).[15]

A ideia de que a natureza está submetida a uma destruição periódica produzida por cataclismos ou por fenómenos naturais gradual já se encontra em Platão (*Timeu* 23a, 269b9, *Pluto* e *Leis* 676) e Aristóteles a desenvolve já em um de seus primeiros diálogos, o *Sobre a Filosofia*:

> (13) Deve-se ter presente que os homens perecem de diversas maneiras. Morrem, de fato, devido a epidemias, fome, terremotos, guerras, doenças de vários tipos e por outras causas, mas sobretudo por cataclismos ainda mais devastadores, como o que se disse que teve lugar nos tempos de Deucalião, o qual foi grande, apesar de que não se estendeu seus efeitos sobre todas as coisas (Fr. 8b Vallejo 2005: 273).

É impossível, segundo esta visão, fazer história dos tempos remotos, pois a ruptura total que há entre uma civilização e a próxima impede as gerações novas de conhecer ou recordar o que constituiu a seu patrimônio cultural. Perde-se assim tudo o que constitui a identidade de um povo: os conhecimentos técnicos, a configuração política e crenças coletivas históricas e míticas sobre o próprio passado e a existência dos deuses e de sua natureza (Longo: 1984, 49). Mas mais importante que a teoria da destruição é em Aristóteles consequência posterior, a *palingénesis*, a reprodução do discurso histórico, pois é aqui que liga dois pontos fortes do seu pensamento: a estrutura da história humana e evolução do universo. É novamente no diálogo *Sobre la filosofía* onde descreve *Sobre la filosofía* (Weil: 1960, 328) o processo que vai desde a destruição de um civilização até à formação de uma nova sociedade, em vários estágios de desenvolvimento que se correspondem ao conteúdo distinto do que se entende por sabedoria (*sophía*):

> 14) Estes sobreviventes, ao não ter do que se alimentar, inventavam, impulsionados pela necessidade, o que lhes resultava útil, como moer o trigo com pedras ou a semeadura ou qualquer outra coisa dessa natureza, e chamado de sabedoria (*sophía*) a esta inventiva, que tinha descoberto o apropriado para satisfazer as necessidades da vida, e o sábio ao que as

15 Tradução de Candel: 1996.

> tinha inventado. Na sequência inventaram artes, como diz o poeta, "com os conselhos de Atena" (*Ilíada*. XV 412), mas aquelas que não foram instituídas somente no que é necessário para viver senão que evoluíram para alcançar a um modo de vida elegante e civilizado (...), em seguida fixaram sua atenção nos assuntos políticos e inventaram leis e tudo o que é necessário para a constituição de cidades (...) depois (...) chegaram aos próprios corpos e à natureza (...) finalmente trataram das entidades divinas (Fr. 8b Vallejo 2005: 275-276)

A mesma ideia, já mais perfilada, a desenvolverá mais tarde em *Política* 1252B onde descreve com uma terminologia precisa as distintas etapas de desenvolvimento desde o estado de cataclismo inicial até a plena formação da *pólis*. Surge primeiro uma comunidade natural, a casa (*oikía*), para atender às necessidades de cada dia. Quando há, além das imediatas, essas outras necessidades de subsistência, se unem de forma natural várias casas que formam uma aldeia, que será o núcleo a partir do qual se derivará a *pólis*, cujo propósito não é de subsistência, mas o bem-estar dos cidadãos. O desenvolvimento da comunidade social é visto, portanto, como um processo natural e necessário e, portanto, atemporal, atópico e repetido em diferentes momentos históricos:

> (15) Deve-se talvez pensar que também as demais instituições foram inventadas muitas vezes no decorrer do tempo, ou melhor, infinitas vezes. Na verdade, é provável que a necessidade de ensinar aos homens as coisas indispensáveis, e uma vez que existem essas, logicamente tomam seu desenvolvimento às relacionadas ao bem-estar e à abundância, e assim também é necessário pensar que representam do mesmo modo instituições políticas (*Política* 1329b25-31).[16]

A mesma percepção se aprecia em[17] *De caelo* 270b19-21: "Temos de ter claro, com efeito, que não uma nem duas, mas infinitas vezes, chegaram até nós as mesmas opiniões" e no já mencionado diálogo *Sobre la filosofía*, onde se explica deste modo existência de ditos:

---

16 Tradução de Martínez-Rodríguez: 2011.

17 A mesma idea em *Meteorológicos*. 339b27-33. Em *Metafísica* 1074b3 apoia a existência dos deuses em que é uma crença que se apoia sobre a dupla autoridade a da tradição e a palingenesis.

(16) Se também o provérbio é sábio, como não serão sábias todas essas coisas sobre as quais diz Aristóteles que são relíquias de uma antiga filosofia que pereceram nas grandes destruições da humanidade e que se salvaram devido a sua concisão e perspicácia? (*Sobre la filosofía* 8a)

Este processo de destruição e regeneração cíclica afeta somente o mundo sublunar, que não está regido pela necessidade, mas que é contingente por sua própria natureza. Portanto, os fenômenos de destruição não ocorre em um ritmo cíclico uniforme (Le Blond: 1973, 262), com uma regularidade universal que somente corresponde ao mundo supralunar (*De caelo* 286a8), os astros, cujo movimento é perfeito (Chatelet: 1962, 182). O único determinante da destruição seria portanto a sorte (Bueno: 1980, 96).

A natureza da ciência histórica e sua finalidade

Vamos nos referir agora especificamente aos textos (6) e (7) do livro da *Poética* mencionados no primeiro parágrafo, em que Aristóteles define e avalia a tarefa do historiador. Segundo sua definição, a tarefa do historiador é narrar acontecimentos passados, vistos como eventos específicos, como "o que fez Alcibíades ou o que lhe aconteceu", sem retirar destes eventos uma generalização sobre "o que poderia acontecer segundo a verossimilhança ou a necessidade", nem buscam uma relação causal entre o que aconteceu em um mesmo período. Quanto à valoração diz que a poesia é mais filosófica e mais importante que a história porque narra "coisas universais" "o que poderia acontecer", "o que corresponde fazer ou dizer a um certo tipo de pessoa com relação ao verossímil e o necessário".[18]

A questão da valoração da história e a poesia feita por Aristóteles nestas passagens deve ser situada (Weil: 1960, 163) em seu momento histórico e, especificamente, no contexto da polêmica sustentada com Isócrates e Platão sobre o valor da prosa e desprezo da poesia. Platão[19] não aceitava que em sua cidade se cultivasse a poesia de

18 Há outra passagem significativa na qual se observa inclusive um certo menosprezo pela entrada do conhecimento dos dados históricos, aos quais não atribuí nem sequer o valor de ser verdade: *Política* 1312a1-4 "outros ataques foram devidos ao desprezo, como no caso de Sardanápalo, porque alguém o viu cardando lã com suas mulheres (se os que contam a história dizem a verdade; e se não é verdade para este, podería ser-lo para outro)".

19 *República* 607b-608b, 398a ss. e *Leis* 658a ss., 829b ss. y 834 ss.

imitação, nem cômica nem trágica, nem sequer Homer, por considerá-la carente de interesse filosófico e de valor moral. Neste sentido a crítica aristotélica aos procedimentos dos historiadores (7) poderia ser interpretado como uma réplica, como uma tentativa não tanto de desprestigiar a história como de reivindicar o valor filosófico da poesia. A ideia de se imaginar uma poesia sem adorno ou uma prosa em verso responderia também às afirmações de Platão (*República* 601a-b, *Górgias* 502E) referentes à ornamentação poética e à impossibilidade da poesia para expressar conteúdos transcendentes (Burnet: 1903). Isócrates vários discursos e em particular no *Antídosis* (353 aC), se mostra indignado por não estar tão bem considerado como os poetas e reivindica que se reconheça a prosa a qualidade suficiente para expressar convenientemente valores morais.[20] A alusão concreta a Alcibiades está relacionada igualmente a um contexto polêmico, desta vez com Tucídides (Sainte Croix: 1992, 24). Quem outorga um grande protagonismo ao personagem na *História da Guerra do Peloponeso*. Aristóteles, no entanto, não o menciona nem sequer uma vez na *Constituição dos atenienses* e apenas esporadicamente como protagonista de anedotas bastante simples em outras obras.[21] Tucídides, cuja obra é uma das fontes fundamentais para a elaboração da *Constituição dos atenienses*, é silenciado pelo filósofo de maneira deliberada e surpreendente, porque inclusive evitar citar seu nome em 18.4 quando tem de contradizê-lo abertamente. O texto seria, portanto, uma crítica indireta a pretensão de Tucídides I 22.4 de fazer sua obra historiográfica uma obra científica, uma "aquisição para sempre". Pippidí (1948, 485) interpreta a alusão em um sentido mais favorável para Tucídides a quem, em sua opinião, Aristóteles não considerou historiador (*historicós*), mas um pensador político que escrevia relatos documentais (*syngraphé*) (Tucídides I 97.2) e não *historía*.

Em qualquer caso, esta valoração não pode ser interpretada como desprezo de Aristóteles por uma tarefa, como é a de investigar o passado, a qual se dedicou mais do que nenhum outro grego antes dele, pois foi quem primeiro considerou importante ter acesso direto aos dados consultando os documentos em que se registravam os fatos em lugares apropriados nos quais de tinham conservado.[22] Mas o certo é que

20 Isocrates XV, 9-11, 64-47 e 166.

21 Weil 1960: 163 a propósito do fragmento 442 de Rose. Como sujeito de anedotas *Investigacão sobre os animales* 578b28, *Retórica* 1390b28, *Analíticos Segundos* 97b18.

22 Casssani: 1971, 33: "Nos pritaneus das cidades se conservavan as listas de reyes e magistrados, nos templos estavam gravados os nombres de sacerdotes e sacerdotisas e de muitos vencedores nos jogos panhelênicos. As cidades conservavam com cuidado os

este trabalho de compilação, estudo, classificação e exposição do material investigado que levou a cabo não chegou a adquirir nunca a categoria de ciência ou de filosofia, nem mesmo do que hoje chamaríamos de historiografia, entendendo como tal unicamente o conhecimento e a exposição precisa dos dados e as datas de acontecimentos (Casssani: 1971, 33). Prova disso é que tanto nele como em Calístenes ou Teofrasto, seus colaboradores mais próximos, encontramos o que poderia ser interpretado como uma falta de interesse pela precisão e por evitar a contradição e confusão de dados, como reflete no texto apontado na nota 5.

Isso nos leva de novo à definição a que fazíamos referência a propósito dos textos da *Poética*. A investigação histórica, bem como a observação e constatação de dados nas ciências naturais e o exame das opiniões dos especialistas em ciências teóricas, é apenas o ponto de partida sobre o qual se fundamentam posteriormente as concepções teóricas segundo o método adequado cada tipo de ciência. No caso da história, a informações recolhida sobre as ações humanas serve de base para as ciências relativas ao homem (Weil: 1960, 97), especialmente ao estudo das condições definíveis para a consecução da felicidade em *Ética* e do estado melhor em *Política* (Idem). Nas ciências naturais, dos dados fornecidos é extraído por inferência causal um princípio generalizador, uma lei necessária e universal que é então aplicada a casos individuais, mas nas ciências humanas a incorporação deste material individual deve estar seguindo um método diferente porque as ações humanas por sua própria natureza não são susceptíveis de entrar em relação causal umas com as outras e, portanto, não podem estar submetidas à necessidade, senão que são contingentes (Bueno: 1980, 95). A razão é que essas ciências estão se movendo no âmbito da razão prática, a *phrónesis*[23], em que a necessidade não tem lugar pois para todo ato humano é sempre o produto de uma decisão livre e, portanto, particular. Mas que não seja possível estabelecer um princípio de caráter necessário que determine o acontecer previsível dos feitos humanos não significa que as ciências humanas tenham que estudar sempre como um conjunto de dados particulares e esta é a missão do conhecimento histórico, a de proporcionar dados com os quais pode aplicar um certo grau de generalização às

textos das leis, os oráculos e tratados. Das viagens realizadas a todos os países por mercenários, colonos e mercadores se conservavam ex-votos com inscrições reveladoras y relatos que se transmitiam de avós a netos. Quando se generalizou o uso da escrita se soube de muitas coisas novas sobre o mundo, se teve noções cada vez mais precisas sobre todos os povos".

23 Sobre o âmbito da *phrónesis*, ver Guthrie 1988: 358. Ver também *Ética a Nicómaco* 1140b.

ciências pela sua natureza não são susceptíveis de admitir princípios causais, tal como explica na *Metafísica* 981a1-24:

> (17): Experiência parece relativamente semelhante à ciência e à arte, mas o fato é que, nos homens, a ciência e a arte resultam da experiência. E é o que, como diz Polo, e diz bem, a experiência dá lugar à arte e à falta de experiência casual. A arte, por sua vez, é gerada quando a partir de múltiplas percepções da experiência resulta uma única ideia geral acerca dos casos semelhantes. Com efeito, ter a ideia de que a Calias tal coisa veio a calhar quando ele sofria de uma doença, e a Sócrates, e igualmente a muitos indivíduos, é algo próprio da experiência; mas a ideia de que todos eles, delimitados como um cas especificamente idêntico, lhes vêm em boa quando sofriam de tal doença (por exemplo, aos fleumáticos ou biliosos ou que sofrem de ardores febris), é algo próprio da arte. Para fins práticos, a experiência não parece diferir em nada da arte, senão que os homens de experiência têm mais êxito inclusive que os que possuem a teoria, mas não a experiência (a razão está no que a experiência é o conhecimento de cada caso individual enquanto a arte é do geral, e as ações e produções de todas referem-se ao individual: é claro, o médico não cura um homem, a não ser acidentalmente, mas Cálias, a Sócrates ou qualquer outro dos que deste modo se nomeiam, ao qual sucede acidentalmente que é homem. Assim pois se se alguém tinha a teoria carecendo de experiência e conhecimento geral, mas não tinha conhecimento do indivíduo nela contida, errará muitas vezes na cura, uma vez que o que se trata de curar é o indivíduo).[24]

A investigação histórica é, portanto, o instrumento necessário para se chegar a fazer uma descrição e análise das situações concretas em componentes ou fatores universais. Assim como as ciências da natureza estabelecem tipos taxonômicos que se aplicam como modelos para analisar e tornar compreensível o comportamento empírico e contingente dos organismos, a história humana determina os tipos taxonômicos universais, tanto no que diz respeito às formas de organização política, oligarquias, tiranias, democracias, dentro das quais se desenvolve necessariamente a vida da cidade, como de modos de comportamento que determinam os princípios da ética.

24 Tradução de Calvo: 1994.

O conhecimento histórico é também uma das fontes para deliberação, uma referência para a formação de juízos prudenciais sobre o melhor, tanto no campo da reflexão pessoal como no da discussão coletiva, quando se trata de orientar corretamente decisões governamentais (Bueno: 198, 101). É um dos meios a os que se refere quando define *phrónesis* no contexto da virtude (*Ética a Nicômaco* 1144a6). Um exemplo deste uso é a sua utilização para a construção de silogismos (Le Blond: 1973, 91), como se observa na seguinte passagem:

> (18) Por que sobreveio aos atenienses a guerra com os medos? Qual foi a causa dos atenienses fazerem guerra? - Eles atacaram Sárdis com os eritrieus: pois isso foi o que a impulsionou primeiro. Seja guerrear sobre o que se põe A, atacar o primeiro B, atenienses C. Então B se dá em C, o atacar os primeiros aos atenienses, e A para B: pois se faz a guerra contra os que faltaram primeiro à justiça. Então A se dá em B, o fazer a guerra nos que a começaram primeiro; e esse B se dá nos atenienses: pois começaram os primeiros. Também aqui a causa é o meio, a saber, o que moveu primeiro. (*Analíticos Segundos* 94a36).[25]

A premissa principal questiona uma necessidade sociológica, antropológica ou ético; a menor é uma mera descrição do fato histórico e é, portanto, individual e contingente; a conclusão, por conseguinte, deve ser igualmente contingente. A menor é contingente não pelo fato de ser individual, porque o indivíduo pode atuar uma causa universal, senão porque depende de uma decisão política de índole prudencial, invadir os territórios medos, que não podem estar incluídos em um plano geral (Veggetti: 2003, 26).

Relacionado com o anterior está o uso que se faz na *Retórica* dos exemplos históricos no discurso deliberativo (sempre orientado para o futuro) como critério de verossimilhança (*katà tò eikós*), como uma fonte de persuasão que incide no âmbito do que Aristóteles chama *tò hos epì tò polý* "o que acontece na maioria das vezes", a que se refere (Sainte Croix: 1992, 24) a uma espécie de certeza com base em considerar que algo geralmente acontece de um modo concreto porque isso é uma característica da natureza humana (*Investigação sobre os animais* 727b29-30 *katà phýsin*). É ilustrativo neste sentido outra passagem da *Poética* em que se relaciona a história com a verossimilhança:

25 Tradução de Candell: 1988.

> (19) O poeta deve ser criador de argumentos mais que de versos, porquanto é poeta na virtude da imitação e o que imita são ações. E se acontece que se ocupa de coisas que aconteceram não é menos poeta por isso, pois nada impede que algumas das coisas acontecidas sejam tais que tenham acontecido de modo verossímil, razão pela qual o poeta se ocupa delas. (*Poética* 1451b28-32).[26]

Se existe um critério de verossimilhança com relação aos dados históricos, seria devido a que existe uma certa regularidade no comportamento humano que, se não está determinada pela necessidade (Mathieu: 1995, 71), o que está ao menos pelo possível, (*tò hos epì tò polý*), pelo que ocorre na maioria das vezes.

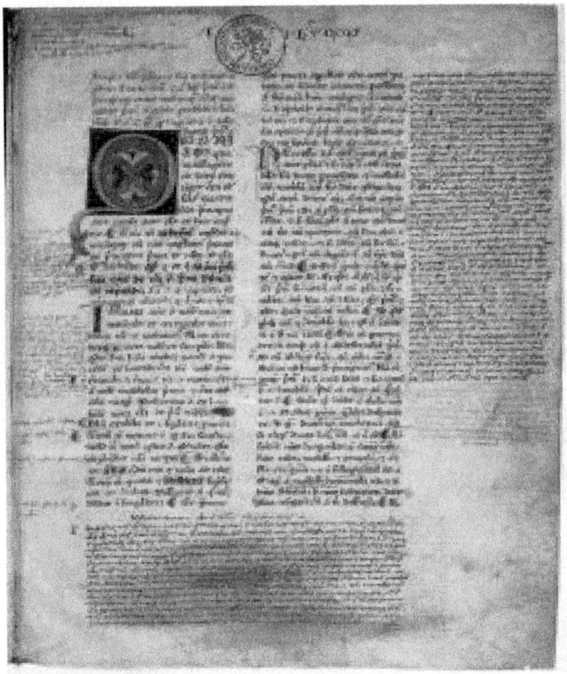

Aristóteles. Texto de *A Constituição dos Atenienses*

Fonte: http://blogs.bl.uk/digitisedmanuscripts/2013/12/the-constitution-of-athens.html

26 Tradução de Martínez - L. Rodríguez: 2011

A contribuição direta de Aristóteles para o estudo da história da Grécia

Atribui-se a Aristóteles uma riqueza de obras de investigação histórica e política que não foram preservados e das que temos informações por testemunhos externos e diversos[27] e pelas referências que faz a si mesmo em seus próprios escritos. Nisto se observa como fundamenta suas afirmações em dados concretos e atualizados que põem em relevo que as abordagens teóricas em que se baseia são elaboradas após a realização de uma investigação direta, profunda e detalhada das matérias de que trata. A exposição que faremos dessas obras perdidas de investigação historiográfica é fundamentalmente um resumo dos dados fornecidos por Jaeger (1993) e Weil (1960), que por sua vez segue a Moraux (1951); os três tratados remetemos para as referências completas.[28] Basicamente são três catálogos que recolhem uma lista das obras perdidas de Aristóteles, e de Diógenes Laércio do terceiro século, a chamada *Anónimo de Ménage* o *Vita Menagiana*, assim chamado porque foi publicado pela primeira vez por Gille Ménage em 1663, geralmente considerada uma epítome da *Onomatologon* perdido de Hesíquio de Mileto (século VI) e o catálogo atribuído a Ptolomeu el-Garib, em duas versões árabe Ibn al-Qifti (ca.1172-1248) e Ibn Abi Usaibia (1203-1270).

Especial importância reveste seus escritos sobre legislação e política por Aristóteles mostrou especial interesse já desde a sua estadia na Academia. Conhecia a fundo *Leis* e *República*[29] de Platão e se refere a elas constantemente como ponto de referência do que é uma abordagem idealista, esquemática e teórica. Com elas confronta seus postulados com base na crença de que é possível e necessário trabalhar na busca de um sistema político regido de forma concorde com a natureza humana, um entorno social em que as exigências éticas individuais poderiam desenvolver-se plenamente:

27 As edições mais utilizadas atualmente são a de Rose 1986, Ross 1955 y Gigón 1979.

28 É imprescindível igualmente a obra de Berti 1962. Para a consulta dos fragmentos, contamos com a edição de Rose y la de Vallejo 2005 y de grande utilidade é o comentário de Verbeke 1952 à obra de Moraux 1951.

29 As citações são tão numerosas que recompilá-las excede os limites deste trabalho. A título de exemplo na *Política* 1261a alude a *República* 450c, 464d e *Leis*. 738c etc. Os três catálogos (DL 22, Pt 12 y An. 23) tratam também dos extratos de uma obra sobre *República* e *Leis* de Platão (Moraux 40).

> (20) Nosso propósito é conhecer o melhor regime, e esse é com a qual uma cidade pode ser melhor governada, e a cidade é melhor governados pelo regime que permite o maior grau de felicidade. (*Política* 1332a4-6).[30]

Para chegar a definir esta forma de governo considerou necessário conhecer e estudar as constituições vigentes e conhecidas no momento e aqueles mais antiga do registro documental restante. Todo ele no âmbito de um mundo helenístico, de onde o horizonte geográfico e ideológico era mais amplo que o do seu mestre. Esta enorme tarefa teria resultado impossível afrontá-la sozinho e por isso começou a reunir já em Asos – para onde se mudou em 348/347 aC, quando da morte de Platão – um grupo de trabalho em que estavam seu sobrinho Calístenes e Teofrasto, que contava com a proteção de Hérmias, um antigo escravo eunuco bem relacionado com o sátrapa persa da área. O trabalho pode ser continuado em Atenas, no Liceu, com as vantagens que lhe proporcionava viver na Grécia. A incorporação desses conhecimentos para as suas obras se observa especialmente em *Política*[31], de onde os livros escritos em épocas distintas refletem a evolução de seu pensamento a partir da concepção platônica da cidade ideal até o reconhecimento do valor dos sistemas de governo existentes:

> (21) Não somente, com efeito, deve-se considerar o melhor regime, mas também o possível e igualmente que é mais fácil e mais acessível a todas as cidades. Atualmente, no entanto, alguns procuram apenas o mais elevado e que requer muitos recursos e outros, que falam com preferência de uma forma comum, suprimem os regimes existentes e louvam o da Lacônia ou algum outro. (*Política* 1288b21).[32]

A obra sobre a legislação mais ambiciosa que se lhe atribui[33], é a recompilação de cem cinquenta e oito constituições, das quais a única restante é a *Constituição dos Atenienses*, a que dedicaremos a próxima seção. Das outras, além de informações indiretas (Weil: 1960, 98), temos uma ilustradora referência:

---

30 Tradução de Martínez-Rodríguez: 2011.

31 Sobre a cronologia de *Política* Jaeger: 1993, Guthrie: 1981 e Weil: 1980.

32 Tradução de Martínez-Rodríguez: 2011.

33 Segundo a informação que nos proporcionam DL 143 e An. 135. Para as referências concretas e complexas nos remetemos de novo a Weil: 1960, 98, que adota a numeração de Rose 1986, ainda admite as correções que a este autor faz Moraux: 1951.

> (22) Como os nossos antepassados deixaram sem investigar o relativo à legislação, talvez será melhor que nós o examinemos, e em geral a matéria concernente às constituições, a fim de que possamos completar, na medida do possível, a filosofia das coisas humanas. (*Ética a Nicómaco* 1181b13).[34]

Atribui-se a ele também um tratado sobre leis (*nómoi*) que poderia ser confundido com a obra de Teofrasto do mesmo nome e a que parece aludir na *Política* 1309b14-15: "Tudo o que nas leis apresentamos como útil para os regimes, tudo isso conserva os regimes. " O catálogo *Anónimo* (140) menciona um tratado de cinco livros chamado a *Tábua das Leis dos Sólon*, cuja existência não é arriscado postular pelas contínuas e precisas referências a Sólon e suas leis que se encontram na *Constituição dos Atenienses* e na *Política*[35]. Rose recolhe alguns fragmentos (612-614) de uma obra chamada *Dikaiómata* so que significa (*Ética a Nicómaco* 1135a9) "restauração da justiça depois de um ato injusto", que é um tratado sobre os direitos históricos dos estados, a cujo conhecimento atribui grande importância na *Retórica* 1373b. Por sua relevância historiográfica deve ser mencionado aqui o diálogo perdido *Protréptico* (*DL* 12 An. 14 e Pt. 1), do qual se conservam numerosos fragmentos. Trata-se de uma exortação ao monarca Témison de Chipre a que se dedique à filosofia, porque um bom legislador deve estar de acordo com um modelo de ideias, a princípio retirados de natureza e da verdade (Walzer: 1962, 13). As recomendações revelam uma fase inicial de pensamento aristotélico, semelhante ao oferecido pelo sétimo livro da *Política*, que no quarto livro, considerado posterior, evolui, pois nele aconselha os governantes a adquirir uma preparação política específica com base no conhecimento da história mais que da filosofia. Do ponto de vista histórico é interessante que já aluda às constituições de Esparta e Creta (Walzer: 1962, 13), como faz em *Política* 1272b24 e omita a de Cartago, mencionada na mesma passagem dos outros dois. Atribuem a ele várias obras relacionadas a Alexandre. Uma delas é um livro do qual nãos nos restou nada, *Alexandre ou Sobre as Colônias* (Diógenes Laércio 27, Anónimo 22) que se diz que o próprio Alexandre o incumbiu de fazê-la (Rose: 1886, 408), outra é um tratado Sobre a Realeza (Diógenes Laércio 18, Anónimo 171) e a terceira é um livro

---

34 Tradução de Pallí: 1985.

35 *Política* 1273b35, 1274a11-15 ey *A Constituição dos Atenienses* 6.3, 9.1-2 y 10.1. Há a citação das elegias de Sólon na *A Constituição de los Atenienses* 5 e *Política* 2.12. Na *A Constituição dos Atenienses* 8.1.4 parece corrigir, por haver investigado mais a fundo, o que afirma em *Política* 1274a15.

de conselhos testemunhado por Cícero (*Ad Att.* 12,40), um livro de conselhos dirigidos ao príncipe quando ele ainda era muito jovem. Cicero afirma em *De finibus* V 4.11 e *Ad Quintum fratrem* III 5.1 que Aristóteles e Teofrasto elaboraram a teoria do "príncipe" e estudaram como se deve comportar um governante de grandes domínios e que se vinculou com a obra o *Político* da qual há fragmentos (Rose: 1886, 78-81, *DL* 4, An. 4, Moureaux 203), embora Jaeger pense que se refira ao tratado *Sobre a Justiça.* Uma obra de retórica *Sobre o Orador* ou a *Política* mencionada pelo catálogo *Anónimo* (177) por vezes tem sido identificado com a *Retórica a Alexandre* de Anaxímenes ou com o diálogo perdido *Sobre a Política* ou *Grillo* (An. 5). Os três catálogos (DL 19, An. 18, Pt. 4) mencionam um tratado *Sobre a Educação* totalmente perdido e outro *Sobre a Nobreza* (DL 15, An. 11 Pt. 5) de cuja autenticidade já duvida Plutarco (Aristides 27) e cuja existência se deduz talvez das referências que este tema recebe na *Política* 1283a37, *Retórica* 1367b29 e *Ética a Nicômaco* 1129b25-1130a5.

Devemos destacar também a enorme tarefa de coleta de dados e de elaboração de listas levadas a cabo por Aristóteles, pela primeira vez na história da Grécia. Em 1895 ele foi encontrado em Delfos[36] uma inscrição honorífica em que se acolhe a decisão dos délficos de "louvar e coroar" Aristóteles e seu sobrinho Calístenes em agradecimento por ter feito uma lista completa dos vencedores nos jogos Píticos desde os tempos mais remotos até esse momento e uma exposição mítico-histórica dos jogos desde suas origens.[37] Trabalho de grande utilidade para a história da literatura e da cultura, deve ter exigido longas horas de pesquisa nos arquivos pois abria campo novo e enorme que teve de ser levada a cabo por uma grande equipe de pessoas para o que se supõe se encerra em um período tardio de suas atividades, mas não depois de 334 aC, momento em que Calístenes, o principal artífice da obra, foi para a Ásia com Alexander. Calístenes envolvimento na guerra santa provavelmente facilitou o acesso aos arquivos dos sacerdotes de Delfos, onde ele pôde estudar as fontes das lutas e negociações com os focenses. É provável que em seu período tardio também tenha sido elaborada igualmente uma relação dos vencedores nos Jogos Olímpicos (Jaeger: 1993, 375)[38], de cuja cronologia dão conta o diálogo *Sobre os Poetas* (Rosa: 1886, 71) e inúmeras passagens de *Ética a Nicômaco* e *Retórica*, embora isso não implica neces-

36 Plutarco, *Sólon* 11; Dittenberg 1960: 275. Homolle 1898.

37 DL 131, 133, 134, An. 123, Rose 615, 618, Moraux: 126.

38 DL 130, An. 122. Moraux 123.

sariamente que tivera de consultar ou escrever um catálogo.[39] A sua existência teria sido aludida em:

> (23) Uma prova não pequena de que podem causar esse impedimento é o fato de que entre os vencedores olímpicos pode-se encontrar apenas dois ou três lacedemônios, homens e crianças que foram vitoriosos, porque ao exercitar-se desde jovens perderam seu vigor por causa do forçado treinamento de ginástica. (*Política* 1339a).[40]

Há referências a uma obra chamada *Costumes dos Bárbaros* (Rose: 1886, 604-611) que, pelos fragmentos preservados (Weil: 1960, 116), parece ser uma compilação de várias anedotas sobre as peculiaridades de alguns povos com curiosidades sobre a flora e a fauna da área bem ao gosto de Aristóteles. Não está registrada nos catálogos, mas é conhecida por referências, a obra chamada *Hypomnémata Historiká*, que já os antigos questionavam se a atribuía a Aristóteles e que pelos testemunhos se tratava de coisas muito diferentes: costumes (Rose: 1886, 631), história natural e medicina (Idem, 632-633), física e meteorologia (Idem, 634), história do teatro (Rose: 1986, 635) e filologia (Idem, 636). Totalmente desaparecido está o livro dos *Provérbios* (DL 138), que Cefisodoro[41], um discípulo de Isócrates, o reprova no escrito *Contra Aristóteles*[42]. Indícios da existência desta coleção[43] são a frequência com que Aristóteles analisa provérbios em suas obras, a familiaridade com que os maneja e a importância que dá ao seu uso como um recurso retórico (*Retórica* 1376a2) para obter um estilo agradável (*Retórica* 1413a14) e dar mostras de sabedoria e psicologia (*Retórica* 1371b15). Uma mistura de temas religiosos e mitológicos: genealogias de heróis homéricos, enumerações e origens dos jogos, origem do alfabeto, etc. constituem o conteúdo da obra chamada *Peplos* (Idem, 1986, 637-644)[44], da qual temos referências, mas não originais.

Para encerrar faremos menção a suas contribuições à história da literatura. Se atribuem a Aristóteles (Jaeger: 1993, 374) as *Didascálias*, arquivos das representações

---

39 De fato se encontra em outros autores: Ésquines. 2, Tucídides VI 16.2 e Heródoto V 4.

40 Tradução de Martínez-Rodríguez: 2011.

41 Por este dado a finalização de sua composição dá-se antes de 349 a.C.

42 Ateneu II, 60.

43 *Retórica* 1371b12, *Origem dos Animales* 746b7, *Política* 1314a5.

44 Testemunho em An. mas não no DL.

dramáticas de Atenas, com base nas quais os historiadores alexandrinos elaboraram a história do teatro clássico que ainda hoje é a referência básica para datas em que estrearam as obras. A mudança de abordagem que há entre o diálogo hodierno *Sobre os Poetas* e o sério estudo da *Poética* revela o grande esforço de pesquisa de detalhes históricos e cronológicos que teve de realizar Aristóteles sobre o terreno nos arquivos dos arcontes para dar conta dos problemas colocados para fazer um estudo sério da história do drama. O interesse pelo desenvolvimento das principais formas literárias, especialmente a tragédia e a comédia, também se reflete nos fragmentos de suas *Vitórias, Níkai* (DL 135), ao que se refere uma inscrição que menciona a primeira representação de *kómoi* ou farsas. Teria sido impossível levar a cabo as investigações preliminares as *Didascálias* e as *Vitórias*[45], sem a permissão do governo. Daí que se pense em um encargo oficial relacionada com a reforma cívica do teatro empreendida no final dos anos trinta pelo autor do novo teatro de pedra Atenas, Licurgo, que ordenou que se fizessem cópias para o Estado de todas as antigas tragédias e se preocupou de que se representassem regularmente suas obras. A obra devia estar avançada quando escreveu a *Poética*, pelo que se deduz de passagens como:

> (24) Não caíram em esquecimento nem as transformações experimentadas pela tragédia nem aqueles a que se deveram; no entanto, a comédia foi esquecida por não ter sido levada a sério desde o início. Pois demorou muito tempo para que o arconte concedesse um coro de comediantes, o qual até então era composto de voluntários. E somente a partir do momento em que a comédia adquiriu determinadas formas se tem a memória dos chamados poetas cômicos. No entanto, não se sabe quem introduziu as máscaras, posprólogos, a pluralidade de atores e demais coisas semelhantes. (*Poética* 1449a37-b5).[46]

Afirma-se igualmente que Aristóteles se compilasse as investigações arqueológicas nas competições das *Grandes Dionisíacas* e das *Leneias* e de que tinha composto um tratado *Sobre as Tragédias* (Diógenes Laércio 136) totalmente perdido que não entrava nem nas *Didascálias* nem nas *Vitórias* (Moraux 127). Chegaram-nos testemunhos de uma obra de carácter histórico-literário em seis livros (Moraux: 274; Jaeger: 1993, 376; Weil: 1960, 141), conhecido como *Problemas Homéricos* (Diógenes

45 Jacoby: 1973 acredita que eram uma única obra.

46 Tradução de Martínez-Rodríguez: 2011.

Laércio 118, Anónimo 106, Moraux: 274). Homero era considerado por Aristóteles, como para o restante dos gregos, além do primeiro dos poetas antigos, o primeiro historiador (Rose: 1986, 142-179) e como tal julga sempre de maneira favorável (Idem, 143) quando ele encontra contradições históricas em suas obras (*Ilíada* II 649 e *Odisséia* XIX 174) e quando tem de entender os costumes que descreve, que qualifica de bárbaros.[47]

Manuscrito Grego de Aristóteles

Fonte: http://blogs.bl.uk/digitisedmanuscripts/2013/12/the-constitution-of-athens.html

A Constituição dos Atenienses

De todo o trabalho de investigação histórica realizada por Aristóteles e seus colaboradores, o único que se conserva[48] é a *Constituição dos Atenienses*. A obra de que se tinha notícia por testemunhos indiretos, foi redescoberta no final do século XIX e sua descoberta é de valor incalculável, pois nos deu acesso a um documento muito apreciado e citou na antiguidade[49] que realmente nos mostra de que modo se

47 García 1999: 49: "para Aristóteles a descrição homérica dos Ciclopes é uma representação mítica dos tempos primitivos da sociedade humana. Também são citados em *Ética a Nicómaco* 1180a28 como um caso típico de grupo independente que vive aparte de toda organização estatal. También *Política* 1252b19-21 y 1285a8-12 e Tucídides I 5-6.

48 Para todo o trabalho relativo a *A Constituição dos Atenienses* são fundamentais à obra de Rodhes 1992, que temos seguido atentamente, a de Tovar 1970 e a tradução de Bernabé 2005. As três nos têm servido de base para as referências posteriores.

49 Entre os antigos recibeu críticas de Timeu e Políbio e elogios de Cícero em *De finibus* 54 e *De legibus* III 6.14, Plinio o velho, Plutarco, Ateneu e Fócio, también Rose.

aproxima Aristóteles ao seu próprio passado e como interpreta o que *Investigações sobre os Animais* escrito sobre os seus predecessores. O texto da *Constituição dos Atenienses* se deu a conhecer em 1891 por Sir Frederick G. Kenyon com a publicação do papiro de Londres datada do final do século I d.C. e conservados em bom estado (Tovar: 1970, 6). F. Blass em 1880 já havia publicado alguns fragmentos conservados no Museu de Berlim (Idem, 7), e um ano mais tarde Bergk os atribuiu a Aristóteles. Como esperado logo ele apareceu quem questionou a autoria de Aristóteles (Hignett: 1975, 28), o que no momento está fora de dúvida (Tovar: 1970, 28).

Do ponto de vista historiográfico nos interessa sobretudo a primeira parte (1-41) na qual Aristóteles leva a cabo uma exposição da história das instituições atenienses desde tempos primitivos e míticos até as revoluções de 404-403, e que serve de introdução à segunda (42-69) dedicada à descrição dessas instituições. A estabelecimento de que parte e que determina o critério de seleção das fontes e o modo de incorporá-las em sua narrativa (Rhodes: 1992, 27) é o de que a forma assumida pela constituição (*politeía*) ateniense em sua época não é conjuntural, senão definitiva (Wilamowitz: 1892, 187) e é basicamente a de uma democracia que combina os quatro tipos descritos em *Política* 1318b6-1319b32 (Dia e Chambers: 1962). Esta orientação explica o desequilíbrio que se aprecia no tratamento de diferentes períodos da história, pois apenas menciona sucessos de grande relevância enquanto se detém excessivamente em outros que podem parecer insignificantes. Afeta igualmente a seleção e orientação dos conteúdos adquiridos em certo sentido o caráter de provas com que fundamenta do modo verossímil e razoável seu próprio enfoque da realidade política. O estudo da origem e evolução das instituições se marca dentro da abordagem teórica, a que nos referimos no quarto capítulo, de que os fenômenos políticos podem ser submetidos a uma análise similar, que se aplica aos seres vivos.[50] A *pólis* é uma instituição natural[51] que evolui de uma forma mais ou menos uniforme e previsível e está sujeito a isto, Aristóteles continua a abordagem de Platão a uma dinâmica temporais cíclica[52], a uma mudança periódica causada pela introdução de um fator de corrup-

50 A comparação dos elementos dos seres vivos com os elementos políticos a encontramos em *Sobre o Movimiento dos Animales* 703a29-36 e *Política* 1290b23-38.

51 *Política* 1252b 27-1253a18 e 1278a15-30.

52 Nesse sentido Aristóteles está no meio do caminho entre los historiadores helenísticos y Platón. Como historiador helenístico amplía su campo de visión tanto temporal como espacial y usa el método de autoridades o de compilación, pero mantiene la concepción cíclica del acontecer humano que aplicó Platón al devenir histórico.

tivo no curso dos acontecimentos, que em Aristóteles é sempre o desejo excessivo de poder ou riqueza, o que provoca a degeneração das formas políticas saudáveis em formas corruptas. Nesta situação surgem as revoltas populares (*stáseis*) que procuram o equilíbrio do poder que se alcança com a chegada de personagens de qualidades excepcionais em torno a cuja descrição psicológica articula Aristóteles sua obra e em defesa dos quais implanta seu amplo conhecimento retórico e sua habilidade para polêmica. Neste sentido se aproxima da maneira helenística de fazer história pois analisa os hábitos dos grandes personagens apontando seus vícios e virtudes mais destacados e fazendo recair neles e nas assembleias a responsabilidade das decisões relevantes. Para provar a veracidade das suas afirmações e fundamentar suas teorias[53], Aristóteles, não duvida em recorrer ao mito, aos versos, escólios, anedotas de veracidade duvidosa, assim como a experiência indireta (Le Blond: 263). Seu principal interesse como documento histórico encontra-se em um lado da informação proporcionada e, por outro, na leitura política que oferece de uma sociedade três séculos anterior a sua, mas sobretudo no tratamento das fontes. Ele faz uso das obras de Heródoto e Tucídides[54] e de um material que hoje está perdido e que só conhecemos pore ele: documentos oficiais, as inscrições em que se fixavam por escrito as leis, e acordos do Conselho e da Assembleia (Rhodes: 1992, 29). Também utiliza como fontes de uma ampla série de tradições, os chamados atidógrafos e os panfletistas políticos do século V a.C., especialmente Andrócion[55], um autor contemporâneo de Aristóteles de tendência democrática (Jacoby: 1949). De acordo com a prática habitual da escola aristotélica não cita a fonte da informação, mas é fácil deduzir conhecendo as obras dos autores em que se baseia o saber pelo menos está tomado a partir dos escritos de tom conservador[56] ou democrática (Rhodes: 1992 24). Assim mesmo é fácil de inferir por

53 A habilidade de Aristóteles para manejar este tipo de documentos é digna de menção, já que não faz uso deles para proporcionar dados históricos, senão como provas para demostrar uma proposta. Nos referiremos no seguinte em separado nos poemas de Sólon de 5 e 12, aos escólios de 19.3 e 20.5 e aos documentos de 30.1 e 39.

54 Rhodes: 1992, 15 duvida também se usou *Helênicas* de Xenofonte e Éforo.

55 Busolt (1904, 34-35) considera que é de Andrócion de quem Aristóteles recolhe as polêmicas entre umas fontes e outras. A bibliografia a propósito das fontes em Rhodes 1992: 16-30 e Mathieu 2003: 114-118, donde se recolhem as conclusões de Mathieu 1915. Sobre um ponto de vista diferente Harding 1994.

56 Wilamowitz (1892) em seu primeiro volume considerou que a inclinação oligárquica que tem toda a obra se deveu por proceder em seu conjunto de um panfleto escrito por

que as combina de um modo concreto optou por uma ou outra versão. Como ocorre no resto do corpus aristotélico o texto que nos chegou não estava concebido como uma versão definitiva[57] e revisada para sua publicação, se trata mais de um conjunto de materiais cuidadosamente apresentados para uso escolar, a que se adicionavam novos dados que eram conhecidos sem fazer uma revisão imediata do contexto no qual se integravam. Isso explica por que o texto tem numerosos erros, incoerências e contradições[58] devidos a uma falta de revisão a lapsos de redação. Além dessas falhas há erros de tipo cronológico e contradições dentro do próprio texto e com afirmado em *Política.*[59] Incorre também em incongruências e anacronismos relativos à origem de certas práticas políticas e inclusive se duvidou da veracidade de determinadas afirmações e anedotas. Por tudo isso, considera-se que o seu valor documental é escasso e que não pode ser usado como um documento de plena fiabilidade (Weil: 1960, 87).

A obra começa com a narração do passado mítico, a parte mais fraca do ponto de vista historiográfico, em que – ao estilo de Heródoto - mistura a história e a lenda, combinando indiscriminadamente o material de diferentes fontes e incorrendo em contradições e em imprecisões as que dá pouca importância. Particularmente complicado é o capítulo dedicado a Drácon, ao que atribui a redação de uma segunda constituição que dificilmente pôde conceber e que contradiz o dito em *Política* 1274b15. Neste passado indefinido entre história e a lenda já está revoluções (*stáseis*) causadas pela injustiça dos nobres que exercem domínio abusivo e forçam as pessoas comuns a viver de uma forma miserável. Também se remonta a esse período a origem dos costumes institucionais em vigor em sua época (3.6). Quem libera o povo dessa situação de servidão é Sólon (5-12)[60], cujo papel na história de Atenas coloca Aristóteles de modo apologético seguindo as pautas da retórica normativa (Rhodes: 128), recolhendo as diversas correntes de opinião e defendendo o personagem com essas provas em-

---

Teramenes no outono de 404 a.C., utilizado como propaganda para seu partido.

57 Tovar 1970: 5-6 diz que foi escrita pelo própio Aristóteles com vistas a ser publicada.

58 Estas irregularidades, faltas de lima, acrescidos etc. são para Tovar (1970: 30) uma prova de que a obra pertence ao corpus aristotélico.

59 As diferenças entre as duas obras se devem também ao enfoque diferente dado a cada uma delas.

60 É enorme a admiração de Aristóteles para com Sólon, a quem Tucídides nem sequer menciona. Sobre Sólon ver Bernabé: 2005, 184, Domínguez: 2001 e Adrados: 1966.

basadas em seu caráter (5) (*Retórica* 1372A), na opinião comum (9), na probabilidade (*eikós*) e na citação de seus próprios versos.[61]

Depois que o governo do Sólon (13) se voltar a produzir uma situação de instabilidade em que as três "facções" (*stáseis*) se disputam o poder. A mais "popular" e moderada[62], foi o última, dirigida por Pisístrato a qual tinha sido incorporada pelo medo "aqueles que não são puros de nascimento", dado que deduz Aristóteles da proposta que fizeram de revisar o censo quando ascenderam ao poder. Pisístrato[63] (14-16) é visto por Aristóteles como o protótipo do tirano que procura o bem do povo, e a descrição das suas medidas de governo e do seu caráter são exposição prática dos postulados teóricos sobre a tirania expostos na *Política*: consegue com habilidade uma guarda pessoal (*Retórica* 1357b 30-36 e *Política* 1286b39-40) antes de tomar o poder (14.1) e, uma vez nele, desarma o povo (15.3) como primeira medida (*Política* 1315a38 e 1311a12-13) e procura por todos os meios que este perca o interesse na participação política (*Política* 1319a26-32). Sua tirania durou por muito tempo (16.8), graças ao seu talento moderado, ao interesse que mostrava pelos assuntos pessoais de seus súditos, a sua atitude de submissão às leis e seu caráter amável (1313a34-35 Política, 1314a30, 1314a41-b2 e 1315b11-39). Aristóteles concorda com a maioria das fontes antigas (Heródoto I 59) nesta avaliação positiva do período de governo de Pisístrato, o que foi chamado de "Idade de Crono", algo significativo do ponto de vista filosófico, pois com esta expressão se simboliza o momento de desordem anterior à idade de Zeus, onde é imposta a ordem, o que implica que a desordem se encaixa de forma mais natural à natureza humana, graças à moderação que lhe é própria, que a imposição de uma ordem externa. Os filhos de Pisístrato (17-19) com a sua destem-

61 Sobre a autenticidad dos fragmentos citados Adrados: 1966, Gentili & Prato: 1979 e West: 1974.

62 Somente consegue restabelecer a tranquilidade um partido «moderado», qualificativo anacrônico já atribuido a Solón (6.3), que define o ideal filosófico de fins do século V a.C., segundo o qual somente quem tinha ambicões limitadas conseguem pensar em benefício geral, e não no particular. *Política* 1295b34-96a21, Iseu. 12.153, Platão. *Leis*. 712d2-e5.

63 Para a elaboração de 14-16, os capítulos dedicados a Pisístrato seguem em linhas gerais a Tucídides V-VI e Heródoto I 59-64, de onde copia expressões exatas, e somente o menciona expresamente en 14.4. Acresce a esta base a información retirada dos aticistas e da lista de arcontes, como reação que Solón fazia a Pisístrato (14.2), que Aríston redigiu a proposta de que Pisístrato tinha uma guarda pessoal (14.1) e que Pisístrato contava com apoio das partes (16.9).

perança, pôr fim a esta "Idade de Crono". Aristóteles relata suas aventuras misturando indiscriminadamente fontes que transmitiam dados contraditórios (Tucídides VI 48, Heródoto II 180 e V 55-66, os aticistas e os escólios), o que resulta em uma narrativa cheia de erros cronológicos e uma enorme confusão de nomes e fatos de cada um dos filhos.[64] Nos capítulos 20-22 destaca o acerto das medidas que tomou Clístenes para distribuir a população por demos e integrar no censo aos que não eram nobres e da instituição do ostracismo com a que pretendia punir os oligarcas e prevenir os abusos de poder.

Do período posterior às guerras médicas (23-26) até a chegada de Péricles faz Aristóteles uma avaliação ambígua, talvez por causa da mistura de fontes que utiliza para a sua redação. Então, enquanto ele aprecia positivamente o otimismo do povo (23.1), a observância das leis, a submissão ao prestígio do Areópago, a experiência adquirida na guerra e reputação que ganharam (23.2) torna ao mesmo tempo uma reflexão sobre os vícios que estavam sendo gerados no seio da democracia e que colocavam perigo o regime: o Conselho adquiriu muito mais poder depois da vitória de Salamina e veio a governar (23.1) "sem decreto algum"", se trasladou muita gente do campo a Atenas para ocupar-se com a defesa da cidade (23.2-24), o que voltou a negligência à administração (26.1), e proliferaram os líderes políticos de pouca valia que se preocupavam mais em buscar o favor popular que sua excelência pessoal. Enquanto menciona esses demagogos, detém-se em ressaltar as qualidades positivas de outros líderes, como (23.3.) Temístocles "endurecido para a guerra", Aristides "com reputação de ser hábil para os assuntos da cidade e superar de longe os do seu tempo por seu senso de justiça" e, sobretudo, Efialtes (25.1) "com uma reputação de incorruptível e justos nos assuntos públicos. "A Péricles, o qual considera (*Política* 1304a17-24) o último dos líderes de valia (28.1), e lhe dedica escassamente um capítulo (27). O resumo de sua atividade política é positivo, mas não deixa de criticar a acusação levada a cabo contra Címon e a decisão infeliz de outorgar um salário para os juízes, o que considera um pacto com o popularismo. Usando provavelmente uma das listas de líderes populares que circularam na época, ele fez uma compilação (28)

64 Platão *Hiparco* 228b-c e Tucídides I 20 y VI 54 nos dizem que Hípias era o maior dos filhos legítimos e o melhor dotado para a política e Hiparco era o menor e de carácter enamorado e aficcionado por poesía. Tinha além deles outros filhos de uma mulher argiva: Iofonte e Hegesístrato, a quem Aristóteles identifica como Tésalo, que é o que se enamora de Harmódio. Na historia do assassinato de Hiparco (18.2) e da tortura de Aristogiton se distingue também de Tucídides VI 54.

dos bons governantes, antes de descrever seus sucessores, (28.4) ", cujo único interesse era mostrar sua imprudência e captar o favor da maioria, sem atender mais que as questões imediatas ". Estes acabaram por ser rejeitados pelo povo e executados porque (28.3) "quando o povo se vê enganado, aborrece logo os que o induziram a fazer algo indevido." O pior, do seu ponto de vista, Cléon, enquanto que de Nícias, o causador do desastre na Sicília[65], o considera um bom estadista (28.5) e é também gentil com Teramenes (28.5).

A chegada do governo e a queda dos *Quatrocentos* e os *Cinco Mil* é narrado nos capítulos 29-33. Rhodes (1992: 364) faz um quadro comparativo da narrativa de Tucídides (VIII 45-979) e a de Aristóteles mostrando que não só são perfeitamente compatíveis, senão que em certo modo se complementam, pois, enquanto Aristóteles dá uma visão completa e detalhada do estabelecimento da oligarquia, Tucídides só mostra o caos da situação, a atmosfera de intriga, de intimidação e de desconfiança. Aristóteles dá um relato detalhado das questões técnicas e das formalidades das mudanças constitucionais, provavelmente baseada em informações oficiais de tendência oligárquica a que teve acesso e que oferecia mais detalhes, mas isso não impede que, como em outras ocasiões, incorria em contradições.

Os últimos capítulos desta primeira parte (34-41) são dedicados ao governo dos *Trinta* e dos *Dez*. Ressalta em primeiro lugar os graves erros cometidos pelo povo enganado pelos instigadores: o julgamento injusto aos generais das Arginusas (34.1), a recusa de assinar a paz com os lacedemônios e finalmente o voto em favor da oligarquia dos *Trinta*. Estes, buscando o favor do povo, governaram inicialmente governou com moderação (35.2), seguindo aparentemente o sistema tradicional, abolindo "os preceitos de Sólon que se tinha por duvidoso", deixando a última palavra para os juízes e bloqueando o caminho para os delatores profissionais, mas quando tiveram contente a cidade (25.3) deixaram de ter piedade e atuaram com violência. É Teramenes (26.1), quem tenta convencê-los a parar os seus desmandos e acaba sendo condenado à morte por eles (27.2). Quando os de Fila ocuparam Muniquia (38.1) e venceram os partidários dos *Trinta*, o povo elegeu dez cidadãos plenipotenciários para que terminassem com a guerra, mas como não conseguiram foram destituídos e substituídos por outros dez (38.2) que levaram a cabo as conversações de paz e o retorno das instituições democráticas (41.1). Termina esta primeira com a enumeração (39-41) dos acordos com os qual se leva a cabo a reconciliação.

---

65 Feito crucial na história de Atenas que apenas menciona (28.2).

Conclusões

Podemos concluir que a contribuição de Aristóteles à historiografia grega vem determinada por dois aspectos fundamentais da sua filosofia: a importância que atribui ao estudo direto dos dados na elaboração de conceitos abstratos e a crença no progresso histórico linear, no desenvolvimento do pensamento e da civilização ao longo do tempo. Para a execução destes dois postulados teóricos Aristóteles tornou-se no mundo grego o primeiro impulsionador da investigação direta e o principal transmissor do pensamento de seus antecessores. A história como conhecimento de experiência é o instrumento que faz com que seja possível realizar uma análise das ciências humanas, pois a partir de conhecimento histórico podem chegar a se estabelecer tipos taxonômicos que servem como modelos para tornar compreensível tanto as formas de organização política como os modos de comportamento individual que determina os princípios de ética. O próprio Aristóteles aplica estes critérios no estudo das instituições do seu tempo a partir de sua evolução em *Constituição dos Atenienses.*

Referências bibliográficas

ARISTOTELES. *Acerca del cielo.* Trad. M. Candell. Madrid: Gredos, 1996.

______. *Analíticos primeros y Analíticos segundos.* Trad. M. Candell. Madrid: Gredos, 1988.

______. *Aristotle's Athenaion Politeia.* Ed. Kenyon. Oxford: OCP, 1920.

______. *Constitución de los Atenienses.* Trad. Bárcena-Bernabé. Madrid: Abada, 2005

______. *Constitution d'Athènes.* Texte établi et traduit par G. Mathieu et B. Haussoullier. Paris: Les Belles Lettres, 2003.

______. *De Anima.* Trad. T. Calvo. Madrid: Gredos, 1978.

______. *Ética a Nicómaco.* Trad. J. Pallí. Madrid: Gredos, 1978.

______. *Fragmentos.* Trad. A. Vallejo. Madrid: Gredos, 2005.

______. *Investigación sobre los animales.* Trad. J. Pallí. Madrid: Gredos, 1992.

______. *La Constitución de Atenas.* Trad. A. Tovar. Madrid: IEP, 1970.

______. *Metafísica.* Trad. T. Calvo. Madrid: Gredos, 1994.

______. *Meteorológicos.* Trad. M. Candell. Madrid: Gredos, 1996.

______. *Partes de los animales.* Trad. A. Jiménez - A. Alonso. Madrid: Gredos, 2000.

______. *Poética*. Trad. T. Martínez - L. Rodríguez. Madrid: Gredos, 2011.

______. *Política*. Trad. M. García. Madrid: Gredos, 1999.

BERGK, T. "Zur Aristotelischen Politie der Athener", *RhM*. 36, 1881, pp. 87-115.

BERTI, E. *La filosofia del primo Aristotele*. Padova: CEDAM, 1962, (Reimpr. Milán 1997).

______. "La dialettica in Aristotele", *L'attualità della problematica aristotelica*. Atti del Convegno franco-italiano su Aristotele. Padova: Antenore, 1972, pp. 33-80.

______. «Sul carattere «dialettico» della storiografia filosofica di Aristotele» en G. Cambiano: *Storiografia e dossografia nella filosofia antica*. Torino: Tirrenia, 1960, pp. 101-125.

BLASS, F. "Neue Papyrusfragmente eines Historikers im Aegytischen Museum zu Berlin", *Hermes* 15, 1880, pp. 366-382.

BONITZ, H. *Index Aristotelicus*. Graz: Akademische Druck-U, 1955, (Reimp. ed. Berlin, 1870).

BUENO MARTÍNEZ, G. *El individuo en la Historia. Comentario a un texto de Aristóteles. Poética 1451b*. Discurso inaugural del curso 1980-81. Oviedo: Universidad de Oviedo, 1980.

BUSOLT, G. *Griechische Geschichte* II: *Der Peloponnesische Krieg*. Gotha: F.A. Perthes, 1904.

CARREIRA, J. N. *História antes de Heródoto*. Lisboa: Edições Cosmos, 1993.

CASSANI, J. L. & AMUCHASTEGUI, A. J. *Del epos a la historia científica*, Buenos Aires: Editorial Nova, 1971.

CHATELET, F. *La Naissance de l'Histoire*. Paris: Ed. De Minuit, 1962.

CHERNISS, H. *Aristotle's criticism of Plato and the Academy*. New York: Russell and Russell, 1971.

______. *La crítica aristotélica a la filosofía presocrática*. México: UNAM, 1991.

______. *La crítica aristotélica a la filosofía presocrática*. México: UNAM, 1991, (Reimpr. de 1935),

COLLINGWOOD, R. G. *Ensayos sobre la Filosofía de la Historia*. Barcelona: Barral, 1970.

DAY, J. & CHAMBERS, M. *Aristotle's history of Athenian Democracy*. Berkeley-Los Angeles: University of California Publications in History vol. 73, 1962.

DI CAMILLO, S. G. "El carácter dialéctico de la historiografía aristotélica. Estrategias argumentativas en *Metafísica* I, 9", en Santa Cruz *et alii* (ed.): *Diálogo con los griegos*. Buenos Aires: Colihue Universidad, 2004, pp. 201-216.

DITTENBERG, W. *Sylloge Inscriptionum Graecarum*. Hildesheim: Hirzelium, 1960.

DOMÍNGUEZ MONEDERO, A. J. *Solón de Atenas*. Barcelona: Crítica, 2001.

DÜRING, I. *Aristóteles*. México: UNAM, 1990.

EVANS, J. D. G. *Aristotle's Concept of Dialectic*. London: Cambridge University Press, 1977.

FUNARI, P. P. A. & SILVA G. J. *Teoria da História*. São Paulo: Editora Brasiliense, 2008.

GARCÍA CATALDO, H. E. "Historia y Política en Aristóteles: *Constitución de Atenas y Política*" en *Byzantion Nea Hellás*, No. 28. http: //www.byzantion.uchile.cl/index.php/RBNH/article/viewArticle/1159/1023, 2009.

GENTILI, B. & PRATO C. (eds.) *Poetarum elegiacorum testimonia et fragmenta*. Pars I. Leipzig: Teubner, 1979.

GIGON, O. *Aristotelis Opera, vol III, Librorum Deperditorum Fragmenta*. Berlín: De Gruyter, 1987.

GOLDSMCHMIDT, V. *Temps physique et temps tragique chez Aristote*. Paris: Vrin, 1982.

GUTHRIE, W. K. C. "Aristotle as Historian" en *JHS* 77, 1957, pp. 35-41. (Reimpr. en FURLEY, D. & ALLEN, R. (eds.), *Studies in Presocratic Philosophy*, vol I. London: Routledge & Kegan Paul, 1970, pp. 239-254).

______. *Historia de la filosofía griega* VI. Madrid: Gredos, 1981.

HARDING, P. E. *Androtion and the Atthis*. Oxford: Clarendon Press, 1994.

HARPER, E. "poetry, history, and dialectic", en *Paideia Ancient Philosophy*, Twentieth World Congress of Philosophy. In: Boston, Massachusetts from August 10-15. En www.bu.edu/wcp/Papers/Anci/Ancihalt.htm, 1998.

HARTOG, F. *L´histoire, d´Homère à Augustin*. Paris: Èditions du Seuil, 1999.

HIGNETT, C. A. *History of the Athenian constitution to the end of the fifth century*. Oxford: Clarendon Press, 1975.

HOMOLLE, T. "Inscriptions de Delphes" *BCH* 2, 1898, pp. 260-270.

JACOBY, F. *Atthis: the Local Chronicles of Ancient Athens*. Oxford: Arno Press, 1973, (Reimpr. de 1949).

JAEGER, W. *Aristóteles, bases para la historia de su desarrollo intelectual*. México: FCE, 1993.

KENYON, F. G. (ed.) *Aristotle, on the constitutions of Athens*. London: the British Museum, 1891.

LE BLOND, J. M. *Logique et methode chez Aristotle*. París: J. Vrin, 1973.

LONGO, O. "Memoria culturale: discontinuitá temporali nell l'antica Grecia", en *Bollettino del centro internazionale di storia dello spazio e tempo*, 1984, pp. 45-51.

LOUIS, P. «Le mot *historía* chez Aristotle», *Revue de Philologie* 29, 1955, pp. 39-44.

MACINTYRE, A. «The Relationship of Philosophy to its Past» en R. Rorty- J. B. Schneewind: *Philosophy in History*. Cambridge: CUP, 1984.

MATHIEU, G. *Aristote, Constitution d'Athènes: essai sur la méthode suivie par Aristote dans la discussion des textes*. Paris: Champion, 1915.

MATHIEU, J. M. "Action et mythos chez Aristote. De l'unité d'action et comment la création littéraire est plus sérieuse et plus philosophique que l´histoire", *Kentron* 11, 1995, pp. 71-81.

MOMIGLIANO, A. *The classical foundations of Modern Historiography*. Los Angeles: University of California Presss, 1992.

MORADIELLOS, E. *Las Caras de Clío: una introducción a la historia*. Madrid: Siglo XXI, 2001.

MORAUX, P. *Les listes anciennes des ouvrages d'Aristote*. Lovaina: l'Institut supérieur de Philosophie de l'Université de Louvain, 1951.

MULLER, F. "De «Historiae» vocabulo et notione", *Mnemosyne* LIV, 1926, pp. 234-257.

PIPPIDI, D, M. "Aristote et Thucydide. En marge du chapitre IX de la *Poétique*", *Melanges Marouzeau*. Paris: Les Belles Lettres, 1948.

PLATÓN. *Gorgias*. Trad. J. Calonge. Madrid: Gredos, 1983.

______. *República*. Trad. C. Egger. Madrid: Gredos, 1988.

REY PUENTE, F. *Os sentidos do tempo em Aristóteles*, São Paulo: Loyola, 2001.

RODHES, P. J. *A Comentary on the Aristotelian Athenaion Politeia*. Oxford: Clarendon Press, 1992.

RODRÍGUEZ ADRADOS, F. *Ilustración y política en la Grecia clásica*. Madrid: Revista de Occidente, 1966.

ROOS, W. D. *Aristotelis Fragmenta Selecta*, Oxford, 1979.

ROSE, V. *Aristotelis Qui Ferebantur Librorum Fragmenta*. Leipzig: Teubner, 1886, (Reimp. 1967).

ROSSITTO, C. *Studi sulla dialettica in Aristotele*. Napoli: Bibliopolis, 2000.

SAINTE CROIX, G.E.M. "Aristotle on History and Poetry" (*Poetics*, 9. 1451a36-b11) en Oksemberg-Torty, *Essays on Aristotle's Poetics*. Princenton University Press, 1990, pp. 23-32.

SHOTWELL, J. *Historia de la historia*. Mexico: FCE, 1982.

TOVAR, A. «Sobre la naturaleza de la *Constitución de Atenas*», *REC* 3, 1948, pp. 153-167.

VEGGETTI, M. "Le Origini della Teoria Aristotelica delle Cause" en *Symbolom. Studi e Testi di Filosofia Antica e MedievaleI, La Fisica di Aristoteles Oggi: Problemi e Prospettive*. Atti del Seminario. Catania, 2003, pp. 26-27.

VERBEKE, G. «Les listes anciennes des ouvrages d'Aristote», *RPhL*. 50, n. 25, 1952, pp. 90-102.

VEYNE, P. *Comment on écrit l'histoire, essai d'epistémologie*. Paris: Editions du Seuil, 1971.

VILAR, P. *Iniciación al vocabulario del análisis histórico*. Barcelona: Grijalbo-Crítica, 1980.

WALZER, R. *Aristotelis dialogorum fragmenta*, Firenze: Sansoni, 1934, (Reimpr.1962).

WARTELLE, A. *Lexique de la Rhétorique d'Aristote* . Paris: Les Belles Lettres, 1982.

______. *Lexique de la poétique d'Aristote*. Paris: Les Belles Lettres, 1985.

WEIL, R. *Aristote et l'histoire. Essai sur la Politique*. Paris: Klincksieck, 1960.

WILLAMOWITZ-MOELLENDORFF, U. *Aristoteles und Athen*, Berlín: Weidmann, 1983.

8

O pensamento histórico de Políbio. Uma ponte entre a tradição grega e a universalização da História[1]

María Leonor Milia
Claudio Horacio Lizárraga
Universidad Nacional del Litoral

A singular experiência vital de Políbio de Megalópolis e sua obra historiográfica, ocupam uma posição chave na complexa articulação entre a herança cultural grega e o universo romano, articulação indicadora de processos mais profundos, que transcendem sua vida pessoal e alcançam pleno sentido na longa duração[2].

Políbio é grego, tem profundamente interiorizada a tradição historiográfica grega, e apesar de sua longa permanência em Roma, escreve em sua língua natal, a *koiné*, usada como língua geral no período helenístico e já conhecido nos círculos dirigentes romanos[3].

---

1 Tradução de Maria Aparecida de Oliveira Silva.

2 Polibio de Megalópolis (c.200-c.118 a.C.) foi filho de Licortas, duas vezes estratego em sua cidade natal. Dada a notável posição de sua família, foi educado para atuação política, na que teve um papel notável desde a juventude, ocupando cargos públicos e em missões diplomáticas. Megalópolis fazia parte desde 250 a.C. da Confederação Aquea, aliada a Macedônia na sua luta contra a penetração romana. A terceira Guerra Macedônica – iniciada em 171 a.C. – produziu dúvidas e conflitos dentro das próprias cidades gregas sobre a opção política a seguir ante as duas potências enfrentadas, ao que não foi alheio Políbio. Macedônia e seus aliados foram derrotados em Pidna pelas legiões romanas (168 a.C.), e tiveram de entregar mil jovens como reféns. Políbio foi um deles, mas – ao contrário de seus companheiros, confinados em cidades pequenas da Itália – foi levado a Roma.

3 A ambiguidade das referências de Políbio tem suscitado debates acerca de a qual público se dirige preferencialmente, se a gregos o a romanos. Há em suas Histórias numerosas passagens em que há a sensação de estar se dirigindo aos primeiros, aos quais quer

Cabe então perguntar-se por que é também um historiador cuja obra resulta fundamental para o conhecimento do processo romano e por que o incluir, por conseguinte, em um volume dedicado à historiografia romana.

Este trabalho se propõe apontar algumas linhas que contribuam para interpretar o sentido de suas Histórias, em cuja síntese peculiar, o grego é o substrato de continuidade com o passado, tanto na vida do autor como no histórico social, mas a cada vez se revela uma inflexão do processo histórico, que se abre plenamente a panoramas surpreendentes para o historiador. Novos tempos ampliam os cenários geográficos que dão apoio material a um acelerado processo de conquistas e expansão sobre o mundo mediterrâneo. A vitória sobre Cartago revela um fato fundamental: Roma se tornou um império territorial.[4] Abre também uma etapa de profundas transformações sociais e políticas. Esta, que começou a ser o novo mundo dos romanos e todos os que não estão estritamente sob o seu domínio, é também o mundo de Políbio. Situado na metade grega e a metade latina do império em formação, a sua produção intelectual também pode ser visto na chave cultural, atendendo ao mesmo tempo aos modos em que circulam e se comunicam as ideias em um universo tão complexo e diverso.

Para interpretar em termos teóricos as particularidades do novo cenário cultural criado sob o domínio romano, consideramos válida a análise das configurações culturais proposta por Alejandro Grimson, porque apresenta um conceito que transcende as perspectivas tradicionais sobre a cultura e leva em consideração outras que nos permitam pensá-las "como configurações contingentes entrelaçadas pelo poder" (Grimson: 2011, 171). Além disso, como ele aponta, se em toda configuração cultural

---

explicar a expansão romana. (Moreno Leoni: 2009) Mas Hartog - citando um estudo de M. Dubuisson – aponta que se tem podido demostrar que "a latinização da sua língua e a romanização do seu pensamento iam juntas". (Hartog: 1999, 226)

4 "O processo expansionista foi irreversível desde a criação da província da Ásia em 129 a.C., pelo que em pouco mais de um século o poder romano passou do Tirreno ao Mediterrâneo Central e Ocidental primeiro e, desde o ano 200, da Ilíria a bacia do Mediterrâneo Oriental, até o ponto de que durante a segunda metade do século II Roma estendeu seus interesses a todo o mundo mediterrâneo dominando, em alguns casos, apenas controlando outros, um território somente comparável com as conquistas de Alexandre, o Grande, no Oriente"(Bravo: 1994, 461-462).

há poder, o Estado implica um modo específico de legitimar as desigualdades, estabelecer a inclusão e vincular-se com o território.[5]

Dois dos elementos constitutivos deste conceito podem ser adequados para a análise. Por um lado, a ideia de que existem aspectos da cultura partilhados por todos, para além do grupo em particular ao qual se pertença ou mesmo quando alguns aparecem momentaneamente como predominantes ou próprios de um setor. Além disso, a existência de uma trama simbólica comum, dado que os diversos modos de comunicação verbais ou visuais, constituem meios pelos quais podem ser entendidos tanto aqueles que compartilham como os que disputam e se enfrentam. Há categorias de identificação que se opõem, mas fazem parte da mesma trama, dado que se requer um mínimo de compreensão para que exista uma configuração cultural.

Assim, no seio da complexidade cultural que supõe o mundo antigo greco-romano em geral, mas particularmente quando os diferentes marcos referenciais do grego e do latim se entrecruzam no tempo de Políbio, diferentes grupos são capazes de expressar linguagens, ideias e mensagens diferentes, mas todos inteligíveis para os demais. Os elementos de unidade: a centralidade do Mediterrâneo, a cidade como marco da civilização, a palavra como ferramenta política fundamental, entre outros; mas também as oposições tais como grego e romano, civilizado e bárbaro, livre e escravo, cidadãos e estrangeiro; isto é, o conjunto de representações políticas, sociais, territoriais que fazem o ordenamento do mundo em que se vive, vão sendo incorporados ao logo do tempo e formam parte de uma linguagem comum e compartilhada. Em síntese: "a sedimentação de certos princípios de (di) visão compartilhados, uma lógica sedimentada de heterogeneidade que habilita e desabilita posições de sujeito e lugares de enunciação" (Grimson: 2011, 176).

Neste marco, o uso do conceito de interculturalidade é apropriado, porquanto se trata de reconhecer que o grego e latim não integram um conjunto absolutamente homogêneo, dado que em seu interior existem distinções que não podem ser ignoradas, mas que ao mesmo tempo permitem revelar as múltiplas interseções que ocorrem na grande configuração cultural que vai se construindo.

5 Os elementos que Grimson considera constitutivos de uma configuração cultural são: 1) as configurações são campos de possibilidade; 2) existe uma lógica de inter-relação entre as partes constitutivas do todo; 3) implicam em uma trama simbólica comum; 4) há aspectos culturais compartilhados. "O conceito de configuração cultural enfatiza a noção de um marco compartilhado por atores semelhantes ou distintos, de articulações complexas da heterogeneidade social"(Grimson: 2011, 172).

A vida de Políbio se enlaça com aquele processo de que é testemunho e partícipe. Sua origem social e os laços familiares que haviam lhe possibilitado sua formação intelectual e política como um membro destacado da liderança da Confederação Aquea, comprometida nas lutas do reino da Macedônia contra a penetração romana. De Pidna e seu exílio forçado, seu passado estava ligado a um novo e mutável presente. Sua transferência para Roma significou uma situação muito especial: a estreita relação com a família de Paulo Emilio - conquistador na Grécia e também um admirador de sua cultura -, o papel de educador de seus filhos e, em particular, a amizade com um deles, Cipião Emiliano, mais tarde vencedor e destruidor de Cartago, o situaram no próprio coração da condução da política romana e o transformaram em espectador privilegiado de seus bastidores e projeções públicas. A família dos Cipiões, posicionada na cúspide do poder, fazia parte de uma elite já aberta à helenização, que – por diferentes vias – vinha penetrando em Roma em um processo prévio à ocupação do território grecomacedônico. Estas circunstâncias mudaram radicalmente sua vida: o possibilitaram conhecer a fundo as instituições e o povo romanos durante um período chave da sua história, assim como viajar e participar em um lugar privilegiado nas campanhas militares de especial relevância. Somadas a sua formação nas melhores tradições da cultura greco-helenística e a sua experiência política anterior, contribuíram para forjar um indivíduo realista, um observador atento e um testemunho sem par da transição desde os reinos helenísticos na bacia oriental e poderio de Cartago na ocidental, para a hegemonia romana sobre o mundo mediterrâneo.[6]

Suas *Histórias* abarcam um momento chave daquele processo. São a obra de um historiador convencido de sua missão e da concepção que tem da mesma, e servem de precioso testemunho para os atuais historiadores que se ocupam do mundo antigo.[7]

Não nos cabe analisar os diversos ensaios de registro de ações humanas que foram considerados significativos no Oriente Próximo por reis, sacerdotes e profetas, ou nos tempos primeiros da área grega por aedos, poetas, legisladores ou logógrafos ... Mas não podemos omitir que o mundo grego foi o iniciador de uma longa tradição

6 Foi assessor, protagonista e testemunho essencial, ao participar de campanhas dirigidas por Públio Cornélio Cipião Emiliano, o Africano Menor: o último ataque contra Cartago, que findou com sua destruição (146 a.C.), e o território da Numância (133 a.C.), na Hispânia.

7 Originalmente, estava composta por quarenta livros, dos quais se conservam completos os cinco primeiros, parcialmente o VI e fragmentos dos demais, conhecidos por citações de outros autores antigos.

historiográfica, prolongada - mesmo com suas diferenças – nos períodos helenístico e romano. A obra de Políbio constitui um marco dentro dela.

Em seus melhores expoentes - como Heródoto e Tucídides – os historiadores gregos buscaram as razões sobre os afazeres dos seres humanos a partir das questões levantadas a partir da sua própria experiência presente, e rastrearam no passado as razões que lhes permitiam explicar e compreender os acontecimentos contemporâneos. A explicação histórica toma um rumo que se distancia do mito e da intervenção dos deuses, para assentar-se fortemente na confiança na razão e no seu potencial. Nisto há uma continuidade que vem desde Tucídides, embora em seu olhar operasse um fator trágico que teria contribuído para levar Atenas para sua derrota, enquanto que em Políbio a fortuna – *tyché* – ocupa um lugar no destino de Roma. Em ambos os casos, estamos ante os limites da racionalidade.

Políbio, como seus antecessores mais proeminentes, está condicionado por uma situação análoga ao historiador atual: assim como hoje nós olhamos para o passado e lhe formulamos perguntas do aqui e agora, também ele, incentivado por seu estimulante presente, procura explicar o processo que observa, a construção de uma história que se universaliza com a conquista romana. Colocá-lo então no lugar de um comunicador de ideias em um espaço multicultural é um desafio interessante. É grego, mas escreve de Roma a história dos romanos e seus escritos são destinados a circular nas cidades do império, especialmente nas de área grega. Mas é necessário nos perguntar de que lugar político, ideológico e simbólico o faz.

São sugestivas para o caso as reflexões de Pierre Bourdieu, que aponta:

> A vida intelectual é o lugar, como todos os outros espaços sociais, de nacionalismos e imperialismos, e os intelectuais veiculam, quase tanto quanto os outros, preconceitos, estereótipos, ideias recebidas, representações muito sumárias, muito elementares que se nutrem dos acidentes da vida quotidiana, das incompreensões, dos mal-entendidos, das feridas [...]. (Bourdieu, 2011: 160)

Como todos os conceitos e utilizados nas categorias de análise histórica e social, estas palavras não escapam a realidade de que a língua é também um fenômeno submetido tanto a continuidades próprias do processo histórico. Por isso, requerem sua ressignificação para o caso e o contexto em que se utilizam. Excetuando as distâncias – pois sabemos bem que os estados nacionais e o nacionalismo criações históricas que se cristalizam no século XIX - é importante precisar a condição de estrangeiro de Políbio: o é de uma maneira dupla, já que é um grego em Roma enquanto que a sua obra é a história de outros para os gregos. Mas também é condicionado por seus vínculos estreitos com a liderança romana, cujos membros foram os principais receptores dos benefícios da guerra e conquista[8]. Esta situação um tanto ambígua diante do poder é o seu lugar como observador.

É significativo também que notáveis historiadores gregos foram exilados em determinados momentos de suas vidas, e muitos entre os romanos, antes de terem sido senadores: "os primeiros escreveram história quando foram excluídos da vida normal de suas cidades e os segundos escreveram história quando sua vida ativa estava chegando ao fim" (Momigliano: 1984, 107). Ou seja, estiveram fortemente envolvidos nos assuntos político-militar de suas respectivas comunidades cívicas, o qual - além de colocar no centro de seu interesse essas problemáticas - afetou suas vidas pessoais, entrelaçadas pela trama de conflitos e interesses concorrentes, próprios das lutas em torno do poder. Ao contrário de poetas, oradores e filósofos, esses historiadores não obtiveram um posto específico reconhecido na sociedade, apesar disso conseguiram atrair um público, tanto grego como latino, um fenômeno frente ao qual nos cabe perguntar o porquê e o como. Políbio sustenta uma concepção pragmática da história e explicita sua qualificação para escrevê-la e projetá-la para seus destinatários; mas permanece a dúvida é se estava ademais marcado por outro condicionamento: a necessidade de se dirigir tanto aos gregos – derrotados – como aos romanos – triunfadores.

É comum a gregos e romanos que a produção intelectual em geral e em particular a historiográfica, inscreve no afazer de minorias letradas urbanas as que pertence o historiador, dentro das quais circula e encontra o seu público leitor. Assim foi na polis grega ou na cidade-estado romana, e se seguiu sendo quando seus quadros políticos de enfraqueceram contra os reinos helenísticos ou a fase imperial romana. O conteúdo deste discurso historiográfico sempre teve um forte componente político, e não casualmente, a cidade – entendida como o âmbito da civilização – era onde se dirimiam as questões relativas ao poder.

É a partir da helenização que a história se tornou em Roma um gênero literário, estreitamente ligado ao processo de dominação do Mediterrâneo. O papel de Políbio é aqui chave: não deixa de ser profundamente grego por formação, e no entanto, político que se tornou historiador, seu olhar se dirige para o presente e para o

8 É uma aristocracia que "se consolidava como monopolizadora da terra e do trabalho dos outros, organizada politicamente e consciente de si mesma culturalmente"(Mann: 1991, 387).

universal, enquanto os maiores exemplos de historiadores romanos – posteriores a ele a farão basicamente, tendo apenas a Roma como o centro da sua atenção.[9]

No entanto, embora tanto na historiografia grega como na romana a presença subjetiva do autor é sempre mais ou menos perceptível, na sua concepção são diferentes. A romana é:

> um gênero literário no qual o autor atribui menos importância à exatidão das suas informações que à forma na qual se expressa e no ideal que o anima, ideal patriótico e senatorial quase sempre, ideal de grandeza e liberdade sempre, que caracterizará, graças à beleza da forma e a potência da sua expressão, ao pensamento e à ação dos maiores homens do Ocidente, desde o Renascimento até o início do século XX(André e Hus, 1983: 11).

Em vez disso, Políbio, a forte exigência por precisão e um estilo despojado de adjetivações excessivas tem seu antecedente em Tucídides, e nisto segue sendo grego.

A resposta à pergunta sobre a relação entre o historiador e seu público, também requer pensar no sentido que se atribuía ao conhecimento da história entre aqueles que socialmente eram seus destinatários, e a respeito do qual, Políbio, da sua posição autor, afirma:

> Se por acaso tivessem omitido o elogio da própria história aqueles anteriores a nós colocaram por escrito as empresas políticas, talvez seria necessário fazer uma exortação para que todos acolham com disposição favorável esse tipo de obras, pois nada há de mais favorável para a instrução do homem que o conhecimento das ações passadas. Mas [...] praticamente todos [...] afirmam, com efeito, que cara à ação política, a aprendizagem da história constitui a forma mais acertada de instrução e exercício e que para

9 Para a recente República até os séculos IV e III, é muito difícil dimensionar o fato a respeito do registro historiográfico, iniciado possivelmente em meios sacerdotais e mais certamente, entre membros do patriciado vinculados ao Senado. Os analistas e alguns historiadores menores mais ou menos contemporâneos a Políbio, tiveram especial interesse em relatar as origens míticos e fundantes da cidade. Enquanto a referência que fizemos acima, a consideramos especialmente válida para os historiadores romanos da República tardia e do Alto Império.

> superar com nobreza as vicissitudes da fortuna, a memória das peripécias alheias brinda um magistério de inigualável clareza. (Pol, I: 1).[10]

A história ensina o cidadão, o líder político, a conduta a ser seguido na condução dos assuntos políticos e nas lutas pelo controle do poder público do estado, todo o qual, em Roma, está intimamente vinculado à guerra de conquista. Assim focada, deve proporcionar o conhecimento necessário para o desempenho prático dos membros da elite dominante. Há uma ênfase especial em destacar esse caráter pragmático da história, cujo sentido se estabelece mediante as fontes que considera válidas: a informação derivada da própria observação e participação nos eventos, o agrupamento das proveniente de outros testemunhos presenciais, o conhecimento de ambiente geográfico, e as condições pessoais do historiador, associadas à sua posição social, a fim de buscar a verdade por meio da reflexão racional. A tarefa do historiador deve instruir sobre o processo histórico contemporâneo, no qual o político, estreitamente ligada ao militar, ocupa sempre o primeiro plano.

O mesmo é ator social, testemunho e partícipe de um processo único e múltiplo, que universaliza a história real e constitui ao mesmo tempo o núcleo da sua obra historiográfica: "a singularidade e a grandeza inerentes ao tema sobre o qual versa nossa exposição podem ser de manifestas com mais clareza se acolhermos o recurso de cotejar e colocar em paralelo com os mais famosos impérios, aqueles que nos forneceram matéria para quase todas as composições históricas, com o predomínio romano". A este respeito cita os persas, os lacedemônios, os macedônios, todos os vencidos pelos romanos, que "ao submeter não uma parte, mas praticamente o conjunto do mundo habitado, deixaram seu império praticamente a uma altura que não admite comparação com quantos até então existiram nem tampouco poderá ser superado pelos que vierem". É por isso que "em épocas anteriores, ocorria que os assuntos mundiais estavam, por assim dizer separados, uma vez que cada empresa tinha seu próprio início e até mesmo a sua própria conclusão, e igualmente se desenvolvia em um marco espacial próprio". Mas a partir da intervenção romana "a história vem apresentada como algo orgânico, de modo que os acontecimentos da Itália e a Líbia estão entrelaçados com os da Ásia e da Grécia e todos concorrem para um mesmo fim" (I: 2). Ou seja, a história se faz universal. E a conquista é o seu motor.

Seus propósitos são consistentes com essa postura e ao mesmo tempo se dirigem a legitimar seu lugar como historiador: "E, da mesma maneira que nossa as-

10 Tradução dos autores.

sociação permitirá uma compreensão mais clara de tudo tocante a sua supremacia, assim também ilustrará sobre quantas e quão grandes contribuições rendem-se aos desejosos de instrução à história de orientação pragmática "(Idem). É que este discurso historiográfico exige quatro requisitos que ele reúne pessoalmente, e que estão intimamente relacionados com as condições sociais e individuais a partir das quais elaborou: a própria atividade política, a experiência militar, o conhecimento geográfico obtido em primeira mão e de rede de relações privilegiadas a que tomou parte, tanto por suas origens como pelas estabelecidas logo com membros eminentes da liderança romana. Se posiciona como autoridade qualificada para ele: se define como *autoptés* (testemunha que viu com seus próprios olhos), *synergós* (quem colaborou com aquele) e *kheiristés* (quem atuou nos principais feitos) (Moreno Leoni: 2007, 146-148).

Reiteradamente recorre ao passado recente para compreender esse extraordinário que se desdobra diante dele:

> a mesma singularidade das empresas sobre as quais nós decidimos escrever é pedido e incentivo para atrair qualquer um, seja jovem ou de idade avançada, à consulta da nossa composição. Ou acaso pode haver homem de condição tão descuidada ou indolente, que se recuse conhecer e por que tipo de estado foi subjugado praticamente todo o ecúmeno, derrocado em menos de cinquenta e três anos – coisa antes nunca vista - sob o único poder dos romanos? (Pol., I: 1).

O que causa admiração é que:

> Assim como a fortuna fez com que quase a totalidade do mundo habitado convergisse a um ponto e [...] única meta, assim torna-se necessário que mediante a composição histórica se apresente ao leitor em forma de panorama único e conjunto o traçado de que se serviu a fortuna para entrelaçar os acontecimentos do universo ". (Pol, I: 4)

As referências à fortuna como algo que intervém nos eventos conectando-os entre si de modo que favorece o triunfo romano, nos colocam frente a um dos limites de seu pensamento. Aqui é um fator que se agrega à exposição do processo: à ação dos homens, ao estado que a sustentou, se incorpora um imponderável, a fortuna (*tyché*), que parece ter vários significados, mas cuja natureza não está totalmente explicitada. A fortuna ocupa um lugar onde há um interstício difícil de explicar. Pode parecer um trilho que orienta o vir a ser, mas também pode aludir a causas que se razões desconhecem, que intervêm sem que se as possa prever ou calcular antecipadamente.

A partir desta concepção de história, seleciona e organiza a sucessão dos acontecimentos daquele gigantesco processo, o lugar atribuído aos personagens que intervêm, fontes válidas e do tipo de explicação que utiliza, e inclusive, mesmo que ele não as perceba, revela as limitações de sua obra. Em várias oportunidades se desdobra ante os seus leitores seu plano de exposição e fundamenta o porquê de algumas digressões, estabelecendo os laços com o sentido geral do mesmo. Considera necessário refletir sobre os princípios que a organizam, não perde de vista as ações que importam à história pragmática, ter uma atitude moderada ante o contemplado, se recusam a escrever sobre prodígios, "antepor por respeito a si mesmo a verdade e não incluir nada alheio à própria experiência"(III: 57-59).

Sua história é uma história situada temporal e espacialmente. Quanto à temporalidade, é notável que utilize como referência o sistema cronológico grego para localizar os fatos. Situa o início da parte mais substancial da obra na Olimpíada cento e quarenta (c. 220-216 a.C.), que coincide com o início da Segunda Guerra Púnica, um marco fundamental para o eixo temático que ordena seu desenvolvimento, ou seja, para o destino de Roma. No entanto, nos dois primeiros livros narrará as lutas greco-macedônicas e as guerras na Itália e Sicília, entre 387/386, a 275, etapa que considera antecipação do que virá.[11]

Quanto à localização espacial, a estima capital para compreender o sentido do vir a ser histórico, diretamente relacionado com a sua concepção autóptica da metodologia. Assim, por exemplo, ao encarar um tema fundamental, a invasão de Aníbal e as lutas às que deu lugar, destaca sua relação com a Itália e sua configuração geográfica variada, que conheceu pessoalmente. E quando necessário referir-se às áreas mais extremas do mundo então conhecido - nenhuma delas já inacessível, por água ou

11 Roma havia percorrido já um longo caminho, desde a primitiva aldeia do Palatino (século X) e a conformação da cidade estado monárquica (c. século VII), até a difícil construção dos primeiros séculos republicanos, com suas lutas entre patrícios e plebeus e as guerras contra outros povos que, sendo defensivas no começo, haviam se convertido em ofensivas. A expansão sobre quase toda a península Itálica (exceto a Gália Cisalpina, anexada muito mais tarde) se completou com a guerra contra os samnitas e a conquista das colônias gregas. Chegar a Sicília significava chocar-se com os interesses de Cartago. A primeira guerra Púnica se estenderia de 264 a 241. Desde então, as novas guerras conduziriam à expansão sobre ambas as bacias do Mediterrâneo.

por terra, umas depois das conquistas da Ásia por Alexandre, e outras da dominação romana - o fará com o conhecimento, a certeza e a autoridade que lhe deram os perigos e dificuldades que passou pessoalmente, em suas viagens exploratórias por Líbia, Ibéria, Gália, e o mar que as limita. Neste aspecto, sua meta era "corrigir a ignorância dos nossos antepassados e dar aos gregos o conhecimento desta parte do ecúmeno" (III: 59-60). Segundo Pausânias, Políbio, como Odisseu, vagou por todas as terras e todos os mares, antes de voltar para a sua própria terra, e Hartog observa que "tem uma concepção odisseiana do gênero de vida do historiador", pois o mesmo manifestou que os dois instrumentos que a natureza lhe tem dado ao homem para conhecer, o ouvido e a visão, esta é a que mais permite cercar-se da verdade. Odisseu seria, para Políbio, o melhor historiador, porque encarnaria, aos seus olhos "o modelo mesmo do homem político [...] História e política devem andar juntas." (Hartog: 1999, 225-226).

Políbio tem sido coerente com ele, como se pode apreciar nas numerosas e prolixas descrições de combates, viagens e características geográficas que identificam um lugar determinado e que condicionam a ação humana. Como alguns exemplos notáveis, podemos citar a travessia dos Alpes por Aníbal (Pol. III: 39-56), a narração da batalha de Canas - uma mostra de sua experiência militar - (III: 109-117), ou a descrição da posição de Bizâncio, dominando a entrada ao Ponto:

> um encrave que é, de frente para o mar, o melhor situado de todo mundo que conhecemos, tanto na prosperidade como no tocante à defesa; da terra, no entanto, é em ambos os aspectos, o pior dotado de todos (Pol., IV. 38-44).

O plano traçado para a exposição de acontecimentos, selecionados de acordo com as necessidades da sua concepção teórica sobre a história, observa plena coerência e destaca suas prioridades: a política e a guerra que levam ao crescimento de Roma até se tornar a grande potência do mediterrânea. Escreve duas introduções, nas quais explica seu desenvolvimento e enuncia os principais acontecimentos dos quais se ocupará. Na primeira (que começa na Olimpíada cento e quarenta), inicia a exposição com a guerra dos Aliados na Grécia, se propõe continuar com a da Síria e logo com a qual:

> surgiu entre os romanos e cartagineses, comumente chamado "de Aníbal" [...] já que, sustenta, a partir desses sucessos [...] a história vem apresentar-se como algo orgânico, de modo que os acontecimentos da Itália e a Líbia

> se entrelaçam com os da Ásia e da Grécia e todos concorrem para um mesmo fim. (Pol., I: 3-5)

Na segunda, antecipa que tratará desde a última guerra mencionada - isto é, a Segunda Guerra Púnica, a que por sua importância e pelos riscos corridos por Roma, dedica uma extensão considerável - e amplia o período a considerar, chegando até 146 a.C., a data da destruição de Corinto e a de Cartago, que termina a Terceira Guerra Púnica.[12] São muito sugestivas as palavras com que justifica essa ampliação:

> tem sido a dimensão das obras que com tal motivo tiveram lugar, a singularidade de seus episódios e, acima de tudo, a circunstância de ter assistido a maioria dos acontecimentos não apenas como testemunha presencial, senão como um colaborador em algumas ocasiões e participante outras, o que me induziu a escrever sobre essa matéria procedendo, por assim dizer, para um novo começo (Pol., III: 4).

Aqui, então, novamente, sua confiança na visão e em sua experiência política e militar pessoais, como vias de acesso à verdade histórica.

É válido reiterar que, na melhor tradição grega, está escrevendo a história que lhe é contemporânea: seu interesse provém de sua experiência de vida, vista da política e da guerra, e focalizada na missão de Roma como unificadora, civilizadora e construtora da história universal. O conteúdo, o fio condutor, é especificamente romano. Põe em evidência que seu realismo e pragmatismo político o levaram a aceitação da aliança com Roma e a adesão a sua causa, a justificação da sua expansão e inclusive a admissão pública de sua colaboração com aquela.

No entanto, não cai na adulação. Esta segunda introdução inclui advertências e esboça questões que poderiam implicar em uma crítica, embora não as desenvolva. Aos fatos que narra, é necessário agregar tal consideração:

---

12 Os dois primeiros livros abarcam de 264 a.C. até 220 a.C.; os seguintes (III-XIX), parte dos quais se perdeu, compreendem desde esse final da batalha de Pidna (168 a.C.); os últimos, dos quais restam fragmentos, se estendiam de 146 a.C. O arco temporal central de suas *Histórias* se situa entre 220 e a última data mencionada. As extensas passagens que dedica às guerras macedônicas, desenvolvem efeitos que levam a entender a intervenção romana na Grécia helenística, isto é, levam a explicar essa universalização da história que é um eixo fundamental no seu pensamento. Provavelmente estejam dirigidos preferencialmente aos gregos.

> a conduta dos vencedores, qual foi uma vez concluídos aqueles e em que chaves que reforçaram o governo universal; assim mesmo há de se considerar o quanto foi essa aceitação e quais foram as opiniões do demais frente aos ascendidos a líderes; e ademais hão de se tratar os princípios de atuação e as reações que em cada um predominaram, modelando seus comportamentos no que diz respeito à vida privada como à execução pública (Pol., III: 5).

Tem presentes – provavelmente a partir de seu contato com outros gregos – as diferentes atitudes daqueles que foram derrotados, pois:

> a partir de ditas considerações o povo de hoje chegará a ver se a dominação romana é censurável ou, pelo contrário, aceitável, enquanto que o futuro poderá decidir se o poder de Roma merece elogio e admiração ou se ou se é digno de censura . E este é o ponto em que se cifra a utilidade presente ou futuro de nossa história. Porque de nenhuma maneira há se supor que com a vitória ou com o domínio universal alcançam seu objetivo nem aqueles que ascendem como líderes nem aqueles que exponham os fatos destes. (Idem)

A fim buscado não o impede de visualizar dificuldades reais:

> o fruto final será o de conhecer em que situação se debateram os diversos agentes políticos de que se liberou a luta pelo poder supremo e todos eles caíram sob o domínio romano até o momento em que, uma vez que implantado esse domínio, vieram a se reproduzir as turbulências e alterações. (Idem)

No entanto, são turbulências e conflitos que se limita a enunciar, e que um historiador atual não poderia omitir analisar, tais como as disputas pelo poder dentro da mesma elite dirigente romana, a resistência dos itálicos obrigados a prestar serviço no exército itálico mas privados de direitos políticos, a crise agrária que envolveu milhares de cidadãos que perderam suas terras e se tornaram proletários urbanos, a expansão dos grandes latifúndios a expensas desses camponeses e da apropriação do *ager publicus* por aquela poderosa minoria, a introdução de um número crescente de escravos, ou a exploração desordenada e violenta das novas províncias. Momigliano levanta a questão dos silêncios e omissões de Políbio, com relação à qual não se pode perder de vista a sua afinidade com essa aristocracia romana helenizada e triunfante, ambiciosa de prosseguir sua expansão, assim como seus compromissos pessoais com membros notáveis da mesma. Sem esquecer que o preservado da obra pode ser fruto da seleção feita pelos compiladores bizantinos, é notável que:

> Os fragmentos relativos à Grécia estão cheios de conflitos políticos internos, enquanto os fragmentos sobre Roma dão uma impressão de unidade na vida pública romana, que não corresponde à realidade [...] Em última análise, Políbio, ao subestimar os conflitos internos e as tensões entre romanos e aliados em Itália, cria a atmosfera em que as conquistas romanas chegam a ser fáceis de entender e difíceis de criticar (Momigliano: 1984, 227-229).

Em sua metodologia, o conhecimento preciso da geografia - vinculado a sua concepção espacial dos fenômenos históricos já apontada- é uma fonte de dados essenciais para explica-los e para permitir que seus leitores os compreendam, já que se o entendimento "não tem apoio nenhum nem pode relacionar o dito a nada conhecido, a explicação carece de sentido e de significado. Pelo qual tem de ser concebido um método que permita ao leitor avançar de argumentos desconhecidos até noções de alguma maneira certas e conhecidas". Assim, é de grande importância conhecer o local com respeito a Oriente e Ocidente, meio-dia e setentrião e aplicar esses parâmetros para a terra, para "descrever conforme a dito raciocínio o mundo habitado por nós" (III: 36-37). Consequentemente, situa no espaço as três partes do mundo então conhecido: Ásia, Líbia e na Europa, para logo direcionar o eixo da exposição fazia os territórios dominados pelos cartagineses, e deter-se em um exemplo notável: a expedição de Aníbal e sua incursão na Itália (III: 39-56).

Saindo de Cartagena com o seu exército e seus trinta e sete elefantes, cruzando o Hebro e os Pirineus, enfrentando a travessia dos Alpes, lutando com os montanheses e fazendo acordo com eles para obter refúgio e suprimentos em condições naturais difíceis, ou para ter aliados úteis para enfrentar os romanos depois de descer as planícies padanas e invadir a Itália, narra detalhadamente episódios cujas consequências afetariam seriamente a segurança e o destino de Roma. Suas observações sobre cada acidente do terreno, sobre as fontes e percorrido rios como o Ródano - rota natural de acesso e travessia dos altos cumes -, procedimentos para cruzá-lo e vencer os obstáculos da alta montanha, os povos que a habitavam, por em evidência seu olhar atento e o valor que atribui a este tipo de informação. É a sua uma estimativa coerente, tanto com a universalização da história real que está vivendo – o que fazem os seres humanos, neste caso, a grande empresa romana – como com sua concepção de historiografia e o para que a escreva.

Sua confiança em sua capacidade para tratar o tema lhe vem de "ter indagado os fatos de testemunhas que assistiram ou presenciaram, de ter inspecionado os lugares e ter feito pessoalmente travessia dos Alpes a fim de instruir-nos com sua contemplação" (III: 48). É uma rota que conhece por experiência própria, pois junto com Cipião Emiliano fez o mesmo percurso, mas de leste a oeste – até a Hispânia- em sentido contrário ao que tinha seguido o líder cartaginês.

Posiciona-se assim como historiador que reúne as condições ideais para isso, frente a outros que pretendem sê-lo, mas carecem de experiência política e militar, desconhecem esses territórios e ignoram inclusive que estão povoadas por uma grande quantidade de pessoas, e que para impressionar ao leitor, recorrem a ponderar sobre as maravilhas e os perigos daquela paisagem. Incorrem assim em dois procedimentos totalmente alheios a tarefa historiográfica: mentira e, ao mesmo tempo, assentam conteúdos incompatíveis entre si, pois:

> realizou sua empresa com uma grande dose de pragmatismo. Havia cuidadosamente calibrado tanto a excelência do território em que ele iria quebrar como as diferenças que mediavam entre suas populações e os romanos [...] e se serviu de guias conhecedores das dificuldades do caminho, "que compartilhavam as esperanças depositadas na expedição (Pol., III. 48).

Um deles é Timeu de Tauromênio, que exilado por Agatócles, se instalou para viver em Atenas, provavelmente a partir do final do século IV até avançados anos do III a.C., e ali escreveu uma história geral da Sicília e outra sobre Pirro. Parece ter sido "o estudioso na sombra, pedante, supersticioso e maligno descrito pela tradição", um erudito que tentou desacreditar a outros autores, a maioria anteriores a eles. Políbio o fez sob fortes críticas, já que seus relatos - fatos de textos de outros, sem que ele pessoalmente tivesse nenhuma participação nem experiência no que narrava – continham fábulas e superstições incríveis. No entanto, o mérito de Timeu será "ter descoberto ou contribuído para descobrir, no isolamento de Atenas, a importância política de Roma" (Momigliano, 1984: 198-199). Intuiu, um século antes de Políbio, que Roma estava substituindo os gregos como inimigos por Cartago: "Não só compreendeu a importância da guerra de Pirro, senão que de alguma maneira compreendeu a concatenação entre esta e a primeira Guerra Púnica" (Idem, 218). Não por acaso, ele encerrou seu relato em 264, coincidentemente com o início daquela. E apesar de suas críticas a Políbio lhe pareceu óbvio começar de onde tinha terminado, se bem que:

> para se auto afirmar e dar reconhecimento a originalidade de seu método diante de leitores gregos e romanos, devia quebrar a autoridade de seu predecessor. Por isso sublinhou todas as suas fraquezas (e não eram fraquezas, mas diferenças) sem admitir que o caminho para Roma lhe havia sido aberto em Atenas por um exilado de Taormina [...] Ele assinalou que sobre a presente desgraça dos gregos estava emergindo o poder de Roma e que Roma se preparava para a guerra com Cartago. Acaso intuiu também que Roma tinha substituído já a Grécia no duelo com Cartago e ameaçava o equilíbrio dos estados helenísticos (Momigliano: 1984, 223).

Políbio também dirige suas críticas a Filarco, e coloca a sua própria posição sobre as metas da composição histórica, a função do historiador e até mesmo o estilo que deve prevalecer em seu discurso, que se distingue claramente da poesia e da tragédia. Filarco – diz Políbio – procura suscitar a compaixão do leitor e fazê-lo partícipe dos sofrimentos que evoca, introduzindo sempre cenas muito patéticas. Mas, aponta criticamente, o historiador:

> nem há de suscitar em sua composição o estremecimento ou o assombro dos leitores nem buscar discursos verossímeis ou deter-se nos detalhes que se seguem dos feitos, proceder este que é próprio dos poetas trágicos. Pelo contrário, deve limitar-se a registrar estritamente a verdade do que se disse e fez, ainda que esta venha a mostrar perfis moderados. As metas da história e tragédia não são, efetivamente, idênticas, mas opostas. Pois o que a última persegue é emocionar através de proposições verossímeis que cativem o público com entusiasmo momentâneo, enquanto a primeira deve ensinar e satisfazer os desejos de instrução sempre mediante ações e discursos realmente ocorridos. (Pol., II. 56)

Enquanto na tragédia vale o engano que atrai os espectadores, na história "manda a verdade e as lições úteis que através deles instruem os leitores." (Idem). [13]

13 Filarco foi um historiador grego (século III a.C.), cujas obras se perderam, das quais somente são conhecidas por fragmentos ou comentários de outros escritores posteriores. Políbio o critica por sua tomada de partido a favor de Esparta e contra a Confederação

Vem novamente exposta sua concepção da história e do para quê escrevê-la e dá-la a conhecer, deve explicar racionalmente sua função de historiador: que deve ser pragmática, deve explicar racionalmente as ações humanas e deve também ser uma mestra que ensine e prepare para a ação.

Ao já foi dito sobre a fortuna, caberia acrescentar outro ponto fraco na sua maneira de abordar o problema da causalidade histórica. Não vai muito além dos acontecimentos, mas também dá um peso significativo às decisões individuais e às questões psicológicas:

> Para mim, em toda conjuntura o princípio vem dado pelas tentativas e postas em prática do que já se tem decidido, e as causas são aquilo que previamente induziu as resoluções e os planos: refiro-me aos raciocínios, as expectativas e os cálculos, a eles associados, dos quais partimos para adotar resoluções e propósitos "(Pol., III. 6).
>
> E "nada há de se vigiar tanto como as causas dos eventos, pois muitas vezes os maiores episódios nascem de ocasiões azaradas, e por outra parte em qualquer circunstância os projetos e planejamentos em fase inicial são os mais fáceis de remediar. (Pol., III: 7).

Assim, as causas da Segunda Guerra Púnica viriam simplesmente do ódio de Amílcar contra Roma, como resultado de ter perdido a primeira:

> o historiador merece uma confiança que não deve se menosprezar, mas tampouco pode toma-la como total, e [...] o leitor deve basear seu veredicto nos próprios fatos. Pois bem, da guerra entre os romanos e cartagineses [...] há de se julgar como causa primeira a ira de Amílcar pelo sobrenome Barca, pai consanguíneo de Aníbal [...], que não aceitou a derrota na Sicília. E mantinha em si a cólera resultante disso, sempre à procura de vingança (Pol., III: 9).

Morto Amílcar, o ressentimento passou a seu filho Aníbal, que movido por ele, decidiu desencadear a segunda guerra. (III: 10-12)

Aqueia, mas mais profundamente, por sua maneira afetada de narrar e apresentar os sucessos, buscando criar um forte impacto emocional nos leitores.

Outro ponto muito importante sobre a causalidade que é colocada ao finalizar o Livro III, dedicado em sua maior parte às operações de Aníbal em Hispânia e a sua expedição e invasão da Itália, e fecha com o relato da Batalha de Canas, derrota que colocou Roma em sério risco. Depois dela, tornar-se donos da cidade era um objetivo cartaginês, enquanto os romanos "tinham renunciado de imediato ao domínio da Itália. Tomados de grandes temores, dos alarmes pelo destino de suas próprias pessoas e do solo pátrio, se perceberam que Aníbal praticamente vinha já contra eles." E ainda que o Senado tenha tomado todas as medidas necessárias para fortificar a cidade e conversar com o povo, e as deliberações sobre como afrontar a situação foram "sustentadas com ânimo viril", aquela derrota tinha afetado sua capacidade bélica. No entanto, há um fator para o essencial na explicação do triunfo final de Roma: "Mas, graças à particularidade do seu regime político e acerto de suas decisões não só recuperaram a supremacia na Itália, mas que, em seguida, venceram os cartagineses e pouco depois se alçaram com o domínio de todo o ecúmeno". É por isso que – depois de ocupar-se da história grega nesse mesmo período (Livros IV e V) – tornará a situar-se no mesmo ponto cronológico e tratará em separado o regime político romano, cuja análise não só se integra em seu relato histórico, mas que "fornece também, para as lições sobre os sistemas constitucionais que incluem importantes conhecimentos para aqueles varões dedicados à vida pública e ao mesmo tempo amantes do saber" (III: 118). Há aqui novamente a história pragmática que, por seus objetivos, dentro de uma sociedade eminentemente hierárquica, resulta profundamente elitista.

Nos faltaria, então, examinar a análise comparativa que faz no Livro VI de suas *Histórias* sobre a índole das constituições, os tipos e formas de governo, sua necessária evolução e laço causal que estabelece entre eles e o vir a ser histórico. A seleção, os critérios que a orientam e conclusões são indicadores da posição que assumiu frente à realidade social e ao momento histórico em que vive.

Políbio abandonou, como ele mesmo diz – o fio do seu relato, para introduzir algo que não é uma simples digressão, mas uma questão fundamental, que tem levantado várias vezes: a análise da constituição romana, cujo conhecimento considera essencial para compreender o sentido global de sua obra e o próprio destino de Roma. Seu fruto mais valioso e proveitoso "vinha dado ao leitor mediante o conhecimento e aprendizagem de como e por quê tipo de estado foi subjugado praticamente todo o ecúmeno, derrocado em menos de cinquenta e três anos - coisa nunca vista antes - sob o único poder dos romanos." Pois, assim como no âmbito privado, para medir a vileza ou honradez de um homem, é necessário observar "sua capacidade de suportar com magnanimidade e valentia as mudanças extremas da fortuna com passos idênticos há de se proceder na investigação das constituições". E já que naquela época ninguém havia sofrido uma crise de tal dureza e magnitude como a que afetou Roma, resulta necessário indagar as causas do dito antes, levando em conta, além disso, que em qualquer atuação política:

> o regime constitucional tem de ser principalmente porque tanto do êxito como do contrário. Pois todos os desígnios e iniciativas de sustentação dos fatos não só vêm a brotar daqui, como de uma fonte, senão que aqui estão também as vias de conclusão (Pol., VI: 2.).

Para chegar a esta conclusão precisa considerar os tipos de constituições já mencionadas por outros pensadores gregos anteriores: a realeza, a aristocracia e democracia.[14] Enumeração que considera errada, dada a necessidade de contemplar por sua vez a existência de outros três tipos que compartilham a sua natureza com aqueles e formam parte de um ciclo regido pelas mesmas da natureza dos seres vivos:

> Nasce primeiro de maneira espontânea e natural a monarquia; seguida desta e que dela tem sua origem, com ajustes e correções, a realeza. Muda a realeza ao mal que lhe é inato, ou seja, a tirania, e do exaurimento da tirania surge por sua vez a aristocracia. Quando esta se altera, por obrigação natural, a oligarquia, a massa encolerizada os abusos dos próceres e assim nasce a democracia. E novamente os excessos e abusos da democracia desembocam com o tempo na oclocracia." (Pol., VI: 4).

Cada tipo corresponde por natureza uma forma perversa que é sua correlativa, de sorte que a realeza se modifica no regime monárquico, a aristocracia em oligarquia, a democracia no governo dominado pela imposição brutal. Com o tempo, tais transformações resultam inevitáveis, sem exceção, o que se verifica observando-as, pois só quem compreende como nasce cada um destes regimes, pode prever seu respectivo desenvolvimento. Isto resultaria também aplicável à constituição romana, pois "desde

14 A reflexão sobre a *politeía*, sua organização ideal e/ou suas transformações, é parte essencial do pensamento grego. De distintos pontos de vista, de que se ocuparam Platão, Aristóteles ou Xenofonte, entre outros. Políbio continua nesta tradição, ainda que renove seu conteúdo e, mais adiante da colocação em termos de uma teoria política, o relaciona à constituição dessa crescente potência que é Roma.

o início do seu processo de formação e crescimento respondeu, mais do que qualquer outro regime ao desenho da natureza, e ao desenho da natureza também responderá a sua modificação no contrário" (VI: 9). Esta explicação permitiria compreender como se formou, cresceu e atingiu a sua plenitude, e também prever que transformação de significado inverso o aguarda no futuro a partir das condições presentes.

Por estas razões Licurgo "em vez de instituir uma constituição simples e dotada de uma face única, trouxe simultaneamente todas as virtudes e peculiaridades das melhores constituições, a fim de que nenhum elemento, ao desenvolver-se mais adiante do devido, consuma-se a volta até a sua forma de degeneração imediata". Desta maneira "o corpo constitucional, equilibrado e contrabalanceado, resistirá uma e outra vez aos desajustes graças ao princípio da mútua nivelação" (VI: 10). Assim havia alcançado para os lacedemônios um período de liberdade superior em duração a qualquer outro dos conhecidos, enquanto que no caso romano o desenvolvimento institucional foi conduzido a mesma meta mas não uma operação racional, "mas através de numerosas lutas e tentativas, a experiência de cujas vicissitudes os levou a eleger sempre a melhor solução [...] que [...] representa organização constitucional mais perfeita do nosso tempo." (Idem)

Ao falar da origem e formação do regime constitucional romano, insiste em salientar a complexidade das suas peculiaridades que requer "doses incomuns de atenção e análise" (VI: 3). A dificuldade que supõe esta compreensão o leva a prevenir seus leitores, sinalizando que por sua vez resulta paradoxal, já que em outros, no entanto, procura justificar as possíveis omissões e falta de descrição daqueles aspectos constitucionais que não aborda, quer seja por desconhecimento ou por considerá-los prescindíveis. Tampouco explicita os critérios de seleção que adota:

> Se algo se inclui, o vão depreciar como coisa pequena e ociosa, mas se se o suprimir, o vão reivindicar como imprescindível [...], deve o bom juiz taxar o escritor não pelo que omite, mas pelo que contém; e se dentro desse conteúdo encontra algum engano, considerará certamente que obedece a ignorância, mas se todo o transmitido está certo, igualmente aceitará que os silêncios nascem do discernimento, não da ignorância. (Pol., VI. 11)

Hoje podemos afirmar que o modelo institucional romano, único entre as cidades-estado italianas, foi tomando forma como resultado de um longo processo.[15] Desde os seus começos, a República constituiu uma busca permanente de afirmação da organização institucional sobre a base conceitual da distribuição de poder entre o Senado, as diferentes magistraturas (especialmente as consulares) e as assembleias. Os princípios da anuidade, colegialidade e *intercessio*, se ajustavam aos objetivos prioritários de evitar a concentração de poder em uma só pessoa, o que na prática equivalia a evitar o retorno da monarquia como premissa fundamental da ordem republicana.

Com alguma imprecisão cronológica, Políbio reconhece, no período compreendido entre o início do século V para a segunda metade do século III aC, o caráter processual da formação do regime constitucional que irá descrever:

> Desde a passagem para a Grécia de Xerxes, depois de que durante trinta anos subsequentes a estas datas refinassem sem cessar seus componentes, ostentava [a organização constitucional] suas melhores e mais acabados perfis em tempos de Aníbal. Portanto agora, uma vez que tenhamos nos dado conta do seu processo de formação, tentaremos já precisar que traços a caracterizavam. (Pol., VI: 11)

O minucioso detalhe de cada um dos componentes do regime e de seu funcionamento, lhe dificulta discernir se aquele é em linhas gerais aristocrático, democrático ou monárquico:

> Pois se atendêssemos as atribuições dos cônsules, a impressão seria a de um regime perfeitamente monárquico e régio, se as do Senado, a de um aristocrático, e se fossem as atribuições do povo que as considerassem, claramente pareceria trata-se de um democrático. (Idem)

15 "Pelo que sabemos, nenhuma destas curiosas instituições teria paralelo nem em Itália nem em nenhum outro lugar do Mediterrâneo. Por este motivo, alguns historiadores modernos colocam em dúvida que foram inventadas simplesmente do nada e de uma só vez nos primeiros momentos da república. Sugeriram, pelo contrário, que deveriam de se desenvolver gradualmente ao longo dos anos ou bem através de uma série de fases intermediárias, e que a transição da monarquia à república constituiu um processo mais complexo e mais extenso que o que as fontes que se conservaram nos fariam crer" (Cornell: 1999, 268).

Mas o que é recorrente em sua linha de argumentação é a necessidade de deixar claro em cada caso como operam as limitações que cada um dos componentes constitucionais tem sobre si e que provêm do controle dos outros. Há pois um equilíbrio através do qual se manifestam o mútuo reforço ou o mútuo contrapeso de cada um deles. Deste modo, o poder do cônsul se encontra condicionado pelo Senado e pelo povo, pois deles dependem para autorizar os suprimentos em campanha, substituir ou manter os generais do exército, anular ou ratificar os armistícios e tratados. "Por conseguinte, subestimar a boa vontade do Senado e do povo supõe, sem dúvida, um risco para o cônsul" (VI: 15). O poder do Senado por seu lado, com um vasto conjunto de atribuições, não deixa de estar mais condicionado pelo povo, entretanto é este o que ratifica suas decisões. Do mesmo modo, está condicionado pelo poder do tribuno, que pode opor-se a suas resoluções conforme o parecer e a vontade do povo. "Portanto, em razão de todo o dito o Senado teme a maioria e presta atenção ao povo" (VI: 16). E por último, também o povo requer tanto nos atos privados como nos públicos, da concordância do Senado, do mesmo modo em que as campanhas militares tanto individual como coletivamente se encontrará sob a tutela dos cônsules. "Assim, sujeitos à boa fé do Senado e ante ele temerosos, pois não sabem quando o necessitarão, todos procedem com cautela a hora de enfrentar-se ou atuar contra as decisões daquele" (VI: 17). O sistema não só funciona harmonicamente, mas também nessa capacidade que cada uma das partes tem para prejudicar-se ou cooperar entre si, encontra-se a chave do êxito: "assim, esta constituição, dotada por sua índole peculiar de uma inamovível firmeza, vem a oferecer decisões eficazes em qualquer crise" (VI: 18).

A análise comparativa lhe permite expor e ressaltar os pontos fortes do regime romano, tanto por se sobressair antes outros aos que atribui excelente reputação como o lacedemônio, o cretense ou o próprio regime constitucional cartaginês, ou por opor-se aqueles como o de tebano ou o ateniense, que considera que não obedeceram um processo lógico de desenvolvimento e para atingir a sua maturidade não alcançaram estabilidade nem foram regulares em suas mudanças. Para estes dois últimos, afirma que não foi o regime constitucional, mas o valor de seus próceres nacionais que os conduziram aos seus êxitos: Pelópidas e Epaminondas no caso de Tebas e Temístocles no ateniense. Mas ao declinar a força ou a existência destes, foi a natureza anômala do regime o que provocou por sua vez sua decadência:

> E é que uma e outra vez vem o povo ateniense a incidir em algo parecido aos barcos sem governo. Quando o temor em alto-mar ou uma tormenta

> de consideração desperta nos marinheiros o impulso a unir pareceres e prestar atenção ao patrão, com diligência atuam como é devido seus ocupantes. Quando cobram, porém, confiança, começam a despreciar os comandos e a se dividir em facções [...]. De maneira frequente, após sair com as mais altas marés, dos vendavais mais extraordinários, naufragaram no porto ou junto da costa (Pol., VI. 44).

Deste modo descarta, no estudo comparativo, a análise de ambos os regimes. Não podemos deixar de advertir aqui a existência de um juízo de valor, que determina o critério de sua seleção e em que se expressam preconceitos provenientes de seu próprio extrato social e de seu envolvimento e compromisso com os círculos do poder romano no marco de uma república aristocrática e uma sociedade fortemente hierárquica. O dito critério também está presente em sua concepção de causalidade, que transmite sua visão elitista quanto à condução do estado.

Dedica, no entanto, um interesse notável à comparação com o sistema cartaginês. Ali parece encontrar um modo adequado de expor não só em palavras, mas também de fato - como aponta - as virtudes e vantagens comparativas não só da constituição, mas também do conjunto dos êxitos de que é credor o estado romano graças àquela. O regime cartaginês soube obter um perfil similar ao lacedemônio e ao romano. Mas para a época de Aníbal o último era claramente o melhor:

> porque na medida em que o cartaginês tinha recobrado as forças antes que o romano e antes tinha alcançado a plenitude, nessa mesma medida Cartago já então decaia, enquanto que Roma alcançava o ponto máximo de vigor (Pol., VI, 51).

Em muitos aspectos, Roma demonstra sua superioridade sobre Cartago. Nelas é o Senado que exerce maior influência na tomada de decisões, enquanto que em Cartago é o povo. "Se entre alguns, portanto, decidia a massa e entre outros os melhores, impunham sua força as decisões com que os romanos dirigiam o estado". (VI: 51) Sua superioridade bélica, por sua parte, erradica na conformação das tropas: enquanto as cartaginêsas empregam mercenários, as milícias romanas são cidadãs. "Por isso que os romanos, pese-se a possíveis reveses iniciais, retomem até o fim da guerra e que o inverso acontece em Cartago" (VI: 52). E se bem que para ele há uma relativa superioridade física de todas as pessoas da Itália, também desempenham um papel fundamental os usos e costumes que contribuem a formar homens valorosos, capazes lidar com qualquer coisa, o que têm que ver com exaltar em público o valor dos homens virtuosos quando falecem como parte de um ritual ao que se desemboca a cidade inteira, bem como também os eventos digno de ser destacados daqueles valentes que chegaram a se imolar antepondo os interesses da cidade aos próprios, ocupam um lugar especial em seu relato, porque ilustra "com que intensidade seus costumes implantam nos jovens a chamada meticulosa às ações nobres" (VI: 55). Não perdemos de vista nessas passagens a um Políbio claramente identificado com o êxito romano, que explica aos gregos por que venceram os romanos, e aos romanos o significado e as condições de sua vitória (Momigliano: 1984, 230).

A extensa exposição sobre os regimes constitucionais e suas comparações, nos aproxima de uma visão bastante coerente no que respeita ao regime constitucional romano. Mas chama ao mesmo tempo a atenção, a ausência de referências diretas às vicissitudes políticas que já se experimentavam até o interior da cidade-estado e da própria comunidade cívica romana até fins das Guerras Púnicas. Sem dúvida, nosso historiador não podia desconhecer as disputas intestinas que já se suscitavam e que marcariam adiante as mais importantes fissuras do sistema institucional republicano. Talvez isto seja parte de omissões voluntárias e do critério de seleção que ele mesmo tenha adoptado. Não obstante resulta difícil omitir a possível prevenção que, em torno a estes temas, lança no final do Livro VI, quando aponta que tudo o que existe está sujeito à extinção e que são precisamente duas vias pelas quais uma constituição chega ao seu fim natural, a uma externa e a outra interna: se bem que a primeira não pode caber dentro de um marco teórico, em contrapartida a segunda obedece a princípios regulares.

Pode ler-se nestas ricas passagens, não tanto a referência geral a princípios naturais da regulação do vir a ser das constituições, mas, pelo contrário, uma clara alusão à situação pontual de Roma, que introduz de modo mais ou menos solapado, dado que afinal de contas nem o observador mais desprevenido poderia eludi-la:

> Efetivamente, quando uma constituição chega, depois de superar numerosos perigos, a uma inapelável posição de força e supremacia, é evidente que o bem-estar se afincará arraigadamente em seu solo; e que, como resultado, a vida se fará nela muito mais dispendiosa, ao mesmo tempo quer seus homens renhiram pelas magistraturas ou qualquer outro empenho com uma veemência indevida. Segundo vão para mais coisas, as ânsias de poder e o desacredito em que cai a falta de notoriedade iniciarão a mudança para

pior, ajudados por uma existência em que coloca a fatuidade e dispêndio (Pol., VI. 57).

E tal como já o indicou no início, finalmente será a causa da degradação do povo que começará a corromper-se o sistema:

> O frontispício da mudança levará o nome do povo, pois, chegados a este ponto, alguns se assemelharão nos sentimentos de agravo, que utilizarão para satisfazer sua ganância, outros o lisonjearão enchendo-o de jactância, a fim de que sirva a suas ânsias de poder. Porque então será presa das paixões, decidirá sempre a impulsos arrebatados, e já não quererá nem obedecer nem que suas atribuições sejam iguais às dos próceres, em vez tudo ou quase tudo a quererá para si. A partir desse momento a constituição será belíssima de nome -assumirá os de democracia e liberdade - mas cairá por suas ações – as da oclocracia – na pior (Pol., VI. 57).

Poderá assinalar que tal afirmação é generalizante, que obedece ao conhecimento que o próprio Políbio expressa sobre os sistemas constitucionais, e também reforça além disso o lugar de herdeiro de uma longa tradição de historiadores e pensadores gregos que o precederam. Mas não se poderá negar, apesar da generalidade teórica, que estas passagens possam ser uma referência aos acontecimentos que se encontram diante de seus olhos e sobre os quais, no marco da sua concepção, adverte e previne.

Cabe reiterar, finalmente, que seu procedimento comparativo baseia-se em critérios e pressupostos subjacentes: a naturalização dos fenômenos sociais, que estariam sujeitos às mesmas leis que regem os organismos vivos, o comportamento e as reações individuais dos seres humanos, o elitismo de seu olhar sobre a política e a sociedade, e sua adesão à causa romana que considera o fator civilizador por excelência do ecúmeno. Apesar de algumas objeções que se insinuam, sob seu olhar está a justificação da guerra e do poder, do triunfo de Roma e sua dominação.

A análise das constituições recobrará vigência um século mais tarde, mas na escrita de um romano, desde o discurso político e em tempos em que a República se encontra a passos de desmoronar-se. Cicero é quem o retoma como tema central de sua obra *Res Publica*, na qual nos aproxima de uma teoria do estado e sua melhor forma de condução.[16] Seu discurso adota o diálogo ao modo platônico, e dadas as características do tema, não resulta casual sua fingida localização no ano 129 a.C. na propriedade de Cipião Africano, situação em que os diferentes personagens ali reunidos debatem sobre qual é a melhor forma de governo. Cicero colocará na boca de Cipião a descrição dos diferentes sistemas de governo da coisa pública, mas o fará tomando certa distância do modelo traçado por Políbio: "Mas não me satisfaz escritos sobre esta questão nos deixaram autores gregos muito importantes e sábios, nem me atrevo a corrigi-los com o que a mim me parece" (Cícero, I: 22-36). É que para o seu tempo já não é mais possível sustentar como argumento a harmonia entre o poder do povo, e dos melhores e o da monarquia. Pelo contrário, com muita sutileza - já nesse momento a única possibilidade de enunciar alguma simpatia pela monarquia poderia colocar risco sua própria vida - buscará deixar clara a sua preferência por um modelo que combina as três formas de governo, mas ao mesmo tempo não poderia escapar à necessidade de indicar que se houvera de preferir uma, esta seria a monarquia: "Não aprovo nenhuma delas [as formas de governo] em separado, e dou preferência àquela outra na qual se fundem todas. Mas se há de eleger uma delas em sua forma simples, preferiria o reinado" (Cícero, I: 35, 54).[17]

Uma década após sua morte, sobrevirá a monarquia com a chegada de Otávio ao poder imperial. O regime constitucional será mudado até a preponderância de uma de suas "formas puras" seguindo a linha argumentativa de Políbio e, nessa mudança, Cícero terá sido um expoente mais claro da tensão entre a tradição republicana que tem sido parte de sua prática política, e a visão clara dos tempos que se avizinhavam, nos que a monarquia se vislumbrava como uma nova forma de ordenamento institucional. Mas, ao mesmo tempo, no percurso de Políbio a Cícero, se terá reforçado a concepção aristocratizante do poder como um fio de continuidade no processo romano.

Enquanto a Políbio, se levarmos em conta o que já foi dito sobre os seus propósitos na escrita da história, seu interesse em explicar o êxito romano sobre outros povos, suas análises políticas e constitucionais, não podemos deixar de pensar em um

16 Se bem que a participação política de Cicero foi protagonista na primeira metade do século I a.C., sendo cônsul em 63, prefere em seu tratado oferece uma visão mais separada, abstraída da contemporaneidade, para refletir sobre a República em termos ideais. A obra foi publicada pela primeira vez em 51 e provavelmente foi escrita entre 57 e 54 a.C., época em que Cícero se encontrava no exílio.

17 Os pontos suspensivos correspondem ao original e obedecem às dificuldades próprias da reconstrução do texto.

historiador que contribui ao mesmo tempo e no momento certo, para a construção e comunicação de uma ideologia. Porque se sua época é de profundas transformações em todas as esferas, o será também no *mos maiorum*, no sistema de crenças, práticas e valores profundamente enraizados na tradição romana, que se verá também impactado e erodido por aquelas mudanças. Por isso, justifica-se pensar em uma ideologia, pelo menos nos termos propostos por Clifford Geertz. Se é possível sustentar que esta surge quando chegam a se questionar as opiniões e regras de vida consagrada e que nesse ponto se fazem necessárias formulações ideológicas sistemáticas que permitam reforçar aquelas ou substituí-las, Políbio nos oferece algo mais do que um simples conjunto de ideias soltas; nos aproxima de uma imagem elaborada com coerência, persuasiva para os seus leitores e suscetível de ser capturado por eles, que demandam por sua vez ferramentas novas para compreender seu próprio mundo. Lá a sua obra está coberta de sentido, dado que:

> As ideologias começam a se converter em fatos decisivos como fontes de significações e atitudes sócio-políticas quando nem as orientações culturais mais gerais de uma sociedade nem suas orientações mais pragmáticas e positivas alcançam já a fornecer uma imagem adequada do processo político (Geertz: 2005, 191).

Vem pois o relato histórico de Políbio para oferecer uma nova possibilidade de compreensão de uma realidade complexa e grandes incertezas. É fundamental o papel desempenhado pelo historiador, dado que como o aponta Grimson:

> Uma situação em que se multiplicam os contatos entre configurações diferentes, mas nas quais prevalece o desconhecimento do outro, uma profunda incompreensão, é uma situação geradora de incerteza. Somente o conhecimento gera a possibilidade da compreensão. E só a compreensão instaura, não digamos com certeza, mas sim horizontes de previsibilidade (Grimson: 2011, 193).

Hoje se coloca uma problemática teórico-metodológica que se difere da dos antigos.

O historiador atual, também utiliza a metodologia comparativa para enriquecer a sua análise, mas para compreender os processos socioculturais, considera imprescindível integrar os testemunhos em seu contexto social de produção, no qual adquirem sentido. Para isso, necessita ter em conta a historicidade de suas ferramentas de trabalho, os conceitos e as categorias de análise, cuja conotação é mutante, isto é, a dimensão temporal afeta seu significado, e cuja validade para cada caso específico necessita ser constatada. (Milia e Lizárraga: 2007, 16-17) Assim nos perguntamos o sentido que tem para Políbio, na sociedade romana do seu tempo, termos tais como "povo" (quando há marcadas hierarquias e diferenças de acesso às decisões políticas ainda entre cidadãos), a "democracia" (já que o voto nas assembleias ou acesso às magistraturas não é igualitário), ou "os melhores" (dado que grande parte do poder, a riqueza e o prestígio se concentram na ordem senatorial). A omissão do referente social é significativa e também o é a dos escravos, estrangeiros absolutos.

Além disso, precisamos definir rigorosamente os critérios para comparação, que podem revelar tanto analogias como divergências (Milia e Lizárraga: 2011, 24-27). A este respeito, temos procurado destacar os critérios, preconceitos e omissões de Políbio em suas comparações. Daí que nelas – em função da ideologia que constrói – caia em certos anacronismos ou em distorções do sentido pleno das instituições, sobretudo porque ao examinar exclusivamente estas questões, o contexto social em que se inserem mudos e, portanto, se omite considerar os conflitos que atravessam e em mãos de que grupo social estava realmente radicado o poder.

A história hoje é parte das ciências sociais e percebe a necessidade de explicar fenômenos complexos recorrendo à lógica analítica de outras disciplinas que compartilham o terreno comum dos processos sociais ao longo do tempo. O mundo greco-romano oferece grandes oportunidades para estuda-lo com um olhar integrador e analisar as suas diferentes expressões da perspectiva da literatura, a ciência política, a antropologia, a sociologia, a filosofia, entre outros. Uma análise válida dos processos históricos passados requer indagar as inquietudes, perguntas e problemas que aquele mundo e o nosso estimulam nos historiadores, tanto nos do passado como nos que estudam esse passado. Assim, o requereria um estudo mais completo da obra de Políbio e do processo do qual é parte (Milia e Lizárraga: 2011, 21-22).

No marco dos limites necessários em um artigo como o presente, procuramos nos situar frente a este horizonte metodológico para abordar – dentro do amplo processo de civilização greco-romana – as *Histórias* de Políbio.

A herança grega e a tradição romana estiveram unidas entre si por múltiplos e variados vasos comunicantes, gerados em diferentes épocas e que perduraram amplamente ao longo do tempo, inclusive até a modernidade. Políbio se insere pessoalmente em uma época relativamente recente daquele processo e tanto a sua vida como sua obra, permitem localizá-lo como uma das pontes que contribuiu para construir laços entre as duas tradições culturais. A ambiguidade que o conduziu a sua peculiar situação levou-o a construir uma identidade de homem que vive em si mesmo a pertença a dois mundos que tendem a unificar-se sob o domínio de um deles, mas sem anular a vívida presença de que o moldou em sua juventude. A universalização da História a que assistiu e na qual participou, também apontou o caminho da sua vida e o sentido da sua obra. Em síntese, sendo grego também é historiador romano.

Referências bibliográficas

ANDRÉ, J. M. & HUS, A. *La Historia en Roma*. Madrid: Siglo XXI, 1983.

BOURDIEU, P. *Intelectuales, política y poder*. Buenos Aires: Eudeba, 2011.

BRAVO, G. *Historia del Mundo Antiguo. Una introducción crítica*. Madrid: Alianza, 1994.

CICERÓN, M. T. *Sobre la República*. Madrid: Gredos. Introducción, traducción y apéndice de notas por Álvaro D´Ors, 1991.

CORNELL, J. T. *Los orígenes de Roma c.1000-264 a.C.* Crítica, Barcelona, 1999.

HARTOG, F. *Memorias de Ulises. Relatos sobre la frontera en la antigua Grecia*. Buenos Aires, Fondo de Cultura Económica, 1999.

GEERTZ, C. *La interpretación de las culturas*. Barcelona: Gedisa, 2005.

GRINSON, A. *Los límites de la cultura. Críticas de las teoría, a identidad*. Buenos Aires, Siglo XXI, 2011.

LÓPEZ BARJA DE QUIROGA, P. *Imperio legítimo. El pensamiento político en tiempos de Cicerón*. Madrid, Machado Libros, 2007.

MANN, M. *Las fuentes del poder social*, I. Madrid: Alianza, 1991.

MILIA, M. L. & LIZÁRRAGA, C. "La problemática de la comparación en la Historia". *El Hilo de la Fábula*. Santa Fe, Universidad Nacional del Litoral, Revista anual del Centro de Estudios Comparados de la Facultad de Humanidades y Ciencias, año 9, número 11, pp. 13-34, 2011.

______. *El mundo antiguo grecorromano. Una guía para su abordaje*. T. 1: *Un acercamiento al área de estudio*. Santa Fe: Ediciones UNL, Colección Cátedra, 2007.

MOMIGLIANO, A. *La historiografía griega*. Barcelona: Crítica, 1984.

MORENO LEONI, A. *Las dos audiencias de Polibio: algunas consideraciones sobre el público de las 'Historias'*. La Falda, Córdoba, Argentina. Ponencia presentada ante las 2as. Jornadas nacionales de Historia Social, 2009.

______. "Un político escribiendo la Historia. Fuentes, competencia y autoridad en las 'Historias' de Polibio". *Circe* n. 12 , cordoba.academia.edu, ISSN 1851-1724 (en línea), pp. 143-157, 2007.

POLIBIO. *Historia de Roma*. Madrid, Alianza. Edición de José María Candau Morón, 2008.

ROLDÁN, J. M. *Instituciones políticas de la República Romana*. Madrid, Akal, 1990.

ROMERO, J. L. *De Heródoto a Polibio. El pensamiento histórico en la cultura griega*. Buenos Aires, Miño y Dávila, 2009.

9

A Ideia de História em Estrabão a partir do Relato sobre a Magna Grécia *(Geografia, Livro VI)*

Airton Pollini
Universidade de Mulhouse

Estrabão e suas obras

Para abordar o tema das ideias e métodos da história na Antiguidade clássica, proponho a utilização de uma fonte que pode parecer inusitada, o livro VI da *Geografia* de Estrabão, livro que trata do sul da Itália e da Sicília.[1]

Estrabão foi um geógrafo e historiador grego, nascido em Amasia na Capadócia (Ásia Menor), em 64 ou 63 a.C. e morto provavelmente em 25 d.C., talvez em Alexandria do Egito.[2] Conhecemos pouco da biografia desse autor de língua grega que viveu sob domínio romano num período particularmente agitado, entre o final da República e início do Principado. De fato, as poucas informações a seu respeito, como suas viagens e as datas prováveis de sua biografia, provêm de sua própria obra.

Ele era de uma família pertencente à elite do reino do Ponto e próxima a Mitridates VI Eupátor. Dentre seus ancestrais maternos, ele contava um governa-

1 "As ideias de História" foram o tema de um congresso do final dos anos 1980, com uma abordagem bastante interessante: Verdin; Schepens *et al.*: 1990. Para uma discussão mais abrangente das ideias de história entre os historiadores de língua grega do período do final da República, é importante fazer um paralelo especialmente com Diodoro da Sicília. Sobre esse último, ver em particular: Canfora: 1990, 313-322; Ambaglio: 2002,301-338; Dillery: 2011, 196-200; Potter: 2011, 319-320; sobre a história das cidades gregas do sul da Itália em Diodoro, ver: De Sensi Sestito: 1984, 125-152.

2 Sobre a biografia de Estrabão, ver em particular Aujac: 2003, vii-xxiii; 1966, 11-14; Bowersock:1965, 126ss.

dor de Colchis para o rei Mitridates (Lagetas, seu bisavô), assim como Dorilau, que traiu quinze guarnições em favor do general romano Lúculo. Dentre os historiadores de língua grega do final da República ou do início do Império, Estrabão foi sem dúvida aquele cuja família era a mais aristocrática (Potter: 2011, 323). Assim, ele recebeu uma formação completa, tendo estudado na Cária com Aristodemo de Nisa (*Geografia*, XIV, 1, 48), neto de Posidônio de Apameia e preceptor do filho de Pompeu. Em seguida, ele morou em Roma e foi discípulo de Tirânion (XII, 13, 16[3] e XIII, 1, 54), filósofo φιλαριστοτήλες (*filaristoteles*), também originário do Ponto e amigo de Cícero.[4] Estrabão foi ainda aluno de Xenarcos da Cilícia (XIV, 5, 4), filósofo peripatético e tutor de Octávio, o futuro Augusto. Além dos círculos privilegiados do Ponto, Estrabão também fez parte da elite intelectual e política de Roma do final da República.[5] Contam como seus amigos Atenodoro de Tarso, um discípulo de Posidônio (XVI, 4, 21), os filósofos Boethus e Diodotus de Sídon (XVI, 2, 24), e o jovem Diodoro de Sárdis, um orador, historiador e poeta (XIII, 4, 9) (Parmentier & Carrez-Maratray: 2005, 2075-2076; Dueck: 2000, 8-15). Em Roma, ele teve acesso às obras oriundas da pilhagem das bibliotecas de Atenas pelo general romano Sila, inclusive e principalmente o núcleo central da biblioteca de Aristóteles, citada pelo próprio Estrabão (XIII, 1, 54).[6] A partir dessa formação bastante ampla e consistente, Estrabão fez parte dos grupos intelectuais do estoicismo (I, 2, 34; II, 3, 8), principalmente nos círculos helenófonos ou helenófilos da elite romana, mas com uma inegável componente peripatética.

Além de homem de letras e de bibliotecas, Estrabão também viajou bastante (Dueck: 2000, 15-30). Sua viagem mais importante foi sem dúvida ao Egito, quando residiu certo tempo em Alexandria, visitando também a célebre biblioteca (II, 3, 5 e 5, 12). Participou de uma campanha militar de Aelius Gallus, então *praefectus* do Egito,

---

3 Nessa passagem, Estrabão designa a si próprio como *acroatès* (discípulo) de Tirânion.

4 Tirânion foi mestre dos filhos de Cícero (Cícero, *Ad. Quint. fr.*, II, 12, 2), amigo de Ático, e curador da biblioteca de Cícero em Anzio (Cícero, *Ad. Att.*, IV, 8, 2). Maddoli: 1987, 12-13.

5 Segundo Ch. Jacob, Estrabão vive entre dois mundos, o Império romano e a cultura grega (1991, 147). Cl. Nicolet sublinha igualmente as relações entre Estrabão e as elites romanas de seu tempo, assim como as preocupações políticas do geógrafo e historiador (1988, 93).

6 Sobre a biblioteca de Aristóteles e sua conservação em Roma, ver em especial: Schubert: 2002, 225-237.

até Assuã (Syene) no Alto Egito, e visitou as terras africanas e asiáticas até os confins da Etiópia, talvez até a *Arabias Eudamonios* ou *Arabia Felix*, atuais Iêmen e Omã (II, 5, 12 e XVII, 1, 29). Nascido em Amasia no Ponto (Capadócia), tendo seguido os ensinamentos de Aristodemo e vivido em Nisa, Estrabão conhecia bastante bem a Ásia Menor e a descrição muito mais detalhada dessa região em sua *Geografia* (livros XII a XIV) é prova absoluta.[7] Nosso autor viveu diversos anos em Roma, chegando provavelmente ainda jovem, em torno dos 20 anos, talvez no ano da morte de Júlio César, em 44 a.C. Ele descreve brevemente sua viagem, passando por Brentesion (Brindisi, Itália) e chegando a Roma por terra, através das grandes estradas romanas da Itália (VI, 3, 7). Antes de Roma, ele passou por algumas cidades gregas egeias ou balcânicas, em particular algumas ilhas das Cíclades (certamente em Gyaros, X, 5, 3) e Corinto (VIII, 6, 19 e 21). Na Itália, ele foi até pelo menos Poplonium ao norte, de onde ele diz ter visto as ilhas de Elba, Córsega e Sardenha (V, 2, 6). Diversas outras localidades ou regiões podem ter sido visitadas pelo geógrafo, mas são conjecturas, mesmo se bastante prováveis, visto o alto grau de conhecimento do autor a seu respeito. Mas, obviamente, a maioria das regiões descritas em sua *Geografia* não foi visitada pessoalmente pelo seu autor; essas descrições são assim produto de suas diversas leituras, mas leituras formadas com o senso crítico de um grande viajante. Este é provavelmente o caso de suas descrições do sul da Itália. Além de Brentesion (Brindisi) e da viagem pelas estradas romanas para chegar a Roma, não há registro de viagem, estadia ou um conhecimento direto de Estrabão a respeito do sul da península; assim, suas notícias sobre essa região, mesmo se não muito distantes de Roma, se baseiam em suas leituras.

Estrabão é conhecido por sua obra de geografia, que tinha como objetivo descrever a totalidade do mundo habitado (*oikoumenè*), tal como se apresentava em sua época, no início do século I d.C.[8]: das colunas de Héracles no extremo Ocidente à Índia no Oriente, do norte da Europa e além do rio Albis até a Etiópia no sul. Com efeito, ele é conhecido pela tradição erudita da Renascença como "o Geógrafo" e a

---

7 Ver diversas publicações sobre os conhecimentos e o tratamento especial de Estrabão sobre essa região, em particular: Biffi: 2009; Biraschi & Salmeri: 2001; Traina: 2001.

8 A data exata da composição de sua obra de geografia é ainda motivo de discussão entre os especialistas; sabe-se em todo caso que ele não terminou a escrita antes dos anos 20 d.C., posto que incluiu referências a acontecimentos dessa década. O último fato relatado na *Geografia* é a morte de Juba, rei da Mauritânia, em 23 d.C (XVII, 3, 7); sobre a questão da datação da obra de Estrabão, ver Dueck: 2000, 145-152.

mais antiga edição impressa de sua *Geografia* (a *editio princeps*) data de 1516, realizada por Aldus em Veneza.

Entretanto, muito pouco conhecido é seu interesse pela história. De fato, a primeira obra escrita por Estrabão tinha o intuito de continuar as *Histórias* de Políbio; essa sua obra histórica é citada pelo próprio autor (*Geografia*, I, 1, 23): *Comentários históricos* ou *Memórias históricas* (Ἱστορικὰ Ὑπομνήματα - *historikà hypomnémata*), em 47 volumes. A obra era composta de uma longa introdução que tomava os quatro primeiros livros, para em seguida retomar o relato da história após a conquista de Cartago em 146 a.C. até o final da Guerra Civil romana. D. Dueck (2000, 69-70), contrariamente à maioria dos especialistas de Estrabão, retoma uma antiga hipótese formulada por W. Ridgeway no final do século XIX (Ridgeway: 1888, 84) e argumenta que nosso autor teria escrito não somente uma, mas duas obras históricas antes da *Geografia*. A partir das vagas indicações do próprio autor (principalmente em XI, 9, 3), D. Dueck afirma que Estrabão teria escrito primeiro uma obra em continuação àquela de Políbio em 43 volumes e, em seguida, uma segunda sobre as realizações de Alexandre o Grande, com pelo menos seis livros; essa segunda obra comporia os *Comentários históricos*. Sem entrar no mérito da questão e na extensão das suposições implícitas nos argumentos de D. Dueck, basta-nos dizer que o fato de se propor a escrever os relatos históricos após 146 a.C., na sequência de Políbio, não impede que Estrabão tenha consacrado grande parte de uma *Sequência a Políbio* à época das conquistas de Alexandre. Também não é necessário imaginar que os 186 anos entre Alexandre et a tomada de Cartago pelos Romanos fosse obrigatoriamente concentrada nos primeiros quatro livros da obra histórica de Estrabão. Como sabemos, Estrabão, assim como diversos outros autores antigos, podia escrever um grande *excursus*, com idas e vindas no tempo e referências a eventos de um passado mais remoto; tal *excursus*, feito para relatar grandes partes das conquistas de Alexandre o Grande, é absolutamente verossímel em meio a um relato sobre o povo Parta. Além disso, parece-nos muito estranho que seus *Comentários históricos* sejam citados pelo próprio autor, assim como por algumas outras fontes antigas (Plutarco, Tertuliano e Flávio Josefo), enquanto que uma suposta outra obra, de muito maior escopo, ficaria desconhecida, citada sem título, ou com um título tão inusitado quanto *Sequência a Polibio*. Nada impede, e a maioria dos comentadores segue a mesma hipótese, que os *Comentários históricos* sejam uma *Sequência a Políbio*. Assim, quando Estrabão faz alusão a seu próprio trabalho de historiador do povo Parta (*Geografia*, XI, 9, 3), a expressão que indica que esse relato estava presente no sexto livro dos *Commentários históricos* e no segundo da *Sequência a Políbio* é geralmente interpretada como uma indicação dos quatro livros de introdução, e não como duas obras distintas.

De todo modo, dessa grande obra, muito pouco nos resta. O primeiro a fazer uma compilação de fragmentos de historiadores grecos antigos foi C. Müller e, em sua coleção *Fragmenta Historicorum Graecorum* (*FHG*), ele elenca 15 fragmentos da obra histórica de Estrabão, publicados no terceiro volume (Müller: 1849, 490-492). Todos esses 15 fragmentos são encontrados em apenas três autores, além do próprio Estrabão: Plutarco, Tertuliano e Flávio Josefo.[9] Como parte de um projeto de muito maior envergadura e ainda hoje incompleto, F. Jacoby faz uma nova apresentação dos fragmentos de Estrabão e identifica 19 fragmentos no segundo volume de seu *Fragmente der Grieschischen Historiker* (*FGrH*) (1986, vol II, n.91).[10]

O caráter muito restrito do que foi preservado dos fragmentos históricos de Estrabão não nos permite ter uma ideia muito clara do teor da obra. Seria uma grande imprudência utilizar 19 curtos fragmentos como matéria para inferir uma ideia de história para nosso autor (Pédech: 1972, 395). Porém, D. Dueck afirma sua impressão a partir da leitura desses poucos fragmentos (2000, 72): uma história universal dedicada aos principais fatos e relações entre os grandes reinos helenísticos, assim como a ascensão de Roma como potência mediterrânea. Além de tentar identificar os assuntos tratados nos fragmentos conservados, D. Dueck propõe um arco cronológico: a mais antiga referência conservada trata da pilhagem do templo de Jerusalém pelo rei selêucida Antíoco Epifane em 170 a.C. (*FGrH* 91, fr. 10) e a mais recente é a ação militar de Marco Antonio contra Antígonos em 37 a.C. (*FGrH* 91, fr. 18). Segundo a especialista, Estrabão estaria mais interessado nos grandes fatos, na grande política mediterrânea, e não nos assuntos internos ou locais de cada uma das grandes potên-

9 Fr. 2 em Estrabão, *Geografia*, XI, 9, 3; fr. 4 em Tertuliano, *De amina*, 46; fr. 7 em Plutarco, *Sylla*, 26; fr. 8 em Plutarco, *Lucullus*, 28; fr. 14 em Plutarco, *Caesar*, 63; fr. 1 em Flávio Josefo, *Contra Apionem*, 2, 7; e 9 frs. em Flávio Josefo, *Antiguidades judaicas*: fr. 3 em XIII, 10, 4; frs. 5 e 6 em XIV, 7, 2; fr. 9 em XIII, 11, 3; fr. 10 em XIII, 12, 6; fr. 11 em XIV, 3, 1; fr. 12a em XIV, 4, 3 e fr. 12b em XIV, 6, 4; fr. 13 em XIV, 8, 3; fr. 15 em XV, 1, 2. Desses 9 fragmentos conservados por Josefo, 5 parecem ser citações diretas do texto de Estrabão.

10 F. Jacoby inclui dois trechos da *Geografia* do próprio Estrabão (I, 1, 22-23 et II, 1,9) que haviam sido listados na seção *testimonia* por K. Müller; além disso, dois fragmentos de K. Müller são desmembrados: FHG n. 12 = FGrH n. 13 e n.15; FHG n.13 = FGrH n. 16 e n.17. Ver uma análise recente sobre os objetivos e métodos de F. Jacoby, assim como sobre a publicação do Brill New Jacoby: Schepens: 1996, 144-172.

cias da época. Assim, Estrabão menciona diversos generais romanos, principalmente três das grandes empresas de Pompeu (*FGrH* 91, fr. 13, 14 e 15), traços dos caráteres de Sila (*FGrH* 91, fr. 8) e de Júlio César (*FGrH* 91, fr. 19), faz alusões a povos bárbaros, como os Judeus (*FGrH* 91, fr. 7), e relata a vitória romana sobre Tigranes da Armênia (*FGrH* 91, fr. 9). Além disso, os fragmentos, principalmente aqueles conservados por Flávio Josefo, fazem referências às fontes de Estrabão, todos autores contemporâneos: Hypsicrates de Amisus (*FGrH* 91, fr. 17), Nicolau de Damasco (*FGrH* 91, fr. 12 e 13), Timagenes de Alexandria (*FGrH* 91, fr. 11) e o romano Asinius Pollio (*FGrH* 91, fr. 16). O mais interessante na interpretação de D. Dueck é sua observação sobre a coincidência de grandes obras de história universal compostas, todas, no final da República, durante as épocas de Júlio César e de Augusto, principalmente por Diodoro Sículo, Trogo Pompeu ou Nicolau de Damasco[11].

Em relação aos fragmentos "históricos" de Estrabão, uma outra coletânea foi publicada por P. Otto em 1889. Nesse caso, a perspectiva é bem diferente. Em primeiro lugar, o objetivo era a publicação unicamente dos fragmentos de Estrabão; em seguida, P. Otto considera que diversas passagens da *Geografia* podem ser consideradas partes da sua obra histórica precedente. O pressuposto é que Estrabão, que já havia publicado seus *Comentários históricos*, como ele mesmo afirma na introdução à *Geografia* (I, 1, 23), teria usado sua própria obra e sua memória, e não nova consulta às suas fontes já utilizadas ou mesmo novas, para redigir as menções de caráter histórico presentes na *Geografia*. Por conseguinte, a coletânea de P. Otto é bem maior e atinge o impressionante número de 257 fragmentos, incluindo aí os 15 fragmentos de K. Müller[12]. Em primeiro lugar, podemos criticar diversos aspectos da empreitada de P. Otto, sobretudo sua falta de rigor na escolha das passagens: um mesmo trecho pode aparecer mais de uma vez, algumas alusões a biografias poderiam ser excluídas e, acima de tudo, diversos outros trechos podem ser incluídos, dependendo de como se considera uma passagem a caráter histórico (Pédech: 1972, 395-408, especialmente p. 395 e nota 4). Entretanto, a principal originalidade de P. Otto, e nosso principal in-

11 Ver as sínteses recentes sobre os historiadores gregos do final do período helenístico ou sob domínio romano: Dillery: 2011, 171-218, sobre Diodoro ver p. 196-200 e Potter: 2011, 316-345, sobre Diodoro, pp. 319-320, sobre Nicolau pp. 323-324.

12 P. Otto publicou sua coletânea em 1889, antes do início da empresa de F. Jacoby (1909), e não incluiu em seus 257 fragmentos os dois que K. Müller classificou como *testimonia* (I, 22-23 et II, 1,9); por outro lado, P. Otto também desmembrou o fragmento FHG n. 12 em dois (n.124b e n.145).

teresse em relação ao seu trabalho, é o fato de ele não dissociar de maneira dicotômica história e geografia, além de ter sido um dos primeiros eruditos a reconhecer o valor histórico da obra remanescente de Estrabão.

Assim, vale a pena lembrar como Estrabão era identificado pelas poucas fontes antigas que o citam. Segundo a Suda, ele era um filósofo, autor de uma obra de Geografia que teria vivido durante o reino de Tibério. É necessária grande precaução antes de utilizar uma fonte bastante tardia e nem sempre muito fiável. Em todo caso, o trecho com a menção mais clara a respeito da sua obra histórica está em Plutarco (*Lucullus*, XXVIII, 8), com a citação precisa dos *Comentários históricos* do "filósofo" Estrabão: este último seria, assim como um certo Antíocos d'Ascalon (que viveu entre *ca.* 130 e 68 a.C. e era adepto do platonismo, mestre e amigo de Cícero, próximo de Lúculo) e Tito Lívio, uma das fontes de Plutarco para seu relato da batalha de Lúculo contra Tigranes da Armênia, em Tigranocerta em 69 a.C. O mesmo Plutarco cita ainda outra vez o "filósofo" Estrabão (*Caesar*, LXIII, 3), sem mais detalhes. Essa denominação de filósofo é feita no sentido mais genérico do termo, para designar um autor interessado em explicar o mundo. Em todo caso, o que nos importa é que nosso autor não é classificado somente como um geógrafo mas, mais genericamente, como um 'filósofo', um 'pensador'. Tendo em consideração as citações de sua obra histórica e a ausência de qualquer menção à sua *Geografia*, na Antiguidade, Estrabão era sem dúvida mais conhecido como historiador do que como autor de uma obra de geografia.

Se perdemos sua obra histórica, por outro lado, os 17 volumes de sua *Geografia* foram quase inteiramente conservados. A obra segue uma abordagem completa da geografia, tanto física quanto humana. Em sua introdução, Estrabão afirma claramente esse duplo aspecto, mas deixa explícito que o essencial do estudo da geografia é orientado para as necessidades da vida política (I, 1, 16). Na parte introdutória da obra (I, 1, 22-23), seu autor identifica o público ao qual se destina: pessoas cultas (πρὸς τοὺς ἐν ταῖς ὑπεροχαῖς), que tenham seguido uma formação conforme aos homens livres e aos adeptos da filosofia (ἀλλὰ τὸν μετασχόντα τῆς τε ἐγκυκλίου καὶ συνήθους ἀγωγῆς τοῖς ἐλευθέροις καὶ τοῖς φιλοσοφοῦσιν), que possuam as qualidades essenciais do cidadão, como a ἀρετή (*aretê*) e a φρόνησις (*phronesis*), que tenham uma atitude "filosófica" que os permitam compreender e julgar o passado; são leitores ao mesmo tempo interessados no saber (φιλειδήμων - *fileidemon*) e dedicados à ação (πραγματικώς - *pragmatikos*). Em outros termos, seus leitores fazem parte da elite intelectual, política e militar da Roma do início do Principado.

Aqui é interessante fazer alusão às reflexões de Cícero sobre a possibilidade, e a dificuldade, de escrever uma obra de geografia que pudesse corrigir, atualizar e completar o trabalho de Eratóstenes.[13] Com efeito, em três cartas de Cícero a Ático em abril de 59 a.C. (*Ad Ático*, II, 4, 3; II, 6, 1 e II, 7, 1), ele diz que a empreitada seria muito grande (*magnum opus est*) e de uma dificuldade hercúlea (*et hercule sunt res difficiles ad explicandum*). O próprio Estrabão retoma essa ideia na introdução da sua própria obra (I, 1, 23), utilizando uma expressão que é um *hapax* em grego: κολοσσουργία (*kolossourgia*), ou seja, uma obra colossal (Dueck; Lindasy *et al.*, 2005). Essas referências a Cícero e à obra que o orator não redigiu servem para sublinhar o interesse que as elites intelectuais e políticas romanas do final da República acordavam ao estudo da geografia. A fase final da República romana e as conquistas do Oriente (com Pompeu e depois Octávio-Augusto) e do Ocidente (com Júlio César) devem estar na origem desse redobrado interesse pelas descrições do mundo conhecido: não somente as regiões conquistadas pelos Romanos, mas também as terras além delas, sobretudo os confins do mundo conhecido (Nicolet: 1988).

Entretanto, não se pode perder de vista certa tradição dos intelectuais de língua grega no tratamento da geografia antiga. Quando analizamos a *Geografia* de Estrabão, devemos não somente compreender o contexto político e histórico, mas também tentar apreender o meio intelectual e as preocupações que emanam desse meio. De fato, muito do conhecimento geográfico existente antes de Estrabão foi conservado pelo nosso autor, em forma de citações mais ou menos explícitas. Além de Eratóstenes (Aujac: 2001) e Posidônio de Apameia, outro nome importante é o de Artemidoro de Éfeso.[14] Como afirma G. Aujac (Aujac: 1966: 7), é preciso analisar o contexto dos conhecimentos "científicos" dos círculos intelectuais gregos no período imediatamente anterior a Estrabão, assim como os mais remotos, para poder compreender sua importância e seu caráter inovador. No que nos diz respeito, o elemento essencial é a utilização de uma visão global da geografia, que compreende assim tanto a geografia humana quanto física.[15] É certamente no quadro da geografia humana que

13 A esse respeito, ver as considerações de: Maddoli: 1987: 9-22, especialmente sobre Cícero, p. 11. Sobre Eratóstenes, ver especialmente Aujac: 2001.

14 Para uma síntese dos conhecimentos geográficos anteriores a Estrabão, ver em particular: Prontera: 1984.

15 Para uma comparação com a geografia de Heródoto, ver: Prontera: 1988, 199-219.

as preocupações que podemos classificar como históricas puderam se desenvolver na obra do filósofo-geógrafo.

Com o objetivo claro de enquadrar sua própria obra no bojo da produção comparável e para declarar sua filiação intelectual, Estrabão escreve dois livros de prefácio, chamados habitualmente *Prolegomena*. De fato, os dois primeiros livros expõem o método do autor e contribuem para sua definição da geografia como uma área de filosofia. Nesses livros, Estrabão faz a crítica dos autores precedentes e começa com Homero (livro I), já que este é considerado a fonte de todo o conhecimento humano. Com efeito, Homero é tido como o inventor da geografia e Estrabão faz sua defesa no primeiro livro da *Geografia*.[16] Se a obra do poeta é plena de fantasias, essa característica não invalida os conhecimentos reais de Homero sobre a geografia e suas epopeias como referências para o conhecimento da terra habitada (*oikoumenè*). Dessa forma, Estrabão faz um elogio das fábulas (I, 2, 8) e tenta reconciliá-las com a busca da verdade científica e com a admiração a Homero (I, 2, 9). Nesse sentido, Estrabão cita diversas lendas presentes em Homero e procura identificar a parte de conhecimento realista e a parte fantasiosa (de I, 2, 9 a I, 2, 40); assim sendo, ele é contrário às posições hipercríticas de Eratóstenes e Hiparco em particular. Em meio a essa preocupação de reconhecimento dos diversos valores de Homero, numa parte relativa à passagem de Menelaos pelo Egito, Estrabão discute de maneira mais precisa as relações entre história e fábulas (I, 2, 35). Se, por um lado, pode-se identificar o conhecimento da realidade concreta nos versos[17] dos grandes poetas como Homero, Alcmam e Ésquilo (citados por nosso autor), por outro lado, boa parte dos autores de obras históricas, em prosa, não reconhece o uso recorrente à fábula (os termos utilizados são *muthos* – μύθος – e seus derivados). Esse uso se dá por gosto do que é fantasioso e com a intenção de agradar o público. Nesse grupo são citados Teopompo (*FGrH* 115, fr. 381), que admite utilizar fábulas nas suas *Histórias* (ʽιστορίαι), assim como Heródoto (entre diversas referências, II, 75; IV, 19)[18], Ctesías (*FGrH* 688, fr. 45), Helânicos (*FGrH* 4, fr. 185-187) e todos os historiadores das Índias (como Megastenes, *FGrH* 715, fr. 27, 29 e 30).

16 Sobre a discussão sobre Homero na *Geografia* de Estrabão, ver: Biraschi: 2005, 73-85.

17 Sobre o uso da poesia em Estrabão, ver: Dueck: 2005, 86-107.

18 As diversas passagens fantasiosas de Heródoto, ver Lachenaud: 1978; Bloomer: 1993, 30-50; e nossos próprios comentários: Pollini: 2013c (no prelo); Pollini: 2013b (no prelo); e, especificamente sobre as referências à Magna Grécia, ver Pollini: 2008, 53-62.

Após a defesa de Homero, o livro II dos *Prolegomena* é dedicado a uma discussão dos principais métodos e pressupostos da geografia. Em toda a primeira sessão do livro II, Estrabão comenta mais claramente sua filiação a Eratóstenes, assim como suas principais críticas. Nas duas sessões seguintes (II, 2-3), Estrabão discute os conhecimentos geográficos e os métodos de estudo de Posidônio de Apameia (*Sobre o Oceano* – Περὶ ᾽Ωκεανοῦ –, *Geografia*, II, 2, 1), fazendo inclusive a contraposição com a obra de Políbio. Na quarta sessão, é justamente Políbio que tem suas descrições geográficas analisadas por Estrabão; mais uma vez, o método crítico do nosso filósofo-geógrafo é a contraposição, principalmente em relação a Eratóstenes. Enfim, a quinta e última sessão desse livro é conhecida como a *Segunda introdução*, pois nela Estrabão discute novamente e mais precisamente os métodos e conhecimentos necessários para um geógrafo. Aqui, seu interesse maior se dirige às diferentes "ciências" úteis para a parte relativa à geografia física. São assim retomados diversos elementos hoje ligados a disciplinas tais como matemática, geometria, astronomia, física (Janni: 2000; Aujac: 1966), assim como os modos de representação da realidade geográfica, ou seja, a cartografia (Jacob: 1996, 901-953; Dilke: 1985; Lanzillotta: 1988b, 93-103; Stahl: 1983, 17-46; Jacob: 1983, 47-67).

Um método entre geografia e história

Para nós, a proposta de P. Otto de identificar na *Geografia* passagens que poderiam figurar também em seus *Comentários históricos*, é de capital importância. Mesmo sem atribuir passagens à sua primeira obra, o que mais importa é o reconhecimento dos interesses históricos de Estrabão e a possibilidade de reconhecer o caráter histórico presente na obra conservada, a *Geografia*. Não é o caso, como fez P. Otto, de forjar um critério específico para distinguir trechos que seriam "históricos" de outros que seriam "geográficos". Ao contrário, o que nos importa aqui é reconhecer o duplo aspecto, tanto geográfico quanto histórico, da obra. Assim, para uma análise da visão de história na *Geografia* de Estrabão, em primeiro lugar, é interessante discutir brevemente as relações existentes entre as duas disciplinas, história e geografia, e a impossibilidade de separá-las quando se trata de autores da Antiguidade clássica.[19]

19 Nossa discussão a esse respeito se baseia principalmente nas análises de Clarke: 1999. Sobre a impossibilidade de separação entre as disciplinas modernas da história, geografia e etnografia, que faziam parte de um mesmo objetivo de conhecimento do mundo

Com efeito, a primeira concepção teórica que tenta separar as duas disciplinas, história e geografia, e definir o caráter básico da segunda pode ser identificada na introdução de I. Kant de sua *Physische Geographie*, publicada em 1802. Kant é assim o primeiro a fazer a associação, que passou a ser bastante comum, da história com as preocupações relacionadas ao tempo passado e da geografia com o espaço (Kant: 1999, parágrafo 4). Entretanto, as duas associações são bastante problemáticas, tanto em virtude de como praticamos essas disciplinas hoje em dia[20], como ainda mais radicalmente em relação aos autores antigos. Nesse sentido, a abordagem de K. Clarke parece bastante interessante, sobretudo no que diz respeito a Estrabão e seu sistema temporal e espacial a partir das experiências do próprio autor. As descrições do espaço e do tempo não são figuras abstratas e absolutas, mas constituem parte das representações próprias de seu autor (Clarke: 1999, 13). Nesse sentido, como afirma K. Clarke, a associação entre história e tempo, por um lado, e entre geografia e espaço, por outro, "entails the most obvious objection, namely that history must take place in a spatial context and geography must be temporally located in so far as it changes through time. Geography and history both require a spatial and a temporal context" (Idem, 8).

Até a época de Estrabão, e provavelmente ainda muito além, uma mesma preocupação se encontra na origem de escritos em prosa que hoje classificamos como obras de história, de geografia e de etnografia: o conhecimento do mundo habitado e de seus povos. Não é um acaso que o primeiro autor em prosa conhecido, Hecateu de Mileto, escreveu duas obras intituladas *Genealogia* e *Descrição da Terra* (*FGrH* 1). Da mesma forma, o primeiro autor em prosa do qual possuímos a integralidade da obra,

---

pelos primeiros prosadores gregos e em particular Heródoto, ver nossa própria contribuição: Pollini: 2013c (no prelo).

20 Devemos reconhecer o papel essencial das perspectivas da escola dos *Annales* na abertura da história contemporânea às ciências sociais, em particular nas relações muito estreitas entre história e geografia. Diversas discussões relativamente recentes foram publicadas, sobretudo para a definição da história, de seus métodos e seus objetos de estudo. Dentre diversas discussões instigantes, podemos sublinhar a historiografia francesa, influenciada por M. Foucault: 2012; Veyne: 1996; Noiriel: 2005, e alguns comentários de A. Momigliano que tenta fazer um paralelo entre as historiografias antiga e moderna: (1983 e 1991).

Heródoto, foi classificado como o "pai da história" por Cícero (*De legibus*, I, 1, 5), mas poderia sê-lo também da geografia e da etnografia.[21]

É assim interessante relembrar brevemente a tradição da qual Heródoto se inspirou assim como, posteriormente, os demais historiadores-geógrafos de língua grega até Estrabão. Conhecimentos sobre a geografia e a cartografia, se as definimos em termos de descrição do mundo, são atestadas desde épocas muito antigas na Mesopotâmia e no Egito. Em relação ao mundo grego, foi no meio erudito jônio, em especial a Mileto, que os principais passos foram dados em direção de um verdadeiro conhecimento do mundo habitado (Stahl: 1983, 17-46). Talvez pode-se considerar que a descrição do escudo de Aquiles na *Ilíada* de Homero (XVIII, 478-617) constitui a primeira tentativa grega de descrever o mundo, tanto celeste quanto terrestre (Dilke: 1985, 20); da mesma forma, o *Catálogo dos Navios* (*Ilíada*, II, 484-510), estabelece uma forma de descrição de todas as regiões do mundo grego e podemos relacioná-lo a uma descripção geográfica (Jacob: 1991, 30-31; Mcinerney: 1999, 8), apesar do caráter puramente toponímico da lista. No mesmo sentido, ainda em um contexto fantasioso e fazendo referência a um mundo imaginário, as viagens de Ulisses relatadas na *Odisséia* apresentam elementos importantes de descrição geográfica, o que permitiu V. Bérard "retraçar" o caminho percorrido por Ulisses no Mediterrâneo (Bérard: V, 1927). No relato das viagens de Ulisses, a caracterização dos povos ou mesmo dos monstros encontrados é acompanhada, com frequência, de um tipo de descrição espacial, no sentido do espaço físico onde esses seres se situam. Vale relembrar aqui a insistência com a qual, no livro I, Estrabão defende a veracidade e a pertinência dos conhecimentos de Homero sobre a geografia mediterrânea, identificado justamente como o primeiro geógrafo grego.

A "ciência jônica" produziu em seguida as primeiras tentativas realistas de descrição do mundo. É a forma do périplo (*periodos*) (Marcotte: 2000, xiii-clxiv), que tinha como objetivo apresentar o inventário dos lugares marcantes (Lanzillota: 1988b, 93-103 e 1988a, 19-31), ordenados segundo os eixos de comunicação (Nicolet: 1988, 70), assim como a representação gráfica desses lugares em uma tábua (*pinax*). Certas fontes antigas indicam que a primeira representação gráfica tinha sido feita por Anaximandro de Mileto[22] e que a primeira *Periegesis* escrita era obra de Hecateu

21 Sobre Heródoto e as origens do pensamento grego que estão na base de nossas disciplinas da história, geografia e etnografia, ver: Lanzillotta: 1988a, 19-31.

22 Sobre Anaximandro: Agathemeros, *Geographia*, I, 1, Müller:II, 1882, 471 ; Diógenes Laércio, *Vidas*, II, 1-2; Suda, sv. *Anaximandros*. Ver comentário em Jacob: 1991, 36-37.

de Mileto, autor do final do século VI a.C. Desses périplos, o mais conhecido é certamente aquele de Scilax de Carianda (Peretti: 1983, 71-113), que teria sido enviado por Dario à Índia para descrever aquele país, provavelmente no extremo final do século VI a.C. (Heródoto, IV, 44).

Com Heródoto, em meados do século V a.C., essa tradição de descrição do mundo e os seus diferentes métodos (périplo, cartografia, hsitória, etc.) são regrupados em uma mesma obra, as *Histórias*, cuja tradução literal do grego seria "pesquisas". Dessa forma, tanto a descrição do espaço geográfico, dos costumes e das características principais, assim como dos eventos marcantes da história de diversos povos compõe sessões inteiras dos livros I a IV de Heródoto, o que constitui mais da metade da obra.

Vê-se assim que o intuito de descrever o mundo habitado (*oikoumene*) tem uma longa tradição no mundo grego e que, sobretudo com Heródoto, esta não faz uma separação nítida entre geografia e história. Diversos autores gregos depois de Heródoto se dedicaram à descrição do mundo sem grande distinção entre as nossas atuais disciplinas de história e de geografia, dentre os quais podemos, seguindo os comentários do próprio Estrabão, ressaltar Políbio e Posidônio de Apameia. Voltando ao nosso autor, podemos então reconhecer o quanto nosso autor é tributário dos meios intelectuais gregos. Mais especificamente no que diz respeito às relações entre geografia e história, K. Clarke sublinha a proximidade entre elas. Nesse sentido, podemos observar a perspectiva do nosso autor no que se refere ao tratamento do tempo e da cronologia. Embora Estrabão não possua muito rigor nesse aspecto, K. Clarke propõe uma leitura que possa considerar não somente os elementos do espaço geográfico, mas também os acontecimentos históricos na sua especificidade.[23] De fato, nosso autor não tem um enquadramento fixo da cronologia, como a possibilidade de se apoiar nas Olimpíadas, método desenvolvido provavelmente desde Timeu ou Eratóstenes e seguido por Políbio, Diodoro e Dionísio de Halicarnasso. Ao contrário, Estrabão remete sistematicamente ao período de sua própria vida, ou seja, tem uma percepção do tempo muito mais próxima de suas próprias experiências (Clarke: 1999, 13).[24] Dessa forma, as relações entre passado e presente em Estrabão são das mais estreitas.

23 Ver em particular o capítulo 6 sobre o universalismo de Estrabão: Clarke: 1999.

24 Ver especialmente o capítulo 5 (Strabo and time), onde a autora discute a definição da cronologia por Estrabão e as expressões comumente utilizadas pelo autor para ir e vir no tempo, entre passato remoto, passato recente e seu próprio presente. A autora conclui que o presente para Estrabão é bastante vago, entre a segunda metade do século I° a.C. e as primeiras décadas do século I° d.C.

A conclusão a que se pode chegar é de que, de fato, não há uma separação nítida entre história e geografia: tanto a história trata de aspectos do passado e do presente, em um espaço bem definido, como a geografia, quando pretende compreender a identidade presente de uma determinada comunidade, precisa recorrer às memórias passadas e às histórias locais (Idem, 18).

Como veremos a seguir, na descrição da Magna Grécia, a ideia primeira de história para Estrabão está ligada ao espaço e à chegada de uma população num espaço tido como desértico (*eremos chora*).[25] A partir da chegada de uma civilização capaz de produzir um discurso sobre ela própria em um dado espaço, há a criação da história. Como afirma K. Clarke: "the arrival of people in this landscape will immediately lead to the creation of history; and the people together with their history will, in turn, provide a way of defining the land" (1999, 19).

Uma vez que estabelecemos a impossibilidade de separação nítida entre nossas disciplinas modernas da história e da geografia, assim como a etnografia, podemos insistir na necessidade de reconhecer igualmente as técnicas literárias do autor. Entretanto, não é nosso objetivo aqui entrar nas discussões sobre as relações entre história e retórica (White: 1973; *contra*: Momigliano: 1981, 259-268). Também não nos aventuramos a comentar as técnicas literárias específicas do autor (Dueck: 2005, 86-107).

Para nosso objetivo, é mais importante, em relação ao método histórico e literário de Estrabão, reconhecer uma característica muito útil e valorizada hoje em dia, a de citar grande parte de suas fontes, dentre as quais diversos historiadores cujas obras foram perdidas. O objetivo de legitimar seu próprio discurso utilizando citações de autores consagrados é bastante claro. Em geral, Estrabão tem a tendência de citar os autores mais antigos, provavelmente mais celebrados, ao invés dos mais modernos. Essa característica e a profusão de citações presentes na sua obra conservada foram causa de grande desmerecimento do nosso autor, considerado por muito tempo um simples compilador, sem nenhum atributo próprio, sem originalidade e, particularmente importante para nosso propósito, sem nenhuma visão da história (ou mesmo da geografia).

Sobre as fontes utilizadas por Estrabão para sua descrição da Itália meridional, não vamos entrar aqui no mérito e na perspectiva de uma *Quellenforschung*. Sobre a região que nos interessa, o próprio Estrabão cita explicitamente algumas de suas fon-

---

25 Ver nossos próprios comentários a essa noção de espaço vazio (eremos chora) e sobre as de interpretá-la: Pollini: 2013a, 17-49.

tes e basta aqui enumerá-las (Biffi: 2006, 13-15): Antíoco de Siracusa (Luraghi: 2002, 55-89) (VI,1,1; VI,1,4; VI,1,6; VI,1,12; VI,1,14; VI,1,15; VI,3,2), Apolodoro de Atenas (VI,1,3), Artemidoro de Éfeso (VI,1,11; VI,2,1; VI,3,9-10); Éforo (Prandi: 1988, 50-60) (VI,1,7; VI,1,8; VI,1,12; VI,1,15; VI,2,1; VI,2,2; VI,2,4; VI,3,3), Heródoto (VI,3,6); Políbio (VI,1,11; VI,2,10; VI,3,10; VI,4,2); Posidônio de Apameia (VI,2,1; VI,2,3; VI,2,7; VI,2,11), Timeu de Tauromênio (Baron: 2013; Pearson: 1987) (VI,1,9; VI,2,4) e um autor anônimo chamado simplesmente de Corógrafo (VI,1,11; VI,2,1; VI,2,11; VI,3,10).

Diversos comentadores da obra de Estrabão e, em particular dos livros sobre a Itália (V e VI), tentaram identificar não somente as fontes utilizadas pelo autor nas passagens em que estas não são mencionadas, mas também as possíveis fontes intermediárias. Ou seja, quando Estrabão cita os autores mais antigos como Antíoco, Éforo e Timeu, Fr. Lasserre[26], dentre outros, afirma que essas são citações secundárias, retomadas de leituras de autores mais recentes, sobretudo Artemidoro ou Posidônio. Como observa N. Biffi (2006, 16-18), se algumas passagens de fato parecem muito pouco precisas e decorrentes de fontes secundárias, não se pode excluir completamente a possibilidade de leituras diretas por Estrabão. Sobretudo, algumas notícias acompanhadas de uma referência a um tempo presente parecem remeter a um passado mais remoto que a época do próprio Estrabão ou de suas fontes mais recentes. Assim, quando Estrabão, citando Éforo, descreve as populações indígenas da Sicília (VI, 2, 4) como sendo "até hoje" (μέχρι δεῦρο) os Sículos, os Sicanos e os Morgetas, não pode estar se referindo ao período posterior à conquista romana da Sicília. Ou seja, Estrabão não faz referência ao seu próprio presente, nem mesmo àquele de Posidônio ou de Artemidoro, mas a passagem deve ser uma cópia quase literal da notícia encontrada em Éforo. Seguindo N. Biffi, podemos concluir que não se pode afirmar que Estrabão tenha tido muitas e profundas leituras, mas também não se pode invalidar completamente a possibilidade de ele ter de fato utilizado diversas obras para compor seu relato sobre o sul da Itália.

Um breve aceno às teorias contemporâneas da história pode ser útil para reforçar nosso propósito de contribuir para a reabilitação da perspectiva histórica de Estrabão. Desde os anos 1960 pelo menos, há um maior reconhecimento da importância das escolhas pessoais do autor de um relato histórico. Se os antigos buscavam a "verdade", os modernos estão cada vez mais conscientes da grande subjetividade

26 Ver a introdução à sua tradução e os comentários presentes nas notas aos diversos trechos onde Fr. Lasserre identifica as fontes de Estrabão: Lassere: 2003.

da escrita da história (Veyne: 1996; Noiriel: 2005). Assim, até mesmo as escolhas de Estrabão sobre as fontes a serem utilizadas ou priorizadas para fundamentar seu relato da história da Magna Grécia, devem fazer parte de uma caracterização de sua visão da história. De modo geral, podemos já observar que nosso autor prioriza as fontes mais antigas, provavelmente consideradas como mais veneráveis, independente do caráter mais ou menos verídico, mais ou menos fantasioso, dos relatos.

Em relação à sua obra, também não nos interessamos às questões de estabelecimento do texto do geógrafo e às diferentes opções escolhidas pelos vários editores.[27] Nosso discurso se entende uma análise do conjunto da visão de história para Estrabão a partir do exemplo do livro VI, que trata das antigas colônias gregas da Itália meridional; assim, as possíveis ou necessárias correções de certas expressões e as diferentes consequências que elas induzem não mudam a maneira global através da qual podemos apreender a concepção histórica de Estrabão.

Em conclusão dessa breve visão geral da obra, para nosso propósito que é o de reconhecer certa visão histórica de Estrabão, utilizar a *Geografia* como sendo uma obra de história não é assim incongruente; ele mesmo (VI, 1, 2) diz que aquele que trata da geografia da terra deve considerar não somente o presente, mas também algumas realidades do passado, sobretudo quando são bem conhecidas (VI, 1, 2). Por outro lado, é necessário ater-se a um *corpus* preciso e conciso; analisar a totalidade dos 17 volumes de Estrabão conteria, sem qualquer dúvida, uma grande variedade de situações, devidas em grande parte aos diversos níveis de conhecimento do autor sobre as várias regiões descritas.[28] Por conseguinte, o livro VI de Estrabão pode ser considerado como uma fonte unitária e que apresenta certa visão da história de uma região, a Magna Grécia, ou seja, a história das cidades gregas do sul da Itália, de sua fundação até o Alto Império no início do Iséculo d.C.

---

27 As principais edições do texto dos livros V e VI de Estrabão são: Strabonis: 1972; Strabon: 2003; Strabonis: 1970; Strabo: 1999; Strabo: 2001; Strabons: 2003; Strabons: 2007. S. Radt dirige uma empreitada recente de edição do texto e tradução em alemão do total da *Geografia* de Estrabão, publicada em 10 volumes, entre 2002 e 2011. O texto dos livros V e VI estão no volume 2, enquanto que os comentários no volume 6. Para um comentário de algumas das escolhas e das diferenças das edições dos livros V e VI de Estrabão, antes da edição de S. Radt, ver em particular: Nicolai: 1987, 265-286. Utilizamos aqui a edição e a tradução francesas de Lasserre: 1967.

28 Essa grande variabilidade na obra de Estrabão foi observada em relação ao tratamento que ele faz dos povos bárbaros: Almagor: 2005, 55.

A organização de sua obra segue um esquema geográfico, inspirado da tradição grega antiga, e Estrabão evoca as cidades como se estivesse fazendo o périplo das costas da Itália meridional (Jacob: 1991, 154-155). Assim, o geógrafo nos permite retraçar, não uma história linear da região, mas os feitos mais marcantes de cada uma dessas cidades.[29] O objetivo deste artigo é observar quais são esses fatos marcantes na visão de Estrabão e tentar mostrar qual ideia Estrabão e, em um sentido mais largo, os círculos eruditos de Roma podiam ter das colônias gregas da Itália no Iséculo d.C.[30] A partir da recuperação da dimensão histórica da obra de um autor conhecido principalmente pelas suas descrições geográficas, pode-se ver que, apesar de certa admiração por um passado glorioso, o olhar sobre os Gregos da Itália era pouco elogioso na época de Augusto ou de Tibério.

Uma história de decadência

No conjunto do livro VI da *Geografia*[31], pode-se dizer que o tema da decadência é recorrente nos trechos a caráter histórico, isto é, nas passagens que relatam acontecimentos históricos tanto do passado remoto como próximo, ou até mesmo a situação presente na época de Estrabão.[32] Essa ideia de decadência da Itália meridional na época romana não é uma novidade (Maddoli: 2004, 51-76; Lomas: 1993, 14-15), mas podemos ressaltar alguns elementos suplementares nessa discussão.

29 Para um compêndio da história dessa região a partir de todas as fontes literárias disponíveis e com diversos acenos aos dados arqueológicos recentes, ver: Musti: 2005.

30 Para uma comparação entre Estrabão e outros textos da época de Augusto que descrevem a Magna Grécia, sobretudo Tito Lívio, ver: Simon: 2011.

31 Ver os comentários, frase por frase, das descrições da Magna Grécia por Estrabão em: Biffo: 2006, 113-285. Em nossa análise, consideramos somente os parágrafos relativos à Magna Grécia propriamente, ou seja, somente à parte continental, deixando de lado a seção 2 do livro VI, relativa à Sicília.

32 Nosso critério para a escolha dos trechos históricos é ligado ao conteúdo das descrições em Estrabão: quando nosso autor se refere a acontecimentos, a fatos ou a memórias, mesmo se possivelmente fantasiosas; a oposição que fazemos se dá em relação às passagens que descrevem o espaço físico, como os acidentes geográficos (golfos, cabos, rios...). Dessa forma, incluímos em nossa análise diversas referências que não haviam sido enumeradas na coletânea de fragmentos históricos de Estrabão feita por P. Otto. Nessa última são listados somente os seguintes parágrafos do livro VI: VI,1,6 (fr197b ; fr.229); VI, 2, 3 (fr197c); VI, 2, 6 (fr.19); VI, 2, 11 (fr.21); VI, 3, 4 (fr.24); VI, 4, 2 (fr.14b).

Para resumir brevemente os acontecimentos evocados pelo geógrafo-historiador, pode-se dizer que, no momento da chegada dos colonos, a relação de forças entre Gregos e indígenas era largamente favorável aos colonizadores. Entretanto, a partir do extremo final do século Va.C., os Lucanos (Pontrandolfo: 1982), um povo de origem samnita, submeteram diversas cidades e fizeram grande pressão sobre aquelas que não estavam diretamente sob sua hegemonia. Em seguida, na primeira metade do século IIIa.C., os Romanos se impuseram em toda a região e a data da tomada de Tarento, em 272, marca o final da independência política das cidades gregas da Magna Grécia. Certo tempo depois, essas cidades gregas participaram ainda ativamente dos esforços militares durante a Segunda guerra Púnica e a expedição de Aníbal pela região. Enfim, depois da Guerra Social e da concessão da cidadania romana a toda Itália, parece que o sul da península está em uma situação de atraso e pobreza.

A expressão enunciada por Cícero (*Laelius. De amicitia*, 4, 13) parece traduzir bem claramente a impressão que esta região provocava na segunda metade do século Ia.C.: *Magnamque Graeciam, quae nunc quidem deleta est* (a Magna Grécia, hoje em ruína). Podemos completar essa visão romana da Magna Grécia com uma passagem do final do Satyricon de Petrônio (CXVI), no momento em que os protagonistas chegam em Crotona e encontram uma cidade em decombros. Sem querer fazer a exegese das fontes latinas[33], é interessante observar dois aspectos principais. Em primeiro lugar, nos dois casos, há uma oposição bem clara entre um passado glorioso e um tempo presente de grande desolação. As comparações que Petrônio faz entre Crotona e uma cidade que teria sido vítima da peste, onde só existem cadáveres e corvos para se alimentarem desses cadáveres é bastante eloquente. Um segundo aspecto comum é também de grande importância, qual seja a referência aos intelectuais (filosofia, retórica, eloquencia), célebres nos tempos antigos e inexistentes no presente desses autores. Essas fontes e o próprio relato de Estrabão, como veremos, foram utilizados para propor a identificação do momento de auge da Magna Grécia com o apogeu da influência dos círculos pitagóricos na região (Maddoli: 2004, 51-76).

33 Ver um comentário das fontes latinas que tratam da decadência da Magna Grécia em: Fedeli: 2004, 19-50. Além dos trechos já mencionados, o autor faz referência especialmente a Varron (*R. Rust.*, 6, 15), Silo Italico (12, 18), Tacito (*Ann.*, 15, 13), Columella (10, 134), Marcial (5,78,14), Virgílio (*Georg.*, 4, 563-4), Sêneca (*De tranquillitate animi, Dial.*, 9, 2, 13), Horácio (*Sat.*, I, 5 e II, 4, 34 e *Carm.*, 2, 6), Cícero (*De Oratore*, 2, 154 e 3, 139; e *Tusc.*, 1, 38; 4, 2 e 5, 10) e Tito Lívio (Tito Livio, 23, 30, 6 e 24, 3, 1). Sobre Tito Lívio e a Magna Grécia, ver: Simon, M., 2011.

O que se pode encontrar especificamente na obra de Estrabão?[34] Uma sequência cronológica está descrita no início do livro VI (VI, 1, 2), quando ele tenta explicar porque essa região era chamada *Megále Hellás* (Grande Grécia). Nesse trecho, analisado em detalhes por G. Maddoli (2004, 51-76 e Lomas: 1993, 162), há uma continuidade linear entre os tempos lendários da guerra de Tróia e os acontecimentos históricos posteriores.[35] Trata-se de uma longa história de conquistas, que começa com os relatos dos *nostoi*, os heróis da guerra de Tróia em seu caminho de volta e são tidos como fundadores de diversas cidades nas costas italianas (Bérard: 1957 e Malkin: 1998). Em seguida, depois das fundações coloniais na época arcaica, os Gregos do Ocidente não somente se asseguram a posse das costas, mas conquistam também um grande território no interior das terras italianas.

Para que haja decadência, é preciso inicialmente reforçar a riqueza ou a potência particularmente marcante que precedem os tempos difíceis. Para caracterizar essa fase de apogeu das colônias gregas na Itália meridional, podemos citar em primeiro lugar o trecho sobre o dito "império" de Síbaris (VI, 1, 13), no qual Estrabão relata que essa cidade gozava de uma fortuna tão excepcional que podia comandar quatro nações vizinhas, ter vinte e cinco cidades submetidas a seu controle e possuía uma população tão abundante que preenchia o espaço determinado pelas suas muralhas circulares de 50 estádios. Este trecho provocou muitas discussões na literatura acadêmica atual e aqui não é o lugar para retomar todas as numerosas interpretações (Greco: 1992, 459-485; Pollini: 2013a, 17-49; Pollini: 2014). O que nos importa é que se estabelece uma relação evidente entre a opulência da cidade e a dominação sobre um território bastante largo. As questões relativas à fronteira da cidade e à expansão da sua hegemonia sobre os povos indígenas estão aqui no centro das preocupações do geógrafo-historiador. Para nosso propósito, é interessante observar igualmente essa apologia dos tempos mais longínquos, na época do auge da civilização grega da Itália.

A cidade vizinha também é valorizada pelo seu passado glorioso. De fato, Crotona era célebre pelo grande vigor de seus atletas, diversas vezes campeões nos

---

34 Segundo R. Vattuone, o relato de Estrabão retoma as ideias e as descrições de Timeu de Tauromenion (1991, 314).

35 K. Lomas afirma que os elementos gregos das cidades da Magna Grécia na época romana são o resultado de uma retomada, de uma construção *a posteriori*, e não uma sobrevivência linear. Para fundamentar seu ponto de vista, a autora sublinha o papel de Neapolis (Nápoli) para a elite romana (1993, 182-185). Sobre a renovação da cultura grega na época de Augusto, ver também: Bowersock: 1992, 249-257).

concursos panhelênicos, sobretudo em Olímpia. Estrabão relata até um provérbio segundo o qual o "último dos Crotoniatas era o primeiro de todos os demais Gregos" (VI, 1, 12).

Aqui é importante retomar a ligação entre o esplendor da Magna Grécia e os círculos pitagóricos da Itália meridional. Em fuga do tirano de sua cidade natal, Samos, Pitágoras encontra exílio em Crotona em meados do século VI a.C. As influências do mestre e de suas doutrinas foram amplamente reconhecidas e há certo consenso sobre a coincidência do apogeu da cidade de Crotona com esse período (Jâmblico, *De vita Pythagorica*, 6, 29-30). Sem que saibamos a data e as razões exatas, Pitágoras é expulso de Crotona e encontra refúgio em outra cidade aqueia da Magna Grécia, em Metaponto, onde provavelmente termina sua vida. Não somente em relação às cidades de Crotona e Metaponto, onde Pitágoras viveu, mas de modo mais geral na região, G. Maddoli argumenta que o período de apogeu da Magna Grécia deve ser identificado com o momento de maior influência do Pitagorismo.

Além das referências intelectuais ao Pitagorismo, devemos também observar as realizações concretas dos Gregos do Ocidente e seus ideais de grandeza. Entre outros, podemos enumerar as diversas construções e a superfície bastante ampla das cidades italiotas, assim como os diversos templos do sul da Itália ou da Sicília (Mertens: 2006), sobretudo em Agrigento e Selinunte, alguns provavelmente inacabados, vista a dificuldade de construção de edifícios de tão grandes dimensões. Podemos também observar a vontade de exibir suas riquezas e suas grandes realizações para os demais Gregos, por exemplo no santuário de Delfos.[36] Essas referências às realizações concretas dos Italiotas nos permite assim ter uma visão mais global do período de glória da região e, sobretudo, expandir seus limites cronológicos até pelo menos meados do século Va.C., quando a influência pitagórica começa talvez a diminuir.[37]

Em relação a essa influência pitagórica, é necessário se referir também à cidade de Tarento (VI, 3, 4). Aqui, a ligação entre o apogeu da cidade e o pitagorismo é explícito em Estrabão e, com Arquitas, já estamos na primeira metade do século IVa.C.

Após esse momento de auge dos Gregos da Itália, vem a decadência e duas razões podem ser identificadas em Estrabão. Primeiro a moleza e os hábitos de luxo,

36 Um exemplo concreto desse passado glorioso pode ser observado na ostentação dos monumentos encomendados pelas cidades da Magna Grécia (Tarento e Crotona principalmente) presentes nos grandes santuários panhelênicos, Delfos em especial: Montel: 2010, 203-215).

37 Sobre o pitagorismo no final da República romana, ver: Simon: 2011, 401-429.

a ideia clássica da *tryphé* como na sequência do trecho sobre Tarento (VI, 3, 4). Mas a razão mais frequente para explicar a decadência das colônias gregas pode ser encontrada nas disputas militares. Se a moleza coincidir com a derrota militar, pode-se enfim explicar como a mais importante colônia grega da época arcaica, Síbaris, foi completamente destruída em 511 a.C.[38], no auge do seu poderio (VI, 1, 13).

Sem ter necessidade de recorrer a uma ideia de moleza, Crotona também foi vítima de um reverso militar importante, aquele da batalha nas margens do rio Sagra (VI, 1, 10). Segundo Estrabão, dez mil homens de Locri, com a ajuda de um número não definido de aliados vindos de Rhegion, ganharam a batalha contra cem trinta mil homens de Crotona. Esse acontecimento, ou provavelmente o aspecto inverossímil que a notícia da batalha tenha chegado no mesmo dia em Olímpia, deu lugar a um provérbio que dizia: "mais verdadeiro que o acontecimento da Sagra". Para nós, a afirmação da razão da decadência de Crotona é obviamente mais importante (VI, 1, 10).

A maioria dos especialistas da história da Magna Grécia está de acordo para datar a batalha da Sagra em meados do século VI (Musti: 2005, 104; De Julius: 1996, 153-154; Bicknell: 1966, 294-301), antes assim da destruição de Síbaris. Com frequência, para não acusar Estrabão de anacronismo, os historiadores modernos ressaltam a chegada de Pitágoras em Crotona, por volta de 530 a.C., e uma retomada da opulência da cidade graças à sua doutrina. Por outro lado, podemos também estabelecer um elo entre esse trecho e o tema mais geral da decadência das colônias gregas do sul da Itália. O geógrafo-historiador insiste em ressaltar as duras consequências da derrota da Sagra, mais uma vez em outro trecho, no final do relato sobre a grandeza de Crotona e a celebridade de seus atletas (VI, 1, 12).

A insistência na derrota da Sagra, apesar da menção aos pitagóricos que contribuíram para a glória da cidade, deixa no ar certo cepticismo a respeito desse trecho. Ainda mais que podemos identificar o mesmo esquema recorrente em todas as explicações para a decadência das colônias gregas da Itália. Parece mais apropriado sublinhar simplesmente a vontade de Estrabão em achar uma razão forte, sobretudo ligada a uma importante derrota militar, para explicar a decadência destas cidades. Sem utilizar a batalha da Sagra e sem poder recorrer a uma eventual moleza dos cidadãos de Crotona, ele estaria na impossibilidade de atribuir a decadência desta cidade a um evento marcante. Para explicar a incapacidade de Crotona a aproveitar inteiramente da vitória contra Síbaris, nada melhor que afirmar que a cidade já estava em decadência.

38 Sobre a destruição de Síbaris, ver em especial: Lombardo: 2002, 43-67.

Enfim, Rhegion também segue o mesmo esquema: de uma cidade poderosa, confrontada a uma derrota militar importante, nesse caso contra Dionísio 1de Siracusa[39], e que conhece em seguida um período de decadência (VI, 1, 6).

Uma questão de hegemonia?

Nos casos apresentados até agora, será que podemos identificar alguns elementos de certa visão de conjunto? Além da constatação de diversos casos de decadência das colônias gregas da Itália, existe alguma outra característica comum nestes trechos relativos à história da Magna Grécia?

Em primeiro lugar, as histórias que já comentamos estão associadas unicamente às colônias que sofreram uma grande derrota pela ação de uma outra cidade colonial grega. Podemos ver a seguir os casos relativos aos povos itálicos. Nos casos restritos às únicas cidades gregas existe uma preocupação constante com os problemas de dominação de um território mais extenso que o espaço rural diretamente controlado por uma cidade. Os dois exemplos de Síbaris e de Crotona são, a esse respeito, eloquentes.

No primeiro caso, aquele de Síbaris, a cidade dominava um espaço muito mais abrangente que o território sob sua autoridade direta. Não se conhece precisamente as razões que levaram os cidadãos de Crotona a se oporem aos vizinhos, mas é muito provável que os interesses de uma hegemonia abrangente faziam parte dessas razões. Muito já foi dito sobre a provável coincidência entre o termo *Italìa* de certas fontes gregas mais antigas e a região sob a hegemonia de Síbaris. De fato, há certo conseso para estabelecer que a primeira denominação para a região tenha sido *Italìa*, que teve como resultado a identificação dos Gregos do sul da Itália como *Italiotas*. Inicialmente esse nome deveria se referir unicamente à região da Calábria atual e somente num segundo momento seus limites forma estendidos. Essa primeira forma de definição e de reagrupamento das cidades gregas da região deve estar ligada ao momento de constituição e apogeu do "império" de Síbaris, a partir da segunda metade do século VII a.C.[40] Depois

---

39 Foram diversas as expedições militares de Dionísio de Siracusa contra Rhegion desde 399 a.C., com a derrota final dessa cidade em 387, Diodoro, XIV, 106-107; Musti: 2005, 244-256.

40 As fundações de Metaponto, em 630 a.C., e de Posidônia, em *ca.* 600 a.C., podem ser identificadas como as expressões mais concretas da expansão do "império" de Síbaris muito além de seu território cívico.

da destruição de Síbaris por sua vizinha Crotona em 511 a.C., a região parece mudar de denominação e adotar a expressão conhecida até nós, *Megále Hellás* ou Magna Grécia, muito provavelmente como resultado direto da vontade de Crotona de assegurar sua hegemonia, no lugar de sua antiga rival.[41] Esta mudança no vocabulário empregado para descrever um espaço geográfico comparável pode dar indicações bastante interessantes para compreender os interesses a respeito da história da região. Por outro lado, a própria denominação da região deve estar também intimamente ligada ao Pitagorismo e à sua grande influência, em primeiro lugar em Crotona.[42]

Voltando ao caso da batalha da Sagra, a pesquisa arqueológica parece mostrar bem claramente as consequências da vitória de Locri. Essa cidade pôde estender sua influência sobre um território bastante vasto na parte meridional da Calábria atual. As fundações de Hipponion e de Medma certamente constituem o elemento mais saliente. Além disso, a evolução da ocupação de diversas localidades da costa tirrênica, principalmente na região de Temesa, parece confirmar certa mudança de esfera hegemônica, de Crotona a Locri.[43] No caso da batalha da Sagra, as duas cidades que se opunham, Crotona e Locri, não eram vizinhas e a origem do conflito não pode ser encontrada no esquema habitual no mundo grego, qual seja, o estopim de uma guerra causado geralmente por disputas de fronteiras entre duas cidades.[44] A hegemonia sobre um território mais vasto era, ainda mais claramente nesse caso, a razão central da oposição entre as duas cidades.

Essas questões de disputas hegemônicas entre cidades gregas não são novas, mesmo se a cronologia na Itália meridional, desde meados do século VI a.C., constitui

41 Sobre as diferentes denominações para a região, ver os comentários recentes de M. Simon: Simons: 2011. Ver também: Maddoli: 2004, 51-76; Megale Hellas : nome e immagine, 1981 e Crotona, 1983.

42 Jâmblico, *De vita Pythagorica*, 29, 166. Ver a discussão aprofundada de D. Musti sobre a ligação entre o pitagorismo e a denominação de Magna Grécia (*Megále Hellás*): (2005, 103-203).

43 Ver os dados arqueológicos provenientes da região da antiga Temesa, especialmente na localidade de Imbelli di Campora. La Torre: 2002; Dall'Oliva al Savuto. Studi e ricerche sul territorio dell'antica Temesa, 2007; e um discurso de reconstituição histórica a partir desses dados arqueológicos, embora esse procedimento seja bastante discutível: De Sensi Sestito: 2009, 103-117).

44 Um exemplo muito claro é a disputa entre Segesta e Selinunte, estopim da expedição ateniense contra Siracusa na Sicília em 415 a.C., Tucídides, VI, 1, 6.

em si um aspecto notável. É interessante ressaltar, no caso do geógrafo-historiador Estrabão, como a vontade de expansão de uma hegemonia se imbrica com o tema da decadência das colônias da Magna Grécia. Resta a questão se podemos estabelecer uma relação de causa e efeito, mas a resposta mais provável é a da afirmativa.

Os Lucanos, moles e "desprovidos de qualquer importância"

Se até aqui tratamos das derrotas militares sofridas por uma colônia em seus conflitos contra uma outra cidade grega, o elemento essencial para explicar a decadência dos Gregos da Itália (Italiotas) é a chegada dos Lucanos, no extremo final do século Va.C. A conquista lucana é ressaltada nos casos de Posidônia (V, 4, 13), de Laos (VI, 1, 1) e de Túrio (VI, 1, 13). Porém a sequência do parágrafo citado no início, aquele que relatava o passado glorioso de toda a região chamada Magna Grécia, é o mais eloquente (VI, 1, 2). De fato, nesse trecho, Estrabão enumera unicamente três cidades, Tarento, Rhegion (Reggio Calabria) e Neapolis (Nápoli), que ainda possuem algum caráter grego, provavelmente o emprego da língua e das instituições antigas. G. W. Bowersock (1992, 249-250), porém, argumenta que, a partir do testemunho das inscrições, com exceção possível de Nápoli, seria difícil concluir que essas cidades preservaram algum vestígio concreto da herança grega nos anos finais da República, na época de Estrabão. Por outro lado, ficam fora da lista de Estrabão, cidades reconhecidas como focos de preservação de helenismo na época de Augusto e de Tibério, como Vélia e Heracleia. Dessa forma, essa menção do nosso autor deve ser reflexo de suas fontes, que descrevem uma situação ainda válida até ao menos um século antes, ou mais provavelmente até o final do século III ou início do II a.C.[45]

Por outro lado, podemos identificar uma espécie de contradição interna na comparação entre os diferentes trechos históricos em Estrabão. Se os povos itálicos são os principais responsáveis pela decadência dos Gregos da Itália, aqueles que contavam com um passado glorioso, os Lucanos são bastante criticados pelo historiador-geógrafo como sendo moles e "seus assentamentos são desprovidos de qualquer importância" (VI, 1, 2). Outros trechos nos permitem apreender melhor esta forma de contradição em Estrabão.

Ao lado de um trecho relativamente neutro, onde Estrabão sublinha a origem samnita dos Lucanos e sua vitória sobre os cidadãos de Posidônia (VI, 1, 3), nos de-

45 Nesse sentido, é interessante fazer o paralelo com um trecho de Tito Lívio (35, 16, 3. Ver Simon: 2011, 385-390.

paramos com uma descrição da grandeza desse povo (VI, 1, 3). Após essas duas menções, as críticas direcionadas a essa população são mais fortes. Em primeiro lugar, eles não possuíam nenhum estabelecimento digno de ser considerado (VI, 1, 2). Ou ainda, para descrever a tomada de independência dos Bruttios, Estrabão volta a ressaltar o tema da fraqueza, justamente no último trecho relativo aos Lucanos (VI, 1, 4).

Como interpretar esses trechos, em aparência, contraditórios? Como explicar que os habitantes de Túrio viveram por muitos anos na abundância e depois foram reduzidos a escravos pelos Lucanos (VI, 1, 13), os mesmos que são acusados de moleza?

Por um lado, o objetivo de Estrabão era descrever a glória de Roma. É por isso que ele não hesita em insistir no fato que os Lucanos que derrotaram Posidônia se tornaram, em sua época, cidadãos romanos (VI, 1, 3). Para reforçar essa ideia, basta relembrar que, no final do livro VI, depois da descrição de toda a Itália, Estrabão ressalta o poderio de Roma, que soube estender sua hegemonia sobre todo o universo (VI, 4, 2).

Por outro lado, uma outra interpretação, específica ao sul da Itália, pode completar esse quadro geral. Colocando em paralelo a maioria dos trechos a caráter histórico do livro VI, podemos identificar um elemento comum, qual seja o tema da decadência, causada por uma derrota militar marcante, em geral em consequência da moleza das pessoas que viviam em abundância (a *tryphé*). Se esse esquema foi provavelmente desenvolvido para descrever os colonos gregos, após um passado glorioso, ele também pode ser utilizado em relação aos Lucanos. Seria assim uma característica dos povos da Itália meridional, antes dos Romanos, inclusive dos Lucanos. Todos seguiram o mesmo esquema: desenvolvimento, grande poderio e decadência. Se os Lucanos são criticados, o objetivo era certamente reforçar o caráter dos Romanos que, eles, não sucumbem na presunção e na moleza.

Velia, a exceção que confirma a regra

Toda regra, para ser confirmada, deve ter uma exceção. Em nosso caso, a exceção é Velia (VI, 1, 1), a única cidade fundada na Itália meridional pelos Gregos vindos de Foceia (Ásia Menor) em 540 a.C (Heródoto, I, 163-167). Ao contrário do trecho no qual Estrabão (VI, 1, 2) enumera Tarento, Rhegion e Neapolis como as únicas cidades a manterem uma identidade grega mesmo em sua época, K. Lomas (1993, 174-181;

176-177)[46] substitui Tarento por Velia na lista das cidades que mantiveram o uso da língua grega nas inscrições datadas do período romano. G. W. Bowersock (1992, 253-254) propõe uma explicação mais dinâmica, segundo a qual, na época de Augusto, essas cidades e em particular Vélia teriam construído um discurso *a posteriori* tentando reavivar uma herança grega, em grande parte já perdida, para tentar reivindicar um estatuto privilegiado. A permanência, ou ressurgimento, da cultura grega em Velia, mesmo se não ressaltada no trecho de Estrabão, pode estar, ao menos em parte, na origem do tratamento diferenciado reservado a essa cidade.

Segundo Estrabão, da mesma forma que Crotona, é a presença de círculos pitágoricos que constitui a força principal da cidade. Entretanto, os filósofos citados, Parmênides e Zênon, não são necessariamente reconhecidos como membros de círculos pitagóricos, e sua associação parece ser imprópria. Esta apologia da cidade virtuosa de Vélia se faz sentir sobretudo na oposição evidente: de um lado, os dois triunfos militares, um contra a cidade vizinha de Posidônia e outro contra os Lucanos e, de outro, a pobreza do território e número reduzido de seus cidadãos.

O alcance das doutrinas de Pitágoras na obra de Estrabão merece um desenvolvimento mais aprofundado, inclusive em relação à discussão da provável associação imprópria de Parmênides e Zênon a essa corrente filosófica, mas esse tema de estudos vai muito além do contexto desse trabalho. Por hora, será suficiente observar que Velia é a única colônia que não é descrita segundo o mesmo esquema de uma grande potência em um passado glorioso que conhece a decadência depois de uma derrota militar ou por causa da moleza das pessoas vivendo em abundância (*tryphé*). Por outro lado, no caso de Vélia, a ausência de uma descrição de decadência deixa em suspenso a origem da queda da cidade que, como todas as demais cidades gregas da Itália, estão sob domínio romano na época de Estrabão. Apesar de todos os riscos de propor um argumento *ex absentia*, talvez as fontes de Estrabão (Antíoco de Siracusa é citado no trecho sobre Vélia) não tivessem conservado a memória de nenhuma derrota militar importante que fosse capaz de explicar, na visão de Estrabão, as razões para a decadência dessa cidade. Assim, em nossa leitura, ela fica ressaltada como a única cidade para a qual não se faz referência à decadência.

46 Segundo a autora, a escolha entre o grego ou o latim segue uma lógica cultural e não étnica: a escolha pelo grego seria assim independente da origem étnica daqueles que fazem as dedicatórias, como podem mostrar os exemplos de uso da língua grega com uma onomástica latina. O uso do grego revelaria assim uma escolha de distinção social da elite romana.

Vale dizer, sobretudo a partir do caso de Vélia, que Estrabão procura evitar as descrições das conquistas romanas das cidades gregas da Magna Grécia; sobretudo, não parece haver qualquer associação entre as conquistas romanas e a decadência dessas cidades gregas. Ao contrário, a leitura de Estrabão mostra que o tema da decadência da Magna Grécia é cronologicamente anterior às conquistas romanas, e as descrições de nosso autor são muito provavelmente tributárias de suas fontes, principalmente as mais antigas, que descrevem a região num momento anterior ao domínio romano.

Conclusão

Para concluir, mesmo se Estrabão é, com justiça, conhecido como geógrafo, as referências aos acontecimentos históricos presentes em sua obra merecem uma análise própria. Considerando uma região geográfica unitária e colocando em paralelo os diferentes trechos dispersos nas descrições de cada cidade, é possível, por vezes, reconhecer certos esquemas. Porém a identificação desses esquemas não pressupõe necessariamente a aceitação de uma uniformidade de situações. Se as realidades particulares de cada cidade da Magna Grécia podem ser variadas e diversificadas (Lomas: 1993, 187), o objetivo é determinar a visão que Estrabão e uma parte da elite romana podiam ter desta região entre o final da República e o início do Império.

No caso das colônias gregas da Magna Grécia, em primeiro lugar, parece possível considerar a obra de Estrabão como um testemunho de uma tradição, infelizmente perdida e que existe ao menos desde o século IVa.C., principalmente por intermédio da citação de alguns historiadores gregos do Ocidente. Por outro lado, podemos ver uma provável especificidade dessa região, onde praticamente todas as antigas cidades gregas seguem a mesma sequência cronológica: uma história de conquistas, um passado glorioso, uma grande derrota militar ou a moleza por causa da grande abundância (*tryphé*) e a decadência. A oposição à história de Roma, uma história que conhece, na época de Estrabão, somente vitórias e conquistas, é ainda mais espetacular e reforça ainda mais a ideia da superioridade militar romana. Relembremos que Estrabão escreve pouco depois da *Pax Romana* de Augusto e que o objetivo de sua obra, além do enaltecimento do Império, é de ser útil aos governantes e à elite da sociedade romana, como uma espécie de manual, não somente geográfico, mas também histórico.

Assim, Estrabão faz uma colagem do elogio ao Império romano e da tradição histórica grega, principalmente por intermédio de Antíoco de Siracusa, de Timeu e de Posidônio (Bowersock: 1992, 249;).[47] Se a época de Augusto promove uma renovação da cultura grega na Itália meridional pela elite romana (Bowersock: 1992, 249-257; Lomas: 1993 e Simon: 2011), Estrabão se faz testemunho de uma tradição anterior, segundo a qual as cidades da Magna Grécia estavam em decadência antes das conquistas romanas. E nesse aspecto, Estrabão escolhe citar as fontes mais antigas em detrimento das mais recentes.[48] Ao mesmo tempo, o historiador-geógrafo quer sublinhar a potência romana.

Para fazer concordar esses dois aspectos, um último elemento pode ser avançado. Vimos como as histórias relativas às colônias gregas diziam respeito, sobretudo, aos interesses hegemônicos. Em seguida, Estrabão conclui esta parte de sua obra com a afirmação da hegemonia romana. Além disso, esse domínio de Roma "sobre o universo" foi construído a partir de uma base de operações na Itália. Com esses dois elementos em paralelo, o relato de Estrabão ganha uma força de persuasão redobrada: as terras da Itália, especialmente aquelas do sul da península, são férteis e permitiram o desenvolvimento de cidades muito poderosas. Mas elas não souberam tirar proveito de suas vantagens, seja por causa de uma moleza criada pela abundância (*tryphé*), seja por causa de uma grande derrota militar como consequência de interesses hegemônicos entre essas cidades. Ao contrário, Roma, graças a uma sucessão de vitórias militares, soube aproveitar de forma apropriada a riqueza das terras italianas, sem cair na tentação da moleza.

Uma maneira de tentar confirmar a visão de Estrabão é confrontá-la aos dados arqueológicos à nossa disposição. Essa tarefa excede largamente os objetivos desse trabalho, mas vale a pena acenar para um exemplo bastante eloquente: as pesquisas arqueológicas da zona urbana de Síbaris (Greco: 2009, 108-117). Depois de sua destruição, uma nova colônia pan-helênica foi fundada a partir do impulso de Péricles de Atenas em 444 a.C., a cidade de Túrio. Depois da conquista romana, a cidade foi transformada em colônia romana em 194 a.C. e muda novamente de nome para Copiae. A observação dos vestígios arqueológicos da zona urbana permite mostrar que, por um lado, há uma superposição entre as três, Síbaris, Túrio e Copiae. Por outro lado, a superfície ocupada é cada vez menor: a superfície conhecida de Túrio bem menor que aquela de Síbaris e Copiae é ainda menor que Túrio.

47 Fr. Lasserre atribui a Artemidoro de Éfeso as citações de Timeu presentes em Estrabão (2003, 10-25).

48 A esse respeito, assim como a utilização dos aspectos fantasiosos no livro VI, ver: Ronconi: 2003, 111-129.

Nosso autor parece ter uma visão muito clara da história e da geografia de seu tempo, com objetivos bem definidos para a escrita de sua obra "colossal": enaltecimento do poderio romano, um esquema recorrente na apresentação dos fatos históricos, uma vontade de explicar a decadência da região a partir de argumentos fortes (derrota militar ou a ideia de *tryphé*), a escolha de fatos marcantes como guias para o relato histórico, uma cronologia que se adapta em função da lógica de apresentação geográfica (comparável aos mais antigos périplos), enfim, a escolha de fontes mais antigas para legitimar seu próprio discurso. Uma vez que seu relato é tido como legítimo, com as referências às fontes mais célebres, suas escolhas parecem guiadas com o objetivo de constituir um compêndio sucinto e útil para o homem da elite romana que deve se informar sobre uma dada região, em nosso caso, a Magna Grécia. Estrabão se propõe como o guia de referência, com o relato somente das informações essenciais para compreender a região. Para terminar com um jogo de palavras, se seu nome pode, eventualmente, ter relações com algum defeito físico[49], sua visão da história não tem nada de vesga e, intelectualmente, Estrabão não era em nada estrábico.

Referências bibliográficas

ALMAGOR, E."Who is a barbarian? The barbarians in the ethnological and cultural taxonomies of Strabo". In: DUECK, D. & LINDSAY, H. *et al.* (orgs.) *Strabo's cultural geography. The making of a Kolossourgia*, Cambridge: Cambridge University Press, 2005, pp. 42-55.

AMBAGLIO, D. "Diodoro Siculo". In: VATTUONE, R. (org.) *Storici greci d'Occidente*, Bologne: Il Mulino, 2002, pp. 301-338.

AUJAC, G. *Strabon et la science de son temps: les sciences du monde.* Paris: Les Belles Lettres, 1966.

49 J. Kajanto (*The Latin cognomina*, Helsinki, 1965) já sublinhou que, mesmo se os *cognomina* que se referem a características físicas deveriam ser individuais, essa regra não é absoluta, necessária nem automática. G. Maddoli propõe o estabelecimento de uma ligação do nome de Estrabão (*Strabo* em latim) com o pai de Pompeu, que tinha esse cognomen, como forma de reforçar as relações políticas e clientelísticas entre o grande general e as antigas elites orientais submetidas por ele ao poder romano: Maddoli: 1987, 17. Outra possibilidade é ligar o cognomen *Strabo* e possivelmente o nome *Aelius* ao seu patrono e *praefectus* do Egito, Aelius Gallus; assim Estrabão podia ter sido chamado *Aelius Strabo*, religando sua pessoa aos círculos patrícios romanos: Bowersock: 1965, 128.

______. *Ératosthène de Cyrène, le pionnier de la géographie. Sur la mesure de la circonférence terrestre.* Paris: Éditions du CTHS, 2001.

______. *Strabon. Géographie. Introduction générale*, Collection des Universités de France (Guillaume Budé) T.1 vol. 1, Paris: Les Belles Lettres, 2003, primeira edição, 1969.

BARON, C. A. *Timaeus of Tauromenium and Hellenistic historiography*, Cambridge: Cambridge University Press, 2013.

BERARD, J. *La colonisation grecque de l'Italie méridionale et de la Sicile dans l'Antiquité*, 2ª ed., Paris: PUF, 1957, primeira edição, 1941.

BERARD, V. *Les navigations d'Ulysse*, 4 vols, Paris: A. Colin, 1927.

BIANCHETTI, S. "L'Eratostene di Strabone", *Le Monde et les mots. Mélanges Germaine Aujac*, 72, Toulouse: Presses Universitaires du Mirail, 2006, pp. 35-46.

BICKNELL, P. "The Date of the battle of the Sagra river", *The Phoenix*, 20, p. 294-301.

BIFFI, N. *L'Anatolia meridionale in Strabone : libro XIV della "Geografia"*, Quaderni di Invigilata Lucernis, Bari: Edipuglia, 2009.

______. (org.) *Magna Grecia e dintorni : Geografia, 5,4,3- 6,3,11.* Bari: Edipuglia, 2006.

BIRASCHI, A. M. "Strabo and Homer: a chapter in cultural history". In: DUECK, D. & LINDSAY, H. *et al.* (orgs.) *Op. cit.* pp. 73-85.

BIRASCHI, A. M. & SALMERI, G. (orgs.) *Strabone e l'Asia Minore*, Incontri perugini di storia della storiografia antica e sul mondo antico, X, Naples: Edizioni Scientifiche Italiane, 2001.

BLOOMER, W. M. "The superlative Nomoi of Herodotus's Histories", *Classical antiquity*, 12, 1993, pp. 30-50.

BOWERSOCK, G. W. *Augustus and the Greek world.* Oxford: Clarendon Press, 1965.

______. "Les Grecs «barbarisés»". *Ktèma: civilisations de l'Orient, de la Grèce et de Rome antiques*, 17, 1992, pp. 249-257.

CANFORA, L. "Le But de l'historiographie selon Diodore". In: VERDIN, H. & G. SCHEPENS, G. *et al.* (orgs.) *Purposes of History. Studies in Greek Historiography from the 4th to the 2nd centuries B.C.*, Lovanii: 1990, pp. 313-322.

CASTRO PAEZ, E. "La géographie de la barbarie dans le livre III de Strabon. Une approche à partir de la terminologie". In: CHARPENTIER, M.-C. (Org). *Les espa-*

ces du sauvage dans le monde antique. Approches et définitions, Besançon: Presses Universitaires de Franche-Comté, 2000, p. 243-253.

CLARKE, K. *Between Geography and History. Hellenistic constructions of the Roman world.* Oxford: Clarendon Press, 1999.

CROTONA. Atti del Convegno di studi sulla Magna Grecia, XXIII, Tarente: Istituto per la Storia e l'Archeologia della Magna Grecia, 1983.

Dall'Oliva al Savuto. Studi e ricerche sul territorio dell'antica Temesa. In: LA TORRE, G. F. (org.) *Atti del convegno, Campora San Giovanni, 15-16 settembre*, Biblioteca di "Calabria antica", Amantea: CS/ Fabrizio Serra Editore, 2009.

DE JULIIS, E. M. *Magna Grecia. L'Italia meridionale dalle origini leggendarie alla conquista romana*, Temi e luoghi del mondo antico, 2, Bari: Edipuglia, 1996.

DE SENSI SESTITO, G. "La storia italiota in Diodoro. Considerazioni sulle fonti per i libri VII-XII". In: GALVAGNO, E & MOLÉ VENTURE, C (orgs.) *Mito storia tradizione. Diodoro siculo e la storiografia classica.* Catania: Edizioni del Prisma, 1984, pp. 125-152.

______. "Temesa e Terina: evoluzione storica e dinamiche territoriali nel *Sinus ingens terinaeus*". In: LA TORRE, G. F. (org.) *Dall'Oliva al Savuto. Studi e ricerche sul territorio dell'antica Temesa.* Rome: Fabrizio Serra Editore, 2009, p. 103-117.

DILKE, O. A. W. *Greek and Roman Maps.* Londres: Thames and Hudson, 1985.

DILLERY, J. "Hellenistic Historiography". In: FELDHERR, A. & HARDY, G. (orgs.) *The Oxford History of Historical Writing. Beginnings to AD 600.* Oxford: Oxford University Press, 2011, pp. 171-218.

DUECK, D. *Strabo of Amasia. A Greek Man of Letters in Augustan Rome.* Londres/ New York: Routledge, 2000.

______. "Strabo's use of poetry". In: DUECK, D. & LINDSAY, H. *et al.* (orgs.) *Op. cit.* p. 86-107.

DUECK, D.; LINDSAY, H. & POTHECARY, S. (orgs.) *Strabo's Cultural Geography. The Making of a Kolossourgia.* Cambridge: Cambridge University Press, 2005.

FEDELI, P. "Le Fonti letterarie". In: *Tramonto della Magna Grecia*, Atti del Convegno di studi sulla Magna Grecia, XLIV. Tarente: Istituto per la Storia e l'Archeologia della Magna Grecia, 2004, p. 19-50.

FOUCAULT, M. *L'archéologie du savoir.* Paris: Gallimard, 2012, primeira edição, 1969.

GRECO, E. “L’impero di Sibari: bilancio archeologico-topografico”. In: *Sibari e la Sibaritide*, Atti del convegno di studi sulla Magna Grecia, XXXII. Tarente: Istituto per la Storia e l’Archeologia della Magna Grecia, 1992, p. 459-485.

______. “Urban plan of Túrio: literary sources and archaeological evidence for a Hippodamian city”. In: OWEN, S. & PRESTON, L. (orgs.) *Inside the City in the Greek World: Studies of Urbanism from the Bronze Age to the Hellenistic Period.* Oxford: Oxbow books, 2009, p. 108-117.

JACOB, C. “Carte Greche”. In: PRONTERA, F. (org.) *Geografia e geografi nel mondo antico. Guida storica e critica.* Rome: Laterza, 1983, p. 47-67.

______. *Géographie et ethnologie en Grèce ancienne.* Collection Cursus. Paris: Armand Colin, 1991.

______. “Disegnare la Terra”. In: SETTIS, S. (org.) *I Greci. Storia, cultura, arte, società, 1. Noi e i Greci*, Turin: G. Einaudi, 1996, p. 901-953.

JACOBY, F. *Die Fragmente der griechischen Historiker.* Leiden: Brill, 1986, primeira edição, 1926.

JANNI, P. “Una trattazione scientifica antica: i prolegomeni di Strabone”. *Poesia e religione in Grecia. Studi in onore di G. Aurelio Privitera*, 2, Naples: Edizioni Scientifiche Italiane, 2000, p. 369-451.

KANT, I. *Géographie*, Tradução de M. Cohen-Halmini; M. Marcuzzi, *et al.*, Bibliothèque philosophique. Paris: Aubier, Primeira edição, *Physische Geographie*, 1999, primeira edição 1802.

LA TORRE, G. F. *Un tempio arcaico nel territorio dell’antica Temesa : l’edificio sacro in località Imbelli di Campora San Giovanni*, 14, Regio III, 4. Rome: L’Erma di Bretschneider, 2002.

LACHENAUD, G. *Mythologies, religion et philosophie de l’Histoire dans Hérodote*, Thèse présentée devant l’Université de Paris IV, 1976. Lille: Atelier reproduction des thèses, 1978.

LANZILLOTTA, E. “Geografia e storia da Ecateo a Tucidide”. In: SORDI, M. (org.) *Geografia e storiografia nel mondo classico.* Milan: Vita e pensiero, 1988a, p. 19-31.

______. “Nota di Cartografia Greca”. In: JANNI, P. & E. LANZILLOTTA, E. (orgs.) *Geografia. Atti del SecondoConvegno Maceratese su Geografia e Cartografia antica.* Rome: Giorgio di Bretschneider, 1988b, p. 93-103.

LASSERRE, F. *Strabon. Géographie. Notice*, Collection des Universités de France (Guillaume Budé) T.3 Livres V-VI. Paris: Les Belles Lettres, 2007, primeira edição, 1967.

LOMAS, K. *Rome and the Western Greeks 350 BC - AD 200*. Londres/New York: Routledge, 1993.

LOMBARCO, M. "La Norma e l'eccesso: la guerra tra Sibari e Crotona e alcuni aspetti della '*Greek way of War*' in età arcaica". In: SORDI, M. (org.) *Guerra e diritto nel mondo greco e romano*, 28. Milan: Vita e Pensiero, 2002, p. 43-67.

LURAGHI, N. "Antioco di Siracusa". In: VATTUONE, R. (org.) *Op. cit.* pp. 55-89.

MADDOLI, G. "Strabone e l'Italia antica. Dalla genisi della *Geografia* alla problematica dei libri V e VI". In: Maddoli, G. (org.) *Strabone e l'Italia antica*. Acquasparta: Edizioni Scientifiche Italiane, 1987, p. 9-22.

______. "Il Raconto di Strabone". In: *Tramonto della Magna Grecia*, Atti del Convegno di studi sulla Magna Grecia, XLIV, Tarente: Istituto per la Storia e l'Archeologia della Magna Grecia, 2004, p. 51-76.

MALKIN, I. *The Returns of Odysseus. Colonization and Ethnicity*. Berkeley: University of California Press, 1998.

MARCOTTE, D. "Introduction générale". In: MARCOTTE, D. (org.) *Géographes grecs. Ps-Scymnos: Circuit de la Terre*, Tome 1, Paris: Les Belles Lettres, 2000, p. xiii-clxiv.

MCINERNEY, J. *The Folds of Parnassos. Land and Ethnicity in Ancient Phokis*. Austin: University of Texas Press, 1999.

Megale Hellas : nome e immagine. Atti del Convegno di studi sulla Magna Grecia, XXI, Tarente: Istituto per la Storia e l'Archeologia della Magna Grecia, 1981.

MERTENS, D. *Città e monumenti dei Greci di Occidente : dalla colonizzazione alla crisi di fine V secolo a.C.*, Tradução de M. Papini. Rome: L'Erma di Bretschneider, 2006.

MOMIGLIANO, A. "The Rhetoric of History and the History of Rhetoric: on Hayden White's Tropes". *Comparative criticism. A yearbook*, 3, 1981, p. 259-268.

______. *Problèmes d'historiographie ancienne et moderne*. Paris: Gallimard, 1983.

______. *Les fondations du savoir historique*. Paris: Les Belles Lettres, Primeira edição, The classical foundations of modern historiography, 1991.

MONTEL, S. "Des colons qui veulent passer pour plus grecs que les Grecs de métropole". In: ROUILLARD, P. (org.) *Portraits de migrants, portraits de colons*, 2, Paris: De Boccard, 2010, p. 203-215.

MÜLLER, K. *Fragmenta historicorum graecorum.* Paris: A. Firmin Didot, 1849.

MUSTI, D. *Magna Grecia: il quadro storico.* Storia e società. Rome: Laterza, 2005.

NICOLAI, R. "Scelte critico-testuali e problemi storici nei libri V e VI della *Geografia* di Strabone". In: MADDOLI, G. (org.) *Strabone e l'Italia antica.* Acquasparta: Edizioni Scientifiche Italiane, 1987, p. 265-286.

NICOLET, C. *L'Inventaire du monde. Géographie et politique aux origines de l'Empire romain*, Paris: Fayard, 1988.

NOIRIEL, G. *Sur la "crise" de l'histoire.* Folio Histoire. Paris: Gallimard, 2005, primeira edição, 1996.

PARMENTIER, É. & CARREZ-MARATRAY, J.-Y. "Strabon". In: LECLANT, J. (org.) *Dictionnaire de l'Antiquité.* Paris: PUF, 2005, p. 2075-2076.

PEARSON, L. I. C. *The Greek Historians of the West: Timaeus and his Predecessors.* Philological Monographs of the American Philological Association, xxxv. Atlanta: Scholars Press, 1987.

PÉDECH, P. "Strabon historien". *Studi classicí in onore di Quintino Cataudella*, II, Catane: Edigraf, 1972, p. 395-408.

PERETTI, A. "I Peripli arcaici e Scilace di Carianda". In: PRONTERA, F. (org.) *Geografia e geografi nel mondo antico. Guida storica e critica.* Bari: Laterza, 1983, p. 71-113.

POLLINI, A. "Hérodote de Túrio témoin des migrants en Grande Grèce". In: org. P. ROUILLARD, P. (org.) *Op. cit.* p. 53-62.

______. "*Frontier History* e as Interpretações da Colonização Grega Antiga". *Classica. Revista Brasileira de Estudos Clássicos.* 26, 2013, p. 17-49.

______. "Heródoto etnógrafo: contos de povos bárbaros". In: CARVALHO, M. M.; FUNARI, P. P. *et al.* (orgs.) *Teoria da História, epistemologia e estudos de caso.* (no prelo).

______. "Heródoto etnógrafo: contos de povos bárbaros". In: FUNARI, P. P. A.; CARVALHO, M. M. DE; FRAZÃO JOSE, N. (orgs.), Diversidades epistemológicas. A teoria aplicada à pesquisa histórica, Curitiba PR, Editora Prismas, 2017, p. 33-56

______. *Frontières et territoires en Grande Grèce. Archéologie et histoire des représentations.* Naples: Centre Jean Bérard, 2014.

PONTRANDOLFO, A. *I Lucani: etnografia e archeologia di una regione antica.* Milan: Longanesi, 1982.

POTTER, D. S. "The Greek historians of Imperial Rome". In: FELDHERR, A. & HARDY, G. (orgs.) *Op. cit.* p. 316-345.

PRANDI, L. "Strabone ed Eforo: un'ipotesi sugli *Historikà Hypomnématà*". *Aevum*, 62, 1988, p. 50-60.

PRONTERA, F. "Prima di Strabone: materiali per uno studio della geografia antica come genere letterario". In: *Strabone. Contributo allo studio della personalità e dell'opera.* PRONTERA, F. (org.) *Op. cit.* p. 13-34.

______. "La Geografia dei Greci fra natura e storia : note e ipotesi di lavoro". In: JANNI, P. & E. LANZILLOTTA, E. (orgs.) *Op. cit.* p. 199-219.

RONCONI, L. "Criteri selettivi della memoria storica in Strabone". *Rivista Storica dell'Antichità*, 33, 2003, p. 111-129.

SCHEPENS, G. "Jacoby's FGrHist: Problems, Methods, Prospects". In: MOST, G. W. (org.) *Collecting Fragments. Fragmente sammeln.* Göttingen: Vandenhoeck & Ruprecht, 1996, p. 144-172.

SCHUBERT, P. "Strabon et le sort de la bibliothèque d'Aristote". *Les Études classiques*, 70, 3, 2002, p. 225-237.

SIMON, M. *Le rivage grec de l'Italie romaine : la Grande Grèce dans l'historiographie augustéenne.* Collection de l'Ecole française de Rome, 442. Rome: École Française de Rome, 2011.

STAHL, W. H. "Li riconoscerai dalle loro carte". In: PRONTERA, F. (org.) *Op. cit.* p. 17-46.

STRABO. *Geography.* Transl. H. L. Jones. Books 3-5. Cambridge/ MA: Harvard University Press, 1999, primeira edição, 1923.

______. *Geography.* Transl. H. L. Jones. Books 6-7. Cambridge/MA: Harvard University Press, 2001, primeira edição, 1924.

STRABON. *Géographie.* Ed. F. Lasserre. Tome 3, Livres 5 et 6. Paris: Les Belles Lettres, 2003, primeira edição, 1967.

STRABONIS, 1970. *Geographica.* Org. F. Sbordone. vol. 2, Libri III-VI. Romae: Typis publicae officinae polygraphicae, 1970.

______. *Geographica*. Org. W. Aly, Band 2, libri III-VI. Bonn: R. Habelt, 1972.

STRABONS. *Geographika*. Org. S. L. Radt, Band 2. Buch V-VIII. Göttingen: Vandenhoeck & Ruprecht, 2003.

______. *Geographika*. Org. S. L. Radt, Band 6. Buch V-VIII. Kommentar. Göttingen: Vandenhoeck Ruprecht, 2007.

TRAINA, G. (org.) *Studi sull'XI libro dei Geographika di Strabone*, Studi di filologia e letteratura. Università di Lecce, Dipartimento di scienze dell'Antichità, Galatina: Congedo editore, 2001.

Tramonto della Magna Grecia, Atti del Convegno di studi sulla Magna Grecia. XLIV. Istituto per la Storia e l'Archeologia della Magna Grecia, 2005.

VATTUONE, R. *Sapienza d'occidente: il pensiero storico di Timeo di Tauromenio*. Studi di storia, 4, Bologne: Patron, 1991.

VERDIN, H., SCHEPENS, G., & DE KEYSER, E. (orgs.) *Purposes of history. Studies in Greek historiography from the 4th to the 2nd centuries B.C.* Studia Hellenica, Lovanii, 1990.

VEYNE, P. *Comment on écrit l'histoire*. Points Histoire. Paris: Éditions du Seuil, 1996, primeira edição, 1971.

WHITE, H. *Metahistory: the historical imagination in Nineteenth century Europe*, Baltimore: Johns Hopkins University Press, 1973.

10

História e biografia em Plutarco: o público e o privado na vida de Sólon

Maria Aparecida de Oliveira Silva
Universidade de São Paulo

Plutarco e o gênero biográfico

Plutarco de Queroneia viveu à época da dominação romana, estima-se que tenha nascido em 40 ou 45 d.C. e que terminou seus dias em sua cidade natal no ano de 120 ou 125 d.C.. Embora conhecesse a produção literária dos romanos, Plutarco destaca-se pela sua volumosa e incomparável transmissão de escritos gregos dos mais variados gêneros literários, que datam do período arcaico ao greco-romano. Convém ressaltar que nosso autor atua não como um mero compilador da tradição literária grega, antes como um leitor crítico que interpreta seus escritos conforme o pensamento de seu tempo. Plutarco versa sobre os mais variados temas em seus tratados e biografias, que abarcam reflexões sobre as mais diversas áreas do conhecimento humano, tais como a filosofia, literatura, história, geografia, medicina, astronomia, e outros. Conforme assinala Flacelière, é impossível classificá-lo como filósofo, historiador, biógrafo ou qualquer outra denominação corrente em nossa era, o que o leva a sugerir que tratemos nosso autor como um erudito (Flaceliére & Irigoin: 1987, VII).

Em função da proposta temática deste livro, centraremos nossa atenção no desempenho de Plutarco como historiador, sem afirmar que ele o seja, mas que atua como se o fosse, visto que é preciso considerar sua afirmação de que escreve biografia e não história, e ainda o seu declarado interesse pelo caráter do biografado (*Vida de Alexandre*, I, 1-2). A interface da história com a biografia na escrita plutarquiana responde por essa amálgama textual que nos apresenta fatos da vida pública e privada de seus biografados, dado que nos leva a crer que ora estamos lendo uma narrativa biográfica, ora histórica. Assim, tendo como estudo de caso a biografia plutarquiana de Sólon, destinamos as páginas seguintes para demonstrar a metodologia empregada por nosso autor na construção de sua narrativa sobre esse ilustre político, legislador e poeta ateniense.

Como bem observou Osley, o desejo de celebrar a vida de homens famosos é uma característica fundamental da natureza humana, revelando que o gênero biográfico já existia antes de Plutarco, e que apenas não era bem definido em sua estrutura, e que essa consiste na grande colaboração plutarquiana para o estabelecimento dos preceitos da escrita biográfica. No seu entender, os primeiros relatos sobre a vida de uma personagem história ou mítica foram relatados em versos, como é o caso de Homero em sua *Odisseia*, ou os encômios de Baquílides, Píndaro e Simônides (Osley: 1946, 7). Igualmente, no século V a.C., Estesímbroto de Tasos redigiu biografias políticas sobre seus contemporâneos, a saber, Temístocles, Tucídides (filho de Melésias, não o historiador) e Péricles, cujo traço principal é o relatar da vida política de suas personagens (Idem, 8). Embora tenha nascido em Tasos, Estesímbroto foi educado em Atenas, onde compôs suas biografias, alguns tratados, permanecendo lá até a sua morte. Suas biografias são citadas por Plutarco em *Vida de Temístocles*, II, 4; *Vida de Péricles*, VIII, 4 e XXVI, 2 e *Vida de Címon*, IV, 2.

Em meados do século IV a.C., em *Evágoras*, de Isócrates e *Agesilau*, de Xenofonte, há o surgimento das chamadas biografias encomiásticas. Xenofonte inova ao redigir uma espécie de biografia denominada de romance filosófico: a *Ciropedia* (Momigliano: 1993, 8). Plutarco igualmente faz uso desses escritos xenofontianos em sua biografia de Agesilau, IV, 1; XVIII, 1; XIX, 3 e 4; XXIX, 1 e 2, também em Artaxexes IV, 1; VII, 1 e 2, XIII, 2. De Iságoras, cita apenas o seu discurso *Contra Alcibíades* na biografia desse político ateniense, em XII, 3. Das biografias compostas no século III a.C., só nos restaram fragmentos, o que nos impossibilita classificá-las, mas é possível notar que tratam da vida de generais, filósofos e demagogos (Idem). Há ainda as biografias de personagens históricas da época arcaica, mais precisamente do período geométrico de Argos e Tebas que, segundo Langdon, estão representadas na iconografia dos vasos, estelas e outros artefatos que relatam a vida de personagens pertencentes às famílias proeminentes nessas cidades. São achados arqueológicos que revelam não somente a vida privada desses indivíduos mas também informações sobre as relações sociais e culturais dessas sociedades (Langdon: 2001, 579-582).

Assim, destacamos que Plutarco segue uma longa tradição de autores gregos que compunham obras sobre a vida de políticos, generais e reis, e que esses se debruçaram sobre a vida política e privada de suas personagens, o que leva Momigliano a afirmar que a biografia é um tipo de história (Idem, 6). No entanto, como destaca Momigliano em outro artigo, é preciso considerar que Plutarco idealiza o passado de seus biografados (Momigliano: 1978, 13). No nosso entender, tal fato é compreensível, dado que nosso autor dista muitos séculos de seus biografados e ainda é influenciado pelo pensamento filosófico de seu tempo: o estoicismo, centrado na análise do caráter de uma personagem histórica, no que Cícero denomina *exempla*. Tal preocupação com o valor e a contribuição moral de uma personagem histórica não é uma particularidade plutarquiana, já encontramos avaliações nesse sentido em Tucídides, Heródoto e Políbio, por exemplo, e repetidamente na escrita historiográfica latina, sendo Tácito o seu expoente maior (Turpin: 2008, 360).

E será justamente com Plutarco que a literatura irá pensar a cisão entre biografia e história, como ele afirma na biografia de Alexandre, o Grande que "não escreve história, mas biografias" (*Vida de Alexandre*, I, 1), visto que sua concepção de história segue a tradição herodotiana, tucididiana e polibiana de que os grandes eventos são interessantes à história enquanto os pequenos, os da vida privada, estão relacionados ao gênero biográfico. Contudo, veremos que se trata de uma manobra retórica de Plutarco, pois suas biografias nos trazem dados tanto sobre a vida privada de seu biografado como relatos sobre os grandes acontecimentos de sua época, Plutarco não os dissocia nem dedica grande parte de seu relato a fatos comezinhos.

Contrapondo-se a Pelling, que interpreta a escrita plutarquiana como escritos voltados para o entretenimento do leitor, com manipulações e interpretações equivocadas das fontes (Pelling: 2002, 171), Cooper, por sua vez, mostra como Plutarco interage com a visão da historiografia grega de que à história esta reservada à narrativa de grandes batalhas. Assim, a afirmação na biografia de Alexandre, o Grande de que "não escreve história, mas biografias" é interpretada pelo autor como um pedido de desculpas de Plutarco ao seu leitor, porque não se aterá à descrição dos acontecimentos de guerra que envolvem sua personagem, porque dará ênfase à sua vida privada, visto que seu foco está na análise do caráter de sua personagem. No entanto, embora registre seu interesse pelos dados biográficos de sua personagem, Plutarco estabelece relações entre a vida privada do indivíduo e seu contexto histórico (Cooper: 2007, 213); discussão semelhante pode ser encontrada no capítulo intitulado "História em Biografias" (Silva: 2006, 50-68). Dessa maneira, a escrita Plutarco apresenta elementos biográficos e históricos, pois, como bem notaram Gentile & Cerri, nosso autor tinha a consciência de que se tratava de gêneros distintos, mas que, no entanto, eram complementares (1978, 13).

A composição biográfica de Plutarco: a Vida de Sólon

Sólon desempenhou importante papel no desenvolvimento das leis escritas em Atenas, antes havia apenas as instituídas por Drácon, consideradas muito rígidas e insuficientes. Mas Drácon representou um avanço na história política ateniense, pois segundo Aristóteles:

> Antes de Drácon, a antiga Constituição existente era como se segue. Os cargos públicos mais importantes do Estado cabiam aos nobres e ricos, seus mandatos no começo eram vitalícios, para depois passarem a ser de dez anos. Os mais importantes e os mais antigos dos cargos eram os de rei, senhor da guerra e arconte [...] Decorrido um tempo razoável após isso, durante o arcontado de Aristaecmo, Drácon promulgou suas leis [...] Sendo esse o sistema de acordo com a Constituição, e os muitos escravizados por poucos, houve uma insurreição do povo contra os notáveis. Instalou-se uma luta de facções violenta em que durante muito tempo as facções permaneceram em hostilidade mútua até, de comum acordo, procurarem Sólon, para que este atuasse como árbitro e arconte, e a ele confiaram todo o governo. (*Constituição de Atenas*, 3-5).[1]

Sólon promove a ordem em uma cidade que não tinha um padrão legislativo, em virtude das poucas leis escritas, as decisões dos tribunais seguiam as deliberações de seu tirano, que ora pendiam para um lado, ora para outro. O regime político à época de Sólon era o tirânico e Pisístrato era o seu representante. Tal sistema político sucede ao monárquico e se firma com um novo modo de julgar os delitos cometidos na cidade, antes sentenciado apenas pelo rei, agora a cidade passa a ter um tribunal composto por um acusador, um defensor, testemunhas e um grupo de cidadãos que compunha o júri e proferia as sentenças.

No entanto, ainda havia uma grande deficiência no regime jurídico por conta da escassez de leis escritas, o que significava uma inconstância nos julgamentos e no desconhecimento por parte da população das normas que regulavam sua sociedade,

1 Tradução de Edson Bini (2011).

por isso a relevância de Sólon na história política de Atenas. Outra particularidade desse político e legislador ateniense está na forma como ele escrevia suas leis: em versos, dado que justifica suas poesias serem estudadas pelos literatas na categoria de poeta lírico[2], visto que se expressa na primeira pessoa e relata as ações que tomou durante seus arcontados bem como suas contribuições na elaboração das leis. Nas páginas seguintes, veremos a construção plutarquiana da biografia de Sólon, com o intuito de analisarmos sua combinação dos gêneros biográfico e historiográfico.[3]

Como nos esclarece Bourdieu: "esta vida organizada como uma história (no sentido da narrativa) desenrola-se, segundo uma ordem cronológica, que é também uma ordem lógica, a partir de um começo, uma origem [...] até ao termo, que é também um alvo, um cumprimento (*telos*)." (Bourdieu: 1997, 53-54). A biografia de Plutarco segue esse modelo, há uma ordem cronológica, com a história de vida da sua personagem narrada desde seu nascimento, passando pelos principais acontecimentos de sua vida e terminando com a descrição de sua morte, por isso principia seu relato com a vida do político e legislador ateniense, com o registro de sua origem familiar:

> O gramático Dídimo, na sua *Réplica a Asclepíades a propósito dos "axones" de Sólon*, aduz um passo de certo Fílocles, onde este afirma que Sólon era filho de Eufórion, contra a opinião de todos quantos de ocuparam de Sólon. Na verdade, todos à uma sustentam ser ele filho de Execéstides, homem que, pela riqueza e poder, segundo afirmam, se situa na classe média, mas que, atendendo à estirpe, pertencia a uma casa notável: era de fato descendente de Codro.[4] Quanto à mãe de Sólon, Heraclides Pôntico refere que ela era prima da mãe de Pisístrato. (*Vida de Sólon*, I, 1-3).[5]

A partir desse relato, percebemos que a origem familiar de seu biografado é importante para Plutarco, como o era para os gregos antigos e os romanos de seu tem-

---

2 Sob essa perspectiva literária, indicamos a leitura da obra de Barros, 1999.

3 Para mais detalhes sobre a questão, consultar: Silva, 2006.

4 N. do T. O parentesco entre Sólon e Pisístrato, pela parte da mãe de ambos, não é de todo improvável e pode ter dado origem à ideia de que eles haviam sido amantes, hipótese bastante mais insegura e que já conhecia as críticas de Aristóteles (*Constituição dos Atenienses*, 17.2).

5 Doravante, as traduções dos excertos da biografia de Sólon são de autoria de Delfim Ferreira Leão (1999).

po, por esse motivo inicia a biografia do político e legislador ateniense apresentando as famílias de seu pai e de sua mãe. O preâmbulo da biografia de Sólon difere da maioria em dois aspectos: em primeiro lugar, Plutarco não relata fatos nem conta anedotas sobre sua infância, um dado importante pois, segundo Duff, as informações sobre a infância de sua personagem servem para delinear seu caráter e para a compreensão de suas ações na vida adulta (Duff: 2008, 19). Em segundo lugar, é interessante notar que Plutarco costuma registrar a educação recebida por suas personagens, identificando as escolas filosóficas que as educaram, quais os filósofos que influenciaram suas ações (Idem, 6). Em nosso entendimento, a ausência desses dados justifica o caráter licencioso do político e legislador ateniense, tão ressaltado por Plutarco em sua história de vida, como vemos a seguir:

> Ora o gosto que Sólon nutria pela prodigalidade e pela vida sensual, bem como a forma mais vulgar do que filosófica com que, nos seus poemas, discorre sobre o prazer, serão de imputar, ao que se pensa, à sua atividade comercial. Esta, ao comportar muitos e grandes perigos, reclama, em troca, algumas alegrias e prazeres. Mas que ele mesmo se colocava mais na fileira dos pobres do que na dos ricos, mostram-no bem estes versos:
> Muitos vilões estão ricos e os nobres na miséria,
> mas nós com eles não trocaríamos
> o mérito pela riqueza: pois aquela firme se mantém;
> a riqueza, contudo, ora um homem ora outro a possui.
> (*Vida de Sólon*, III, 1-3)

Para o nosso autor, há uma relação intrínseca entre a falta de educação filosófica e o uso que Sólon faz da poesia; no entanto, há em sua personagem um senso natural para a inconformidade com as diferenças sociais e as injustiças de seu tempo. Dessa forma, Plutarco nos mostra que a virtude também é algo natural, que, a despeito de sua propensão ao prazer e à prodigalidade, Sólon preocupa-se com sua cidade e seus concidadãos. Segundo Hertzoff, Plutarco demonstra que Sólon teve uma experiência empírica dos males que há em uma vida sexual libertina, e será essa sua vivência amorosa que o qualificará para redigir leis reguladoras das relações amorosas dos cidadãos atenienses (Hertzoff: 2008, 343). No entanto, apesar de o indivíduo nascer com uma propensão natural para o bem, mas isso somente no caso de ele descender de uma família ilustre, o seu caráter também é moldado por suas circunstâncias[6], conforme vemos no seguinte passo:

> Ora uma vez que o pai havia diminuído o patrimônio em obras de beneficência e de caridade, segundo afirma Hermipo, Sólon, não por míngua de quem o desejasse ajudar, mas por vergonha de aceitar apoio de outros, quando provinha de uma casa que, habitualmente, os socorria a eles, decidiu voltar-se, ainda novo, para o comércio.(*Vida de Sólon*, III, 2)

Além de Plutarco justificar o ingresso de Sólon nas atividades comerciais, demonstra que a vida pública em Atenas não diferia da existente na Roma de sua época quanto à distribuição de favores, pois o que ele denomina beneficência nada mais é que o evergetismo dos romanos. A popularidade de um político dependia de sua riqueza pessoal, de onde retirava recursos para distribuir aos cidadãos que se tornavam seus partidários. Assim, Plutarco revela que a má administração desses fundos no momento da doação de recursos à cidade ou aos seus cidadãos poderia levar um político à falência. O ato de distribuir bens para obter popularidade é bem desenvolvido na biografia plutarquiana de Címon, na qual Plutarco registra que o político ateniense utilizava sua riqueza pessoal para cooptar cidadãos. A origem nobre de Sólon pode ser percebida na expressão "homem bem formado e bom cidadão", o que confere mais propriedade ao argumento de Plutarco para justificar suas práticas comerciais, quando afirma:

> Ora nada impede ao homem bem formado e bom cidadão de, sem ambicionar em demasia a posse do supérfluo, não desprezar a fruição do necessário e do suficiente. Naqueles tempos em que, segundo as palavras de Hesíodo "trabalho algum era vergonhoso" e nenhum ofício trazia descrédito (*Vida de Sólon*, II, 5).

6 Sobre a questão da experiência de vida ser determinante para a formação do caráter do indivíduo, há uma interessante análise de Gómez & Mestre, na qual as autoras demonstram que Plutarco utiliza o termo *historía*, o mesmo usado por Heródoto, no sentido de acontecimentos ocorridos na vida privada que levaram ao aperfeiçoamento do caráter do indivíduo. As autoras citam o prólogo da biografia de Sólon como um dos exemplos (1997: 210).

Convém lembrar que Sólon dista mais de um século de Hesíodo, e que este escreveu em uma região essencialmente agrícola, a Beócia, e o comércio nessa época não estava entre as atividades mais desempenhadas em Ascra, a terra natal de Hesíodo. Portanto, o poeta não estava pensando no comércio, e sim na agricultura, dado que consideramos um anacronismo de Plutarco. Essa adaptação de nosso autor se encaixa naquilo que Bourdieu denomina de ilusão biográfica, que consiste na idealização de seu biografado, uma vez que sua história de vida é tratada como um exemplo a ser seguido (1997: 53).

A escrita biográfica de Plutarco serve de arcabouço para o que conhecemos hoje como biografia científica. De acordo com Greene, na biografia científica, há a construção de um caráter e de uma história individual, que representam uma realidade, na qual o biógrafo busca a subjetividade no contexto histórico, o que ele define como um romance histórico, que é quase um texto histórico, porque é inevitável que o autor aumente ou minimize certas ações de sua personagem (2007: 728-730). Então, perguntamos ao leitor será que o mesmo não ocorre na escrita histórica? A linha que separa os dois gêneros é muito tênue, constantemente vemos a intersecção deles, e até mesmo sua fusão, principalmente quando se trata da biografia de homens que desempenharam papéis políticos, agentes da história de seu tempo. Política e moral se imiscuem no imaginário coletivo, vemos ainda hoje a avaliação de personagens públicas perpassar os campos da moral, da história e da biografia para alcançar o da filosofia política (Harris: 1989, 539). Em nosso entendimento, a maior diferença está no enfoque dado pelo historiador, que esmiúça os acontecimentos sociais em vez do comportamento de uma personagem, como faz um biógrafo. A biografia é um tipo de história, com outra forma, outro conteúdo, não menos investigativo, porém um pouco mais imaginativo, não que a história não o seja, mas o é em menor grau, por estar atrelada à documentação, cuja invenção/intervenção de seu autor é mais regulada.

Então, voltado para a avaliação dos atos e das intenções de sua personagem, Plutarco conclui pelo valor moral de Sólon, atribuindo-lhe importância histórica no sentido de ser um exemplo a ser seguido pelos seus leitores, dado perceptível nas palavras seguintes:

> Porém não admirava a riqueza e dizia antes que era igualmente rico quem
> muita prata possui
> e ouro e de terra fértil em grão, planícies,
> cavalos e mulas; e o que só com estes dons conta;

estômago, flanco e pés, tudo bem tratado;
do jovem ou da mulher – em chegando a ocasião –
a frescura fruir, quando à idade se ajustar

Contudo, em outro ponto afirma:

Riquezas desejo possuir, mas adquiri-las injustamente
não pretendo: inexorável a seguir vem a justiça (*Vida de Sólon*, II, 3-4)

Preocupado com o caráter de sua personagem, uma vez mais, Plutarco demonstra que, apesar de Sólon não ter tido uma educação filosófica e ter se dedicado às praticas comerciais, havia nele uma propensão natural para o bem. Observamos que, no trecho acima, Plutarco revela o que Berger identifica como um ato de interpretação, segundo o autor, em seu ponto de vista, o biógrafo identifica certas fases típicas de sua personagem, sequências históricas, problemas e hábitos que lhe permitem analisar criticamente os acontecimentos (Berger: 1966: 114-115). Desse modo, na interpretação de Plutarco, a virtude natural do legislador ateniense manifesta-se em seu senso de justiça, com lemos neste registro:

> Censuravam-no em especial os amigos por a palavra monarquia o enfurecer, como se o mérito de quem a ela ascende não a transformasse logo em realeza legítima, ou não tivesse isso acontecido antes com Tinondas na Eubeia e agora em Mitilene, onde Pítaco foi eleito tirano. Nenhum desses argumentos conseguiu desviar Sólon de seus objetivos; pelo contrário, segundo se conta ele disse aos amigos que a tirania era uma bela praça forte, mas que ele não tinha saída, escrevendo nos poemas dedicados a Foco o seguinte:
>
> Se a terra poupei
> da minha pátria, e à tirania e à violência amara
> não me agarrei, manchando e deslustrando a minha fama,
> em nada me envergonho: maior assim a vitória, a meu ver,
> sobre todos os homens. (*Vida de Sólon*, II, 3-4)

Ciente das inúmeras ações violentas cometidas pelos tiranos, que não se furtavam de eliminar seus inimigos com a execução sumária deles, Plutarco não via tal regime com bons olhos. Nesse sentido, para o nosso autor, Sólon demonstra sua propensão natural para o bem, assim como o seu senso de justiça ao afirmar que, quando arconte, recusou o exercício da tirania, bem como não usou a violência como instrumento de persuasão nem para intimidar ou excluir seus adversários, expedientes recorrentes dos tiranos.

Em seu estudo sobre a tirania grega, Bignotto nos esclarece que a tirania apareceu tardiamente em Atenas com relação ao restante da Grécia, e que Sólon apresentou-se como um grande opositor desse regime político e que postulava abertamente para que um regime democrático fosse instituído em sua cidade natal (1998, 24-26). Cawkell nos esclarece que, antes de Sólon, o povo ateniense quase não participava da vida política citadina, mas que à sua época o povo participava das assembleias, fazia discursos, uma vez que o legislador ateniense convocava-o para integrar a assembleia e compartilhar das tomadas de decisões. Para o autor, as mudanças propostas por Sólon nas leis atenienses estimularam o povo a entrar na vida política da cidade e a posicionar-se ao lado dele nas assembleias (Cawkwell: 1995, 81-82).

A partir de informações legadas por Aristóteles, podemos compreender as razões que levaram Sólon à tamanha popularidade entre os atenienses:

> Os traços mais populares da Constituição de Sólon parecem ser os seguintes: primeiro e mais importante, a proibição de empréstimos tendo como garantia a pessoa do devedor: em segundo lugar, o direito de todo indivíduo, que assim o quisesse, de reivindicar proteção a favor de pessoas injustiçadas; e, em terceiro lugar – considerado o que mais contribuiu para o fortalecimento da massa da população – o direito de recorrer às cortes de justiça, pois ao passar a ter o poder soberano do voto, o povo se torna soberano no governo. (*Constituição de Atenas*, 9).[7]

7 Tradução de Edson Bini (2011).

Busto de Sólon – Museu Nacional de Nápoles,
século VI a.C., autoria desconhecida.
Fonte: httppt.wikipedia.orgwikiS%C3B3lon

O ato de renúncia ao posto de tirano também foi elogiado por Plutarco em seu tratado *O Banquete dos Sete Sábios*, onde afirma: "Sólon sempre me pareceu particularmente sábio por não aceitar ser um tirano" (147C).[8] Então, vemos que as ações de seus biografados são analisadas pelo prisma moral, se o indivíduo é capaz de renunciar à fama e à glória e a se manter fiel aos seus pensamentos. Enfim, para Plutarco, o valor moral de sua personagem está em sua demonstração de virtude, nas ações empreendidas por ele.

Plutarco segue, do livro II ao XXV, descrevendo a natureza e as implicações das leis instituídas por Sólon, centrando-se nos fatos relacionados à vida pública do político e legislador ateniense. Somente no capítulo XXVI, nosso autor relata a viagem de Sólon ao Egito:

8 Tradução de Delfim Ferreira Leão (2008).

> Em primeiro lugar, portanto, dirigiu-se ao Egipto e aí estanciou-se, como ele próprio diz:
> Na embocadura do Nilo, junto à escarpa do Canopo.
> Passou algum tempo em discussões filosóficas com Psenófis de Heliópolis e Sônquis de Sais, que eram os mais sábios dos sacerdotes. Foi também a eles que escutou o mito de Atlântida, como afirma Platão, e começou a pô-lo em verso para o dar a conhecer aos Atenienses. Em seguida, navegou para Chipre e foi particularmente bem acolhido por Filocipro, um dos reis locais, que governava uma cidade não muito grande, fundada por Demofonte, filho de Teseu, junto ao rio Clário, situada numa região com boas possibilidades defensivas, mas que em tudo o mais era agreste e medíocre. Então, uma vez que perto se estendia uma bela planície, Sólon convenceu-o a mudar a mudar a cidade de sítio e a torná-la mais aprazível e maior. Ele mesmo, encontrando-se no local, se ocupou da sua fundação e organizou-a no sentido de melhorar a qualidade de vida e a segurança, a ponto de muitos habitantes se juntarem a Filocipro, para inveja dos outros soberanos. Assim, para honrar a pessoa de Sólon, à cidade que dantes se designava por Epeia passou o rei a chamar Solos, a partir do nome do legislador. (*Vida de Sólon*, XXVI, 1-3)

Observamos que Plutarco descreve as viagens feitas por Sólon a diversos lugares como forma de atestar a sabedoria adquirida pelo legislador. Rihll questiona essa informação também vista em Diodoro Sículo, IX, 20 e Diógenes Laércio, I, 50, argumentando que os lugares listados por Plutarco são os mesmos e na mesma ordem que os visitados por de Tales de Mileto (1989, 281). A despeito dessa coincidência, é preciso lembrar que na Grécia antiga era um lugar-comum os cidadãos mais sábios empreenderem viagens para o conhecimento das práticas culturais e dos costumes de diferentes povos. Um exemplo clássico disso é Heródoto e os seus relatos de viagem, nos quais nos apresenta descrições dos locais visitados, com particularidades dos habitantes dessas regiões. No segundo livro de *Histórias*, Heródoto dedica-se basicamente a relatos sobre os rituais religiosos, os hábitos alimentares, a topografia e outras características mais dos egípcios. Além do conhecimento adquirido de outras regiões, sob a perspectiva da superioridade cultural grega, Plutarco registra a contribuição de Sólon para o engrandecimento do povo visitado, o que o torna um visitante ilustre e destacado dos demais. Heródoto, (*Histórias* I, 29-32), também revela essa mesma face de Sólon neste episódio que Plutarco reproduz na biografia do legislador ateniense:

> Conta-se, portanto, que Sólon, visitando Sardes a convite de Creso, experimentou uma sensação semelhante à do homem que, nascido no interior, pela primeira vez desceu ao mar; este, na verdade, cada vez que via um rio julgava que já era o mar. Também assim Sólon, que, ao atravessar o pátio e ao ver tantos cortesãos, vestidos com toda a pompa caminhando decididamente entre uma multidão de acompanhantes e guardas, pensava que cada um deles fosse Creso, até que foi conduzido à sua presença. Este apresentou-se coberto de pedrarias, de vestes coloridas, de artísticos ornamentos de ouro [...] Sólon, porém, depois de estacar diante dele, não sentiu nem exclamou, perante tal visão, nada do que Creso esperava. [...] Este perguntou-lhe se ele conhecia um homem mais ditoso do que ele próprio, ao que Sólon respondeu que conhecia Telo [...] que morrera gloriosamente ao combater com denodo em defesa da pátria [...] Ainda assim, perguntou-lhe de novo [...] Outra vez lhe retorquiu Sólon que tinha conhecido Cléobis e Bíton, dois irmãos que dedicavam um aoutro e à mãe um amor excepcional [...] "E a mim, não atribuis nenhum posto no número das pessoas felizes?" [...] Aquele a quem até ao fim a divindade concebeu sucesso, a esse consideramos feliz. (*Vida de Sólon*, XXVII, 1-9)

Neste excerto, nosso autor reproduz a ideia dos gregos antigos e os de seu tempo de que a Grécia civilizou o mundo bárbaro, tal argumento é bem explorado em seu tratado *Da Virtude de Alexandre* em que transforma o macedônio em um sábio civilizador (Asirvatham: 2005, 108-109). Conforme Ker, as perguntas de Creso, em Heródoto (*Histórias*, I, 29-30), demonstram a capacidade de Sólon de observar (*theôrien*) o lugar sob a perspectiva de um olhar intelectual, de um sábio que conheceu vários territórios e que apresenta uma sabedoria extraordinária. Do mesmo modo, Plutarco, via Heródoto[9], demonstra que a concepção de observação (*theôria*) do rei Creso está equivocada, uma vez que a direciona para sua riqueza, para o mundo tangível, em contraposição ao inteligível que representa a sabedoria adquirida pela observação que alimenta o conhecimento (2000: 311-313). Por sua vez, Pelling acrescenta

9 Para melhor compreensão da visão herodotiana do encontro entre Sólon e Creso, ver o interessante artigo de Shapiro: 1996, 348-364.

que o episódio revela uma postura moralizante de Sólon que pretende dar ao rei uma lição sobre a vulnerabilidade de sua prosperidade, dado que Creso será capaz de compreender somente após os acontecimentos (2006, 146). Para Rodighiero, a intenção de Plutarco com o registro desse encontro está em destacar a vida feliz de Sólon que conseguiu instituir leis que tornaram sua cidade mais harmônica e justa (2009: 141).

Sobre a morte do legislador ateniense, Plutarco não expõe detalhes, apenas registra que Sólon viveu muitos anos depois da tirania de Pisístrato e que:

> Sólon morreu durante o mandato de Hegéstrato, que ocupou o posto depois de Cômias. Quanto à história da dispersão das cinzas, depois de cremado o corpo, pela ilha de Salamina, é, pela sua estranheza, completamente inverossímil e lendária, embora seja registrada por outros autores de peso, entre eles o filósofo Aristóteles (*Vida de Sólon*, XXXII, 3-4).[10]

O excerto acimado nos leva a pensar em algumas questões, entre elas, a permanência de uma tendência dos gregos de mitificar suas personagens ilustres, de torná-los figuras lendárias, tal como os semideuses que os gregos chamavam de heróis. Sabemos que Sólon integra o rol dos chamados Sete Sábios da Grécia antiga, uma lendária instituição que alimenta o imaginário dos gregos quando se pensa o conceito de homem sábio, ou o de sabedoria. Muitas máximas e histórias incríveis são relatadas pela tradição oral grega, convém lembra que há muitas variações nos nomes que compõem a lista dos Sete Sábios. E será Platão, em seu diálogo *Protágoras*, a registrar a primeira lista deles:

> Entre esses contam-se Tales, de Mileto; Pítaco, de Mitilene; Biante, de Priene; nosso Solão; Cleóbulo, de Lindos; Misão, de Queneu, e o lacedêmonio Quilão, que é tido como o sétimo do grupo. [...] Reunidos de comum acordo, oferecem a Apolo as primícias de sua sabedoria, fazendo gravar no templo de Delfos as máximas celebradas por toda a gente: "Conhece-te a ti mesmo", e "Nada em excesso". (*Protágoras*, 343e-343b)[11]

10 N. do T. A tradição da dispersão das cinzas de Sólon por Salamina deve obedecer ao mesmo impulso que levava alguns autores a colocar aí o nascimento do legislador; por outras palavras, constitui somente um eco do papel que o estadista desempenhara na conquista da estratégica ilha. Tem, assim, razão de ser o ceptismo de Plutarco.

11 Tradução de Carlos Alberto Nunes (2002).

Então, percebemos que Plutarco reafirma o caráter lendário de sua personagem, e reproduz um pensamento corrente à época clássica, no qual um indivíduo não mais é tratado como um herói ou um semideus pela sua força física, mas o é por sua capacidade reflexiva, por suas boas ações, contribuições para o crescimento político de sua cidade e para o desenvolvimento intelectual de seu povo[12].

O conteúdo histórico das biografias plutarquianas

A estrutura das biografias plutarquianas assemelha-se à composição biográfica de Cornélio Nepos que, para prover bons exemplos aos seus leitores, utiliza não somente dados da vida particular de suas personagens como também de fatos históricos. Isso ocorre porque ambos necessitam fornecer informações que contextualizem o momento histórico de seus biografados a fim de que seus leitores compreendam suas ações (Titchener: 2003, 86-87). Assim, conforme afirma Bourdieu: "falar da história de vida é pressupor pelo menos, e já é bastante mais que nada, que a vida é uma história" (1997, 53). Em virtude disso, Rocha Pereira afirma:

> De interessante e de valioso permanece sempre a riqueza informativa, a procura da imparcialidade, o desejo de desvendar, através dos complexos meandros da História, os limites da acção do indivíduo no meio de uma comunidade da qual é parte integrante, o culto das virtudes pessoais e cívicas, entre as quais aquela que podemos chamar cordialidade ou doçura ocupa um lugar dominante. (1999, 11)

A preocupação com a narrativa de fatos históricos na biografia de Sólon manifesta-se em maior grau do que a descrição da sua própria vida privada, como vimos anteriormente, Plutarco pouco acrescenta sobre a vida particular do legislador. A motivação de nosso autor está em retratar o contexto político-social de Atenas à época de Sólon. Convém ressalta que nosso autor demonstra conhecimento das fontes do período, que Plutarco oferece ao leitor de sua biografia um quadro histórico bastante rico e em parte condizente com o registrado pelos autores antigos. No entanto, a distância temporal que há entre Plutarco, séculos I e II d.C., e Sólon, bem como dos autores que escreveram sobre ele, séculos VI, V e IV a.C., favorece a presença de alguns anacronismos em sua narrativa, dado encontrado em historiadores reconhecidos como

12 Claude Mossé nos fala sobre a criação do mito de Sólon em seu artigo, ver 1979: 425-437.

Heródoto e Tucídides. No entanto, esses não podem ser vistos como manipulações, antes, como limitações características de um tempo em que a preocupação com o valor moral das personagens históricas[13]. Do mesmo modo, no mundo antigo, não havia a precisão cronológica de nossa época, lembramos que o cientificismo desenvolvido na disciplina histórica data a partir do século XVIII. Em seu estudo sobre o uso plutarquiano das fontes na *Vida de Sólon*[14], Leão conclui com propriedade que:

> Apesar de Plutarco denunciar a presença de erros e anacronismos, acolhidos sobretudo em nome do valor que tinham para o desenho do caráter de Sólon, ele representa, contudo, a maior fonte de informação sobre o estadista ateniense. Tem ainda a vantagem de conjugar muitas leituras e reflexões sobre o mesmo assunto. Há, no entanto, que reconhecer que esta característica o pode induzir em erro e na tentação do anedótico; ainda assim, o polígrafo discute e avalia, com relativa frequência, as diversas versões, facto que o torna, se não um historiador, pelo menos em algo mais que um simples colector passivo e acrítico de informação alheia. (1999, 42)

Cientes das limitações histórica inerentes ao tipo de escrita produzida no mundo antigo e de que Plutarco pertence ao seu tempo e é herdeiro dessa produção literária, passamos a demonstrar o conteúdo histórico da biografia de Sólon. Como vimos no início da biografia do legislador ateniense, Plutarco nos traz duas versões sobre a origem de Sólon (*Vida de Sólon*, I, 1-3), o que revela sua intenção de mostrar diferentes pontos de vista sobre um mesmo fato, tal qual buscamos empreender em nosso tempo, a fim de criar um debate.

Quando Plutarco esclarece que Sólon dedicou-se ao comércio após a falência financeira de seu pai, também nos mostra que havia uma concepção negativa sobre as práticas comerciais entre os gregos, basta lembrar Xenofonte em seu *Econômico*, no qual o autor defende a agricultura como a forma mais digna de se acumular dinheiro.

13 Mossé nos esclarece que, nas biografias de Plutarco, o tempo biográfico e o histórico sofrem vez ou outra alguns descompassos, visto que nosso autor interrompe a cronologia dos fatos para contar uma anedota atemporal ou temporalmente desligada dos fatos descritos anteriormente. Conforme a autora, tal procedimento tem a finalidade de ilustrar o caráter de sua personagem para que seja feita uma análise de suas ações e seus efeitos na história. Para tirar suas conclusões, Mossé estuda os casos das biografias de Fócion e Demóstenes, ver 1997: 9-17.

14 Sobre Plutarco e o uso das fontes na biografia de Sólon, ver ainda: Adcock: 1914, 38-40.

Nessa obra xenofontiana, como aponta Ault, as atividades econômicas empreendidas pelos antigos gregos estavam relacionadas à economia doméstica, ao agricultor que produzia e comercializava seus produtos (2007, 263). É preciso considerar que por trás dessa aversão às práticas comerciais estão cidadãos aristocratas que antes viviam das riquezas que suas terras lhes rendiam e que, no período clássico da história grega, veem-se mais pobres dos que os estrangeiros, ou do que os cidadãos sem nobreza e até mesmo do que seus antigos escravos que adquiriam riquezas com suas práticas comerciais, ou ainda com os espólios de guerra.

Igualmente, ao justificar as práticas comerciais de Sólon, Plutarco nos traz informações históricas sobre a colonização grega e seu mestre Platão:

> Era uma forma de aproximar países estrangeiros, de unir soberanos por lações de amizade e de ganhar experiência em muitos domínios. Alguns tornaram-se, assim, fundadores de grandes cidades, como aconteceu com Prótis para Massália, depois de se tornar caro aos Celtas da zona do Ródano. E afirma-se que também Tales e o matemático Hipócrates se dedicaram ao comércio e que Platão, para suportar as despesas de viagem, teria vendido algum azeite no Egipto (*Vida de Sólon*, II, 6-8).[15]

Então, vemos que o comércio não é completamente desvalorizado por Plutarco, desde que o fim não seja o lucro pelo lucro, mas feitos com a intenção de interagir com outros povos, ou para a sua própria sobrevivência.

Outro dado histórico importante é o da batalha entre atenienses e megarenses pela ilha de Salamina, para a qual Plutarco apresenta a seguinte versão:

> Ora quando os Atenienses se cansaram de alimentar uma morosa guerra e desgastante contra os Megarenses por causa da ilha de Salamina, proibiram por lei que alguém voltasse a propor, por escrito ou de viva voz, que a cidade reivindicasse Salamina, sob pena de morte. [...] Então Sólon, sem poder suportar a vergonha e ao ver que muitos jovens apenas aguardavam um sinal para recomeçar a guerra [...] fingiu que tinha perdido a razão, espalhando-se pela cidade, a partir de sua casa, o rumor de que andava fora de si. Entretanto, compôs uma elegia [...] que começa desta forma:
> Eu mesmo vim, como arauto, da adorável Salamina,

15 N. do T. Cf. também Aristóteles, *Política*, 1259a6, e Diógenes Laércio, 3.6.

> e compus um canto, sortilégio de palavras, em vez de um discurso. Assim que terminou o canto [...] eles revogaram a lei e reacenderam a guerra, depois de confiarem o comando a Sólon. (*Vida de Sólon*, VIII, 1-3)

A disputa entre atenienses e megarenses pela ilha de Salamina explica-se pela sua importância geopolítica, um ponto estratégico para a invasão da Ática e a tomadas das ilhas próximas a ela, e não sem razão, foi o local escolhido pelos persas para invadir Atenas (Ferrill: 1966, 108). O interesse de atenienses e de megarenses por Salamina também se explica, como bem sintetiza Leão, por sua importância econômica:

> Contudo, parece seguro afirmar que o diferindo se integra no processo de desenvolvimento do comércio marítimo na bacia oriental e ocidental do Mediterrâneo, que, em meados do séc. VII, se tinha espalhado como atividade próspera e autónoma, a ponto de permitir a fundação de colônias comerciais ao lado das agrícolas. [...] De facto, a ocupação de Salamina por parte dos Atenienses denota a preocupação de garantir uma rota marítima segura que possibilitasse o uso incondicionado dos portos do sul da Ática e também a abertura de uma via para atingir o Istmo de Corinto (2001, 251).

Plutarco nos traz informações sobre outro fato histórico importante à história ateniense, a saber, o decreto de lei que aboliu a escravidão por dívidas:

> Esta foi, na verdade a sua primeira medida: determinou que as dívidas existentes fossem abolidas e que, de futuro, ninguém pudesse emprestar dinheiro sob caução pessoal. No entanto, alguns, entre os quais se encontra Andrócion, escreveram que os pobres se contentaram em ficar aliviados não com a abolição das dívidas, mas antes com a moderação das taxas de juros, chamando *seisachtheia* a esta acção humanitária e ao concomitante aumento das medidas e do valor da moeda. [...] A maioria, porém, está de acordo ao entender que a *seisachtheia* consistiu na remoção de todas as dívidas e os poemas vão mais ao encontro desta perspectiva. Efectivamente, neles Sólon gloria-se porque da terra hipotecada:
>
> os marcos arrancou, por toda a parte enterrados:
>
> antes era serva, agora é livre.
>
> E quanto aos cidadãos reduzidos à escravidão por dívidas, a uns fê-los regressar do estrangeiro,

> que a língua ática
> já não falavam, por tanto andarem errantes;
> a outros que aqui mesmo servidão ignóbil
> suportavam
> afirma haver tornado livres. Sustenta-se, porém, que, com esta medida, atraiu sobre si a mais indigna das difamações. (*Vida de Sólon*, XV, 2-7)

Com nos esclarece Harris, essa lei livrava o cidadão que contraísse uma dívida junto a outro e que se tornasse insolvente, não importando o motivo, deveria servir o seu credor na condição de escravo até que a quantia a ser paga fosse saldada por meio de seu trabalho. Dessa maneira, o endividado devia obediência plena ao credor que se transformava em seu senhor. Contrapondo-se a Finley, Harris descarta a possibilidade do perdão de todas as dívidas, no seu entender, Sólon determinou que este perdão se restringisse somente à escravidão por dívidas (2002, 416). Sobre a redistribuição de terra referida no verso "os marcos arrancou, por toda a parte enterrados", Rosivach interpreta como a manifestação de um político demagogo, pois, conforme os resultados de sua pesquisa, não há evidências para que tal fato pudesse ter ocorrido em Atenas, muito embora essa informação também seja encontrada na *Constituição de Atenas*, de Aristóteles (1992, 154-155). Já Domínguez Monedero afirma que todas as fontes do período são unânimes em narrar que havia a escravidão por dívidas em Atenas e que sua aristocracia detinha a maior parte das terras, gerando uma grande desigualdade social na cidade. No entender do autor, Sólon combateu esse endividamento crônico, do qual era impossível aos cidadãos se tornarem solventes, além da pobreza gerada pela falta dos recursos advindos da terra (2001, 201-21).

E Plutarco segue o seu relato apresentando outra medida importante de Sólon que foi a revogação das implacáveis Leis de Drácon:

> Em primeiro lugar, portanto, e com exceção da parte relativa ao homicídio, ab-rogou todas as leis de Drácon, por causa da dureza e magnitude das penas. Na verdade, ele determinara quase só uma pena a aplicar em todos os delitos, a morte , a ponto de serem condenados à morte os réus acusados de ociosidade, e de os que haviam roubado legumes ou frutas sofrerem a mesma punição que os ladrões de templos e os homicidas. Daí que, mais tarde, tenha ficado famosa a tirada de Demades de que Drácon havia escrito suas leis com sangue e não com tinta (*Vida de Sólon*, XVII, 1-3).

Com isso, Plutarco reafirma sua leitura de que Sólon viveu em uma época de tiranos sanguinários que eliminavam não apenas inimigos e criminosos, como ainda os cidadãos pobres, uma vez que esses roubavam apenas alimentos. Outras mudanças significativas empreendidas nas leis atenienses também foram registradas por Plutarco:

> Em segundo lugar, Sólon, com o intuito de, como já acontecia, deixar todas as magistraturas nas mãos dos ricos e de, no restante, associar o povo ao governo da cidade, onde ainda não tomava parte, fez o levantamento do censo dos cidadãos. Os que, em produtos secos e líquidos, perfaziam quinhentas medidas colocou-os na primeira classe, apelidando-os de *pentakosiomedimnoi*; na segunda classe, ficaram os que eram capazes de manter um cavalo ou colher trezentas medidas e a eles se chamava "os que pagavam o censo de cavaleiros (*hippeis*); *zeugitai* foi o nome dado aos da terceira classe censitária, a que, ao todo, reunia duzentas medidas. Quanto aos restantes, foi dado o nome de tetas (*thetes*); a esses, Sólon não concedeu o exercício de nenhuma magistratura, mas somente o direito de participar no governo através da assembleia e dos tribunais (*Vida de Sólon*, XVIII, 1-2).

Tais informações foram retiradas da *Constituição de Atenas*, de Aristóteles, verificamos então que Plutarco não inventa nem distorce os dados, mas os reproduz a seu modo, de acordo com seu estilo de escrita, assim como o fez com as demais citações, com o episódio do encontro de Creso e de Sólon narrado por Heródoto. E sobre a impossibilidade espacial e temporal, portanto histórica desse encontro, nosso autor busca justificá-la com o seguinte argumento:

> Quanto ao seu encontro com Creso, alguns opinam que não passa de uma invenção, argumentando com a cronologia. Pela minha parte, contudo, um relato assim famoso, atestado por tantos testemunhos e, o que é mais importante, conforme ao caráter de Sólon e digno da sua magnanimidade e sabedoria, não me parece que seja de o pôr de lado à conta de uns quadros cronológicos, que um ror de estudiosos procurou, até hoje, corrigir, sem que tenham conseguido reduzir as contradições a algum resultado que eles próprios aceitem (*Vida de Sólon*, XXVII, 1).

Outro dado histórico importante à compreensão da sociedade ateniense do século VI a.C. está nas mudanças estruturais promovidas por Sólon deu-se na constituição dos tribunais, conforme lemos a seguir:

> Instituiu o conselho do Areópago, que é composto pelos que haviam exercido o arcontado anual, e, porque tinha desempenhado essa magistratura, também fez parte dele; mas depois, ao ver que o povo se tornara enfatuando e arrogante com a anulação das dívidas, fundou um segundo conselho, através da escolha de cem homens para cada tribos (que eram quatro). Determinou que este conselho examinasse as matérias antes do povo e que não deixasse seguir para a assembleia sem essa apreciação prévia. Instalou, contudo, o primeiro conselho como supervisor de todos os actos e guardião das leis, convencido de que, amparada solidamente por aqueles dois conselhos como por duas âncoras, a cidade estaria menos sujeita à agitação e o povo se mostraria mais tranquilo (*Vida de Sólon*, XIX, 1-2).

Mais um dado interessante ao entendimento do contexto histórico ateniense à época de Sólon que nos é fornecido por Plutarco encontra-se em seu registro sobre a entrada de muitos estrangeiros na cidade ática e o grande desenvolvimento do comércio a partir do século VI a.C.:

> Constatou que a cidade se enchia de forasteiros que não paravam de afluir de todos os lados, atraídos pela segurança da Ática. Porém, como a maior parte da terra era improdutiva e de baixa qualidade e, para mais, os que se dedicam ao comércio marítimo geralmente nada trazem a quem nada tem a oferecer, Sólon exortou os cidadãos a aprenderem um mester, além disso, escreveu uma lei, segundo a qual o filho deixava de ter obrigação de alimentar o pai que não lhe tivesse ensinado um ofício. (*Vida de Sólon*, XXII, 1)

E Plutarco segue descrevendo outras tantas leis de Sólon sobre o casamento e outras questões voltadas para a ordenação da vida privada dos cidadãos[16], e enfatiza o quanto Sólon atuou como o principal opositor de Pisístrato:

---

16 Há um artigo que sintetiza com clareza os efeitos dessas leis na vida privada dos cidadãos atenienses de Lape: 2003, p. 117-139.

> Ao ver que os pobres se dispunham a apoiar Pisístrato, causando agitação, e que os ricos debandavam, receosos, foi-se embora, dizendo ser mais sábio do que uns e mais corajoso do que os outros: mais sábio do que os que não compreendiam o que se passava; mais corajoso do que os que, compreendendo tinham medo de se opor à tirania [...] Quanto a Sólon, já era de idade muito avançada e não podia contar com apoiantes; ainda assim, apresentou-se na ágora e discursou aos concidadãos, ora para criticar a sua abulia e fraqueza, ora ainda para os incitar e apelar a que não deixassem fugir a liberdade; que, pouco antes, lhes teria sido mais fácil impedir que a tirania se formasse; mas agora, que ela já estava estabelecida e implantada, empresa maior seria e mais gloriosa abatê-la e destruí-la. No entanto, dado que ninguém, por receio, lhe prestava atenção, regressou a casa. (*Vida de Sólon*, XXX, 4-7)

Desse modo, Plutarco encerra seu registro dos fatos históricos que envolveram sua personagem, demonstrando que a vida de um homem ilustre atinge as esferas pública e privada, o que torna sua biografia uma importante fonte para os historiadores. Se encontramos anedotas e histórias estranhas à nossa razão de historiadores, basta compreendermos que esses elementos compõem o gênero literário desenvolvido por Plutarco. No entanto, tal peculiaridade narrativa não justifica o descarte de seus registros, visto que, como vimos, há muitas informações e reflexões interessantes ao nosso ofício.

Referências bibliográficas

Edições e traduções

ARISTÓTELES. *A Constituição de Atenas.* Tradução e notas de Edson Bini. São Paulo, Edipro, 2011.

ARISTOTLE. *Athenian Constitution.* Translated by H. Rackham. Cambridge/Massachusetts/London: Harvard University Press, 1935.

HERÓDOTO. *Histórias. Livro I.* Introdução geral de Maria Helena da Rocha Pereira. Introdução ao Livro I, versão do grego e notas de José Ribeiro Ferreira & Maria de Fátima Silva. Lisboa: Edições 70, 2002.

HERODOTUS. *The Persian Wars. Books I-II.* Translated by Anthony D. Godley. Cambridge/Massachusetts/London: Harvard University Press, 1981.

PLATÃO. *Protágoras, Górgias e Fedão.* Tradução direta do grego de Carlos Alberto Nunes. Belém: EDUFPA, 2002.

PLATO. *Laches. Protagoras. Meno. Euthydemus.* Translated by Walter R. M. Lamb. Cambridge/Massachusetts/London: Harvard University Press, 1967.

PLUTARCH. *Life of Solon. Lives I.* Translated by Bernadotte Perrin. Cambridge/Massachusetts: Harvard University Press, 2004.

______. *The Dinner of the Seven Wise Men. Moralia. Vol. II.* Translated by Frank Cole Babbitt. Cambridge/Massachusetts/London: Harvard University Press, 2000.

PLUTARCO. *O Banquete dos Sete Sábios.* Tradução do grego, introdução e notas de Delfim Ferreira Leão. Coimbra: Centro de Estudos Clássicos e Humanísticos, 2008.

______. *Vida de Sólon.* Introdução, tradução e notas de Delfim Ferreira Leão. Lisboa: Relógio D'Água, 1999.

Livros e artigos:

ADCOCK, F. E. "The Source of Plutarch: *Solon* XX.-XXIV." *The Classical Review*, vol. 28, n. 2, 1914, p. 38-40.

ASIRVATHAN, S. R. "Classicism and Romanitas in Plutarch's "De Alexandri Fortuna aut Virtute". *The American Journal of Philology*, vol. 126, n. 1, 2005, p. 107-125.

AULT, B. A. "Oikos end Oikonomia: Greek Houses, Households and the Domestic Economy." *British School at Athens Studies*, vol. 15, BUILDING COMMUNITIES: House, Settlement and Society in the Aegean and Beyond, 2007, p. 259-265.

BARROS, G. N. M. *Sólon de Atenas: a Cidadania Antiga (Com o texto original dos poemas e a tradução)*. São Paulo, Humanitas, 1999.

BERGER, H. "Biography as Interpretation, Interpretation as Biography". *College English*, vol. 28, n. 2, 1966, p. 113-125.

BIGNOTTO, N. *O Tirano e a Cidade.* São Paulo, Discurso Editorial, 1998.

BOURDIE, P. "A ilusão biográfica". In: *Razões Práticas: sobre a teoria da acção.* Oeiras, Celta, 1997, p. 53-60.

CAWKWELL, G. L. "Early Greek Tyranny and the People". *The Classical Quarterly*, vol. 45, n. 1, 1995, p. 73-86.

COOPER, C. "Making Irrational Plausible History: Polybian Intertextuality in Plutarch's "Theseus"". *Phoenix*, vol. 61, n. 3/4, 2007, p. 212-233.

DOMÍNGUEZ MONEDERO, A. J. *Sólon de Atenas*. Barcelona: Crítica, 2001.

DUFF, T. E. "Models of Education in Plutarch". *The Journal of Hellenic Studies*, vol. 128, 2008, p. 1-26.

FERRILL, A. "Herodotus and the Strategy and Tactics of the Invasion of Xerxes". *The American Historical Review*, vol. 72, n. 1, 1966, p. 102-115.

FLACELIÈRE, R. & IRIGOIN, J. "Introduction générale". In: *Plutarque: Oeuvres Morales. Tome I.* Paris, Les Belles Lettres, 1987, p. VII-CCCXVIII.

GENTILI, B. & CERRI, G. "L'idea di biografia nel pensiero greco". *Quaderni Urbinati di Cultura Classica*, n. 27, 1978, p. 7-27.

GÓMES, P. & MESTRE, F. "História en Plutarco: los griegos y los romanos". In: SCHAREDER, C. RAMÓN, V. & VELA, J. (eds.) *Plutarco y la História. Actas del V Simposio Español sobre Plutarco. Zaragoza, 20-22 de Junio de 1996.* Monografías de Filología Griega – 8, Zaragoza, 1997, p. 209-222.

GREENE, M. T. "Writing Scientific Biography". *Journal of the History of Biology*, vol. 40, n. 40, 2007, 727-759.

HARRIS, E. M. "Did Solon Abolish Debt-Bondage?". *The Classical Quarterly*, vol. 52, n. 2, 2002, p. 415-430.

HARRIS, P. "Moral Progress & Politics: The Theory of T. H. Green". *Polity*, vol. 21, n. 3, 1989, p. 538-562.

HERTZOFF, A. "Eros and Moderation in Plutarch's "Life of Solon"". *The Review of Politics*, vol. 70, n. 3, 2008, p. 339-369.

KER, J. "Solon's "Theôria" and the End of the City". *Classical Antiquity*, vol. 19, n. 2, 2000, p. 304-329.

LANGDON, S. "Beyond the Grave: Biographies from Early Greece". *American Journal of Archeology*, vol. 105, n. 4, 2001, p. 579-606.

LAPE, S. "Solon and the Institution of the "Democratic" Family Form". *The Classical Journal*, vol. 98, n. 2, 2003, p. 117-139.

LEÃO, D. F. *Sólon: Ética e Política*. Lisboa, Fundação Calouste Gulbenkian, 2001.

MOMIGLIANO, A. "Greek Historiography". *History and Theory*, vol. 17, n. 1, 1978, p.1-28.

______. *The Development of Greek Biography*. Massachusetts, Harvard University Press, 1993.

MOSSÉ, C. "Comment s'elabore un mythe politique: Solon, "père fondateur" de la démocratie athénienne". *Annales Histoire, Sciences Sociales*, vol. 34, n. 3, 1979, p. 425-437.

______. "Temps de l'histoire et temps de la biographie". *Mètis. Anthropologie des mondes grecs anciens*, vol. 12, 1997. p. 9-17.

OSLEY, A. S. "Biography before Plutarch". *Greece & Rome*, vol. 15, n. 43, 1946, p. 7-20.

PELLING, C. B. R. *Plutarch and History: Eigthteen Studies*. London, Classical Press of Wales, 2002.

______. "Talking and Learning in Herodotus' Lydian Logos". *Classical Antiquity*, vol. 25, n. 1, 2006, p. 141-177.

RIHLL, T. E. "Lawgiver and Tyrants (Solon, Frr. 9-11 West)". *The Classical Quarterly*, vol. 39, n. 2, 1989, 277-286.

ROCHA PEREIRA, M. H. "Introdução geral". In: Plutarco. *Vida de Sólon*. Introdução, tradução e notas de Delfim Ferreira Leão, Lisboa, Relógio D'Água, 1999, p. 7-19.

RODIGHIERO, A. "'Noi non scriviamo storie, ma vite'. Forme plutarchee della narrazione"'. In: CAMOS, R. G. & VANAUTGAERDEN, A. *L'auter à la Renaissance. L'altro que è in noi*. Verona: Brepolis, 2009, p. 126-145.

ROSIVACH, V. J. "Redistribution of Land in Solon, Fragment 34 West". *Journal of Hellenic Studies*, vol. 112, 1992, p. 153-157.

RUSSELL, D. A. *Plutarch*. New York, Charles Scribner's Sons, 1973.

SHAPIRO, S. O. "Herodotus and Solon". *Classical Antiquity*, vol. 15, n. 2, 1996, p. 348-364

SILVA, M. A. O. *Plutarco Historiador: Análise das Biografias Espartanas*. São Paulo, Edusp, 2006.

TITCHENER, F. "Cornelius Nepos and the Biographical Traditon". *Greece & Rome*, vol. 50, n. 1, 2003, p. 85-99.

TURPIN, W. "Tacitus, Stoic *exempla*, and the *praecipumm munus annalium*". *Classical Antiquity*, vol. 27, nº 2, 2008, p. 359-404.

11
Pausânias Historiador?

Gilberto da Silva Francisco
Universidade Federal de São Paulo

Esta estória foi contada muito solenemente pelo historiador Pausânias.[1]

No início do século XIX, ao comentar a obra de Ésquilo, o dramaturgo inglês Samuel James Arnold, apresentava-o como um artista notável: "a mente desse homem excepcional era abrangente, enérgica, vigorosa e impetuosa"[2]. Na sequência, sua avaliação realizava-se a partir de comparações, como com Shakespeare (o único que superara Ésquilo, segundo Arnold); e, completando esse quadro de caracterização positiva, ele contou uma estória: o próprio deus Baco teria aparecido a Ésquilo, enquanto este dormia sob uma parreira, e encomendado uma tragédia ao dramaturgo grego. A força dessa estória qualificada como fábula foi intensificada pelo relato de Pausânias, apresentado como historiador (ver epígrafe). Nessa mesma época, outras narrativas também eram constituídas tomando Pausânias como referencial: por exemplo, os relatos da preservação das cinzas de Heitor pelos tebanos seguindo a determinação de um oráculo e da localização da tumba de Fedra próxima do templo de Vênus em Trezena são citados conforme observação feita por Pausânias, nestes casos, apresentado como geógrafo (Lemprière: 1792, verbete *Hector*; Macfarquhar; Gleig, 1797, p. 261 - verbete *Phaedra*). Vê-se, aqui, indícios de uma caracterização variada de Pausânias

1 *This story is very gravely told by the historian Pausanias* (Arnold; Carpenter, 1810, p. 116).

2 *The mind of this very extraordinary man was comprehensive, energetic, vigorous, and fiery* (Arnold; Carpenter, 1810, p. 116).

que se consolidou ao longo do século XIX[3] e que foi projetada durante o século XX, parecendo, ainda atualmente, bastante relevante.

Por exemplo, C. P. Jones, ao apresentar tal autor, coloca duas questões iniciais: "Quem foi Pausânias? E o que foi Pausânias?"[4], indicando que a dúvida sobre sua caracterização ainda continua: Pausânias, viajante e antiquário (Honour: 2005, 128; Økland: 2005, 253), pode também ser qualificado como etnógrafo (Rubinstein: 1995, p. 214; Alacock: 1996; König: 2005, 188, n. 104; Baumbach; Petrovic; 2010, 83, n. 5), antropólogo (Elsner: 2007, 34; Jones: 2012, 122; Mellors: 2012, 107), arqueólogo (Cloché: 1953, 285; Marlier: 2006), e há várias outras possibilidades[5], seguindo, em certa medida, a própria conexão que ele teria com Heródoto, um historiador da antiguidade que, atualmente, também é situado em campos diversos.[6] Assim, considerando essa variedade e as muitas direções interpretativas que ela pode proporcionar, é preciso indicar, desde já, os limites dentro dos quais a questão aqui será manejada: trata-se de uma discussão sobre o enquadramento de Pausânias e de sua obra no campo da história, considerando, sobretudo, o debate que se estabeleceu sobre esse tema desde o século XIX. Ou seja, o objetivo não é encerrar o debate sobre as possíveis caracterizações de Pausânias, nem

3 É possível observar, ao longo do século XIX, alguns autores que o caracterizam como geógrafo (Vierthaler: 1819, 99; Baroncourt: 1846, 7; Messias: 1847, 580; Cantú: 1855, 661), como historiador (Gérard: 1803, 193; Lacroix: 1840, 5; Müller: 1841, 349; Mazo: 1845, 515), ou de forma mista: "historiador e geógrafo", "historiador-geógrafo" (Sale et al., 1747, p. 117; Adams, 1806, p. 290; Savagner: 1833, 5; Lefranc: 1840, 8).

4 *Who was Pausanias? And what was Pausanias?* (Jones: 2001, 33).

5 Atualmente, são muitas as etiquetas utilizadas na caracterização de Pausânias: antiquário, mitógrafo, escritor-viajante e peregrino, geógrafo, cartógrafo, etnógrafo, historiador e historiador da arte (Cohen: 2001, 93). Entretanto, muito da relação entre Pausânias e essas áreas de conhecimento está ligado à sua formulação moderna. Assim, pensar Pausânias como historiador, geógrafo, guia de turismo, etnógrafo, antropólogo ou arqueólogo, passa frequentemente por referências a essas disciplinas humanísticas como elas se organizaram modernamente.

6 Por exemplo, para Heródoto como etnógrafo, ver Alonso--Núñes, 2003, 151, n. 22 (com bibliografia); para Heródoto como antropólogo, ver Marincola, 2001, 52; Kim, 2002, p. 208, n. 39. É importante notar que uma abordagem muito específica nem sempre é observada nesses autores antigos e é possível observar certo trânsito entre gêneros literários em uma mesma obra. Para uma forte conexão entre história, geografia e abordagem etnográfica em Heródoto por exemplo, ver Pretzler, 2013, 73; em Pausânias, ver Hutton, 2005, p. 65.

mesmo discuti-las pormenorizadamente, mas entender os argumentos que propõem a inserção de tal autor e de sua obra na disciplina histórica.

* * *

Pausânias é mais comumente caracterizado como geógrafo pela bibliografia (Lweis *et al.*: 1992, 591; Hornblower: 2013, 15; Pretzler: 2013, 168, n. 44)[7]; mas, atualmente, vem sendo consistentemente situado no campo da história. Um dos argumentos-base para tanto é o diálogo que ele estabeleceu com a obra de alguns historiadores antigos, certos empréstimos (alguns claramente expressados e outros não), tema que ainda é objeto de muita discussão (Habicht: 1998, XVI). Nesse sentido, é importante notar que, mesmo o diálogo entre Pausânias e Estrabão, o que ratificaria sua posição como "geógrafo", também é debatido (*Idem*); e que a variedade de recursos utilizados por esse autor proporciona, na leitura que vem sendo constituída sobre sua obra, variadas caracterizações do próprio autor consequentemente; entre elas, a compreensão de Pausânias como historiador.[8] Ou seja, o tema aqui tratado é uma faceta do debate em torno do autor em questão. Cabe, com isso, apresentá-lo, bem como sua obra, considerando os aspectos que auxiliem a discussão proposta. Comecemos pela obra.

A *Periegesis* de Pausânias[9] é um texto que possui formulação interna efetivamente variada. Por exemplo, o filólogo Jordi Redondo Sánchez (2004: 139-48) a

---

7 Admitindo-se certas formulações aditivas como "viajante-geógrafo" (Amoia; Knapp, 2002, 329).

8 Apesar de Pausânias já ter sido caracterizado como historiador desde muito tempo, como visto, foi na década de 1990 que os estudos mais específicos sobre este tema começaram a aparecer, inclusive retomando o debate anterior. Nesse sentido, é importante indicar a publicação *Pausanias Hitorien* (Binge: 1996), composta por contribuições de Domenico Musti, François Chamoux, Mauro Moggi, Walter Ameling, Yves Lafond, Ewen L. Bowie, Susan E. Alcock e Denis Knoepler, em 1994 por ocasião de um encontro que objetivava discutir o enquadramento de Pausânias e sua obra no campo da História. Temas como seu discurso e método histórico, a especificidade da apropriação do estilo periegético helenístico, suas relações com Tucidides, temporalidades, paisagem e memória, entre outros foram discutidos.

9 *Periegesis tes Hellados* – utilizamos, aqui, a forma *Periegesis* (com inicial em maiúscula) para se referir à obra e *periegesis* (com inicial minúscula) para se referir ao gênero literário. A *Periegesis* de Pausânias é geralmente apresentada como "Descrição da Grécia" ou "Guia da Grécia". Desde as traduções mais antigas para o latim, a versão "Descrição da Grécia" (*Graeciae Descriptio*), como correspondente a *Periegesis tes Hellados*, é bastante comum. Recomenda-se, para a consulta da *Periegesis*, algumas traduções com aparato

caracteriza no âmbito dos tratados geográficos, mas com caráter mitográfico e histórico-literário, apresentando Pausânias como um historiador original, cuja técnica historiográfica deslocava-se entre história e mito, e produtor de uma obra que compreende a geografia e a história. É reconhecido nesse autor, por boa parte da bibliografia atual, uma "forte integração entre história e paisagem".[10] Tais elementos indicam a dificuldade de identificação de uma proposta única, o que parece ser característica fundamental desse tipo de texto: mais especificamente falando, sua tipologia textual é caracterizada como *periegesis*[11]; ou seja, um gênero literário organizado por certa variedade interna, sendo articulado pela descrição de "um local ou região combinando mitologia, história e geografia".[12] O foco na descrição espacial proporcionou sua inserção no pensamento geográfico e, assim, é devido notar a aproximação feita entre os termos *periegesis* e *periplus* (uma descrição espacial tendo o mar como ponto de partida) que deu base à construção de uma ampla equivalência entre ambos e, mais que isso, sua síntese sob o nome de geografia na bibliografia moderna (Mayew: 2011, 21).

Entretanto, essa identidade quase absoluta entre *periegesis* e geografia vem perdendo força, considerando o cenário de variedade que compõe sua proposta narrativa, o que proporcionou tipos de abordagens parciais do texto, cujo aproveitamento

crítico em espanhol, *Descripción de Grecia*. Madrid: Editorial Gredos. Introducción, traducción y notas de Maria Cruz Herrero Ingelmo. Revisada por F. J. Gómez Espelosín, 1994 (obra completa em 3 volumes); em francês, *Description de la Grèce*, texte établi par Michel Casevitz, traduit par Jean Pouilloux. Paris: Les Belles Lettres (vários volumes, com comentários arqueológicos e históricos); e em inglês, *Description of Greece*. Translated by Jones, W. H. S. and Omerod, H. A. Loeb Classical Library Volumes. Cambridge: Harvard University Press; London, William Heinemann Ltd. (vários volumes).

10 ... *close integration between history and landscape* (Pretzler, 2013, 74).

11 O campo semântico da palavra *periegesis* envolve desde o ato de conduzir-se em torno de determinado local, mas também a descrição e explicação detalhada daquela ação (Bailly, verbete *periegesis*). Houve uma formulação mais antiga, ligada a Hecateu de Mileto (século VI-V a.C.), caracterizada como *Ges periodos* (algo como "jornada em torno do mundo"), uma "*periegesis* geográfica", nos termos de Pfeiffer (1968, 27); diferente da "*periegesis* antiquária" e da "*periegesis* histórica" (*Idem*), da qual Pausânias era herdeiro. Sobre esta, tudo indica ser um gênero literário que se desenvolveu originalmente no período helenístico, entre os séculos III e II a.C. (Wilson: 2013, 543).

12 *a site or region mixing mythology with history, and geography* (Said; Trede: 2003, p. 115). Fala-se, nesse sentido, em um "gênero periegético" (Hutton, 2005, 247). Para uma discussão sobre o gênero *periegesis*, ver Elsner: 2001, p. 4-8 e Hutton: 2005, 247 sqq.

é específico em áreas distintas. Conforme indica Speake: "um dos problemas nos estudos sobre Pausânias é que o texto é normalmente apropriado para a compreensão de detalhes arqueológicos, míticos, históricos ou religiosos e muito raramente lido como um todo coerente, com um argumento coerente"[13]; o que vem sendo observado por especialistas preocupados com o uso excessivamente instrumental da *Periegesis* e como tal situação pode influenciar a compreensão da obra como um todo.[14] É, nesse sentido, importante destacar as contribuições específicas que a *Periegesis* vem dando ao longo dos últimos séculos, como seu amplo aproveitamento nos estudos arqueológicos (Alcock; Cherry; Elsner: 2001, 380; Hutton: 2005, 3; Akujärvi: 2005, 2); mas também considerar a complexidade do texto como uma entidade organizada por perspectivas diferentes compondo um conjunto, muito além de um tratado específico sobre a geografia ou topografia antiga.

Mas, se a proeminência da abordagem geográfica é discutível, é preciso notar que o espaço é um elemento essencial na estrutura da obra, conforme indica a sua divisão baseada na topografia da Grécia: Livro 1: Atenas, a Ática e Mégara; Livro 2: Corinto, a Argólida e Egina; Livro 3: a Lacônia; Livro 4: a Messênia; Livro 5 e 6: Elis (principalmente Olímpia); Livro 7: a Acaia; Livro 8: a Arcádia; Livro 9: a Beócia; Livro 10: Fócida (sobretudo, Delfos) e Lócrida. Pensa-se que esse foi o projeto completo de Pausânias (portanto, transmitido na sua integralidade)[15], o que é amplamente debati-

---

13 *One of the problems in Pausanias studies is that the text has regularly been plundered for archaeological, mythical, historical, or religious details and very rarely read as a coherent whole with a coherent argument* (Speake: 2014, 929).

14 "Apesar das leituras modernas, que se concentram em áreas específicas de interesse moderno e, portanto, a ruptura da integridade do texto (de modo que tenhamos um Pausânias arqueológico, um Pausânias religioso, Pausânias como historiador, e assim por diante), a gama de interesses na *Periegesis* realmente não pode ser separada. Conjuntamente (como um todo sem emendas), eles constituem esta peculiar entidade imaginativa que é a Grécia de Pausânias" (*Despite modern readings, which focus on specific areas of modern concern and hence rupture the integrity of the text (so that we get an archeological Pausanias, a religious Pausanias, Pausanias as historian, and so forth), the range of interests in the Periegesis cannot really be separated. Together (as a seamless whole) they constitute that peculiar imaginative entity which is Pausanias's Greece* - Alcock: 2001, 7).

15 Alguns especialistas indicam, inclusive, que a estrutura do texto permite pensar em um programa para a descrição topográfica de vários locais da Grécia (Speake: 2014, p. 928). É o que indicam as referências internas na obra: ao descrever certos monumentos,

do, havendo dois polos de argumentação entre os quais as opiniões sobre a *Periegesis* transitaram: de um lado, aqueles que acreditam que a coerência e as constantes referências internas indicam a integridade do texto (Pretzler: 2013, 6); e, de outro, aqueles que observam ausências severas como a falta de um prólogo, de um epílogo (Wilson: 2013, 543) e da descrição de algumas regiões; e, além disso, a indicação pontual de sua continuação (Estevão de Bizâncio (ver nota 16) refere-se a um décimo primeiro livro); havendo, ainda, especialistas que sugerem a existência de quatorze livros na composição original da obra (Pretzler: *Op. Cit.*).

Além disso, conhece-se pouco da recepção antiga da *Periegesis*, mas se especula que, apesar de ter sido criada no seio de diálogos com autores conhecidos na antiguidade como Heródoto, Tudcídies e Estrabão, ela própria não era tão conhecida e lida por seus contemporâneos (Amoia; Knapp: 2002, 329). Sua menção mais antiga conhecida é do século VI d.C., quando a *Periegesis* foi mencionada por Estevão de Bizâncio na sua obra *Ethnica*[16], onde são apresentados o nome da obra e de seu autor. Como a versão conhecida da *Periegesis* não contém prólogo (onde os autores geralmente apresentavam a si próprios, a obra e eventualmente o dedicado), a mais antiga referência ao nome do autor e ao título dessa obra é esta do século VI d.C., quase quatrocentos anos depois da datação mais aceita para a composição da obra (século

---

Pausânias faz referência a algo que ele descreverá depois em outro livro; além disso, ele indica várias vezes determinados temas em livros específicos, sempre referenciados por regiões (Pretzler: 2013, 7).

16 Estevão de Bizâncio (*Stephanos Byzantios*), que é comumente apresentado como lexicógrafo pela bibliografia (Theodossiev: 2000, 53; Liddle: 2003, 27; Richardson: 2004, p. 77; Patterson: 2010, 49; Sprawski, 2011, 130; Bichler: 2015, 4), também aparece como geógrafo (Francese: 2001, 17; Adler: 2011, 239; Frazer: 2012, xv), o que está ligado ao caráter de sua obra *Ethnica*, frequentemente caracterizada como um tratado ou dicionário de Geografia (Tozer: 2014, 636; Levitin: 2015, 49), constituindo-se de "um enorme léxico geográfico compilado por um gramático profissional de Constantinopla em meados do século VI. Quando finalizada, a *Ethnica* comprendia muitos milhares de páginas contendo uma massa de informação linguística, histórica, geográfica e mitológica sobre cerca de 3600 nomes de lugares, com a documentação completa sobre sua localização, estatuto, forma linguística e etnias correspondentes" (*an enormous geographical lexicon compiled by a professional grammaticus in mid-sixth-century Constantinople. When complete, the* Ethnica *comprised several thousand pages containing a mass of linguistic, historical, geografical, and mythological information about some 3,600 place names, with thorough documentation on their location, status, linguistic form, and corresponding ethnics* – Cameron: 2015, 256).

II d.C.).[17] Com isso, não se sabe, de fato, se o nome indicado por Estevão de Bizâncio (*Periegesis tes Hellados*) foi criação sua ou a apropriação do nome dado pelo autor original (Swain: 1996, 330); o que coloca uma questão importante sobre a nomenclatura do texto: o termo *periegesis* no título pode ser alheio ao projeto de Pausânias[18] e, mais que isso, enquadrado em uma obra de caráter geográfico produzida séculos depois, o que pode ter interferido, inclusive, nas sua recepção posterior; ou seja, a caracterização da obra e do autor como ligados essencialmente à Geografia.

O interesse sobre a obra foi retomado no século XV, após o achado de uma cópia manuscrita em Constantinopla em 1400 aproximadamente, pertencente ao colecionador Niccoli de Florença, sobre a qual não se conhece a localização desde o século XVI (Pretzler: 2013, 119). Entre os séculos XV e XVI, a *Periegesis* foi traduzida para o latim e para o italiano. No caso da primeira tradução para o latim, de Domizio Calderini, ela cobria os livros ligados à descrição da Ática e parte de Corinto (Georgopoulou; Guilmet: 2007, 88); e foi produzida antes mesmo da primeira edição do texto em grego em 1516 por Marcus Musurus, a partir do trabalho de Aldus Manutius (Pretzler: *Op. cit.*), o que consolidou uma prática que permitiu o conhecimento do texto, mesmo com o desaparecimento do manuscrito acima citado. Atualmente, o exemplar de Niccoli compõe um grupo de, pelo menos, dezoito

17 A composição da *Periegesis* é, geralmente, situada entre 155 e 180 d.C. aproximadamente (Speake: 2014, 928), o que é baseado na forma da obra e em algumas referências cronológicas no texto. Tratando-se de uma obra extensa, pensa-se em um período longo de escrita: conforme o próprio Pausânias indica (7, 20, 6), o livro I terminou antes da construção do Odeon de Herodes Ático em Atenas, indicando a possibilidade de pouco antes de 160 d.C. para o início da escrita da obra (Bowie: 2001, 21); e as referências cronológicas terminam em cerca de 180 d.C. (Wilson: 2013, 543). Entretanto, outras possibilidades são apresentadas, propondo-se que a redação da obra pode ter sido iniciada antes da transição entre os reinados de Antonino Pio (138-161 d.C.) e de Marco Aurélio (161-180 d.C.), aventando-se a possibilidade de abranger também o reinado de Adriano (117-138 d.C.) (Aamoia; Knapp: 2002: p. 329). Para uma discussão mais profunda sobre a datação da *Periegesis*, ver Bowie, 2001, p. 21-4.

18 Vale notar que Pausânias não utiliza o termo *periegesis* para se referir à sua obra (Hutton: 2005, 248). Quanto ao título da obra, além de sua forma mais recorrente ligada ao termo *periegesis*, há uma variação que ocorre em um manuscrito (Madri 4564) que tem como título *Historiai*, "Histórias" (Hutton: 2005, 249, n. 22; Pretzler: 2013, 155, n 9). Além disso, propõe-se que o nome original fosse *Hellenika*, tomando como base a passagem 1, 26, 4, em que Pausânias explica que sua tarefa é descrever "todas as coisas da Grécia" (*panta ta Hellenika*) (Pretzler: *Op. cit.*).

manuscritos conhecidos da *Periegesis* (Georgopoulou; Guilmet: 2007, 58); todos eles derivados desse manuscrito mais antigo e desaparecido.[19]

A obra de Pausânias apresentou, ao longo dos últimos séculos, aproveitamento e avaliação variados. Durante o século XIX, imputava-se a esse autor características negativas: ele foi acusado de plágio de obras de autores anteriores e de não ter realmente visto pessoalmente o que descrevia, ideia que foi mudando ao longo do século XX. Além disso, muito de suas indicações espaciais eram desabonadas (por exemplo, o descrédito após as propostas de leitura de Wilamowitz - DODDS: 2004, p. 155; Hutton: 2005, 21; Snodrgrass: 2006, 426; Alcock; Cherry; Elsner: 2013, 130)[20]. Diferente disso, sua obra também serviu como guia para o achado de vários monumentos que se tornaram importantes referências para a pesquisa arqueológica; por exemplo, a localização de tumbas próximas da Porta dos Leões por Heinrich Schliemann e alguns monumentos de Trezena, entre muitos outros (Wilson: 2013, 543); além de reconstituições de monumentos baseadas nas descrições de Pausânias (Morales: 2015, 30). Considerando tal cenário de opiniões, é bastante indicativa a atual avaliação positiva de Pausânias e da *Periegesis*, por exemplo, sua caracterização como um autor original e que teria criado uma nova fase no gênero *periegesis* (Wilson: 2013, 543; Sánchez: 2004, 141-2), sendo visto como "o periegeta antigo mais famoso"[21]; e, consequentemente, sua obra como uma "notável *Periegesis* de dez livros".[22]

Nesse mesmo contexto, procurava-se saber mais sobre o autor dessa obra; mas as incertezas indicadas quanto a ela também são observadas na discussão sobre sua autoria e sobre a biografia de seu autor. A *Periegesis* é atribuída a Pausânias por Estevão de Bizâncio, como visto, quase quatrocentos anos depois da composição da obra[23]. Quanto a isso, é devido pensar sobre algumas questões: a aceitação da indicação de um nome específico para o autor feita por Estevão de Bizâncio; e, o mais

19 Para a tradição manuscrítica da *Periegesis*, ver Aalcock; Cherry; Elsner: 2001, p. 263, n. 9; Habicht: 1998, p. 2, n. 4.

20 Para a perspectiva de Ulrich von Wilamowitz-Moellendorff, classicista alemão, quanto ao texto de Pausânias, acusando-o de ser um autor imitador, pouco criativo e que não apresentava descrições a partir de sua experiência própria de observação, ver Ackerman: 1987, 134; Habitch: 1998,. 170; Hutton: 2005, 22.

21 *the most famous ancient perieget* (Jacoby; Bollansée; Schepens: 1999, 386).

22 *remarkable ten-book Periegesis* (Speake: 2014, 928).

23 Para uma discussão sobre a autoria da *Periegesis* de Pausânias, ver Akujärvi: 2005, 29 (com bibliografia).

importante, saber quem era o autor da *Periegesis*, aceitando ou não que seu nome fosse Pausânias. Aqui, seguindo a convenção dos estudos sobre o tema, utiliza-se o nome Pausânias, mas levando em conta os problemas envolvidos nisso; o que fica mais complicado quando se propõe falar de sua biografia, que é bastante imaginativa.

Sobre sua vida, ela é geralmente situada cronologicamente no século II d.C. (Bommas: 2011, 79; Carney: 2013, 73; Renshaw: 2015, 137); por vezes com datas mais precisas.[24] Entretanto, mais que situar no tempo a sua existência, alguns autores preferem pensar mais profundamente na tradição em que ele estava inserido, fortemente influenciada pela ação do imperador Adriano e pela Segunda Sofística (Hutton: 2010, 291). Quanto a isso, Arafat (2004: p. 36, p. 117) ratifica a importância da reorganização do império romano no período de Adriano (117-138 d.C.), e suas raízes já na ação de Augusto (século I a.C.-I d.C.). E, sobre dados mais específicos, é preciso notar que é a partir de informações indiretas que aparecem na *Periegesis* e de algumas referências cruzadas que se propõe sua biografia.

Quanto à sua proveniência, a região mais citada pela bibliografia é a Lídia, mais especificamente a cidade de Manisa (antiga *Magnesia ad Sipylum*), já que as descrições de Pausânias sobre essa região são bastante detalhadas. Ou seja, nesse caso, é o teor da obra que oferece dados convertidos em informação biográfica provável. Mas, essa não é a única possibilidade. Propõe-se também que ele fosse proveniente da Capadócia ou da Ásia Menor, a partir da identificação do autor da *Periegeis* a um sofista de Cesaréia chamado Pausânias (Hutton: 2005, 23; Alcock; Cherry; Elsner: 2001, 267, n. 15); ou, dadas as fortes conexões com Heródoto, alguns cogitam a possibilidade de ele também ter vindo de Halicarnasso (Knapp: 2002, 329). Ainda, propõe-se que fosse um certo Pausânias de Antióquia ou de Damasco (Idem).

Há, compondo esse cenário, a sugestão de itens biográficos mais precisos como a seguinte: "Ele nasceu em uma família abastada da elite (...). Sua obra mostra que ela era altamente educado e que tinha meios para dedicar a sua vida a várias viagens"[25]; o que é uma proposta de descrição biográfica bastante hipotética; mas, cabe notar,

24 Por exemplo, c. 115-c. 180 d.C. (Wilson: 2013, 543; Speake: 2014, 928) ou c. 120-180 d.C. (Habicht: 1998, 117).

25 *He was born into a wealthy family of the elite (...); his work shows him to be a highly educated man, and he the means to dedicated his life to extensive traveling* (Wilson: 2013, 543). Pensa-se que ele passou 20 anos viajando (ele apresenta os locais que descreve como uma testemunha ocular, cobrindo locais como a Ásia Menor, Síria, Palestina, Egito, Bizâncio, ilhas gregas, Roma e sul da Península Itálica; dizendo que nunca teria ido à

aparece na bibliografia com muita recorrência. Tal discussão não é apenas um detalhe biográfico. Vale notar que o "lugar" de Pausânias é comumente indicado em discussões sobre identidade; por exemplo, a questão se seria ele era um grego ou um estrangeiro observando a Grécia na época de dominação romana (Speake: 2014, 929; Morales: 2015, 103-4).

Trata-se, assim, de uma obra cuja cronologia é ainda discutida, a própria forma original não é efetivamente conhecida, assim como seu título e seu processo de recepção na Antiguidade. Da mesma forma que o título, o nome de seu autor aparece apenas em uma citação tardia; e, quanto à biografia deste, ela apresenta a mesma indefinição. É preciso, com isso, considerar a fragilidade de proposições muito taxativas sobre a *Periegesis* e seu autor. Entretanto, para além desse conjunto de informações parcialmente definido, conhecemos um texto antigo de longa extensão que pode ser discutido mais efetivamente, considerando os elementos até aqui apresentados, tendo como foco o posicionamento de Pausânias como historiador.

No que se refere ao diálogo que estabelecera com historiadores, foi com Heródoto que as conexões parecem ter sido mais consistentes. Maria Pretzler (2013, p. 74), ao analisar a obra de Pausânias em perspectiva comparativa, diz que a ênfase histórica com base política mais próxima de Tucídides não era o objetivo de Pausânias, que teria se aproximado mais fortemente das *Histórias* de Heródoto. A sua relação com os textos de vários historiadores é observada em diálogos explícitos e outros mais velados. De um lado, o historiador mais citado por Pausânias é Heródoto, reforçando a ideia acima indicada que este seria o seu principal interlocutor no campo da história, inclusive no tocante ao estilo (König: 2005, 188, n. 104); o que promoveu, em interpretações desde o século XIX, a caracterização de Pausânias como um imitador e estudioso de Heródoto (Frazer: 2012, lxxiii, n. 17); e, mais recentemente, como criador de uma obra cheia de "herodotismos": uma *mimesis* herodoteana (Hutton: 2005, p. 248). Por outro lado, quanto a Tucídides e Xenofonte, por exemplo, há apenas uma citação para cada um deles na *Periegesis*, entretanto, parece ter havido um aproveitamento maior sem apresentação explícita de seus autores (*Idem*).[26]

Babilônia ou Susa por se tratarem de viagens muito caras – Wilson, *Op. Cit.*; Speake: 2014, 928).

26 Há quem defenda um diálogo extenso e consistente com Tucídides, não apenas quanto à indicação de passagens específicas, mas também como referencial para seu estilo de escrita e técnica historiográfica. Para o diálogo que Pausânias estabeleceu com Tucídides, ver Hutton, 2005, 219 sqq; Pretzler: 2013, 89 sqq. Vale notar ainda que

Como consequência dessa inserção de Pausânias no campo da História e de sua caracterização como historiador, há também a avaliação de seu método historiográfico baseado na "noção de que a Grécia tinha uma história contínua com tangíveis ligações diretas entre o passado e o presente - uma terra onde o passado remoto nunca estava muito distante".[27] Quanto à sua narrativa, ele nem sempre indicava a origem das informações apresentadas; mas, em muitos casos, lançava mão de elementos como inscrições, poesias e relatos de locais, explicitando uma abordagem atualmente vista como etnográfica, constituída pela coleção de exemplos tradicionais relatados e evidências históricas (Hansen; Raaflaub, 1995,214; Amoia; Knapp: 2002, 332; Pretzler: 2013, 90).[28] Entretanto, esse enquadramento de Pausânias como historiador também é criticado. Por exemplo, James Renshaw, ratificando a conexão prioritária entre Pausânias e Estrabão, diz que "ambos eram geógrafos com interesses no mito e na história".[29] Glen W. Bowersock é mais direto:

> Pausânias não era um historiador, mitólogo ou etnógrafo, nem pretendia ser, embora ele se deslocasse confortavelmente nos domínios de tais escritores. Um periegeta era um antiquário com interesses amplos.[30]

A partir de propostas recentes que consolidam a posição de Pausânias como historiador, vê-se que é possível identificar claros elementos que o conectam ao gênero história: os diálogos estabelecidos, o seu método, seu estilo, entre outros. Entretanto, essa é apenas uma parcela da ação deste autor que não poderia ser observado exclusiva-

---

Pausânias refere-se pontualmente a vários outros historiadores: Anaximenes, Atíoco de Siracusa, Caronte de Lâmpsaco, Ctésias, Hecateu, Helânico, Jerônimo de Cárdia, Míron de Priene, Filisto, Políbio e Teopompo. Outras referências notadas são a obras ligadas a históricas locais como as histórias da Ática de Andrócio e Clitodemo, a história de Corinto de Eumelo, a história de Orcomeno de Calipo e a história de Argos de Licéia (*Idem*, p. LXXIV).

27 *... notion that Greece had a continous history with direct, tangible links between past and present - a land where the remote past was never far away* (Pretzler: 2013, p. 90).

28 Para uma discussão mais detida sobre o método historiográfico de Pausânias, ver CHAMOUX: 1996.

29 *were both geographers with an interest in myth and history* (Renshaw: 2015, p. 137).

30 *Pausanias was not a historian, mythologist ou ethnographer; nor did he claim to be, although he moved comfortably in the domains of such writers. A periegete was an antiquarian with broad interests* (Bowersock: 1985, p. 710).

mente como historiador e a sua apropriação do gênero *periegesis* que indica tal situação. Exemplo disso é que, se de um lado, Pausânias é caracterizado como historiador com certa facilidade; de outro, a *Periegesis* não é comumente considerada uma obra de história, o que propõe certo desnivelamento entre autor e obra, o que não acontece no caso de Heródoto e Tucidides, caracterizados como historiadores e como criadores de obras de história. Pode-se dizer que, diferente de um historiador com um projeto de composição de uma narrativa histórica, Pausânias era um periegeta com aptidões múltiplas, entre elas a abordagem histórica. Mais que um simples viajante, o periegeta tinha um projeto descritivo dos lugares por onde circulava, cuja base não era apenas traçar aspectos topográficos, mas também articulá-los a elementos míticos e históricos.

Com isso, parece ser mais interessante pensar no gênero literário que em campos, disciplinas ou áreas de pesquisa.[31] Se a formulação das disciplinas História, Geografia, Antropologia, Arqueologia, entre outras, é moderna (ou seja, são áreas de conhecimento com uma história, epistemologia e aspectos institucionais específicos que respondem a este contexto), imputar à compreensão de ações na antiguidade esse referencial é bastante complicado. Assim, é mais frutífero pensar no comprometimento de determinados autores aos gêneros literários com que trabalharam. No caso de Pausânias, foi o gênero periegético o colocou em diálogo com gêneros diferentes. A situação de Pausânias como um periegeta operando com diversos gêneros é de difícil definição, dada a própria tradição antiga e posterior relacionada à caracterização desses autores.

Por exemplo, no Suda (Suidas), um outro periegeta (Polemon de Ilíon) é caracterizado como historiador (Timpe: 1972, 943; Liddel; Low: 2013, 44). Outro exemplo é Estrabão, cujo comprometimento com o gênero geografia é inquestionável, a ponto de ser, por vezes, caracterizado como "pai da Geografia" (Johnson: 2003, 65), mas que também escreveu uma obra chamada "História" (Schürer; Vermès; Millar: 1973, 26;

31 Pensa-se, aqui, que o gênero literário é fortemente conectado com o tema tratado; havendo, assim, nessas concepções literárias antigas, uma importante conexão entre forma e conteúdo; o que já era perceptível nas propostas de Aristóteles: "Cada gênero literário tem um meio apropriado (por exemplo, prosa, verso, metro, música) e tema adequado (por exemplo, dignidade, realismo). Aristóteles, além disso, sugere dividir gêneros por suas formas de representação: narrativa e dramática (Poética 3, 1448a19-23)" (*Each literary genre has an appropriate subject matter (e.g., dignity, realism). Aristotle, furthermore, appears to divide genres by their manner of representation: narrative and dramatic (Poet. 3, 1448a19-23)* – Adams: 2013, p. 28).

Dueck: 2002, 69-70).[32] Mesmo Heródoto e Tucídides, atualmente, vêm sendo observados fora do rótulo "historiadores" e aparecem propostas que os inserem no campo da geografia (Shahar: 2004, 50; Flacelière: 2008, 159-60; Golden: 2014). Isso tudo indica que, para além da referência dessas disciplinas na atualidade, a própria inserção desses autores em um campo ou em outro na perspectiva moderna têm como base o seu trânsito entre gêneros diferentes, conforme sua prática na antiguidade.

Vê-se que esse trânsito não era algo restrito ao gênero *periegesis* e à ação do próprio periegeta. Aparentemente, as fronteiras entre as abordagens específicas ligadas a cada gênero não eram instransponíveis. Diferente disso, a comunicação entre eles poderia ocorrer no interior de uma obra, mas também no campo de interesses de cada autor que poderia produzir uma obra essencialmente histórica em certo momento e optar por um gênero diverso em outro. Pausânias, assim, mobilizou instrumentos próprios do gênero história dentro de seu próprio gênero periegético em uma perspectiva que observa as fronteiras entre abordagens específicas como algo claro, mas não como um limite absoluto. Chamá-lo de historiador é possível, mas essa é uma caracterização bastante parcial quando se observa a variedade da *Periegesis* e a variedade de interesses situados nela. Ou seja, o historiador em Pausânias é uma faceta do *ethos* desse periegeta.

Referências bibliográficas

ACKERMAN, Robert. J. G. Frazer: His life and work. Cambridge: Cambridge University Press, 1987.

ADAMS, J. Q. An Inaugural oration. The monthly anthology, and Boston Review, Volume 3. Munroe and Francis, 1806, p. 288-95.

ADAMS, Sean A. The genre of acts and collected biography. New York: Cambridge University Press, 2013.

ADLER, William. Alexander Polyhistor's Peri Ioudaion and Literary Culture in Republican Rome. In: INOWLOCKI, Sabrina; ZAMAGNI, Claudio (eds.) Reconsidering Eusebius: *collected papers on literary, historical, and theological Issues*. Leiden: Brill, 2011, p. 225-40.

AKUJÄRVI, 2005, p. Johanna. *Researcher, traveller, narrator: studies in Pausanias' Periegesis*. Lund: Almqvist & Wiksell International, 2005.

---

32 Para as referências à "História" de Estrabão e a defesa de que seja o mesmo autor da "Geografia", ver Schürer; Vermés; Millar, *Op. Cit.*

ALCOCK, Susan E. Landscapes of Memory and the Authority of Pausanias. In: J.Bingen and O.Reverdin (eds) Pausanias historien: huit exposbes suivis de discussions, *Entretiens sur l'Antiquité classique*, vol. 41. Vandoeuvres-Genève: Fondation Hardt, 1996, p. 241–276.

ALCOCK, Susan E.; CHERRY, John F.; ELSNER, Jas. Pausanias: *travel and memory in Roman Greece*. New York: Oxford University Press, 2001.

ALONSO-NÚÑEZ, José Miguel. Herodotus' conception of historical space. In: DEROW, Peter; PARKER, Robert. herodotus and his world: essays from a conference in memory of George Forrest. Oxford; New York: Oxford University Press, 2003.

AMOIA, Alba della Fazia; KNAPP, Bettina Liebowitz. Multicultural writers from antiquity to 1945: A bio-bibliographical Sourcebook. London: Greenwood Publishing Group, 2002.

ARAFAT, K. W. *Pausanias' Greece: Ancient Artists and Roman Rulers*. Cambridge: Cambridge University Press, 2004.

ARNOLD, Samuel James & CARPENTER, Stephen Cullen. *The mirror of taste, and dramatic censor,* Volume 1. Philadelphia: Bradford and Inskeep, 1810.

BAILLY, Anatole. Le grand Bailly. Dictionnaire grec-français. Paris: Hachette, 2000.

BARRONCOURT, M. Petit de. *De la politique des Normandes pendant la Conquête des Deux-Siciles*. Guizot collection of pamphlets, Volume 9. Paris: Chamerot, 1846.

BAUMBACH, Manuel; PETROVIC, Andrej; PETROVIC, Ivana. Archaic and Classical *Greek Epigram*. Cambridge: Cambridge University Press, 2010.

BICHLER, Reinhold. Persian Geography and the Ionians: Herodotus. In: BIANCHETTI, Serena; CATAUDELLA, Michele; GEHRKE, Hans-Joachim (eds.). Brill's companion to Ancient Geography: the inhabited world in Greek and roman tradition. Leiden: Brill, 2015, p. 3-20.

BINGEN, Jean (org.) *Pausanias Historien. Entretiens sur l'Antiquité Clássique Publiés par Olivier Reverdin et Bernard Grange*. Tome XLI. Genève: Fondation Hardt, 1996.

BOMMAS, Martin. Pausanias' Egypt. In: BOMMAS, Martin. *Cultural memory and identity in Ancient Societies*. New York: A&C Black, 2011, p. 79-108.

BOWERSOCK, G. W. Pausanias. In: EASTERLING, P. E.; KNOX, B. M. W. *The Cambridge History of Classical Literature*: Volume 1, Greek Literature. New York: Cambridge University Press, 1985, p. 709-10.

BOWIE, Ewen. Inspiration and Aspiration. Date, Genre and Readership. In: ALCOCK, Susan E.; CHERRY, John F.; ELSNER, Jas. *Pausanias: travel and memory in Roman Greece*. New York: Oxford University Press, 2001, p. 21-32.

CAMERON, Alan. *Wandering poets and other essays on late greek literature and philosophy*. Oxford; New York: Oxford University Press, 2015.

CANTÚ, Cesare. *Historia universal*, 3. Madrid: Imprenta de Gaspar y Roig, 1855.

CARNEY, Elizabeth Donnelly. Arsinoe of Egypt and Macedon: A royal life. Oxford; New York: Oxford University Press, 2013.

CHAMOUX, François. La méthode historique de Pausanias d'après le livre I de la Périégèse. In: BINGEN, Jean (org.) *Pausanias historien. Entretiens sur l'Antiquité Clássique publiés par Olivier Reverdin et Bernard Grange*. Tome XLI. Genève: Fondation Hardt, 1996, p.45-78.

CLOCHÉ, Paul. *Alexandre le Grand et les essais de fusion entre l'Occident gréco-macédonien et l'Orient*. Neuchâtel: Messeiller, 1953.

COHEN, Ada. Art, Myth, and Travel in the Hellenistic World. In: ALCOCK, Susan E.; CHERRY, John F.; ELSNER, Jas. *Pausanias: Travel and Memory in Roman Greece*. New York: Oxford University Press, 2001, p. 93–126.

DODDS, Eric. R. *The greeks and the irrational*. Los Angeles: University of California Press, 2004.

DUECK, Daniela. Strabo of Amasia: *A greek man of letters in Augustan Rome*. Lonodn; New York: Routledge, 2002.

ELSNER, Jas. Structuring "Greece". Pausanias's Periegesis as a Literary Construct. In: ALCOCK, Susan E.; CHERRY, John F.; ELSNER, Jas (eds.). *Pausanias: travel and Memory in Roman Greece*. New York: Oxford University Press, 2001, p. 3-20.

ELSNER, Jas. Roman Eyes: *Visuality & subjectivity in art & text*. Princeton; Oxford: Princeton University Press, 2007.

FLACELIÈRE, Robert. *A Literary History of Greece*. New Brunswick; London: AldineTransaction, 2008.

FRANCESE, Christopher. *Parthenius of Nicaea and Roman Poetry*. Bern: Peter Lang, 2001.

FRAZER, James George. Introduction. In: *Pausanias's description of Greece*. Vol. 1. TRanslation. New York: Cambridge University Press, 2012.

GÉRARD, Philippe-Louis. *Les leçons de l'histoire, ou lettres d'un père a son fils, sur les faits intéressans de l'histoire universelle*. Paris : A. Leclerc, 1803.

GEORGOPOULOU, Maria; GUILMET, Celine. Following Pausanias: the quest for Greek antiquity. New Castle: Oak Knoll Press, 2007.

GOLDEN, Cheryl L. The geography of Thucydides. In: BRICE, Lee L.; SLOOTJES, Daniëlle. *Aspects of ancient institutions and Geography: studies in honor of Richard J.A. Talbert*. Leiden: BRILL, 2014, p. 199-215.

HABICHT, Christian. *Pausanias' Guide to Ancient Greece*. Berkeley; Los Angeles; London: University of California Press, 1998.

HANSEN, Mogens Herman; RAAFLAUB, Kurt A. *Studies in the Ancient Greek Polis*, Volume 1. Stuttgart: Franz Steiner Verlag, 1995.

HONOUR, Hugh; FLEMING, John. *A world history of art*. London: Laurence King Publishing, 2005.

HORNBLOWER, Simon. *The Greek World 479-323 BC*. London; New York: Routledge, 2013.

HUTTON, William. *Describing Greece: landscape and literature in the Periegesis of Pausanias*. Cambridge: Cambridge University Press, 2005.

______. The Construction of Religious Space in Pausanias. In: ELSNER, Jas; RUTHERFORD, Ian (eds.). *Pilgrimage in graeco-roman and early christian Antiquity: Seeing the Gods*. Oxford; New York: Oxford University Press.

JACOBY, Felix; BOLLANSÉE, Jan; SCHEPENS, Guido. *Die Fragmente Der Griechischen Historiker. Continued. Part Four: biography and antiquarian literature*. Leiden: Brill, 1999.

JOHNSON, Claudia; JOHNSON, Vernon Elso. *Understanding the Odyssey: a student casebook to issues, sources, and historic documents*. London: Greenwood Publishing Group, 2003.

JONES, C. P. Pausanias and His Guides.In: ALCOCK, Susan E.; CHERRY, John F.; ELSNER, Jas. *Pausanias: travel and memory in Roman Greece: travel and memory in Roman Greece*. New York: Oxford University Press, 2001, p. 33-9.

JONES, Robert Alun. *The secret of the totem: religion and society from McLennan to Freud*. New York: Columbia University Press, 2012.

KIM, Choong Soon. *One anthropologist, two worlds: three decades of reflexive fieldwork in North America and Asia*. Knoxville: University of Tennessee Press, 2002.

KNAPP, Liebowitz. *Multicultural writers from Antiquity to 1945: A bio-bibliographical Sourcebook*. Connecticut; London: Greenwood Publishing Group, 2002.

KÖNIG, Jason. *Athletics and literature in the Roman Empire*. Cambridge: Cambridge University Press, 2005.

LACROIX, Frédéric. *Historia de Maltay el Gozo*. Barcelona: Imp. de. Guardia nacional, 1840.

LEFRANC, Émile. *Abrégé de géographie ancienne comparée, redigé sur un plan historique*. Bruxelles : La Société Nationale, 1840.

LEMPRIÈRE, John. *Bibliotheca classica*; or, *A classical dictionary: containing a full account of all the proper names mentioned in ancient authors. With tables of coins, weights, and measures, in use among the Greeks and Romans. To which is now prefixed a chronological table*, Volume 1. London: T. Cadell, 1792.

LEVITIN, Dmitri. *Ancient wisdom in the age of the New Science: histories of philosophy in England, c. 1640–1700*. Cambridge: Cambridge University Press, 2015.

LEWIS, David M.; BOARDMAN, John; DAVIES, J. K.; OSTWALD, M. *The Cambridge Ancient History V. The fifth century*. Cambridge: Cambridge University Press, 1992.

LIDDEL, Peter; LOW, Polly. *Inscriptions and their uses in greek and latin literature*. Oxford: Oxford University Press, 2013.

LIDDLE, Aidan. *Arrian: Periplus Ponti Euxini*. London: Bristol Classical Press, 2003.

MACFARQUHAR, Colin; GLEIG, George. *Encyclopædia Britannica: Or, A Dictionary of Arts, Sciences, and Miscellaneous Literature*, Volume 14, Parte 1. Edinburgh: A. Bell and C. Macfarquhar, 1797.

MARINCOLA, John. *Greek historians*. Cambridge: Cambridge University Press, 2001.

MARLIER, Thomas. *Pausanias archéologue: le cas des statues*. Revue des études anciennes, 2006, 108, p. 433-451.

MAYHEW, Robert J. Geography's Genealogies. In: AGNEW, John A.; LIVINGSTONE, David N. *The SAGE Handbook of Geographical Knowledge*. Los Angeles; London; New Delhi; Singapore; Washington DC: SAGE, 2011.

MAZO, Santiago José García. *Historia para leer el cristiano desde la niñez hasta la vejez, ó sea Compendio de la historia de la religión, sacado de los libros santos*. Valladolid: Imprenta de Manuel Aparicio, 1845.

MEISSAS, Ach. *Dictionnaire de géographie ancienne et moderne*. Paris : L. Hachette, 1847.

MELLORS, Anthony. Autopsia: Olson, *Themis, Pausanias. Modernism/modernity*, Volume 19, Number 1, January 2012, pp. 95-114.

MORALES, Fábio A. *Atenas e o Mediterrâneo romano. Espaço, Evergetismo e Integração*. Teses apresentada ao Programa de Pós-Graduação em História Social - Faculdade de Filosofia, Letras e Ciências humas da Universidade de São Paulo. São Paulo: 2015.

MÜLLER, Karl Otfried. *Geschichte der griechischen Literatur bis auf das Zeitalter Alexanders*, Volume 2. Breslau: Josef Mar und Romp.

ØKLAND, Jorunn. *Women in their place: Paul and the Corinthian discourse of gender and sanctuary space*. New York: A&C Black, 2005.

PATTERSON, Lee E. *Kinship myth in Ancient Greece*. Austin: University of Texas Press, 2010.

PFEIFFER, Rudolf. *History of classical scholarship from the beginnings to the end of the Hellenistic age*. Oxford: Clarendon Press, 1968.

PRETZLER, Maria. *Pausanias: travel writing in Ancient Greece*. London; New Delhi; New York; Sydney: Bloomsbury, 2013.

RENSHAW, James. *In search of the Greeks. Second* Edition. London; New York: Bloomsbury Publishing, 2015.

RICHARDSON, J. S. *Hispaniae: Spain and the development of roman imperialism, 218-82 BC*. Cambridge: Cambridge University Press, 2004.

RUBINSTEIN, Lene. Pausanias as a Source for the Classical Greek Polis. In: HANSEN, Mogens Herman; RAAFLAUB, Kurt A. *Studies in the Ancient Greek Polis*, Volume 1. Stuttgart: Franz Steiner Verlag, 1995, p. 211-9.

SAID, Suzanne; TREDE, Monique. *A short history of greek literature*. London; New York: Routledge, 2003.

SALE, George et al. *An universal history, from the earliest account of time*, Volume 7. London: T. Osborne, A. Millar, and J. Osborn, 1747.

SÁNCHEZ, Jordi Redondo. *Literatura grecoromana*. Serie Historia de la Literatura Universal. Madrid: Ed. Síntesis, 2004.

SAVAGNER, Auguste. *Histoire de France avant 1789*. Paris: Bacquenois, 1833.

SCHÜRER, Emil; VERMÈS, Géza; MILLAR, Fergus. *History of the Jewish People in the Age of Jesus Christ*. Edinburgh: T.&T. Clarck Ltd., 1973.

SHAHAR, Yuval. Josephus Geographicus: *The Classical Context of Geography in Josephus*. Tübingen: Mohr Siebeck, 2004.

SNODGRASS, Anthony M. *Archaeology and the emergence of Greece*. New York: Cornell University Press, 2006.

SPEAKE, Jennifer. *Literature of Travel and Exploration: An Encyclopedia*. New York; London: Routledge, 2014.

SPRAWSKI, Stawomir. The Early Temenid Kings to Alexander I. In: ROISMAN, Joseph; WORTHINGTON, Ian. *A Companion to Ancient Macedonia*. Hoboken: Wiley-Blackwell, 2011.

STANSBURY-O'DONNEL, Mark D. *Looking at Greek Art*. New York: Cambridge University Press, 2011.

SWAIN, Simon. *Hellenism and empire: language, classicism, and power in the Greek World, AD 50-250*. Oxford: Clarendon Press, 1996.

THEODOSSIEV, Nikola. North-Wetern *Thrace from the Fifth to First Centuries BC*. BAR International Series, Edições 859-860. British Archaeological Reports, 2000.

TIMPE, Dieter. Fabius Pictor und die Anfänge der römischen Historiographie. In: TEMPORINI, Hildegard. *Aufstieg und Niedergang der römischen Welt: Geschichte und Kultur Roms im Spiegel der neueren Forschung. Von den Anfängen Roms bis zum Ausgang der Republik*. Teil I. Berlin; New York: Walter de Gruyter, 1972, p. 928-69.

TOZER, Henry Fanshawe. *A history of ancient geography*. Cambridge: Cambridge University Press, 2014.

VIERTHALER, Franz Michael. *Philosophische Geschichte der Menschen und Völker: Geschichte der Griechen*; 2, Von der Einführung des Archontats in Athen bis zum Tode des Perikles, Volume 7. Wien: Verlag der Waisenhausbuchh, 1819.

WILSON, Nigel. *Encyclopedia of ancient Greece*. New York; London: Routledge, 2013.

12

Luciano e sua Relação com o Discurso do Historiador

Pedro Ipiranga Júnior
Universidade Federal do Paraná

Sírio de origem, nascido na cidade de Samósata, capital de Comagena, região periférica oriental da província romana da Síria, é o olhar estrangeiro que pervade suas obras e através do qual ele dimensiona sua identidade face à cultura grega. Ainda que sejam poucas as evidências, algumas referências em seus textos apontam uma variante do aramaico, o siríaco, como língua materna, além de poder ter tido alguns conhecimentos da língua e da cultura iraniana. Por seu turno, sua atitude frente ao Império Romano é alvo de uma polêmica atual que o faz, de um lado, crítico acerbo de Roma, e, de outro, um cidadão do Império que deseja conquistar as benesses dos imperadores através de seus escritos. De uma forma ou de outra, o enfoque de Luciano acerca do discurso do historiador recebe essa dupla modalização como pano de fundo: as relações e interpretações dos gêneros discursivos a partir de uma releitura do legado cultural grego; o papel político de quem escreve história no contexto do Império Romano do século II d.C..

Primeiramente, deve-se ter em vista que a figura do historiador aparece em vários textos de Luciano, avaliada sob diferentes óticas e, por conseguinte, apresentando imagens, às vezes, díspares de suas funções, valores e formas de comprometimento ético-político. Ou seja, o tratamento dado a ele e à prosa que lhe é correlata está na dependência da perspectiva que se coloca em primeiro plano. Enfoco, de início, as relações entre história e biografia. Luciano, de fato, tem uma produção biográfica importante para a época e que se afigura relevante para o contraponto e comparação com o modo de escrita do historiador. Segundo Momigliano, houve sempre, da parte dos antigos, a consciência das fronteiras de gênero entre biografia e história, no período romano-helenístico, assim como entre história política e pesquisa antiquária no período grego clássico. No entanto, a própria definição e, com efeito, o desdobramento do fenômeno biográfico redimensiona as fronteiras entre uma e outra, assim como com vários outros gêneros do discurso.

Na passagem famosa de Plutarco, em sua vida de Alexandre, temos essa fronteira dimensionada numa forma que se tornou canônica: enquanto os historiadores descrevem guerras, batalhas e outros eventos de grande alcance político, o biógrafo procura os sinais da alma, o retrato de uma vida e dos costumes através da exposição de fatos e de discursos que melhor revelem o vício e a virtude do homem (Plut. Alex., 1.1). Segundo Patricia Cox, na ótica plutarqueana, o *bíos* é um discurso revelatório do íntimo de si, suas ações se tornando significantes se mostram o caráter e desvelam a geografia interior da vida do herói (Cox: 1983, xi).[1]

Numa perspectiva antagônica a essa, Maria Aparecida de Oliveira Silva advoga a tese de que, a despeito de uma estrutura biográfica exterior, a escrita de Plutarco testemunha práticas próprias do historiador, explicitadas a) pela acurada pesquisa e coleta dos dados, b) ênfase nas ações públicas, c) descrição do contexto histórico do biografado fazendo emergir a sociedade que o circundava, d) crítica das fontes, apresentando incongruências das interpretações, e) comparação de eventos históricos em épocas diferentes, f) avaliação das ações e consequências para a cidade. Nesse sentido, contrapõe ela o que Plutarco declara na vida de Alexandre com o que registra no prefácio da vida de Timoleão, em que se ele coloca entre aqueles que se ocupam seriamente com a história (Silva: 2006, 55).[2]

De uma forma ou de outra, a definição de fronteiras diz respeito à possibilidade de contaminação de elementos entre uma e outra. Isso se torna patente na obra *Alexandre ou o falso profeta* de Luciano de Samósata. Escrevendo um *bíos* de caráter cômico e satírico, ele apresenta como precedente, provavelmente forjado, a vida do bandido Tiloboro, pretensamente escrita pelo historiador Arriano. O biógrafo, assim, para justificação e legitimação de seu trabalho buscaria o paralelo com a ação do historiador.

1 Para as relações entre história e biografia na obra de Plutarco, cf. CANFORA, 2004, p. 171-179.

2 Cf. Plutarco, *Timoleão*, 1: "A mim aconteceu consagrar-me à redação de vidas devido a outras pessoas, mas persisti e permaneci nesse domínio por minha própria causa, tentando, com a história, de um modo ou de outro, organizar e conformar minha vida às virtudes daqueles, como se olhando num espelho". Apud: HARTOG, 2001, p. 175.

Nesta obra, *Alexandre ou o falso profeta*, Luciano ingressa propriamente no gênero biográfico, abordando de forma cronológica, depois de uma primeira parte inicial em forma de carta e da caracterização física e psicológica do personagem, os eventos da vida de Alexandre de Abonotico. O escrito é dirigido a Celso, que alguns comentadores[3] (Avramides: 2000, 11-13) identificam como o mesmo Celso que escreveu um discurso contra os cristãos.[4] A forma escolhida por Luciano para este relato é a epistolar, a qual, de fato, era freqüentemente adotada para tratados de cunho filosófico na Antigüidade. O *bíos* escrito por Luciano, por seu turno, enquadrar-se-ia num gênero biográfico cômico, também em relação de filiação com a história, cujo trecho seguinte exemplifica:

> Entretanto, tenho receio por ambos, por ti e por mim. Quanto a ti, de que julgues digno de ser legado à posteridade, pela memória e pela escrita, um homem tão desgraçado. Quanto a mim, de que despenda esforço por causa de uma história (ἱστορίᾳ) dessa e das ações de um homem que não seria digno de ser conhecido por pessoas educadas, mas de ver-se num enorme circo vagabundo, sendo estraçalhado por macacos e raposas. Mas, se alguém nos fizer essas acusações, nós também teremos algo semelhante para apresentar como nosso modelo. De fato, Arriano, o discípulo de Epiteto, um homem que estava entre os mais importantes romanos e que conviveu com a cultura ao longo de toda sua vida, como passou por situação semelhante, ao menos falaria em nossa defesa: pois ele também considerou digno escrever a vida do bandido Tiloboro. Nós, porém, preservaremos a memória de um bandido muito mais selvagem, tanto mais que agiu não nas florestas ou nas montanhas, mas nas cidades, atacando não apenas a Mísia ou o Ida, nem pilhando umas poucas partes da Ásia, as mais desertas, mas, como se diria, enchendo todo o Império Romano com seu banditismo (Luciano, *Alexandre ou o falso profeta*, 2).[5]

---

3 Contra essa atribuição, cf. Caster: 1938, 1-6.

4 A obra de Celso *Alethés Lógos katà Khristiánon* pode ser depreendida do livro de Orígenes *Contra Celso*, que responde às acusações daquele filósofo contra o cristianismo passo a passo. A edição grega daquela obra extraída desta de Orígenes foi publicada separadamente por Pétros Oikonómou e Giánnis Khristodoúlo.

5 Tradução de Daniel Bretas (2002).

A partir daí, é possível dimensionar a função do biógrafo a partir daquela do historiador: 1) conceder glória e tornar conhecido para a posteridade são finalidades requeridas tanto pelo discurso encomiástico (no caso, biográfico), quanto pelo do historiador; 2) a questão da exemplaridade é fulcral para tais gêneros, em que está embutida uma agenda moral do escritor; 3) a figura de Arriano é evocada também por sua obra sobre Alexandre o Grande, ou seja, enquanto escritor que seria, ao mesmo tempo, ligado à história e à biografia; 4) ele é aproximado de Epiteto, assim como o destinatário do escrito de Luciano (composto como resposta a uma carta), Celso, é descrito como epicurista, o que indica que se requer algum tipo de formação filosófica para a composição e avaliação da obra; 5) a remissão ao Império Romano diz respeito à disseminação do culto encetado por Alexandre, mas implica também a envergadura política de uma tal composição. Dessa forma, a figura do historiador serve como uma espécie de pedigree para a composição biográfica ou, em outros termos, o método, a finalidade ética e o engajamento político da investigação do historiador são marcas formais a determinarem o discurso do biógrafo.

Geiger (1985, 9-29) foi um dos autores que contestou a tese de Momigliano de que haveria uma distinção nítida entre os dois gêneros, história e biografia, buscando demonstrar que a biografia propriamente política teria surgido com Cornélio Nepos e que, anteriormente, haveria uma indistinção entre monografia histórica sobre um líder político ou um comandante militar e formas biográficas centradas sobre o mesmo tipo de personagem. Sem entrar no objeto da polêmica, o importante é verificar essa possibilidade de mistura e aproximação entre um tipo de forma biográfica e um tipo de escrita de história: a monografia sobre algum personagem político. Ou seja, há uma forma historiográfica antiga que estaria bem próxima e, às vezes, se confundiria com uma forma biográfica.

Além disso, a aproximação entre os dois gêneros ocorre por outra via: a admissão do elemento encomiástico no discurso da história, assim como de uma finalidade ligada ao prazer e ao divertimento, presentes, por exemplo, nas teorizações feitas por Dionísio de Halicarnasso (*Carta a Pompeu, Sobre Tucídides*) e por Quintiliano (*Instituições Oratórias*) (Hartog: 2001, 97-103; 163-185). Provavelmente seja sintomático que, na comparação que Dionísio faz entre Tucídides e Heródoto, o primeiro, julgado inferior ao segundo, seja, de certo modo, desclassificado e criticado severamente:

> Primeiro e mais importante trabalho para os que escrevem histórias de todo tipo é escolher um argumento belo e que seja agradável a eventu-

> ais leitores (*toîs gráphousin pásas historías hypóthesin ekléxasthai kalèn kaì kekharisménen toîs anagnosoménois*). Isso Heródoto me parece ter feito melhor do que Tucídides (...). Tucídides, no entanto, descreve uma única guerra (*pólemon héna gráphei*), e essa nem é bela nem tem um resultado feliz, guerra que jamais devia ter acontecido, ou pelo menos, legada ao silêncio e ao esquecimento, fosse ignorada pelas gerações vindouras (Dionísio de Halicarnasso, *Carta a Pompeu*, XI, 3, 2-4).

No que diz respeito ao tratamento da matéria histórica, segundo Dionísio de Halicarnasso, Tucídides não teria sabido escolher bem o tema, mais interessado em fazer algo diferente dos outros, nem conseguido delimitar adequadamente o início e o fim da história; por não colocar as devidas pausas, ele fatigaria a atenção dos ouvintes e se tornaria obscuro e difícil de seguir por causa de sua ordenação por invernos e verões, que corta o fio narrativo (Idem, XI, 3, 6; 9-10; 12-13). Embora aqui as qualidades estilísticas do ateniense não tenham sido minoradas, no conjunto, ele é considerado bem inferior a Heródoto. Ao contrário desse último, ele não parece querer agradar seus ouvintes, os gregos; comporta-se dura e severamente com sua pátria, dissecando os seus erros e fracassos com muita precisão e reportando pouco e de modo relutante os sucessos dos atenienses; só que essa atitude apátrida (que é valorizada por Luciano com um traço fundamental do historiador), longe de representar uma atitude idônea, seria, para Dionísio, própria de alguém rancoroso com a cidade que o exilou (Idem, XI, 3, 15).

Quintiliano enfatiza ainda mais essa tendência da história ao aspecto de ensejar prazer nos leitores, chegando a defini-la como uma espécie de "poema em prosa" que se escreve não para demonstrar algo, mas para o prazer da narrativa (Quintiliano, *Instituições Oratórias*, 10, 31). Por seu turno, na obra *Sobre Tucídides*, embora Dionísio apresente Tucídides essencialmente preocupado com a verdade e como tendo retirado de seus escritos quaisquer elementos míticos ou fictícios, cuja finalidade seria de enganar e seduzir o público (Dionísio de Halicarnasso, *Sobre Tucídides*, VII, 3, 3-5; 6,5; 8,1) por um lado, Demóstenes lhe é contraposto como um modelo muito superior, por outro, ele vai valorizar os ditos logógrafos (Tucídides, *Guerra do Peloponeso*, I, 21, 1. e Detiene: 1992, p.113, 131) anteriores a Tucídides, como memorialistas exemplares, arquivistas escrupulosos, cuja escrita reproduz fielmente os antigos e primeiros memoriais. Eles, por levarem ao conhecimento de todos essas tradições-memória exatamente como as receberam, sem nada acrescentar ou tirar, não deixam de ser verdadeiros por isso; o seu trabalho seria, portanto, honesto e eticamente comprometido, revelando ainda uma certa graça, que faz com que subsistam e continuem sendo agradáveis para certo público.[6] Manifestando assim sua preferência por uma história de tipo retórico e moral[7], ele lhe assinala uma finalidade dupla, instruir e agradar os ouvintes, ou seja, uma verdade moralmente engajada no encômio da pátria ou daqueles que a representam.

Esse modo de escrever a história, pautado por uma finalidade ligada ao prazer e composta visando um objetivo encomiástico, quer cívico ou individual, está de certo modo inscrito naquele aspecto do discurso do historiador que Hartog define a partir da fórmula de Cícero, da "história como mestra da vida", fornecedora de exemplos a serem imitados (Hartog: 2001, 171 e Cícero, *Do Orador*, 3, 36). No entanto, o que há de se ressaltar nessa maneira de escrever história, a despeito de seu aventado compromisso com a verdade e a imparcialidade e a despeito das diferenças levantadas entre a história e a retórica (no caso, de tipo dicânico ou deliberativo, pelo menos na teorização de Cícero em *Do Orador*) (Cícero, *De oratore*, 59-63 e Scatolin: 2008, 205-206), seria um certo engajamento político que a aproxima, de certo modo, da literatura panegírica, o que, por conseguinte, a faz tender para o registro da prosa biográfica encomiástica.

E é nessa tensão entre os vários gêneros dos discursos, mormente em prosa, que se situa a obra de Luciano de Samósata *Como se deve escrever a história*, em que ambos os aspectos são relevantes para a sua interpretação: a ambiência político-cul-

6 Para o prazer na composição historiográfica associado aos vários "gêneros" de história, cf. Políbio, *História* , IX, 1: "O gênero genealógico atrai os leitores superficiais; o gênero pertinente à colonização, à fundação de cidades e laços de parentescos entre os seus habitantes...atrai os curiosos e os apreciadores de fatos singulares, enquanto o estudioso da política se interessa pelos feitos dos povos, das cidades e dos estadistas."

7 De forma semelhante, Tito Lívio concedia à Antigüidade a permissão de, misturando as coisas humanas às divinas, tornar mais veneráveis as origens da cidade. Além disso, segundo ele, se é lícito permitir a um povo santificar suas origens e aos deuses referir como criadores, então, frente à glória do povo romano, que atribui a si mesmo e a seu fundador como pai o deus Marte, os demais países deveriam aceitar isso com uma atitude de respeito, da mesma forma com que aceitam seu domínio. Portanto, no que se refere aos acontecimentos que precederam ou acompanharam a fundação da cidade de Roma, "os fatos que foram transmitidos mais ilustrados por lendas poéticas do que apoiados no testemunho autêntico desses feitos, pretendo nem afirmá-los nem contestá-los" (quae ante conditam condendamve urbem poeticis magis decora fabulis quam incorruptis rerum gestarum monumentis traduntur, ea nec affirmare nec refellere in animo est). Tito Lívio, *História de Roma*, Prefácio, 6-7.

tural no contexto do Império Romano e a determinação do estatuto, da função e do modo de escrita da história no entrecruzamento entre os vários gêneros.

Em relação ao primeiro aspecto, Alain Billault entende como colaboracionista a posição de Luciano frente aos imperadores romanos. Segundo ele, Luciano teria seguido Lúcio Vero ao oriente durante a guerra contra os partos, entre 163 e 166 d.C., época durante a qual teria escrito os opúsculos *Sobre a dança*, *As imagens*, *Sobre as imagens* e *Como se deve escrever a história*, tendo aí se dirigido indiretamente a esse imperador. Numa outra obra, *Apologia*, dirigida indiretamente ao imperador Marco Aurélio, justificaria seu posto administrativo assumido no Egito, numa data ainda conjectural (Martin: 2010, 195) entre 171 a 175 d.C. Em sua interpretação, Luciano se comportaria como um escritor cortesão que, apesar de querer se distinguir dos aduladores ordinários, buscaria agradar aos ditos imperadores (Billault: 2010, 145).

Nesse sentido, em *Sobre a dança*, o personagem Licino, ao defender a pantomima, como uma arte legítima de ser apresentada e apreciada, estaria elogiando, de certo modo, aquele que é capaz de valorizá-la no seu caráter pedagógico, estético e particularmente pelo fato de estar ligada à erudição na apresentação dos mitos através de gestos, elementos sonoros e rítmicos. Para Billault, a figura visada aí seria Lúcio Vero, descrito tradicionalmente, a exemplo da *História Augusta*, como um hedonista consumado, que, além do mais, se cercava de mimos e dançarinos e que, segundo se depreende de sua correspondência com seu mestre Frontão, se destacaria também no domínio da eloquência. Por seu turno, nas obras *Imagens* e *Sobre as imagens*, a figura feminina aí elogiada, tanto no aspecto físico, quanto no aspecto moral e intelectual, seria Panteia, a concubina de Lúcio Vero, o que atestaria para Billault essa atitude cortesã de Luciano, que não deixa de elogiar o imperador pelo convívio de uma mulher descrita como tão virtuosa. Na *Apologia*, de maneira ainda mais conjectural, Billault vê nas convergências de opiniões emitidas nessa obra e nas *Meditações* de Marco Aurélio, um indício de que Luciano corroboraria os princípios do imperador, exprimiria sua gratidão pelo posto e esperaria uma promoção, como governador ou magistrado (Billault: 2010, 146-159 e Luciano, *Apologia*, 12).

A partir desse quadro delineado de modo, em maior ou menor medida, conjectural, Billault busca uma atitude política de Luciano de sujeição ao domínio imperial em sua leitura de *Como se deve escrever a história*, o que lhe obriga mesmo a interpretar ao revés o sentido mais óbvio de várias partes do texto. Toda a crítica de Luciano a um tipo de história encomiástica é reduzida por Billault a uma estratégia de filiação e aproximação entre Luciano e Lúcio Vero, no sentido de este último se resguardar de pessoas aduladoras interessadas apenas em proveitos pessoais, enquanto deveria confiar num tipo de escrita da história apregoada pelo primeiro, cujos parâmetros de verdade, imparcialidade, utilidade e compromisso com leitores no futuro, conduziriam um e outro a um renome na posteridade.

Essa leitura da postura de Luciano com relação a Roma retoma, em parte, a argumentação de Jones, para quem este opúsculo de Luciano, *Como se deve escrever a história*, teria sido apresentado como diversão ao imperador depois da guerra contra os partos (Billault: 2010, 146-159 e Luciano, *Apologia*, 12). Embora tal interpretação seja um pouco forçada e artificiosa, há de se prestar atenção também ao modo de como Luciano se refere ao Império Romano, muitas vezes dele se distanciando e mesmo se contrapondo, a exemplo do que acontece na obra *Nigrino* (Peretti: 1946; Brandão: 1992, 392), mas também às vezes a ele se referindo através de um "nós", como nos seguintes trechos: "pois contra nós ninguém ousaria lutar, estando todos dominados"; [...] "Ouvi já de um, que tinha escrito uma história do futuro, a captura de Vologeso e o assassinato de Ósroes, como será lançado aos leões, e, sobretudo, o triunfo tão desejado por nós" (*Como se deve escrever a história*, 5; 31).[8] Esta perspectiva de vincular a ação de Luciano ao Império Romano é, de fato, de alguns estudiosos que participam do livro lançado em Barcelona: *Lucian of Samosata, Greek writer and Roman citizen*. Segundo Bruno Rochette, Luciano estaria plenamente integrado ao Império Romano, assumindo "seu estatuto de *ciuis Romanus* - seu nome sendo a forma helenizada do nome romano *Lucianus* - e deixa entrever sua adesão à ótica imperial romana, uma vez que é um dos primeiros autores gregos a designar os habitantes do Império Romano por <nós>" (Rochette: 2010, 229).

De modo mais nuançado, Catherine Darbo-Peschanski enfatiza que a centralidade da questão do elogio na composição histórica estaria ligada à posição histórico-política de Luciano como cidadão romano da época imperial, o que o obrigaria a restringir seu tratado a uma verdadeira teorização do lugar do elogio na história, em que ele sugeriria apenas uma solução empírica de aconselhamento e uso do elogio com circunspecção, ou seja, ele teria composto uma espécie de "prolegômenos" à teoria da história (Darbo-Peschanski: 2010, 167-168).

Há de se atentar inicialmente para a composição da obra: proêmio (cap. 1-6); parte 1 (cap. 7-33), parte 2 (cap. 34-63), cujos dois últimos capítulos servem também

8 Cf. também as passagens 17 e 29 da mesma obra. Usamos aqui a tradução recente da obra de Jacyntho Lins Brandão: 2009.

de conclusão. As duas partes são designadas explicitamente por Luciano: na primeira, critica os erros em geral dos que compõem história e as faltas dos historiadores da guerra coeva dos romanos contra os partos (faltas essas concentradas nos capítulos de 14 a 30) e, na segunda parte, fornece conselhos de como se deve escrever a história e de qual deve ser o estatuto e a função do historiador. A maneira crítica de Luciano posicionar-se é exemplificada logo no princípio, ao introduzir o assunto de modo satírico contando uma anedota:

> Contam, meu querido Fílon, que afetou os habitantes de Abdera, durante o reinado de Lisímaco[9], uma doença (*nósema*) com os seguintes sintomas: no princípio, com efeito, todos tinham uma febre muito forte logo de início e continuamente alta, e, por volta do sétimo dia, acabava a febre ou com um volumoso corrimento de sangue pelo nariz ou com uma afluência de suor, também abundante. Mas uma afecção ridícula recaía-lhes sobre as mentes , pois todos se tornavam alucinados por tragédia (*es tragoidían parekínoun*), declamando iambos e gritando muito. E sobretudo cantavam os solos da *Andrômeda* de Eurípides ou, a seu turno, enunciavam a fala de Perseu; a cidade estava cheia daqueles trágicos de sete dias, todos pálidos e fracos, gritando: "tu, dos deuses tirano e dos homens, ó Amor!" e outras coisas com voz potente, até que o inverno com um frio glacial fez parar aqueles desvairados." (Luciano, *Como se deve escrever a história, 1. Eurípides.* Frag. 136).[10]

Narrando este fato anedótico, Luciano faz uma comparação explícita com a situação atual, em que, sucedendo a guerra contra os bárbaros, o desastre da Armênia e as vitórias contínuas romanas, todos se tinham posto a escrever história " (...) e todos se converteram em Heródotos, Tucídides e Xenofontes" (*Como se deve escrever a história*, 2). Ele está se referindo à guerra contra os partos, movida por Marco Aurélio e Lúcio Vero, e da quantidade de historiadores de última hora que surgiram, a fim de, louvando a campanha dos imperadores romanos, captarem sua benevolência e favor.

O argumento em si da anedota remete a uma tragédia, no caso, à *Andrômeda* de Eurípides. E, neste tratado, a poesia é um dos pólos face a que a história é determinada negativamente, ou seja, o modo de escrever a história será outro em relação ao modo poético. Com efeito, se neste último se admite um rebuscamento estilístico

---

9 Lugar-tenente de Alexandre que, depois da Batalha de Iso, em 301 a.C., obteve a Trácia.

10 Tradução do autor.

e a presença do *pseûdos*, enquanto o fictício, o imaginado ou o inventado, do outro vai ser exigido clareza no estilo, assim como o critério da *alétheia*, como a busca e o cuidado com o verdadeiro.

Não obstante, segundo a letra do texto, aqueles que então se atrevem a escrever estão enlouquecidos diante da realidade dos fatos, escrevem como sob um delírio poético e não conseguem discernir que "a poesia e os poemas têm suas próprias intenções e critérios (*hyposkhéseis kaì kanónes ídioi*), mas os da história são outros (*historías dè álloi*)". A liberdade da primeira é sem limites e sua única lei é aquilo que pareça ou se apresente ao poeta (*Como se deve escrever a história*, 8). Seria um grande defeito, portanto, não saber separar os atributos da história e da poesia, e introduzir naquela os atributos desta: o mito, o elogio e os exageros de ambos. Assim prosseguindo a argumentação, Luciano diz que estão equivocados aqueles que fazem uma divisão dupla da história no que dá prazer e no que é útil, visto que a finalidade e objeto próprio da história é uma única coisa, a utilidade, e a isso se chega unicamente a partir do que é verdadeiro (Idem, 9). Mesmo que seja acompanhada de deleite, isso tampouco deveria desviar ou obscurecer o que ela tem como mais específico e determinante objetivo: a publicação da verdade (*tèn tês aletheías délosin).* A partir dessa discussão sobre a presença do prazer, Luciano delimita o discurso do historiador em relação de alteridade tanto com a poesia quanto com o elogio, afirmando que um dos primeiros defeitos que a maioria comete é gastar muito tempo elogiando governantes e generais, omitindo o relato dos acontecimentos, pois se ignoraria a grande muralha e a diferença de duas oitavas que separa a história do panegírico.

Importa, sobretudo, no proêmio, ver o modo como Luciano concebe a história em seu contrapondo com outros gêneros e formas de discurso. Faz ele explícita essa contraposição entre história e prosa encomiástica, por um lado, e entre história e poesia, por outro. Segundo a letra do argumento, não se poderia admitir na escrita do historiador nem o engano e a amplificação da prosa epidíctica, nem a ilusão e a liberdade sem limites da composição poética. O *pseûdos*, em sua dupla acepção, quer da retórica, quer da poesia, substancializando os principais vícios que o historiador deveria evitar, desvirtuaria a atividade narrativa do historiador. De uma forma ou de outra, o elogio e a poesia são estes dois pólos iniciais face aos quais a escrita da história se define enquanto um campo discursivo específico.

Os termos para indicar esse campo tem uma utilização não muito sistemática, mas criam um jogo de relações que permitem determinar seu escopo. Segundo Darbo-Peschanski, há aqui, além do emprego da palavra ἱστορία numa dupla acepção, o alargamento de sentido ligado aos termos συγγραφή, συγγραφεύς e do verbo συγγραφεῖν. Embora esse verbo possa remeter à atividade específica do historiador enquanto tal e *syngrafeús* possa identificá-lo em sua atividade, o verbo em Luciano pode adquirir o sentido genérico de escrever (sendo, inclusive, aplicado a Homero) (*Como se deve escrever a história*, 40); além disso, desde o século I d.C., tais cognatos chegam a designar simplesmente uma composição em prosa por oposição à poesia, apresentando a estudiosa como referências Dionísio Trácio e Sexto Empírico (Darbo-Peschanski: 2010, 162-163). Segundo Brandão, essa acepção de *syngrafeús* simplesmente como compositor em prosa também aparece em vários escritos de Luciano, como *Mestre de Retórica* (26), *Assalariados* (35), em que se explicita essa contraposição à poesia, a exemplo desse passo em *Lúcio ou o asno*: "Eu, por meu turno, sou escritor de histórias e de outras narrativas, enquanto ele [meu irmão] é poeta de elegias e bom adivinho" (κἀγὼ μὲν ἱστοριῶν καὶ ἄλλων εἰμὶ συγγραφεύς, ὁ δὲ ποιητὴς ἐλεγείων ἐστὶ καὶ μάντις ἀγαθός) (*Lúcio ou o asno*, 55.).[11] O termo *sungraphéus* aqui o escritor em prosa, tanto de histórias, quanto de outros gêneros, cujo estatuto se constitui face ao contraste e comparação com a atividade e obra do poeta.

Luciano é, de fato, herdeiro de uma teorização sobre a composição em prosa que remete a Platão, Aristóteles, mas também a Isócrates. Este último é importante para nossa discussão pois emprega como marcas formais para a elaboração de sua teorização sobre prosa estes dois elementos que aparecem aqui nessa obra de Luciano: 1) uma marcada comparação e contraposição à poesia; 2) o emprego técnico do elogio como aspecto distintivo de uma prosa cuja finalidade seria proporcionar prazer, celebração e fama. O primeiro aspecto é explicitado no seguinte passo:

> Se então tal oferecimento, uma vez confeccionado, será digno do assunto, é difícil saber desde o início; com efeito, muitas das composições poéticas com metro e das composições escritas em prosas (*tôn metà métrou poiemáton kaì tôn katalogáden syngrammáton)*, ainda estando no pensamento dos compositores, proporcionavam grandes expectativas, mas, uma vez terminadas e apresentadas aos outros, alcançaram uma reputação bem inferior ao que se esperava. (Isócrates, *A Nícocles*, 7)[12]

11 Tradução do autor. Cf. Brandão: 2009, 136-138.

12 Cf. também em *A Nícocles*, 42 a contraposição entre τῶν ποιημάτων x τῶν συγγραμάτων.

A despeito dos termos diferenciados, a contraposição entre escrito em prosa e composição poética se torna paradigmática para o estatuto de uma prosa que marca seu compromisso estético por tal aproximação e correlação; esta correlação com o discurso poético[13] se apresenta sob dois aspectos: a) a busca de uma similaridade análoga, em termos estéticos e composicionais; b) a exibição de seu caráter superior em termos de utilidade para a pólis e os cidadãos. Além disso, na teorização isocratiana é sublinhado o caráter encomiástico de sua prosa, tendo o louvor como traço determinante, associado aí a uma tematização moral e pedagógica.[14]

É certo que Luciano não concebe o elogio como parâmetro privilegiado para uma prosa, por assim dizer, literária, porém, ele é funcional para contrapor a função da prosa do historiador em relação a outras formas discursivas em prosa de teor encomiástico, a exemplo da forma biográfica, que tenderiam a indicar e influenciar uma outra concepção de história frente a qual Luciano se oporia. Não obstante, há uma assimetria no tratado luciânico acerca do elogio e da poesia, o que leva cada comentador a interpretar de sua maneira. Ele afirma inicialmente essa distinção, quase em termos absolutos, entre história e encômio, por um lado, e entre história e poesia, por outro. Em outros passos, sobretudo na segunda parte, ele vai admitir tanto o elogio, como vários recursos de gêneros poéticos, como da épica e da tragédia, que poderiam ser usados, pelo menos, de modo restrito e moderado. Segundo alguns, como Finley e Costa Lima (Finley: 1989, 4; Lima: 2006, 96-98; Leme-Lopes: 2002, 50), isso denunciaria o compromisso dele prioritariamente com a forma, elaborando uma espécie de retórica historiográfica, que apenas incluiria em si um estoque de lugares-comuns da cultura retórica de então.

Na acepção de Darbo-Peschanski, por seu turno, isso atestaria o emprego por Luciano de dois sentidos de *historía*. Retoma ela a classificação de Asclepíades de Mirleia, do século I a.C., que aparece nos escritos de Sexto Empírico; para ele, a *historía* enquanto gênero mais abrangente teria uma tripartição: 1) a história verdadeira; 2) a falsa ou mentirosa e 3) aquela semelhante à verdadeira. Por conseguinte, Luciano, a princípio, adotaria a *historía* enquanto espécie (1), cujos parâmetros seria a verdade e a utilidade, porém, ao admitir certo prazer na composição da história, associada à

13 Para a relação de Isócrates com a poesia e a tradição poética, cf. Papillon: 1998, 2001, 2007.

14 Para discussão sobre questões políticas, educacionais e gnosiológicas em Isócrates, cf. López: 1985, 39-47, 70-92; Poulakos: 1997; Schiappa: 1999, 162-184; Pernot: 2000, 42-49. Quanto ao gênero encomiástico, cf. Kennedy: 1958, 77-83.

presença do elogio ou de procedimentos poéticos, ele empregaria essa outra concepção de *historía* enquanto gênero abrangente. Isso diria respeito sobretudo, segundo a estudiosa, à forma de publicação de obras na Antiguidade, ligadas ainda à recitação pública, ou seja, a composição histórica deveria agradar a audiência.

Segundo essa ótica, na obra *Heródoto* é exatamente isso que Luciano tem em mente ao comparar sua prosa com a de Heródoto. Pelo argumento do texto, Heródoto teria conseguido fama para as suas *Histórias* por ter se apresentado para o público pan-helênico presente nos Jogos Olímpicos, o que coloca em primeiro plano o prazer da narrativa, com vistas a encantar e seduzir o público. No entanto, a analogia não se restringe a isso; Luciano, de modo correlato, ambicionaria para sua obra também encantar e seduzir o público, não porém a multidão, a massa de pessoas comuns, mas um público cultivado de pessoas letradas que saberiam julgar com perícia suas habilidades artísticas. Afinal de contas, segundo o que é apregoado em *Como se deve escrever a história*, os historiadores não escrevem como os oradores (*Como se deve escrever a história*, 51), não visam como esses agradar a multidão e a massa do povo (*ton syrphetòn kaì tòn polýn démon*) (Idem, 10), não se preocupam com o presente imediato nem com interesses particulares, não são prolixos nem aticistas ao extremo, não criam cenas patéticas como algum escritor e autor de representação *(sungraphéa kaì didáskalos toû drámatos*) (*Como se deve escrever a história*, 26), não inventam nem remodelam *(epinooûntes dè kaì anapláttontes*) os fatos (Idem, 32), em suma, não estão voltados para o prazer, mas para o que é útil e correspondente à verdade. O estatuto do escritor de narrativa historiográfica, portanto, é forjado a partir de sua antítese com o modo de atuação do orador, por um lado, e do poeta, por outro.

Não obstante, em vez de dois sentidos de *historía*, Luciano parece determinar o sentido de escrita da história em correlação e contraposição com outros gêneros e campos do discurso, não porque mescla dois sentidos do termo, nem porque se rende a repetir padrões de estilo da retórica, mas porque o estatuto de quem compõe histórias indica formas de pertencimento e exclusão relativamente aos campos e gêneros fronteiriços. Segundo Brandão, os dois termos utilizados por Luciano, συγγραφεύς/συγγράφειν e ἱστορία, na verdade, se determinam um ao outro para a especificação da atividade do historiador, uma vez que um e outro termos tomados isoladamente podem sugerir outros campos do discurso, mas tomados na expressão que é explicitada no título da obra Πῶς δεῖ **ἱστορίαν συγγράφειν**/*Como se deve escrever a história*, dizem respeito a prática historiográfica inserida nesse jogo de relações (Brandão: 2009, 140). Com efeito, se o verbo *sungrapheîn* diz respeito a ação do prosador em geral, se o termo *historía* permite uma gama variada de sentidos em Luciano, o emprego da expressão, em que ambos condicionam mutuamente sua forma de referenciação, indicaria a ação do historiador de modo específico.

Como já visto, *historía*, no caso, pode ter o sentido de biografia ou história de um personagem, a exemplo do que aparece em *Alexandre ou o falso poeta*, anteriormente citado. Assim, caso se escrevesse uma história centrada no elogio de um general ou mesmo do imperador, ela tenderia para o campo do biográfico, campo esse que poderia se utilizar dos recursos da retórica e, de certa forma, da poesia. Dito de outra forma, a utilização desses recursos além de um certo limite faz com que se extrapole as fronteiras do modo de escrita da história e se instale no campo da biografia.

O termo *historía* pode indicar, além disso, em outras obras de Luciano, o tema ou o conteúdo no discurso, mas também o conteúdo ou tema referenciado nas artes plásticas e mesmo na dança, podendo-se deduzir do estudo do vocabulário em Luciano "esquemas em que a história e o historiador dividem seu território com outros gêneros do discurso e outros tipos de escritores" (Brandão: 2009, 137). Dessa forma, a partilha do historiador com o poeta, o filósofo, o orador e, como visto, com o escritor de biografia, aponta para uma teoria de gêneros do discurso em Luciano em que a identidade do primeiro está em correlação com os demais: 1) o historiador se distingue do poeta, sobretudo nas contraposição entre prosa e poesia, mas também em relação ao tipo de liberdade de criação irrefreada que caracteriza a segunda; 2) enquanto a atividade da narração caracteriza o historiador, aquele modo de escrita marcada por silogismos, pelo método erístico de pergunta e resposta, mas também pelo caráter parenético e exortativo, indicaria o modo próprio do filósofo (*Como se deve escrever a história*, 17)[15]; 3) a contraposição com o orador aqui ocorre especialmente pelo aspecto político, em que o elogio, além de uma acepção técnica de designação de um campo literário, aponta para a finalidade da retórica epidítica encomiástica e é o traço mais enfatizado nessa obra; 4) a relação com a ação do biógrafo é mais evidenciada em *Alexandre ou o falso poeta*, em que tanto o elogio quanto a censura são funcionais para distinguirem o modo de escrita do *bíos*, estando também implícito um aspecto exortativo e moralizante, tendo como temática privilegiada a vida de filósofos, líderes de correntes filosóficas ou de seitas religiosas.

Como salientado anteriormente, em *Como se deve escrever a história*, há por parte de Luciano essa finalidade dupla: situar o modo de escrever a história dentro

---

15 Em relação à parênese, cf. *Imagens*, 16.

de uma teoria dos gêneros; dizer da sua posição e da atitude do historiador no contexto político-cultural do Império Romano. Quanto à segunda, a atuação do orador, especificamente do encomiasta, vem a oferecer a contra-parte daquela do historiador, no sentido de fornecer a este último um direcionamento ético e uma atitude politicamente crítica em relação às suas ações e ao contexto cultural em que está inserido. No entanto, enquanto Alain Billault vê uma estratégia de Luciano em elogiar indiretamente e fazer "a corte" aos imperadores, Jacyntho Lins Brandão afirma que o principal objetivo do texto seria uma crítica contra Roma. Dentro dessa perspectiva, este último diz que o gênero da obra oscilaria entre o tratado (de caráter exortativo) e o panfleto teórico, dirigido à crítica e ridicularização da forma contemporânea de escrever histórias (Brandão: 2009, 145-162).

A ridicularização da adulação nessa e em outras obras de Luciano seria funcional para marcar a liberdade intelectual a ser valorizada, o que indicaria uma atitude indiscutivelmente crítica em relação ao Império. Brandão sublinha, nesse viés, a concepção de Luciano do que seria uma "história justa". Enquanto no campo da poesia e do encômio, é possível recorrer ao verdadeiro ou ao fictício, no campo da história a distinção se faria entre o justo e a adulação, no sentido de que essa correspondência não aponta para um tipo de verdade idealizada, mas para uma verdade pragmática apenas possível em função da possibilidade de o historiador poder se expressar de forma livre, isenta e franca. Com efeito, o que Luciano várias vezes frisa e repete é o fato de o historiador escrever para uma recepção localizada no futuro, ou seja, o seu modo de agir é eminentemente um modo de escrita e o seu destinatário é prioritariamente um leitor, ao contrário do que acontecia em sua época em que prosadores de história escreviam para elogiar pessoas do presente e serem, ao mesmo tempo, elogiados no presente.

Além disso, o melhor historiador, segundo Luciano, deve vir de sua casa equipado com duas qualidades fundamentais: inteligência política e capacidade de expressão (*sýnesín te politikèn kaì dýnamin hermeneutikén*) (*Como se deve escrever a história*, 34). A primeira é dom inato da natureza, mas a segunda depende de intenso exercício, da imitação e emulação dos antigos (*zélo tôn arkhaíon*) (Idem), ou seja, de toda uma educação em que a retórica[16] tinha um papel privilegiado. A *paidéia* é o pressuposto

---

16 No tratado de Dionísio de Halicarnasso, *Perì Miméseos*, a *mímesis* é conseguida a partir da emulação dos poetas, filósofos, historiadores e oradores. Enquanto o *zelos*/emulação, diz respeito a uma atividade do espírito voltada para a admiração do que parece belo e, desse modo, não deixa de ser uma capacidade intuitiva e natural em rivalizar com traços considerados admiráveis, a *mímesis* é uma atividade que pressupõe regras e princípios

básico para o orador ou para o futuro historiador, mas o tipo de audiência de cada um, na perspectiva luciânica, é radicalmente diferente. Um se apresenta para os ouvintes presentes, uma multidão muitas vezes não educada e sem espírito crítico, para a qual mesmo os fatos históricos podem ser transformados e recriados segundo o agrado da assistência. O outro se dirige àqueles que irão ouvir com mentalidade de juízes e de críticos severos e, com vistas à imparcialidade de suas intenções e objetivos, orientarão seu trabalho sobretudo para os ausentes, para os pósteros, para todos aqueles que são estrangeiros à sua terra e ao seu tempo. Eis o trecho da definição de historiador em que ficam manifestas suas qualidades e sua atitude política:

> Portanto, assim seja para mim o historiador: sem medo, incorruptível, livre, amigo da franqueza e da verdade; como diz o poeta cômico, alguém que chame os figos de figos e a gamela de gamela; alguém que não admita nem omita nada por ódio ou amizade; que a ninguém poupe, nem respeite, nem humilhe; que seja juiz equânime, benevolente com todos a ponto de não dar a um mais que o devido; estrangeiro nos livros e apátrida, autônomo, sem rei, não se preocupando com o que achará este ou aquele, mas dizendo o que se passou.
> (Luciano, *Como se deve escrever a história*, 4,1).[17]

Brandão chama a atenção para três aspectos dessa definição: o ser livre como o poeta cômico; o ser justo como um juiz; o ser isento como um estrangeiro (Brandão: 2009, 262). O primeiro aspecto concerne às condições efetivas que permitem ao his-

---

teóricos, fazendo uma operação de remodelagem dos modelos, a saber, escolhendo as melhores características de cada um dos autores e reestruturando-as numa composição discursiva una e harmônica, conquanto o trabalho principal e indispensável para quem mimetiza, segundo Dionísio, seja o de rivalizar com os oradores e isso não seja conseguido sem uma leitura acurada e meticulosa de suas obras. Assim, se o mimetizador é um leitor crítico e especializado em discursos retóricos, a atividade do orador, por sua vez, é concernente a uma *dýnamis* (uma faculdade, apoiada sobre a arte, do discurso persuasivo em matéria política, tendo por finalidade o bem falar), que diz sempre respeito a uma atuação pública, a uma intervenção política em que se tenta persuadir os ouvintes, quer se fale de oratória judicial, deliberativa ou demonstrativa. Quem pratica a *mímesis* parece sempre, como num teatro, se transpor a uma situação discursivamente dramática e imaginariamente pública.

17 Tradução de Jacyntho Brandão: 2009.

toriador ser franco, falar a verdade e não estar subserviente a ninguém, dito de outro modo, a liberdade se contrapõe frontalmente à adulação. Em *Alexandre ou o falso profeta*, ele afirma que a vida dos homens é governada por dois tiranos: a esperança e o medo (Luciano, *Alexandre ou o falso profeta*, 8), ou seja, pelo temor ou esperança em face dos poderosos, não há condições pragmáticas para a escrita da história. Quanto ao segundo aspecto, para ser uma história justa, ele tem de ser um juiz equânime, sem tomar partido, não deixando se levar por emoções de ódio ou amor. Por fim, o historiador deve partilhar de uma condição de estrangeiro, sem pátria, concepção essa que se choca com aquela de Cícero e de Dionísio de Halicarnasso, para quem a história teria um compromisso ético-político com a pátria.

O que se depreende das duas partes da obra, por um lado, dos inúmeros exemplos de maus historiadores arrolados por Luciano e, por outro, das virtudes que deveriam ter quem quisesse escrever história de modo apropriado, é que uma elocução marcadamente retórica, ou marcadamente poética, ou com sérias falhas de composição ou de conveniência dos assuntos, qualquer um desses defeitos desvirtuaria e desqualificaria o modo de escrita do historiador. De modo mais circunstanciado, os vícios dizem respeito aos seguintes aspectos: 1) quanto à imitação dos antigos: uma reprodução servil de ideias, fatos e expressões sem vínculos e alienados da situação presente; 2) quanto a títulos e prólogos: por um lado, a falta de conveniência, o exagero, o emprego da captação de benevolência dos ouvintes, bem como a ausência de proêmio ou de um começo que indique o assunto, por outro, a tomada manifesta de partido e o fato de se alongar em elogios; 3) quanto ao registro linguístico: usar termos por demais poéticos ou por demais vulgares, misturar formas dialetais, adaptar nomes latinos ao grego ou designar com nomes latinos máquinas de guerra; 4) quanto à adequação estilística: não ordenar adequadamente os fatos apresentando um simples memorial num estilo prosaico, adotar um estilo puramente argumentativo ou ao contrário marcadamente descritivo, descuidando das ações propriamente ditas, usar de um *páthos* próprio da tragédia, abusar dos mitos e de comparações com heróis e figuras míticas; 5) quanto ao uso do fictício: descrição de fatos por demais insólitos, como mortes estranhas, perder o senso do verossímil, escrever uma história do futuro, exagerar em números e quantidades de mortos e feridos; 6) Quanto ao conteúdo informativo: fornecer informações geográficas erradas, transmitir dados bélicos equivocados, desconhecer a maquinaria bélica, armas, tropas e destacamentos (Brandão: 2009, 116-124).

Especificamente em *Como se deve escrever a história*, Luciano se atém a uma concepção de *historía* que Políbio definiria como uma história do gênero pragmático, que teria como escopo a narrativa dos feitos (mormente de guerras) dos povos, das cidades e dos estadistas.[18] Como argumentado, Luciano enfatiza dois aspectos: a) dentro de uma teorização de gêneros e espécies de discursos, a posição da atividade, da função e do modo de escrita do historiador está dentro de um jogo de relações com outros discursos, como o do orador, do filósofo, do poeta ou mesmo do biógrafo, com os quais o primeiro, a partir dessa contraposição, manifesta sua identidade; b) a crítica à adulação e ao modo de escrita pautado pelo elogio é funcional para se tratar da envergadura política própria de uma obra de história; no caso, atributos como liberdade, avaliação imparcial e isenção são os requisitos principais exigidos do historiador, o que demonstra, de maneira em maior ou menor medida cifrada, uma espécie de crítica a uma certa concepção ou modo de fazer história puramente subserviente aos propósitos da política imperial.

Dito isso, há, não obstante, outras formas de pensar a ação do historiador na obra luciânica. Além do processo de composição em si da obra, Luciano também evoca a forma de veiculação e transmissão de um texto na antiguidade. Dessa perspectiva, tanto a reinserção do elemento prazeroso diz respeito a esse aspecto de publicização, presente em *Como se deve escrever a história*, quanto a obra herodotiana é retomada como representante por excelência dessa fase de publicação da obra, o que é exemplificado pelo opúsculo *Heródoto*.

Como argumentado anteriormente, ao mesmo tempo em que ele traça um quadro de atuação política e discursiva do historiador, faz entrever um outro tipo de concepção da história ao qual Luciano se contrapõe; Catherine Darbo-Peschanski considera Luciano ter herdado vários elementos da eloquência romana, por exemplo, na aproximação com a teorização de Cícero no *De oratore* (Darbo-Peschanski: 2010,

18 Da mesma forma que Luciano, Políbio descura de outros gêneros que propiciam maior prazer aos leitores, como as genealogias, os mitos, o estabelecimentos de colônias, a fundação de cidades e a exposição dos laços de parentescos (Políbio, *História*, IX, 1-2.). Da mesma forma, este último vai criticar certos historiadores, como Timeu, que empregaram um estilo por demais dramático em suas obras, falseando dados de modo proposital, narrando fatos incríveis, prodígios e toda sorte de superstições, além de usar uma elocução marcadamente retórica, sobretudo na criação dos discursos e falas das figuras históricas (Idem, XII, 23-25). Contrariamente a Políbio, Luciano não apregoaria uma história "universal", pelo fato de esta conduzir a uma história de formação e constituição do Império enquanto tal.

166), porém descura do fato de que isto não deixa de implicar uma atitude, por assim dizer, antagônica a esse modo de conceber a história que supõe um compromisso ético-político com a pátria.[19]

Luciano tem uma produção relevante de *bíoi*, de narrativas biográficas, quais seriam: *Alexandre ou o falso profeta*, *Sobre o fim de Peregrino*, *Nigrino* e *Dêmonax*. Nestas biografias, a exemplo do que foi argumentado em relação ao *Alexandre ou o falso profeta*, a ação do biógrafo se pauta pela ação do historiador, ou seja, de certa forma, o historiador pode fazer uma obra do gênero biográfico, caso se atenha a uma figura histórica particular, aí sendo possíveis uma utilização em maior escala do elogio ou da censura, bem como outros procedimentos estilísticos e retóricos, restritos numa obra de história. Daí duas conclusões possíveis: 1) o emprego sistemático de certos procedimentos estilísticos, bem como o extrapolar os limites entre os campos discursos levaria à produção de um outro gênero do discurso; 2) numa outra concepção de história, a que Luciano se contrapõe, um estilo biografizante a modalizaria para uma perspectiva de elogio individual ou do panegírico político.

Fora desse escopo de uma história do tipo "pragmático", cujo enredo se centraria sobre as guerras ou as relações entre Estados e estadistas, segundo a nomenclatura de Políbio, Luciano em *Sobre a deusa síria*[20] também se inseriu num outro tipo de investigação histórica, explicitada pelo modo evidente de parodiar o dialeto, estilo e expressões de Heródoto. Nessa obra, numa *mímesis* explícita de Heródoto, inclusive no dialeto jônico, ele se propõe falar sobre a cidade de Hierápolis dedicada à deusa Hera, do seu templo, dos relatos de sua fundação, das festas, ritos, sacrifícios

---

19 Essa concepção se manifesta sobretudo numa carta em que Cícero dirigiu a seu amigo Lucéio, um historiador, para que o celebrasse no período em que ocorrera a conjuração de Catilina. Menos que a propalada imparcialidade e isenção, ele requer uma amplificação dos elogios a sua pessoa e a suas ações e, além do mais, uma narrativa centrada nas "desventuras perigosas e variadas de um homem eminente", por gerarem admiração, temor, alegria, esperança, pena, medo e, por conseguinte, prazer aos ouvintes. Em tudo denota uma concepção de história, ao mesmo tempo encomiasta, panegírica em relação à pátria e com tendência a um estilo biografizante, ao enfocar uma figura histórica específica. Cf. Cícero, Ad familiares, 5, 12 apud: Hartog: 2001, 153-161.

20 Embora tenha havido anteriormente uma polêmica acerca de sua atribuição a Luciano, atualmente é aceita pela maior parte dos estudiosos como legítima. Segundo R. A. Oden (1977, p. 6-40), a verificação de um caráter satírico em várias partes do texto refutaria a ideia de que o autor, contrariamente à atitude de Luciano, assumiria uma atitude benevolente quanto à crença, aos ritos e às divindades aí descritos.

e costumes. Inicialmente, ele descreve vários outros templos e santuários da região da Síria em sua época; em seguida, concentra-se num pretenso relato historiográfico de Hierápolis. De maneira geral, a obra se encontra dividida em quatro seções: depois do proêmio (parágrafo 1), começa a primeira seção com descrições de vários santuários da Síria, em que discorre sobre Tiro, Sídon, Tiro e as regiões circunvizinhas (2-9); na segunda seção (10-27), descrição mais detalhada dos fundadores do culto de Hierápolis; na terceira (28-41), descrição do templo, das divindades e da área sacra ao redor do templo de Hierápolis; na quarta (42-60), relato dos ritos praticados pelos habitantes e pelo peregrinos.

Embora aduza poucos exemplos, o narrador de *Sobre a deusa síria* não deixa de relatar alguns prodígios realizados por intermédio das esculturas de madeira do templo representando os deuses: elas suam, movem-se, profetizam e, mesmo, chegam a gritar (*Sobre a deusa síria*, 10). Os prodígios aqui, ao contrário do que ocorre nos outros escritos de Luciano, não são reputados como falsos ou como truques para enganar o público e promover uma crença desprovida de juízo crítico; em função desse tratamento do tema, esta obra é muitas vezes considerada como espúria, porque fugiria do modo de Luciano de se posicionar sobre o assunto. De qualquer modo, um clima irônico e, por vezes satírico, retiraria do texto qualquer traço de adesão séria ao que é narrado (Whitmarsh: 2004, 467).

Segundo Jane Lightfoot, é um texto que denota uma espécie de investigação etnográfica, ao modo de Heródoto, e cujo valor como "fonte histórica" deve ser sopesado em relação às outras evidências históricas, outros textos literários, inscrições, moedas e outras evidências arqueológicas no contexto do mesmo período nessa região (2008, 244-245). A questão da atualidade ou não de Luciano anteriormente foi mais polêmica; a posição de Bompaire, já tradicional e, de certo modo, superada, era de negá-la e de considerar, de um modo geral, as incursões de Luciano em matéria religiosa como ilustrações de sua inatualidade (Bompaire: 1958, 481-495; Caster: 1937, 336-339, 383-384). Robert, por outro lado, através de um estudo amparado em pesquisas e descobertas arqueológicas, mormente de material epigráfico e de moedas, busca demonstrar não apenas que Luciano tem os olhos abertos para o seu tempo, como também confirma várias informações fornecidas por ele como ancoradas numa realidade histórica (Robert: 1980, 393-436.).[21] Para Oden, esse texto em particular é

21 Reardon, embora relativize a posição de Bompaire, declara não ser possível auferir os dados de atualidade numa obra como *Alexandre*, pelo seu caráter paródico e pelo seu uso generalizado de lugares-comuns ligados à *diabolé* (Reardon: 1971, 176-180. Sua po-

relevante para a história da religião, havendo necessidade de verificar o que existe de base factual procedente na narrativa luciânica e o que existe de propriamente exagerado ou inventado, por seu caráter satírico (Oden: 1977, 45-46).

Eis um trecho do proêmio em que traça a finalidade buscada:

> Escrevo sendo sírio, e faço a narrativa em parte tendo aprendido por minha experiência testemunhal e pessoal, em parte pelo que me informei junto aos sacerdotes, por quanto relato sobre coisas acontecidas num tempo mais antigo anterior a mim
> (Luciano, *Sobre a deusa síria*, 1).[22]

A presença dos dois verbos *grápho* e *historéo* indicam um tipo de investigação histórica de um tipo herodotiano, cujo dialeto jônico faz evidenciar um certo viés paródico, porém, claro, se distancia da norma e do modo tucididiano que parece nortear *Como se deve escrever a história*. Como mostra disso está o emprego do termo ἱστορίη no sentido de narrativa de um mito ou como exposição do seu conteúdo, numa partilha com a palavra *lógos*, mormente λόγος ἱρός, no sentido de relato sagrado (*Sobre a deusa síria*, 4, 13). Por outro lado, esse tipo de fazer histórico é ridicularizado por Luciano na outra obra por um emprego anacrônico do dialeto jônico, ainda que aqui tenha um clima satírico.

De qualquer modo, esse tipo de concepção de *historíe*, de modelo herodotiano, não é levado em consideração no modo como Luciano teoriza sobre isso em *Como se deve escrever a história*, o que não impede de considerarmos todas essas nuances no tratamento da questão, quais sejam: uma narrativa de tipo etnográfico; uma narrativa biográfica ou de tendência biografizante e, por fim, um modo de escrita da história em seu duplo enquadramento: num entrecruzamento de gêneros e campos discursos; na seara histórico-política no contexto do Império Romano.

Por fim, gostaria de chamar a atenção para o caráter, por assim dizer, cifrado da crítica de Luciano a Roma e aos imperadores. Frontão, em sua *História das guerras párticas*, a qual sobreveio até nós apenas em fragmentos, além de fazer a comparação

---

sição, na verdade, é devedora daquela de Caster (1938, p. 79-93). Recentemente, é Jones quem defendeu, de forma mais cabal a atualidade de Luciano (Jones: 1986), enquanto Branham (1989) apresenta uma abordagem mais nuançada. Cf. um quadro geral das várias posições em Saïd: 1993, 253-254.

22 Sobre a confusão entre sírio e assírio, cf. Oden: 1977, 1-4.

de Lúcio Vero com Trajano, mostrando sua superioridade em relação ao último, louva sua clemência, seu senso de justiça e chega a justificar sua ação de colocar atores encenando diante do exército (Billault: 2010, 151). Consoante a isso, caso se pense nas referências indiretas a ele nas obras *Sobre a dança*, *As imagens*, *Sobre as imagens*, o que o vincula a uma esfera ao mesmo tempo dramática e erótica, talvez deva se pensar que haja também uma referência a ele, muito mais cifrada, na citação do verso da *Andrômeda* de Eurípides: "tu, dos deuses e dos homens *tirano*, ó Eros!", o que resultaria numa crítica veemente ao modo de escrita da história sob os auspícios de um imperador que não deixa de ser um tirano!

Referências bibliográficas

ARISTÓTELES. *Poética*. Trad. Eudoro de Souza. Ed. Bilíngüe. São Paulo: Ars Poetica, 1992.

______. *Retórica*. Edición del texto con aparato crítico, traducción, prólogo y notas por Antonio Tovar. Madrid: Instituto de Estudios Politicos, 1953.

AVRAMÍDIS, G. Prólogos. *KELSOS. Alethés Lógos*. Pétros Oikonómou, Giánnis Khristodoúlou (Ed.); prólogo Giánnis Avramídis. Thessaloníki: Thýrathen, 2000.

BERGER, K. *As Formas Literárias do Novo Testamento*. Trad. Fredericus Antonius Stein. supervisão Johan Konings. São Paulo: Edições Loyola, 1998.

BILLAULT, A. Lucien, Lucius Vero e Marc Aurèle. In: MESTRE, F. M.; GÓMEZ, P. (Org.) *Op. cit.* p. 145-159.

BOMPAIRE, J. *Lucien écrivain. Imitation et Creation*. Paris: E. de Boccard, 1958.

BRANDÃO, J. L. *Narrativa e mimese no romance grego: o narrador, o narrado e a narração num gênero pós-antigo*. Belo Horizonte: UFMG, 1996.

______. *A poética do hipocentauro: identidade e diferença na obra de Luciano de Samósata*. São Paulo: USP, 1992 (Tese).

______. Luciano e a história. In: LUCIANO. *Como se debe escrever a história*. Tradução, notas, apêndice e o ensaio "Luciano e a história" de Jacyntho Lins Brandão. Belo Horizonte: Tessitura, 2009.

BRANHAM, R. B. *Unruly Eloquence, Lucian and the comedy of Traditions*. Cambridge, London: Harvard University Press, 1989.

CANFORA, L. *Histoire de la Littérature Grecque à L'Époque Hellénistique*. Traduit de l'italien par Marilène Raiola et Luigi-Alberto Sanchi. Paris: Éditions Desjonquères, 2004.

CASTER, M. *Études sur Alexandre ou le faux prophète de Lucien*. Paris: Belles Lettres, 1938.

______. *Lucien et la pensée religieuse de son temps*. Paris: Belles Lettres, 1937.

ÇEVIK, M. (Org.). "International Symposium on Lucianus of Samosata". Adiyamam: Adiyamna Üniversitesi Yayin, 2008.

CICERO. *De oratore I-III* (with introduction and notes by Augustus S. Wilkins). Bristol: Bristol Classical Press, 2002.

CICÉRON, *De L'Orateur*. Traduction de S. Andrieux. Paris: Ganier Frères, 1867.

COX, P. *Biography in Late Antiquity: a Quest for the Holy Man*. Berkeley-Los angeles--London: University of California Press, 1983.

DARBO-PESCHANSKI, C. L' *historia* d'un citoyen romain de langue grecque. In: MESTRE, F. M.; GÓMEZ, P. (Org.) *Op. cit.* p. 167-168.

DENYS D'HALICARNASSE. *Opuscules Rhétoriques; Tome IV: Thucydide, Seconde lettre à Ammée*. Texte établi e traduit par Germaine Aujac.Paris: Les Belles Lettres, 1991.

DETIENE, M. *A invenção da mitologia*. Trad. de André Telles, Gilza Martins Saldanha da Gama; revisão Técnica: Junito Brandão , Roberto Lacerda. Rio de Janeiro: José Olympio; Brasília: UnB, 1992.

DIONÍSIO DE HALICARNASSO. *Tratado da imitação*. Trad. De R. M.R. Fernandes. Lisboa: INIC, 1986.

FINLEY, M. *Uso e abuso da história*. São Paulo: Martins Fontes, 1989.

GEIGER, J. *Cornelius Nepos and Ancient Political Biography*. Stuttgart: Franz Steiner Verlag Wiesbaden GMBH, 1985.

HARTOG, F. *O Espelho de Heródoto: ensaio sobre a representação do outro*. Tradução de Jacyntho Lins Brandão. Belo Horizonte: Ed. UFMG, 1999.

______. *A história de Homero a Santo Agostinho*. Tradução de Jacyntho Lins Brandão. Belo Horizonte: Ed. UFMG, 2001.

HÉRODOTE. *Histoires*. Texte établi e Traduit par Ph. E. Legrand. Paris: Societé D'Édition "Les Belles Lettres", 1956 (livre I), 1948 (livre II).

HERÓDOTO. *História*. Trad. do grego, introd. e notas de Mário da Gama Kury. Brasília: UnB, 1998.

IPIRANGA JÚNIOR, P. *Imagens do outro como um si mesmo: drama e narrativa nos relatos biográficos de Luciano de Samósata e na Vita Antonii de Atanásio*. Belo Horizonte: Faculdade de Letras da UFMG, 2006 (Tese de doutoramento).

______. Modo de escrita da história na Antiguidade: a perspectiva luciânica. *ALETRIA*, 2009, pp. 103-114.

______. Bíos e hibridização: biografia cristã e pagã. *Clássica (São Paulo)*, v. 21, 2011, pp. 90-101.

______. Retórica e dramaticidade em Luciano de Samósata. In: ASSUNÇÃO, T. R.; FLORES-JÚNIOR, O.; MARTINHO, M. (Orgs.). *Ensaios de Retórica Antiga*. Belo Horizonte: Tessitura, 2010, pp. 121-133.

ISOCRATE. *Discours*. Tome II (Panégyrique - Plataïque - A Nicoclés - Nicoclés - Evagoras - Archidamas). Texte établi et traduit par George Mathieu et Émile Brémond. Paris: Les Belles Lettres, 1956.

______. *Discours*. Tome III (Sur la paix - Aréopagitique - Sur l'échange). Texte établi et traduit par George Mathieu. Paris: Les Belles Lettres, 1950.

ISOCRATES. *Discourses. On the Peace, Aeropagiticus, Against the Sophists, Antidosis, Panathenaicus (V. II)*. Translation by George Norlin. Cambridge/ Massachusetts/ London: Harvard University Press, 1992.

JONES, C. P. *Culture and Society in Lucian*. Cambridge/Massachussetts/London: Harvard University Press, 1986.

LEME-LOPES, A. *Como se deve escreve a história verdadeira: verdade, história e ficção segundo Luciano de Samósata*. Brasília: 2002 (Dissertação/UnB).

LIGHTFOOT, J L. "De Dea Syria: The View From 2008". In: ÇEVIK, Mustafa (Org.). *International Symposium on Lucianus of Samosata*. Adiyamam: Adiyamna Üniversitesi Yayin, 2008, pp. 239-249.

KENNEDY, G. A. "I*socrates*' Encomium of Helen: A Panhellenic Document." *Transactions of the American Philological Association* 89, 1958, pp. 77-83.

LIMA, L. C. *História. Ficcção. Literatura*. São Paulo: Companhia das Letras, 2006.

LÓPEZ, S. A. "Isocrates Logografo y Educador". *Cuadernos de Filosofia y Letras*, n. 4, México: 1985, pp. 70-92.

______. "Oratoria y Logografia". *Cuadernos de Filosofia y Letras*, n. 4, México, 1985, pp. 39-47.

LUCIAN. Translation by A. M. Harmon. Cambridge/Massachusetts/London: Harvard University Press, 1996 (v.I), 1988 (v.II), 1969 (v.III), 1992 (v. IV), 1996 (v. V), 1990 (v. VI).

LUCIANO. *Como se deve escrever a história*. Tradução, notas, apêndice e o ensaio "Luciano e a história" de Jacyntho Lins Brandão. Belo Horizonte: Tessitura, 2009.

______. *Obras*. Traducción y notas por J. Alsina (vol I) y J. L. N. González (vol. II).. Madrid: Editorial Gredos, 1981 (vol. I); 1988 (vol. II).

______. *Obras* (vol. III). Traducción y notas por Juan Zaragoza Botella. Madrid: Editorial Gredos, 1990.

______. *Uma História Verídica*. Pref., trad. e notas de Custódio Magueijo. Lisboa: Inquérito, Edição nº 816 113/0076.

______. *Alexandre ou o falso profeta*, 2. Tradução de Daniel Bretas. Phaos, 2002 (2), pp. 35-37. URL: <http://www.iel.unicamp.br/revista/index.php/phaos/article/download/3596/3037>, acessado em 30 de agosto de 2013.

MESTRE, F. M.; GÓMEZ, P. (Org.). *Lucian of Samosata, Greek writer and Roman* citizen. Barcelona: Publications I Edicions de la Universitat de Bracelona, 2010.

MARTIN, A. "Lucien et L'Égypte". In: MESTRE, F. M.; GÓMEZ, P. (Org.) *Op. cit.* p. 191-201.

MOMIGLIANO, A. *La naissance de la biographie en Grèce Ancienne.* Traduit de l'Anglais par Estelle Oudot. Strausbourg: Circé, 1991.

ODEN, R. A. *Studies in Lucian's De Syria Dea*. Missoula: Scholars Press,1977.

OIKONOMOU, P. & KHRISTODOULOU, G. *KELSOS. Alethés Lógos*. Prólogo Giánnis Avramídis Thessaloníki: Thýrathen, 2000.

ORÍGENES. *Contra Celso*. Trad. Orlando Reis; introdução e notas Roque Frangiotti. São Paulo: Paulus, 2004.

PAPILLON, T. L. "Isocrates". In: WORTHINGTON, I. (Ed.). *A companion to Greek rhetoric*. Malden/Oxford/Carlton: Blackwell Publishing, 2007, pp. 58-74.

______. "Rhethoric, Art, and Myth: Isocrates and Busiris". In: WOOTEN, C. W. (Ed.). *The Orator in Action and Theory in Greece and Rome*. Leiden/Boston/Köln: Brill, 2001, p. 73-96.

______. "Isocrates and the Greek Poetic Tradition". *Scholia* 7, 1998, p. 41-61. URL: <http://www.otago.ac.nz/classics/scholiagfx/v07p041-061.pdf>, acessado em 08 de setembro de 2012.

PERETTI, A. *Luciano: un intellettuale greco contro Roma*. Firenze: La Nuova Vita, 1946.

PERNOT, L. *La Rhetorique dans l'Antiquité*. Paris: Librairie Générale Française, 2000.

PLUTARCO. *Vidas dos Homens Ilustres*. São Paulo: Editora das Américas, 1953.

POLÍBIOS. *História*. Seleção, trad., introd. e notas de Mário da Gama Kury. Brasília: UnB, 1985.

POULAKOS, T. *Speaking for the Polis: Isocrates' Rhetorical Education*. Columbia: University of South Carolina Press, 1997.

QUINTILIEN. *Institution Oratoire*. Texte revu et Traduit avec introduction e notes par Henri Bornecque. Paris: Librairie Garnier Frères.

REARDON, B. P. *Courrants Litteraires Grecs de II e. et IIIe. Siècles Après J. C.* Paris: Les Belles Lettres, 1971.

ROCHETTE, B. "La problématique des langues étrangères dans opuscules de Lucien et la conscience linguistique des Grecs". In: MESTRE, F. M.; GÓMEZ, P. (Org.) *Op. cit.* pp. 217-233.

SAÏD, S. "Le "je" de Lucien". In: BASLEZ, M.-F.; HOFFMANN, P. & PERNOT, L. (Éds.) *L'Autobiographie d'Hesiode à Sait Augustin - Actes du Deuxième Collogue de l'Èquipe de Recherche Sur l'Hellénisme Post-Classique*. (Études de Literature Ancienne - tome 5) Paris: Presses de l'École Normale Superieure, 1993.

SCATOLIN, A. *A invenção no Do orador de Cícero: um estudo à luz de Ad Familiares I, 9, 23*. São Paulo, Universidade de São Paulo, 2008 (tese).

SCHIAPPA, E. *The Beginnings of Rhetorical Theory in Classical Greece*. New Haven/ London: Yale University Press, 1999.

SILVA, M. A. O. *Plutarco historiador: Análise das Biografias Espartanas*, São Paulo, Editora da Universidade de São Paulo, 2006.

SUETÔNIO. *A Vida dos Doze Césares*. Apresentação de Carlos Heitor Cony. Tradução de Sady-Garibaldi. Rio de Janeiro: Tecnoprint, 1985.

THUCYDIDE. *La Guerre du Péloponnèse. Livre I*. Texte établi et Traduit par Jacqueline de Romilly. Paris: Les Belles Lettres, 1995.

TITO LÍVIO. *Histoire Romaine. Tome Premier*. Traduction Nouvelle avec une introduction et des notes par Eugène Lasserre. Paris: Librairie Garnier Frères, 1934.

TUCÍDIDES. *História da guerra do Peloponeso*. Trad. de Mário da Gama Kury. Brasília: UnB, 1982.

WATERS, K. H. *Heródoto el historiador: sus problemas, métodos Y originalidad.* México: Fondo de Cultura Económica, 1996.

WHITMARSH, T. J. G. Lucian. In: *Narrators, narratees, and narratives in Ancient Greek Literature (Mnemosyne),* Supplementum 257, Leiden-Boston 2004, p. 465-476.

ROMA

Apresentação

O gênero histórico em si nasce em Roma depois da morte de Cícero, antes os romanos conheciam apenas narrativas épicas, sem qualquer finalidade de registro dos fatos. O orador romano discursa em favor de uma história romana contada por seus oradores, embora o próprio Cícero não a tenha escrito. Na visão ciceroniana, o orador deve ter amplo conhecimento, dentre eles, o histórico, a fim de que possa interpretar seu momento através do conhecimento do seu passado, o que faz de Cícero o primeiro teórico da historiografia latina. A historiografia latina em geral apresenta uma leitura moralizante de suas personagens históricas, assim a escrita latina caracteriza-se por trazer o ponto de vista do autor e este por colocar em segundo plano o registro sistemático dos fatos.

Neste cenário literário latino desponta a figura de César, o grande estrategista militar, que registra os acontecimentos ocorridos durante suas batalhas, contribuindo para a formação da tradição historiográfica latina. Logo na sequência aparece a escrita de Salústio que se aproxima do gênero historiográfico, com a descrição mais sistemática dos acontecimentos e a transcrição detalhada dos discursos dos oradores, o que nos traz à mente o estilo de Tucídides. O século I a.C. caracteriza-se também pelo florescimento do gênero poético latino, com diversos poetas de destaque, dentre os quais, selecionamos Virgílio, por sua narrativa conter informações históricas sobre sua época e a visão dos romanos sobre a sua origem.

O primeiro imperador romano Augusto também contribui para essa tradição, além de sua famosa *Res gestae* e de alguns poemas, o imperador escreveu uma extensa autobiografia em que contém o registro de fatos históricos importantes, de onde inferimos a ideia de história em Augusto. Em sua época, porém, Tito Lívio aparece como a maior referência para a escrita histórica com sua obra que narra episódios da história romana desde a sua origem até os seus dias. No rol dos historiadores latinos do período imperial figura também Flávio Josefo, importante fonte para concepção de história entre os romanos e ainda para o estudo das relações entre judeus, palestinos e romanos de seu tempo.

Tácito destaca-se por ser o maior historiador da época imperial, o seu estilo analítico e o seu rigoroso uso da documentação levam a alguns especialistas a tratá-lo como o primeiro historiador latino. Outro aspecto determinante para que Tácito seja reconhecido como tal é a metodologia desse historiador que consiste em narrar, interpretar e comentar, de modo menos subjetivo que seus antecessores. Plínio, o Jovem, por sua proximidade com o poder imperial, é o historiador que nos possibilita compreender aspectos importantes do governo de Trajano, bem como a sua relação política com as províncias da Ásia Menor.

Do gênero biográfico latino, muito apreciado entre os romanos, selecionamos Suetônio como seu representante. O biógrafo romano entrelaça dados biográficos com históricos, e que se distingue dos outros por utilizar registros oficiais, aos quais tinha acesso por ser um funcionário da burocracia romana. A história de Roma apresentada por Tito Lívio encontra sua versão expandida na narrativa de Díon Cássio, que registra acontecimentos que datam da origem de Roma até os seus dias. O resultado deste trabalho encontra-se em oitenta livros escritos pelo historiador romano, dos quais temos a maioria deles preservada e outros bem fragmentados.

Abrindo este volume "A quem julgas apropriado escrever a história? O orador e o historiador no *De Oratore* de Marco Túlio Cícero", de Cláudia Beltrão, apresenta ao leitor os argumentos ciceronianos sobre a necessidade de o orador ser também o historiador. A autora demonstra como a história em Cícero atua como instrumento de persuasão, portanto relacionada com a arte retórica. Glaydson José da Silva é o autor do segundo capítulo intitulado "A ideia de História nos *Commentarii De Bello Gallico*, de César". O autor demonstra como *Commentarii De Bello Gallico* é uma obra escrita para preservar a memória e a glória do vencedor, portanto: o uso da história para a construção de um passado edificante.

No terceiro capítulo, "Considerações sobre Salústio historiador", de Pedro Paulo Funari e Renata Senna Garraffoni, os autores realizam uma abordagem crítica do texto de Salústio em busca de sua percepção de história nas suas três obras mais conhecidas *A Guerra de Jugurta, A conjuração de Catilina* e *Histórias*. Além disso, Funari e Garraffoni apresentam ao leitor os debates que compõem a tradição de estudos acadêmicos sobre o historiador romano. No capítulo subsequente "Usos da história na intriga da *Eneida de* Virgílio", Paulo Sérgio Vasconcelos analisa a ideia de história em Virgílio, tendo como estudo de caso os versos de sua *Eneida*, nos quais conta a história do nascimento de Roma. A percepção histórica de Augusto é o tema desenvolvido por Paulo Martins em seu capítulo intitulado: "Texto e imagem: História. Como se faz a História sob(re) Otávio/Augusto". O autor propõe que essa leitura seja feita em dois planos, o documental e o imagético. Portanto, Martins analisa documentos e o construto imagético que circunda o imperador, sob a perspectiva da integração entre o discursivo e o visual.

O sexto capítulo deste volume "A ideia de História em Tito Lívio", escrito por Juliana Bastos Marques, apresenta-nos a visão de história deste importante historiado dos primeiros anos do Império Romano. Para tanto, a autora estabelece um debate entre as fontes romanas do período imperial e dele extrai a ideia de história em Tito Lívio. No sétimo capítulo "Flávio Josefo: suas histórias e seu duplo alicerce historiográfico", Luís Eduardo Lobianco traça uma leitura da perspectiva histórica da obra de Flávio Josefo com a premissa de que a sua identidade hebraica, grega e romana manifesta-se na escrita de sua história. Lobianco mostra como as historiografias de matriz grega e judaica foram determinantes na elaboração de sua narrativa histórica.

Já no oitavo capítulo, pensar a história como o espaço da retórica e suas implicações com a noção de verdade na história é o que encontramos em "A Ideia de História em Tácito", de Fábio Duarte Joly. O autor assim traça seu percurso na leitura dos textos tacitianos apontando as particularidades de sua escrita histórica. "Plínio, o Jovem e a história: eloquência e posteridade", o nono capítulo, escrito por Renata Lopes Biazotto Venturini, mostra como a arte retórica permanece como um expediente dos historiadores romanos, por influência de Cícero e Quintiliano. A autora elabora sua trajetória na análise da ideia de história em Plínio, o Jovem, por seus conhecimentos de oratória e história contidos em seus escritos.

Entre a biografia a história, a escrita de Suetônio é o objeto de estudo de Vicente M Ramón Palerm e Miguel Angel Rodriguez Horrillo em seu capítulo "La Idea de Historia en Suetonio". Os autores demonstram que Suetônio segue o modelo biográfico peripatético na tessitura das suas narrativas, assim o trabalho de pesquisa e a precisão cronológica dos seus registros, especialmente a relação de causa e efeito dos acontecimentos caracterizam sua obra. Encerrando o presente volume, temos o capítulo "A construção de uma proposta de *Ars governatoria* na obra *História romana* de Díon Cássio ", de Ana Teresa Marques Gonçalves. A autora tece reflexões sobre a ideia de história em Díon Cássio pela sua visão das relações de poder no Império Romano, demonstrando as particularidades de sua seleção, interpretação e escrita dos fatos.

Para concluir, destacamos que esta obra tem como objetivo levar ao leitor interessado pela historiografia latina debates atualizados sobre a escrita da história na Roma antiga junto com análises interessantes sobre cada um dos autores citados.

13

A quem julgas apropriado escrever a história? O orador e o historiador no De Oratore de Marco Túlio Cícero

Claudia Beltrão da Rosa
Universidade Federal do Estado do Rio de Janeiro

> ... uidetisne, quantum munus sit oratoris historia?
> (Cícero. De Oratore, 2, 62)

A questão do caráter narrativo do texto historiográfico era um lugar comum na antiguidade. Como gênero do discurso, a história fora contraposta à ficção por Aristóteles, na *Poética*, IX. No vocabulário aristotélico, à história não cabe *imitar* o que se passou, mas *dizer* o que se passou. Por sua vez, o escritor grego Políbio, no L. II de suas *Histórias*, diz que o historiador tem de, por tarefa específica, procurar saber que palavras foram pronunciadas numa assembleia, quaisquer que tenham sido, e descobrir as razões pelas quais o que foi feito ou dito levou as personagens ao "fracasso" ou ao "bom sucesso". Para ele, relacionar o fato à sua causa torna eficaz o estudo da história. Sua definição de história *pragmática* parte do princípio de que o historiador tanto estude diligentemente as memórias de um personagem e outros documentos, comparando o seu conteúdo, quanto testemunhe todas as peculiaridades da terra e do mar e as distâncias de um lugar a outro, bem como analise os eventos políticos. Assim, o que distingue o historiador do poeta, em Políbio, é sua capacidade de investigação que, embora exija um trabalho árduo e dispendioso, não apenas é valiosa, como constitui a parte mais importante da história. Mas, apesar de destacar a pesquisa – em termos de importância e contiguidade – em relação à narração, o historiador é, para Políbio, um *pesquisador* e um *escritor*.

No ofício do historiador, portanto, concorrem não apenas a pesquisa rigorosa dos fatos, mas também sua narração, que é preceituada por regras cujo fim não é apenas deleitar seu público, mas também ser-lhe útil. Trata-se, então, de uma investigação e de uma narração, que deve ser cuidadosamente composta. Em Marco Túlio Cícero, a história, como composição de uma *narratio*, demanda a competência do orador. Abordaremos, neste capítulo, o interesse do orador romano pela história que, para ele, concerne à função prática da persuasão, acreditando que o interesse atual pela natureza retórica da história nos remete a algumas de suas considerações sobre as relações entre retórica e história.

O retorno da retórica

A modernidade rejeitou a retórica – uma rejeição aparente, pois as técnicas e regras da retórica nunca deixaram de ser usadas por historiadores, filósofos e outros – em nome do ideal de um saber *verdadeiro, objetivo, imparcial*, e ecoavam fortes condenações da retórica como a de I. Kant, que dominava com perfeição as regras retóricas:

> A retórica, na medida em que significa arte da persuasão, isto é, de iludir com uma bela aparência (*ars oratoria*), e não mera elegância no discurso (eloquência e estilo) é uma dialética que toma de empréstimo da poesia somente o necessário para colocar as mentes ao lado do orador antes de elas terem formado um juízo e privá-las, assim, de sua liberdade; não pode, portanto, ser recomendada nem para os tribunais nem para o púlpito. Pois, se estamos lidando com o direito civil, com os direitos individuais das pessoas ou com a instrução duradoura ou a determinação das mentes das pessoas em relação ao conhecimento exato e à observação conscienciosa do seu dever, é indigno de ofício tão importante permitir que apareçam traços de qualquer exuberância de engenho e da faculdade da imaginação, e menos ainda traços da arte de convencer as pessoas através da conversa e cativá-las para vantagem de quem quer que seja. Pois embora essa arte às vezes possa ser dirigida para projetos legítimos e dignos de aplauso, torna-se questionável quando, dessa maneira, máximas e disposições são subjetivamente pervertidas, embora a ação possa objetivamente ser legal. Não basta fazer o que é justo; mas executá-lo também pela única razão de que é justo (Kant: 1995, 171).

A acusação de falsificação da *verdade* – leia-se uma "verdade de tipo cartesiano" – foi tão eficaz que ainda hoje, para o senso comum, retórica é sinônimo de "embuste", "afetação" ou coisas do tipo. Descobrir e apresentar a *verdade dos fatos*, um desejo que ainda faz parte do imaginário popular sobre a escrita da história, era uma pretensão de acordo com a tônica do pensamento europeu da época, fundamentada na separação de sujeito e objeto no processo do conhecimento: o real seria cognoscível *em si*, desde que o método científico - neutro, objetivo, impessoal etc., etc. - fosse aplicado à sua observação. A história era concebida como ciência, e os historiadores perseguiam o que podemos chamar de *miragem dos fatos*, estes concebidos como espelhos da realidade concreta, que dependia - em termos ontológicos - da crença na existência de um passado imutável, pronto e acabado. Historiadores moviam-se - e muitos ainda se movem - na pretensão de atingirem a *verdade dos fatos*, e verdade era um termo confundido, então, com a *certeza* cartesiana.

No final do século XIX, contudo, a história como disciplina e como prática profissional viu algumas crenças científicas modernas serem profundamente abaladas, e passou a enfrentar grandes desafios. Os ataques à miragem dos fatos foram contemporâneos ao seu próprio estabelecimento, mas a maior parte dos historiadores foi surda a eles. Vejamos uma passagem cáustica de F. Nietzsche, um dos grandes críticos da história à época:

> ... esses homens históricos acreditam que o sentido da existência, no decorrer de seu "processo", virá cada vez mais à luz; eles só olham para trás para, na consideração do processo até agora, entenderem o presente e aprenderem a desejar com mais veemência o futuro (1974, § 1).

> Até então, a história monumental não poderá usar daquela veracidade total: sempre aproximará, universalizará e, por fim, igualará o desigual; sempre depreciará a diferença dos motivos e das ocasiões para, à custa das *causas*, monumentalizar o *effectus*, ou seja, apresentá-los como modelares e dignos de imitação
> (Nietzsche: 1974, § 2).

Declarações como essas já não são uma novidade, como foram à época de sua publicação, e esta questão já gerou uma vasta literatura. Ao longo do século XX, os historiadores começaram a se conscientizar da necessidade do diálogo com a literatura e a filosofia, e passaram a analisar criticamente sua própria disciplina e seu produto, o texto historiográfico. Mas, os paradigmas científicos tornavam difícil reconhecer que os instrumentos disponíveis para configurar a narrativa historiográfica são as técnicas da retórica que, por sua vez, são as mesmas usadas pelos literatos. Se o discurso histórico deve ser compreendido como um produto do conhecimento que articula um *lugar*, uma *prática* e culmina numa determinada *forma* de escrita, como todo estudante de história hoje aprende, deve ser analisado como uma estrutura retórica, mas a historiografia rejeitava sua ligação com retórica e as afinidades entre o discurso da história e o discurso literário, e acreditava num saber *verdadeiro*, com base em seus pressupostos intelectuais e políticos.

A segunda metade do século XX viu ocorrer – sem que ainda tenha terminado – uma série de polêmicas acaloradas sobre o tema, e os historiadores hoje sabem – ou deveriam saber – que o texto historiográfico, como todo texto escrito, requer habilidades de exposição, explicação e persuasão através do uso das palavras, mas a maioria dos historiadores ainda costuma escapar de maiores discussões ou reflexões sobre o tema. M. Foucault, em 1972, por exemplo, declarou que os historiadores afastaram-se das questões sobre a natureza do discurso historiográfico, voltando-se para questões epistemológicas e metodológicas, limitando suas preocupações com o material documental, com o estabelecimento de *corpora* documentais, de métodos analíticos etc., num movimento que J. C. Reis sintetizou com justeza:

> ... os historiadores do século XX preferiram evitar as ditas questões filosóficas sobre o conhecimento histórico. Optaram por uma epistemologia prática: observar o que a comunidade faz e definir o conhecimento e a verdade possíveis pela própria prática histórica [...] O critério a ser observado é o da intersubjetividade praticada pela comunidade dos historiadores – o único filtro competente e autocontrolável para decidir entre o relevante e o irrelevante, o rigoroso e o fabuloso em história [...] O conhecimento histórico encontraria validade na operação concreta de historiadores concretos... (Reis: 2003, 148)

Retomemos uma passagem de um autor que se posicionou contra a tirania das convenções historiográficas modernas e questionou verdadeiros tabus, contribuindo para revolver uma disciplina cuja prática paulatinamente deixa de estar ancorada numa teoria do conhecimento centrada nas ideias de verdade, de objetividade e de cientificidade:

> ... as narrativas históricas são ficções verbais cujos conteúdos são tanto inventados quanto descobertos e cujas formas têm mais em comum com os

> seus equivalentes na literatura do que com os seus correspondentes nas ciências (...) os acontecimentos são convertidos em estória [*sic*] pela supressão ou subordinação de alguns deles e pelo realce de outros, por caracterização, repetição de um motivo, variação do tom e do ponto de vista, estratégias alternativas e assim por diante – em suma, todas as técnicas que normalmente se espera encontrar na urdidura do enredo de um romance ou de uma peça (White: 2001, 100).

Hayden White em seus dois livros de maior destaque, o *Meta-História*, de 1973, e o *Trópicos do Discurso*, de 1978, propugnava, na senda de Nietzsche, Croce, Foucault e outros, pela inexistência de uma verdade inerente aos acontecimentos, ressaltando – em sentido ótimo – a materialidade da escrita da história, seu caráter artístico ou *metahistórico*. Suas teses, referências atualmente obrigatórias quando se trata de observar o caráter retórico da história, incomodaram muita gente, e ainda incomodam, talvez porque, pouco afeitos à retórica, seja difícil para muitos aceitar que a *verdade* é uma convenção que funciona através de signos linguísticos, o que nos remete à retoricidade inerente a todo discurso, incluindo o historiográfico.

Hoje em dia, se há um traço comum à maioria dos estudiosos da área de Humanidades após a "virada linguística", é a disposição para salientar (ao menos teoricamente) a importância das representações discursivas, do local e do contingente (e não das abstrações universais e atemporais, as *universalia*), somada a uma declarada aversão contra teorias globalizantes e esquemas únicos de explicação. Infelizmente, boa parte dos historiadores considera tal questão improdutiva ou irrelevante. No entanto, o caráter poético, estilístico e retórico do discurso historiográfico é inescapável. A *forma* do discurso, ou seja, as palavras escolhidas, o modo de apresentá-las, a estrutura estética da argumentação formam, ao lado do *conteúdo* do texto, o núcleo central do discurso historiográfico. Todos os textos, antigos ou modernos, de historiadores, políticos, filósofos, cientistas ou romancistas, são discursos estruturados por autores específicos para públicos determinados, visando a objetivos concretos e bem delineados. Sua expressão implica, sempre, uma ação persuasiva.

Daí a relevância e a atualidade do orador, político e filósofo Marco Túlio Cícero (106-43 a.C.), que não foi historiador, para a história. É certo que a tradição intelectual do Ocidente jamais o deixou de lado, e cada época criou e recriou o *seu* Cícero, escolhendo e ressaltando, em seu *corpus* textual – um dos mais completos que nos chegaram da antiguidade – aquilo que mais lhe interessava, pois, como ressaltou Nietzsche,

> Só encontramos nas coisas o que nelas pomos: por acaso, essa brincadeira de crianças, de que prometo não zombar, não se chama conhecimento? Aliás, continuemos com essas duas belas atividades, é preciso muita coragem para as duas – uns, para reencontrar, outros – nós – para pôr (2007, 2).

Uma declaração de Cícero sobre a história fez – e faz – muito sucesso:

> A história, testemunha dos tempos, luz da verdade, vida da memória, mestra da vida, mensageira das coisas antigas, na verdade com que voz, senão a do orador, pode chegar à imortalidade? (*De Or.* 2, 36).[1]

O acento da frase foi, durante muito tempo, posto nos adjetivos *testemunha do tempo, luz da verdade, vida da memória, mestra da vida, mensageira das coisas antigas*. Essas declarações faziam de Cícero uma espécie de *numen tutéllaire* dos protocolos (cartesianos) de verdade da história. Para nós, contudo, após a "virada linguística" e a retomada do interesse pela retoricidade do discurso historiográfico, o acento mudou para a questão: *com que voz, senão a do orador, pode chegar à imortalidade?*

Figura 1: Marco Túlio Cícero (106 – 43 a.C.). Busto de Mármore do século I d.C. Anônimo. Museu do Prado, Madri. (fonte da imagem: http://upload.wikimedia.org/wikipedia/commons/2/23/CiceroBust.jpg).

1 *Historia uero testis temporum, lux ueritatis, uita memoriae, magistra uitae, nuntia uetustatis, qua uoce nise oratoris, immortalitati commendatur?*

Sabemos que o interesse de Cícero pela história é concernente com a função prática da persuasão em discursos orais, o que não se aplica à historiografia atualmente, mas o interesse atual pela natureza retórica da história nos remete a algumas de suas considerações sobre as inter-relações entre retórica e historiografia. Acreditamos ser interessante, então, reconhecer a contribuição de Cícero ao estudo desta relação e compreender sua proposta de subordinação da história à retórica, dando ênfase à função didática da história. Pretendemos observar tanto algumas referências ciceronianas à história, quanto destacar algumas passagens da produção literária antiga para buscar tal compreensão, sem que nossa referência a Cícero seja exclusiva ou excludente, posto tais tópicos serem recorrentes entre escritores antigos.

História e Retórica no De Oratore

Em 2007, Matthew Fox publicou um importante estudo sobre a filosofia da história de Cícero, no qual defende a leitura paralela dos tratados *De Oratore* e *De Re Publica* para a compreensão da ideia de história de Cícero:

> A estrutura histórica que Cícero estabelece no *De Re Publica* ecoa de modo similar no *De Oratore*, uma obra composta no mesmo período, e é proveitoso ler o segundo diálogo à luz do primeiro. Ao aplicarmos o mesmo tipo de análise a esta obra - em outros termos, ao sermos sensíveis tanto aos aspectos históricos quanto aos pressupostos da Academia para os diálogos filosóficos - é possível ver o *De Oratore* sob outra luz: apesar de seu principal propósito ser prover uma introdução à teoria retórica em latim, o diálogo pode também ser visto como uma meditação sobre a própria Roma. Posso argumentar que, enquanto o *De Re Publica* explora a possibilidade de grandes indivíduos constituírem a "fábrica histórica" de Roma, o *De Oratore* trata deste tema numa direção diferente, e delibera sobre o papel da retórica na competência política desses indivíduos destacados.
> (Fox: 2007, 112-113)

Consideramos pertinente a relação que Fox estabelece entre os tratados *De Re Publica* e *De Oratore* e, em publicação recente, apresentamos uma análise da formação do *uir bonus* ciceroniano, o "bom cidadão do Estado ideal", formação esta subsumida por Cícero no conceito de *prudentia ciuilis*. Analisamos, então, o uso que Cícero faz da *prudentia*, entendida como a arte que deve reger a condução da vida, provendo seu possuidor com o saber do que é bom e do que é ruim; uma sabedoria prática, portanto, mas fundamentada pela educação e pelo treinamento, com base, especialmente, no *De Re Publica* e no *De Legibus*. Naquele momento, buscamos delinear a relação inescapável entre *prudentia* e *scientia* no pensamento ciceroniano, e defendemos a ideia de que:

> O tema da importância do estudo da história e da filosofia na educação do político é recorrente na produção ciceroniana. Os benefícios da *omnis antiquitas* são várias vezes reiterados (*De Or.* I, 18, 158, 165, 165, 256; *Brut.* 161, 322). Em termos práticos, o estudo da história fornece um tesouro de *exempla*, um importante argumento para a persuasão (*De Or.* I, 18, 201; *Brut.* 322; *De Leg.* III, 41). A história de Roma proveria informações cruciais sobre as tradições e instituições sociais e políticas e, além disso, inspiraria e encorajaria a emulação das ações e aspirações das personalidades históricas, além de fornecer um guia prático para as ações, guia derivado da vida dos *maiores*, cujas decisões e opiniões constituíam, para Cícero, um rico legado de sabedoria acumulada (*De Fin.* V, 6). A história ofereceria lições valiosas sobre o comportamento humano e, segundo o orador, guiaria a compreensão do curso e do caráter, das causas e das consequências dos eventos. A história era, para Cícero, a "mestra da vida" e garantia a continuidade e a constância da experiência humana (*De Or.* II, 36)
> (Beltrão: 2010, 32-33).

A história é uma atividade intelectual que, para Cícero, deve ser medida por estritos padrões de utilidade no sentido de prover bases sólidas à experiência prática, designadamente a prática política. E, sem a adição da *eloquentia*, seu *uir bonus* não estaria suficientemente preparado para a arte de governar. Para Cícero, toda sabedoria, seja teórica ou prática, exige um sólido treinamento nas artes do discurso, pois:

> A *eloquentia* é o meio pelo qual as ideias vêm à luz ou, em nossos termos, são expressas. Se o sábio não a utiliza para comunicar seu pensamento ao mundo, este permanece para sempre desconhecido. No *De Oratore*, Cícero defende a inseparabilidade do pensamento e de sua expressão, considerando seu divórcio, atribuído pela tradição a Sócrates, um erro absurdo (*De Or.* I, 54, 56, 61-63; II, 34-8; III, 19-24, 56-61, 69-73; *De Off.* I, 153-6)
> (Beltrão: 2010, 35).

Figura 2: Orador romano. Escultura de bronze do século I a.C. Anônimo.Museu Arqueológico de Florença. (Fonte da imagem: http://www.the-romans.co.uk/education.htm#Oratory).

O tratado ciceroniano *De Oratore* versa sobre a educação retórica, oferecendo, porém, muito mais do que as teorias das escolas retóricas e os requisitos práticos para quem desejasse trilhar os caminhos do *cursus honorum*, e é nesta obra que Cícero apresenta suas ideias sobre a história de modo mais sistemático. Observemos, inicialmente, a composição e as características desta obra, buscando elementos para sua compreensão (cf. Wisse, 2002: 378-383).

QUADRO SINÓPTICO
De Oratore
Data de composição: 55 a.C. (cf. *Att.* 4.13.2)
Data dramática: 91 a.C., nos *ludi Romani* (*De Or.* I, 24).
Dedicatória: Quinto Cícero
Local do diálogo: *uilla* de Marco Antônio em Túsculo.
Dramatis personae:

L. Licínio Crasso, *senex*, cônsul de 95 a.C., áugure e orador.; M. Antônio, *senex*, cônsul de 99 a.C., orador: P. Sulpicio Rufo, *adulescens* de tendência política conservadora, tribuno em 88 a.C.; C. Aurélio Cotta, *adulescens* de tendência política moderada, cônsul em 75 a.C.; Q. Múcio Cévola, *senex*, áugure, cônsul de 117 a.C. e jurista famoso; surge apenas no L. I; Q. Lutácio Catulo, *senex*, cônsul de 102 a.C.; C. Júlio Estrabão *Vopiscus*, edil curul de 90 a.C.
Temas: O diálogo apresenta-se dividido em três livros: no L. I, os interlocutores discutem a formação ideal um bom orador; no L. II, Crasso e Antônio apresentam uma verdadeira aula prática de retórica, e é neste livro que o tema e o lugar da história surgem com clareza e, no L. III, os interlocutores discutem o tema do ornamento do discurso e sua relação com a filosofia.
Comentários gerais:
O diálogo apresenta o tipo ideal ciceroniano de *uir bonus,* a partir de personagens que guiaram a formação intelectual e política de Cícero: Crasso, Antônio e Cévola, *príncipes* que, na obra, apresentam ideias e opiniões aos jovens interlocutores. Antônio é a personagem que, especialmente no L. II, "encarna" e defende as ideias de Cícero.

Em setembro de 57 a.C., Cícero retornara do exílio e assomava como um orador consagrado. São do ano seguinte, por exemplo, os discursos *Pro Sestio, In Vatinium, Pro Caelio, Pro Balbo, De haruspicum responsis, De domo sua*. Em 55 a.C., contudo, Cícero se afasta dos tribunais e do senado – a famosa "Conferência de Luca", de 56 a.C., que reatou os laços entre os "triúnviros" César, Pompeu e Crasso teve efeitos diretos na carreira política do orador – e lida com apenas dois casos judiciais, dos quais um deles chegou até nós, no discurso *In Pisonem*. Nesse ano, como diz a Lêntulo numa carta, passa a se dedicar às Musas que o deleitaram na juventude[2] e, numa carta a Ático, datada de novembro de 55 a.C., sabemos que o *De Oratore* estava terminado.[3]

Cícero utiliza a forma do diálogo no tratado, mas, distintamente dos diálogos platônicos – e mesmo de seus *Academica* e *Tusculanae Disputationes* – suas ideias não são expostas sob a forma de um processo dialético, a partir da contraposição de diferentes pontos de vista; a forma do *De Oratore* é a de uma conversação na qual as ideias ciceronianas são apresentadas numa exposição suave, clara e contínua.[4] O *De*

2 *... me iam ab orationibus diiungo fere referoque ad mansuetiores Musas, quae me maxime sicut iam a prima adulescentia delectarunt* (*Fam.* 1.9.23).

3 *...de libris oratoriis factum est a me diligenter. Diu multumque in manibus fuerunt describas licet* (*Att*, 4.13.2)

4 Numa carta a Ático (13.19.4), Cícero diz que utilizou a forma aristotélica de diálogo, provavelmente em referência a diálogos do filósofo hoje perdidos.

Oratore, portanto, não põe em cena um processo de busca pelo conhecimento, mas sua exposição pelas personagens principais.

O universo diegético do diálogo é localizado num momento de grave crise política na República tardia. Atraídos pelas guerras civis, especialmente as que ocorreram após o "primeiro triunvirato", os anos 90 a.C. têm sido pouco estudado pelos historiadores, momento subsequente às crises políticas dos irmãos Graco e de Saturnino, dos choques entre *equites* e senadores sobre o controle dos tribunais para casos de abuso e extorsão de governadores de províncias, bem como época de acirramento das questões que levariam à Guerra Social entre Roma e seus aliados (*socii*) itálicos etc. (Gruen, 1974; Gabb, 2006). Trata-se de um momento no qual distintos grupos políticos realinhavam-se no sentido da formação de duas grandes tendências, mais ou menos definidas e muitas vezes intercambiáveis, posto que nunca se constituíram como partidos políticos modernos (Ross Taylor, 1984). A tais grupos, Cícero nomeou *optimates* e *populares* (cf. *Pro Sestio*), termos dicotômicos que foram muito bem-sucedidos na tradição historiográfica, constituindo-se como modelo interpretativo da política do período tardo-republicano (Beltrão: 2003, 37-45).

As lutas políticas acirraram-se em 91 a.C., e Cícero pôs em cena personagens que, a seu ver, eram os melhores representantes de suas próprias opções políticas: L. Licínio Crasso, Marco Antônio, Múcio Cévola e os demais eram, sem exceção – na data dramática do diálogo ou no futuro próximo – membros do senado cuja carreira e ações coadunavam-se com o que imaginava para seus *optimates*. Tais personagens, políticos destacados, bem como os motivos apresentados para o encontro na *uilla* de Crasso (I, 24-27 e III, 1-3) permitiram a Cícero criar um paralelo entre o universo da narrativa e a crise política trazida pelo "primeiro triunvirato", apresentando diferentes concepções do mesmo tema, explorando elementos da conversação quotidiana e reforçando retoricamente suas teses. Esta dimensão política é explicitada na definição do orador ideal apresentada por Crasso:

> ... o homem que buscamos, aquele que será uma autoridade na política, é um líder no governo da cidade, um príncipe que emprega sua eloquência em suas sentenças no senado, perante o povo e nas causas públicas (3, 63).[5]

5 *...ex uiro, quem quaerimus et quem auctorem publici consilii et regendas ciuitatis ducem et sententiae atque eloquentia principem in senatu, in populo, in causis publicis esse uolumus.*

Os *optimates* ciceronianos que compõem sua cena teriam, então, se reunido na *uilla* de Crasso, em Túsculo, nos primeiros dias dos *ludi Romani* de 91 a.C., quando milhares de pessoas se reuniam em Roma para as celebrações, escapando da multidão – e dos prováveis tumultos. A cena é desenvolvida em três dias, nos quais um colóquio amigável ocorre.

Na manhã do primeiro dia, os *amici* e seus hóspedes (os jovens políticos em formação, nomeados *adulescentes*) comentam suas ansiedades em relação ao senado e aos conflitos políticos (I, 7, 28 *ss*), mas o ar fresco, a boa mesa e o próprio afastamento do palco dos conflitos os leva a outra direção e, quando as personagens se encontram para a *ambulatio* – o passeio matinal – nos jardins e no *porticus* da propriedade, a colunata faz lembrar ao mais jovem dos convivas a paisagem do Ilisso, em cujas sombras Sócrates teria dialogado com Fedro. Assim, o grupo deixa de lado as questões políticas pontuais e inicia o tema do tratado: o poder da oratória e a formação ideal do orador, pelos quais Roma seria defendida e preservada do modo mais eficaz e duradouro do que pelas armas; neste dia, Múcio Cévola, o jurista, desempenha o papel principal. O próprio "palco" das conversas é significativo: as colunas ordenadamente dispostas e cobertas de mármore raro, os jardins simétricos, o jogo de luz e sombra que dá aos *amici* o sentido de paz e tranquilidade (cf. Hall, 1994).

No dia seguinte, a conversação é retomada, Antônio torna-se protagonista e, com a chegada de J. César Estrabão, um *expert* em humor e sagacidade nos tribunais, orienta a conversação para uma exposição da *inuentio* e da *dispositio* dos argumentos, e para a arte da memória. No final do dia, Crasso resume os principais temas da conversa, além de expor regras de dicção e da *actio*. E o terceiro dia tem como temas o arranjo, a disposição, os ornamentos do discurso, a fim de se obter um discurso belo, consistente e eficaz, levando ao tema das relações entre a oratória e a filosofia.[6]

O *De Oratore* segue a divisão grega dos tipos de discursos públicos em *políticos, judiciais* e *cerimoniais*, e Cícero dá a prioridade aos dois maiores contextos do discurso público, ou seja, a assembleia e o Senado (2,33-40), pelos quais vemos a importância da oratória para uma carreira política em Roma. O *De Oratore* é uma apologia do estilo ciceroniano e, enquanto trata dos gêneros da oratória e das partes da retórica

6 Remetemos, para uma análise das relações entre a formação do *uir bonus* ciceroniano e a filosofia, ao excelente estudo de Jakob Wisse (Wisse, 2002: esp. 389-397), no qual a ligação do tratado com teses expostas especialmente no *Gorgias* e no *Fedro* de Platão, bem como o vínculo intelectual de Cícero com a Academia Média são explicitados. Ver também, para a relação de Cícero com o aristotelismo de Antíoco de Ascalão: Beltrão: 2002.

e seus usos, faz uma importante inovação teórica: ele conecta os três níveis retóricos com as três funções do orador: *ensinar*, *deleitar* e *mover*, respectivamente (2,11).

Os argumentos concernentes à história surgem principalmente no Livro II do *De Oratore*. Neste livro, Cícero/Antônio enfoca o conteúdo próprio da história (*res*) e o seu estilo (*uerba*). Percebemos que nosso orador vê a narração da história como uma parte da superestrutura retórica (*exaedificatio*) e de seu tratamento estilístico, e oferece uma imagem do orador completo: um homem[7] que domina as regras da retórica, decerto, mas que é um orador excelente por seus estudos e experiência prática. Discutindo uma série de afirmações sobre os principais tópicos da retórica, Cícero lida com diferentes posições sobre os mesmos, e nos apresenta a imagem do homem eminente que debate temas importantes para sua comunidade, com base em uma sólida experiência prática.

Cícero utiliza, no L. I, a figura do orador Crasso para exprimir seu próprio ponto de vista, colocando a eloquência como a base que permite a manutenção da

---

7 Utilizamos o termo *homem* aqui porque o *uir bonus* ciceroniano é um homem, não uma mulher. Como apresentamos num artigo publicado na Revista *Phoînix*: "... diversas evidências que demonstram que uma mulher que se dedicasse à oratória era considerada uma anomalia (Richlin: 1992; Gleason: 1995: 94-8). Cícero elogia as matronas que faziam educar seus filhos na arte oratória (*Brut.* 210-11), mas nada é dito em relação à necessidade de uma educação retórica para as meninas. Nos textos romanos só encontramos referências a três nomes de mulheres oradoras, e tais referências não são propriamente elogios, como vemos no comentário a seguir: *Não conseguimos manter em silêncio essas mulheres que, por falha de sua natureza e por falta de decoro, não se calam no forum e nos tribunais* (Val. Max. 5.3). Seus nomes são Amaesia Sentia, Gaia Afrânia e Hortênsia. Amaesia Sentia, cujos dons oratórios não são diminuídos por Valério Máximo, é, entretanto, disforizada pelo escritor, ao afirmar ter ganhado seu apelido de *andrógina* por seus "hábitos peculiares" (5.3.1); de Gaia Afrânia, cujo discurso é totalmente disforizado, é dito que não fala propriamente, e sim late (5.3.2) e Hortênsia é a única que recebe elogios velados por seu talento, apesar de Valério Máximo diminuir seu valor ao explicar seus dons "ímpares" pelo fato de ser filha do grande orador Hortênsio (5.3.3). Em suma, as duas primeiras são aberrações da natureza, e Hortênsia só é boa oradora por ser filha de um grande orador. Séculos mais tarde, encontramos no *Digesto* (3.1.1.5): *É proibido às mulheres discursar em benefício de outrem*. E é apresentada a razão desta proibição: permitir que mulheres se envolvessem em casos de estranhos à sua família era atentar contra a castidade apropriada ao seu gênero, permitindo que mulheres agissem como homens. Deste modo, o discurso é apropriado aos homens, enquanto o silêncio é apropriado às mulheres" (Beltrão: 2007:57-58).

vida em sociedade, regrada pelas leis e pela virtude, e que distingue os seres humanos dos animais. Já o L. II, como dissemos, tem como principal personagem Antônio. Seu principal argumento é o de que a experiência é mais importante para o orador do que aprender aquilo que chama simplesmente de "regras" (2,77-92), uma ideia tipicamente romana. As ideias de Cícero/Antônio sobre a história aparecem na primeira parte deste livro (esp. 2,36, 51-64). Em 2.33, é indicado o fundamento da argumentação: a prática de discursar e a função do orador estão ligadas, referindo-se à relação entre o orador e seu público. Antônio menciona aqui a *facultas dicendi*, a qual produz o efeito próprio da oratória, e tal faculdade liga-se ao estilo.

Logo de início, Antônio relaciona a oratória e a história explicitamente, em termos tanto de estilo quanto de função (2,35-6). Cícero/Antônio faz a inclusão do *tertium genes*, a *epidítica* ou *demonstrativa*, que é usualmente didática e concernente a exortações morais (2,41-73), e diz que este tipo de retórica está ausente dos manuais, embora tenha sido discutida por Aristóteles (2.43) (Narducci, 2002). Mas, precisamente por prescindir de regras, há a necessidade de discutir a epidítica, para que não seja excluída da formação do orador (2,47-8, 68-70, 348). As funções da retórica epidítica são, aqui, explicitadas: exortar à bravura e afastar do vício; castigar os infratores, exaltar os bons (2,50). Um estilo apropriado torna um discurso mais efetivo e apoia sua função, e é neste momento que a natureza didática da história é explicitada, sendo definida como *testemunha, luz, vida, mestra, mensageira*, e o "novo", em Cícero, é a inclusão explícita da voz do orador, com seu estilo, para permitir à história efetivar sua função, ligando estreitamente a oratória demonstrativa com a historiografia.

A história, junto com a epidítica, é um caso nítido no qual as regras não são estritas:

> Na verdade, pergunta Antônio, a qual orador e a quantos homens julgas tu ser apropriado escrever a história? Se for para escrever do modo mais elevado, como os historiadores gregos escreveram, diz Catulo, ou se for para escrever como os nossos, não é necessário ser um orador: é suficiente não dizer nada falso(2,51).[8]

8 *Age uero, inquit Antonius, qualis oratoris, et quanti hominis in dicendo, putas esse, historiam scribere? Si, ut graeci scripiserunt, summi, inquit Catulus; si, ut nostri, nihil opus est oratore: satis est nos esse mendacem.* A declaração é repetida em 2,62: *quem não sabe que a regra primeira da história é não dizer nada falso?*

> Muitos comentadores traduzem a declaração de Catulo, ... *satis est nos esse mendacem* por: "é suficiente não ser mentiroso". Traduzir *mendax* por "mentiroso" nos remete à nossa compreensão do termo, o que nos leva a depreender que a tarefa do historiador seria, simplesmente, *dizer a verdade*. Cremos, contudo, que tal tradução obscurece outro sentido, mais apropriado, a nosso ver, ao vocabulário ciceroniano. Nas *Verrinas*, 2, 42, 104, vemos Cícero usando o termo *mendum* no sentido de um erro cometido ao escrever, e *mendax* deve, segundo Ernout & Meillet (2001, *s.v. mendax*), ser compreendido como um litote: "que não se expressa corretamente". Segundo esses autores, o latim clássico jamais fez distinção entre "dizer algo errado involuntariamente", "dizer algo errado propositalmente" e "imaginar algo", pois *mendacium* significava tanto "mentira" - voluntária ou não - quanto "ilusão", e isso também pode ser percebido em derivações do termo: *mendiais* (indigente, vagabundo), *mendum* (defeito, falta, erro), *emendo* (corrigir, ementar), *mentio/ionis* (mencionar), dentre outros. Só no Baixo Império - e sob a influência da ideia de verdade cristã - surge o denominativo *mentior* com o sentido - ainda atual - de mentir, faltar com a verdade, ou seja, um sentido distinto daquele empregado por Cícero no *De Oratore* e em outros textos.

Desse modo, a observação do sentido das palavras pode ser útil para a compreensão de textos que nos estão distantes no tempo, no espaço e na experiência cultural. Acreditamos que Catulo declara ser "suficiente" que aquele que escreve a história (*res factae*) não se deixe levar por sua imaginação ou por suas intenções, que não "invente" e, com isso, falseie os eventos que narra, como é lícito ao texto poético (*res fictae*); em linguagem atual, o historiador não deveria escrever textos ficcionais.

Isso nos leva a uma questão atual da historiografia: tradicionalmente, uma oposição entre poesia (*res fictae*) e história (*res factae*) permitia separar a literatura ficcional da história, mas ciência e arte, aparentemente tão opostas para o pensamento moderno, constituem, rigorosamente falando, aspectos interligados do discurso.

Podemos observar esta distinção novamente por meio da observação das próprias palavras: *fictio*, que traduzimos como *ficção*, é um vocábulo derivado do verbo latino *fingire*, literalmente "modelar na argila", que criava seu objeto, a *fictilia*, a vasilha de argila. Na poesia de Ênio, gerou o apelativo *fictor*, designando o padeiro e o escultor (Enn. *A.* 121, = Varr., *LL.* 6). E, como afirma Varrão: (*fictor cum dicit fingo, figuram imponit: LL.* 6.78), chegando ao sentido de "fazer os traços de...", "representar" (Ovídio, *Fasti*, 5. 409), "imaginar", "inventar", um sentido particularmente presente no adjetivo *fictus* como "representação figurada", "estátua", "figura" (termo formado diretamente da raiz, ligada à expressão plástica, em Cícero, Lucrécio e Quintiliano, com suas derivações: *figuratio, affiguro, configuro, configuratio, fictione*).

A observação do termo *fictio* poderia nos fornecer uma pista aparentemente segura para a distinção entre discurso ficcional e discurso historiográfico. Contudo, um lado da moeda apenas não é o suficiente para garantirmos tal distinção. E as raízes etimológicas das *factae* nos permitem perceber evidentes ligações com as *fictae*.

Derivado de *factum*, do verbo itálico *facere*, o termo tinha o sentido arcaico de "pôr, colocar", tornando-se "fazer" no sentido prático de "pôr as mãos à obra", "realizar alguma coisa"; *sacrum facere*, derivou em *sacrificium*, fazer um sacrifício numa *ara*, dando origem, a partir do vocabulário das instituições religiosas romanas, a *factio* (literalmente: "posição de alguém durante a realização de um ritual") e outros derivados como *praeficio* ("pôr na frente"), *proficio* ("avançar"), *facies* ("aspecto"), *superficies* ("aparência"), dentre outros vocábulos. É no sentido de "fazer", "atuar" e "se posicionar" que vemos a maior parte dos usos dos vocábulos deste grupo, o que é expresso no antigo ditado romano: *bene belle facere* ("fazer bem, estar bem"). As *res factae* frequentemente substantivadas em *factum*, significam "coisas feitas a partir de um posicionamento", e seu oposto é *infectus* (o que deixou de ser feito por alguém que tinha o dever - *officium* - de fazê-lo).

Os dois termos estão em evidente inter-relação. É claro que não seria o caso de dissolver as diferenças entre a literatura ficcional e a história, pois o discurso historiográfico tem, desde sua origem, se esforçado por manter uma relação entre sua criação literária e os documentos, buscando as *factae* a partir de seus vestígios. Mas, como todo discurso, é *figuratio* por natureza, pois sem a narrativa, não há historiografia.

Além disso, ao utilizar a história para fundamentar sua questão na oratória epidítica, Cícero liga-se ao *topos* antigo de que a história tem uma importante função social. Que os romanos compreendessem sua história servindo como uma didática pública com propósitos moralistas é algo reconhecido consensualmente como uma característica da historiografia romana. Os historiadores romanos, após Catão, reivindicavam que sua história era mais do que o registro detalhista dos eventos; ela queria significar algo, ser prática. Antônio vai além: a história pode exortar os jovens a seguirem o *mos maiorum* ao incitar sentimentos patrióticos. E insiste na declaração de que a história - como a oratória - requer um estilo adequado à sua função.

O maior problema com os historiadores romanos, segundo Antônio, é que eles não lançavam mão de qualquer ornamento estilístico e apresentavam seu material secamente – como os registros pontificais – e pensavam que o ponto alto de seu estilo fosse a brevidade (2,51-3):

> Contudo, para que não desprezes os nossos historiadores, diz Antônio, também os gregos de início escreveram muitas vezes desse modo, como os nossos Catão, Pictor e Pisão. De fato, a história não era nada além da composição de anais, cujos fatos, para serem mantidos pela memória pública, desde o início das ações romanas até o pontificado máximo de P. Múcio, o pontífice máximo mandava-os registrar a cada ano, escrevia os anais e os expunha em tábuas diante da sua casa, para que ao povo fosse dada a possibilidade de conhecê-los; eram então, e também agora o são, chamados Anais Máximos. Muitos continuaram a escrever assim, simplesmente o registro dos tempos, das pessoas, lugares e coisas que ocorreram sem nenhum ornamento. Desse modo, junto aos gregos houve Ferecides, Helânicos, Acúsilas, e outros em grande quantidade, tais como nossos Catão, Pictor e Pisão, que não tinham os meios pelos quais a oração é ornada – pois há pouco essas coisas foram importadas para cá – e, então, como se entende o que dizem, julgam ser a brevidade o único mérito do discurso (2,51-53).[9]

A versão ciceroniana da antiga historiografia romana é nitidamente simples, e seu principal foco de crítica não é nem o conteúdo, nem as fontes usadas, mas seu tratamento. Ele faz Antônio objetar que os historiadores reportavam só *o registro dos*

9 *Atque, ne nostros contemnas, inquit Antonius, Graeci quoque sic initio scriptitarunt, ut noster Cato, ut Pictor, ut Piso. Erat enim historia nihil aliud nisi annalium confectio, cuius rei, memoriaeque publicae retinendae causa, ab initio rerum Romanorum usque ad P. Mucium pontificem maximum, res omnes singulorum annorum mandabat litteris pontifex maximus, referebatque in album, et proponebat tabulam domi, potestas ut esset populo cogonoscendi, hique etiam nunc Annales Maximi nominantur. Hanc similitudem scribendi multi secuti sunt, qui sine ullis ornamentis monumenta solum temporum, hominum, locorum gestarumque rerum reliquerunt. Itaque qualis apud graecos Pherecydes, Hellanicus, Acusilas fuit, aliique permulti, talis noster Cato, et Pictor, et Piso, qui neque tenent, quibus rebus ornetur oratio – modo enim huc ista sunt importata – et, dum intellegatur, quid dicant, unam dicendi laudem putant esse breuitatem.* (2, 51-53)

tempos, das pessoas, lugares e coisas que ocorreram sem qualquer ornamento (2,53). Antônio investe contra Catulo, que representa a posição romana tradicional, para quem só os historiadores gregos precisavam saber do uso persuasivo da linguagem e não os romanos, para quem como vimos, era suficiente não inventar e apenas registrar o que ocorreu (2,51).

Para Cícero, ao contrário, a história deveria lançar mão de elementos dramáticos e ser um entretenimento, relatando as vicissitudes da fortuna e movendo a audiência para uma resposta emocional. A história poderia, de fato, capturar o poder dramático das instituições e das tradições orais romanas. Segundo Cícero/Antônio, os primeiros historiadores incluíram o material apropriado para uma história didática em seus textos, mas erraram ao não incluírem o poder e a força da oratória em seu estilo, pois,

> Quem ardentemente exorta a virtude, quem afasta dos vícios? Quem asperamente vitupera os ímprobos, quem elegantemente elogia os bons? Quem pode, acusando, combater a cupidez com mais veemência? Quem, consolando, aliviar suavemente as aflições? (2,35)[10].

Cícero/Antônio assume a similitude entre as funções da história e da oratória epidítica, ao insistir sobre o papel da história para o orador, em termos da fluência no discurso e na variedade (2,62). Que o tratamento da história fosse provavelmente o grande desafio para o orador pode parecer uma ideia óbvia, mas não fazia parte dos manuais de retórica gregos (1, 22-3). Quando Antônio insiste que as regras da história são perfeitamente claras para todos, mas não aparecem nos manuais, são nítidos os traços de uma determinação cultural: a experiência prática romana é preferida, em detrimento da teoria grega. Antônio, em 2,62-4, nos diz:

> Mas, retorno ao meu argumento: vedes quanto empenho na oratória deve ter o historiador ao escrever a história? (...) pois, quem não sabe que a regra primeira da história é não dizer nada falso? Em seguida, que não se ouse dizer o que não é verdadeiro? E que não haja nenhuma suspeita de parcialidade? Nem de dissimulação? Essas regras são sabidas por todos, mas a

---

10 *Quis cohortari ad uirtutem ardentius, quis a uitiis acrius reuocare? Quis uituperare improbos asperius, quis laudare bonos ornatius? Quis cupiditatem uehementius frangere accusando potest? Quis maerorem leuare mitius consolando?*(2,35)

> escrita da história está baseada nas coisas e nas palavras (...) sua construção (*exaedificatio*) consiste em conteúdo e estilo (*in rebus et uerbis*). E é da natureza do conteúdo, por um lado, que você necessite de uma ordem cronológica dos eventos e uma descrição topográfica (...) A natureza do estilo e tipo de discurso, por outro lado, requer amplitude e mobilidade, com uma fluência suave e regular e sem qualquer traço da aspereza associada aos tribunais.[11]

Na declaração de Antônio, está implícito que os primeiros historiadores deixaram de tratar alguns aspectos da *res* de um modo propriamente retórico (2,63), ou seja, o que eles incluíram e/ou omitiram não se adequava ao que seria necessário incluir/omitir num discurso bem construído e bem apresentado.

Pelo modo como Cícero faz com que Antônio exprima os requisitos das *uerba*, contudo, depreendemos que a personagem se refere a uma deficiência estilística particular nos textos históricos. Se o instrumental retórico necessário para escrever a história tinha sido recentemente importado a Roma (2,53) e estabelecido pelos *rethores latini*, então, a razão de não terem sido incluídos na historiografia foi que os historiadores utilizavam em seus textos, quase que exclusivamente, as técnicas apropriadas aos tribunais de justiça (2,55) (Griffin: 2002).

---

11 *Sed illuc redeo: uidetisne, quantum munus sit oratoris historia? Haud scio an flumine orationis et uarietate maximum; neque eam reperio usquam separatim instructam rhetorum praeceptis; sita sunt enim ante oculos. Nam quis nescit primam esse historiae legem, ne quid falsi dicere audeat? Deinde ne quid ueri non audeat? Ne quae suspicio gratiae sit in scribendo? Ne quae simultatis? Haec scilicet fundamenta nota sunt omnibus, ipsa autem exaedificatio posita est in rebus et uerbis: rerum ratio ordinem temporum desiderat, regionum descriptionem; uult etiam, quoniam in rebus magnis memoriaque dignis consilia primum, deinde acta, postea euentus exspectentur, et de consiliis significari quid scriptor probet et in rebus gestis declarari non solum quid actum aut dictum sit, sed etiam quo modo? et cum de euentu dicatur, ut causae explicentur omnes uel casus uel sapientiae uel temeritatis hominumque ipsorum non solum res gestae, sed etiam, qui fama ac nomine excellant, de cuiusque uita atque natura; uerborum autem ratio et genus orationis fusum atque tractum et cum lenitate quadam aequabiliter profluens sine hac iudiciali asperitate et sine sententiarum forensibus aculeis persequendum est. Harum tot tantarumque rerum uidetisne nulla esse praecepta, quae in artibus rhetorum reperiantur? In eodem silentio multa alia oratorum officia iacuerunt, cohortationes, praecepta, consolationes, admonita, quae tractanda sunt omnia disertissime, sed locum suum in his artibus, quae traditae sunt, habent nullum.* (2, 62-64)

Antônio é claro: a oratória constitui-se no grande desafio do historiador, mas aplicar as regras formais da retórica é um erro, pois a história não requer as "asperezas" do estilo apropriado aos tribunais, ou seja, aquilo que os estudantes romanos mais aprendiam, mas sim um estilo com "amplitude e mobilidade, com uma fluência regular e suave", que eles desconheciam. O estilo apropriado para a história deveria ser o terceiro gênero, a retórica epidítica, que em nada correspondia aos ensinamentos dos manuais gregos que serviam como base da formação retórica à época.

Cícero faz Antônio dizer que um recente historiador escrevera a história com a atenção apropriada ao estilo; de Célio Antipater, amigo de Crasso, é dito que *acrescentou o som da voz do orador à história* (2,54).[12] Este teria sido o primeiro romano a escrever uma monografia histórica, e o primeiro a tratar seu material de um modo retórico, com embelezamentos estilísticos, incluindo relatos de sonhos e prodígios e, ocasionalmente, usando hipérboles para obter um efeito dramático. Foi, também, o primeiro que forjou discursos para seus personagens, tanto romanos como estrangeiros. Célio parece ter sido relativamente bem sucedido, incluindo sua própria *inuentio* na *res* da história, já que Catulo comparou os demais historiadores a ele: *os outros não embelezaram seu material, foram somente contadores de eventos* (2,54). E Catulo continua comentando que, se Célio falhou ao escrever este tipo de história, foi por não ter a sensibilidade de um orador:

> Mas o próprio Célio não diversificou sua história pela variedade de cores, nem poliu aquele gênero com uma disposição das palavras com o suave e uniforme encadeamento do discurso; mas, como um homem nem douto e nem muito apto a discursar, a aperfeiçoou como lhe foi possível. Mesmo assim, como dizes, superou os anteriores (2, 54).[13]

Nesta passagem, Catulo indica, mesmo que a personagem não o desejasse, os componentes do estilo histórico apropriado. Notemos a estrutura paralela das de-

12 *Paulum se erexit, et addidit historiae maiorem sonum uocis uir optimus, Crassi familiaris, Antipater: ceteri non exornatores rerum, sed tantum modo narratores fuerunt* (2,54).

13 *Sed iste ipse Coelius neque distinxit historiam uarietate colorum, neque uerborum collocatione et tractu orationis leni et aequabili perpoliuit illud opus; sed ut homo neque doctus; neque maxime aptus ad dicendum, sicut potuit, dolauit: uicit tamen, ut dicis, superiores* (2, 54).

clarações de Antônio e Catulo: *uarietas, tractus* (movimento), *lenitas* (suavidade) e *aequabilitas* (uniformidade) em conexão com a *oratio*.

A seguir, vemos as seguintes considerações:

> 'Pouco me admira', diz Antônio, 'se esta disciplina [a história] até agora não foi celebrada em nossa língua, pois nenhum de nossos homens se empenha na eloquência se ela não brilha nos processos judiciais e no foro. Entre os gregos, porém, houve homens dos mais eloquentes que, distanciados das causas forenses, ocuparam-se de outros assuntos, pois também do ilustre Heródoto, que primeiro ornou este gênero, sabemos que jamais versou em causas [judiciais]; mas tamanha é a sua eloquência que, mesmo a mim, o quanto posso entender aos textos gregos, agrada-me muitíssimo. E depois dele, Tucídides, em minha opinião, venceu a todos nas artes do discurso; ele é tão fecundo na variedade de assuntos, que o número de suas palavras segue de perto o mesmo número de sentenças; além disso, é hábil e firme nas palavras, de maneira que não se sabe se os casos são ornados pelo discurso ou as palavras pelas sentenças. Na verdade, nem a ele, embora versado nos assuntos políticos, aceitamo-lo entre o número daqueles que advogaram; e diz-se que escreveu estes livros ao se distanciar dos assuntos políticos e, o que costumava acontecer com os melhores de Atenas, foi mandado para o exílio' (2, 55-56).[14]

14 *"Minime mirum," inquit Antonius "si ista res adhuc nostra lingua inlustrata non est; nemo enim studet eloquentiae nostrorum hominum, nisi ut in causis atque in foro eluceat; apud Graecos autem eloquentissimi homines remoti a causis forensibus cum ad ceteras res inlustris tum ad historiam scribendam maxime se applicauerunt: namque et Herodotum illum, qui princeps genus hoc ornauit, in causis nihil omnino uersatum esse accepimus; atqui tanta est eloquentia, ut me quidem, quantum ego Graece scripta intellegere possum, magno opere delectet; et post illum Thucydides omnis dicendi artificio mea sententia facile uicit; qui ita creber est rerum frequentia, ut is uerborum prope numerum sententiarum numero consequatur, ita porro uerbis est aptus et pressus, ut nescias, utrum res oratione an uerba sententiis inlustrentur: atqui ne hunc quidem, quamquam est in re publica uersatus, ex numero accepimus eorum, qui causas dictitarunt; et hos ipsos libros tum scripsisse dicitur, cum a re publica remotus atque, id quod optimo cuique Athenis accidere solitum est, in exsilium pulsus esset* (2, 55-56)

Essa passagem do *De Oratore* estabelece claramente a relação entre o orador e o historiador, a partir da comparação entre historiadores gregos e romanos. O personagem distingue romanos e gregos pela prática da eloquência – estes na escrita da história, aqueles na prática forense. No entanto, admite a eloquência de ambos, o que justifica seu apreço pelos historiadores gregos como *exempla* para os romanos. Os escritos de Cícero testemunham o poder da oratória política na vida romana. Assim, a conexão estilística entre história e oratória parecia natural, posto seus papéis políticos serem semelhantes. Por isso, a história não era tratada nos manuais retóricos gregos. Se Cícero insiste que o orador é o mais bem qualificado a escrever história, é porque reconhece uma similitude necessária entre suas funções, que requer similitude de estilo, já que ambos se propõem a mover as pessoas à ação. Nos dias de Cícero, este era um estilo completo, vigoroso e vivo (*Brut.*, 279, 322 *ss*), apresentado dramaticamente (cf. Beltrão: 2007; cf. tb. Narducci: 2002).

A questão central posta sobre a relação entre a retórica e a escrita da história pode ser relacionada com o reconhecimento de que a forma de elaboração do discurso influencia o efeito da narrativa sobre ouvintes e leitores e, consequentemente, a compreensão do próprio evento narrado. Presume-se que tendo o historiador selecionado com rigor a matéria para a sua narrativa, procure expor suas ideias e conclusões em um discurso que exige, tanto quanto a densidade do conteúdo, a organização do texto como um produto final bem elaborado e eficaz, no que concerne à exposição do assunto, à coesão do raciocínio e, mesmo, à escolha dos vocábulos e das figuras retóricas com que constrói o texto.

A referência a Tucídides na fala do orador Antônio aponta para a necessidade da elaboração retórica do discurso do historiador, partindo do princípio, contudo, de que o discurso não deve apenas ser bem construído, como também deve se apoiar em evidências e documentos confiáveis. Numa passagem tucideana, por exemplo, lemos:

> Quanto aos discursos pronunciados por diversas personalidades quando estavam presentes a desencadear a guerra ou quando já estavam nela engajados, foi difícil recordar com precisão rigorosa os que eu mesmo ouvi ou os que me foram transmitidos por várias fontes. Tais discursos, portanto, são reproduzidos com as palavras que, no meu entendimento, os diferentes oradores devem ter usado, considerando os respectivos assuntos e os sentimentos mais pertinentes à ocasião em que foram pronunciados, embora ao mesmo tempo eu tenha aderido tão estreitamente quanto possível ao

> sentido geral do que havia sido dito. Quanto aos fatos da guerra, considerei meu dever relatá-los, não como apurados através de algum informante casual nem como me parecia provável, mas somente após investigar cada detalhe com o maior rigor possível, seja no caso de eventos dos quais eu mesmo participei, seja naqueles a respeito dos quais obtive informações de terceiros. O empenho em apurar os fatos se constituiu numa tarefa laboriosa, pois as testemunhas oculares de vários eventos nem sempre faziam os mesmos relatos a respeito das mesmas coisas, mas variavam de acordo com suas simpatias por um lado ou pelo outro, ou de acordo com sua memória. Pode acontecer que a ausência do fabuloso em minha narrativa pareça menos agradável ao ouvido, mas quem quer que deseje ter uma ideia clara tanto dos eventos ocorridos quanto daqueles que algum dia voltarão a ocorrer em circunstancias idênticas ou semelhantes em consequência de seu conteúdo humano, julgará a minha história útil e isto me bastará. Na verdade, ela foi feita para ser um patrimônio sempre útil e não uma composição para ser ouvida apenas no momento da competição por algum prêmio (*Hist.* I, 22).

Depreendemos que a autoridade da narrativa histórica é obtida e confirmada a partir do uso de expressões como *precisão rigorosa*, *investigar com o maior rigor possível*, *apurar os fatos*, *testemunhas oculares*, o que pressupõe a instauração de um método de elucidação dos fatos que fundamente sua interpretação e devida exposição, que distingue a história da poesia. Deste modo, quando pergunta a Catulo quem está apto a escrever história, Antônio tem por resposta a frase súbita: *não é necessário ser um orador: é suficiente não dizer nada falso!* (2, 51). Obviamente, é muito difícil afirmar que um historiador foi ou não *mendax*, mas é possível investigar que recursos utilizou para tentar convencer sua audiência da veracidade de seu relato; o próprio discurso evidencia a capacidade da investigação que o historiador interpõe entre os dados de que dispõe e sua interpretação. Por isso, as posições de Antônio e de Catulo não são antitéticas, e sim complementares no *De Oratore*.

Tempos depois de Cícero, uma passagem do *Satyricon*, que expõe como deve ser um texto poético, pode nos dar mais elementos para a compreensão da escrita da história propugnada por Cícero no *De Oratore*. É o trecho no qual, Eumolpo fez uma invectiva contra um poeta não nomeado (supostamente Lucano, na *Farsalia*, mas tal discussão não é relevante para os nossos propósitos) que, pretendendo escrever poesia, enveredou por outro caminho: ou errou porque o caminho escolhido não levava ao destino certo, ou porque não sabia aonde queria chegar. Tal poeta não merecia colher as glórias que pleiteava, e Eumolpo reescreve a poesia como acreditava que ela deveria ser:

> A muitos, ó jovens, a poesia engana, pois cada um, assim que compõe um verso com pés métricos e tece um pensamento mais delicado com torneio de palavras, pensa sem demora que chegou ao Helicon. Assim se refugiam na tranquilidade da poesia aqueles que frequentemente se exercitam nas atividades forenses, como se ela fosse porto mais tranquilo, acreditando que o poema pode ser composto mais facilmente do que uma discussão pintada com frasezinhas vibrantes. Ora, nem o espírito mais generoso ama a vaidade, nem o pensamento pode gerar e conceber um rebento se não for inundado pelo denso rio das letras. É necessário fugir de toda a vileza das palavras, por assim dizer, e usar vozes apartadas da plebe, para que se faça o "odeio o vulgo profano e o afasto". Além disso, deve-se atentar para que as sentenças não se sobressaiam, expressas fora do corpo do discurso, mas resplandeçam com a mesma cor das vestes. Homero e os líricos são testemunhas, bem como o romano Virgílio e a curiosa ventura de Horácio. Outros, no entanto, ou não viram o caminho pelo qual se vai à poesia ou, se o viram, temeram nele pôr os pés. Eis um qualquer que deseja empreender a ingente obra da guerra civil: se ele não estiver pleno das letras, cairá sob seu próprio peso. Ora, não se devem encerrar em versos as coisas feitas, pois muito melhor o fazem os historiadores, e sim o espírito deve se precipitar livre por peripécias, intervenções divinas e pelo fabuloso (...) de modo que apareça antes o vaticínio de um ânimo frenético do que a fidedignidade de um discurso escrupuloso feito sob testemunhos (Petrônio, *Sat.* 118).

A personagem incrimina aquele poeta que não é inspirado pelas Musas, pois trata seu tema segundo o *ordo naturalis*, ou seja, narra os eventos desde as suas causas, seu desenvolvimento e consequências, denunciando não o vaticínio do poeta, mas a capacidade que o historiador tem de narrar *escrupulosamente* os fatos. Outro elemento que corroboraria a veracidade do texto historiográfico, portanto, é a negação do fabuloso, que diferencia o domínio historiográfico do poético, designadamente da narrativa épica. Tanto em Tucídides, como na fala do personagem Eumolpo, trata-

-se, bem entendido, de deixar para os poetas a invenção de eventos que contrariam a ordem da natureza, e, no caso do historiador, narrar apenas os que ocorreram, ou que poderiam ter ocorrido, *secundum ordo naturalis*. O próprio Tucídides, contudo, não deixa de notar a importância da Guerra de Tróia para a constituição das *poleis* gregas e, fazendo referência a Homero, utiliza-o para conjecturar sobre as ilhas mediterrânicas que auxiliaram Agamêmnon na reunião de tropas para o ataque (Tucídides, I, 9), assim como Tito Lívio, num futuro próximo, dedicará o primeiro livro de sua *Ab urbe condita* à chegada de Enéas ao Lácio, à fundação da *urbs* e aos primeiros reis, mas sem se deixar levar pela imaginação poética.

Neste caso, a *verdade* tanto possui o estatuto de *comprovação* factual do que oferece a realidade, como se constitui também como *verossimilhança*, entendida como aquilo em que todos podem acreditar porque situa as ações no âmbito da plausibilidade humana. Quando o ser humano se torna o centro das atenções, e as suas ações tornam-se o objeto privilegiado de investigação, estabelece-se uma distinção entre aquilo que ele é capaz de fazer e aquilo que não mais lhe compete, pois a própria natureza lhe negou. Portanto, as ações que não derivam do ser humano ou que, de maneira não natural, interferem em seus planos, não podem servir de recurso para o historiador, pois não podem ser investigadas, apuradas e não lhe servem de justificativa. Deste modo, o texto historiográfico não é apenas um relato adequado a uma estrutura narrativa, mas o produto da análise e da interpretação de dados com premissas que não cabem no texto épico.

Voltemos ao *locus classicus* do *De Oratore*, 2.36, em que Cícero nos diz: *A história, testemunha dos tempos, luz da verdade, vida da memória, mestra da vida, mensageira das coisas antigas, na verdade com que voz, senão a do orador, pode chegar à imortalidade?* Este trecho destaca, também, o valor do trabalho do historiador, ou seja, o fato de que a história deve ser, a um só tempo, moral e útil. Desse modo, a história possui, para Cícero, um papel semelhante ao da filosofia, uma vez que habilita um vínculo entre a participação política, a reflexão sobre ela e a sua escrita. Daí a união da retórica com a escrita da história. Quando Cícero propõe ver a história como uma disciplina "didática" (*lux ueritatis*), não cremos que pretendesse fazer dela instrumento de apresentação de uma verdade *científica*, mas um gênero do discurso que propusesse modelos por meio da investigação das ações humanas, para gerar um determinado *conhecimento* a partir de uma verdade *moral*. O historiador, no *De Oratore*, apresenta-se configurado como aquele que, usando bem as artes do discurso, constrói a sua *auctoritas* obtendo a *fides* de seu leitor. E, ao citar Tucídides, Cícero exemplifica como o conhecimento da retórica serve para confirmar a autoridade do historiador e aproximá-lo da figura do orador, na medida em que este também recorre ao testemunho para corroborar a *fides*, a partir da qual persuadirá sua audiência da verossimilhança de seu discurso. Isso exige que o historiador disponha de talento e conhecimentos para compor uma narrativa de modo atraente, ou seja, faz com que a narrativa historiográfica tenha de obedecer aos princípios da composição e apresentação do discurso (Wiseman: 1981; Potter: 1999).

Vemos no *De Oratore*, no discurso das personagens Crasso e Antônio, duas definições da escrita da história, a partir de dois pontos distintos, porém interligados: o primeiro remetendo ao processo de construção do conhecimento (a pesquisa, o inquérito, a investigação), e o segundo se vinculando à descrição do produto final, o texto em prosa. Ambas as definições estabelecem o texto historiográfico como uma forma de representação narrativa da realidade, cujo objeto de investigação é a "verdade" (*ueritas*), uma palavra definida em oposição ao falso, à livre criação poética, independente dos acontecimentos (*mendax*).

A *historia* não é, nem em si, nem por si, a verdade. A regra primeira era *não dizer nada falso*, investigando os acontecimentos até onde fosse possível, e os historiadores eram julgados em termos de sua relação com a verossimilhança demonstrada em seu discurso. E ao historiador ciceroniano, sendo também um orador, restava tanto atrair o leitor com seus escritos, quanto tornar sua narrativa verossímil, garantindo a sua *fides*: *E que não se ouse dizer o que não é verdadeiro? Que, ao escrever, não exista suspeita nenhuma de parcialidade? Nem de simulação?* (*De Or*. II, 15, 62).

O pensamento clássico tinha, *grosso modo*, duas premissas sobre a história: a história devia ser "verdadeira" e a expressão dessa "verdade" era feita sob a forma narrativa. Em outras palavras, a expressão da verdade é uma construção linguística, ponto que está no centro de muitas discussões antigas ou atuais sobre a história, o que talvez equivalha a dizer que há semelhanças no modo de se conceber a escrita da história na antiguidade e hoje em dia. Compreender o aspecto linguístico da história é, então, o primeiro passo para a compreensão da definição do gênero na antiguidade, que via a história como parte do processo linguístico.

Desse modo, um texto historiográfico deve ser analisado como uma seleção de eventos representados adequada ou inadequadamente, fatos estabelecidos ou inferidos, ou seja, uma representação que é uma *interpretação* e não o *real* passado. O objeto de conhecimento da história é o mundo das relações humanas e, em sociedade, os seres humanos sentem, pensam, agem, ponderam, emitem juízos de valor, argumentam, persuadem e são persuadidos, e uma formação retórica é *conditio sine qua non* do historiador ciceroniano, que sabe que seu discurso é construção complexa, estruturada, com autoria, público e objetivos específicos.

As ideias ciceronianas sobre a história trazem para nós questões que concernem não apenas às relações entre história e retórica, mas também aos limites entre história e a ficção, entre o verossímil e o inverossímil. Consideramos útil para o historiador contextualizar os problemas da escrita da história na antiguidade, cotejando-os com os desenvolvimentos correntes no campo da historiografia. Isto é útil não somente para os classicistas, mas também para os especialistas e estudantes de outras áreas dos estudos históricos. Desta forma, o estudo da historiografia antiga e da ideia da história na antiguidade vem sendo, paulatinamente, redimensionado.

Documentação

CÍCERO. *Epistulae ad Familiares*. D. R. Shackleton Bailey (ed.). 2 vv. Cambridge University Press, 1977.

______. *Epistulae ad Quintum Fratem et M. Brutum*. D. R. Shackleton Bailey (ed.). Cambridge University Press, 1980

______. *De Oratore I-III*. A. S. Wilkins (ed.). London: Bristol Classical Press, 2002.

______. *Cicero's Brutus or History of Famous Orators; also His Orator or Accomplished Speaker*. London: Indy Publish, 2001.

PETRONIO. *The Satyricon*. Oxford World Classics. Oxford: Oxford University Press, 1997.

POLÍBIO. *The Histories*. Loeb Classical Library, 1987

OVÍDIO. *P. Ovidi Nasonis Fastorum Liber Quintus*. The Latin Library: http://www.thelatinlibrary.com/ovid/ovid.fasti5.shtml

TUCÍDIDES. *História da Guerra do Peloponeso*. Brasília, UnB, 1995

VARRÃO. *M. Terenti Varronis De Lingua Latina Liber VI*. The Latin Library: http://www.thelatinlibrary.com/varro.ll5.html

Referências bibliográficas

BELTRÃO, C. *O uir bonus* e a *prudentia ciuilis* em Marco Túlio Cícero. In : ARAÚJO, S.R.R ; BELTRÃO, C. ; JOLY, F.D. *Intelectuais, poder e política na Roma Antiga.* Rio de Janeiro : NAU Editora, 2010.

______. *Relações políticas na República tardia: uma análise de vocabulário.* Cadernos do ICHF. Série Estudos e Pesquisas. Niterói: Instituto de Ciências Humanas e Filosofia – UFF, 2003.

______. *Tirocinium fori*: o orador e a criação de "homens" no *forum romanum. Phoînix* 13. Rio de Janeiro, 2007: 52-66.

______. Uma leitura helenística do pensamento aristotélico: *oikeiōsis* e justiça em Antíoco de Ascalão. *Phoînix* 8. Rio de Janeiro, 2002: 95-114.

ERNOUT, A; MEILLET, A. *Dictionnaire étymologique de la langue latine.* Histoire des mots. Paris: Klincksieck, 2001

FOUCAULT, M. *Arqueologia do Saber.* Rio de Janeiro: Forense Universitária 1972.

FOX, M. *Cicero's Philosophy of History.* New York : Oxford University Press, 2007.

GABBA, E. Rome and Italy: the Social War. In: CROOK, J.A.; LINTOTT, A.; RAWSON, E. (edd.). *The Cambridge Ancient History.* Vol. IX – The Last Age of the Roman Republic: 146-43 BC. 7th ed. Cambridge: Cambridge University Press, 2002: 104-128.

GRIFFIN, M. The intellectual developments of the Ciceronian age. In: CROOK, J.A.; LINTOTT, A.; RAWSON, E. (edd.). *The Cambridge Ancient History.* Vol. IX – The Last Age of the Roman Republic: 146-43 BC. 7th ed. Cambridge: Cambridge University Press, 2002: 689-728.

GRUEN, E. *The Last Generation of Republican Rome.* Berkeley: University of California Press, 1974.

HALL, J. Persuasive Design in Cicero's *De Oratore. Phoenix* 48 (1994): 210-225.

KANT, I. *Crítica da Faculdade do Juízo.* Rio de Janeiro: Forense Universitária, 1995.

NARDUCCI, E. *Brutus*: The History of Roman Eloquence. In: MAY, J. M. (edd.) *Brill's Companion to Cicero:* Oratory and Rhetoric. Leiden: Brill, 2002: 401-425.

NIETZSCHE, F. *Da utilidade e desvantagem da história para a vida.* São Paulo: Abril Cultural, 1974.

______. *Sobre verdade e mentira.* São Paulo: Ed. Hedra, 2007.

POTTER, D.S. *Literary Texts and the Roman Historian*. London, New York: Routledge, 1999.

REIS, J. C. *História & Teoria*. Historicismo, Modernidade, Temporalidade e Verdade. Rio de Janeiro: Editora FGV, 2003.

ROSS TAYLOR, L. *Party politics in the age of Caesar*. Berkeley: University of California Press, 1984.

WHITE, H. *Trópicos do discurso: ensaios sobre a crítica da cultura*. SP: EDUSP. 2001, pp. 98; 100.

WISEMAN, T.P. Practice and Theory in Roman Historiography. *History* 66 (1981): 375-392.

WISSE, J. *De Oratore*. Rhetoric, Philosophy and the Making of the Ideal Orator. In: MAY, J. M. (edd.) *Brill's Companion to Cicero:* Oratory and Rhetoric. Leiden: Brill, 2002: 375-400.

14

A ideia de História nos Commentarii De Bello Gallico, *de César*

Glaydson José da Silva
Universidade Federal de São Paulo

Considerações gerais sobre a obra

Os *Commentarii de Bello Gallico*, comumente traduzidos como *Guerra das Gálias*, se constituíram, seguramente, em conjunto com a *Ilíada* e a *Odisséia*, em uma das principais bases de narrativas fundadoras da história da Europa. No caso da França, particularmente, os *Commentarii* foram, e ainda são, a base maior de sua mitologia nacional. Elaborados por César para dar razões à classe política romana hostil ou falsamente indiferente em relação a um dos mais longos conflitos empreendidos por Roma (Martin: 2000, 3), eles representam o discurso do vencedor sobre os vencidos, se constituindo, a um só tempo, na mais importante fonte escrita sobre a conquista da Gália[1] e numa das mais importantes sobre seu líder, César, e seus feitos. Fundamento da primazia e da originalidade – em contextos posteriores nos quais se negligencia o fato de que sua própria História como todo uniforme conquistado é fruto da narrativa de César – a Gália foi constantemente redescoberta. Como ob-

1 A esse respeito, o que se encontra em textos do período, e mesmo posteriores, não são mais que fragmentos, em autores como Apiano e Dião Cássio, e capítulos e notações esparsas na Vida dos doze Césares, de Suetônio, e nas Vidas paralelas, de Plutarco, assim como breves resumos de Florus e Velleius Paterculus (Martin: 2000, 13). Atribui-se a isso a autoridade por longa data inconteste da narrativa cesarista, que, hoje, vem sendo confrontada com evidências da cultura material a respeito das diferentes cristalizações estabelecidas ao longo da história e a partir da mesma (Godineau: 1994, 34; Sallois: 1994, 11).

serva Suzane Citron (1984, 104), a palavra e a noção foram transmitidas pelos romanos. Gália e gauleses são termos jamais utilizados pelos *gauleses* para designarem seu "país" e a si mesmos. É por Roma e pelos romanos que os gauleses se tornam conhecidos a seus "descendentes" republicanos, que enraizarão e fortificarão os sentimentos nacionais na sua ancestralidade gaulesa, na metrópole francesa e, curiosamente, nas ex-colônias, da Argélia ao Dakar, onde muitos pequenos franceses aprendiam *Jadis notre pays s'appelait la Gaule et ses habitants les Gaulois (*Martin: 2000, 04); *Nos ancêtres les Gaulois!* Como apregoava o forjado adágio republicano.

É em torno da narrativa de César que foram construídas as imagens da Gália e dos gauleses ao longo da história. Para Paul Martin (2000, 4), *desde o século XVI, pelo menos, a pesquisa, a afirmação da identidade nacional se faz, pela maior parte dos países da Europa, por meio da Guerra das Gálias.* Buscar uma compreensão da natureza dessa narrativa (relação com a verdade, técnicas de demonstração e persuasão, temas de propaganda, construção de si, dos seus e dos outros) aproximando-a de seu contexto social, cultural e político permite uma percepção mais elaborada da própria ideia de história por ela veiculada.

Ambiente histórico e paisagem literária

Em *Júlio César, o ditador democrático*, Luciano Canfora (2002) ensaia traçar o longo *cursus honorum* de César, buscando perfazer sua trajetória política e militar até os *idos de março.* Da perseguição inicial de Sila ao jovem César (quando o impede de tomar posse como *flamen Dialis*) até o assassinato do ditador perpétuo, muitos são os cargos e poderes de que César se investe e é investido.[2] A aliança com Pompeu e Crasso (60 a.C.), cujo objetivo consistia em manter os encaminhamentos da República ao agrado dos três, se, por um lado, evidencia a ausência de limites aos poderes individuais, por outro evidencia a fragmentação do próprio poder. Visto como uma "conspiração" (*conspiratio*) que deflagra a guerra civil, o triunvirato é o *monstro de três cabeças* satiricamente descrito por Varrão.[3] Aproximar-se das intenções de César em seus *Commentarii* implica uma compreensão prévia desse cenário militar do final da República romana – um recuo, ainda que breve, aos eventos que antecedem as campanhas bélicas nas Gálias.

---

2 Para uma cronologia dos mesmos ver: (Canfora: 2002, 455-475)

3 Sob a acepção satírica dessa referência ver (Coradini: 1999, 39)

A prática iniciada por Mário de recrutamento de soldados voluntários (111 a.C), que percebiam salários, deu início à profissionalização do exército, que a partir de então passava a contar com legiões inteiras de tais soldados, que, assalariados,

> Passavam a ser mais leais aos generais que lhes pagavam do que ao Estado romano. Apoiando generais, podiam obter vantagens como parte da presa de guerra, especialmente escravos. Além disso, ao se retirarem da ativa e passarem para a reserva, recebiam lotes de terra para cultivar, sempre de acordo com a vontade de seu general. O resultado não se fez esperar, e os generais começaram a lutar entre si pelo poder, levando os romanos a inúmeras guerras civis (Funari: 2001, 89).

O triunvirato pode ser entendido como ruptural na biografia política de César. Somase ao seu poder de triúnviro o consulado, para o qual é eleito em 59, tornando-se, em seguida, "cônsul sem colega", por rompimento com Bíbulo. Esse rompimento e seus desdobramentos são bem representativos da ascensão de seu poder. Como observa Canfora (2010, 110-11),

> A crise ocorreu a propósito da legislação agrária; já por ocasião da primeira das duas leis agrárias de César o embate no Senado foi de tal ordem que César abandonou a sessão e apresentou a lei diante da assembleia na qual o povo aprovou a proposta. Para impedir a transferência de poder para o povo, Bíbulo alegou impossibilidade por razões religiosas; proclamou o "período sagrado" no qual não eram possíveis reuniões de assembleias populares (*comitium*). Na realidade César dispunha nesse terreno de uma arma por ser também sumo pontífice (além de cônsul); ela lhe permitia colocar em discussão as iniciativas obstrucionistas do colega. Com efeito, César convocou regularmente o *comitium* que devia aprovar a lei. Bíbulo quis forçar a situação apresentando-se também ele ao povo e tentando usar a palavra e declarar ilegal (segundo seu ponto de vista) a reunião. Foi expulso com violência: sua intervenção só podia acender os ânimos e produzir reações incontroláveis. Obviamente a responsabilidade política por esse ato gravíssimo (a expulsão de um cônsul do *comitium*) não podia deixar de ser imputada a César; por isso fontes bastante críticas com relação a César, como Suetônio, nestes capítulos, dizem sem mais que César "expulsou do foro o colega com as armas" (César 20,1). Naturalmente o fato não poderia não ter seguimento no

> Senado, mas ninguém – diz com precisão Suetônio – ousou ser relator de um fato tão grave e menos ainda propor medidas adequadas, "que amiúde eram tomadas no passado por incidentes de bem menor gravidade" (...) "A partir daquele momento César governou sozinho e a seu talante" Alguns gozadores começaram a datar os documentos não com os nomes de "César e Bibulo", mas de "Júlio e César" (Suetônio, *César* 20,2).

"Cônsul sem colega", César governa em uma situação de animosidade com o Senado e em consonância com uma política voltada aos *popularis.* Ainda em 59, as províncias da Gália e do Ilírico são atribuídas a ele pelo Senado por um período de 05 anos. Para Canfora, a escolha pela Gália não fora ocasional, pois, permitia fazer alusões às grandes vitórias de Caio Mário contra as populações celtas e germânicas, cujas vitórias romanas estavam enraizadas no imaginário popular, o que fazia da Gália além de uma escolha uma imagem hábil e eficaz (2002, 123-124). Distante fisicamente, César não se descuidara de se fazer presente junto à política romana, como forma de resguardar suas pretensões. Suetônio aponta para o fato de que buscou sempre exercer controle acerca da sucessão dos magistrados do ano, buscando sempre fazer com que chegassem aos cargos aqueles que pudessem lhe dar sustentação por ocasião de sua ausência.[4] Em 56, César, Pompeu e Crasso renovam o pacto triunviral e em 55 César tem prorrogados por mais 05 anos seu pro-consulado na Gália.

Compreender um pouco o cenário intelectual, literário – assumindo certo anacronismo – no qual César escreve os *Commentarri de Bello Gallico* auxilia, para além da compreensão do gênero dos *Comentarii*, a compreensão da inter-relação entre autor e obra inseridos num contexto histórico específico. Quando Suetônio observa que César "No que tange a eloquência e às armas, igualou ou excedeu em glória aos melhores"[5], diz-nos, também, do lugar que ocupa e do papel que podia exercer um cidadão que dos outros se distinguia pelos recursos e pela sua formação. Como observa Paul Martin (2000, 5), César:

---

4 Suetônio, *Dius Julius*, XXIII, 2.

5 *"Eloquentia militarique re aut aequauit praestantissimorum gloriam aut excessit".* Suetônio, *Dius Julius*, LV.

> Pertence a um tempo onde o homem de letras, o "escritor de profissão" não existe - não ainda.[6] Mas, para um cidadão romano pertencente à classe capaz de dominar a palavra e a escrita porque tinha recebido a educação adequada, a "carreira" não poderia se fazer só no fórum, e - como um prolongamento deste - na província, para administrá-la quando estava pacificada ou pacificá-la pelas armas". É o belo, o nobre "meio do cidadão". Seguramente, quando a idade obrigava á interromper - ou maneirar - esta atividade cívica, tinha-se mais tempo para se consagrar ao otium. Era chegado o tempo de se interessar pelas coisas mais fúteis que a res publica: a filosofia, as artes, a poesia. Certamente poderia se sacrificar antes, mas fugazmente, como de passagem, para não incorrer na censura de se retirar da vida pública.

O final do período republicano é representativo de uma mudança a esse respeito. Ao lado dessa literatura do *otium* vê se desenvolver uma literatura "de combate", em parte por homens que estão fora da vida política e que se lançam, agora mais precocemente, à vida literária. Essa literatura "de combate", percebida em engajamentos daqueles que se alinhavam aos *optimates* ou *populares*, por exemplo, convive com uma grande variedade de outras narrativas, como comentários, produção epistolar, discursos, relatórios, poesias, textos épicos etc. Face à política, seja qual fosse o gênero, a palavra é também uma arma - *Que cedam as armas à toga, que o louro ceda à eloquência*[7] -, no caso já conhecida de César, por exemplo, quando estabelece que

6 *Os Comentários de César pertencem a um momento literário onde a história não encontrou ainda em Roma sua forma clássica, ainda que a literatura política fosse florescente e copiosa* (Rambaud: 1966, 15).

7 *Cedant arma togae, concedat laurea linguae* (Cicero, *De officiis*, I,77). Ainda em Cícero, em *Defesa de Murena*, 11,24 (*apud* Pereira: 2002, 138-139) pode-se ler:
"Excelsa é a honra daqueles que se distinguem pela glória militar, pois se entende que são eles os defensores sustentáculos de tudo o que está compreendido no poder e ordem da cidade; excelsa também a sua utilidade, uma vez que é graças à sua perícia e aos perigos a que se sujeitam que podemos usufruir de bens públicos e particulares. Mas também tem seu peso e é cheia de honra a arte de falar, que muitas vezes prevalece na escolha de um cônsul; pode, com a eloquência do seu conselho, arrastar o espírito do Senado e do povo e dos que administram a justiça. (...) Duas são as artes que podem guindar o homem às mais altas honrarias: uma, a do general; outra, a do bom orador. Este conserva o esplendor da paz, a outra repele os perigos da guerra".

as atas do Senado, assim como as da Assembleia do povo deveriam ter seu conteúdo tornado público.[8] É com César que a antinomia entre letras e armas começa a se resolver, ao levar a termo os papeis de homem político e estratego a par e passo com o de orador, algo que se torna mais comum desde então.[9] Para os membros dos segmentos sociais dominantes na República, e mesmo para outros, como no caso dos *popularis*, o domínio da palavra é essencial, fazendo da obra literária uma arma na batalha e na carreira política.

Conhecido por ter legado à posteridade textos como a *Guerra das Gálias* e a *Guerra Civil*, sabe-se por fontes posteriores da sua autoria de outros textos que se perderam, como o poema *Iter*, redigido em 45, a.C.[10] um tratado de astronomia, um epigrama à glória do poeta Terêncio, um tratado de analogia dedicado a Cícero[11] e outros. É Cícero a reconhecer a excelência de César também no domínio das letras e da oratória, elogiando a elegância de seu latim, a perfeição da língua, a eloquência e a técnica. A respeito de César diria:

> As suas orações são realmente aprovadas por mim. Muitas de fato eu li; e também aqueles comentários que escreveu dos seus feitos, muito devem ser aprovados; são, realmente, nus, diretos e belos, desprovidos de qualquer ornamento oratório, como um corpo sem sua roupa. Mas, enquanto quis deixar pronto material para outros escreverem a história, fez talvez obra grata aos ineptos que vão querer dotá-la de excessivos ornamentos, mas desencorajou os sensatos de escrever; nada é realmente mais doce, em história, do que a pura e clara brevidade.[12] Cícero, *Brutus*, LXXV, 262.

8 Suetônio, *Diuus Julius*, I, 20.

9 Veja-se, como ilustração, os exemplos de Asínio Polião (76 a.C.), poeta, historiador, gramático, que após triunfar na Ilíria inaugura a primeira biblioteca pública; e Messala Corvino, orador, poeta e gramático, que distingue-se na Batalha de Áccio, ao lado de Otávio.

10 Suetônio, *Diuus. Iulius.*, LVI,,6

11 Suetônio, *Dius Julius*, LVI, 5-6

12 Tradução de Paulo Roberto Souza da Silva (2006, 23) *(...) orationes quidem eius mihi uehementer probantur. Compluris autem legi; atque etiam commentarios quosdam scripsit rerum suarum. Valde quidem, inquam, probandos; nudi enim sunt, recti et uenusti, omni ornatu orationis tamquam ueste detracta. Sed dum uoluit alios habere parata, unde sumerent qui uellent scribere historiam,ineptis gratum fortasse fecit, qui uolent illa ca-*

Enfim, depreende-se disso, do lugar ocupado pela palavra (escrita ou falada) na trajetóriadeCésar, a sua inserção nas ambiências letradas de Roma seu contexto.

O que são e do que tratam os Comentarii

Definindo-os pelos seus objetivos e segundo seu autor, os comentários são a narrativa de César a respeito de suas incursões na Gália para proteger a província e os povos aliados dos romanos. Paul Martin atenta para a importância de se considerar o fato de que, se César buscou a glória literária, foi por outras obras: poemas, tratados..., infelizmente perdidos, sendo o que resta, o menos literário de sua obra (2000, 4). Os *Commentarii* podem, a justo título, serem entendidos como um produto que almejava à construção de memórias políticas e militares de seu autor. Tanto essa percepção quanto aquela que dela se desdobra como corolário – a do caráter propagandístico do texto – só são compreensíveis mediante a análise do gênero, do estilo e da estrutura do livro. É a partir daí que se pode conceber uma ideia de história nos *Commentarii*, de César. Há uma qualidade específica dos *commentarii* enquanto gênero? Ao se colocar esta questão, Michel Rambaud (1987, 456), eminente especialista nos estudos do texto cesariano, defende a ideia de que César não inaugurou um gênero, mas uma maneira, sua maneira. A palavra *commentarius* dá significado a um grande número de escritos, notas, anotações, mementos. *Commentarius* ou *Commentarii* referiam-se a textos que guardavam uma relação autobiográfica, uma relação com memórias, não necessariamente uma narrativa histórica. Antes de procurar responder à indagação que se coloca: "se os Comentários não são uma obra histórica o que são então?", Paul Martin (2000, 18) julga conveniente se colocar outra questão: sob qual título foi publicado o *Bellum Gallicum*? E em resposta considera que os manuscritos falam de "*libri* [...] *de narratione temporum, d'ephemeris rerum gestarum* e, uma vez, de *commentarii*. Este termo é utilizado por Cícero, por Hírcio e por Suetônio.[13] É o bom termo: a obra se intitulava, sem dúvida: *C. Iulii Caesaris commentarii rerum gestarum; Bellum Gallicum* ou *Belli Gallici* deveria aparecer no subtítulo. "

> Quanto a definir o que é necessário entender por *commentarii*, é outra coisa. Estrabão traduz a palavra por *hypomnemata*, ou seja, "memórias"

lamistris inurere: sanos quidem homines a scribendo deterruit; nihil est enim in historia pura et inlustri breuitate dulcius.

13 Cicero, *Brutus*,LXXV, 262; Hírcio, *B.G.*, VIII, 2; Suetônio, *Diuus Julius*, LVI,1.

> e Plutarco por *efemérides*, termo já encontrado nos manuscritos e significando "Journal". Nenhuma das duas traduções gregas é satisfatória, não mais, por outro lado, que a tradução moderna por *Comentários*, que tem um sentido inteiramente diferente em francês. J. A. Constans pensava que a tradução por *Notas* era a menos incorreta. Poderíamos propor também *Aide-mémoire* ou *Elementos para servir à história de...* na verdade, a palavra designa, indiferentemente, simples notas, um rascunho, uma sinopse, um esboço, um plano geral do discurso ou da obra, ou documentos oficiais, papéis, registros, ou ainda arquivos privados, das contas, das contas, das memórias pessoais" (Martin, 2000: 18).

Antes dos *Commentarii de Bello* Gallico, o *De uita sua*, de P. Rutilius Rufus, ou, pouco tempo antes de César, os *Commentarii*, de Cícero, ambas obras perdidas, mas das quais se conhece referências em textos posteriores, podem ilustrar a existência de um gênero no qual se inseriam os *Commentarii*, de César (Rambaud: 1987, 456). A própria ideia de que os *Commentarii* se constituíam de elementos, notas, apontamentos necessários para a feitura de outras narrativas, o que parece bem verossímil, não lhes retira um caráter de defesa e apologia de seu autor, de sua obra e de sua memória, mas que, contudo, ficavam circunscritas aos limites do gênero e que não tratava, pois, nem de uma autobiografia, nem de uma epopeia e nem de um texto panfletário em defesa ou acusação de alguém.

> Derivado de *comminisci*, o adjetivo *comentarius* se aplica a um livro ou a um recolho que serve para guardar lembranças. Os latinos chamavam *commentarii* notas de estudantes, as notas que um orador utilizava para falar como também as compilações que um gramático pago colocava a serviço de um homem do mundo letrado. O nome se aplicava às crônicas onde as antigas famílias consignavam os grandes feitos dos ancestrais, às crônicas reais e pontificiais, aos livros de contas e despesas onde os ricos proprietários e comerciantes inscreviam as operações da jornada, enfim, às memórias pessoais. Esses usos sugerem um parentesco entre conjuntos de papéis reunidos, dossiês e os *Comentários*, e aproxima os arquivos dos quais Antônio estava de posse quando da morte do ditador. O único exemplo de memórias parecidas que são próximas de César e das quais podemos ter uma ideia, é a narrativa feita por Cícero de seu consulado, parecia que esses *commentarii* eram destinados a fornecer materiais aos historiado-

res, em lhe inspirando uma imagem aduladora do principal personagem (Rambaud: 1966, 18).

Hírcio, ao assumir a incumbência de continuar a narrativa de César, deixa clara aquela que seria a intenção dos *Commentarii*, escritos *para servirem de memória aos historiadores*, o que permite entender a obra como um recolho de informações a serem posteriormente utilizadas. No livro VIII dos *Commentarii*, no prefácio de Hírcio, este diz ter assumido a incumbência de continuar os escritos de César sobre a guerra gaulesa, com a finalidade de preencher a lacuna deixada pelos mesmos com a morte de seu autor. Desejoso de que seus leitores reconheçam seu constrangimento ao levar a termo tal feito e o julguem isento do vício da estultícia e da vaidade por ter se entremetido entre os escritos de César diz:

> É, pois, opinião geral que não há obra tão cuidadosamente escrita por outro, que a não supere a elegância destes comentários, que escritos para servirem de memória aos historiadores, são de tal forma apreciados pelo consenso unânime dos doutos, que antes tiram, que dão faculdade de escrever sobre o mesmo assunto[14]". (*B.G.*, VIII, Prefácio)

Há nos *Commentarii* uma característica de promoção da figura pública de César por meio do evidenciar de sua força, glória e valor, promoção essa que fornece, a partir das memórias políticas e militares, materiais para a construção de uma propaganda de natureza histórica, e cujo compromisso com a própria realidade dos fatos já era colocado em questão na Antiguidade. Suetônio recoloca uma crítica feita por Asínio Polião que diz que os *Commentarii* tinham muito pouco respeito à verdade (Suetônio, Diuus Julius, LVI) A análise da credibilidade da narrativa cesarista deve levar em consideração, então, pelo menos dois fatores: o gênero dos *Commentarii* e, nesse caso particularmente, sua natureza propagandística.

A obra é composta por oito livros, sendo os sete primeiros atribuídos a César e o oitavo a seu lugar-tenente Hírcio. Os livros indicam o início de atividades de campanha na primavera e findam com as instalações de quartéis de inverno, destinados

14 Tradução de Francisco Sotero dos Reis. *Constat enim inter omnes nihil tam operose ab aliis esse perfectum, quod non elegantia commentariorum superetur: qui sunt editi, ne scientia tantarum rerum scriptoribus deesset, adeoque probantur omnium iudicio ut praerepta, non praebita, facultas scriptoribus videatur*

ao repouso e descanso das tropas. A considerar as indicações de Hírcio (*B.G.* VIII, XLVIII), César teria consagrado um comentário especial a cada ano da guerra. Pelo seu conteúdo e pela sua origem é necessário considerar a natureza das informações dispostas no texto, ora oriundas de relatórios de seus subordinados, de cartas ou de relatórios de César ao Senado, ora oriundas de elementos estranhos ao texto, como se pode ver no caso das *supplicationes*. Do ponto de sua da composição, duas são as teorias mais correntes: 1. Os *Commentarii* teriam sido publicados por César em 03 vezes: Livros I e II no outono de 57; Livros III e IV no outono de 55 e Livros V, VI e VII no fim de 52. Esses 03 tomos, segundo P. Hlkin e Jérôme Carcopino, "corresponderiam aos três relatórios enviados ao Senado pelo procônsul para obter a honra das *supplicationes*, pedidos de ação de graças aos deuses"[15] (Rambaud: 1987, 479). 2. Os 07 livros teriam sido escritos conjuntamente face ao imperativo maior de César de justificar a guerra contra os éduos, aliados da República – *fratres consanguineique* (*B.B.* I, 33,2). Tomando a questão dos éduos e seu papel na narrativa como exemplo, Rambaud (1987, 480) aponta para o fato de que

> passagens do primeiro livro foram redigidas de maneira a explicar de antemão o que o memorialista deveria relatar no livro V e no livro VII. Há, então, entre as três pretendidas sessões do *Bellum Gallicum* unidade de concepção literária, unidade de pensamento, unidade de redação, visto que os fatos de 58 são tratados em função dos eventos de 52. Tais considerações nos fazem admitir (...) que os sete livros do Bellum Gallicum foram escritos depois da rendição de Vercingetórix.[16]

Esse é apenas um dentre os diferentes aspectos que levam a crítica literária e historiográfica, hoje, a considerar, *grosso modo*, que os textos foram escritos de uma só vez. O fato das coincidências dos *Commentarii* com as campanhas militares não deve

15 *B.G.*, II,35,4; IV, 38,5 e VII,90. O exemplo das *supplicationes* evidencia o fato de que os relatórios originais foram completados e transformados, visto que ao mesmo tempo em que o texto anuncia as mesmas diz de sua realização. Na primeira referência, o Senado decreta 15 dias de suplicações (em vista das comunicações realizadas); na segunda e na terceira, em vista das cartas de César, mais 20 dias de suplicações, respectivamente. As suplicações ocorriam em virtude de comunicações feitas ao Senado pelos generais vitoriosos, e durante essas os templos permaneciam abertos entre 02 e 04 dias nos quais ocorriam banquetes públicos.

16 A esse respeito ver, também, (Martin: 2000, 14)

aludir à ideia de uma redação anual de cada um dos livros.[17] Parece claro que César teria escrito seus *Commentarii* ano por ano, e não um livro a cada ano. Tanto a sua perfeição narrativa quanto suas contradições seriam o resultado de diferentes profissionais encarregados não só da multiplicação do texto, mas, mesmo de sua própria produção junto a César.

As cartas e relatórios destinados a Roma por César eram a forma de manter ao Senado e aos romanos informados acerca das campanhas em curso; tratava-se, então, de uma prestação de contas daqueles que estavam à frente dos exércitos, algo similar à relação estabelecida com as representações romanas nas províncias. Uma prestação de contas obrigatória. O Senado decretava as *supplicationes* após o recebimento dos relatórios, que serviam, a um só tempo, como veículo de informação e justificativa e defesa dos empreendimentos de César, atuando na construção da memória política de seu autor. Informar a Roma e ao Senado das novidades acerca de suas investidas militares era um dever de César, que nesse mesmo ato também informava de suas intenções; logo, seus relatórios guardavam a clara intenção de fazer conhecer e, também, convencer a propósito de decisões e estratégias.

Esses próprios relatórios compõem o conjunto de peças que formam os *Commentarii*, não constituindo a sua integridade. Rambaud crê muito verossímil que os *Commentarii* tenham sido elaborados a partir de relatórios feitos para obter *supplicationes* (1966, 21). A suposta documentação utilizada por César para redação de sua obra não chegou à posteridade, sendo a análise do livro em si o instrumento por meio do qual os analistas veem a presença do conteúdo dos relatórios nos Comentários. Analisar essa questão escapa aos objetivos desse texto, mas um exemplo ilustrativo seria o da descrição feita por César de eventos que ocorreram e que não foram vistos

17 "Esta tese seduziu excelentes espíritos até os anos 50. Ela competia com a tese "intermediária" de Max Radin, que propunha uma redação em três partes: I-II em 57-56, II-VI em 53-52, VII em 52-51. A ideia de repartição seduziu, entre outros, o grande "cesarista" Jérôme Carcopino, que propunha como datas de publicação, fim de 57 par os dois primeiros livros, fim de 55 para os livros III-IV, outono de 52 para os livros VVII. Mas a opinião que prevalece hoje – e que já era defendida por Theodor Mommsen, Camille Jullian – é aquela de uma redação em uma única vez" (Martin: 2000, 14). A ideia de um texto redigido de uma só vez encontra os principais argumentos no fato do livro apresentar uma estrutura de conjunto, na qual conteúdos ditos nas partes iniciais do texto fazerem alusão a outros que só figurarão no final do mesmo.

ou vivenciados por ele.[18] É o que faz crer a distribuição de suas legiões por um grande número de cidades (*B.G.* VIII, XXIV), em razão da carência de trigo decorrente da seca. Os eventos ocorridos nessas cidades só se tornavam do conhecimento de César quando relatados. Hírcio, reconhece a facilidade e a celeridade da redação dos *Commentarii* por César em seu prefácio ao livro VIII, argumento importante para aqueles que concebem o texto como tendo sido produzido de uma só vez e não parcelado, mas algo que aponta, também, para o fato de que César dispunha de um secretariado, que organizava os documentos utilizados e se incumbia de escrever o que era ditado por ele. Plutarco assegurava que César dispunha junto de si de um escravo secretário[19] e, mesmo, uma equipe que o ajudava na execução dos trabalhos de escrita. Incumbido de complementar os *Commentarii,* é Hírcio quem procede à redação do livro VIII, buscando observar o mesmo estilo de César, fazendo uso de relatórios; a redação dos capítulos compreendidos entre o 26º e o 37º faz uso dos relatórios dos lugar-tenentes Caninius e Fabius, por exemplo, nestes capítulos Hircio parece fazer poucas inserções ao texto.

Uma questão se coloca em relação ao uso que o próprio César faz dos relatórios de seus subordinados e, também, daqueles enviados ao Senado: como reconhecer a utilização dos mesmos nos seus *Commentarii.* Esse trabalho envolveria uma erudita análise do estilo, do vocabulário, das estratégias de apropriação, junção de conteúdos etc. Para a finalidade deste texto, importa considerar a existência dos mesmos e o fato de que são constituintes da narrativa cesarista. A percepção de uma ideia de história na narrativa cesarista passa por uma narrativa de si, definidora das intenções do autor e do texto.

> Para nós deveria ser uma felicidade que esse homem nos tenha deixado um relato seu sobre os atos políticos e militares por ele praticados no decênio central de sua ação pública (58-48 a.C): relato que é também a mais autêntica *ideia de si* que "aquele morto que se chamava César" quis legar. Sabemos bem como é tão arriscado, quanto atraente, proclamar o que uma personalidade histórica foi além do *quis ser* e sobretudo do que *disse ter sido.* A solução está, pois, na narração. (...) Essa narração, porém, pode só em parte ser reconstruída porque é desde o início manipulada. É o próprio

18 Para uma visão abrangente da presença dos relatórios nos *Commentarii* ver (Rambaud: 1966, 45-59)

19 Plutarco, César, XXI

César que, com a operação *commentarii*, pôs em marcha tal processo de manipulação". (Canfora 2002: 21)

Rambaud (1966), a esse respeito, consagrou a utilização da expressão "deformação histórica". Relato das campanhas militares (58 - 52 a.C) que culminaram na conquista das Gálias sob liderança de César, os *Commentarii* se constituem, a um só tempo, em uma evidencia literária que aponta, pela ótica do vencedor, para as batalhas empreendidas, as estratégias utilizadas, o *modus vivendi* dos povos com os quais tomou contato e para o gênio de seu autor - percebido pelo estilo, técnicas, intenções explícitas e não explícitas. Escrito pelo próprio comandante dessas campanhas militares o texto tem por finalidade máxima tornar públicas junto aos romanos as conquistas levadas a termo pelo general contra gauleses e germanos, residindo nesse aspecto as nuanças da ideia de "deformação". César não é um memorialista e tampouco um narrador desprovido de intenções; é um homem político e, também, mentor de uma grande campanha militar. Sua descrição dos fatos ultrapassa, mesmo, o desejo da objetividade (ainda que, por vezes, estes se sobressaiam), sugerindo uma maneira de interpretá-los, atuando, discursivamente, em prol da construção de uma narrativa que lhe conferiria dada proeminência. A arte do texto consistiria, assim, em romper com a forma de elogio da tradicional *laudatio* e colocar "o cerne da propaganda não na descrição, mas na narração (...) a função principal da obra se dará na sua estrutura narrativa em vez de figurativa" (Silva: 2006, 43), aí residindo a intencionalidade do autor; intencionalidade essa percebida pelo uso que é feito das informações, o que coloca o problema da veracidade cesarista como ponto central da problemática da obra.

Uma ideia de história?

Na narrativa ciceroniana três qualidades estruturam os *Commentari*: brevidade, simplicidade e clareza, qualidades apontadas por Hírcio no prefácio do livro VIII dos *Commentarii*, às quais se junta a *celeritas* cesariana. Ao historiador competia ultrapassar o caráter de simples *narrator rerum*, tornando-se, também, *exornator rerum*. As relações com a verdade e a objetividade dos fatos seriam, então, mediadas por esse binômio. Com uma narrativa desprovida de adornos estéticos, César é considerado um autor neo-ático, mas em cuja obra se pode perceber as condições de *narrator* e, também, de *exornator*. A construção historiográfica levada a termo na narrativa ultrapassa a ideia de objetividade, ainda que nominalmente esta se constitua em um dos pilares estruturantes do texto.

> De fato, a gênese dos *Comentários* não seria, do nosso ponto de vista, a superposição da arte aos fatos? Em uma trama, fornecida pelos relatórios ou diversos documentos e suportando a "narratio", seriam intercalados pedaços decorativos servindo à "exornatio". Por eles, César escritor teria procurado e obtido, como o *Brutus* disso dá testemunho, a satisfação literária de seus leitores. Esta concepção estética da obra conduz a nela negar a veracidade, demonstrando que foi composta tendo em vista um efeito artístico, mas ela nega também a tendência politica, pois o efeito da arte, como o concebiam os antigos, supõe a aplicação gratuita das regras do gênero. (Rambaud: 1966, 177)

A redução, contudo, da obra a esquemas literários negligencia sua própria historicidade. As relações entre *docere* e *mouere* permeiam todo o texto; à primeira categoria corresponderia a indicação dos fatos, as informações, a objetividade, e a segunda a solicitação do espírito do leitor, o apelo à dramatização, às emoções. Contudo, essas instâncias não são estanques e convivem separadamente no texto, como se fosse possível ao narrador não se projetar em sua própria narrativa. Desconsiderar este aspecto é desconsiderar também o fato de que César não é simplesmente um narrador memorialista, mas um homem político. Sinceridade, veracidade, objetividade e credibilidade são instâncias a ser consideradas ao se perscrutar uma ideia de história nos *Commentarii*, sendo imperativa a distinção entre as duas primeiras. A sinceridade não guarda nenhuma relação direta com a objetividade; ela é mediada pela consciência, pelas lembranças, manifestando-se nos testemunhos. A ausência da arte, do fabuloso, consistiria em um argumento a favor da sinceridade, que conduziria a um entendimento verídico da narrativa. O *ornatus* consistiria em dizer de forma bela os conteúdos apresentados e não os tornar belos, conferindo aos acontecimentos, de forma bela, a importância que lhes era devida, mas consistia também em adornar a narrativa, característica que poderia afastá-la de uma relação com a verdade.

A objetividade e a clareza da narrativa cesarista são consideradas as grandes qualidades dos *Commentarii*.[20] Uma interpretação literal das mesmas associou a essas

20 Em seus *Commentarii* César evidencia seu gosto pela geografia e pela etnografia "através das descrições da Gália, da Germânia e de Bretanha. "César inaugura em Roma uma prática herodotiana" que é retomada por

Tácito: inserir em uma narrativa histórica questões geográficas e etnográficas" (Martin: 2000, 7), sendo claramente perceptível em sua narrativa os aspectos estilísticos das pre-

características estilísticas o valor histórico do texto, caracterizado pela simplicidade e precisão do enunciado.[21] A apresentação dos fatos por César como se fossem alheios a ele consiste num aspecto definidor do texto, como se os fatos falassem por si mesmos. Por meio por meio da *grauitas* e da *simplicitas*[22], em um discurso direto e marcado por um esforço de precisão, é construído o caráter de aparente imparcialidade do relato, exemplificado, particularmente, pela própria forma com que César fala de si mesmo, sempre na terceira pessoa. A clareza da narrativa pode ser percebida pela busca da precisão em relação às coordenadas de tempo e lugares, efetivos, legiões, homens mortos ou feitos prisioneiros e recursos. No apelo aos números reside um procedimento claro de exacerbação do papel de César e enaltecimento de seus feitos e conquistas, conferindo objetividade e precisão ao enunciado, isentando-o de quaisquer suspeições. O número de inimigos vencidos, elevados nas cifras de forma hiperbólica mais não faz do que enaltecer o seu vencedor, ainda que seja razoável supor que, mesmo em seu contexto, a elevação exagerada dos números com vistas a propiciar a produção de uma sensação de grandeza e persuasão talvez fosse alvo de incredulidade e suspeição.

Tal como o estabelecimento de uma relação com os números é revelador de uma estratégia de persuasão, assim também o é a repetição dos enunciados, uma forma de fazer fixar ideias junto ao leitor, apelando à sua lembrança e à sua consciência. Rambaud (1966, 187-190) aponta para uma repetição que entende intencional de palavras, verbos, pronomes e expressões, ligando a essa intencionalidade o desejo de persuadir. O mesmo

---

tendidas clareza e objetividade. Veja-se, por exemplo, a descrição da Gália e dos gauleses apresentada em *B.G.* I,1 e seguintes.

21 "A simplicidade notória do estilo dos *Commentarii* consiste no fato de que a disposição da frase e o lugar do verbo são os mais usuais. Quase sempre, nove em cada dez vezes, César coloca o verbo após a preposição. Esta construção era quase regra (...). Ela isenta o enunciado de todo valor afetivo ou dramático. Em um escritor da idade clássica e formado nas sutilezas da arte oratória podemos dizer que ela tem um caráter técnico. (...) A simplicidade do estilo consiste, também, no emprego das enumerações, das justaposições de complementos ou de verbos, frequentemente sem partículas de coordenação. Este procedimento, do qual a subordinação lógica é excluída transcreve naturalmente a sucessão de diferentes atos. " (Rambaud: 1966, 25-26)

22 *Simplicitas* " derivado de simplex, pode ser entendida como propriedade daquilo que não é duplo, ou dúbio, e *grauitas*, de *grauis*, como propriedade daquilo que é sério". (Silva 2006: 41) "A objetividade no texto da descrição dos fatos busca somar a *simplicitas* da pureza estilística á *grauitas* da ação (Silva: 2006, 29).

se dá com os argumentos, como se pode observar, ao longo do livro I, as repetições da pretensão de César de ser o defensor da Gália. A repetição do próprio nome de César ao longo do texto é fator importante na construção de sua imagem, fator importante para que atinja a *dignitas*, essa autoridade que se liga ao *cursus honorum*, ao exercício de cargos importantes na *res publica*, como o de cônsul ou senador, e que está situada mais na esfera política do que na moral (Pereira: 2002, 350). A repetição faz de César uma espécie de *deus ex machina*, onipresente e onisciente.[23]

> A contribuição fundamental dos *Comentários* à glória de César está em repetir seu nome a cada página, ou quase, de fazê-lo sempre presente, de impor não somente à inteligência do historiador, à atenção, mas à memória mecânica, ao tímpano, à vista. O emprego da terceira pessoa onde alguns acreditaram reconhecer uma marca de modéstia e de imparcialidade reforça a obsessão." (Rambaud: 1966, 196)

Evitando a crítica pela vaidade, ao omitir o seu nome César chega mesmo a impô-lo, como a grande personagem dos *Commentarii*. Como observa Rambaud (1966, 197), uma vez em cada duas seu nome é um nominativo sujeito, e enquanto sujeito principal ele comanda uma série de proposições ou verbos como:

> *Caesar... arbitratur... iudicabat... sentiebat... existimabat... issuit... eduxit... existimabat... iussit..." (B.G., IV, 13,1,2,3,6) Caesar... decreuerat... arbitrabatur... statuebat... existimabat...* (*B.G.* IV, 17, 1-2)

Associando seu nome aos grandes feitos e grandes eventos da guerra atrela sua narrativa à construção de uma memória a seu respeito, construindo uma imagem de si ligada ao que enuncia, mas, também, àquilo que não diz, àquilo sobre o qual silencia, bem como àquilo que trata de forma eufemística ou por meio de lítotes. Opondo-se às hipérboles das batalhas, com seus números engrandecidos em relação aos vencidos ou mortos, as perdas romanas são atenuadas; não se olvide o fato de que o texto tem como base os relatórios encaminhados á Roma, nos quais César se empenha em

23 "(...) o jogo dos pronomes permite livrá-lo de sua responsabilidade quando as coisas vãom al; o jogo das subordinadas, notadamente concessivas, coloca, ao contrário, em evidência, sua constância e sua perseverança; a própria construção das frases justifica sua ação; a repetição da a aparência de evidência a uma afirmação não provada (...) ou impõe uma ideia. " (Martin: 2001, 23).

justificar os motivos de todas as suas ações, em vista do imperativo de ter acolhida e legitimação das mesmas junto ao Senado, ao passo mesmo em que consolidava seu nome junto aos romanos e à história de Roma. O uso de estratégias pré-narrativas é definidor do texto. Antes da revelação de faltas ou perdas introduz-se na narrativa elementos explicativos ou compensadores[24] que preparam o leitor para o que se sucederá. A estratégica aparição do nome de César junto aos grandes eventos da guerra contrasta com a sua ocultação em outros momentos, como naqueles das derrotas, episódios nos quais é diluída a sua participação, imputando aos seus subordinados as causas das mesmas (I, 22, I, 23). Outra estratégia que atua fortemente na construção da imagem de César reside na comparação de seus feitos a outros que tinham importante lugar na memória dos romanos. (I,40; II,35; I, 12, III, 20). A idealização do passado, no qual busca se reconhecer, define uma relação com o mesmo.

A estratégia de utilização dos discursos guarda, também, uma relação com a verdade e com a construção de uma imagem de si por parte de César. Aspectos negativos colocados na boca dos inimigos contrastam com discursos enaltecedores ditos pelos romanos ao tratarem de seus feitos, comumente tendo César como personagem, mas em episódios nos quais a ênfase analítica incide nos acontecimentos e não na figura de César, que não recorre à *laudatio* para falar de si.

O episódio do aniquilamento da armada de Titurius Sabinus (VI, 26, I e seguintes) é um exemplo interessante da mobilização de recursos feita por César para construir sua imagem. A narrativa leva à responsabilização de Titurius Sabinus pela derrota e morte dos soldados.

Orador já reconhecido, com os *Commentarii* César atinge a política pela arte, adaptando esta a seus fins ao longo da narrativa. O que poderia ser entendido como uma preocupação com a verdade dá lugar à tendenciosidade em prol da legitimação de suas iniciativas, com o intuito de transmitir a seus contemporâneos e à posteridade uma imagem de si e dos fatos; ainda que toda narrativa o seja, a intencionalidade e a orientação convergem para a idiossincrasia da narrativa cesarista. Para Rambaud (1966, 243), além do enunciado é a própria substância da narração que a deforma. Diferentemente das relações causais comumente estabelecidas entre os fatos nas narrativas históricas, este percurso é por vezes evitado por César. Ao tratar da rendição dos Belovacos, no livro II, ao invés de associar a mesma ao combate precedente César a atribui ao seu prestígio. A descrição sistemática dos fatos no texto parece fugir à

24 A este respeito ver: (Rambaud: 1966, 151-176)

ideia de demonstração dos mesmos, só conhecendo lugar de destaque no texto aqueles dignos da narrativa. Como observa Silva (2006, 35), a considerar a narrativa uma sucessão de eventos no tempo, isto é, mudanças de estado sofridas por agentes,

> a obra nos oferece estes estados com tal exatidão que parece ser um esforço direto do narrador. Como exemplo, poderíamos citar a sorte dos helvécios, primeiro povo contra quem César combate: os helvécios deixam a terra onde vivem e se colocam em migração para a Gália, lá se deparam com o bloqueio dos romanos, forçam este bloqueio e são derrotados, são obrigados a retornar à terra abandonada. Os agentes são também precisamente especificados, quase todos os povos encontrados são representados por líderes ou embaixadores, os representantes de César também são especificados em cada ocasião.

Ao fim e ao cabo, são os temas militares e políticos os grandes vetores de propaganda, sempre a aturarem para a construção da imagem de César, por meio da apologia e da glorificação[25], ainda que os temas religiosos também lhe sejam caros, visto que César serve aos deuses (Suetônio, *Diuus Julius*, VI, 61). Contudo, sua narrativa é, antes de qualquer coisa, uma narrativa militar e é nessa chave que se deve compreender a veracidade e a sinceridade de seu texto. As tropas e os soldados pouco aparecem de forma destacada ao longo da narrativa, tendo frequentemente seus méritos reduzidos por artifícios comuns em similares situações ao longo da mesma (Rambaud: 1966, 295-298). Situação contrária se verifica quando se analisa a própria representação, direta ou indireta, de César, frequentemente em evidência. A imagem que constrói de si centra-se, sobretudo, no sucesso de suas ações, das ações de César general e de seus predicados.

O texto cesarista é, claramente, um modelo de autopromoção, de autopropaganda, evidenciando o desejo de utilização dos fatos para tal finalidade. "Sua arte de deformação histórica confirma que uma das condições necessárias do sucesso é utilizar a verdade, e que a melhor mentira é aquela que contém mais verdades" (Rambaud: 1966, 373). A interpretação dos fatos levada a termo por César parece considerar, sempre, suas motivações políticas. A veracidade da narrativa é uma das questões que mais inquietaram os estudiosos na posteridade, particularmente os historiadores. O

---

25 Ainda que a emulação aos grandes heróis romanos seja, também, um dos motivos da propaganda no texto.

grande desafio que se coloca aos analistas do texto reside no fato de que o mesmo apresenta várias informações consideradas verídicas ou verossímeis, ocupando espaço conjuntamente com modos de apresentar e interpretar os fatos, sempre muito favoráveis à construção de uma boa imagem de César. A apresentação dessa realidade que convém a seus interesses e as formas de sua narrativa que levam a uma interpretação falseada da realidade é o que Rambaud chama de "arte da deformação histórica" (1966), fazendo dos *Commentarii* uma grande máquina de guerra que transforma César no herói da narrativa, algo que atendia tanto aos seus interesses políticos imediatos como atuava, também, na construção de uma sua memória para a posteridade. Paul Martin se indaga se César podia escrever outra coisa, dizendo que o "relatório" de César estava condenado a ser positivo, visto que não tratava, somente, da glória de César, da vitrine de sua ação, mas, também, da reputação do povo romano, de todo *senatus populusque Romanus* (2000, 23). Justificar-se e engrandecer, ao mesmo tempo em que constrói uma narrativa histórica por meio de documentos administrativos, aparentemente pouco afeitos a essa instrumentalização, parecem constituir o leitmotiv do texto.

A rendição de Vercingetórix *uma narrativa para sagrar o nome de César na História*

A rendição de Vercingetórix na narrativa cesarista marca, discursivamente, para os antigos romanos e para a posteridade historiográfica ocidental, o triunfo da civilização sobre a barbárie; a ponto de poder se afirmar ser o livro VII dos *Commentarii* (o que trata da batalha de Alésia) aquele que fora responsável pela imortalização da obra – na história da França e na história da Europa. Das narrativas míticas do século XIX às aventuras de Asterix e Obelix, e de Pétain à Le Pen, é a Guerra das Gálias o grande texto fundador, a alimentar as mais distintas recepções, percepções e apropriações.

Vercingetórix, grande líder dos vencidos, aparece no texto em lugar de proeminência, diferentemente de todos os outros chefes gauleses, tendo seu prestígio reconhecido pelos seus, na narrativa cesarista, e pelo próprio César. A ele é atribuída a eficiência da organização, a capacidade estratégica e o poder de liderança. Tendo combatido em Avarico, Gergóvia e Alésia, teria sido considerável a sua importância, a ponto de poder se afirmar que nenhuma outra personagem, à exceção de César, tem tanta importância na narrativa[26]. A apresentação de Vercingetórix como uma importante liderança gaulesa e grande chefe militar atua na elaboração da própria imagem de César – a construção de si na idealização do oponente. Quanto maior e mais qualificado for o adversário, maior e mais qualificado que ele será César, seu vencedor. De forma paradoxal em relação à sua representação anterior, na cena da rendição (*B.G.* VII, LXXXIX), César simplesmente informa: *Vercingetorix deditur, arma proiciuntur* – Vercingetórix se rende, as armas são depostas. Essa apresentação objetiva e sintética do fato é precedida pela qualificação do líder gaulês, que teria convocado o conselho dos seus e explicando-lhes que havia empreendido aquela guerra não por interesse particular, mas pela liberdade comum. Uma vez mais o inimigo é enaltecido (agora como defensor de seu povo e dos interesses comuns), para engrandecer o seu vencedor e evidenciar a sua supremacia.

Commentaires sur la *Guerre des Gaules* du Muséo Parc d'Alesia

Fonte: CommentairessurlaGuerredesGaules du MuséoParc d'Alésia près d'Alise-Sainte-Reine en Bourgogne. Disponível em: https://fr.wikipedia.org/wiki/Commentaires_sur_la_Guerre_des_Gaules#/media/File:Mus%C3%A9oparc_d%27Al%C3%A9sia_0006.jpg

26 "No De Bello Gallico, apresenta-se uma maneira bem peculiar de tratar o adversário: o chefe da confederação gaulesa é sempre visto de uma forma bastante respeitosa, nunca ofensiva, de modo a quase poder ser considerado o equivalente ao próprio Júlio César. Tanto as ações em si quanto os discursos de Vercingetórige na tomada de suas decisões são apresentados com um teor mais elaborado – quase solene – e menos depreciativo do que o tratamento direcionado a qualquer outro inimigo. " (Oliveira: 2008, 09)

Um exercício de interpretação – a monumentalização de Vercingetórix na Historiografia francesa[27]

Diante de uma peça hoje reconhecidamente entendida no registro da parcialidade e da intencionalidade, como abordá-la como documento histórico? O primeiro passo consiste em percebê-la nessa chave para, a partir daí, toma-la como fonte. Os *Commentarii* são, antes de mais, textos de um homem envolvido na politica e que servem de justificativa e apologia de seus feitos, voltando-se para afetos e desafetos de César em Roma. Nesse sentido, refletir sobre a ideia de história nos mesmos implica considerar o lugar neles ocupado por tudo aquilo que descrevem. A propósito da Gália e dos gauleses e mesmo de outros povos, importa então considerar algumas questões: o que se pode saber a partir da narrativa de César? Do ponto de vista da verossimilhança, que aspectos importa considerar? Em que medida os interesses políticos de César e sua preocupação com os mesmos afetam a narrativa? As respostas a essas questões não podem ser facilmente dadas, visto que lidam com os limites da intencionalidade do autor e da própria noção de representação, pelo que se apresentou aqui algumas considerações de caráter geral.

A narrativa de César sobre a Gália e sobre os gauleses, como já abordado, ocupa lugar importante na história europeia e na história da França, mais particularmente. De modo geral, é Vercingetórix, com suas venturas e desventuras, a personagem gaulesa mais tratada pela posteridade, congregando em si, comumente, nas narrativas de que é objeto, os valores gauleses. Tratar do *surgimento* de Vercingetórix na historiografia francesa ou de qualquer outro tema que envolva tradições interpretativas tão marcadas no universo simbólico francês implica, antes de mais, procurar se aperceber dos lugares privilegiados que a História e, principalmente, a história e a memória nacionais ocupam na historiografia francesa Amalvi (1988, 20) Para Philippe Joutard (1995, 45),

> Século após século se constitui uma mitologia histórica fundada sobre alguns princípios simples: antiguidade da França, cuja origem se confunde com a origem da humanidade; permanência ao longo dos séculos, mas

27 Acrescido de novas reflexões e referências bibliográficas, este tópico recupera algumas análises anteriormente publicadas (Silva:2007 e Silva: 2014).

> obtida por meio de catástrofes horríveis e ressurgimentos espetaculares[28]; enfim, destino providencial com uma missão universal.

Ligadas a grandes eventos e personagens, essas memórias construídas e veiculadas em forma de história têm, na França, uma estreita relação com a ideia de destino e de missão, do país e do povo. Personagens como Vercingetórix, Carlos Magno, Clóvis, Joana D'Arc e outros sempre estiveram presentes no imaginário francês e compuseram aquilo Gaston Bonheur convenientemente chamou de *álbum de famille* dos franceses (Amalvi: 2001, 14), encarnando o eterno ciclo de ascensão, declínio e recuperação da nação. Nessas tramas que envolvem a memória e a história, o passado gaulês, entendido como nacional, ocupa um lugar não pouco privilegiado nas narrativas dos destinos da nação.

Vercingetórix, como muitos outros heróis franceses é, nessa longa trajetória de apropriações, um modelo preciso de diferentes instrumentalizações do passado, a exemplificar como o uso de uma mesma figura nacional pode atender a diferentes usos, abusos e manipulações, em diferentes momentos históricos e, por vezes, em um mesmo período - comumente *a serviço* da Nação. O grande cenário no qual se "fundam" as figurações do herói ao longo da História reside nos *Commentarii de Bello Gallico*. Assim, os manuais escolares e manuais de História, de modo geral, muitas vezes incorporando os resultados das pesquisas acadêmicas, ao tratarem das origens nacionais, descreveram a Gália, Vercingetórix e os gauleses, comumente, monumentalizando a narrativa cesarista – frequentemente influenciada por questões politicas coetâneas a essas narrativas.

No século XVIII, nos embates entre romanistas e germanistas pode-se observar as características instrumentais das discussões identitárias em prol de causas políticas, sociais e diplomáticas na França. Nesse contexto, a representação da nação

28 Veja-se, por exemplo, o seguinte trecho: (...) *mesmo nos períodos em que, batida pela tempestade e com seu leme em mãos incapazes, pareceu prestes a ser tragada, foi suficiente que embarcasse um bom timoneiro para recobrar a vitalidade profunda, a capacidade de recuperação e de adaptação, a coragem obstinada que lhe abriram com tanta frequência o horizonte* (Aubry: 1947, 11). Narrando as consequências nefastas da dominação alemã na França de Vichy, Aubry irá dizer que, após a dominação, *A França sofrerá* (...)*uma crise séria. Conhecerá, sem dúvida, tempos difíceis, mas sairá honrosamente, (...) produzirá, como já o fez nos mais críticos períodos de sua História, os homens capazes de defendê-la e de renová-la* (1948, 416).

aparece como algo crucial nas narrativas históricas. A própria monarquia de Luís XIV vai buscar, por meio de seus historiadores, suas origens prestigiosas, e, também, a nobreza e a burguesia, por sua parte, irão se preocupar com a representação de suas origens, em consonância com os direitos que reivindicavam. Vercingetórix, contudo, ainda *não aparece*. O desejo de se identificar com um passado gaulês anterior às conquistas não é ainda manifesto. Michel Taillefer observa que a celtomania do XVIII *não conhece Vercingetórix, não quer se reconhecer em um vencido*" (2001, 72). O debate intelectual em torno das origens segue e marcará os contornos identitários da França pré-revolucionária. É no contexto francês de crítica social e monárquica do século XVIII, com implicações diretas à ideia de nação (identidade, continuidade, comunidade) que o caro adágio francês "*Nos ancêtres les gaulois*" será constituído - um componente retórico no combate contra a aristocracia.[29] A ideia de comunidade, inerente ao conceito de nação ocupará um lugar significativo, visto que é ela que *aglutina* e homogeneíza o povo, que o *conforma* a experiências e destinos comuns em torno da terra, do sangue, enfim, da história.

Vedete simbólica dos combates políticos da segunda metade do XIX, Vercingetórix começará a aparecer mais frequentemente na literatura francesa após a ocupação de Paris de 1814 e 1815 por prussianos e cossacos. Como observou André Simon, *essa invasão evoca, por analogia, as grandes invasões e leva a uma maior referência aos gauleses* (1989, 27). É Waterloo a experiência necessária para que Vercingetórix se tornasse herói. Historiadores e escritores irão colocá-lo em evidência ao fazerem uso (constante) da oposição entre romanos e gauleses para justificar as lutas políticas desse período. O apelo a Vercingetórix, chefe vencido dos gauleses é, então, o apelo ao sacrifício pelo povo e à luta pela liberdade contra o invasor, mais forte, mais disciplinado, mais unido. Maior é Vercingetórix quanto maior for o seu adversário, ou seja, a mesma estratégia utilizada por César nos *Commentarii* (*B.G.* VII, 89, e.g.). O vencido, assim, assume a característica de herói; não há aí estranheza de um orgulho advindo da derrota. Erige-se assim o mito, que garantirá ao país a sua ressurreição após os grandes cataclismos históricos.

De forma mais sistemática, Vercingetórix praticamente não aparece na historiografia antes de Napoleão III; como observou Christian Godineau, em seu *Dossier*

29 É importante considerar que, ao lado dos referenciais gauleses nas discussões políticas do contexto da Revolução, componentes greco-romanos são, também, muitos comuns neste domínio.

Vercingetórix: antes do século XIX, poucas pessoas consideraram Vercingetórix um personagem importante.

> Seu nome tinha sido citado, desde o século XVI, em algumas genealogias que faziam remontar ao dilúvio os ancestrais dos reis da França - para demonstrar que esses eram mais importantes que todos os outros soberanos, que eles tinham vocação pra reger e pacificar a Europa. Vercingetórix não existia. O rei da França se sentia próximo de César, ou, mais ainda, de Augusto. (Godineau 2001: 19)

Lendário chefe das tribos gaulesas, imortalizado pelo discurso de César e herói contemporâneo do nacionalismo francês e de suas construções identitárias, Vercingetórix é, então, um herói tardio, nasce com Napoleão III. Admirador de César, de quem se inspiraria na elaboração de sua doutrina política, é Napoleão que, com escavações levadas a termo nos locais presumidos de Gergóvia e Alésia (Merdogne e Alise-Sainte-Reine – arquétipos da vitória e da derrota) evidencia na memória a epopeia militar e nacional do chefe auverno (Martin: 2001). Napoleão apresenta-se como uma figura dúbia a esse respeito, pois, ao mesmo tempo em que encarna o imperialismo cesarista[30] (chega a redigir uma biografia de César – *Histoire de Jules César*), por um lado, por outro se inspira na ideologia do herói popular em sua ardente luta pelo povo (Simon: 1989, 43-47 e Martin: 2001). Paul Martin (2001) lembra bem esse contexto ao evocar a escultura de Vercingetórix feita por Aimé Millet, erigida em agosto de 1865 no monte Auxois; a escultura mistura elementos que vão da idade do bronze (espada) à época merovíngia (cabeleira), com traços fisionômicos inspirados em Napoleão III. *A estátua de Vercingetórix foi colocada sobre o morro de Alésia, como um grande exemplo de coragem e patriotismo para as gerações futuras* (Lorrain: 1883, 181). Contudo, o que mais chama a atenção é a inscrição, que é por demais representativa desse período napoleônico. Trata-se de um trecho adulterado de César que, segundo Martin, foi deliberadamente utilizado por Millet e que diz: *A Gália unida, formando uma só nação, animada de um mesmo espírito, pode desafiar o universo.* O texto original, no qual se baseou a tradução alterada utilizada por Millet diz o seguinte:

30 A esse respeito ver, por exemplo: (Tullard: 1977, 270 e 330). O próprio Napoleão é muitas vezes representado como César em pinturas e esculturas do século XIX.

> Sendo que havia de, por sua diligência, ganhar as cidades, que dissentiam dos mais gauleses, e forma uma coalição de toda a Gália, a qual nem ainda o poder do mundo resistiria e já o tinha quase efetuado. *B.G.* (VII, 39).[31]

Abaixo da inscrição pode-se ler: NAPOLEON III, EMPEREUR DES FRANÇAIS, À LA MÉMOIRE DE VERCINGETORIX. Yves Roman (1994, 201) pontua que esse é o contexto de um passado relativamente recente em relação à Revolução Francesa, durante a qual *o nome mesmo de gaulês foi frequentemente uma injúria ou um título de* glória. O século XIX conhecerá, principalmente com os trabalhos de Amédée Thiery e Henry Martin, um fundamento gaulês muito grande na base da historiografia das origens na França.

Nas escolas primárias, por exemplo, Vercingetórix começará a aparecer com mais frequência com a obrigatoriedade do ensino de História, a partir de 1867; o ensino da disciplina foi facultado entre 1833 e 1867, pela Lei Guizot. Para Amalvi (1980, 350) essa obrigatoriedade não é fortuita.

> Ela consagra e revela a mudança, operada ao longo do Segundo Império, da finalidade atribuída à História no ensino primário. O novo regime não se reclama de uma legitimidade dinástica, mas, nacional, a História não deve mais narrar de maneira estéril os fastos das dinastias defuntas, mas expor às crianças do povo a História de sua nação.

A historiografia das origens da França geralmente datava, até o início da Terceira República, da chegada na Gália do primeiro rei germano Pharamond e do batismo de Clóvis. Isso muda com o *aparecimento* dos gauleses na historiografia, bem compreendido ao se analisar o forjado mito republicano "*Nos ancêtres les Gaulois*", tão utilizado no contexto revolucionário. Contudo, o debate em torno das origens nacionais já há muito tempo acompanhava os embates políticos, com seus contraditórios jogos identitários e reivindicações de direitos, reclamando sempre a herança mais conveniente - dos gauleses, dos romanos, dos francos. Os embates intelectuais em torno das origens da nação permanecerão, ainda, no pósRevolução, e assumirão nuances também muito marcadas pelas disputas políticas.

---

31 Tradução de Francisco Sotero dos Reis. *Nam quae ab reliquis Gallis civitates dissentirent, has sua diligentia adiuncturum atque unum consilium totius Galliae effecturum,cuius consensui ne orbis quidem terrarum possit obsistere; idque se prope iam effectum habere.*

Suzane Citron (1995, 21) se indaga sobre os efeitos de uma pseudocontinuidade historiográfica de uma parte e de uma origem gaulesa indefinida de outra. A autora conclui que a principal conseqüência é que

> por meio do mito gaulês, a nação, espaço de soberania se encontra historicamente etnicisada, pois a França multicultural e multilingüe – ainda bem presente em seu multilingüismo no meio do século XIX – é ligada a um povo único, o povo gaulês.[32]

A partir daí pode-se postular a existência de uma França eterna e etnicamente homogênea que, pode-se dizer, nasce com o Estado. Nesse sentido, a idéia de *Nos ancêtres les Gaulois* marca bem o nacionalismo francês desse período e suas paixões identitárias. Ela se liga a um contexto social muito específico, do qual não se desvinculam mudanças significativas nas formas de se representar a História nacional.

É sob esse cenário histórico bem datado que primeiramente se vê aparecer de modo mais enfático no imaginário nacional o "anti" herói de Alésia. Em dezenove de junho de 1870 a França declara guerra à Prússia; menos de 3 meses depois Napoleão é feito prisioneiro em Sedan. A derrota do exército francês para o exército alemão em 1870 marca, além de um trauma na História nacional, o nascimento de Vercingetórix na historiografia francesa (Amalvi: 2001, 14 e seguintes), assim como sua transformação em herói e expressão individual máxima do espírito coletivo.[33] A derrota confere

---

32 "Segundo o relatório do abade Gregório, sobre os vinte milhões de franceses que viviam na França no momento da Revolução, seis milhões falavam um pouco do francês, mas somente três milhões falavam verdadeiramente e, ainda, um número menor o escrevia". "A etncidade induz à idéia de uma homogeneidade cultural, que é uma contra-verdade histórica" (Citron: 1995, 21).

33 É importante observar que não é necessário aos pedagogos da Terceira República *fabricar* um herói exemplar para a juventude, mas, como observou Amalvi, "sobretudo ampliar um culto ainda balbuciante" (1980, 351). É esse o contexto das divergências entre dois dos grandes historiadores da Antiguidade no século XIX – o alemão Theodore Mommsen e o francês Camille Jullian, seu antigo discípulo. À necessidade e benefícios imperiosos da conquista da Gália pelos romanos, defendida por Mommsen se opuseram os trabalhos do jovem historiador protestante, Jullian, também aluno de Fustel de Coulanges. Para Jullian a Gália era independente e poderia ter se desenvolvido sem a necessidade da conquista romana. Nesse quesito, Jullian muito se aproxima de Coulanges, com quem Mommsen já havia debatido publicamente sobre a questão da Alsácia-Lorena.

à nação a necessidade de uma segunda origem. Figura de diversos e contraditórios usos (Amalvi: 1984, 285)

Vercingétorixjetteses armes auxpieds de César, Lionel ROYER (1852 – 1926)
Fonte: Musée Crozatier, Le PuyenVelay

Em trabalho paradidático (*Les héros de l'histoire de France. De Vercingétorix à de Gaulle, un tour en quatre-vingts personages – L'album de famille de tous les français. Le panthéon national de nos livres d'histoire*...), mas não por isso pouco relevante, Christian Amalvi (2001) verifica que a construção do imaginário nacional em torno não só de Vercingetórix mas de muitos outros heróis franceses é tardia, e que sua difusão em relação à idéia e de uma França eterna, profunda, é bem consequência do traumatismo provocado pela derrota francesa em 1870. É no contexto pós 1870 que a imagem de Vercingetórix como resistente à conquista romana toma forma. É ainda na obra de Amalvi que se encontra auxílio para a compreensão desse *fenômeno* imaginário e sua perpetuação. Em 1980, por ocasião do importante colóquio *Nos Ancêtres les Gaulois*, em Clermont-Ferrand, Amalvi tratará do tema *Vercingetórix dans l'enseignement primaire: 1830-1940*, sintetizando, bem, o funcionamento do mito e sua difusão, por meio dos instrutores republicanos, seus *guardiões fiéis e propagandistas zelosos*.

Resistente ao inimigo, mártir por seu sacrifício, Vercingetórix torna-se, então, uma espécie de Cristo nacional – "o primeiro herói francês". A derrota evidencia o herói sofredor, evocado pela pintura e pelos manuais escolares, apelando à união dos franceses para liberação da Alsácia e Lorena. O cenário das discussões identitárias é um tanto transformado com os trabalhos de Fustel de Coulanges e Camille Julian – *Histoire des institutions politiques de la France* e *Histoire de la Gaule*; é aí o espaço em que pela primeira vez se ultrapassa a dicotomia romanista/germanista[34], onde as invasões francas não são mais vistas como fundamento da História nacional, mas, somente, como mais um dos elementos que compõem a *nacionalidade*. Ambos os autores irão se bater, de maneira um tanto similar, pela continuidade de algumas instituições em relação à Gália pré-romana. Com uma obra muitíssima marcada por uma espécie de *patriotismo* nacionalista, é Jullian o primeiro grande historiador a propugnar a ideia de uma Gália pré-romana de maneira mais elaborada. O sentimento nacional francês é bem descrito na clássica obra *Histoire de France*, publicada entre 1900 e 1912 por Ernest Lavisse. Para Lavisse, *cabe à História o glorioso dever de fazer amar e compreender a pátria* dos antepassados gauleses e das glórias nacionais (Nora: 1962, 102-103).[35]

É a primeira Grande Guerra que faz surgir, novamente, a imagem do herói, opondo, mais uma vez, germanos e gauleses, contexto em que se exaltará as *magnifiques qualités de notre race Gauloise, particulièrment de la branche gallo-romaine.*[36] A figura de Vercingetórix alimentará, aí, o antigermanismo e a ideologia colonizadora na França. Um exemplo disso pode ser visto nas várias propostas de timbres dos correios no imediato pósguerra pelos filatelistas franceses. No contexto da vitória, é o sentimento nacional e a expressão patriótica que dominam a criação hexagonal.[37] Contra os francos, ancestrais dos alemães, os franceses reivindicariam sua origem gaulesa.

---

34 Esse aspecto historiográfico é amplamente discutido por Claude Nicolet (2003).

35 Essa perspectiva republicana é bem descrita por Citron, ao observar que os "republicanos tinham a convicção sincera de que a educação do povo era uma necessidade, um dever, uma vocação imperiosa da democracia. Positivistas, discípulos de Auguste Comte, idealistas kantianos, Jules Ferry, Littré, Gambetta, Ferdinand Buisson, Paul Bert, Leon Bourgeois, Emile Durkheim, Ernest Lavisse e tantos outros, todos crêem na educação. Alguns criaram escolas do povo, ao lado dos liceus particulares e burgueses, mas é de se suspeitar de suas intenções e da sinceridade de suas convicções. Para os tenentes do positivismo o ensino era inseparável da educação e seria a base da regeneração da humanidade" (1984, 27).

36 Trecho do editorial do jornal *La Republique Française*, publicado em 17 de março de 1917 (citado originalmente em Martin: 2000, 159).

37 Ver, a esse respeito, o catálogo da exposição *Nos Ancêtres les Gaulois*, realizado pelo Musée de la Poste, entre 18 de novembro de 2002 e 29 de março de 2003.

Durante o período de dominação alemã, marcado pelo rompimento com a democracia e a herança republicana, a História e a Arqueologia do mundo gaulês e galoromano levadas a cabo pelo Estado evidenciarão seu comprometimento com os valores da assim denominada Revolução Nacional, marcada por tentativas de reescritura da História das origens nacionais e por práticas justificadoras da política do petanismo, na busca da construção de um passado conveniente. Desse modo, gauleses, romanos e galo-romanos, recriados em concordância com os valores da nova ordem, irão compor o universo escolar e científico vichysta (nos domínios histórico e arqueológico). O Regime de Vichy funda sua ideologia sobre um retorno reacionário aos 'valores' do passado nacional, projeto que tem na escola seu grande meio de difusão. Como observa o arqueólogo francês Laurent Olivier, "O passado gaulês e a Arqueologia, de maneira geral, ocupam, então, um lugar importante nessa nova ideologia, que assimila a derrota dos gauleses diante de César àquela dos franceses diante de Hitler e compara a assimilação bem-sucedida da Gália no Império romano àquela da França em uma "nova Europa" dominada pela Alemanha nazista. (Olivier: 1998, 241). Resistente ao inimigo, mártir por seu sacrifício, Vercingetórix torna-se, então, nesse contexto, uma espécie de Cristo nacional - "o primeiro herói francês". "Depois de 1870 a glorificação do sacrifício torna-se coisa corrente. E qual sacrifício mais glorioso que aquele de Cristo para salvar a Humanidade ou aquele de Vercingetórix para salvar seu país?" (Simon: 1989, 109). A figura do general Philipe Pétain é, então, comumente associada à própria imagem de Vercingetórix.

É importante observar, que em todo esse universo de empréstimos simbólicos, o mito gaulês, como o mito de fundação, de origem da França, presta-se, como todo discurso mitológico nacional, à construção de uma identidade coletiva, contrapondo, por vezes, diferentes grupos sociais em suas distintas leituras de um *mesmo* mito. Pagão ou cristão, druida ou não druida, monarquista ou republicano, representado de todas as sortes, Vercingetórix foi uma das legendas francesas mais polimorfas. Não sem razão o século XVIII conheceu, em suas lutas antiabsolutistas, a teoria das raças duplas de Boulainvilliers, que postulava que os nobres eram descendentes dos francos, vencedores, e que o povo, o Terceiro Estado, descendia dos gauleses. Não sem razão no XIX, após a derrota da França para a Alemanha, Vercingetórix é reedificado como herói nacional por uns, pela sua luta e coragem, e lembrado por outros como derrotado, chefe de um povo fraco e dividido. O século XX também o cotejará, durante o regime de Vichy, ora pela "Revolução Nacional", ora pela Resistência, ora como símbolo da *verdadeira França*, ora como *primeiro resistente da França*, enaltecendo seus valores patrióticos. O General De Gaulle a ele se referiria como este *velho gaulês valente para defender o solo e o gênio de nossa raça* (Roman: 1994, 202).

O século XX conhecerá, ainda, na figura de Jean Marie Le Pen, líder do maior grupo da extrema direita francesa, o Front National, um novo Vercingetórix, *o último* representante das lutas identitárias em seu país. Tudo isso evidencia a natureza de códigos culturais assumidos pelos mitos, que adotam *funções específicas, em oposição àquelas de outros códigos culturais funcionando em uma mesma época* (Baczko: 1981, 17). Desta forma, períodos e grupos dão colorações diferentes a um mesmo mito de acordo com os as circunstâncias históricas e os jogos de poder e questão.

> Hoje Vercingetórix não parece desempenhar mais que um papel secundário no imaginário francês. Contudo, em 17 de setembro de 1985, para lançar um apelo à união, o presidente da República Francesa, François Miterrand, escolhe Bribacte, local de escavações, cidade onde Vercingetórix foi confirmado como generalíssimo e onde toda a Gália aparece unida. Ele evoca "a imagem dos gauleses e de Vercingetórix que tem tanta força em nosso imaginário coletivo", imagem "construída em torno da idéia de independência, de tolerância, de democracia republicana e de patriotismo, mesmo nacionalista na nossa História recente". E mais recentemente ainda, em 5 de junho de 1989, para inaugurar sua campanha nas eleições européias, Valéry Giscard D'Estaing e Jacques Chirac escolhem Gergovie e o primeiro reclama a "manutenção" da identidade francesa. Depois de ter acompanhado personagens criadas pela ficção, aquelas dos desenhos animados – Asterix, Obelix, Alix, Taranis – Vercingetórix teria marcado mais fortemente seus usos nos últimos anos? (Simon: 1989, 7-8)

Christian Godineau narra, brilhantemente, todo esse percurso das representações de Vercingetórix ao longo dos séculos XIX e XX, assim como estabelece e dá coerência às constantes contradições dessas representações, em ligando-as às motivações políticas desse conturbado período (Godineau: 2001). A análise das diferentes e contraditórias representações de Vercingetórix pode ser transferida para qualquer outro objeto de estudo nos domínios da História Antiga, apontando sempre para as ligações da leitura e escrita do passado com o tempo presente. *Interrogar-nos sobre as relações entre a tradição clássica e a modernidade é, primeiramente, interrogar-nos sobre nós mesmos, ou seja, sobre a representação dos antigos que constituímos como "tradição" e por relação à qual nós nos colocamos como modernos. As múltiplas tentati-*

vas contemporâneas para repensar esta "tradição" são, ainda, uma ilustração dos liames indefectíveis que nos unem à Antiguidade (Michel: 2002, 23).

Fontes

CÉSAR, Julius. *Guerre des Gaules.* Texte établi et traduit par L.A. Constans. Deuxième tirage de la quatorzième édition revue et corrigée par A. Balland. Paris: Les Belles Lettres, 2000.

CÉSAR. Julio. *Comentários sobre a Guerra Gálica.* Trad. Francisco Sotero dos Reis. São Paulo: Ediouro, s/d.

CICERO, Marcus Tullius. *De officiis.* (Edited by T. E. Page et. al.). Latin with English translation by Walter Miller. Stanford : 1913. University Library. The Loeb Classical Library.

CICÉRON. *Brutus.* Éd Jules Martha. Paris : Les Belles Lettres, 1973.

SUÉTONE. *Vies des douze Césars.*Texte établi et traduit par Henri Ailloud. Paris : Les Belles Lettres, 2007. Collection des Universités de France. Tomes I et II.

PLUTARCO. *Alexandre e César Vidas Comparadas.* Trad. Hélio Veiga. São Paulo: Ed. Escala, s/d.

Referências Bibliográficas

AMALVI, Christian. *Les héros de l'histoire de France. De vercingétorix à de Gaulle, un tour en quatre-vingts personages. L'albun de famille de tous les français Le panthéon national de nos livres d'histoire...* Paris: Éditions Privat, 2001.

_______. *De l'art et la manière d'accomoder les héros de l'histoire de France. De Vercingétorix à la Révolution.* Paris: Albin Michel, 1988. AUBRY, Octave. *Histoire de France.* Des origines au temps présent. Paris : Flamarion, 1947.

_______. De Vercingétorix a Asterix, De la Gaule a De Gaule ou les métamorphoses idéologiques et culturelles de nos origines nationales. *Dialogues de Histoire Ancienne,* 10, 285-318, 1984.

_______.Vercingétorix dans l'enseignement primaire: 1830-1940. In: VIALLANEIX, Paul., EHARD, Jean. *Nos ancêtres les gaulois* – ACTES DU COLLOQUE INTERNATIONAL DE CLERMONT-FERRAND. Clermont-Ferrand, Faculté des Lettres et Sciences Humaines de l'Université de Clermont-Ferrand II, Nouvelle série, Fascicule 13, 1981. pp.349-355.

BACZKO, Bronislaw. Sentiment monarchique et "gallicité" – résumé de

l'introduction. In : VIALLANEIX, Paul., EHARD, Jean. *Nos ancêtres les gaulois* – ACTES DU COLLOQUE INTERNATIONAL DE CLERMONT-FERRAND. Clermont-Ferrand, Faculté des Lettres et Sciences Humaines de l'Université de Clermont-Ferrand II, Nouvelle série, Fascicule 13, 1981.

CANFORA, Luciano. *Julio César: o ditador democrático*. Tradução de Antonio da Silveira Mendonça. São Paulo : Estação Liberdade, 2002.

CITRON, Suzane. La construction du mythe national. In: CITRON, S.,

GUYNOVARC'H, C., e PLASSERAUD, Y. *Histoire de France – mythes et réalités: quelle place pour les peuples et les minorités? Quelle place pou l'Europe?* Toulouse: Érès, 1995. pp. 17-24.

_______. Suzane. *Le Myythe national. L'histoire de France en question*. Paris: E.D.I., 1984.

CORADINI, Heitor. *Metalinguagem na obra de língua latina de Marcos Terêncio Varrão* : Tese de doutorado orientada por Zélia L.V. Almeida Cardoso. USP. 1999.

FUNARI, Pedro Paulo Abreu. *Grécia e Romai: vida pública e privada. Cultura, pensamento e mitología. Amor e sexualidade*. São Paulo: Contexto, 2001.

GODINEAU, Christian. *Le dossier Vercingétorix*. Paris: Actes Sud/Errance, 2001.

_______. Les gaulois n'étaient pas des barbares. Entretien. *Revue L'Histoire*, nº 176, pp.34-45, avril, 1994.

JOUTARD, Philippe. L'enseignement de l'histoire. In: François Bédarida. *L'histoire et le métier d'historien en France 1945-1995*. Paris: Éditions de la Maison de l'Homme, 1995. p.45-55.

MARTIN, Paul. *La Guerre des Gaules. La Guerre civile*. César, l'actuel. Paris: Ellipses: 2000.

NICOLET, Claude. *La fabrique d'une nation. La france entre Rome et les Germains*. Paris: Perrin, 2003.

MUSÉE DE LA POSTE. Dossier de presse. Exposition "Nos ancêtres les Gaulois". Paris: 2002.

NORA, Pierre. Entre memórias e história: a problemática dos lugares. *Projeto História*, n. 10, p. 7-28, dez. 1993.

OLIVIER, Laurent. L'archéologie française et le Régime de Vichy (1940-1944). *European Journal of Archaeology*. London: Thousand Oaks, CA and New Delhi, 1/2: p. 241-264, 1998.

PEREIRA, Maria Helena Rocha. *Estudos de História da Cultura Clássica*. Volume II: Cultura Romana. Lisboa: F.C.G., 2002.

RAMBAUD, Michel. *L'art de la déformation historique dans les commentaires de César*. Paris: Société Dédition Les Belles Lettres, 1966.

_______. *Autour de Cesar*. Lyon: L'Herm, 1987.

ROMAN, Yves. Vercingetórix, héros contemporain. In: LOURDAUX, Silvie, CARBONNET, Muriel. *Catalogue de la exposition organisée par la Reunión des Musées Nationaux/Musée des Antiquités Nationales*, Paris: 1994. pp. 201-205.

ROSA, Cláudia Beltrão da. Campos de batalha, espaços de guerra: os *Commentarii de Bello Gallico* de Caio Júlio César. Brathair - Revista de Estudos Celtas e Germânicos, Edição Especial (1)/2007, p. 38-45.

OLIVEIRA, Diego Veríssimo. *O perfil de Vercingetórige no De Bello Gallico de César*. Dissertação de mestrado, PPGLC, UFRJ, 2008.

SALLOIS, Jacques. Prefácio à LOURDAUX, Silvie, CARBONNET, Muriel. *Catalogue de la exposition organisée par la Reunión des Musées Nationaux/Musée des Antiquités Nationales*, Paris: 1994. p. 11

SILVA, Paulo Roberto Souza da. *Figura de César, autor e personagem, nos Commentarii de Bello Gallico*". Dissertação de mestrado, PPGLC, UFRJ, 2006.

SILVA, Glaydson José da. Les représentations de la Gaule et des Gaulois sous le régime de Vichy. *Archimède* [on-line] 1, 2014, p. 133-146. Disponível em: http://archimede.unistra.fr/revue-archimede-2/archimede-1-2014/archimede-1-2014varia-les-representations-de-la-gaule-et-des/ Acessado em: 16/12/2014

SILVA, Glaydson José da. *História antiga e usos do pasado: um estudo de apropriações da Antiguidade sob o Regime de Vichy (1940-1944)*. São Paulo: Annablume, 2007.

SIMON, André. *Vercingétorix et l'idéologie française*. Paris: Editions Imago, 1989.

TAILLEFER, Michel. Mythes des origines (discussion). In: CAUCANAS, Sylvie, CAZALS, Rémy, PAYEN, Pascal. *Retrouver, imaginer, utiliser l'Antiquité*. Actes du Colloque international tenu à Carcassone les 19 et 20 mai 2000. Toulouse, Editions Privat. 2001.

TULLARD, J. *Napoleón ou le mythe du saveur.* Paris: Fayard, 1977.

15

Considerações sobre Salústio historiador

Pedro Paulo Funari
Professor Titular do Departamento de História da Unicamp e coordenador de CEAv.
Renata Senna Garraffoni
Professora do Departamento de História da UFPR e tutora do PET História

Introdução

Pensar sobre a ideia de História na Antiguidade Clássica, tema da presente coletânea, é, em nossa opinião, um desafio instigante. Tratar da percepção de memória e passado entre os antigos, no caso desse capítulo dos romanos em particular, implica em uma reflexão não só sobre o momento histórico em questão, como também, do significado dos clássicos em nosso presente, o Brasil do início do século XXI. Ou seja, implícita a leitura que propomos aos textos de Salústio, nosso objeto de estudo nessa obra, está nossa preocupação em discutir as reapropiações e os usos do passado romano pela academia moderna. Gostaríamos, portanto, de iniciar nossa reflexão a partir de uma discussão sobre qual perspectiva vamos adotar para discutir as polêmicas relações entre Antiguidade e Modernidade.

Há, dentro dos estudos clássicos, uma tradição de pensar as recepções da Antiguidade na Modernidade que retoma as querelas do século XVIII. Não é nossa intenção, aqui, aprofundar essa discussão, mas o que gostaríamos de chamar a atenção é para a noção que está implícita a ideia de recepção: a ênfase na emissão de informações, de uma relação umbilical entre antigos e modernos por meio da origem no antigo e herança do passado no presente. Diferentemente dessa abordagem, optamos por trabalhar a noção de 'usos do passado'[1] por considerar que ela não implica uma herança direta do passado romano por determinados povos. Ao contrário, leva em consideração a noção de escolha e, portanto, remete a ideia de que o que é ressaltado do passado ou silenciado perpassa por complexas redes políticas e de interesse que são definidas no presente.

Para ilustrar melhor essa perspectiva, é importante recuperar algumas considerações recentes de Salvatore Settis (2006) em *The future of the 'classical'*. Nesse livro, o grande classicista italiano Settis parte de considerações que Arnaldo Momigliano teceu, em 1967, para crianças sobre as razões do estudo do mundo romano. Ali, ele destaca dois aspectos em sua análise: todos os povos merecem ser estudados e a importância de entender a identidade (no caso, a italiana) daquele presente a partir de suas origens romanas. Considerando esses dois pontos, Settis instiga o leitor a pensar se quarenta anos depois essas propostas de Momigliano continuam válidas.

Ao longo do livro, Settis desenvolve a ideia na qual tais noções de identidade propostas por Momigliano não respondem mais os anseios dos estudiosos do século XXI e desconstrói essa perspectiva focada em uma incessante busca pela origem e a produção de um passado homogêneo, muitas vezes também excludente. Expondo de maneira direta o impasse dos estudos clássicos em nossos dias, Settis assume uma postura inspiradora, pois, se não concorda com as respostas de Momigliano, acredita que sua pergunta ainda é válida. A partir dessa perspectiva, Settis deixa claro que, se para Momigliano pensar a história como das origens ocidentais ainda fazia sentido, para os estudiosos do século XXI que vivenciaram o atentado de11 de setembro de 2001 e os novos conflitos entre Ocidente e Oriente, manter visões normativas de cultura geram interpretações sem sentido em um presente que cada vez mais nos faz refletir sobre violência e exclusão. Não à toa, violência continua no centro das preocupações de classicistas e de muita gente mais (Grillo; Garraffoni; Funari: 2011).

Ao afirmar que o universo greco-romano precisa ser estudado em sua diversidade e pluralidade, permite pensar uma variedade maior de passados e, consequentemente, quebra a noção de que o passado clássico pertence somente aos europeus. Não há duvidas que essa reflexão de Settis está inserida em um contexto marcado pelos estudos pós-modernos. Mesmo que de forma talvez tímida, na última década, a influência do pensamento pós-moderno tem ajudado a mudar os rumos dos estudos clássicos.

1 Destacamos que atuamos em conjunto em um grupo dedicado ao tema, cf. www.usosdopassado.ufpr.br.

Richard Hingley (2005), em uma obra pouco anterior a de Settis, afirma que uma das marcantes contribuições das críticas epistemológicas pós-modernas aos estudos clássicos é justamente essa que Settis busca explorar: a percepção de que o mundo antigo não está isolado do presente e, por isso, pensar os rumos da disciplina e refletir sobre a construção dos modelos interpretativos deve constituir parte do trabalho do estudioso. Se por um lado, como afirma Glaydson José da Silva (2007), a Antiguidade Clássica foi vista por séculos como conservadora e pouco teorizada, por outro, o entendimento dos estudos sobre o mundo antigo como discursos muitas vezes eivados de vieses de classe, raça e gênero tem indicado novas possibilidades de análises mais plurais, evitando abordagens que viessem a obscurecer diferenças e conflitos.

Settis, Hingley e Silva são estudiosos originados de diferentes contextos históricos e nacionais, mas enfatizam, cada um a seu modo, a importância de se pensar criticamente a postura que se estabelece com o mundo antigo: se as bases conceituais para seu estudo foram propostas em um ambiente imperialista europeu, questionar a noção de legado torna-se fundamental para quebrar noções de hegemonia e buscar alternativas interpretativas.Considerando, portanto, os questionamentos levantados pelos autores mencionados, nosso objetivo com essa reflexão é uma abordagem crítica do texto de Salústio e, para tanto, dividimos o capítulo da seguinte maneira: de início, apresentamos o autor e os principais dados biográficos remanescentes para, em seguida, discutirmos a tradição de estudos de seus textos na Academia. Tendo estabelecido o panorama histórico e as principais leituras modernas, dedicar-nos-emos a apresentar suas três obras mais conhecidas – A Guerra de Jugurta, A conjuração de Catilina e Histórias – discutindo sua percepção de História. Por fim, proporemos uma reflexão de como seu texto foi lido, quais seriam novas possibilidades de abordagem e os usos mais recorrentes de sua noção de passado e memória.

Salústio: vida e obras

Caio Salústio Crispo nasceu na Sabínia, em Amiterno, em 86 a.C., vivendo, portanto, no conturbado final do chamado período republicano. Como no caso de praticamente todos os escritores romanos, pouco sabemos sobre sua vida, apenas conseguimos recuperar alguns fragmentos na modernidade, sobre os quais comentaremos a seguir. Segundo informa-nos Jerônimo: *Sallustius Crispus scriptor historicus in Sabinis Amiterni nascitur*, "Salústio Crispo, escritor histórico, nasceu em Amiterno dos Sabinos". A cidade estava perto da moderna cidade de Áquila, nos Abruzos, há uns 50 km de Reate, 90 km a nordeste de Roma, considerada o berço da civilização dos sabinos, um povo itálico montanhês dos apeninos e muito ligado aos romanos.

Amiterno era uma cidade situada em uma elevação (*oppidum*) perto do rio Aternus, em meio a uma planície de altitude, mas bem ligada à costa pelas vias romanas, em particular a Salária (Heinzelmann; Jordan; Murer: 2010). A cidade passou para o âmbito romano no início do século III a.C. A partir daí, tornou-se um centro regional, em controle do alto curso do rio Aterno e suas importantes vias romanas. Era, também, o final de um percurso de transumância ligada à produção de lã. A nobreza local mantinha estreitos vínculos com Roma desde uma idade antiga. Amiternum está a 650 metros do nível do mar, cercada pela cadeia montanhosa a sudeste de Monte Sirente (2.314 metros) e a sudoeste pelo Monte Sirente (2.349 metros). O vale (650 metros) constitui uma área muito fértil para a agricultura, com muitas vilas e fazendas. Amiterno ocupava uma posição estratégica na parte mais estreita do alto vale do Aterno. De início, a cidade foi edificada em um *oppidum*, 50 a 80 metros acima do nível do vale, mas no final do período republicano foi transferida para o vale a oeste.

Bem no meio da península itálica, Amiterno estava na ligação entre os mares Tirreno e Adriático e, no sentido norte-sul, havia transumância de gado. Amiterno foi um *oppidum* ocupado pelos samnitas (Liv. 10, 39, 1-2: *Amiternum oppidum de Samnitibus ui cepit,* "tomou dos samnitas, pela força, a cidade de Amiterno"), tendo adquirido o status de *ciuitas sine suffragio* (cidadania romana sem direito a voto) em 290 a.C. (Veleio Patérculo, 1, 14, 6-7). A cidade era dirigida por um prefeito (*praefectus*) e oito magistrados. Dentre as principais famílias de Amiterno fizeram carreira em Roma, como os Attii, Sallii, Vinii e Salustii. As escavações recentes mostraram que, à diferença do que se pensava antes, Amiterno não era uma cidade rural, mas um centro urbano com funções administrativas e de serviços, o que explica, de fato, a atuação de alguns de seus quadros, como C. Salústio Crispo, na política romana. A grande riqueza dessa nobreza local estava no comércio de gado e de lã. A mudança de localização da cidade do *oppidum* para o vale parece representar o esplendor da época em que viveu Salústio.

O contato antigo e frequente dos sabinos com o Lácio aparece na história do rapto das sabinas e nos diversos personagens romanos de origem Sabina, como Numa Pompílio e Títio Tátio, em época lendária, mas também como origem de famílias como a dos Valérios e Cláudios. Orgulhava-se o imperador Cláudio (Tácito, Anais,

11, 24, 1):"meus antepassados, sendo o mais antigo Clausus, de origem Sabina" (*maiores mei, quorum antiquissiums Clausus, origine Sabina*).

Lintott (1992) afirma que os escritos de Salústio, assim como de Plutarco, Tito Lívio e Cícero, constituem a referência textual na qual a moderna academia se baseou para construir a história da região e do período em que viveram. Nesse sentido, as obras de Salústio, mesmo que fragmentadas, são fundamentais para o entendimento largamente difundido do final da República como um momento de ganância da elite, de corrupção, de busca pelos seus próprios interesses em detrimento do coletivo, em especial as décadas de 80 e 70 a.C. Este, ao lado de Cícero e Lívio, teria ajudado a construir uma forma de narrar a história romana diferente da defendida por Políbio, revendo a tradição helenística e desenvolvendo meios próprios para analisar os eventos políticos romanos. De certa forma, Salústio rompe com a tradição helenística de Políbio e busca em Tucídides, no longínquo quinto século a.C., um antecedente para sua narrativa histórica que inaugura o gênero historiográfico em latim de forma bombástica: não mais anais, não mais grega moderna, mas latina e fincada nas raízes gregas mais antigas.

Sobre sua vida, pouco sabemos, mas é provável que sua educação inicial em Amiterno parece ter sido decisiva para a formação do seu caráter. Pertenceu a uma família abastada, ocupou cargos políticos. Em 52 a.C. foi tribuno da plebe e, como partidário de Júlio César, atuou no exército contra os pompeianos, tendo sido nomeado procônsul da província África Nova em 46 a.C (Earl: 1963). Seu apoio a César gerou vários inimigos políticos, entre eles Cícero. Seus desafetos com Cícero são percebidos em suas obras, em especial na *Conjuração de Catilina*. Mais do que divergência política, Salústio levou a celeuma para o campo estilístico, tendo buscado na *inconcinnitas* o perfeito antônimo da *corcordia ordinum* de Cícero. Como propôs Sêneca, Epp. 114, 17, *sic Sallustio uigente amputatae sententiae et uerba ante expectatum cadentia et obscura breuitas fuere pro cultu.* O caminho pedregoso do estilo do sabino corresponde ao seu reconhecimento dos conflitos sociais gritantes que testemunhou, enquanto a total fluidez do orador de Arpino não se distancia muito de sua concepção social harmônica.

Após o assassinato de César, em 44 a.C., retirou-se da vida pública e escreveu a monografia de *História* até sua morte em 35 a.C. A *Guerra de Jurgurta*, sua maior obra, trata da guerra contra Jugurta, entre 111 e 106 a.C., na Numídia (Norte da África). Horácio menciona um Salústio e seu envolvimento com as libertas. Há dúvidas se a citação do poeta é ao historiador ou ao seu sobrinho-neto, por ele adotado como herdeiro e homônimo.

Horácio, Sat. 1, 2, 47-59

tutior at quanto merx est in classe secunda,
libertinarum dico: Sallustius in quas
non minus insanit quam qui moechatur. at hic si,
qua res, qua ratio suaderet quaque modeste
munifico esse licet, vellet bonus atque benignus
esse, daret quantum satis esset nec sibi damno
dedecorique foret. verum hoc se amplectitur uno,
hoc amat et laudat: 'matronam nullam ego tango',
ut quondam Marsaeus, amator Originis ille,
qui patrium mimae donat fundumque laremque,
'nil fuerit mi' inquit 'cum uxoribus umquam alienis.'
verum est cum mimis, est cum meretricibus, unde
fama malum gravius quam res trahit

Achar só podes tráfico seguro
Na média classe, das libertas digo:
E nem menos, que essoutro que adultera,
É por elas Salústio ardente e louco.
Mas se este só quisera ser benigno,
E generoso , quanto o permitira
A razão, a modéstia, e seus haveres,
Com Elsa não gastara estultamente,
Em grave prejuízo, e infâmia sua.
Mas o insensato isto só ama e prega,
E com isto se cobre e se defende;
"Nunca, nunca toquei matrona alguma".

A tradução de Antônio Luis Seabra dá bem conta da fama da família do historiador, senão dele próprio, não o podemos saber ao certo.

Lintott (2001) descreve o estilo narrativo de Salústio como inovador, de frases simples e curtas, mas em diferentes tons e uma grande variedade de usos da linguagem. Dessas obras mencionadas, *Historia* chegou até nos bastante fragmentada, enquanto que a *Conjuração de Catilina* e a *Guerra de Jugurta* estão mais completas. Linttot (2001:

233) centraliza suas considerações sobre as obras na oposição virtude e vício, argumentando que Salústio teria contado as glórias militares romanas e suas virtudes, mas, em contra partida, enfatizado os vícios, a decadência moral, os sofrimentos dos plebeus, afirmando que a falta de inimigos externos e a prosperidade de Roma seriam as principais causas das crises políticas vivenciadas no período. O *metus hostilis*, o medo do inimigo púnico, teria sido o grande motor da expansão romana, mas também da honra dos seus personagens, cuja fibra e correção ética eram devidas antes ao temor do rival, do que a uma convicção interior. Abatido o inimigo, em146 a.C., teria faltado o estímulo necessário para um comportamento menos frívolo e mesquinho.

Os argumentos de Lintott, aqui resumidos, chamam atenção para uma característica importante das obras de Salústio: sua lógica própria dentro da concepção romana de História, pois sua escrita se baseava na análise e não na mera descrição dos eventos. A interpretação do passado que ele produziu parte de um ponto de vista específico no qual os acontecimentos antigos impulsionam a ação no presente (Funari 2002). Ainda que ele retome a noção de temor ao inimigo, presente em Catão, Políbio e Posidônio, como um dos organizadores de sua interpretação do domínio romano, seu estilo particular está em direta oposição à simetria ciceroniana. O sabino utiliza expressões próprias de um latim mais arcaico ou de origem popular para produzir argumentos que indicam uma mudança da virtude e ruína dos políticos seus contemporâneos. Assim, a partir de postura política claramente demarcada e escolhas estéticas, seu discurso se afasta da busca pelo factual e destaca-se pela poesia, produzindo uma narrativa que escapa aos modelos usuais à sua época. Como disse Quintiliano, Salústio foi um historiador para adultos, à diferença, a seu juízo, de Tito Lívio, por demais pueril (Quintiliano, 2, 5, 19: *Liuium a pueris magis quam Sallustium: et hic historiae maior est auctor, ad quem tamen intellegendum profectu opus sit*).

Leituras de Salústio na Academia

As interpretações modernas sempre estiveram muito marcadas pelas circunstâncias modernas. Gustave Bloch e Jerôme Carcopino referiam-se a tories (nobilitas) e whigs (populares): contre les tories, les whigs mobilisèrent les tribuns ("contra os tories, os wighs mobilizaram os tribunos"). Como ressaltou Ronald Syme, em seu estudo clássico sobre Salústio, por muito tempo a Inglaterra parlamentar serviu de modelo para as análises (Syme: 1982, 23).

As abordagens mais correntes sobre Salústio foram em direção a uma crítica negativa de seus escritos. Essa tradição de leitura, iniciada ainda no século XIX, é bastante recorrente entre os estudiosos do mundo antigo. Como os textos de Salústio constituem-se enquanto narrativas poéticas, sem a preocupação com a ordem cronológica dos fatos, muitos estudiosos submeteram seus escritos a questionamentos objetivos que vieram a marcar profundamente as formas de entender seu método. O critério central de avaliação dos textos que se estabeleceu estava baseado em pressupostos da historiografia moderna que se formava na época: na medida em que se identificava um forte caráter emotivo nos relatos, muitos estudiosos duvidaram de seu teor, considerando-os subjetivos e incapazes de apresentar dados objetivos que pudessem ser comprovados.

Esta preocupação metodológica objetivista colocou Salústio em um lugar de inferioridade com relação a outros autores do período. Muitas vezes tachado como autor de um estilo inferior ao de Cícero, cuja ortografia, construções gramaticais, vocabulário e estilo foram estabelecidos como padrão do mundo clássico a ser seguido, os escritos de Salústio foram pouco valorizados durante o século XIX, por não estarem dentro do paradigma factual e estilístico dominante. Foi justamente sua narrativa poética que acabou por constituir um entrave entre aqueles que buscavam os fatos *wie es eigentlich gewesen*[2], do final do período republicano romano (Funari: 1992).

Os historiadores modernos, muitas vezes preocupados com essa verdade inefável, não economizaram adjetivos depreciativos, ao julgarem Salústio "esquemático, incompleto, partidário, vulnerável, inventor", incapaz de compreender os verdadeiros segredos do funcionamento da sociedade romana. Assim, o grande estudioso da historiografia latina, Ronald Syme (1964), em seu clássico estudo sobre Salústio, não hesitava em corrigir o autor romano. Sua interpretação, baseada em oposições binárias de matriz weberiana, que tudo pretende explicar como laços de compadrio passa a ser assimilada como *realidade* que teria passado despercebida ao autor latino. A *clientela*, instituição romana precisa e delimitada, passa a ser considerada, por muitos historiadores modernos, como universal, tomada como equivalente às relações de compadrio e patronato. De tipos ideais, segundo a concepção original de Max Weber, passam a descrições da realidade, em mistura *sui generis* dos modelos sociológicos contemporâneos ao positivismo. A oposição entre *patres* e *plebs*, tão presente no discurso salustiano, aparece, para muitos historiadores modernos, como por demais ríspida e

---

2 Frase célebre de Leopold von Ranke, publicada em 1823 e considerada o início da História moderna e positivista (Funari, 2003).

as arengas de Mário, em seu louvor ao mérito popular frente à corrupção da nobreza, são atacadas como distantes da realidade, não apenas antiga, mas geral.

No entanto, atualmente esses posicionamentos categóricos acerca de Salústio têm sido revistos. Se antes fora condenado pela preocupação historiográfica moderna que busca verdades inefáveis, objetivas e desvinculadas dos sujeitos narradores, mais para o final do século XX e início do XXI seus escritos conhecem novas leituras pautadas na subjetividade dos estudiosos e suas construções discursivas. Alguns estudos têm recuperado as contraposições entre *optimates* e *populares*, presentes em Salústio (Martin :2001), assim como em outros autores antigos (Cic., *Brut.*, 127; *Planc.*, 70; *Sest.*, 140.), como vetores para as interpretações da moderna historiografia repensado a relação direta entre texto e realidade. Michael Comber (1997), por exemplo, em balanço sobre a historiografia latina, mostra como Salústio, com sua retórica, com todos os recursos de *elocutio* (estilo), *dispositio* (arranjo), *inuentio* (disposição do argumento), representa um potente meio de persuasão do leitor. A análise histórica de Salústio, da *uirtus* que se degrada em *ambitio, auaritia, luxuria,* antes descartada como absurda ou ingênua é comparada por Comber à interpretação contemporânea de Giddens (Comber: 1997, 49). Há, portanto um movimento duplo: a releitura hermenêutica da historiografia antiga uma reavaliação de nossa prática como historiadores no momento presente. O texto de Salústio, nesse sentido, adquire uma nova conotação, pois deixa de ser entendido como mera penumbra a encobrir uma realidade escondida e passa a ser pensado como um impulso à reflexão sobre nossa própria atuação como criadores de discursos sobre o passado. Salústio lembra-nos da onipresença de nossos interesses e pontos de vista ao tratarmos da História.

É por meio desse viés que acreditamos ser interessante retomar os escritos deste historiador romano. Ao refletirmos sobre o contexto em que foi escrito, sobre a estética literária e sua perspectiva política é um caminho profícuo para repensarmos alguns aspectos de sua obra. Se, por um lado, esta atitude o afasta dos pressupostos modernos como a objetividade e a neutralidade do intelectual, por outro indica que as relações dos romanos com o passado não eram homogêneas, havendo diferenças de metodologia e de concepção no tratamento da memória. Estas diferentes concepções e as nuances de seu pensamento podem ser percebidas na análise dos trechos de sua obra que faremos a seguir.

As estratégias narrativas do historiador Salústio: alguns exemplos

As estruturas narrativas de um historiador configuram-se na maneira como ele apresenta personagens, discursos e outras pinturas que denotam tanto seu estilo, como sua maneira de articular a história a ser contada. Os três trechos analisados a seguir permitem perceber, de forma amostral e introdutória, essas características salustianas.

Catilina

> 5. 1 Lúcio Catilina, oriundo de uma família nobre, tinha grande vigor intelectual e físico, mas índole má e pervertida. Desde a adolescência, foram do seu agrado as guerras intestinas, os assassínios, as rapinas, as dissensões entre cidadãos, e nesse ambiente exercitou a sua juventude. Um corpo capaz de suportar a fome, o frio, o sono, muito além do que se possa imaginar. Espírito atilado, ardiloso, versátil, pronto a tudo simular e dissimular; ávido do bem alheio, pródigo do seu; flamante nas paixões; bastante eloqüência, sabedoria pouca.

Esta passagem, na tradução acurada de Antônio da Silveira Mendonça, mostra bem tanto os atributos estéticos, como epistemológicos do historiador romano. Mendonça consegue reproduzir, no nosso idioma, a extrema concisão do original latino. Sucedem-se palavras numa cadência impressionante. Revela, ao mesmo tempo, uma das principais características da idéia de história de Salústio, pois o personagem retratado é apresentado em toda sua potência e a explicação do seu comportamento está numa índole (tradução do original *ingenium*, palavra derivada de *genius*, com conotações até mesmo religiosas). O espírito (*animus*, ânimo, alma) está na raiz da maneira como as pessoas fazem a História.

(Discurso de Catilina)

> 58.1 "Estou convencido, soldados, de que as palavras não acrescem coragem e de que o discurso de um general não poderá fazer de um covarde um bravo, nem de um exército débil, um forte. Quanto de audácia estiver no coração e no caráter de cada um ou em seus hábitos, tanto costuma

> patentear-se na guerra. Aquele a quem nem o desejo de glória nem os perigos excitam é inútil exortar".

Salústio segue a longa tradição historiográfica antiga, em primeiro lugar do seu mestre Tucídides, de criar arengas na boca dos grandes generais e estadistas. Isso já revela uma característica fundamental não só do primeiro grande historiador latino, como de todo o gênero historiográfico antigo, à diferença do moderno. Na passagem, também traduzida por Leonor Scliar-Cabral, Catilina fala não o que disse, mas o que Salústio considerava adequado que fosse reportado. O estilo é menos duro do que o do historiador, mas mantém aspectos importantes, como a concisão. Nos argumentos, a expressão "as palavras não acrescem coragem" (*uerba uirtutem non addere*) contrapõe-se ao que o mesmo Salústio colocaria na boca de Mário, quando dizia que as imagens dos antepassados levavam os homens às boas ações.

> Guerra de Jugurta
>
> 1. 4 Dentre as outras atividades exercidas pelo espírito, em primeiro lugar é útil relatar os acontecimentos passados. Sobre a virtude de tal arte não preciso me deter, pois muitos já se referiram a isso e também para que não pensem que eu queira, por vaidade, ressaltar por demais o meu próprio trabalho e dedicação.

No início da sua obra sobre a Guerra de Jugurta, Salústio apresenta o mérito máximo da historiografia. Deve notar-se que ele define a escrita da História como uma atividade (*negotium*), algo que vai na contramão da definição clássica romana e ciceroniana, em particular, de que qualquer negócio é sórdido e inferior ao tempo livro para o estudo (*otium cum dignitate*, Pro Sestio 96). Insiste nessa valorização do útil (*usui est*), ainda em oposição à grande ênfase aristocrática na falta de preocupação com ser ou não útil. A descrição dessa tarefa como "relatar os acontecimentos do passado", na tradução de Pedro Paulo A. Funari, coloca em destaque a memória (no original, *memoria rerum gestarum*, traduzido por Ariovaldo Ausguto Peterlini como "evocação dos notáveis feitos passados"). O historiador latino designa a historiografia como uma virtude (*uirtus*, traduzida como "importância" por Peterlini), termo muito significativo, pois se reporta àquilo que é típico do varão (*uir*), a coragem, em perfeita simetria com os termos gregos correspondentes (*aner*, varão, *andreia*, coragem).

Considerações Finais

O período republicano é considerado, pelos estudiosos, o período do florescimento da literatura romana. Abordagens mais tradicionais chamam a atenção para o fato que Roma, nesse período, deixa de ser uma pequena cidade e conquista uma vasta extensão territorial. Em alguns séculos, as mudanças militares, políticas e culturais são notáveis e, não seria diferente com a Literatura. Poesia e prosa ajudam a divulgar o latim nas mais distintas regiões que os romanos atingem. No entanto, conforme ressalta Fantham (2006) os autores mais citados, conhecidos ou lembrados pelo público comum ou alunos dos estudos clássicos são os do final do período republicano, em especial Cícero e Salústio.

Tanto Salústio como Cícero desenvolvem estilos próprios de escrita, a variedade dos temas tratados e as relações de poder estabelecidas e criticadas fizeram com que esses autores fossem marcados pelas diferenças e indicam a heterogeneidade das formas romanas de se tratar a memória. As diferenças estilísticas e políticas fizeram com que ambos fossem lidos e relidos de diferentes maneiras pelos modernos. Unger-Saternberg (2006) chama atenção para algumas dessas diferenças e, de acordo com o autor, essas tensões indicam, também, os problemas modernos. A tensão entre os dois autores antigos foram trazidos à tona e mesclados com as divergências entre conservadores ou democratas ou mesmo retomado as desavenças durante a Revolução Francesa, construindo discursos políticos que nem sempre expressavam o contexto romano, mas mesclam passado e presente. De fato, esse aspecto levantado por Unger-Saternberg é bastante interessante e nos faz pensar sobre as maneiras como olhamos para o passado e o construímos no presente.

Referências bibliográficas

Fontes

HORÁCIO, *Satyras e Epistolas*, trad. Antonio Luiz de Seabra, Porto, Cruz Coutinho, 1846.

QUINTILIANO. *Institutio oratoria*. Londres: Havard University Press, 1996 (Loeb).

SALÚSTIO, *Discurso de Catilina*. Trad. Scliar-Cabral, L. São Paulo: USP, 1991.

SALÚSTIO. *A conjuração de Catilina* e *A Guerra de Jugurta* . trad. Antônio da Silveira Mendonça, Petrópolis: Vozes, 1990.

SÊNECA, *Epistles*, Londres: Havard University Press, 1917 (Loeb).

TÁCITO, *Annals*, Londres: Havard University Press, 1937 (Loeb).

TITO LIVIO, *History of Rome*, Londres: Havard University Press, 1995 (Loeb).

Bibliografia Moderna

BLOCH, G.; Carcopino, J. *La republique, 133 à 44 av.J.-C. Paris*, Paris: Presses Universitaires de France, 1929.

COMBER, M. Re-reading the Roman Historians. In: M. Bentley (ed.), *Companion to Historiography*, New York: Routledge, 1997, pp. 43-56.

EARL, D.C. The early career of Sallust, Historia, *Zeitschrift für Alte Geschichte*, 15, 3, 1963, 302-311.

FANTHAM, E. 'Literature in the Roman Republic', in: Flower, H.I. *The Cambridge Companino to the Roman Republic*, Cambridge: CUP, 2006: 271-293.

FUNARI, P.P.A. A guerra de Jugurta, de Salústio em *Letras e Coisas: Ensaios sobre a Cultura Romana*, Campinas: Gráfica IFCH, 2002, p. 19-128.

FUNARI, P.P.A. Doxa e Episteme: a construção discursiva na narrativa histórica (ou Salústio e a historiografia), *LPH*, v. 3, n. 1, 1992, p. 22-35.

FUNARI, P.P.A. *Antiguidade Clássica, a História e a cultura a partir dos documentos*, 2 ed., Campinas: Editora da Unicamp, 2003.

GRILLO, J.G.C. (Org.); Garraffoni, R. S. (Org.); Funari, P.P.A. (Org.) . *Sexo e Violência: realidades antigas e questões contemporâneas.* São Paulo: AnnaBlume/Fapesp, 2011.

HEINZELMANN, M.; JORDAN, D.; MURER, C. Amiternum and the upper Aterno valley: a Sabine-Roman town and its territory, *Journal of Roman Archaeology*, 23, 1, 2012: 55-83.

HINGLEY, R. *Globalizing Roman Culture - Unity, diversity and Empire*, Londres: Routledge, 2005.

LINTOTT, A. The crises of the republic sources and sources problems', *Cambridge Ancient History* (2nd editon), Crook, J. A. et alli (orgs) IX, 1992: 1-15.

LINTOTT, A. *Cicero as evidence: a historian companion*, Oxford: OUP, 2001.

MARTIN, P. "L'éthique de la conquête: un enjeu dans le débat entre *optimates* et *populares*", em Marta Sordi (ed.), *Il pensiero sulla guerra nel mondo antico*, Vita e Pensiero, Milano, 2001, pp. 141-171.

SETTIS, S. *The future of the 'classical'*. Cambridge: Polity Press, 2006.

SILVA, G. *História Antiga e usos do passado: Um estudo de apropriações da Antiguidade sobre o regime de Vichy (1940-1944)*.São Paulo: Annablume /Fapesp, 2007.

SYME, R. *Salluste*. Paris: Belles Lettres, 1982 (original de 1962).

UNGERN-STERNBERG, J. 'The crises of the Republic'. In: Flower, H.I. *The Cambridge Companion to the Roman Republic*, Cambridge: CUP, 2006: 89-112.

16

Usos da história na intriga da eneida de Virgílio

Paulo Vasconcellos
Universidade Estadual de Campinas

Quando Virgílio, no século I a.C., se pôs a escrever uma epopeia, dois modos principais de trato da intriga tinham sido empregados pela poesia épica latina. O primeiro, representado pela *Odusia* de Lívio Andronico, uma tradução da *Odisseia*; o segundo, a mescla de narrativa mítica e história romana das epopeias de Névio e Ênio (séc. III a.C.), em que o núcleo principal é a história factual romana. Virgílio se tornaria, para os romanos, um "segundo Homero", mas como lidou com a fusão de mito e história factual na epopeia destinada a rivalizar com Homero e a celebrar Roma e Augusto?

A presença da história romana na *Eneida* é marcante. Logo na proposição da epopeia virgiliana, vê-se uma hábil fusão de mito e história; da ação do herói troiano Eneias, resultará, um dia, Roma:[1]

> *Arma uirumque cano, Troiae qui primus ab oris*
> *Italiam fato profugus Lauinaque uenit*
> *litora – multum ille et terris iactatus et alto*
> *ui superum, saeuae memorem Iunonis ob iram,*
> *multa quoque et bello passus, dum conderet urbem,*
> *inferretque deos Latio; genus unde Latinum,*
> *Albanique patres atque altae moenia Romae.*

---

1 Os trechos da *Eneida* aqui reproduzidos são transcritos da edição de Conte: P. VERGILIVS MARO. *Aeneis*. Recensuit G. B. Conte. Berolini et Noui Eboraci, Walter de Gruyter, 2009. As traduções, quando não se indica a autoria, são minhas.

> "Armas canto e o varão que primeiro das praias de Troia
> À Itália veio, prófugo pelo fado, e aos litorais lavínios.
> Muito foi ele impelido, por terras e mar,
> Pela força dos súperos, graças à ira mêmore de Juno,
> Muito sofreu também em guerra, até fundar uma cidade
> E introduzir deuses no Lácio, donde a estirpe latina,
> Os pais albanos e as muralhas da alta Roma."

A crítica[2] observou que o último (sétimo) verso dessa passagem lembra ritmicamente o sétimo verso da proposição da *Ilíada*, e é significativo que o verso homérico correspondente termine com o nome do herói protagonista, Aquiles, ao passo que o virgiliano se conclua com o nome de Roma, em destaque, ao fim de um período único que se estende por sete versos. Assim, a própria sintaxe reforça a noção de uma Roma que surge como resultado final das longas peregrinações e duros sofrimentos do protagonista do poema. A ida de Eneias à Itália é apresentada como fruto de um destino providencial (*fato*) que se concretiza na fundação da cidade de Roma, que, porém, na versão virgiliana, será obra dos descendentes do herói. A saga troiana, retratada sobretudo na *Ilíada*, é associada intimamente à história romana, através de um de seus personagens, Eneias, cujo peregrinar resulta na fundação de uma cidade a que se transmitiriam os valores religiosos de Tróia.

Cumpre fazer uma primeira distinção entre os dois planos principais da intriga: a narrativa mítica da fuga dos troianos e sua ida ao Lácio, um percurso em que duas forças divinas, Juno e Vênus, se confrontam, e um poder superior (Júpiter) garante o cumprimento dos destinos (*fata*), por um lado, e, por outro, as *res gestae* (também narradas pelos historiadores romanos) a que o poema faz referência em vários momentos. Ao adotar a lenda de Eneias que, chegando ao Lácio, dá o passo decisivo para que no futuro surja Roma, dentre tantas narrativas das origens romanas que circulavam,[3] Virgílio associa a *Vrbs* às raízes lendárias da guerra de Troia. O mito homérico se torna mito de fundação e, portanto, parte da história oficial do império. Por outro lado, feitos romanos que constam da historiografia são parte fundamental

---

2 Por exemplo: Clifford Weber, "Metrical *imitatio* in the proem of the *Aeneid*" In: *Harvard Studies in Classical Philology*, vol. 91, 1987, p. 261-271.

3 Vinte e cinco versões diferentes, segundo DUPONT, Florence. *Rome, la ville sans origine. L'Éneide: un grand récit du métissage?* Paris, Gallimard, 2011, p. 31.

da intriga; o poema acena até a um porvir que perpetuaria o império romano no tempo e o estenderia indefinidamente no espaço: *imperium fine fine dedi* (I, 279), diz Júpiter a uma aflita Vênus, preocupada com a segurança dos seus queridos troianos em terras cartaginesas. "Sem fim" no espaço e no tempo, como o verso anterior deixa claro: *his ego nec metas rerum nec tempora pono*: "a esses não estabeleço limites nem tempos para suas proezas".[4]

As raízes troianas de Roma são ressaltadas no início do primeiro livro da epopeia virgiliana: uma das razões pelas quais Juno tenta impedir a ação de Eneias é que ela ouvira dizer que sua querida Cartago seria um dia destruída por descendentes dos troianos:

progeniem sed enim Troiano a sanguine duci
audierat Tyrias olim quae uerteret arces,
hinc populum late regem belloque superbum
uenturum excidio Libyae: sic uoluere Parcas. (I, 19-22)

"Mas ouvira que uma progênie do sangue troiano
Um dia derrubaria as cidadelas tírias;
Daqui um povo rei-ao-longe e soberbo na guerra
Viria para ruína da Líbia: assim estabeleciam as Parcas".

Roma, porém, emerge de uma fusão entre troianos e os nativos latinos: atendendo à esposa Juno, Júpiter faz com que a língua e os antigos costumes dos latinos sejam adotados pelo povo que surgirá dessa mescla entre nativos e estrangeiros (XII, 833-840), purgando das origens romanas o elemento oriental dos troianos, cuja alteridade a ideologia oficial não poderia acolher como parte de sua própria origem.

Que Roma encarna, de certa forma, Troia, apesar de tudo, apesar dos rancores de Juno e das promessas de Júpiter à esposa, fica também evidente num outro aspecto da intriga. Assim como a *Eneida* narra a queda de Troia do ponto de vista dos troianos (através do relato testemunhal de Eneias no livro II), apresentando a invasão grega como fruto insidioso de uma fraude que conseguiu enganar a boa-fé troiana, vê-se em certo momento uma releitura de episódios da história romana apresentados como

4 Como parafraseia Forbiger, *Romanorum imperio nec locorum nec temporum finibus circumscribo* ("Não estabeleço limites de lugares e tempos ao império dos romanos") –FORBIGER (ed.). P. *Vergili Maronis Opera*. Pars II. Lipsiae, I.C. Hinrichs, 1873, p. 74.

concretização uma espécie de "carma" histórico. Assim, um dia, os romanos como que vingarão os crimes cometidos contra os antepassados troianos:

ille triumphata Capitolia ad alta Corintho
uictor aget currum caesis insignis Achiuis.
eruet ille Argos Agamemnoniasque Mycenas
ipsumque Aeaciden, genus armipotentis Achilli,
ultos auos Troiae templa et temerata Mineruae. (VI, 836-840)

"Aquele ao alto Capitólio, triunfando sobre Corinto,
Impelirá o carro, vencedor insigne pelos aqueus sucumbidos;
Destruirá aquele outro Argos e Micenas agamenônia
E o próprio Eácida, estirpe do armipotente Aquiles,
Vingando os avós de Troia e os profanados templos de Minerva".

A ação de Múmio, que saqueou a cidade grega de Corinto em 146 a.C., e a de Lúcio Emílio Paulo, o destruidor de Argos, Micenas (um exagero retórico)[5] e do próprio descendente de Aquiles, o macedônio Perses, na batalha de Pidna, em 168 a.C.,[6] são representadas como uma espécie de vingança contra os gregos, que cometeram em Troia crimes nefandos como o da profanação do templo de Minerva/Palas Atena.

No livro XI, Diomedes, personagem importante na gesta da *Ilíada*, caracteriza o que os gregos sofreram em seu retorno para casa como punição para os crimes perpetrados contra os troianos:[7]

quicumque Iliacos ferro uiolauimus agros
(mitto ea quae muris bellando exhausta sub altis, quos Simois premat ille uiros) infanda per orbem
supplicia et scelerum poemas expendimus omnes (XI, 255-258)

---

5 Ver NORDEN, Eduard. *P. VERGILIUS MARO AENEIS BUCH VI.* 8a.ed. Stuttgart, Teubner, 1984, p. 332.

6 Ver, por exemplo, P. VERGILI MARONIS. *Aeneidos Liber sextus.* With a commentary by R. G. Austin. Oxford, Clarendon Press, 1986, p. 257.

7 Sobre a transformação dos companheiros de Diomedes em pássaros como punição ao próprio herói, veja-se GRANSDEN, K. W. (ed.). *Virgil. Aeneid Book XI*, Cambridge, Cambridge University Press, 1998, p. 96.

"Todos nós que violamos os campos ilíacos com o ferro
(Omito o que se sofreu, guerreando, sob os altos muros,
Que varões premam as águas do Símois) através do mundo
Infandos suplícios e castigos pelos crimes pagamos todos".

Na releitura "distorcida" da intriga grega, atos dos gregos em Troia são retratados como criminosos...e por um de seus maiores heróis do lado grego. No universo da *Eneida*, os antigos vencidos troianos, agora encarnados nos romanos, têm finalmente sua revanche contra os agressores do passado, justificando-se assim as ações de Roma contra as cidades gregas conquistadas. A intriga mítica, que tem raízes homéricas, é associada à história factual de tal forma que episódios do passado mítico da guerra de Troia operam como justificativa para a ação romana na Grécia. Esse é, a meu ver, um dos aspectos mais interessantes do modo como Virgílio fundiu mito e história em sua epopeia. Pode-se ver certa ironia no fato de que a própria *Eneida* se "apropria", de várias maneiras, dos poemas homéricos, incitando o leitor a relê-los sob outra ótica; assim, por exemplo, atribui-se a Diomedes uma "releitura" da intriga homérica que lança sobre os gregos uma condenação explícita que não havia em Homero...

Não é possível tratar de todos os aspectos do uso da história na epopeia virgiliana, tema ingente; o que pretendo fazer a seguir é passar em revista, comentando brevemente, passagens em que a imersão da história factual no tecido da intriga mitológica é mais evidente.

No livro VI da *Eneida*, obedecendo piamente às prescrições do pai Anquises, que em sonho o incitara a ir ao seu encontro no mundo dos mortos (*Ditis tamen ante/ infernas accede domos et Auerna per alta/congressus pete, nate, meos*,[8] V, 731-733), Eneias desce às moradas infernais. Em dado momento, Anquises passa em revista as almas (*inlustris animas*, 758) que um dia (re)encarnarão nos romanos, glória da gente troiana (v.756-757). A "revista" dos heróis já foi comparada a um costume romano:[9] os nobres conservavam no átrio de sua casa as *imagines*, imagens de cera dos antepassados que tinham exercido um cargo público,[10] máscaras mortuárias que,

8 "Antes, porém, de Dite/ às moradas infernais acede e, pelas profundezas do Averno,/ dirige-te, filho, ao meu encontro").

9 Ver D. C. Feeney, "History and revelation in Vergil's underworld" In: QUINN, Stephanie (ed.), *Why Vergil?*, Wauconda, Bolchazy-Carducci Publishers, 2000, p. 111.

10 Ver *Oxford Latin Dictionary, sub voce imago.*

nos funerais, eram endossadas por atores em procissão solene, trazendo à lembrança dos contemporâneos os grandes nomes da família. Ao final do episódio, as palavras de Anquises diante da sombra do jovem Marcelo, sobrinho de Augusto que morrera recentemente, terão a forma de uma *laudatio funebris*, uma louvação fúnebre que alguém da família fazia quando da morte de um de seus membros, como fez César: questor, pronunciou a *laudatio* de sua tia Júlia e da esposa Cornélia, diante dos rostros,[11] como era costume, segundo conta Suetônio (*Vita Caesaris*, VI).

Significativamente, Anquises anuncia que revelará ao filho os *seus próprios* fados (*tua fata*, 759: note-se a posição enfática do possessivo), associando estreitamente a história romana e seus heróis ao destino pessoal de Eneias. O primeiro herói é Sílvio, filho que Enéias terá com Lavínia (v. 761-766) e que dominará a cidade de Alba Longa. Próximo a ele, outros governantes de Alba: Procas, Cápis, Numitor, Sílvio Enéias (v. 767-772): "que jovens!, quão grandes forças exibem!" (v. 771). Segue-se uma relação de colônias latinas: Nomento, Gábios, Fidenas, as cidadelas colatinas, Pomécio, *Castrum* de Ínuo, Bola e Cora (v. 773-775). Descrição especial recebe Rômulo, filho de Ília e fundador de Roma (v.777-789). No verso 789, os descendentes de Eneias são chamados "teus romanos", de novo associando estreitamente o destino do troiano e o dos romanos. Segue-se uma *laudatio* de Augusto, prole do divo Júlio (792), que trará de novo ao Lácio os séculos de ouro (792-794) e dominará povos remotos (794-805). Interrompendo a revista dos heróis, um incitamento à bravura de Eneias e os seus:

> *Et dubitamus adhuc uirtute extendere factis,*
> *aut metus Ausonia prohibet consistere terra?* (806-807)

> "E ainda hesitamos em estender com a virtude nossos feitos,
> Ou o medo impede que nos assentemos na terra ausônia?"[12]

Segue-se a menção a reis de Roma que sucederam a Rômulo: primeiro, Numa Pompílio (cujo nome, porém, não é explicitado), o homem que deu leis à cidade (808-812); depois, a Tulo [Hostílio], conhecido pelo recurso às armas (812-815). Sucedem-nos Anco [Márcio], "regozijando-se em demasia com as auras populares" (815),[13] e

---

11 A tribuna dos oradores no Fórum.

12 Ausônia é um nome poético para a Itália (ver *OLD*, *s.v.*).

13 Os estudiosos discutem por que Virgílio retratou Anco Márcio como um rei que se submetia excessivamente aos caprichos da plebe.

os reis Tarquínios [o Prisco e o Soberbo] (v. 817). Apresenta-se, então, a menção ao castigo que Bruto, o vingador da pátria contra Tarquínio o Soberbo, aplicou aos próprios filhos, por suas simpatias para com o inimigo:

> [...] *natosque pater noua bella mouentis*
> *ad poenam pulchra pro libertate uocabit,*
> *infelix, utcumque ferent ea facta minores:*
> *uincet amor patriae laudumque immensa cupido.* (v.820-823).

> "e o pai aos filhos, que moviam novas guerras,
> Chamará ao castigo, em prol da pulcra liberdade,
> Infeliz! Seja como for que os pósteros julgarão tais fatos,
> Prevalecerá o amor à pátria e o imenso desejo de louvores!"

Notemos a ordem *natosque pater*, que enfatiza o que haveria de chocante em ter um pai condenado à morte os próprios filhos. É curioso que Anquises o chame infeliz: eis uns dos vários momentos na *Eneida* em que, no louvor do império romano, se introduz o que pode ser entendido como uma nota dissonante (aqui, a ação miseranda de um pai matar os próprios filhos) num quadro de aparente exaltação dos valores públicos acima (e em detrimento) dos laços afetivos. Por outro lado, o leitor contemporâneo certamente se lembraria de um outro ato mais recente de um descendente daquele pai: o Bruto que participou da morte de César, de quem era filho adotivo... A controvérsia sobre uma ação em que laços de parentesco não são levados em conta no assassinato de César se reflete na célebre anedota contada por Suetônio (*Vita Caesaris*, 82), segundo o qual, apunhalado 23 vezes, César nada teria dito, embora "alguns" (*quidam*) afirmem ter ele, quando Bruto investiu contra si, pronunciado a frase famosa que, no historiador, soa, em grego: "Tu também, filho?" (kai\ su\, te/knon!).[14]

Segue-se a menção sumária de heróis romanos: os Décios, Drusos (note-se a exaltação da *gens*), Torquato e Camilo (v. 824-825). E, de novo, uma nota dissonante, desta vez intimamente ligada a fatos recentes da história de Roma. Anquises assim apresenta César e Pompeu, que se digladiariam numa guerra civil:

> *illae autem paribus quas fulgere cernis in armis,*
> *concordes animae nunc et dum nocte prementur,*

14 Cf. Feeney, *Op. cit.*, p. 115.

heu quantum inter se bellum, si lumina uitae
attigerint, quantas acies stragemque ciebunt,
aggeribus socer Alpinis atque arce Monoeci
descendens, gener aduersis instructus Eois!
ne, pueri, ne tanta animis adsuescite bella
neu patriae ualidas in uiscera uertite uires;
tuque prior, tu parce, genus qui ducis Olympo,
proice tela manu, sanguis meus! (826-835)

"Aquelas almas que vês refulgir em armas iguais,
Concordes agora e enquanto estiverem pela noite oprimidas,
Ai!, que grande guerra entre si, se os lumes da vida
Atingirem, que grandes batalhas e massacres moverão,
O sogro[15] das alturas alpinas e da cidadela de Moneco
Descendo; o genro, equipado pelos eoas adversos.
Não, rapazes, não acostumeis as almas a tamanhas guerras
Nem volteis as forças às vigorosas vísceras da pátria,
Tu, por primeiro, poupa, tu, que tiras tua origem do Olimpo,
Lança da mão os dardos, sangue meu!"

Virgílio toca aqui um ponto sensível: por adoção, Augusto é filho de Júlio César, e César tinha-se envolvido numa guerra civil contra Pompeu e partidários. Na fala de Anquises, aos dois inimigos se atribui a responsabilidade por batalhas civis sangrentas. À alma de César, Anquises roga que deixe de lado as armas, algo que o leitor da época de Virgílio sabia que não se concretizara; o descendente de Anquises e pai adotivo de Augusto não obedeceria à prescrição do seu ancestral...

Anquises, então, fala de heróis anteriores a César e Pompeu: em três versos, faz menção, sem que se explicitem os nomes, a Múmio e Lúcio Paulo, em episódio que já se comentou. Na sequência (v. 841-846), em interrogativas retóricas, mencionam-se Catão, Cosso, os Gracos, os Cipiões,[16] Fabrício, Serrano, os Fábios, com destaque para

15 César, cuja filha Júlia se casara com Pompeu.

16 Provavelmente, Cipião o Africano, que venceu Cartago na segunda guerra púnica, e Cipião Emiliano, que destruiu a cidade na terceira guerra púnica; daí os dois serem chamados "flagelo da Líbia" (*cladem Libyae*, v. 843). "Líbia" era denominada a parte setentrional da África, onde ficava Cartago. Ver Feeney, *Op. Cit.*, p. 117.

o "Contemporizador", *Fabius Maximus*, que, com sua tática de não enfrentar diretamente os inimigos cartagineses, salvou a República:

> *unus qui nobis cunctando restituis rem.* (v. 846)
> "Que, único, contemporizando, nos salva a República".

Como que enfechando o episódio, Anquises faz uma célebre prescrição ao "Romano":

> *excudent alii spirantia mollius aera*
> *(credo equidem), uiuos ducent de marmore uultus,*
> *orabunt causas melius caelique meatus*
> *describent radio et surgentia sidera dicent:*
> *tu regere imperio populos, Romane, memento*
> *(hae tibi erunt artes) pacique imponere morem,*
> *parcere subiectis et debellare superbos.* (847-853)

> "Com mais brandura os respirantes bronzes
> Fundirão outros, não duvido, e vultos
> Farão surgir do mármore animados;
> Terão mais eloquentes oradores,
> As voltas mostrarão do céu co'a vara
> E dirão por que modo os astros surgem.
> Tu, Romano, a reger co'o império os povos
> Te aplica: estas serão as tuas artes:
> E impor as leis da paz, aos submetidos
> Perdoar clemente, e debelar soberbos."[17]

Anquises se dirigia ao filho em toda a "revista" de heróis, mas aqui o destinatário explícito é o leitor contemporâneo, o romano cujas raízes estariam na ação do troiano Eneias. A revista dos heróis parece ter-se concluído com essa prescrição solene, mas inesperadamente prossegue. Anquises aponta, primeiro, Marcelo, que combateu cartagineses e gauleses (844-859); depois, Eneias observa que, junto a Marcelo,

17 Tradução de Barreto Feio (VIRGÍLIO, *Eneida*. Tradução de José Victorino Barreto Feio e José Maria da Costa e Silva. Edição organizada por Paulo Sérgio de Vasconcellos. São Paulo, Martins Fontes, 2004, p. 203-204).

caminhava um moço de grande beleza, fúlgidas armas, mas de aspecto triste e olhos baixos (860-862) e interroga o pai a respeito daquele homem cuja cabeça a noite sombria rodeia com triste sombra (860-866). Seguem-se belos versos em que Anquises, em lágrimas, pranteia a morte recente (para o leitor contemporâneo) de Marcelo, o sobrinho de Augusto, que se cria ser seu herdeiro no império (867-886). Destacamos:

> *heu, miserande puer, si qua fata aspera rumpas!*
> *tu Marcellus eris. manibus date lilia plenis,*
> *purpureos spargam flores animamque nepotis*
> *his saltem accumulem donis et fungar inani*
> *munere.* (882-886)

> "Ai, moço miserando!, se romperes os ásperos fados,
> Tu serás Marcelo. Dai lírios a mancheias,
> Eu espalharei purpúreas flores e a alma de meu neto
> Ao menos com tais dons cumularei, cumprindo inane
> Homenagem."

Surpreende a presença de episódio que introduz uma nota fúnebre na revista gloriosa de Anquises: o texto remete o leitor contemporâneo a um acontecimento de sua história recente, e o fato de que assim se conclua a exaltação aos heróis romanos é significativo.

No livro VIII, descreve-se, em célebre écfrase,[18] a mais longa da *Eneida*, o escudo que Vulcano modelou para o filho de Vênus, Eneias (v. 626-728).[19] A história romana é sumariada, desde o episódio da loba que amamentou Rômulo e Remo, culminando com o tríplice triunfo de Augusto, num panorama de cerca de sete séculos. Vê-se, pois, que Virgílio une estreitamente os acontecimentos de sua época aos da mais remota e lendária história romana. No escudo, Vulcano forjara:

> *illic res Italas Romanorumque triumphos*
> *haud uatum ignarus uenturique inscius aeui*

18 Tradicionalmente, chama-se "écfrase" a descrição vívida, sobretudo de objetos e obras de arte.

19 Veja-se PUTNAM, Michael C.J. *Virgil's epic designs. Ekphrasis in the Aeneid.* New Haven and London, Yale University Press, 1998, pp. 119-188.

fecerat omnipotens, illic genus omne futurae
stirpis ab Ascanio pugnataque in ordine bella. (626-629)

"Ali os feitos itálicos e os triunfos dos romanos,
Não ignaro dos vates e ínscio do tempo vindouro,
Plasmara o onipotente; ali toda a descendência da futura
Estirpe desde Ascânio e, na ordem, as guerras travadas."

Na introdução à descrição propriamente dita, o narrador faz uma restrição importante: os feitos representados no escudo o foram a partir de Ascânio, o filho de Eneias; portanto, o que é matéria propriamente da *Eneida* (como Eneias deixou Troia e chegou ao Lácio, e a guerra ali travada) está excluído da écfrase. Na profecia de Júpiter a Vênus no livro I, mencionara-se que o menino Ascânio (*puer Ascanius*, v. 267) no futuro exerceria o império por trinta anos (v. 269-270) em Alba Longa (v. 271). A profecia menciona também Rômulo (v. 276) e Júlio César, de origem troiana, porque descendente de *Iulus*, o outro nome de Ascânio, o filho de Eneias (I, 2860-288). Com esse Júlio, certamente referência a Augusto ("Julius Caesar by adoption")[20] – mas a ambiguidade possível é significativa –, as guerras cessarão, e o ímpio Furor finalmente será aprisionado no templo da Guerra (291-296).

No escudo de Eneias, temos:

1.Rômulo e Remo e a loba que os amamentou (630-634);

2.Rapto das Sabinas, guerra e paz entre os dois povos (635-641).

3.Punição de Meto Fufécio, o traidor da pátria, cujos membros foram atados a quadrigas impelidas para lugares diversos (642-645). É curioso observar, então, que, apesar do que se diz na introdução à descrição das imagens representadas no escudo, a écfrase não menciona apenas *triunfos* dos romanos, mas episódios tenebrosos, como este, de uma punição sangrenta. Numa espécie de atenuação ao que a cena teria de

20 CONINGTON, John. *The Works of Virgil.* Vol. II. With a commentary by John Conington. Revised, with correct ortography and additional notes, by Henry Nettleship. Hildesheim/New York, Georg Olms, 1979, p. 36. O fato de que o comentador Sérvio veja aqui referência a César, não a Augusto, por mais que essa afirmação seja duvidosa (*spoliis Orientis onustum*, 289, "carregado com espólios do Oriente", dificilmente poderia se referir a César, segundo Conington), mostra-nos que Virgílio menciona Augusto aqui de uma forma menos transparente do que seria possível. Seja como for, Augusto aparece estreitamente associado a César: portanto, a raízes troianas e, sendo Eneias filho de Vênus, divinas.

cruel, nesse tipo de punição que depois não foi mais aplicado em Roma,[21] temos *at tu dictis, Albane, maneres!* ("mas tivesses tu, Albano, permanecido fiel às palavras!, v. 653). Vimos algo semelhante quando Virgílio descreveu a execução dos traidores da República por seu próprio pai (VI, v. 820-823): a brutalidade da ação é justaposta ao patriotismo de Bruto, como se se indicasse, assim, uma possível justificativa atenuante. Num caso e noutro, não se deixa de salientar a crueza da ação perpetrada em nome da República.

4.O etrusco Porsena, apoiando Tarquínio, que, com o fim da monarquia e a instauração da República, fora expulso de Roma, ataca a *Vrbs*, mas os romanos, chamados de "enéadas" (*Aeneadae*, v. 648), lutam pela liberdade. Menção sumária dos feitos de Cocles e Cloelia (v. 646-651), que, então, parecem ser apresentados como arquétipos da bravura romana. É curioso observar que o par é constituído também por uma figura feminina. Virgílio apenas alude aos feitos lendários que os notabilizaram: Horácio Cocles, segundo o relato de Tito Lívio, ao ver os inimigos se apossarem do Janículo e avançarem, promoveu resistência tenaz na Ponte Sublício e conseguiu, com esse ato de virtude audaciosa, barrar-lhes o caminho (Lívio, II, 11); depois, oprimido pelos dardos dos inimigos, lançou-se armado ao Tibre e se salvou milagrosamente. Cloelia, uma virgem dada como refém aos etruscos, conseguiu escapar a sua vigilância, pular no Tibre, em meio aos dardos dos inimigos, e nadar sã e salva até os seus (Lívio, II, 13).

5. Episódio da invasão gaulesa e defesa da rocha Tarpeia por Mânlio (v. 652-662), ocorrido supostamente em 390 a.C. Virgílio se refere ao famoso aviso a respeito da invasão que teria sido dado pelos gansos.

6. Breve descrição dos sacerdotes dançantes sálios e dos nus lupercos (663-666). Os primeiros eram sacerdotes de Marte;[22] os segundos participavam das festas *Lupercais*, em fevereiro, uma espécie de ritual para despertar a fecundidade das mulheres.[23]

---

21 Tito Lívio I, 28, 11. Salienta-se, na passagem, o aspecto horrendo da cena: segundo o historiador, os que assistiam a ela, desviaram os olhos "de tão horrendo espetáculo" (*ab tanta foeditate spectaculi*).

22 Detalhes em CANCIK, Hubert; SCHNEIDER, Helmuth (ed.). *Der neue Pauly. Enzyklopädie der Antike.* Stuttgart/Weimar, J. B. Metzler, Band 10, 2001, p. 1249-1251, *s.v.* Salii.

23 Detalhes em *Idem. Der neue Pauly. Enzyklopädie der Antike.* Band 7. Stuttgart/Weimar, J. B. Metzler, 1999, p. 510, *s.v.* Lupercalia.

7. Referência às moradas do Tártaro (*Tartareas...sedes*, v. 667), onde Catilina é punido (v. 668-669), e Catão dá leis aos pios (v. 670). Vê-se, novamente, que no escudo não se descrevem apenas triunfos romanos: depois de uma referência a sacerdotes, um quadro que mostra, através das figuras paradigmáticas do mal e do bem, Catilina e Catão, como o injusto é punido e o justo recompensado. Execrado nas obras de Cícero e Salústio, Catilina na *Eneida* comparece como *exemplum* do inimigo interno da República.

8. A guerra de Ácio (v. 671-713), a passagem mais extensa de toda a écfrase. A representação se encontra no centro do escudo (*in medio*), com destaque, pois, a Augusto, representado no centro e na cena de maior extensão. Vê-se a importância que Virgílio concedeu à guerra em que Otaviano venceu Antônio e Cleópatra, retratados como inimigos de Roma. Como se representasse a essência da civilização romana contra as forças bárbaras do Oriente, Augusto é retratado tendo ao seu lado "os pais [=senadores] e o povo, os penates e os grandes deuses" (*cum patribus populoque, penatibus et magnis dis*, v. 679). Antônio, por sua vez, se apoia na riqueza e nos povos orientais (685-688) e numa "esposa egípcia" (*Aegyptia coniunx*, v. 688), o que o narrador classifica como abominação (*nefas*, v. 688). Vê-se o reflexo da propaganda augustana, que procurava pintar o conflito com Antônio como uma guerra contra estrangeiros, não como uma guerra civil.[24]

9. Triplo triunfo[25] de Augusto (v. 714-728), ocorrido em 29 a.C. Analisando o episódio da batalha de Ácio descrito no escudo, Quint mostra que o texto representa Ocidente e Oriente como entidades antitéticas. Do lado do Ocidente, unidade, masculinidade, controle, ordem cósmica, deuses olímpicos (Netuno, Vênus e Minerva), Apolo, permanência e razão. Do lado oriental, multiplicidade, feminilidade (a "esposa

---

24 Nas *Res gestae diui Augusti*, espécie de testamento redigido pelo próprio soberano, Augusto afirma que a Itália rogou que ele fosse o comandante da guerra de Ácio (25). Portanto, contrapõe-se Itália e forças estrangeiras, como se o conflito nada tivesse de luta interna pelo poder.

25 Como detalha Suetônio, *Delmaticum, Actiacum, Alexandrinum* (*Vida de Augusto*, 22), isto é, sobre os dalmácios, sobre Antônio e Cleópatra (um conflito tratado como guerra contra um inimigo externo) e contra os egípcios. Segundo Suetônio, cada triunfo foi festejado num dia, nos três dias da cerimônia. A imagem de um exército todo composto por orientais não faz jus à verdade histórica; veja-se SYED, Jasmin. *Vergil's* Aeneid *and the roman self. Subject and nation in literary discourse.* Ann Arbor, The University of Michigan Press, 2005, p. 178-180.

egípcia", uma expressão de desprezo que designa Cleópatra e, indiretamente, recrimina Antônio por se deixar conduzir por uma mulher estrangeira), perda de controle, caos, deuses monstruosos ("Toda espécie de deuses monstruosos e o latidor Anúbis", *omnigenumque*[26] *deum monstra et latrator Anubis*, v. 698), povos em pânico diante da visão de Apolo, fluxo, natureza, perda de identidade.[27] O leitor contemporâneo lembraria que Augusto em 28 a.C. consagrara um templo a Apolo, o deus que pusera em fuga os orientais capitaneados por Marco Antônio e Cleópatra.

No final da écfrase do escudo (e do livro VIII), mostra-se Eneias admirando cenas que ele não é capaz de compreender:

> *Talia per clipeum Volcani, dona parentis,*
> *miratur rerumque ignarus imagine gaudet*
> *attolens umero famamque et fata nepotum.* (729-731)
>
> "Isso, no escudo de Vulcano, dom da mãe,
> Admira e ignaro das coisas se regozija com sua imagem,
> Levando ao ombro a fama e os fados dos descendentes."

Eneias não pode compreender uma história que ainda está por vir; está-lhe destinado, aqui, o papel passivo de admirar o desconhecido. Abrir-se na intriga mítica um acesso à história factual faz com que o personagem protagonista necessariamente seja incapaz de fazer a leitura abrangente que virtualmente o leitor do texto pode realizar. Nos Infernos, o pai Anquises, como uma espécie de vate, tinha de informar o filho sobre quem eram os heróis em que encarnariam as sombras que diante deles desfilavam. No livro I, na écfrase das pinturas no templo de Juno em Cartago, Eneias podia compreender as representações da guerra de Troia, que dizem respeito diretamente ao seu próprio passado, mas o futuro de sua descendência só se apresentará em lampejos cuja compreensão completa lhe está vedada.

Em suma, na ficção da revista dos heróis nos Infernos e da representação no escudo feito por Vulcano, temos um panorama da história romana inserido na intriga

26 A monstruosidade desses deuses meio humanos, meio animais (contrapostos aos deuses antropomórficos do panteão greco-romano), é realçada no plano da forma pelo composto extenso *omnigenumque*.

27 Traduzi de QUINT, David. *Epic and empire*. Princeton, New Jersey, Princeton University Press, 1992, p. 25.

mítica e que se estende até a época contemporânea da composição da *Eneida* (morte de Marcelo, triunfo de Augusto). A história factual tem suas raízes na história mítica, por vezes até mesmo sua justificativa (a conquista da Grécia como revanche troiana). Um outro aspecto dessa ponte entre passado lendário e história será tratado na sequência.

O leitor contemporâneo de Virgílio poderia ver em certas ações de Eneias um prenúncio de empreendimentos de Augusto ou da história recente. Virgílio descreve o escudo de Enéias; Augusto recebera do senado e do povo romano um escudo de ouro com uma inscrição que homenageava sua *uirtus, clementia, iustitia* e *pietas*[28] (note-se, sobretudo, a última qualidade; *pius* é o epíteto comum de Eneias). No livro III, por exemplo, o protagonista menciona jogos que celebrou em Ácio:

> *Actiaque Iliacis celebramus litora ludis.* (V. 280)
> "E celebramos os litorais ácios com jogos ilíacos".

Ora, Augusto instituiu jogos quinquenais em Ácio para comemorar sua vitória contra Antônio e Cleópatra em 31 a. C.[29] Temos aqui o que um estudioso chamou de "legitimação mitológica do presente augustano".[30] Em Ácio, Eneias dedica um escudo tomado aos "dânaos [sc. gregos] vencedores" (III, 286-288). Se já na proposição da *Eneida*, o poema destaca a ação fundante de seu herói (*unde*), como se houvesse um tempo histórico cíclico, ações de Eneias se "repetirão" em ações de Augusto; o espaço destacado na peregrinação de Eneias, Ácio, tinha papel importante na propaganda de Augusto e faria ressoar essa associação na mente do leitor contemporâneo.

Se a ação de Eneias parece, em certos momentos, prefigurar a de Augusto, outras associações são possíveis entre os personagens da intriga mítico-lendária e o presente romano. Observou-se com frequência que a rainha Dido, cuja paixão por Eneias e suicídio são narrados no livro IV da epopeia, é associada a Cleópatra, inclusive intratextualmente: no escudo, a egípcia é representada "pálida pela morte futura" (*pallentem morte futura*, v. 709) como Dido no livro IV (*pallida morte futura*, IV, 644): ambas rainhas, ambas de origem oriental, ambas entraves na ação, respectivamente, do herói troiano Eneias e de seu descendente, Augusto – e ambas suicidas.

Viu-se que, em elementos da trama mítico-lendária, encontram-se as primeiras causas de eventos históricos. Termino este breve panorama sobre a presença da

28 *Res gestae diui Augusti*, XXXIV.

29 CONINGTON, J.; NETTLESHIP, H., vol. II , p. 202.

30 HORSFALL, Nicholas. *Virgil*, Aeneid 3. *A commentary*. Leiden/Boston, Brill, 2006, p. 223.

história na *Eneida* com a análise de um episódio célebre, o da paixão e suicídio da rainha de Cartago. Segundo Ovídio, era a parte da epopeia mais lida em sua época.[31] Virgílio motiva com ele o ódio visceral entre romanos e cartagineses. De fato, antes de se matar, Dido impreca aos deuses:

> [...] *nullus amor populis nec foedera sunto.*
> *exoriare aliquis nostris ex ossibus ultor,*
> *qui face Dardanios ferroque sequare colonos,*
> *nunc, olim, quocumque dabunt se tempore uires.*
> *litora litoribus contraria, fluctibus undas*
> *imprecor, arma armis: pugnent ipsique nepotesque.* (v.624-629)
>
> "Amor algum nem pactos entre os povos haja.
> Surjas de nossos ossos, vingador,
> e com tocha e ferro persigas os colonos dardânios,
> agora, no futuro, em todo tempo em que houver forças.
> Litorais contra litorais, ondas contra vagas
> Impreco, armas contra armas: lutem eles próprios e os descendentes!"

Dido prevê o surgimento de um vingador, que o leitor facilmente identificaria com o cartaginês Aníbal, o modelo arquetípico de inimigo estrangeiro. Aliás, logo no início do poema, Cartago e a Itália são mencionadas como terras em confronto espacial e político (note-se a posição no verso e a ambiguidade de *contra*, "de frente a", contrária a"):

> *Vrbs antiqua fuit (Tyrii tenuere coloni)*
> *Karthago, Italiam contra* [...] (v.12-13)
>
> "Uma cidade antiga houve (colonos tírios a ocuparam),
> Cartago, de frente para a Itália..."

31 *Nec legitur pars ulla magis de corpore toto/ Quam non legitimo foedere iunctus amor.* (*Tristes*, II, v. 535-536): "Nem parte alguma de todo o conjunto [sc. da *Eneida*] mais se lê do que a do amor unido por não legítimo compromisso". Texto latino da edição seguinte: OVIDE. *Tristes.* Texte établi et traduit par Jacques André. Paris, "Les Belles Lettres, 1968.

Na assembleia divina do livro X, a única da *Eneida*, Júpiter prevê um tempo em que os deuses poderão dar vazão aos seus ódios, em referência às guerras púnicas:

adueniet iustum pugnae (ne arcessite) tempus,
cum fera Karthago Romanis arcibus olim
exitium magnum atque Alpes immittet apertas:
tum certare odiis, tum res rapuisse licebit. (X, 11-14)

"Virá o tempo justo para a luta (não o adianteis),
Quando a feroz Cartago às cidadelas romanas um dia
Trará exício magno e abrirá os Alpes:
Então será lícito rivalizar em ódios, então fazer pilhagens."

É interessante observar que Dido faz sua imprecação (ao Sol, v. 607, a Juno, inimiga mortal de Eneias e protetora de Cartago, v. 608, Hécate, v. 609, divindade infernal, e às *Dirae*, divindades vingadoras do crime, e aos deuses que a protegem, v. 610) contra Eneias e seus descendentes (o leitor contemporâneo entenderia: os romanos) – e é atendida! Eneias, de certa forma, tem sua culpa a expiar por sua fuga de Cartago, embora ela tenha sido prescrita por Júpiter: as queixas de um rompimento da *fides* por parte de Eneias têm seu fundamento, e as desgraças rogadas por Dido ganham realização histórica nas guerras púnicas, momento decisivo do confronto entre as duas poderosas cidades do Mediterrâneo.

No episódio de Dido, portanto, o leitor da época de Augusto poderia ver a causa mítica das guerras púnicas, além de uma alusão aos amores de Cleópatra e Marco Antônio, episódio recente da história romana. Assim, se o passado mítico condiciona a história romana e se projeta no presente, o presente romano se projeta no passado mítico, como se aqui encontrasse precedentes que fizessem da história uma reprodução de eventos semelhantes: o paradigma das relações entre Dido e Eneias se reproduz nas relações entre Marco Antônio e Cleópatra.

Na celebração de jogos fúnebres em honra de Anquises, no livro V, o leitor romano veria a associação entre os heróis troianos que participam da batalha naval e famílias romanas da elite:

Prima pares ineunt grauibus certamina remis
quattuor ex omni delectae classe carinae.
uelocem Mnestheus agit acri remige Pristim,

mox Italus Mnestheus, genus a quo nomine Memmi,
ingentemque Gyas ingenti mole Chimaeram,
urbis opus, triplici pubes quam Dardana uersu
impellunt, terno consurgunt ordine remi;
Sergestusque, domus tenet a quo Sergia nomen,
Centauro inuehitur magna, Scyllaque Cloantus
caerulea, genus unde tibi, Romane Cluenti. (v. 114-123)

"Quatro escolhidas naus, em linha, a remos
Encetam o certame: a veloz Prístis
Move Mnesteu com válidos remeiros;
Mnesteu, ao depois Ítalo, a quem deve
A família dos Mêmios o apelido;
Gias a grã Quimera, mole imensa,
Obra d'uma cidade dão-lhe impulso
Em três fileiras Dárdanos mancebos,
E em três ordens os remos se levantam;
Sergesto, de quem traz a origem sua
A Sérgia casa, vai na grã Centauro;
E na cerúlea Cila vai Cloanto,
Que da tua prosápia esclarecida
Foi, Romano Cluento, o autor primeiro".[32]

Se os versos dizem que a origem do nome dos Mêmios está no *nome* do troiano *Mnestheus* e a família dos Sérgios no *nome* do troiano *Sergestus*, a família dos Cluêncios deve sua origem ao troiano *Cloantus*. O texto se dirige aos Cluêncios, interpelando diretamente contemporâneos romanos. Por outro lado, a estória de Eneias se tornara a história da família de Augusto; como teria dito o próprio César, na *laudatio funebris* de uma tia, anedota por nós já mencionada, conforme relato de Suetônio, *a Venere Iulii* ("de Vênus procedem os Júlios")[33]. Ao descrever "Jogos Troianos" (*Ludi Troiae*), manobras realizadas a cavalo por um grupo de jovens da elite, que Iulo, o filho de Eneias, teria celebrado por ocasião do encerramento dos jogos fúnebres a Anquises, o narrador diz:

32 Tradução de Barreto Feio, *Op. cit.*, pp. 137-138.

33 *Vita Caesaris*, VI.

alter Atys, genus unde Atii duxere Latini,
paruus Atys pueroque puer dilectus Iulo. (V, 568-569)

"O outro, Átis, de onde os Átios latinos tiram sua origem,
O pequeno Átio, menino amado pelo menino Iulo".

Ora, a mãe de Augusto pertencia à família dos Átios, por isso mesma chamada *Atia*,[34] assim como os Júlios de Iulo (e, como vimos, de Vênus): o leitor contemporâneo poderia ver, nessa amizade afetuosa entre os dois meninos, uma espécie de prenúncio da relação entre César e Augusto, este adotado como filho por aquele. Além disso, segundo Suetônio, Augusto celebrou muitas vezes (*frequentissime*, XLIII) esse tipo de jogo, que honrava a estirpe dos *Iulii*.

Em suma, também de forma indireta a história recente de Roma se prefigura na saga mítica da *Eneida* para um leitor que é capaz de perceber alusões por vezes sutis.

Mito e história, assim, se imbricam num movimento duplo: o passado mítico prenuncia o futuro romano, estendendo-se até a época contemporânea do leitor, mas o presente desse leitor se reflete nos modos possíveis de interpretar a intriga mítica, que potencialmente se imanta de uma camada de significados para além do tempo da intriga. A imagem mais poderosa dos paradoxos desse imbricamento está na representação de um Eneias que não compreende (*rerum ignarus,* VIII, 730) a história romana das origens ao triunfo de Augusto descrita no escudo que ele endossará na batalha. O leitor sabe muito mais que Eneias e sabe, inclusive, que Eneias é muito mais que Eneias, pois sob ele pousa a sombra de Augusto e de uma certa imagem do Romano arquetípico.

A fuga de Eneias no episódio de Cartago, obedecendo a prescrições divinas, acaba provocando a fúria de Dido e uma punição que se exercerá também sobre a descendência de Eneias: tratei desse aspecto perturbador da intersecção entre história e mito e poderia desenvolver o tema das ambiguidades e sombras de que a *Eneida* pa-

34 Lembremos que a mulher romana traz o nome da *gens* no feminino; assim a filha de *Marcus Tullius Cicero*, o grande orador, chamava-se *Tullia*, como a filha de *Gaius Iulius Caesar*, *Iulia*. Se havia mais de uma filha, elas se distinguiam pelo numeral: primeira, segunda, terceira (*prima, secunda, tertia*).

rece repleta, mas esse tema, caro aos estudiosos,[35] levaria longe demais este panorama breve da multifacetada presença da história na epopeia virgiliana.

Cópia em mármore (séc. I. a.C.) do escudo de ouro ofertado a Augusto por sua "virtude, clemência, justiça e devoção aos deuses e à pátria". – Musée Lapidaire de Arles, na França.

35 Citemos alguns estudos influentes: Adam Parry, "The two voices of Virgil's *Aeneid*" In: *Arion*, vol. II, 4, 1963, p. 66-80 (reproduzido em QUINN, Stephanie (ed.). *Why Vergil? A collection of interpretations.* Wauconda, Bolchazy-Carducci, 2000, p. 155-167); PUTNAM, Michael C. J. *The poetry of the Aeneid. Four studies in imaginative unity and design.* Cambridge, Massachusetts, Harvard University Press, 1965; LYNE, R.O.A.M. *Further voices in Vergil's Aeneid.* Oxford, Clarendon Press, 1992. A crítica virgiliana tem falado numa "escola de Harvard" (em oposição a uma "escola europeia"), que tenderia a ver na *Eneida* uma visão pessimista do império e, em seu extremo, até mesmo uma crítica de Augusto e Eneias. Para uma visão mais nuançada dessa "escola", veja-se Rowan A. Minson, "A century of extremes: debunking the myth of Harvard school pessimism. (A reinterpretation of twentieth century criticism of Virgil's *Aeneid*)" In*: Iris: Journal of the Classical Association of Victoria*, n. s. 16-17, 2003-2004, p. 46-53 (versão digital em http://classics-archaeology.unimelb.edu.au/CAV/iris/volumes16-17/minson.pdf, acessada em 30 de maio de 2013).

Mosaico do século III d. C. representando Virgílio entre as musas da história e da tragédia. O poeta tem na mão esquerda um rolo da *Eneida*. A importância da história na epopeia virgiliana não poderia ser figurada de modo mais expressivo.

Referências Bibliográficas

CANCIK, Hubert; SCHNEIDER, Helmuth (ed.). *Der neue Pauly. Enzyklopädie der Antike*. Stuttgart/Weimar, J. B. Metzler, Band 7, 1999; Band 10, 2001.

CONINGTON, John. *The Works of Virgil*. Vol. II. With a commentary by John Conington. Revised, with correct ortography and additional notes, by Henry Nettleship. Hildesheim/New York: Georg Olms, 1979.

DUPONT, Florence. *Rome, la ville sans origine. L'Éneide: un grand récit du métissage?* Paris: Gallimard, 2011.

FORBIGER (ed.). P. *Vergili Maronis Opera*. Pars II. Lipsiae: I.C. Hinrichs, 1873.

GLARE, P.G.W. (ed.). *Oxford Latin Dictionary (OLD)*. Oxford: Clarendon Press, 2000.

GRANSDEN, K. W. (ed.). *Virgil. Aeneid Book XI*, Cambridge: Cambridge University Press, 1998.

HORSFALL, Nicholas. *Virgil,* Aeneid *3. A commentary.* Leiden/Boston: Brill, 2006.

LYNE, R.O.A.M. *Further voices in Vergil's Aeneid.* Oxford: Clarendon Press, 1992.

MINSON, Rowan A. "A century of extremes: debunking the myth of Harvard school pessimism. (A reinterpretation of twentieth century criticism of Virgil's *Aeneid*)" In: *Iris: Journal of the Classical Association of Victoria,* n. s. 16-17, 2003-2004, p. 46-53 (versão digital em http://classics-archaeology.unimelb.edu.au/CAV/iris/volumes16-17/minson.pdf, acessada em 30 de maio de 2013).

NORDEN, Eduard. *P. VERGILIUS MARO AENEIS BUCH VI.* 8a.ed. Stuttgart: Teubner, 1984.

OVIDE. *Tristes.* Texte établi et traduit par Jacques André. Paris: Les Belles Lettres, 1968.

P. VERGILI MARONIS. *Aeneidos Liber sextus.* With a commentary by R. G. Austin. Oxford: Clarendon Press, 1986.

P. VERGILIVS MARO. *Aeneis.* Recensuit G. B. Conte. Berolini et Noui Eboraci, Walter de Gruyter, 2009.

PUTNAM, Michael C. J. *The poetry of the Aeneid. Four studies in imaginative unity and design.* Cambridge, Massachusetts: Harvard University Press, 1965.

____________________. *Virgil's epic designs. Ekphrasis in the Aeneid.* New Haven and London: Yale University Press, 1998.

QUINN, Stephanie (ed.). *Why Vergil? A collection of interpretations.* Wauconda: Bolchazy-Carducci, 2000.

QUINT, David. *Epic and empire.* Princeton, New Jersey, Princeton University Press, 1992. SYED, Jasmin. *Vergil's* Aeneid *and the roman self. Subject and nation in literary discourse.* Ann Arbor: The University of Michigan Press, 2005.

SUÉTONE. *Vies des douze Césars.* Tome I. Texte établi et traduit par Henri Ailloud. Paris: Les Belles Lettres, 1954.

SUETÔNIO; AUGUSTO. *A vida e os feitos do Divino Augusto.* Tradução de Matheus Trevizam, Paulo Sérgio de Vasconcellos e Antônio Martinez de Rezende. Belo Horizonte: Editora da UFMG, 2007.

TITE-LIVE. *Histoire Romaine.* Livre I. Texte établi par Jean Bayet et traduit par Gaston Baillet. Paris: Les Belles Lettres, 1975; Livre II, cinquième tirage revu et corrigé, 1982;

VIRGÍLIO, *Eneida.* Tradução de José Victorino Barreto Feio e José Maria da Costa e Silva. Edição organizada por Paulo Sérgio de Vasconcellos. São Paulo: Martins Fontes, 2004.

WEBER, Clifford Weber. "Metrical *imitatio* in the proem of the *Aeneid*" In: *Harvard Studies in Classical Philology,* vol. 91, 1987, p. 261-271.

17

Texto e imagem: História Como se faz a História sob(re) Otávio/Augusto

Paulo Martins
Universidade de São Paulo

Questões Preliminares

Quando pensamos no fazer história sobre ou sob o mundo romano antigo, ou mais especificamente, sobre ou sob Otávio/Augusto, parece-me aceite que tenhamos hoje duas espécies de registros operados, referendados e analisados por filólogos em seus *comentários* e/ou historiadores, em suas *narrativas*, pelo menos desde as reflexões de J. Le Goff[1]: o documento e o monumento. Enquanto o primeiro se ocupa das práticas discursivas e, portanto, na Antiguidade e mesmo até Gutenberg seu suporte é o papiro, é o manuscrito ou é a pedra sobre a qual está a epigrafia, ou os grafitos parietais; o segundo faz-nos ver história por meio de outros mecanismos cognitivos que não são os das leituras e/ou das audições, mas são os que decodificam os *signa*, os *simulacra*, as *effigies*[2], as *statuae*, as *figurae nummi*, os *opera tessalata ou uermiculata*[3]

1 J. Le Goff (1996). "Documento/Monumento". In: *História e Memória*. Trad.: Suzana Ferreira Borges. Campinas: Ed. da Unicamp: 535-549.

2 Para os termos *simulacrum* e *effigies* cf. P. Martins; R.S.S. Amato (2012). "Imagens antigas retoricamente referenciadas". In: A. Muhana; M. Laudanna; L. A. Bagolin, orgs. (2012). *Retórica*. São Paulo: Annablume & IEB/USP: 125-158.

3 Trabalho alguns traços constitutivos da *ordo* ou da *elocutio* dos mosaicos em P. Martins (2007). "Imagines e Parataxe" in: *Revista de Estudos Filosóficos e Históricos da Antiguidade*, 24. Campinas: CPA/UNICAMP: 139-175.

(*lithostrota*[4]) e as *ectypae gemmae*[5] (*sculpturae*) – *imagines* em todas as suas possibilidades. Assim igualmente aos documentos, as imagens demandam compreensão de

---

4 Cf. Plin., *Nat.* 36.184-185: *Pavimenta originem apud Graecos habent elaborata arte picturae ratione, donec lithostrota expulere eam. celeberrimus fuit in hoc genere Sosus, qui Pergami stravit quem vocant asaroton oecon, quoniam purgamenta cenae in pavimentis quaeque everri solent velut relicta fecerat parvis e tessellis tinctisque in varios colores. mirabilis ibi columba bibens et aquam umbra capitis infuscans; apricantur aliae scabentes sese in canthari labro. [185] – Pavimenta credo primum facta quae nunc vocamus barbarica atque subtegulānea, in Italia festucis pavita. hoc certe ex nomine ipso intellegi potest. Romae scutulatum in Iovis Capitolini aede primum factum est post tertium bellum Punicum initum, frequentata vero pavimenta ante Cimbricum magna gratia animorum indicio est Lucilianus ille versus: "Arte pavimenti atque emblemate vermiculato."* [Os calçamentos têm origem com os gregos, eles eram trabalhados com pintura (*arte picturae ratione*), até que os *lithostrata* (mosaicos) os substituíram. Soso, que pavimentou Pérgamo, foi o mais célebre nesse gênero, ao qual chamam ἀσάρωτος οἶκος (casa suja), já que resíduos de cada refeição costumavam ser varridos às calçadas e como tinham sido feitos os mosaicos com pequeninas pedras e pintadas em cores variadas, daí tem-se o nome. Nesse lugar é admirável uma pomba bebendo água e sua sombra escondendo as cabeças; e outras bicando-se tomam sol na borda de um cantaro. Creio que os primeiros calçamentos feitos são aqueles que hoje chamamos "barbárico" e "subtegulâneo", na Itália, assentados com "festucas" (espécie de macete, martelo ou êmbolo), e, certamente, isto podemos inferir do próprio nome. Em Roma, o primeiro calçamento "losângico" foi feito no prédio do templo de Júpiter Capitolino depois do começo da Terceira Guerra Púnica. Certamente, antes das guerras Címbricas estes calçamentos eram comuns, uma prova disso é este verso de Lucílio: 'Com arte de calçamento e com emblemas em xadrez'. Cf. Cic., *Brut.* 274. Compara o estilo de Marco Calídio a um mosaico, já que as partes que constituem seu discurso parecem plenamente engastadas. Cf. Cic., *Or.* 149-150: Cita Lucílio, falando dos mosaicos, para decodificar certo tipo de escritura cuja principal característica é o detalhe, a leitura neste caso é negativa. Cf. Cic., *De Or.* 3.171.

5 Cf. Sen., *Ben.* 3.26.1: *Nostri saeculi exempla non praeteribo. Sub Tib. Caesare fuit accusandi frequens et paene publica rabies, quae omni civili bello gravius togatam civitatem confecit; excipiebatur ebriorum sermo, simplicitas iocantium; nihil erat tutum; omnis saeviendi placebat occasio, nec iam reorum expectabantur eventus, cum esset unus. Cenabat Paulus praetorius in convivio quodam imaginem Tib. Caesaris habens ectypa et eminente gemma.* [Não irei silenciar os exemplos de nosso tempo. Sob Tibério César foi banal e quase um furor público acusar-se uns aos outros, que mais seriamente pôs disputa o cidadão togado do que toda a Guerra Civil; acolhiam-se a palavra de bêbados e a ingenuidade dos tolos; nada era seguro; toda ocasião servia para praticar crueldade – já não se esperavam acontecimentos para acusação, bastava que fosse um. Paulo, um pretor,

marcas e de procedimentos, no caso, pictóricos ou plásticos, daquele a que se sujeita a ser o paciente da informação. Por outro lado, também é comum se observar a integração entre o discursivo e o visual, produzindo um curioso jogo de correspondências e homologias que podem, em certa medida, resgatar a forma de ler, ouvir, ver e enxergar imagens ou textos ou imagens/texto, apesar de termos a clareza de que o *discurrĕre* > *dicursus* pressupõe progressão narrativa e, portanto, temporal e o *uidēre* > *uisum* é fundamentalmente simultâneo, imediato, logo desprovido de progressão temporal, já que se subordina à simultaneidade do olhar.

O texto historiográfico em suas modalidades antigas (comentário, monografia, história universal, história pragmática, anais, vidas, etc.) guarda em si não somente o registro de eventos, como também documenta um agente histórico e as próprias marcas de decodificação por seu público, em que pese aqui a seleção prévia extemporânea a que se sujeita o documento, que, em si mesmo, deve ser entendido como escolha do agente da história, seja ele um historiador, seja ele um filólogo. Este duplo referencial – agente e paciente, *auctor* e *audiens*[6], – historiográfico, entretanto, só pode ser traduzido hoje, se tivermos em mente a própria condição textual da história, tendo em vista o gênero letrado, balizado por regras que norteiam sua produção (agente) e sua fruição (paciente). Por outro lado, me parece importante salientar que apesar de, sob o ponto de vista das tecnicidades, poesia e outros gêneros regidos pela *rēs ficta* não possuírem estatuto histórico *scricto sensu*, eles são também tidos como documentos, já que resgatam verossímeis de determinadas épocas ou de *personae* históricas, o que nos vale como embasamento para resgate da audiência, dado que supõe a reconstrução textual do *probabilis*, do que *pode ou poderia ser*. Assim, tais discursos ficcionais tem estatuto probatório se observados poético e retoricamente. Por exemplo, quando

---

ceiava num certo simpósio, tendo uma imagem de Tibério César num eminente camafeu em relevo].

D.C., 43.43: τό τε ὅλον τῇ τε Ἀφροδίτῃ πᾶς ἀνέκειτο, καὶ πείθειν πάντας ἤθελεν ὅτι καὶ ἄνθος τι ὥρας ἀπ' αὐτῆς ἔχοι· καὶ διὰ τοῦτο καὶ γλύμμα αὐτῆς ἔνοπλον (*imago clipeata* = *éikon énoplon*) ἐφόρει, καὶ σύνθημα αὐτὴν ἐν τοῖς πλείστοις καὶ μεγίστοις κινδύνοις ἐποιεῖτο. [Ele era absolutamente devotado à Afrodite e estava disposto a convencer a todos que recebera dela uma flor da juventude. Por conseguinte, ele costumava usar uma imagem sua em armas sobre seu anel e seu nome dedicou a maior parte e os maiores perigos]. Cf. Plin., *Nat.* 37.173.

6 Penso aqui no particípio presente de audiō, audīre, na 6ª acepção do OLD: ouvir um professor, ouvir palestras, receber instruções, ouvir um recital de um *auctor*, ouvir um recital de literatura.

Quintiliano[7] trata da digressão, ele nos informa que ela tem duas funções: a primeira, deleitar; a segunda, convencer. Diz ainda que uma digressão pode ser interna à causa, relembrando dados que já foram expostos anteriormente no discurso, ou externa à causa e, nesse caso, pode ser uma *narrātio ficta*. Pagán[8], por exemplo, coloca lado a lado Virgílio e Tácito ao propor as funcionalidades da digressão no texto historiográfico. Essa aproximação entre o agente historiográfico e o poeta épico, apesar da narrativa que ambos produzem de modo diferente, entretanto ambas ainda narrativas, pode justamente apontar para uma única regra a que ambos documentos, a *Eneida* de Virgílio de um lado e os *Anais* de Tácito de outro lado se subordinam. Assim, as narrativas são delimitadas e tuteladas por *artes/technai* específicas, que os norteiam e preliminarmente instruem a recepção, já que estamos diante do discurso.

Também devemos ter em mente como corolário que os documentos construídos de acordo com procedimentos retórico-poéticos – mais uma vez reafirmando a seleção comprometedora a que se sujeitam – estão, portanto, previamente acordados entre paciente e agente historiográfico. Assim, de um lado, o *auctor*[9] produz o texto,

---

7 Quint. *Inst.* 4.2.19. P. Martins (2012). "Ekphrasis, Digression and Elegy: a reception of Propertius' second book": "Although in this passage Quintilian deals with some important functions of the *narratio ficta* as *ad concitandos iudices* or *ad resoluendos aliqua urbanitate*, exemplifying with Cicero's discourse, he alerts us to the possibility of the use of digression in place of this fictitious narration: *interdum per digressionem decoris gratia*. Then we would think that digression could be closely related to the idea of a fictional accessory in the argumentation, besides its capacity of delighting and persuading. Further off, Quilitilian argues that digression about some pleasant and attractive topics is used by some orators to complement the statement of facts with a view to securing the utmost amount of favour from their audience".

8 V. E. Pagán. 2002. "Actium and Teutoburg: Augustan Victory and Defeat in Vergil and Tacitus" in: D. S. Levene and D. P. Nelis, eds., *Clio and the Poets: Augustan Poetry and the Traditions of Ancient Historiography*. Vol. 224. Leiden; Boston; Koln: Brill, Mnemosyne: Supplementum: 45-59. Pagán notes that Vergil and Tacitus include watershed events of the Augustan era: victory at Actium, which looks to the future, defeat in the Teutoburg Forest, which invokes the recent past. Vergil uses ecphrasis, Tacitus digression, to fit the events into their narratives. Germanicus also visits Actium, and thereby combines the two experiences.

9 É bom lembrar que não é minha intenção apenas traduzir o termo autor em latim, *auctor, -ōris*. Antes pretendo recuperar as camadas semânticas do conceito contidas no termo, começando a pensar na etimologia que é o verbo *augeo, augēre* (aumentar, acrescer), é necessário observar que de acordo com o OLD em sua 4ª acepção propõe que o *auctor*

de outro lado, sua *auctōritas* é constituída por sua audiência, *audiens*. Tal acordo, precedência ou compromisso, se impõe justamente por serem essas modalidades regidas discursivamente por preceitos retórico-poéticos que enquadram, modalizam, normalizam o discurso e, consequentemente, tornando o texto resultante virtuosamente apto[10], logo eficaz por seu compromisso intelectivo com o seu público efetivo. Nesse sentido, é absolutamente necessário compreender que o texto historiográfico, antes de ser uma das mídias de eventos e/ou retratos, é inequivocamente artefato literário com todos os ingredientes que convém à narrativa, sem querer entrar na polêmica, a meu ver, já resolvida, entre H. White[11] e A. Momigliano[12], arbitrada por C. Ginzburg[13].

Outra questão que se impõe está assentada justamente na questão de um entendimento de história como narrativa, daí, nos ser útil a afirmação de Veyne: "Como o romance, a história seleciona, simplifica, organiza, faz com que um século caiba numa página[14], e essa síntese da narrativa é tão espontânea quanto a da nossa memória, quando evocamos os dez últimos anos que vivemos."[15] Se especulamos sobre a distância separadora entre a experiência vivida e a reflexão da narrativa construída pelo historiador, isto pode nos levar a descoberta de limites que determinam a incompletude e lateralidade dos eventos, isto é, nunca aquilo que é traduzido pela narrativa pode ser apreendido, completa e diretamente, por documentos, por teste-

---

é a pessoa que tem o peso ou a autoridade: um líder ou porta-voz, representante-chefe, um representante, agente. Na 6ª acepção, Alguém que persuade, ensina ou aconselha. Na 8ª acepção, um reconhecido especialista num determinado assunto e especialmente quando torna-se um precedente ou modelo, uma autoridade no "assunto". Somente a 9ª acepção, prevê o escritor.

10 *aptum*.

11 H. White (2001). "Texto histórico como artefato literário" in: *Trópicos do Discurso: ensaios sobre a crítica da cultura. Trad. Alípio Correia de Franca Neto*. São Paulo: Edusp: 97-116.

12 A. Momigliano (1981). "The rhetoric of history and history of rhetoric: on Hayden White's tropes" in: E.S. Shaffer, ed. (1981). *Comparative criticism: a yearbook, vol. 3*. Cambridge: Cambridge University Press: 259-268.

13 C. Ginzburg (2002). "Sobre Aristóteles e a história, mais uma vez" in: *Relações de Força*. Trad.: Jônatas Batista Neto. São Paulo: Cia. das Letras: 47-63.

14 Por exemplo, a história das artes, em História Natural de Plínio, o Velho (nota de Veyne).

15 P. Veyne (1998). *Como se escreve a história e Focault revoluciona a história*. Trad. Alda Baltar e Maria Auxiliadora Kneipp. Brasília: Ed. UnB: 18.

munhos, ou por monumentos.[16] Resumidamente, Veyne também propõe: "A história é essência, conhecimento por meio de documentos. Desse modo, a narração histórica situa-se para além de todos os documentos, já que nenhum deles pode ser o próprio evento; ela não é um documentário em fotomontagem e não mostra o passado ao vivo 'como se você estivesse lá'; retomando a útil distinção G. Genette, ela é *diēgesis e não mimēsis*".[17]

Ao tratarmos da imagem (*imago/eikon*), logo, do *monumēntum* e das vertentes figurativas que evoca e/ou respeita, *signum* que é, não devemos pensar que o processo cognitivo que a "lê/vê" e a converte em juízo, como um posicionamento da *mens*, seja diverso daquele que diante da tessitura do texto no papiro, ou com ouvidos atentos, vivencia uma *performance* de *orationes* ou de poesia de forma que os gêneros que compõem as visualidades materiais se assomam aos gêneros que determinam as modalidades historiográficas já elencadas por nós, ou mesmo, gêneros ficcionais, poéticos ou prosaicos. Ocorre, porém, que, se observarmos sob o aspecto preceptivo, pouco ou quase nada há sobre pintura, escultura, numismática e arquitetura antiga grega ou romana sob a forma de registro escrito antigo. Assim, sem termos uma taxonomia, uma metalinguagem acerca dessas mídias sob a perspectiva metodológica, é prudente organizarmos um *corpus* imagético, ou mesmo, *corpora* imagéticos em consonância a regras compositivas retrospectivamente. Isto é, a partir de componentes que podem ser aferidos a partir da observação de grupos ou de séries imagéticas. E destes grupos seriados ou não, refletir acerca da tradução[18] de: *signa, simulacra, effigies, statuae, figurae nummi, opera tessalata* (*lithostrota*) e *ectypae gemmae* (*sculpturae*).

Importa também a finalidade desses registros imagéticos a que se deu o nome mais amplo *monumēntum*. Tendo em vista o conceito em viés do étimo, o monumento é o resultado substantivo e material ou não do *monĕo, monēre*, daí, ser o resultado

16 A inclusão dos monumentos nessa chave de leitura não é proposta por Veyne, mas por mim mesmo.

17 Veyne (1998,18-19).

18 K. Freudenburg na série de seminários realizados na Universidade de São Paulo sob o título "The structures of influence in Roman poetry" em Março de 2013, defende que ao lermos poesias ou vermos imagens romanas cuja base da emulação seja a poesia, a pintura ou a escultura grega, devemos entender que o resultado do processo produz um poema, uma pintura ou uma escultura "traduzida e aculturada", logo absolutamente outra, diferente da original e funcionam na maior parte das vezes em acordo com a cultura romana, a despeito de sua base grega.

da ação de *fazer pensar, lembrar* e, por extensão, *esclarecer, instruir, ensinar*. Afora o resultado de *predizer, anunciar* e *profetizar*. O *monumēntum*, portanto, é, ao mesmo tempo, o que foi feito pensar e a lembrança; o esclarecimento, a instrução e o ensinamento, e mais: a predição, o anúncio e, mesmo, a profecia.

Assim pensando as imagens, parece-me que o âmbito de seu uso e fruição é primeira categoria necessária à delimitação de seus sentidos intrínsecos e extrínsecos. A *dicotomia entre o privado e o público* que R. B. Bandinelli[19] apresentou é ponto de partida para sua compressão e dimensão entre os romanos no final da República[20] e início do Principado, apesar de sabermos que, em muitos casos, a circunstância de observação que é, em princípio privada, pode, muita vez, extrapolar ao público e vice-versa. No primeiro movimento, isto é, o privado que passa a ser público, temos as *effigies* dos ancestrais que, nos *funera gentilicia*, são levadas em procissões funerais (*pompa funera*), ultrapassando, desta forma, a barreira do privado e invadindo, por assim dizer, o império do público, já que no dia de funerais patrícios, todos os bustos da *gens* enlutada eram levados em procissão desde a *domus* aos *rostra* no fórum[21], deixando, pois, sua sintaxe no *columbarium*, no *atrium* e passando a ser fruídas por um espectro maior de espectadores[22], no ambiente público. No movimento inverso, é interessante a relação mantida entre a figuração pública e o meio "gema" e/ou camafeu (*ectypae gemmae*). Se de um lado a figura exposta à visão é essencialmente pública o suporte/meio é tipicamente privado, dado que se limita ao vestuário ou ao adorno doméstico.[23]

---

19 R. B. Bandinelli (1988). *Roma: L'arte romana nel centro del potere. Dalla origini alla fine del II secolo d. C.* Milano: BURarte: 71 e ss; 177-222.

20 Não irei discutir aqui a pertinência da discussão se existe ou não o fim da República com o início do Principado.

21 Plb., 6.53.

22 P. Martins (2013). "Os Romanos, as imagens, o direito e a morte". F. Farvesani; F. Joly, orgs. (2013). *As Formas do Império Romano*. Ouro Preto: Ed. da UFOP. (no prelo). Cf. H. I. Flower (1999). *Ancestor Masks and Aristocratic Power in Roman Culture*. Oxford: Oxford University Press. M. L. Anderson; L. Nista (1988). *Roman Portraits in Context*. Roma: De Luca Edizioni d'Arte: 33-39.

23 Suet., *Aug.* 50: *in diplomatibus libellisque et epistulis signandis initio sp<h>inge usus est, mox imagine Magni Alexandri, nouissime sua, Dioscuridis manu scalpta, qua signare insecuti quoque principes perseuerarunt.* Em documentos diplomáticos e nas cartas, primeiramente usou uma esfinge a fim de dar sua firma, mais tarde a imagem de Alexandre

A segunda categoria aponta naturalmente para o *meio* em que se veicula a imagem. Daí, no primeiro caso temos: a) a estatuaria (bustos, hermas, estátuas e relevos); b) a moeda; c) os mosaicos; d) as gemas e camafeus. Cada um desses meios tem elocução própria, e disso depreendem-se também virtudes próprias – ornato, clareza, pureza, decoro (*ornatus*, *perspicuitas*, *puritas* e *aptum*). Temos ainda, por conseguinte, que uma estátua ou um camafeu podem suscitar afecções[24] diferentes, por exemplo, um mais afeito à neutralidade ética, outro em relação mais estreita com a força patética. Assim como o orador ou o poeta, quaisquer outros artífices, a saber, o cinzelador, o escultor ou o pintor podem compor argumentos que comovem em face de ser *uehemens* ou *atrox*[25] – patéticos; ou persuadem por serem plenos em *lenitas* – éticos.

Por fim, a última consideração que devemos ter em mente é entender os textos e as imagens sob a perspectiva de gênero discursivo aristotélico.[26] E assim temos sob a rubrica do documento, os discursos judiciários, deliberativos e epidíticos. Se pensarmos no uso específico dessa taxonomia junto às peças oratórias, não se pode duvidar que tais registros sejam importantíssimos documentos de história política e econômica de um determinado hiato temporal, logo sua inclusão como fonte seria óbvia e ululante. Devo, contudo, salientar que, sob a perspectiva desta contribuição acerca da história do período augustano, não observarei os discursos em seu sentido estrito – oratória –, como ainda farei uso dessa preceptiva em apenas um desses gêneros, o epidítico, e ainda, restritivamente aplicado a registros poéticos. Acredito também que podemos entender que toda prática imagética, que nos servirá igualmente de fonte

---

Magno, finalmente, a sua com a mão aberta de Discórides, com a qual também os príncepes seguintes assinaram.

Suet., *Jul.* 47: Britanniam petisse spe margaritarum, quarum amplitudinem conferentem interdum sua manu exegisse pondus; gemmas, toreumata, signa, tabulas operis antiqui semper animosissime comparasse. Diziam que fora à Britânia com esperança de encontrar pérolas cujo valor, algumas vezes, era auferido, conferindo o peso com uma das mãos. Diziam sempre que colecionava muito entusiasmadamente gemas, intaglios, estátuas, pinturas de pintores antigos;

24 Afecções, que de acordo com Cic., *De Or.* 2.46.190, podem atrair à causa pelo ódio, pelo medo, pelo luto, pelo desejo, pela admiração ou por qualquer outra emoção que o orador desperte ou demonstre sentir durante o discurso.

25 Cic., *De Or.* 2.49.200; 213; Quint., *Inst.* 6.2.8-12.

26 Arist., *Rh.* 1358a-1360b; 1365a-1368b; 1368b-1370a.

(*monumēntum*), sob a perspectiva de uma classificação de gênero ora está associada ao hino, ora ao encômio, ao epinício, logo ao louvor que é cerne do epidítico.[27]

Quando estamos diante do texto epidítico, muita vez, nos perguntamos se estamos diante de algo que é verdadeiro, supondo, pois, que a motivação do louvor e do vitupério é sempre escusa e velada, portanto, pela ira exacerbada ou pela adulação desmedida. Se assim é entendido o documento, ele parece carecer de credibilidade, de *fides*. Mais do que isso, seu caráter histórico se esvai, perde seu valor. Tal suposição é tola já que não é necessário estar-se diante do epidítico para que estejamos diante de um texto afeito a parcialidades. Como vimos, Veyne já nos mostrou qual seja a fragilidade do documento diante do evento.

Seja como for, nossa ocupação aqui é tratar da história de Otávio Augusto, em imagem e discurso. Disso deriva algumas inquietações. Dentro desse paralelo (imagem e texto) acaso a imagem tem a mesma *fides* do texto no período que compreende o primeiro consulado de Júlio César e a morte de Augusto? São *mídias* complementares ou não? O que podemos hoje falar em níveis de representação? Diante do texto historiográfico de Dion Cássio, Nicolau Damasco, Suetônio, Augusto e Tácito, os encômios e *imagines* podem oferecer alguma contribuição? Pensemos um pouco sobre isso.

Auctoritates Augusti

Quaisquer respostas a estas indagações, a meu ver, passam pela compreensão da ideia de *auctoritas*, sua construção e consecução. Quando discutimos se há ou não uma alteração no regime político romano com a ascensão de Otávio, isto é, se com ele finda a República e começa o Principado ou Império, creio que não haja tal ruptura, antes acredito que temos uma República em novas bases que passam por uma série de alterações e refinamentos de papéis dentro do teatro político republicano. Isso a que chamo de alterações e refinamentos de papéis são facilmente observados nas próprias representações iconográficas e poéticas de Otávio, cuja característica essencial é a sobreposição de funções, acúmulo de investiduras que em hipótese alguma estão fora do horizonte republicano.[28] Confirmamos isso ao observarmos a afirmação de Otávio nas *Res Gestae* (*Monumentum Ancyrarum*), quando propõe uma distinção e tensão entre *auctoritas* e *potestas*: *Post id tempus auctoritate omnibus praestiti, potestatis au-*

27 Men. Rh., 368-377. Cf. P. Martins (2011). *Imagem e Poder. Considerações sobre a representação de Otávio Augusto*. São Paulo: EDUSP.

28 P. Martins (2011, 135 e ss).

tem nihilo amplius habui quam ceteri qui mihi quoque in magistratu conlegae fuerunt.[29] [Depois desta época, pela autoridade excedi a todos, mas em nada tive mais poder do que outros colegas meus que também exerceram uma magistratura].

Galinsky[30] ao discutir a *auctoritas* augustana como um conceito essencial para que entendamos o período augustano, entendo que esteja dando substância a ideia de "novas bases" da República romana sob Otávio. Apesar de Galinsky tratar especialmente da história cultural, nesse caso não há como apartá-la da questão política que a ela subjaz. Se as *auctoritates* de Otávio, ou mesmo, suas *potestates* são alvo de representações, isso significa que tais autoridades e poderes se não são o cerne de seu governo, são, pelo menos, sua marca distintiva. Mais do que isso, as inter-relações necessárias entre essas distinções são muito importantes para o estabelecimento de um verossímil discursivo e iconográfico da República restaurada por ele representada. Galinsky ainda diz que os poderes (*potestates*) não são enfatizados nas *Res Gestae*, afinal são eles poderes transacionais para operação do governo. Esses não devem ser negligenciados, pois são realmente necessários, mas são secundários diante da *auctoritas* que Augusto busca construir.[31] Seja como for, havendo ou não a supremacia da *auctoritas* sobre a *potestas*, quais delas (*auctoritates* ou *potestates*) são tipicamente republicanas e subexistem no "Império"? Quais delas são especialmente imperiais e, portanto, fora do quadro de investiduras que temos na República? Ou ainda, entre as primeiras, em quais houve alteração de sua aplicabilidade, em quais houve a manutenção?

Se fizermos um inventário de poderes e autoridades teremos: a) em 43 a.C., filho adotivo de Júlio César que produzirá como consequência - *Caesar diui filius*[32];

29 Aug., *Anc.* 6.21.

30 K. Galinsky (1996). *Augustan Culture.* Princeton: Princenton University Press:10-41.

31 Galinsky (1996,16).

32 Em 1 de janeiro de 42 a.C., aproximadamente dois anpos após a morte de Júlio César em 15 de março de 44 a.C., entretanto antes da definitiva vitória do segundo triunvirato sobre aqueles que haviam conspirado contra César e haviam lhe tirado a vida, o Senado Romano o reconhece como divindade. Ele, Júlio César, portanto, passa a ser reconhecido como *Divus Iulius* (o divino Júlio), e seu filho adotivo se autodenomina *Divi filius* (filho do divino, filho do deus) [cf. R. Syme (1939). *The Roman revolution.* Oxford: At Clarendon Press: 202 e]. É comum encontrarmos uma forma mais completa para essa designação "*divi Iuli filius*" (filho do divino Júlio). Como, por exemplo, na Porta Tiburtina em Roma cuja inscrição indica no alto do Aqueduto *Aqua Julia* (5 a.C.), CIL VI 1244: IMP[erator] CAESAR DIVI IULI F[ilivs] AUGUSTUS PONTIFEX MAXIMUS CO[n]S[vl] XII TRIBUNIC[ia] POTESTAT[e] XIX IMP[erator] XIIII

b) ainda em 43, passa a ser *propraetor*[33], logo um magistrado *cum imperio* e ganha seu primeiro consulado; c) em 39 a.C., coloca-se sob proteção de Apolo[34], logo como tal será figurado; d) em 31ª.C., torna-se cônsul pela segunda vez e vence Marco Antônio em Ácio; em 29 a.C., é celebrado um triplo triunfo (Ilíria, Alexandria e Ácio); em 28 a.C. passa a ser *princeps senatus* e realiza a consagração do templo de Apolo Palatino; em 27 a.C., restitui a República ao Povo; recebe uma enorme província proconsular; ganha um escudo de ouro que simboliza sua virtude, clemência, justiça e piedade e recebe o título de Augusto; f) em 23 a.C., recebe o *imperium maius* e a *tribunicia potestas*; g) em 2, passa a ser *Pontifex Maximus* e passa a ser o *pater patriae*.[35] Observemos algumas imagens relativas a esses poderes e autoridades:

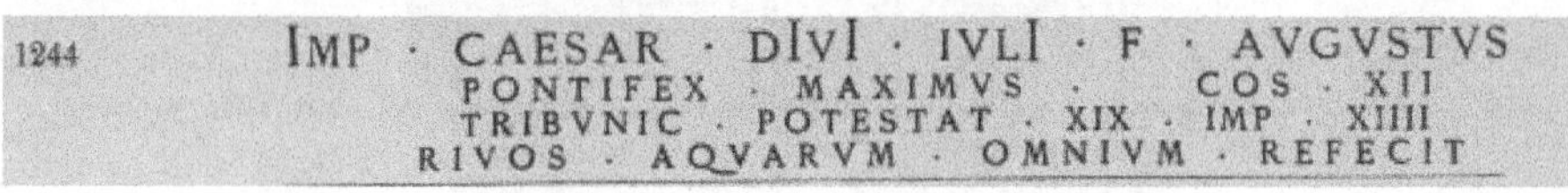
1244 IMP · CAESAR · DIVI · IVLI · F · AVGVSTVS
PONTIFEX · MAXIMVS · COS · XII
TRIBVNIC · POTESTAT · XIX · IMP · XIIII
RIVOS · AQVARVM · OMNIVM · REFECIT

Figura 1 – CIL VI, 1244 – ed. 1876, p. 268

RIVOS AQUARUM OMNIUM REFECIT". O imperador César Augusto, filho do divino Júlio, Pontífice Máximo, Consul por doze vezes, em seu décimo nono ano de poder tribunício, imperador por quatorze vezes, reorganizou os cursos de todos os aquedutos.

33 O Senado romano confirma Otávio como propretor com responsabilidade conjunta na campanha contra Marco Antônio.

34 Cf. D.C., 43. Parece-me que a relação que Otávio passa ter com Apolo pode ser um eco da anedota que Dion Cássio narra, contando que Atia certa noite no templo de Apolo teria mantido um intercurso sexual com uma cobra e sugere que dessa relação nascera Otávio.

35 Os três últimos parágrafos fazem parte de uma discussão mais ampla acerca dos limites entre os conceito de República e Império suscitados pelo texto "Entre a República e o Império: apontamentos sobre a amplitude desta fronteira" de Fábio Faversani por mim mesmo no texto "Implementando apontamentos à tenuíssima divisa entre República e Império Romano", ambos a serem publicados em *Mare Nostrum – Estudos sobre o Mediterrâneo Antigo*, no segundo semestre de 2013.

Figura 2 – Aureus 43 a.C. Júlio César e Otávio – RRC 490/2[36]

Figura 3 – Denário de Prata – Otávio e a Paz – RIC 252[37]

Figura 4 – Denário de Prata – Otávio na Vitória de Ácio – RIC 267[38]

---

36 (43 a.C.) Otávio e Júlio César. AV Aureus. Cunhada na Gália. Obverso: Otávio: C[aivs] CAESAR COS[vl] PONT[ontifex] AVG[vr] (convém observar aqui que a inscrição AVG não poderia se referir a Augusto como ocorrerá a partir de 27 a.C., assim, neste caso, me parece uma referência ao colégio de augures do qual fez parte Otávio), cabeça descoberta à direita. Reverso: Júlio César: C[aius] CAESAR D[ictator] P[erpetvvs] PONT[ifex] MAX[immvs], Júlio César com a cabeça laureada à direita. Crawford ou RRC 490/2, Syd 1321.

37 (32- 29 a.C.) Cunhada na Itália. Obverso: Otávio. Cabeça descoberta à direita, circundada por pontos na borda. Reverso: A Paz de pé à esquerda, segurando um ramo e uma cornucópia, circundada na borda por pontos. Inscrição: CAESAR DIVI F[ilivs]. BMCRE 605. CBN 29. Cohen 69.

38 (31 a.C.) Denário de Otávio. Obverso: Otávio: cabeça descoberta à direita. Reverso Otávio na quadriga no arco triunfal pela vitória em Ácio com a inscrição: IMP[erator]

Poder, política, religião: texto e imagem

É essencial em nossa reflexão acerca da história (texto e imagem) sobre e sob Augusto, o papel da religião no período. Já se salientou que Augusto como restaurador da República ganha um papel análogo ao de Camilo quando rejeita a proposta de migração dos romanos para a cidade de Veio (Veii) após o saque gaulês de 390 a.C.[39] Afirma Camilo que Roma fora fundada sob auspícios e augúrios e que não havia dela uma parte que não fosse plena de cultos e deuses com seus regulares rituais e em seus respectivos e apropriados lugares. Quando Augusto propõe sua restauração da República, toma para si a tarefa de revigorar os cultos locais, aproximando-se, pois, dos ritos ancestrais e estabelecendo uma indissociável relação entre os cultos e o *lugar*[40], logo aproxima-se do papel de Camilo como se já não bastasse a sua própria ascendência, Júlio César.

Outra questão que emerge da associação entre Augusto e religião é o surgimento de rituais que focalizavam mais especificamente a figura do próprio imperador (o culto imperial[41]), que irá ser acentuado, como não poderia deixar de ser, no *post mortem*, ainda que Augusto já tenha seu gênio cultuado, possuindo assim um *numen* que é a qualidade própria de um ser divino, além de ter sua imagem associada a da deusa Roma. Vale lembrar que, na história romana, há alguns homens insignes que tomam para si a proximidade com o divino, dois exemplos são os de Cipião Africano que cria o rumor de que seja filho de Júpiter e de Sila que adota a alcunha Epafrodite, ou protegido de Afrodite. Porém em ambos os casos é certo afirmar que são distintos do culto imperial, já que este não é uma simples adoção de alcunha ou rumor cortesão como aqueles. Não há possibilidade de se ser divino sem a cerimônia da *consecratio* que deve ser uma decisão senatorial, logo civil. Nesse sentido, o fato de ser cultuado produz uma espécie de imiscuição entre a política e a religião; entre o divino e o terreno. Daí segue o culto imperial uma série de estratégias preliminares, no caso específico de Augusto, que partem da própria adoção do cognome, que passam pela

---

CAESAR. RSC 123.

39 Liv., 5.2.

40 Cf. M. Beard; J. North; S. Price (1996). *Religions of Rome. A History. Vol. 1.* Cambridge: Cambridge University Press: 168.

41 Suet., *Aug.* 31. Tac., *Ann.* 4.37-38. No primeiro século apenas tiveram a *consecratio*, além de Júlio César, Augusto, Cláudio, Vespasiano, Tito e Nerva, logo apenas estes estavam sujeitos ao culto imperial.

sua origem da *gens* Júlia, que se prendem à sua habilidade militar (*imperator*), que se sustentam nas qualidades da virtude, justiça, clemência e piedade:

> "Durante a vida do imperador, muitos sinais mostram ser um destino se tornar um deus, ele é um homem privilegiado entre os outros homens, ele é protegido pelos deuses, e já está mais perto dos deuses do que os outros homens. Estes sinais indicam a todo mundo que ele está destinado a ser aceito entre os deuses após sua morte. O exemplo de Augusto é certo a este respeito; ele é o filho de um divus, César, suas "virtudes" principais recebem o nome de "Augustas", seu Genius foi unido ao culto do Lares compitales em Roma; um numen, que é a qualidade adequada de um deus é atribuída a Augusto."[42]

Sob o aspecto dessa relação entre Augusto e a religião, os testemunhos, ainda que poéticos, mas, por isso mesmo, verossímeis, de Horácio e Virgílio[43] salientam a negligência a que foi acometida a tradição da religião no final da República e, nesse sentido, os autores depositam em Augusto, um homem com um poder sem precedentes, a capacidade de revigorar ou refundar a religião romana. Dessa maneira, Augusto sob a perspectiva da refundação passa a ser associado a Rômulo, daí então não só por sua relação de parentesco com a *gens Iulia*, como também sob o prisma de uma simbologia da fundação e da refundação de Roma. Tal aproximação ganha expressão, por assim dizer, em 27. Explico. Assim como no mito Rômulo é favorecido pelos bons auspícios em sua disputa com Remo, logo um afortunado, Otávio também recebe um título cujo cerne é o *augur* – áugure, aquele capaz de prever e predizer. Além disso, Otávio reconstrói o templo de Quirino, divindade identificada com a República em seus primórdios.

Em 2 a.C., quando é erigido o fórum de Augusto com seu principal edifício, o templo *Mars Vltor* (Marte vingador), podemos entrever na sua arquitetura a confluência desses elementos que compõem simbolicamente as *auctoritates Augusti*, afinal, à entrada são dispostas duas passagens laterais a esquerda e a direita em que estão perfilados homens insignes da história romana, todos a "observar" a estátua central do fórum: Augusto em sua quadriga. Ao final das duas fileiras paralelas laterais

42 J.-P. Martin (1993). Le Culte Impérial (Ier – IIIe siècle) in C. Badel; X. Loriot, dir. (1993). *Sources d'Histoire Romaine. Ier AV. J.-C. début du Ve siècle APR. J.-C.* Paris: Larousse: 591.

43 Verg., *G.* 1.498-501; Hor., *Od.* 1.2.

(c. 60m), insinuam-se dois nichos em forma de meia lua (c. 40 m), à esquerda está Eneias, ladeado pelos reis de Alba Longa e os Júlios e no nicho à direita está Rômulo, ladeado de *summi uiri*. Tanto Eneias, como Rômulo estão à mesma linha de Augusto que surge às portas do templo de Marte. Já dentro do templo, têm-se à entrada, cinco estátuas: Rômulo, Vênus, Marte, Fortuna e Roma como que formando a "entourage" de Augusto que está à frente. No fundo do templo, temos mais três estátuas: Vênus, Marte e Divino Júlio. O sentido que subjaz a esta sintaxe como reflexo da disposição espacial das imagens, apontam para os três vetores da construção imagética sob Augusto como veremos a seguir.

P. Zanker propõe ao falar do fórum e dos monumentos que o compõem:

> "O momento que expressa mais plenamente a nova mitologia é o Fórum de Augusto. Otávio havia prometido um templo a Mars Vltor (Marte vingador) durante a batalha contra os assassinos de Júlio César em Filipos (42 a.C.), mas apenas quarenta anos depois o santuário foi finalmente consagrado. Até então, Marte provou-se como o vingador de Roma pela segunda vez, contra os partos. É por isso que a marca recapturada foi exibida permanentemente na cela do novo templo."[44]

44 P. Zanker (1990). *The Power of Images in the Age of Augustus*. Translated by Alan Shapiro. Ann Harbor: Michigan University Press:193-4.

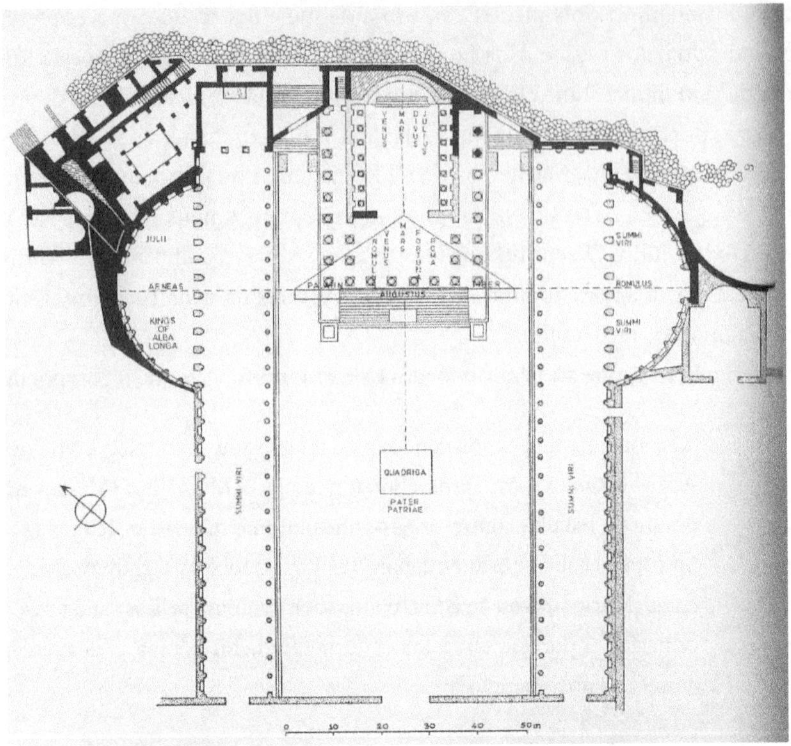

Figura 5– Planta baixa do Fórum de Augusto – Aberto em 8 a.C.[45]

Figura 6 – Denário de Prata de Augusto/Mars Vltor[46]

45 Zanker (1990, 194).

46 (18 a.C.). Silver coin; ancient forgery. (obverse) Head of Augustus, laureate, right. (reverse) Front view of circular temple (Temple of Mars Ultor) with domed roof, showing six columns; within, aquila between two standards. The small temple of Mars Ultor

Figura 7 – Denário de Prata de Augusto/Mars Vltor[47]

Na verdade, fato é que já Otávio mesmo a partir das limitações impostas pelo exercício coletivo de poder no II Triunvirato, passa a associar sua imagem à de Apolo, como fará com outras divindades durante o decurso de seu principado como é o caso de Netuno, ou mesmo, com divindades e seres míticos exógenos à Itálica como o Hermes-Thot ou como a Esfinge[48]. Isto sem falarmos da própria divindade apoiada em seu próprio culto. No *post mortem*[49] haverá também, pelo menos iconograficamente, a associação a Júpiter. Mesmo assim é digno de uma observação mais atenta sua relação com Apolo.

Sucintamente podemos pensar que a construção de uma imagem religiosa de Augusto opera três vetores simultaneamente: um primeiro, digamos, institucional, Augusto constrói as bases de sua futura e absolutamente certa *consecratio* e, portanto, de sua divinização *post mortem* aos moldes de JC, tendo seu gênio, ainda em vida, cultuado no Lares e tendo sua imagem associada à deusa Roma, o que em certa medida

---

was situated on the Capitol and was built specially to house the legionary standards of Crassus and Antony recovered by Augustus from Phraates IV of Parthia. It was dedicated on 12 May, 20 BC.

47 Silver coin.(obverse) Head of Augustus, bare, left. (reverse) Circular domed temple, showing four columns and containing figure of Mars Ultor, helmeted, standing left; holding aquila in right hand and standard in left hand, over left shoulder. The small temple of Mars Ultor was situated on the Capitol and was built specially to house the legionary standards of Crassus and Antony recovered by Augustus from Phraates IV of Parthia. It was dedicated on 12 May, 20 BC.

48 Cf. Martins (2011, 96-97).

49 Cf. Martins (2011, 106).

antecipa sua consagração; um segundo vetor, digamos, simbólico, quando aproxima sua imagem a de divindades, formando um código, um paradigma de seu próprio panteão, daí seguindo os exemplos de Cipião Africano e de Sila; e por fim, o terceiro, um vetor histórico-cultural, que resgata a origem da cidade com Rômulo e as suas afinidades com Camilo, sob a perspectiva da restauração da República, nesse último caso, é pertinente observarmos a estreita relação com a *Venus Vetrix* e *Mars Vltor*, como já vimos. Tratemos, contudo, do segundo caso de modo geral e de Apolo, mais especificamente.

Trosque parens et Troiae Cynthius auctor[50]

Figura 8 – Apolo Citarista da Casa de Augusto – Museo Nazionale Romano: Museo Palatino[51]

John F. Miller, na introdução de seu trabalho[52], que se ocupa das relações entre Apolo, Augusto e os poetas da época de Augusto, nos propõe uma série de indicações que devemos ter em conta a fim de repensarmos uma das *auctoritates* de Otávio Augusto quando associado a Apolo. Partindo dos primeiros 40 versos do terceiro livro das *Geórgicas*[53], nos quais é proposta uma écfrase de um templo de Apolo, Miller

50 Verg., *G.* 3.36. Tradução de Manuel Odorico Mendes: "O pai Tros e de Troia autor o Cíntio".

51 © 2011 – IAC – Paulo Martins – www.usp.br/iac, acessado em 2 de janeiro de 2013.

52 J. F. Miller (2009). *Apollo, Augustus, and the Poets.* Cambridge: Cambridge University Press: 3.

53 Publicadas em 28 a.C.

faz-nos refletir sobre alguns pontos: a) a natureza do deus (Apolo é o deus da fundação por excelência); b) o significado do termo Cíntio (a honra à cidade de Delos e um eco do epíteto calimaqueano que aduz às representações imagéticas uma natureza poética); c) o fato de Otávio evocar Apolo (em seu triplo triunfo de 29); d) Otávio ter oferecido a Apolo a sua vitória em Ácio (de acordo com o imaginário da época); e) a força do verso 16: *In medio mihi Caesar erit templumque tenebit* - No meio eu terei César e ele terá o templo.

Observando a última possibilidade, o que temos nesse verso é uma perfeita integração entre Otávio e Apolo, já que não só ele, César, será o centro do templo como o templo lhe pertencerá. Logo, César é Apolo, por um jogo poético e arquitetônico em que a imagem divina se submete à imagem da *auctoritas* de Augusto. Um ano após a publicação das *Geórgicas*, adverte Miller, Otávio inaugura o templo de Apolo no Palatino, esta ação "piedosa" de Otávio converte a construção poética virgiliana em realidade material. Afirma Miller: "The reference to Apollo which culminates the description in effect glosses one of the main architectural models for Virgil's imaginary temple".[54]

Syme, por sua vez, porta-voz de uma visão mais conservadora em relação à apropriação de Apolo por Otávio a partir de 31 a.C. remete-nos à ideia de uma lenda de origem do principado de Augusto, isto é, Apolo representa uma propaganda construída. Relaciona a própria dimensão de Ácio a uma construção fictícia que está a serviço do principado que está prestes a nascer:

> Nenhum dos rivais na disputa pelo poder tinha pretendido que deveria haver uma batalha séria se eles pudessem ajudá-lo. Então, acabou. Actium foi um caso precário, o clímax digno da ignóbil propaganda contra Cleópatra, a união jurada e sagrada de toda a Itália. Mas o jovem César exigiu a glória de uma vitória que superaria a maior em toda a história, romana ou helênica. Na versão oficial do vencedor, Actium assumiu as dimensões de agosto e uma intensa coloração emocional, sendo transformada em uma grande batalha naval, com uma abundância generosa de detalhes convincentes e artísticos. Mais do que isso, Actium tornou-se o concurso do Oriente e do Ocidente personificado, a lenda do nascimento na mitologia do Principado. [55]

54 Miller (2009, 3).

55 Syme (1939, 297).

Cronologicamente, temos em 31 e 28 a.C. respectivamente a vitória de Ácio e a fundação do Templo de Apolo Ácio e a consagração de Apolo Palatino, portanto este período inicial desse novo momento que culmina em 27 é claramente simbolizado pela relação entre Otávio e Apolo. Assim a associação entre Otávio e Rômulo, como vimos, é acentuada ou amplificada, com a presença de Apolo, já que em sua base temos seu caráter fundador.

De acordo com Dion Cássio[56], nesse momento, Otávio passa a agir de acordo com seu título de *princeps senatus* já que realiza o censo como se Roma ainda fosse uma República. Este tipo de ação pública de Otávio parece-me diretamente associada ao resgate da divindade e a sua utilização dentro do quadro de composição da *imago* do *princeps* e, por conseguinte, do principado emergente, apesar de ser absolutamente incipiente. Assim, Otávio ao completar a construção do templo no Palatino e dedicá-lo a Apolo (em 28, sendo cônsules: Otávio pela sexta vez, Vipsânio e Agripa, ambos pela segunda vez) e quase, simultaneamente, comemorar com Agripa as festividades dada a vitória alcançada em *Actium*[57], aponta construir um suporte simbólico do principado.

Suetônio, ao tratar de Ácio, assim termina:

> *quoque Actiacae uictoriae memoria celebratior et in posterum esset, urbem Nicopolim apud Actium condidit ludosque illic quinquennales constituit et ampliato uetere Apollinis templo locum castrorum, quibus fuerat usus, exornatum naualibus spoliis Neptuno ac Marti consecrauit.*[58]
> Também para que fosse no futuro mais celebre a memória da vitória de Ácio, próxima a ela fundou a cidade de Nicópolis e lá instituiu jogos quinquenais. Depois que ampliou o antigo templo de Apolo, o lugar que tinha sido usado como acampamentos foi consagrado a Netuno e a Marte, ornado com os espólios da batalha naval.

Propércio, por sua vez, talvez seja um dos autores mais profícuos a expressar essa relação entre Augusto e Apolo, assim alguns momentos são importantes não só pela referência à batalha de Ácio e a consequente construção do templo de Apolo em Nicópolis, próxima a Ácio, como também o templo de Apolo Palatino. Em ambas as circunstâncias é direta associação ao *princeps*. Se tomarmos as supostas datas de

56 D.C., 53.23.3-5.

57 D.C., 50.12.7.

58 Suet., *Aug* 18.2.

publicação dos 4 livros de elegia veremos que todos foram produzidos após 27, logo todos já estão sob a égide de Augusto, afinal livro I em 25 a.C.; livro II em 24; livro III em 23 e o IV em 16. Apesar de o elegíaco em 2. 34. 59-62[59] topicamente salientar que é da seara virgiliana tratar de assunto bélico afinal *res gestae et tristia bella* são lugares da épica, dando voz a uma *recusatio calimaqueana*, em 4.6.69-70 reapresenta uma nova dicção com o deus, nesse sentido a recusa se nos apresenta traduzida como a *recusatio* que deus realiza e não mais o poeta, como que apresentando um novo sabor a uma antiga proposição:

> "*ber satis cecini: citharam iam poscit Apollo*
> *victor et ad beress exuit arma choros*".
>
> Cantei o bastante de guerras: Apolo já toma a lira
> vitorioso abandonou as armas em nome de plácidos coros.

Horácio, por sua vez, refere-se a Apolo ou a Febo pelo menos dezoito vezes em toda sua obra, porém o faz principalmente nos livros de Odes[60], o que não nos deve causar espanto já que o deus é reconhecido por sua habilidade com o arco e com a lira, logo afeito ao ordenamento genérico da ode horaciana, ele mesmo tendo matizado o gênero na *Arte Poética* quando inventaria os tons do gênero lírico[61], apresentando subgêneros. Lá Horácio propõe:

> *Musa dedit fidibus diuos puerosque deorum*
> *et pugilem uictorem et equum certamine primum*

59 W.A. Camps, ed. (1985). *Propertius Elegies Book II*. Bristol: Bristol Classical Press: 230: there was a temple of Apollo at Actium. "*mi libet hesternis posito languere corollis/quem tetigit iactu certus ad ossa deus;/ Actia Vergilio custodis litora Phoebi,/ Caesaris et fortis dicere posse rates*". Que me seja permitido descansar deitado sobre as guirlandas de ontem, a mim quem o deus certeiro golpeou até ossos;/ E que a Virgílio seja permitido poder cantar os litorais de Ácio, guardados por Febo e a forte armada de César. Cf. Verg., *Ae*. 8.675-713.

60 Hor., *Carm*. (Apolo): 1.2.32; 1.7.28, 1.10.12; 2.10.20. (Febo): 1.32.13; 3.3.66; 3.4.4; 3.21.24; 4.6.29; 4.15.1. Hor., *C.S*. (Apolo): 34; (Febo): 62; 75. Hor., *Serm*. (Apolo): 1.9.78; 2.5.60. Hor., *Ep*. (Apolo): 1.3.17; 1.16.59. Hor., *A.P.* (Apolo): 407. Vale lembrar que os três primeiros livros de Odes são publicados em 23 a.C. e o quarto em 13 a.C.

61 Hor., *A.P.* 83-87.

et iuenum curas et libera uina referre.

Concedeu a Musa às cordas os divinos e os filhos de deuses
cantar e o vitorioso pugilista e o primeiro cavalo
no certame e os cuidados dos moços e o vinho libertador

Tem-se, pois, que é da lírica cantar os deuses e os heróis, o pugilista vitorioso, o cavalo vencedor o amor dos jovens e o vinho que liberta. A matização, por assim dizer, propõe a adequação dos subgêneros às suas matérias correspondentes, sem esquecermos do grande gênero lírico a que subjaz: o hino, o encômio, epinício, a poesia erótica e a simpótica. Assim sob a égide de Apolo temos a lira e sob o comando da lírica têm-se os subgêneros precedentes. Outro dado que se impõe é a relação dessa poesia com a poesia augustana, franqueada pelo mecenato, assim da mesma forma que Apolo comanda a lira, Augusto comanda a composição poética romana diante da *Pax Romana*. Podemos dizer, desta maneira, que se estreita a relação entre o deus e o príncipe pela sobreposição simbólica que se consolida a partir da poesia, que não podemos deixar de lembrar, é ponto essencial na construção e na difusão de suas *imagines*.

Observemos as três primeiras estrofes da ode 4.15, último poema de seu último livro de Odes, datado de 16 a.C.. vale lembrar ainda os livros de odes são meio pelo qual Horácio se vale para a consecução do seu discurso epidítico a Augusto, fazendo o discurso da paz, mais do que isso, como nos informa Breed (Galinsky e Putnam), Ode 4.15 "certainly recapitulates significant aspects of the fourth book and of the earlier collection of Odes. A further, complementary way in which the poem aspires to closure is through reference to politics and contemporary history. Ode 4.15 has been said to comprise Horace's "poetic summa of the Augustan age," and "his richest meditation on Augustan Rome and the intimacy his poetry possesses with it," to quote Galinsky[62] and Putnam[63], respectively[64]":

Phoebus uolemtem proelia me loqui
uictas et urbes increpuit lyra,

62 Galinsky (1996,111).

63 M. C. J. Putnam (1986). Artifices of Eternity: Horace's Fourth Book of Odes. Ithaca, N.Y.: Cornell University Press: 263.

64 B. W. Breed (2004). "Tua, Caesar, Aetas: Horace Ode 4.15 and the Augustan Age" in *AJPh*, 125.2: 245.

ne parua Tyrrhenum per aequor
uela darem. Tua, Caesar, aetas

fruges et agris rettulit beres
et signa nostro restituit Ioui
derepta Parthorum superbis
postibus et uacuum duellis

Ianum Quirini clausit et ordinem
rectum euaganti frena licentiae
iniecit emouitque culpas
et (...)

Desejando cantar as lidas e as vencidas
cidades, Febo tocou-me com a lira
para que parvas velas não desse ao
Mar Tirreno. Tua era, César,

Restituiu frutos fartos aos campos,
restabeleceu ao nosso Jove insígnias
tomadas de soberbos portais
dos partas. E isento de combates

Jano Quirino fechou e freio lançou
sobre a desordem que se estendia
acima da proba ordem. Crimes
estirpou e (...)

Essa ode apresenta uma interessante aproximação do deus e de Augusto, basta observarmos as posições dos termos *Phoebus* no nominativo no primeiro verso em primeira posição e os termos *Caesar* e *aetas*, o primeiro no vocativo e o segundo no nominativo, produzindo um efeito de identidade por posição entre Apolo e Augusto. Outro dado importante é justamente a negativa do deus, que fora patrono de Ácio, em admitir a produção de poesia cujo tema fosse *uictas* urbes e *proelia*, isto é, temática guerreira, afinal não só o gênero não é decoroso, haja vista os subgêneros líricos que já apontamos, como é pouco decoroso falar-se de guerra, já que estamos diante da *Pax*. Nesse sentido, a expressão *Ianum Querini clausit* é paradigmática, afinal sabe-se que o templo mantém-se aberto durante o tempo de guerra e fechado na paz. Assoma-se a esses dados, outras informações propostas pela ode ao se referir às insígnias recuperadas junto aos partos e ao período de abundância que vive Roma (*fruges et agris rettulit uberes*), além de propor que esta nova era de paz seja também a era da ordem em contraste com a desordem e da lei em contraste com os crimes, ou seja, quase uma Idade de Ouro. Nesse sentido, o deus e Augusto não só dão conta da guerra como também ocupam-se da paz. Dessa forma, da mesma maneira que Apolo Ácio[65] é a representação do arco do deus, certeiro na guerra, símbolo da força bélica de Augusto; Apolo Palatino[66] se nos apresenta como a divindade da lira e da paz que se consolida após Ácio. O Apolo do principado é o Apolo Citarista. O Apolo do triunvirato é o Apolo Arqueiro.

A partir de 16, por outro lado, temos a cunhagem sistemática de imagens de Apolo. Antes de me ater à "leitura" dos detalhes da cunhagem das moedas, creio ser pertinente resgatar uma discussão que desenvolvi no passado acerca de dois tipos de

65 W.A. Camps, ed. (1993). *Propertius Elegies Book III*. Bristol: Bristol Classical Press: 112: "The temple of Apollo on the promontory of Leucas, overlooking the flight from Actium if not the action. This existed before the battle, but becomes by association a memorial of it. There may be present also the thought of the temple of Apollo at Actium itself, which Octavian enlarged specifically in honour of his victory." Cf. 3.11.69-72: *Leucadius versas acies memorabit Apollo:/ tanti operis bellum sustulit una dies./ at tu, sive petes portus seu, navita, linques,/ Caesaris in toto sis memor Ionio*". Apolo Leucadio rememorará as fileiras em fuga: um dia liquidou a guerra de tamanha monta. Mas tu, navegante, quer caminhes ao porto quer dele se afastes/ Lembre-te em todo mar Jônico de César.

66 Cf. 2.31.1-16. Cf. 4.6.11-14: "*Musa, Palatini referemus Apollonis aedem:/ res est, Calliope, digna favore tuo/ Caesaris in nomen ducuntur carmina: Caesar/ dum canitur, quaeso, Iuppiter, ipse vaces.*". Musa, celebraremos o templo de Apolo Palatino;/ É assunto digno, Caliope, de teu favor/ Em nome de César, canções são compostas, César,/ Enquanto são cantadas, suplico, Júpiter, que escutes. Cf. Vell. Pat. 2.81.3: *Insigne coronae classicae, quo nemo umquam Romanorum donatus erat, hoc bello Agrippa singulari uirtute meruit. Victor deinde Caesar reuersus in Vrbem, contractas emptionibus complures domos per procuratores, quo laxior fieret ipsius, publicis se usibus destinare professus est, templumque Apollinis et circa porticus facturum promisit, quod ab eo singulari extructum munificentia est.*; ; Suet., *Aug.* 29; Aug., *Anc.* 19. D.C. 53.1.3. Camps (1985, 204).

figuração em Augusto.[67] A primeira a que chamo de representação por metáfora e a segunda, por símile. Quando estamos diante de uma moeda, as duas faces se complementam por similaridade, isto é, aquilo que se nos apresenta no obverso é completado por aquilo que se nos apresenta no reverso. As informações apresentadas se imiscuem a partir de uma parataxe[68] sem sobreposição, mas com contiguidade. Nesse caso específico, podemos ler Augusto é como Apolo *Atiacus*, assim como podemos "ler" o obverso e dizer Apolo é como *Imperator* pela décima ou pela décima segunda vez. Assim as informações contidas dos dois lados da moeda transladam, são aplicadas umas as outras, independentemente se são imagéticas ou verbais.

Entretanto, alguns detalhes devem ser salientados nas moedas abaixo. No obverso: a) a presença da efígie de Augusto, as duas primeiras sem estar laureado e as duas últimas laureado; b) a explicitação de sua alcunha AVGVSTVS DIVI F[ILIVS]. No reverso: c) a representação do deus citarista e não arqueiro, com roupagem longa; d) a inscrição nas duas primeiras IMP[ERATOR] X e nas duas últimas IMP[ERATOR] XII; e) a inscrição ACT[IACUS].

Figura 9 – BMC 459 – Aureus de Augusto /Apolo Citarista [69]

67 P. Martins (2005). Tropos na Eneida e uma imagem metafórica in M. Martinho, org. (2005). *1º Simpósio de Estudos Clássicos da USP*. São Paulo: Humanitas: 91-118.

68 P. Martins (2008). Parataxe e Imagines in *REFHA*, 24. Campinas: Unicamp: 137-173.

69 (15-13 a.C.) - Lugdunum. Obv.: AVGVSTVS - DIVI F[ILIVS] - Head right. Rev.: IMP[PERATOR] X. Apollo Citharoedus wearing long drapery, standing left, holding plectrum in right hand and lyre in left; in exergue ACTIACVS.

Figura 10 – BMC 461 –Denário de Augusto / Apolo Citarista[70]

Figura 11 – RIC 180 – Denário de Augusto/ Apolo Citarista[71]

Figura 12 – RIC 190 – Aureus de Augusto/Apolo Citarista [72]

É interessante observar a opção de cunhagem para esta série tanto em ouro, como em prata, já que isto demonstra preocupação no aumento de circulação des-

70 (15-13 a.C.) Augustus Denarius. AVGVSTVS DIVI F[ILIVS], bare head right / IMP[ERATOR] X either side of Apollo Citharoedus standing left with lyre, ACT[IACVS] in exergue. RSC 144, RIC 171a.

71 (11-10 a.C.) Augustus Denarius. AVGVSTVS DIVI F, laureate head left / IMP[ERATOR] XII, Apollo Citharoedus standing left, in long drapery, holding plectrum and lyre.

72 (11-10 a.C.) Augustus Aureus. Lugdunum (Lyon) mint. AVGVSTVS DIVI • F[ILIVS], laureate head right / IMP XII across field, ACT[IACVS] in exergue, Apollo Citharoedus of Actium, wearing long drapery, standing facing, head left, holding plectrum in right hand and lyre in left. RIC I 190a; Lyon 47; Calico 227; BMCRE -; BMCRR Gaul -; BN 1429. VF, minor marks in field, scrape on and near edge, slight wave to flan.

ta mensagem, além disso podemos ver que tanto o primeiro (Augusto sem louros) modelo como segundo (com louros) são de oficina provincial de cunhagem (Lion – Lugdunum), pode-se inferir daí a importância de circulação dessa mensagem. O fato de Augusto ser figurado entre 15-14 a.C. sem louros e 11-10 com louros só pode supor alguma ação digna desse louvor entre 14 e 11. Observando mais atentamente esse período, tem-se: em 16 parte em viagem para a Gália, sob seu IX Império. Entre 15 e 14 permanece na Gália e na Hispânia, sob seu X Império. Em 13 retorna a Roma, inaugura a *Ara Pacis* e Agripa tem o poder tribunício por mais cinco anos. Em 12 recebe o título de *Pontifex Maximus*, sob seu XI império, e iniciam as campanhas de Druso e Tibério na Germânia e na Panônia que se estenderão até 9. Em 11 garante seu XII Império e em 10 viaja a *Lugdunum*. A única explicação possível é a de alguma vitória de Druso ou Tibério ter ocorrido nesse período entre o XI e XII império, isto é, entre 11 e 10. A revalorização de Apolo em Ácio, após 21 anos, parece coadunar-se com a ideia da abertura da *Ara Pacis*, logo a ideia de um deus agora não mais associado à questão bélica, mas à paz, símbolo central dentro da estrutura de poder do principado de Augusto.

Figura 13 – Otávio Apolo – Museu Arqueológico de Tessalônica, Grécia

Figura 14 – Otávio Apolo – Museu do Teatro Romano de Arles, França

Ocorre também uma parataxe em que há uma sobreposição de informações como que concretizando uma metáfora, afinal A é B, e não A é como B. É justamente desse período que temos duas estátuas de Augusto Apolo: a de Tessalônica na Grécia (Figura 13) e a de Arles na França (Figura 14). Primeiramente, o que temos nessas duas estátuas parece-me ser a mesma questão que temos nas moedas de Lion, isto é, a transmissão da associação de Augusto Apolo fora do âmbito da *urbs*. Sob a perspectiva das construção da figuração estas duas peças podem ser consideradas um marco importante na história das representações já que pela primeira vez encontramos a sobreposição metafórica de imagens do príncipe. Diferentemente da moeda em que havia uma disposição contigua das imagens em símile de Augusto e de Apolo e as respectivas referências verbais (*diui filius, Augustus, Imperator* e *Act[iacus]*, as estátuas metafóricas operam a sobreposição da fisionomia de Augusto aos elementos figurativos tópicos de Apolo. Assim, o *princeps senatus* e o deus da luminosidade, da lira da paz imiscuem-se mais uma vez, e, daí, produzem efeitos que vão além da propaganda política uma vez que passam a assomar ao príncipe valor divino pessoal, pois o familiar já lhe fora dado (*Caesar diui filius*). Otávio cumpre uma profecia de Atia, afinal fora ela mesma possuída por uma serpente no Templo de Apolo, então o *monumentum* que ora se propõe é o resultado da profecia, o resultado do *monĕo, monēre*.

Já que parece ser algo corrente a figuração de Augusto como Apolo ou simplesmente Augusto Apolo nas províncias, em Roma permanece o deus em seu templo, acomodado como se ao observá-lo cotidianamente o romano nele visse seu primeiro príncipe, responsável pela restituição da República ao Povo e da Paz ao Império. Sensação que podemos comungar quando estamos diante do deus em Nápoles:

Figura 15 – Apolo citarista sentado – Coleção Farnese – Museo Archeologico Nazionale di Napoli – Inv.: 6281[73]

Referências bibliográficas

Antigas:

ARISTÓTELES (1964). *Aristotelis ars rhetorica.* Ed. W.D.Ross. Oxford: Clarendon Press. (OCT).

AUGUSTO (1962). *Res Gestae. Imperatoris Caesaris Augusti Operum Fragmenta.* Ed. E. Malcovati (No. 38 in The corpus Scriptorum Latinorum Paravianum).

CÍCERO (1970). "Brutus" In: *M. Tulli Ciceronis Scripta Quae Manserunt Omnia. Fasc.* 4. Ed. E. Malcovati. Lipsiae: In aedibus B.G. Teubneri.

73 © 2011 – IAC – Paulo Martins – www.usp.br/iac, acessado em 2 de janeiro de 2013.

CÍCERO (1932). "Orator". In: *M. Tulli Ciceronis Scripta Quae Manserunt Omnia. Fasc. 5*. Ed. P. Reis. Lipsiae: In aedibus B.G. Teubneri.

CÍCERO (1902) "De Oratore". In: *M. Tulli Ciceronis Rhetorica. Vol.1*. Ed. A. S. Wilkins. Oxford: at Clarendon Press (OCT).

DION CÁSSIO (1955). "Historiae Romanae" In: *Cassii Dionis Cocceiani historiarum Romanarum quae supersunt, 3 vols*. Ed. U.P. Boissevain. Berlin: Weidmann.

HORÁCIO (1959). "Carmina". In: *Q. Horati Flacci Opera*. Ed. F. Klingner. Lipsiae: In aedibus B.G. Teubneri.

MENANDRO, o Rétor (1981). *Menander Rhet., Περὶ ἐπιδεικτικῶν*. Eds. D.A. Russell; N.G. Wilson. Oxford: Clarendon Press (OCT).

PLÍNIO, o Velho (1892–1909). *C. Plinius Secundus. Naturalis Historia. Vols. 1–5*. Ed. C. Mayhoff. Lipsiae. In: aedibus B.G. Teubneri.

POLÍBIO (1962-67). *Polybii Historiae, vols. 1–4*. Ed. T. Büttner–Wobst. Leipzig: Teubner.

PROPÉRCIO (1990). *Propertius Elegies*. Ed. G. P. Goold. Cambridge, Mass: Harvard University Press.

QUINTILIANO (1970). *M. Fabi Quintiliani Institutionis Oratoriae Libri Duodecim. Vols. 1–2*. Ed. M. Winterbottom. Oxford: Clarendon Press (OCT).

SENÊCA (1900). "De Beneficiis". In: *L. Annae Senecae Opera Quae Supersunt. Vol. 1, Fasc. 2*. Ed. C. Hosius. Lipsiae: In aedibus B.G. Teubneri.

SUETÔNIO (1908). *De Vita Caesarum. C. Suetoni Tranquilli Opera. Vol. 1*. Ed. M. Ihm. Leipzig: Teubner.

TÁCITO (1906). *Cornelii Taciti Annalium Ab Excessu Divi Augusti Libri*. Ed. C. D. Fisher. Oxford: At Clarendon Press. (OCT)

TITO LÍVIO (1974). Ab Urbe Condita Books: 1–5. Vol. 1. Ed. R.M. Ogilvie. At Clarendon Press. (OCT)

VELEIO PATÉRCULO (1982). *Histoire Romaine. Vols. 1et 2*. Ed. J. Hellegouarc'h. Paris: Les Belles Lettres.

VIRGÍLIO (1972). "Aeneis". In: *P. Vergili Maronis Opera*. Ed. R. A. B. Mynors. Oxford: at Clarendon Press (OCT).

VIRGÍLIO. (1972). "Georgica". In: *P. Vergili Maronis Opera*. Ed. R. A. B. Mynors. Oxford: at Clarendon Press (OCT).

Modernas:

M. L. Anderson ; L. Nista (1988). *Roman Portraits in Context.* Roma: De Luca Edizioni d'Arte.

R. B. Bandinelli (1988). *Roma: L'arte romana nel centro del potere. Dalla origini alla fine del II secolo d. C.* Milano: BURarte.

M. Beard; J. North; S. Price (1996). *Religions of Rome. A History. Vol. 1.* Cambridge: Cambridge University Press.

B. W. Breed (2004). "Tua, Caesar, Aetas: Horace Ode 4.15 and the Augustan Age" in *AJPh*, 125.2: 245-54

W. A. Camps, ed. (1985). *Propertius Elegies Book II.* Bristol: Bristol Classical Press.

W. A. Camps, ed. (1988). *Propertius Elegies Book IV*. Salem: Ayer Co., Publishers.

W.A. Camps, ed. (1993). *Propertius Elegies Book III.* Bristol: Bristol Classical Press.

H. I. Flower (1999). *Ancestor Masks and Aristocratic Power in Roman Culture.* Oxford: Oxford University Press.

K. Gallinsky (1996). *Augustan Culture.* Princeton: Princenton University Press.

C. Ginzburg (2002). "Sobre Aristóteles e a história, mais uma vez" in: *Relações de Força.* Trad.: Jônatas Batista Neto. São Paulo: Cia. Das Letras: 47-63.

J. Le Goff (1996). "Documento/Monumento". In: *História e Memória*. Trad.: Suzana Ferreira Borges. Campinas: Ed. Da Unicamp: 535-549.

J.-P. Martin (1993). Le Culte Impérial (Ier - IIIe siècle) in C. Badel; X. Loriot, dir. (1993). *Sources d'Histoire Romaine. Ier AV. J.-C. début du Ve siècle APR. J.-C.* Paris: Larousse: 591-617.

P. Martins (2005). Tropos na Eneida e uma imagem metafórica in M. Martinho, org. (2005). 1° Simpósio de Estudos Clássicos da USP. São Paulo: Humanitas: 91-118.

P. Martins (2008). Parataxe e Imagines in *REFHA*, 24. Campinas: Unicamp: 137-173.

P. Martins (2011). *Imagem e poder. Considerações sobre a representação de Otávio Augusto.* São Paulo: Edusp.

P. Martins (2012). "Ekphrasis, Digression and Elegy: a reception of Propertius' second book". [texto inédito]

P. Martins; R.S.S. Amato (2012). "Imagens antigas retoricamente referenciadas". In: A. Muhana; M. Laudanna; L. A. Bagolin, orgs. (2012). *Retórica*. São Paulo: Annablume & IEB/USP: 125-158.

P. Martins (2013). "Implementando apontamentos à tenuíssima divisa entre República e Império Romano". In: *Mare Nostrum. Estudos sobre o Mediterrâneo Antigo*, 4. (aceito para publicação).

J. F. Miller (2009). *Apollo, Augustus, and the Poets*. Cambridge: Cambridge University Press.

A. Momigliano (1981). "The rhetoric of history and history of rhetoric: on Hayden White's tropes" in: E.S. Shaffer, ed. (1981). *Comparative criticism: a yearbook, vol. 3*. Cambridge: Cambridge University Press: 259-268.

V. E. Pagán (2002). "Actium and Teutoburg: Augustan Victory and Defeat in Vergil and Tacitus" in: D. S. Levene and D. P. Nelis, eds., *Clio and the Poets: Augustan Poetry and the Traditions of Ancient Historiography*. Vol. 224. Leiden; Boston; Koln: Brill, Mnemosyne: Supplementum: 45-59.

M. C. J. Putnam (1986). *Artifices of Eternity: Horace's Fourth Book of Odes*. Ithaca: Cornell University Press.

R. Syme (1939). *The Roman revolution*. Oxford: At Clarendon Press.

P. Veyne (1998). *Como se escreve a história e Focault revoluciona a história*. Trad. Alda Baltar e Maria Auxiliadora Kneipp. Brasília: Ed. UnB.

H. White (2001). "Texto histórico como artefato literário" in: *Trópicos do Discurso: ensaios sobre a crítica da cultura. Trad. Alípio Correia de Franca Neto*. São Paulo: Edusp: 97-116.

P. Zanker (1990). *The power of images in the Age of Augustus*. Translated by Alan Shapiro. Ann Harbor: Michigan University Press.

18

A ideia de História em Tito Lívio

Juliana Bastos Marques
Universidade Federal do Estado do Rio de Janeiro

A popularidade dos historiadores latinos, desde sua redescoberta durante o Renascimento até hoje, tem variado conforme as respostas que eles fornecem aos diferentes anseios de cada época. Dos quatro maiores historiadores da tradição latina que chegaram até nós, Tito Lívio e Tácito se revezam no posto de mais relevantes e estudados, não só por mérito interno, mas também pelas circunstâncias de preservação: de Salústio, antecessor de Tito Lívio, temos duas monografias intactas – fora do gênero historiográfico *stricto sensu* – e apenas alguns poucos fragmentos da sua obra histórica principal; já Amiano Marcelino, militar grego do século IV d. C. e dono de um convoluto estilo literário, não apenas sofre até hoje com o desinteresse pelo estilo do latim tardio como também pertence a um novo mundo, em que Roma se define pela imposição do cristianismo aos cada vez mais arcaicos valores pagãos.

Atualmente, Tácito parece ser o autor mais em voga, que o diga a contínua proliferação de estudos e artigos a seu respeito, em especial o recente lançamento de duas importantes coletâneas sobre o autor (WOODMAN: 2009; PAGÁN: 2012). Tito Lívio, embora também alvo de uma produção bibliográfica intensa, carece por ora da mesma escala de estudos relacionados. O maior silêncio sobre Tito Lívio talvez possa ser explicado como um reflexo das preocupações de nosso mundo: Tácito, pessimista até quando é otimista, fala de perda da liberdade, de regimes despóticos, de traições, de macro e de micro tiranias. Já Tito Lívio, nos livros que chegaram até nós, narra – e louva – a história da formação de um povo, de contínuos momentos em que a atuação em prol da comunidade suplanta os mesquinhos interesses particulares, refletindo-se em última instância em uma força militar irresistível. O próprio mundo de Tito Lívio não era nem de longe tão virtuoso quanto o idealizado passado distante, tal como ele próprio reconhece em seu prefácio, mas, se esses anseios também estão presentes em seu texto, o remédio que Tito Lívio oferece ao leitor é muito diferente da crua realidade que Tácito escolhe descrever. Resta refletir sobre o que essa volta ao passado em Tito Lívio representa para nós.

Tito Lívio nasceu em Patavium (hoje Pádua, 40km a oeste de Veneza), antiga cidade na época pertencente à província da Gália Cisalpina, em 64 ou 59 a. C. A dúvida sobre a datação de seu nascimento provém de um possível erro das *Crônicas* de São Jerônimo, que o situa em 50 a. C., juntamente com o nascimento do general e orador Messala Corvino[1] – outras fontes, porém, situam este na data mais antiga. Seja como for, apesar de não sabermos quase nada sobre sua biografia, podemos inferir que Tito Lívio pertencia a uma rica aristocracia italiana, já há tempos romanizada. A cidade de Patavium era talvez a mais próspera da península itálica depois de Roma, e também, de acordo com a tradição, mais antiga. O próprio Tito Lívio adota um tom patriótico no começo de sua obra, ressaltando que Eneias, o troiano antepassado de Rômulo e Remo, havia chegado à Italia juntamente com Antenor, o fundador da primeira cidade na região do Vêneto, onde depois surgiria Patavium[2].

Como não sabemos detalhes sobre sua vida, podemos inferir a educação de Tito Lívio apenas de maneira conjectural. Durante a década de 40 do primeiro século a. C., a região havia finalmente conquistado os privilégios da cidadania romana, mas estava sofrendo pressões do então governador da Gália Cisalpina, Asínio Pólio, para apoiar Marco Antonio contra Otaviano, que depois viria a se tornar o imperador Augusto. A cidade resistiu e manteve o apoio a Otaviano, o que deve ter sido um fator preponderante na inserção posterior de Tito Lívio na corte imperial de Augusto. Nesses tempos turbulentos, não seria possível ao jovem aristocrata fazer seus estudos em Roma ou mesmo em Atenas, como era de costume, e Tito Lívio provavelmente teve toda a sua educação retórica e oratória na própria cidade. O historiador foi depois citado – por Asínio Pólio, segundo Quintiliano (*Inst. Or.*, 1, 5.56) – por sua *patavinitas*, o que poderia tanto significar algo positivo, ou seja, a influência de sua origem em um baluarte conservador, dos costumes antigos já em desuso em Roma, ou negativo, por sua origem provinciana e limitada.

1 *Chron.*, 1958: *Messala Corvinus orator nascitur et T. Livius Patavinus scriptor historicus.*

2 É curioso notar que Tito Lívio narra a história de Antenor antes mesmo da chegada de Eneias à Itália.

Fato é que, de alguma forma, Tito Lívio acabou não se ligando à tradicional carreira militar, e também não há notícia de que tenha ocupado cargos públicos. A primeira conclusão se depreende pelo seu conhecimento impreciso de táticas militares e vivência da guerra, algo muito distante do conhecimento preconizado por Políbio, de que o historiador deveria ter ele mesmo experiência militar. A ausência de uma carreira pública faz de Tito Lívio um historiador único no mundo antigo, já que seus pares, antes e depois, foram quase todos senadores (MILES:1995, p. 48 n. 47). Podemos dizer, assim, que o nosso autor foi o primeiro "historiador profissional", pois não parece ter vivido de outra atividade que não suas obras. Sêneca relata que Tito Lívio compôs diálogos e obras filosóficas (*Ep.*, 100, 9), que não chegaram até nós, mas sem dúvida sua grande obra foi a história de Roma que escreveu até o fim da vida[3], cujo nome em latim é *Ab urbe condita*, ou seja, "do início da cidade de Roma".[4]

Na verdade, como vimos, o relato começa bem antes, com a chegada do troiano Eneias à Itália, e os cinco primeiros parágrafos do livro 1 são dedicados aos relatos da fundação da cidade de Alba Longa e do estabelecimento da dinastia de reis da qual descenderão Rômulo e Remo, fundadores míticos da cidade de Roma. É curioso notar como Tito Lívio atua fora do procedimento da tradição historiográfica latina que verificamos nos autores republicanos anteriores, e mesmo também depois, no Império, que era continuar a história de Roma desde o período em que o historiador anterior havia parado (MARINCOLA: 1999, p. 237-257). Tal procedimento se torna padrão ainda com Xenofonte, que afirma explicitamente nas *Hellenica* que continuaria do ponto em que Tucídides havia parado, e os diversos fragmentos e citações de autores do período helenístico e da República romana indicam que praticamente ninguém se dispunha a reescrever tudo o que havia sido escrito antes, ou mesmo se aventurar em um nebuloso passado mítico sobre o qual pouco se podia verificar. Porém, não só Tito Lívio o fez, como também seu contemporâneo grego Dionísio de Halicarnasso, que escreveu uma história de Roma desde sua fundação até a Primeira Guerra Púnica, sendo os dois, portanto, as únicas fontes historiográficas detalhadas que temos sobre os primórdios da cidade.

O destaque que damos para a narrativa de Tito Lívio sobre esse período mais antigo se deve, entretanto, às circunstâncias de preservação de sua obra. Ele escreveu

---

3 São Jerônimo cita que Tito Lívio morreu em Patavium, em 17 d. C. Para uma discussão pormenorizada das datas de seu nascimento e morte, ver Syme, 1959, p. 40-42.

4 A obra, daqui em diante, é citada como *AUC*.

142 livros em sua história de Roma, mas apenas 35 sobreviveram até nós – os que tratam exatamente dos primórdios da República: do livro 1 ao 10 (bloco conhecido como a "primeira década") e do 21 ao 45. Sobreviveram também uns poucos fragmentos dos livros posteriores[5], alguns epítomes escritos na Antiguidade Tardia e um conjunto de resumos de todos os livros conhecido como *Periochae*, derivado de um desses epítomes e escrito provavelmente no século IV d. C.

TITI LIVII PATAVINI HISTORICORVM SVMMI RERVM POPVLI ROMANI AB VRBE CONDITA LIBER PRIMVS INCIPIT.

ACTVRVS NE SIM OPERE PRETIVM SI A PRIMORDIO VRBIS

Prefácio de Tito Lívio: manuscrito do século XV, Florença. Biblioteca Pública da Baviera.
Fonte: Wikimedia Commons (https://commons.wikimedia.org/wiki/File:15th-century_painters_-_Livius_Codex_-_WGA15990.jpg)

5 Por exemplo, o relato da morte de Cícero, citado em Sêneca, o Velho, *Suasoriae*, VI, 16-17.

Tito Lívio teria a princípio escrito 120 livros, até o relato da morte de Cícero, ocorrida em 43 a. C., mas o resumo do livro 121 das *Periochae* nos diz que ele resolveu continuar sua obra depois da morte de Augusto, ocorrida em 14 d. C.; como, segundo São Jerônimo, Tito Lívio morreu em 17 d. C., esses três últimos anos de sua vida teriam sido tomados com a escrita dos livros 121 a 142, com a narrativa terminando em 9 d. C. com a morte de Druso, general irmão de Tibério e adotado por Augusto. Como a morte de Druso não foi um evento particularmente significativo dentro do governo de Augusto – ou o suficiente para terminar uma obra de tamanho porte – os historiadores têm conjecturado sobre as possíveis razões de Tito Lívio ter utilizado tal evento como final do seu texto. Ele pode ter tido dificuldades de escrever sobre o principado de Augusto, como algum tipo de controle indireto do conteúdo, ou pode simplesmente ter morrido antes de completar sua obra, que fecharia com a morte do imperador. De fato, é possível apenas conjecturar sobre vários aspectos da obra de Tito Lívio, justamente porque não temos indícios mais detalhados sobre o conteúdo dos últimos livros.[6] Os livros remanescentes e as *Periochae* nos dão a seguinte disposição da obra:

Prefácio geral, talvez escrito em separado, posteriormente;

Livro 1 (753-509 a.C.): o primeiro livro parece ter sido publicado de forma isolada, como uma espécie de teste para a recepção da obra. Isso se percebe pelo caráter autossuficiente da apresentação do tema – o período monárquico romano. O livro começa com a chegada dos troianos na Itália, quatro séculos antes da fundação de Roma, e narra a fundação da cidade, a morte de Remo e a consolidação de Rômulo como rei, bem como a sequência dos seis outros reinados míticos; termina com a história do estupro de Lucrécia e a deposição do último rei, o etrusco Tarquínio, o Soberbo;

Livros 2 a 5 (509-390 a. C.): formam a primeira "pêntade" da obra, junto com o livro 1. Um novo e breve prefácio anuncia que Tito Lívio tratará agora em diante da história da "liberdade do povo romano", com o estabelecimento da República e do consulado. Narra-se o início das lutas políticas entre patrícios e plebeus, com os últimos buscando representação institucional e direito às magistraturas, incluindo também uma série de guerras contra as cidades vizinhas, nas quais se acumulam alguns relatos idealizados de heroísmo e desprendimento em prol da coletividade que fizeram a fama das antigas lendas de Roma: a bravura de Horácio Cocles (2, 10),

6 Como diz Ronald Mellor (1999, p. 51): "Não devemos nos esquecer que o acidente da preservação distorceu para sempre nosso entendimento desse autor formidável, e nossas generalizações baseadas em seus livros devem ser especulativas"

defendendo sozinho a cidade na ponte Sublícia contra o exército do rei inimigo Lars Porsena; a coragem abnegada de Caio Múcio Cévola (2, 12) e dos 306 membros do clã patrício dos Fábios (2, 49-50); a humildade e simplicidade do ditador Cincinato (3, 26-29); a violação de Virgínia por Ápio Cláudio e a vingança popular por sua morte (3, 44-50); a guerra contra a cidade de Veios (5, 21-22) e o cerco e destruição de Roma pelos gauleses, salva pela grandeza de Marco Fúrio Camilo e a audácia de Marco Mânlio Capitolino (5, 47-55);

Livros 6 a 10 (389-292 a. C.): na segunda pêntade dessa "primeira década", continuam os temas das batalhas contra os vizinhos, desta vez principalmente os etruscos, latinos e samnitas, assim como as lutas entre patrícios e plebeus, culminando com a conquista do consulado pelos últimos, em 367 a. C.[7] Novas histórias de cunho explicitamente moral também aparecem, como a sequência de punições a Marco Mânlio Capitolino (6, 11-20), a piedade filial de Tito Mânlio e sua severidade cruel ao condenar o próprio filho à morte (nos livros 7 e 8), o sacrifício do cônsul Públio Décio Mus, atirando-se em martírio contra os soldados inimigos (8, 9) e a ignomínia do jugo na derrota dos romanos nas Forcas Caudinas (9, 2-6). Tito Lívio também faz uma digressão conjectural sobre o que teria acontecido a Alexandre se ele invadisse a Itália, concluindo que a bravura e a superioridade dos romanos derrotariam o general (9, 17-19);

Livros 11 a 20 (290-220 a. C.): estes livros se perderam. Narravam as vitórias romanas na Magna Grécia, a invasão do rei Pirro e a Primeira Guerra Púnica contra Cartago;

Livros 21 a 25 (218-212 a. C.): com mais um pequeno prefácio no livro 21, narra-se o início e desenvolvimento da Segunda Guerra Púnica, com a tomada de Sagunto por Aníbal (21, 5-15), sua marcha para a Itália via Espanha e os Alpes, e as retumbantes derrotas romanas no lago Trasímeno (22, 4-7) e Canas (22, 43-52). A recuperação romana começa com a tomada de Siracusa (25, 24-29) pelo general Marcelo;

Livros 26 a 30 (211-201 a. C.): a segunda pêntade desta década faz um contraponto à primeira, narrando a ascensão de Públio Cipião (25, 18-19), suas vitórias na Espanha e o tratado de paz com o rei Filipe V da Macedônia. A estratégia de deslocamento das tropas de Cipião na África se mostra vitoriosa, e a batalha de Zama (30,

7 Para uma visão cética das evidências fornecidas por Tito Lívio na datação das conquistas políticas dos plebeus, ver Forsythe, 2005.

28-38) encerra a Segunda Guerra Púnica com a glória do general romano, que passa a ser conhecido como Cipião Africano;

Livros 31 a 35 (201-192 a. C.): subjugado Aníbal, Roma se volta agora para o leste: os livros narram a Segunda Guerra Macedônica, contra o rei Filipe V, que é derrotado pelo general Tito Quíncio Flaminino (33, 5-13), "libertador da Grécia" (33, 32-33). O livro 34 abre com a discussão sobre a Lei Ópia, que proibia o excesso de luxo das mulheres em Roma, proposta defendida pelo austero e conservador Catão, mas derrotada (34, 1-8). Os romanos se preparam para a guerra contra o rei selêucida Antíoco (35, 23), que refugiava Aníbal;

Livros 36 a 40 (191-179 a. C.): Antíoco é derrotado pelos romanos na Grécia (36, 18-21), e Lício Cornélio Cipião, aliando-se ao rei Eumenes de Pérgamo, torna-se o primeiro romano a invadir a Ásia com seus exércitos (37, 33-36), ganhando então a alcunha de Asiático. Tornam-se mais frequentes as alusões ao perigo do luxo no contato com o Oriente (por exemplo, em 39, 1 e 6), e a isso se segue o episódio do escândalo da Bacanália, proibida pelo senado devido ao seu caráter subversivo (39, 8-19). Em meio a campanhas vitoriosas na Espanha, os romanos se envolvem novamente em guerra contra os macedônios, após a ascensão do filho de Filipe V, Perseu (40, 57-58);

Livros 41 a 45 (178-167 a. C.): a partir da súplica de Eumenes contra os macedônios, os ânimos se acirram e eclode a Terceira Guerra Macedônia. Emílio Paulo derrota o rei Perseu na batalha de Pidna, no livro 44, anexa a Macedônia como província (45, 30) e celebra seu triunfo em Roma, apresentando Perseu acorrentado (45, 40);

Os livros seguintes não chegaram até nós, e seu conteúdo é conhecido apenas pelos fragmentos e resumos, em especial as *Periochae*:

Livros 46 a 52: continuam as atividades no Oriente. Terceira Guerra Púnica e guerra e anexação da província da Acaia (Grécia - em 146 a. C.);

Livros 53 a 61: reformas dos irmãos Gracos e início da guerra contra Jugurta. O livro 61 trata do tribunato de Marco Lívio Druso, do qual se originaria a Guerra Social;

Livros 62 a 66: Guerra Social, contra as cidades italianas;

Livros 67 a 90: do conflito entro Mário e Sila até a morte deste;

Livros 91 a 96: campanhas de Pompeu na Espanha;

Livros 97 a 103: vitória de Crasso sobre a rebelião de Espártaco, aclamação de Pompeu como Magno e conspiração de Catilina;

Livros 104 a 108: conquista da Gália por Júlio César;

Livros 109 a 116: guerra civil e morte de César;

Livros 117 a 133: da ascensão de Otaviano até a batalha de Ácio, com a morte de Marco Antônio e fim da guerra civil;

Livros 134 a 142: da aclamação de Otaviano como Augusto (em 27 a. C.) até a morte de Druso (9 d. C).

O gigantesco trabalho de compilação do texto dos 142 livros só foi possível graças a uma rotina de trabalho exaustiva, certamente auxiliada por escravos e copistas[8]. Embora a datação seja incerta, presume-se que o trabalho total tenha durado por volta de quarenta anos, dos quais os livros preservados teriam tomado quinze – em uma média geral de três livros por ano. A distribuição do tamanho dos livros, no entanto, é irregular, sendo os primeiros bem mais extensos do que os livros da quarta década. É importante lembrar que o que se denominavam "livros" no mundo antigo eram determinados pelo tamanho dos rolos de pergaminho; no formato atual, derivado do códice, a obra total teria em torno de 8 mil páginas – de 25 a 30 volumes. De fato, Tito Lívio deixa explícito que seu trabalho era de imensa magnitude, chegando ao livro 31 com dúvidas sobre a execução da obra:

> Também eu me alegro – como se tivesse partilhado pessoalmente seus sofrimentos e perigos – por ter chegado ao fim da guerra púnica. Com efeito, após ousar escrever toda a história de Roma, seria mais que inconveniente para mim demonstrar cansaço a cada etapa de uma obra tão longa. No entanto, ao refletir que apenas 63 anos dessa história – tudo o que decorreu do início das guerras púnicas até o final da segunda – me tomaram o mesmo número de volumes que os 488 anos passados da fundação de Roma ao consulado de Ápio Cláudio (o primeiro a mover guerra aos cartagineses), pressinto, como as pessoas que, atraídas pelas profundezas da costa, avançam a pé pelo mar, que a cada passo me aproximo de abismos ainda maiores e na aparência infinitos – ampliando minha tarefa, ela que, pela completude das primeiras partes devia, ao contrário, diminuir[9].

---

8 Pode-se traçar uma analogia com o método de trabalho de Plínio, o Velho, citado por seu sobrinho Plínio, o Jovem em *Epístolas*, 3, 5.

9 *AUC*, 31, 1. As traduções aqui utilizadas da *Ab urbe condita* são da edição brasileira da Paumape, 1989. A língua portuguesa ainda carece de uma tradução completa da obra de Tito Lívio que esteja no mesmo nível das traduções consolidadas da Loeb Classical Library e da coleção Belles Lettres. No entanto, como essa edição é a mais facilmente encontrada no Brasil, optamos por utilizá-la para facilitar as referências de que o leitor pode eventualmente se valer na leitura do texto de Tito Lívio.

Seu método de trabalho com as fontes pode ser analisado de maneira direta, através de várias menções nominais que faz sobre as inconsistências encontradas nos autores usados, e indiretamente, o que se pode detectar, por exemplo, nas partes da obra em que segue Políbio de perto. Por causa disso, a obra de Tito Lívio foi estudada e avaliada durante o século XIX e início do século XX, em especial por autores alemães, em termos dos padrões da filologia clássica - a crítica de fontes, *Quellenforschung*. Diversos autores nesse período se dedicaram a compilar as passagens e cruzar os dados entre o texto de Tito Lívio e os fragmentos das fontes que ele utiliza, em um esforço que tinha como objetivo último avaliar sua competência como historiador - daí a ênfase nas inconsistências, dubiedades e erros encontrados em diversos momentos de seu texto. Depois do trabalho minucioso de T. J. Luce (1977) e da superação do método da *Quellenforschung* como principal abordagem para os textos latinos (CHAPLIN; KRAUS: 2009, p. 2), existe já um certo consenso sobre o método de trabalho de Tito Lívio, bem como uma avaliação mais ponderada sobre suas dificuldades e escolhas.

Seu estilo muda consideravelmente da primeira até a quarta década, e, com o desenrolar do trabalho, as primeiras pêntades, ordenadas de maneira simétrica e precisa, dão lugar a outros padrões de composição. Nesses primeiros cinco livros, seu problema principal era a falta de fontes que pudesse consultar para narrar os primórdios míticos de Roma. O primeiro historiador romano, Fábio Pictor, havia escrito sua história da cidade apenas duzentos anos antes de Tito Lívio, e, se dele temos apenas alguns poucos fragmentos, não sabemos quais foram as fontes que ele e outros historiadores anteriores usaram para o passado mais remoto. O problema se agrava com a ausência de documentos oficiais preservados da cidade, já que haviam sido destruídos com a invasão dos gauleses, em 390 a. C. Quando Tito Lívio inicia o livro 6, depois de narrar a vitória dos romanos e a expulsão dos gauleses, ele mesmo deixa explícita sua dificuldade de trabalho:

> Em cinco livros expus os feitos realizados pelo povo romano desde a fundação de Roma até sua conquista, história que abrange primeiro o domínio dos reis e, em seguida, o dos cônsules, dos ditadores, dos decênviros e dos tribunos consulares. Relatei as guerras no exterior e as discórdias civis. É uma história demasiado obscura, em parte por sua antiguidade, que a torna semelhante aos objetos difíceis de perceber a grande distância[10], em

10 Nota-se aqui a ideia de história como pesquisa e exploração do tempo tal como a exploração do espaço, da mesma maneira do que pelo uso do termo *historêin* em Heródoto.

> parte pela insuficiência e raridade de documentos escritos na época, única testemunha fiel dos feitos passados, uma vez que até os documentos registrados nos comentários dos pontífices e outros monumentos públicos e privados foram na maior parte destruídos no incêndio da cidade.[11]

Como então seria possível construir esse relato de um passado distante, cuja memória estava tão destruída? Afora a consulta a suas próprias fontes historiográficas e a eventuais documentos públicos que citassem ou reconstruíssem aqueles destruídos, outro importante grupo de narrativas eram as histórias internas das *gentes* aristocráticas romanas, as famílias tradicionais que vinham se mantendo no Senado desde a monarquia, como os Fábios e os Cláudios. Essas histórias, muitas vezes formadas pela tradição oral e repassadas pelas sucessivas gerações nos discursos funerários dos homens ilustres de cada *gens*, aparecem com frequência nos relatos episódicos de atitudes exemplares nos primeiros livros e certamente contêm exageros e anacronismos, mas são um indicador da grande importância da preservação da memória e dos costumes dos antepassados na sociedade romana.

Porém, o principal recurso de Tito Lívio para narrar o passado mais remoto era algo bem distante dos padrões científicos da disciplina atual da História, e mais próximo do que hoje é tido apenas como ficção: a verossimilhança, já enunciada por Aristóteles na *Poética* como precondição da narrativa. Dessa forma, cada personagem deveria agir conforme o seu caráter: um general corajoso agiria sempre de maneira corajosa, um magistrado ímpio seria sempre torpe em suas atitudes. Tal recurso auxiliava na construção de personagens mesmo quando havia poucos detalhes sobre seus feitos e era fundamental na construção dos discursos, tão importantes na historiografia antiga. Como não se poderia, obviamente, saber as exatas palavras pronunciadas por tal indivíduo em uma determinada circunstância, como por exemplo nas exortações ao exército antes de uma batalha, o princípio da verossimilhança cedia credibilidade à construção dos discursos. Além disso, era uma ferramenta indispensável no domínio da retórica, habilidade fundamental tanto para o orador quanto para o historiador no mundo antigo.

Se Tito Lívio é nossa principal fonte literária para esse período inicial da história romana, juntamente com Dionísio de Halicarnasso e algumas biografias de Plutarco, não podemos descartar sua importância apenas por causa do caráter potencialmente fictício de seu relato. Por séculos, sua narrativa foi utilizada pelos his-

11 *AUC*, 6, 1.

toriadores como relato literal das origens de Roma, até que a crítica filológica, aliada ao rigor da metodologia científica e às descobertas arqueológicas no século XIX passaram a questionar sua validade. No entanto, mais do que tentar ilustrar o passado, a narrativa de Tito Lívio é um espelho da percepção romana desse próprio passado, um discurso de formação de identidade, que, em si, já é importante.

É no seu uso das fontes historiográficas anteriores, através de suas escolhas e postura crítica, que vemos uma das maneiras como ele molda esse discurso (OAKLEY: 2009, 439-460, cf. CORNELL: 1995, p. 5; OAKLEY: 2004, p. 15-16). Tito Lívio parece ter utilizado para a primeira pêntade a obra de Cíncio – talvez o historiador Cíncio Alimento, um dos primeiros historiadores romanos, ou o antiquário contemporâneo a Augusto (*AUC* 7, 3, 7) – e cita nominalmente os autores Licínio Mácer, Cláudio Quadrigário (a partir do livro 6), Fábio Pictor, Calpúrnio Pisão e Élio Túbero, todos da tradição analística republicana. Para os livros posteriores, também são usados Políbio, talvez Catão e o polêmico Valério Âncias, historiador que escreveu na época de Sila e é constantemente criticado por Tito Lívio por seus exageros e "mentiras" (HOWARD: 1906). Vejamos como geralmente aparecem as citações de Tito Lívio sobre suas fontes – o exemplo é do embate de Flaminino contra Filipe V da Macedônia:

> A crer em Valério [Âncias], que exagera desmesuradamente todas as cifras, foram mortos quarenta mil homens e aprisionados – aqui a mentira é mais contida – cinco mil e setecentos, com duzentos e quarenta e nove estandartes. Cláudio [Quadrigário] relata também que pereceram trinta e dois mil inimigos, tendo sido capturados quatro mil e trezentos. No que nos diz respeito, não escolhemos os números menores por nos parecerem mais dignos de crédito: seguimos Políbio, historiador cujo valor não se põe em dúvida no que respeita aos feitios dos romanos, sobretudo na Grécia.[12]

Nota-se por este trecho que a verossimilhança não é o único critério para as escolhas de Tito Lívio. Também a reputação de suas fontes se mostra importante; como vemos, Políbio é considerado entre os antigos como um exemplo recorrente de precisão e imparcialidade. De fato, o que tanto Tito Lívio quanto os outros historiadores da mesma tradição no período faziam, e que era considerado padrão, era montar uma compilação das narrativas anteriores – a mais rigorosa possível, de acordo com a verossimilhança e a autoridade dos autores utilizados –, respeitando o estabelecimento

12 *AUC*, 33, 10.

de um discurso consolidado do passado e procurando sofisticá-lo através de um estilo literário elevado (MARINCOLA: 1999; BOSWORTH: 2003).

Tal exibição de habilidade literária se mostra sobretudo nos discursos dos personagens, especialmente quando em pares de argumentações opostas entre si. É nos discursos que Tito Lívio melhor constrói e qualifica o caráter dos indivíduos, procurando mostrar e se valer do domínio das regras retóricas que tanto definiram o mundo intelectual romano. Reescrevendo discursos antigos já publicados pelos seus próprios autores, como no caso de Catão no livro 34, ou criando discursos a partir apenas de caracterizações indiretas, como na primeira pêntade, é nesses discursos que as opiniões de Tito Lívio aparecem de maneira mais evidente, através dos recortes temáticos e sequências argumentativas, bem como pela sua posição estratégica no conjunto da narrativa nos livros em que estão localizados.

Em muitas situações, o recurso às caracterizações de cunho emocional ligadas a esses discursos, ainda que não extremas como a "história trágica" do período helenístico (LUCE: 1997, p. 119-122; RUTHERFORD: 2011), evidencia a construção dos exemplos de conduta moral que marcam a obra de Tito Lívio. Em especial, eles ilustram o tom que o autor quer imprimir na função didática e exemplar dentro da disposição de cada livro. Assim, por exemplo, é sugestivo que o grande herói e "refundador" (MARQUES: 2005) de Roma, Camilo, com um detalhado e grandiloquente discurso, feche o livro 5, depois da superação com a retomada de Roma e expulsão dos invasores gauleses, ou que o par de discursos de Servílio e Emílio Paulo (45, 37-41) ilustre a extrema dedicação deste general, já em um período que mostra sinais de "decadência", pois Emílio Paulo celebra seu triunfo, cumprindo seu máximo dever para com o Estado e os deuses, mesmo na hora da morte de seus filhos:

> (...) tendes agora diante dos olhos a mim e ao rei Perseu como exemplos ilustres do que pode suceder aos mortais, ele, embora cativo e com filhos cativos, os tem pelo menos são e salvos; mas eu, que triunfei dele, subi ao carro após o enterro de um dos meus filhos e, voltando do Capitólio, fui encontrar o segundo quase a expirar. (...) Contudo, o que me consola da catástrofe que assim se abateu sobre minha família é a vossa felicidade e a prosperidade do Estado.[13]

13 *AUC*, 45, 41.

O triunfo de Emílio Paulo, de Carle Vernet (1789).
Fonte: Wikimedia Commons (https://commons.wikimedia.org/wiki/File:The_Triumph_of_Aemilius_Paulus.jpg)

Em termos de disposição geral da narrativa, Tito Lívio é o principal exemplo na historiografia romana do formato em anais – a analística –, no qual os acontecimentos são dispostos em ordem estritamente cronológica por ano, começando com a eleição dos cônsules em Roma, que tomavam posse no dia 15 de março. Por sinal, isso mostra como a disposição do livro 1 é excepcional, dando base para a teoria de que foi publicado separadamente, pois é com o livro 2 que começa a datação por anos consulares, com o estabelecimento da República. Acredita-se que essa disposição tenha como base os antigos anais pontificiais, de responsabilidade do *pontifex maximus*, que registravam os principais acontecimentos civis, militares e religiosos e serviram como fonte para os primeiros historiadores romanos, consultados por Tito Lívio (FORNARA: 1983; CORNELL: 1986). Dessa forma, a narrativa padrão de cada livro começa com a eleição dos cônsules, segue com os eventos internos da cidade de Roma, prosseguindo geralmente com a nomeação dos generais e preparativos das tropas para o combate sazonal com os territórios vizinhos, ou, a partir da terceira década (livro 21), para as campanhas contra os cartagineses e depois macedônios. A narrativa de cada ano fecha com o retorno aos acontecimentos em Roma e eventuais prodígios, que aparecem com mais frequência e de maneira mais esquemática com o passar do tempo. A disposição de quantos anos se distribuem para cada livro, no entanto, é irregular.

Tal formato de alternância entre *res internae*, acontecimentos dentro de Roma, e *res externae*, tudo o que acontece com os romanos fora da cidade, tem sido consenso entre os estudiosos, mas sustentou também a ideia de que Tito Lívio teria sido pouco autoral e muito esquemático na sua compilação dos autores anteriores. Porém, uma análise mais profunda mostra que, em determinados momentos, o autor exibe uma maior autonomia e flexibilidade no arranjo do material (RICH, 2011) – o que pode ter razões circunstanciais, em virtude da dinâmica própria dos acontecimentos narrados, ou motivos retóricos relacionados com as ênfases que Tito Lívio quer ressaltar. É por essas duas razões que os livros de 2 a 10 não apresentam uma disposição tão rígida quanto os livros posteriores – nos primeiros, muitas vezes um assunto principal se sobressai aos outros, dominando a narrativa do ano consular, como no caso das guerras contra os sabinos ou o processo de elaboração da Lei das XII Tábuas, que se concentra em detalhes na atuação dos decênviros e no escândalo do rapto de Virgínia por Ápio Cláudio no livro 3.

Junto a isso, nota-se que Tito Lívio usa claramente em muitos livros uma disposição temática que os caracteriza individualmente, indo além de uma apresentação analística esquemática derivada de suas fontes. Assim, depois do caso excepcional do primeiro livro, o livro 2 tem como tema unificador a *libertas*, conseguida através da instauração da República; já o livro 5, sobre a invasão dos gauleses e o saque de Roma, o tema que permeia a narrativa está ligado à *pietas*, pois é com as ações do piedoso Camilo e a resistência no sagrado monte Capitólio que os invasores são finalmente repelidos. No livro 9, o tema do cerco aos soldados romanos nas Forcas Caudinas durante a Segunda Guerra Samnita remete à *fides* – a boa-fé – que é traída de maneira ignominiosa pelos samnitas e depois vingada pelos romanos. Nos livros posteriores, alguns temas que parecem dar coesão a livros individuais também são, por exemplo, a *luxuria* – vide o discurso de Catão no livro 34 – e a *ferocia*, sobre a Terceira Guerra Macedônica (MELLOR: 1999, p. 59).

Porém, tais arranjos temáticos devem ser encarados como possibilidades, e não certezas. Muitos autores fazem grandes esforços para encontrar evidências de padrões narrativos regulares e simétricos em Tito Lívio (STADTER: 1972), mas não podemos esquecer que temos apenas um terço de sua obra remanescente. As *Periochae* são inconclusivas para analisar as possibilidades temáticas e de simetria dos livros perdidos, que sabemos ao menos que narravam períodos cada vez mais curtos e com mais detalhes por livro, dado que chegavam mais perto do período do próprio Tito Lívio e, assim, permitiam uma consulta presumivelmente mais fidedigna dos fatos narrados pelas fontes do autor.

Talvez uma possibilidade de detectarmos padrões, ainda que não através das *Periochae*, seja através dos diferentes subprefácios que encontramos ao longo da obra. Após o prefácio inicial do livro, Tito Lívio ainda apresenta breves introduções nos livros 2, 6, 21 e 31 em que usa verbos em primeira pessoa, marcando sem dúvida blocos narrativos distintos. No caso do livro 2, como já vimos, a divisão se dá pelo fim do período monárquico e o estabelecimento da República; no livro 6, após o saque de Roma pelos gauleses, não só a cidade é reconstruída (MARQUES: 2005) como também há uma importante mudança de caráter metodológico, já que as fontes de Tito Lívio teriam tido a partir de então acesso aos documentos oficiais – os anteriores, segundo o historiador, haviam sido destruídos no incêndio da cidade em 390 a. C. O prefácio do livro 21 introduz o tema da Segunda Guerra Púnica, vista como um divisor de águas na história romana, pois teria sido "a mais memorável de todas as guerras jamais acontecidas"[14], em um apelo retórico remanescente de Heródoto e Tucídides no destaque sobre a maior grandiosidade da guerra narrada (MARINCOLA: 1999, p. 34-43). Finalmente, no prefácio do livro 31, as observações de Tito Lívio são de natureza estritamente metodológica, pois o autor ressalta a dificuldade em escrever uma história com um arco de tempo tão grande:

> ... ao refletir que apenas 63 anos dessa história – tudo o que decorreu do início das guerras púnicas até o final da segunda – me tomaram o mesmo número de volumes que os 488 anos passados da fundação de Roma ao consulado de Ápio Cláudio (o primeiro a mover guerra aos cartagineses), pressinto, como as pessoas que, atraídas pelas profundezas da costa, avançam a pé pelo mar, que a cada passo me aproximo de abismos ainda maiores e na aparência infinitos – ampliando minha tarefa, ela que, pela completude das primeiras partes devia, ao contrário, diminuir.[15]

Mas por quê ainda procurar padrões de arranjo dos livros se não é possível elaborar um quadro completo? A questão está relacionada com a preocupação dos autores antigos com o estilo empregado, já que um dos pilares da historiografia antiga era o domínio do estilo elevado e da composição balanceada do texto, com a emulação dos autores precedentes (MARINCOLA: 1999, p. 17-18).

Em relação ao estilo, a tradição historiográfica latina, assim como as artes literárias antigas em geral, valorizava a apresentação do material reciclado de autores anteriores mostrando um domínio superior do discurso e das técnicas retóricas. É disso que tratam as observações de Cícero sobre a escrita da história, em especial no livro II do tratado *De Oratore* (TEIXEIRA: 2008), quando o autor, através das palavras

14 *bellum maxime omnium memorabile. AUC*, 21, 1.

15 *AUC*, 31, 1.

de Antônio, critica os historiadores romanos, que, até então, não haviam produzido histórias com valor estilístico comparável às dos gregos. Como Cícero é anterior a Tito Lívio, este teria sido o primeiro historiador romano a escrever uma história da cidade dentro do padrão estilístico de alto nível preconizado por Cícero (McDONALD: 1957; WALSH: 1961, p. 245-270).

Ao estudarmos o estilo de Tito Lívio tal como analisado por Quintiliano, em suas *Instituições Oratórias*, percebe-se, porém, que a observação sobre a *patavinitas* do historiador feita por Asínio Pólio está, dentro do contexto do argumento, relacionada na verdade a um estilo literário "provinciano". Quintiliano, porém, elogia Tito Lívio, com uma expressão que ficou famosa sobre o historiador: sua prosa teria uma "*lactea ubertas*", em comparação com o estilo "severo e obscuro" de Salústio. Tal descrição tem sido interpretada pelo seu sentido literal, como uma "riqueza leitosa", uma prosa fluente e agradável – o que combinaria tanto com a atenção ao estilo demandada por Cícero quanto com a importância do entretenimento como outro dos pilares da historiografia no mundo antigo (WOODMAN: 1988). No entanto, Hays (1987) aponta para uma interpretação diferente, observando, através dos outros usos dos termos *lactea* e *ubertas* no mundo latino, que a passagem de Quintiliano faz um contraste entre o uso de Salústio como educação retórica para adultos e o de Tito Lívio para o ensino de jovens, usando o *topos* do "educar como nutrir". Seja como for, observamos que a importância do estilo está intimamente relacionada ao conteúdo da narrativa propriamente dito, e isso se dá pela função primordial da historiografia para os antigos, que era exatamente ensinar,[16] além de deleitar.

Daí a importância de uma análise detalhada do prefácio que abre o texto de Tito Lívio, pois é nesse início que o autor anuncia a função didática de sua obra, através da importância do papel exemplar do passado. Muitos autores já analisaram o prefácio sob diversas perspectivas (MOLES: 2009; cf. MARQUES: 2012, p. 55-64), mas devemos destacar algumas características fundamentais dos propósitos lá enunciados pelo autor.

Tito Lívio abre o prefácio com uma formulação pouco comum entre os historiadores antigos, colocando-se de forma humilde perante os que o precederam, sem anunciar sua obra como mais grandiosa ou estilisticamente superior. Porém, como o tamanho de sua empreitada é maior do que as dos seus predecessores, fica claro que se trata de um recurso retórico para causar simpatia no leitor, talvez motivado pela

16 Pelo exemplo – a *historia magistra vitae* de Cícero (*De Or*, 2, 9.1).

patavinitas de um autor pouco conhecido de início nos círculos literários de Roma. Em seguida, ele trata do que será o grande tema subjacente à sua narrativa: a construção do poderio romano e sua inevitável decadência – "após seus modestos começos, o império cresceu de tal modo que hoje se inclina diante de sua própria grandeza".[17] Escrever (ou ler) sobre o passado distante, afirma ele, serve como consolo na lembrança dos tempos turbulentos da guerra civil, embora o leitor deva preferir a narrativa desses tempos mais recentes.

Em seguida, ele trata do problema do estabelecimento da verdade, em especial quanto às fontes que narraram os primórdios de Roma, e já anuncia o método que irá utilizar, tão diferente do adotado pela história científica contemporânea: "a essas tradições mais ilustradas por lendas poéticas do que apoiadas no testemunho irrecusável da história, não pretendo afirmá-las nem contestá-las".[18] O método nos remete diretamente a Heródoto, que já adota a exposição dos diferentes relatos possíveis sobre o fato narrado e a escolha, como vimos, da versão mais próxima da verossimilhança. Assim, segundo Tito Lívio, a alegação de que a origem mítica da grandeza de Roma remontaria aos deuses não seria em si problemática dentro da busca pela verdade na história, pois estaria de pleno acordo com a demonstração de força do poderio militar romano, inquestionavelmente maior do que das outras nações.

Porém, diz ele, a importância maior da narrativa estaria não nessas lendas em si, mas no que significa o aspecto de exemplaridade delas para a conduta do leitor, tanto na demonstração da *virtus* inabalável dos heróis do passado quanto através dos eventuais atos desonrosos e ímpios dos ancestrais que é necessário evitar. Esse é talvez o maior *topos* da historiografia antiga, latina em particular: a "mestra da vida" invocada por Cícero. Por isso, Tito Lívio usa em seguida o termo *monumentum* para qualificar sua obra como veículo para a emulação dos antigos, contemplando o passado como ao se ver uma estátua, a partir da qual o leitor/espectador lembra dos acontecimentos antigos e se espelha no *mos maiorum*, os costumes dos antepassados (MILES: 1995, p. 16-20).

A segunda coisa que Tito Lívio enumera como ponto principal de sua obra, derivado dos *exempla*, é a diferença entre o passado mais remoto e mais virtuoso, e o tempo cada vez mais próximo ao presente, em uma contínua decadência, remetendo

---

17 *quae ab exiguis profecta initiis eocreverit ut iam magnitudine laboret sua. AUC, praef.* 4.

18 *urbem poeticis magis decora fabulis quam incorruptis rerumgestarum monumentis traduntur, ea nec adfirmare nec refellere in animo est. AUC, praef.*, 6.

em última instância à sua postura perante sua própria época, em especial à política do imperador Augusto. Seria necessário, afirma,

> observar como o paulatino enfraquecimento da disciplina acarretou, por assim dizer, o relaxamento dos costumes e como sua decadência cada vez mais acentuada levou-os à queda brusca de nossos dias, quando a corrupção tanto quanto seus remédios nos parecem insuportáveis.[19]

O ponto de inflexão em Roma da virtude para a decadência é um *topos* latino que, no entanto, varia entre os historiadores sobre suas causas e época de ocorrência. Se para Salústio esse ponto foi a vitória sobre Cartago e o fim do *metus hostilis*, o medo do inimigo, que levou os romanos à indulgência (*Jugurta*, 41), Tito Lívio parece, ao longo de seus livros, apontar para o contato com o Oriente, em especial após as guerras macedônicas, como o responsável pela introdução do luxo e das riquezas que geraram uma ambição desmedida, culminada com a longa guerra civil. Nesse sentido, qual seria sua postura diante das reformas de Augusto e da nova realidade política do governante único?

Para se procurar uma resposta a isso, um ponto de partida é a datação do prefácio. Quando o historiador menciona os "remédios atuais aos males do passado", pode-se presumir que ele esteja se referindo à forma como Augusto acabou com a guerra civil e reformulou gradualmente o Estado romano. Talvez inspirados pela análise posterior e pessimista de Tácito, alguns estudiosos apontam nessa passagem uma certa desaprovação melancólica da inevitável concentração de poder em Augusto, o primeiro imperador. Porém, essa interpretação só é logicamente possível se o prefácio tiver sido escrito depois da vitória de Augusto, ainda chamado Otaviano, em Ácio, em 31 a. C. Se Tito Lívio escreveu o prefácio antes disso, ele poderia estar se referindo à guerra civil em si, o que poderia significar então um apoio posterior a Augusto. Há uma série de dúvidas e argumentos favoráveis a ambas as datações (HENDERSON: 1998, p. 309-319), mas a questão permanece inconclusiva.

Há outras três referências a Augusto nos livros preservados[20], mas são factuais e objetivas, e não nos permitem concluir por elas mesmas se Tito Lívio apoiava entu-

19 *labente deinde paulatim disciplina velut desidentis primo moressequatur animo, deinde ut magis magisque lapsi sint, tum ire coeperint praecipites, donec ad haectempora, quibus nec vitia nostra nec remedia pati possumus, perventum est. AUC, pref.*, 9.

20 *AUC*, 1, 19; 4, 20; 28, 12.

siasticamente as políticas de Augusto tal como o fizeram Virgílio, Horácio e os outros escritores do círculo de Mecenas, o qual ele não parece ter frequentado. Ao mesmo tempo, a publicação dos livros 121 a 142 de Tito Lívio após a morte de Augusto nos remete novamente a Tácito e sua estratégia política de sobrevivência sob um governo autoritário, já que esses seriam exatamente os livros (críticos?) que tratariam do período do imperador. Muito se escreveu sobre a relação entre Tito Lívio e Augusto (SYME: 1959; PETERSEN: 1961; cf. MARQUES: 2012, p. 64), mas, por causa de tantos argumentos para cada lado da questão, todos inconclusivos, e pela ausência dos últimos livros, o assunto permanece em aberto. O consenso atual dos estudiosos, no entanto, pende para a aceitação e mesmo apoio a Augusto, no sentido de que uma análise mais global do tom da obra de Tito Lívio aponta para o mesmo *Zeitgeist*, uma confluência de interesses entre ambos quanto à importância da retomada dos valores romanos "primordiais" – *virtus, pietas, fides, gravitas, auctoritas* – fundadores de uma identidade romana construída pela tradição e pela própria historiografia.

Sendo assim, retomemos a questão levantada no início deste capítulo, ou seja, em que medida a obra de Tito Lívio é relevante para nós hoje. No plano essencialmente historiográfico, os estudos até a metade do século XX foram bastante influenciados pelos acadêmicos alemães, tanto na questão da crítica de fontes, a *Quellenforschung*, que, como vimos, tem em Tito Lívio uma excelente fonte de trabalho, quanto na habilidade literária liviana revelada em episódios isolados (BURCK: 1987; 1992). Porém, a qualidade de Tito Lívio como historiador foi muitas vezes avaliada de acordo com os padrões da história científica contemporânea, tornando-o alvo de muitas críticas (CHAPLIN; KRAUS: 2009, p. 1). A partir do fim do século XX, a chamada "revolução Wiseman-Woodman" (FELDHERR: 2009, p. 7)[21] passou a influenciar a historiografia atual na leitura de Tito Lívio através da compreensão dos recursos retóricos e da escrita da história no mundo antigo como parte da literatura, em que o conceito de "verdade" não necessariamente corresponde ao nosso rigor científico. Somado a isso, a chamada "virada linguística" nas humanidades, com expoentes na historiografia como Hayden White e os pós-modernistas, também passou a valorizar a forma como a linguagem constrói ela mesma a realidade. É daí que os estudos atuais sobre Tito Lívio têm valorizado a construção da identidade romana em sua obra mais pelo aspecto da lógica interna da narrativa e de sua relação com seu contexto de produção do que propriamente como fonte objetiva pra conhecer o passado da República romana.

---

21 Fazendo referência a Wiseman, 1979 e Woodman, 1988.

Durante o Renascimento, Tito Lívio foi a maior influência antiga para o pensamento político italiano, exemplificada pelos *Discorsi*[22] de Maquiavel, na construção de um modelo republicano de Estado baseado nas virtudes administrativas, militares e especialmente morais apresentadas na *Ab urbe condita* sobre a República romana. Enquanto Tácito era visto como um modelo de conduta sob tiranos, ou de como os tiranos poderiam dominar seus súditos, Tito Lívio se manteve como o historiador por excelência da República livre, e dos percalços da política para mantê-la. Política pressupõe conflito; assim, as formas que Tito Lívio narra para mostrar como a República romana lidou com o problema dos conflitos de interesses entre diferentes grupos de um governo livre – ainda que essencialmente aristocrático – são exemplares da importância do fazer política em prol do bem comum, em contraste com o agir em benefício próprio, algo sempre danoso para o coletivo. É nesse sentido que podemos continuar lendo Tito Lívio de maneira a pensar nosso presente, um tempo em que a vantagem individual tanto tem prevalecido sobre o bem da coletividade cidadã.

Referências e bibliográficas

AILI, H. Livy's Language. A Critical Survey of Research. *Aufstieg und Niedergang der Römischen Welt*, II. 30.2, p. 1122-1147, 1982.

BEGBIE, C. M. The Epitome of Livy. *Classical Quarterly*, vol. 17, no. 2, p. 332-338, 1967.

BRISCOE, J. The First Decade. In: DOREY, T. A. (ed.). *Livy.* London/Toronto: Routledge & Kegan Paul/University of Toronto Press, p. 1-20, 1971. (Greek and Latin Studies – Classical Literature and its Influence).

______. *A commentary on Livy, books 31-33*. Oxford: Clarendon Press, 1972.

______. *A commentary on Livy, books 34-37*. Oxford: Oxford University Press, 1981.

BOSWORTH, A. Brian. Plus ça change. Ancient Historians and Their Sources. *Classical Antiquity*, v. 22, n. 2, p. 167-198, 2003.

BURCK, Erich. (ed.). *Wege zu Livius*. Darmstadt: Wissenschaftliche Buchgesellchaft, p. 298-309, 1987.

______. *Das Geschichtswerk des Titus Livius*. Heidelberg: Carl Winter Universitätsverlag, 1992.

22 *Discursos sobre a primeira década de Tito Lívio* (1531).

CHAPLIN, Jane D. *Livy's Exemplary History*. New York: Oxford University Press, 2000.

CHAPLIN, Jane D.; KRAUS, Christina S. (orgs.) *Livy (Oxford Readings in Classical Studies)*. Oxford: Oxford University Press, 2009.

CHAUSSERIE-LAPRÉE, J. P. Les structures et les techniques de l'expression narrative chez les historiens latines. *Revue des Études Latines*, v. XLI, p. 281-296, 1963.

COLLARES, M. A. *Representações do senado romano na Ab Urbe Condita Libri de Tito Lívio: livros 21-30* [online]. São Paulo: Editora UNESP; São Paulo: Cultura Acadêmica, 2010. 193 p.

CORNELL, T. J. The Formation of the Historical Tradition of Early Rome. In: MOXON, I. S.; SMART, J. D.; WOODMAN, A. J. (eds.) *Past Perspectives: Studies in Greek and Roman Historical Writing*. Cambridge: Cambridge University Press, p. 67-86, 1986.

______. *The Beginnings of Rome: Italy and Rome from the Bronze Age to the Punic Wars (C. 1000-264 BC)*. London: Routledge, 1995.

DAVIES, J. P. *Rome's Religious History – Livy, Tacitus and Ammianus On Their Gods*. Cambridge: Cambridge University Press, 2005.

DEININGER, Jürgen. Livius und der Prinzipat. *Klio*, 67/1, p. 265-272, 1985.

DELGADO, J. J. Importancia de los prodigios en Tito Livio. *Helmantica*, 12, p. 27-46, 1961.

DOREY, T. A. (ed.) *Livy*. London/Toronto: Routledge & Kegan Paul/University of Toronto Press, 1971. (Greek and Latin Studies - Classical Literature and its Influence).

FELDHERR, Andrew; HARDY, G (eds.) *The Oxford History of Historical Writing*. Oxford: Oxford University Press, 2011.

FELDHERR, Andrew. Livy's revolution: civic identity and the creation of the *res publica*. In: HABINEK, Thomas; SCHIESARO, Alessandro (eds.). *The Roman Cultural Revolution*. Cambridge: Cambridge University Press, p. 136-157, 1997.

______. *Spectacle and Society in Livy's History*. Berkeley/Los Angeles: University of California Press, 1998.

______. (ed.) *The Cambridge Companion to the Roman Historians*. Cambridge, UK: Cambridge University Press, 2009.

FORNARA, Charles W. *The Nature of History in Ancient Greece and Rome*. Berkeley: University of California Press, 1983.

FORSYTHE, Gary. *A Critical History of Early Rome: From Prehistory to the First Punic War*. Berkeley: University of California Press, 2005.

HAYS, Steve. *Lactea Ubertas*: What's Milky about Livy? *The Classical Journal*, Vol. 82, No. 2, p. 107-116, Dec., 1986 - Jan., 1987.

HENDERSON, John. *Fighting for Rome: poets and Caesars, history and civil war*. Cambridge: Cambridge University Press, 1998.

HOFFMANN, Wilhelm. Livius und die römische Geschichtsschreibung. *Antike und Abendland*, 4, p. 170-186, 1954.

HOWARD, Albert A. Valerius Antias and Livy. *Harvard Studies in Classical Philology*, Vol. 17, pp. 161-182, 1906.

JAEGER, Mary. *Livy's Written Rome*. Ann Arbor: University of Michigan Press, 1997.

______. Guiding metaphor and narrative point of view in Livy's *Ab urbe condita*. In: KRAUS, C. S. (ed.) *The Limits of Historiography – Genre and Narrative in Ancient Historical Texts*. Leiden/Boston/Köln: Brill, p. 169-195, 1999.

KRAUS, Christina S. "No Second Troy": *Topoi* and Refoundation in *Livy*, Book V. *Transactions of the American Philological Association*, vol. 124, p. 267-290, 1994.

______. *Livy. Ab Urbe Condita. Book VI*. Cambridge: Cambridge University Press, 1994. (Cambridge Greek and Latin Classics).

KRAUS, Christina S. & WOODMAN, A. J. *Latin Historians*. Oxford: Oxford University Press, 1997. (Greece & Rome, New Surveys in the Classics, vol. 27)

KENNEY, E. J. and CLAUSEN, W. V. (eds.) *Cambridge History of Classical Literature, vol. II.3: The Age of Augustus*. Cambridge: Cambridge University Press, 2000.

LEVENE, D. S. *Religion in Livy*. Leiden/New York/Köln: E. J. Brill, 1993. (Mnemosyne - Bibliotheca Classica Batava).

LEFÉVRE, Eckard; OLSHAUSEN, Eckart. (eds.). *Livius – Werk und Rezeption*. München: C. H. Beck, 1973.

LUCE, T. J. *Livy: The Composition of His History*. Princeton: Princeton University Press, 1977.

______. *The Greek Historians*. London: Routledge, 1997.

MARINCOLA, John. *Authority and Tradition in Ancient Historiography*. Cambridge: Cambridge University Press, 1999.

______. (ed.) *A Companion to Greek and Roman Historiography*. Oxford: Wiley-Blackwell, 2011.

MARQUES, Juliana Bastos. Rômulo, Camilo, Augusto: a Roma renovada de Tito Lívio. In: LESSA, Fábio de Souza; BUSTAMANTE, Regina Maria da Cunha. (orgs.). *Memória e festa*. Rio de Janeiro: Mauad, p. 427-434, 2005.

______. *Tradição e renovações da identidade romana em Tito Lívio e Tácito*. Rio de Janeiro: Apicuri, 2012.

McDONALD, A. H. The Style of Livy. *Journal of Roman Studies*, vol. 47, p. 155-172, 1957.

MEHL, Andreas. *Roman Historiography: An Introduction to Its Basic Aspects and Development*. Chichester, West Sussex: Wiley-Blackwell, 2011.

MELLOR, Ronald. *Roman Historians*. London: Routledge, 1999.

MILES, Gary B. The Cycle of Roman History in Livy's First Pentad. *American Journal of Philology*, vol. 107, n. 1, p. 1-33, 1986.

______. Maiores, Conditores, and Livy's Perspective on the Past. *Transactions of the American Philological Association*, vol. 118, p. 185-208, 1988.

______. *Livy: Reconstructing Early Rome*. Ithaca/London: Cornell University Press, 1995.

MOLES, J. L. Livy's Preface. In: CHAPLIN, Jane D.; KRAUS, Christina S. (orgs.) *Livy*. Oxford: Oxford University Press, p. 49-87, 2009. (Oxford Readings in Classical Studies).

OAKLEY, S. P. *Commentary on Livy. Books VI-X*. Oxford: Clarendon Press, 1998.

______. The Early Republic. In: FLOWER, H. I. (ed.) *The Cambridge Companion to the Roman Republic*. Cambridge: Cambridge University Press, p. 15-30, 2004.

______. Livy and his Sources. In: CHAPLIN, Jane D.; KRAUS, Christina S. (orgs.) *Livy*. Oxford: Oxford University Press, p. 439-460, 2009. (Oxford Readings in Classical Studies)

OGILVIE, R. M. *A Commentary on Livy Books 1-5*. Oxford: Oxford University Press, 1965.

PAGAN, Victoria Emma (ed.). *A Companion to Tacitus*. Oxford: Blackwell/Wiley, 2012.

PETERSEN, H. Livy and Augustus. *Transactions and Proceedings of the American Philological Association*, vol. 92, p. 440-452, 1961.

RICH, J. Structuring Roman History: the Consular Year and the Roman Historical Tradition. *Histos - The Electronic Journal of Ancient Historiography.* University of Durham, vol. 1, 1997. Disponível em < http://research.ncl.ac.uk/histos/documents/2011.01RichStructuringRomanHistory143.pdf>. Acessado em 24 de setembro de 2013.

RUTHERFORD, Richard. Tragedy and History. In: MARINCOLA, John. (ed.) *A Companion to Greek and Roman Historiography*. Oxford: Wiley-Blackwell, p. 493-503, 2011.

SEBASTIANI, Breno B. A política como objeto de estudo: Tito Lívio e o pensamento historiográfico romano do séc. I d. C. In: JOLY, F. (org.) *História e Retórica – Ensaios sobre historiografia antiga.* São Paulo: Alameda Editorial, 2007.

STADTER, Philip. A. The Structure of Livy's History. *Historia*, vol. 21/2, p. 287-307, 1972.

SYME, Ronald. Livy and Augustus. *Harvard Studies in Classical Philology*, vol. 64, p. 27-87, 1959.

TEIXEIRA, Felipe Charbel. Uma construção de fatos e palavras: Cícero e a concepção retórica da história. *Varia Historia*, Belo Horizonte, v. 24, n. 40, 2008. Disponível em <http://www.scielo.br/scielo.php?script=sci_arttext&pid=S0104-87752008000200014>. Acessado em 26/09/2013.

TOHER, Mark. Augustus and the Evolution of the Roman Historiography. In: RAAFLAUB, Kurt; TOHER, Mark (eds.) *Between Republic and Empire - Interpretations of Augustus and his Principate.* Berkeley/Los Angeles/London: University of California Press, p. 139-154, 1990.

VITORINO, Júlio César. Tito Lívio. In: PARADA, Maurício (org.). *Os Historiadores Clássicos da História.* Rio de Janeiro/Petrópolis: Puc-Rio/Vozes, p. 68-87, 2012.

WALSH, P. G. Livy's Preface and the Distortion of History. *American Journal of Philology*, vol. 76, n. 4, p. 369-383, 1955.

______. Livy and Stoicism. *American Journal of Philology*, vol. 79, p. 355-375, 1958.

______. *Livy: His Historical Aims and Methods*. Cambridge: Cambridge University Press, 1961.

______. Livy and the Aims of *historia*: an Analysis of the Third Decade. *Aufstieg und Niedergang der Römischen Welt*, II. 30.2, p. 1058-1074, 1982.

WISEMAN, T. P. *Clio's Cosmetics: Three Studies in Greco-Roman Literature*. Leicester University Press, 1979.

WOODMAN, Anthony John. *Rhetoric in Classical Historiography: Four Studies*. Areopagitica Press: 1988.

______. (ed.). *The Cambridge Companion to Tacitus*. Cambridge: Cambridge University Press, 2009.

Edições de Tito Lívio

LIVY. *History of Rome*. 14 vols. Cambridge, Mass.: Harvard University Press, 1970. (The Loeb Classical Library).

TITO LIVIO. *Historia Roma desde su fundación*. 7 vols. Traducción y notas de J. A. Villar Vidal. Madrid: Gredos, 1997. (Biblioteca Clásica Gredos).

TITO LÍVIO. *História de Roma* – Ab urbe condita libri. 6 vols. Tradução de Paulo Matos Peixoto. São Paulo: Paumape, 1989.

______. *História de Roma. Livro I – A monarquia*. Tradução de Mônica Costa Vitorino. Belo Horizonte: Crisálida, 2008.

TITE-LIVE. *Histoire Romaine*. 34 vols. Paris: Les Belles Lettres, 1947-1998.

19

Flávio Josefo: suas histórias e seu duplo alicerce historiográfico

Luís Eduardo Lobianco
Universidade Federal Rural do Rio de Janeiro

Introdução

Ao refletirmos sobre a convergência entre "*A ideia de história na Antiguidade Clássica*" e "*Flávio Josefo*", já de início nos deparamos com uma questão relevante: teria sido este autor do século I d.C., um historiador judeu que apenas ancorou-se na noção clássica - leia-se grega - de historiografia ou, igualmente, lançou mão do modelo hebraico de escrita da história? O conjunto de sua literatura, composto por quatro obras, sobretudo a primeira, comumente conhecida por *Guerra Judaica*[1], tinha objetivos socioculturais ou políticos, ou ambos? Quais foram os nomes hebraico, grego e romano de Josefo? A qual segmento étnico ele pertencia? Quais foram as suas identidades? A ambiguidade foi um aspecto marcante de sua vida e do conteúdo de sua produção historiográfica?

Para respondermos a tais indagações, precisamos conhecer Josefo, sua origem, sua trajetória, estando aí presentes as questões relativas a seus nomes, sua etnia e suas identidades, em quais mundos viveu, que tipo de conteúdo seus relatos apresentam e, sobretudo, quais influências historiográficas recebeu, na produção de sua obra. Para tanto, faz-se mister não somente tratarmos dos aspectos supracitados bem como apresentarmos o contexto histórico, no qual sua vida está inserida, analisarmos

1 A correta tradução do título desta primeira obra de Josefo, de acordo com o seu original, grafado em grego, é *História da Guerra Judaica contra os Romanos*, como veremos mais adiante, no presente capítulo.

o conteúdo de suas narrativas e – sobretudo – compreendermos o que vem a ser a ideia de história no mundo grego – e consequentemente romano – ou seja, clássico, assim como no mundo judaico.

Josefo: nome, identidades e etnia

Josefo nasceu em Jerusalém (Hadas-Lebel: 1991, 15), de acordo com o calendário judaico, no *"[...] ano 3797 da criação do mundo, correspondente ao ano 1 do reinado de Calígula (37 da era cristã)."* Faleceu, acredita-se, por volta do ano 100 d.C., em Roma, onde passou a viver, sob a proteção do Imperador Vespasiano, logo após os romanos, sob o comando de seu filho e futuro sucessor, Tito, terem incendiado o 2º Templo de Jerusalém, no verão do ano 70 de nossa era. Como se vê, já de início, fica claro que a trajetória de Josefo é nitidamente dividida em duas partes: a) sua vida na Judéia, de 37 a 70 d.C. e b) sua residência em Roma, propondo-se ao ofício de historiador, e doravante portador da cidadania romana, que lhe foi concedida pelo próprio Vespasiano, de 70 até cerca do ano 100 d.C. Apesar de tal divisão cronológica da trajetória de Josefo, ele sempre fez questão de se declarar judeu e defender a cultura judaica. Isto, entretanto, não o impediu de produzir um relato, em *Guerra Judaica*, por exemplo, no qual ele mostra-se dividido entre atacar parte de seu próprio povo e defender outra – a elite, assim como, simultaneamente criticar líderes romanos, como Pilatos e Calígula, mas também justificar ações de outros, como Tito. Devo ressaltar, contudo, que a meu juízo, tamanha apologia da civilização judaica, registrada por Josefo, deve-se ao fato de que, durante a revolta judaica contra Roma (de 66 a 73 d.C.), ele deixou de ser um líder militar judeu, em defesa da Galiléia, e passou para o lado romano – inclusive tornando-se tradutor e companheiro de Tito, na resistência final dos rebelados judeus, em Jerusalém, no ano 70 d.C.

Analisemos seus nomes, sua etnia e suas identidades. Observemos que já no início de *Guerra Judaica*, o próprio autor afirma (Josefo, *GJ* [2], I: 3)[3]: *"[...] e)gw\ [...])Iw/ shpoj Matqi/ou pai=j, [ge/nei (Ebrai=oj] e)c (Ierosolu/mwn i(ereu/j [...]."-"[...] eu [...] Josefo, filho de Mathias, de origem (nascimento / ascendência / família hebraica), sacer-*

2 No presente texto, abreviarei *História da Guerra Judaica contra os Romanos*, por GJ – *Guerra Judaica*.

3 Livro I, parágrafo 3. Doravante sempre abreviarei os fragmentos de Josefo, pela seguinte forma: "*título do obra*, número do livro: parágrafo(s), como por exemplo *GJ*, I: 3."

dote de Jerusalém [...]."[4] Ora, aí está apresentada, pelo próprio autor, a sua ascendência hebraica, a sua posição social e o seu nome de origem, portanto judaico, o qual ele nos fornece em grego: *)Iw/shpoj Matqi/ou pai=j* [5] – *Josefo filho de Matthias.* Quando no início da 1ª revolta judaica contra Roma, segundo o próprio relato de Josefo em *Guerra Judaica,* ele caiu prisioneiro dos romanos, no cerco de Jotapata - na Galiléia -, comandado pelo então general Vespasiano, este tornou-se o senhor de Josefo, que foi feito escravo. Uma vez em Roma e tendo sido libertado e recebido a cidadania romana daquele, Josefo adotou a *tria nomina*, característica de todo cidadão romano, ou seja, passou a portar a junção de um *pré-nome* + um *nome* + um *cognome.* O primeiro era o nome da pessoa, o segundo o da família à qual pertencia – no caso de um escravo liberto, da família que o alforriara – e o terceiro indicava uma característica pessoal do indivíduo. Sendo assim, a *tria nomina* de *Josefo filho de Matthias* passou a ser *Titus Flavius Josephus.* Escolheu por pré-nome, o daquele que Josefo acompanhou no final da revolta judaica e auxiliou como tradutor junto aos últimos resistentes em Jerusalém, no ano 70 d.C. – Tito – filho de Vespasiano e seu sucessor de 79 a 81 d.C. Por nome, adotou obrigatoriamente o da família que o alforriara – a dinastia dos Flávios – e, por cognome, o seu nome judaico, de origem, Josefo.

Mas Josephus é praticamente uma transliteração, para o alfabeto latino, do nome grego *)Iw/shpoj.* Fiz esta referência, pois, em grego, há duas formas de se grafar o nome José: *)Iw/shpoj* - Iōsēphos e *)Iwsh/f* – Iōsēph, esta última é a que se encontra, por exemplo, no início do Evangelho de Mateus (Mt: 1, 18)[6], quando é citado (Bover e O'Callaghan, 2001: 5) o nome *)Iwsh/f* - José, referindo-se o texto bíblico ao marido de Maria, mãe de Jesus. Ora, se a primeira obra de Josefo, *Guerra Judaica,* foi escrita no final do reinado de Vespasiano – entre os anos 75 e 79 da era cristã –, trata-se de um relato contemporâneo à redação dos Evangelhos canônicos, os quais datam da época conhecida por "*subapostólica*" – entre 70 e 100 d.C. Sendo assim, por que Josefo

4 Livre tradução minha, para português, do original grego da obra de Josefo. Na realidade, todas as traduções grego-português, de *História da Guerra Judaica contra os Romanos - Guerra Judaica,* presentes em minha dissertação de mestrado (ver a bibliografia ao final), e citadas no presente texto, contaram com a relevante colaboração da Professora Doutora Silvia Damasceno, de Língua e Literatura Gregas do Instituto de Letras da UFF - Universidade Federal Fluminense e da Faculdade de Letras da UFRJ – Universidade Federal do Rio de Janeiro.

5 A transliteração, deste nome, para o alfabeto latino, nos leva à Iōsēphos Matthíou Paîs.

6 Mateus, capítulo 1, versículo 18.

optou por se autonomear *)Iw/shpoj Matqi/ou pai=j - Iōsēphos Matthíou Paîs* e não por *)Iwsh/f Matqi/ou pai=j - Iōsēph Matthíou Paîs* ? Se ambas as grafias são traduzidas por *José* seria isto uma indicação de que, na verdade, *)Iw/shpoj* significaria *Josepho* ou *Josefo*? Embora esta possa parecer uma explicação plausível, tal hipótese cai por terra quando tomamos ciência, pelas palavras de Mireille Hadas-Lebel, de que (Hadas-Lebel: 1991, 12): *"No século XVIII, um jesuíta francês, [...], o padre Hardouin, [...], impôs a ortografia "Josefo" para distinguir o historiador antigo dos "santos" de mesmo nome."* Esclarecida a questão de seu nome, passemos à sua dupla identidade.

A indicação supra, de dois nomes diferentes: um originalmente judaico e outro adquirido a partir do momento no qual se tornou cidadão romano, nos demonstra que Josefo foi um homem portador de uma dupla identidade, tendo sido vinculado a dois mundos. De fato, ele é portador de uma identidade de origem e outra por aquisição. O renomado antropólogo Gilberto Velho nos dá uma clara ideia sobre estes dois conceitos (Velho: 1994, 97), ao sustentar que:

> "É vasta a literatura em antropologia sobre identidade em seus mais diferentes aspectos. [...]. Uma das questões mais interessantes e polêmicas é verificar até que ponto a participação em um estilo de vida e em uma visão de mundo, com algum grau de especificidade, implica uma "adesão" que seja significativa para a demarcação de fronteiras e elaboração de identidades sociais. *É evidente que existe uma básica diferença entre uma identidade, socialmente já dada, seja étnica, familiar etc. e uma adquirida em função de uma trajetória com opções e escolhas mais ou menos dramáticas."*[7]

Ora, observando o fragmento por mim negritado, na citação acima, notamos que Josefo enquadra-se, perfeitamente, na proposição teórica ali apresentada. Não apenas teve ele dois nomes, mas duas identidades: uma judaica: *"[...] socialmente já dada, seja étnica, familiar etc. [...]"* e uma romana: *"[...]adquirida em função de uma trajetória com opções e escolhas mais ou menos dramáticas."* A sua trajetória levou-o a ter não apenas a cidadania, mas uma identidade romana. E mais. Apesar de ter sido um historiador essencialmente da Judéia, mas também de Roma - como se verá na transcrição a seguir, de autoria de Mireille Hadas-Lebel -, a questão da dramaticidade citada por Gilberto Velho, no caso de Flávio Josefo, em meu entender, pode ser com-

7 Grifos de destaque meus.

preendida pela ambiguidade que se percebe através de seus relatos ora pró-judaicos e anti-romanos, ora pró-romanos e anti-judaicos, ao menos em *Guerra Judaica.*

Tal postura ambígua explica-se pelo fato de que, embora jamais tenha abjurado de sua fé judaica ou ter negado que fosse judeu e que tivesse profundo respeito pela cultura de sua civilização milenar, no entanto há, a meu juízo, um "drama de consciência" em Josefo, já que ele claramente preocupou-se em explicar, a seus compatriotas, o porquê de conceder nítido apoio à dinastia dos Flávios, a qual destruíra Jerusalém e seu 2º Templo. Este "drama", em meu entender, encontra respaldo nas "perdas" abaixo citadas nas precisas palavras de Mireille Hadas-Lebel. "Perdas pessoais", no que tange a Josefo diante do judaísmo, e "perdas historiográficas", no que concerne à este autor diante da história de Roma. Sustenta esta especialista em Flávio Josefo (Hadas-Lebel: 1991, 12):

> "Para o judaísmo, Josefo, filho de Matias, embora nunca tenha renegado sua origem e sua fé, passa por filho perdido. Perdido, por ter sido suspeito de traição; perdido, por ter ido viver em Roma, no palácio do vencedor; perdido, por ter difundido, ou mesmo escrito, sua obra em grego [...]. [...] Josefo foi também considerado perdido, em grande medida, para a história romana, à qual, porém, ele dá uma preciosa contribuição. Para abordar a época de que é contemporâneo, os historiadores de Roma sempre se serviram abundantemente dos autores latinos, sobretudo Tácito e Suetônio, restringindo Josefo a um papel de cronista dos assuntos da Judéia. Estes estão tão estreitamente relacionados com os assuntos de Roma, que dois generais vitoriosos da Judéia, Vespasiano e Tito, se sucederam à frente do império."

Um fragmento do final de *Guerra Judaica* (Josefo, *GJ*, VI: 107) dá sustentação às informações supracitadas, especificamente quanto à ciência de que Josefo tinha da suspeição, por parte dos rebelados judeus, de sua traição - na verdade ele sabia que seria posteriormente apontado como traidor -, por ter passado para o lado romano. Ademais, o mesmo pequeno trecho reforça a preocupação de Josefo em deixar registrado que nunca abjurara de sua religião nem de sua ascendência judaica. Este excerto refere-se ao momento no qual Josefo tenta negociar a rendição dos últimos revoltosos judeus, refugiados no Monte do Templo e ainda resistindo ao cerco romano. A intenção revelada pelo autor era a de salvar o Templo, de sua inexorável destruição, que seria levada a cabo, pelos romanos, sob as ordens de Tito, o que, de fato, acabou ocorrendo.

> "Lembrem-se, também, que eu que os exorto (admoesto) sou seu compatriota (de mesma origem, ascendência, família - o(mo/fuloj [8]), que eu que faço esta promessa sou (um judeu -)Ioudai=oj [9]) [...]. Que eu nunca possa viver para me tornar tanto um prisioneiro abjeto quanto para abjurar (desistir, me abster, suprimir - pau/swmai [10]) minha origem (meu nascimento, minha ascendência – tou= ge/nouj [11]) ou esquecer-me das tradições de meus antepassados – (h)\ tw=n patri/wn e)pila/qwmai [12]) [13]

Por todo o acima exposto, tratamos neste capítulo de uma biografia que se fraciona em duas partes e entre três mundos: judaico, grego e romano. Mas se Josefo nasceu judeu e tornou-se cidadão romano, e dividiu sua vida entre a Judéia e Roma, em que ponto insere-se o mundo grego, em sua trajetória? Exatamente no que tange ao seu ofício de historiador, como se verá mais detalhadamente logo a seguir, ou seja, no modelo clássico, grego, que adotou dos dois primeiros historiadores helênicos. Tal noção de escrita da história é um significativo elemento, que é parte de um conjunto maior de aspectos culturais oriundos do mundo helênico, o qual se difundiu por todo o Oriente Próximo, e ali se tornou um sólido alicerce, a partir da vitória de Alexandre da Macedônia sobre o Império Persa dos Aquemênidas, na segunda metade do século IV a.C.: o *Helenismo*. E é sobre este conceito que dissertarei logo a seguir, bem como

---

8 Transliterando-se para o alfabeto latino: *homóphylos*.

9 Idem nota acima: *Ioudaîos*.

10 Idem duas notas acima: *paúsōmai*.

11 Ainda transliterando para o alfabeto latino: *toû génous*.

12 Idem nota acima: *hē tōn patríōn epiláthōmai*.

13 No presente capítulo, sempre que cito palavras ou expressões do original grego de Josefo, o faço por considerá-las "palavras / expressões-chave" para a compreensão e melhor análise dos fragmentos transcritos. Ao traduzi-las diretamente para português (como se vê acima, entre parênteses), lanço mão dos dicionários grego-inglês de Liddell e Scott e grego-francês de Anatole Bailly (ver bibliografia ao final). Quanto ao restante dos excertos de Josefo, trazidos a este texto, inclusive no trecho supratranscrito - *GJ*, VI: 107 - quando não há referências a palavras ou expressões gregas, significa que fiz a tradução a partir da versão em língua inglesa, constante da edição bilíngue grego-inglês da Loeb Classical Library, da Universidade de Harvard (ver bibliografia ao final deste capítulo).

de um essencial alicerce do conjunto da obra de Josefo: a noção de *i(stori/a* [14] - *história*, a qual florescera na Grécia Clássica.

Helenismo e a ideia de i(stori/a - história em Heródoto, Tucídides e Josefo

André Paul nos informa quem cunhou o termo "helenismo" e qual o seu significado, fundamental, aliás, para que sejamos capazes de compreender o porquê do Mediterrâneo Oriental, inclusive durante o Império Romano – e parte do Bizantino – até a expansão muçulmana, no século VII d.C. –, terem estado sob forte influência da cultura grega. Segundo o autor supracitado (Paul: 1983, 93):

> [...] foi Droysen que, no decorrer do século XIX, deu a "helenismo" um conceito histórico de contornos precisos e estendeu seu campo ao período que vai da derrota do império persa dos Aquemênidas, por Alexandre Magno (331 a.C.), até o fim do reino dos Ptolomeus, marcado pela batalha de Áccio (31 a.C.). Este período particular da história da antiguidade se caracterizava também aos seus olhos pelo encontro e até pela mistura de elementos culturais gregos e orientais [...].

A transcrição acima nos fornece dois dados importantes sobre o conceito de *helenismo*: sua definição e a época histórica na qual foi representado, politicamente, pelos reinos que chamamos de helenísticos, dos quais se destacam os dois mais importantes e de maior duração, ambos destruídos pela expansão de fins da República Romana: o reino dos Selêucidas[15] – vencido por Pompeu em 64 a.C. –, e o Lágida- ou Ptolomaico[16] –, cujo término efetivamente ocorreu, a meu juízo, com o suicídio da última rainha desta dinastia - Cleópatra VII Philopátor, em 30 a.C., momento no qual

14 Transliterando-se para o alfabeto latino: *historía.*

15 Este nome provém do primeiro governante desta dinastia: Seleuco I Nicanor, que reinou de 312 a 281 a.C. e cujo cognome remete à ni/kh - níkē – vitória em batalha, vitória sobre oponentes. O reino Selêucida teve por centro inicial, a Babilônia, no entanto o mesmo foi posteriormente deslocado para a Síria.

16 O reino helenístico do Egito é conhecido por Lágida ou Ptolomaico. O primeiro nome faz referência a Lagos, pai do primeiro governante desta dinastia: Ptolomeu I Sōtēr, do grego clássico swte/r- sōtēr – salvador e que governou a partir de 323 a.C. – proclamando-se rei em 306 a.C. – até 283 a.C.

Otávio - três anos após o já Imperador Augusto -, conquistou o Egito para Roma, na prática declarando-o, posteriormente, província privada do Imperador, por sua importância econômica e dele afastando, tanto quanto possível, o Senado.

Explicada a presença do helenismo, no campo político, resta voltarmos à questão cultural. Em que medida, como sustenta André Paul, citando Droysen, "*este período particular da história da antiguidade se caracterizava [...] pelo encontro e até pela mistura de elementos culturais gregos e orientais [...]* ? Na prática observamos, de fato, o surgimento de um hibridismo cultural envolvendo elementos gregos e orientais, como egípcios, por exemplo. Examinando-se imagens de moedas cunhadas em Alexandria, durante a dinastia dos Antoninos – século II d.C. –, nota-se a presença de divindades egípcias trajando indumentária grega. No entanto, são nitidamente perceptíveis todos os componentes culturais gregos e faraônicos ali presentes. De igual modo, ao se pensar em "helenismo", tal qual definido por Droysen, ainda que haja - como de fato houve – uma mescla de elementos culturais helênicos e orientais - próximo-orientais, para ser mais exato –, em minhas pesquisas sempre consegui identificar, em separado, quais destes componentes são original e puramente gregos e quais são oriundos de civilizações do antigo Oriente Próximo.

E qual a importância de se ressaltar este ponto? Simples. Inserido no conjunto do *helenismo*, há um elemento especificamente grego: *a noção de historiografia*. E é neste contexto de helenização do Oriente Próximo, da Judéia inclusive, que percebemos a influência do modelo historiográfico grego em Flávio Josefo, o qual, embora naturalmente influenciado por Heródoto, tinha Tucídides como seu grande e nítido paradigma, tal qual veremos mais adiante. É por esta razão que, sem pestanejar, podemos inserir Josefo na *ideia de história na Antiguidade Clássica*. E o cerne disto está contido no próprio conteúdo semântico de *i(stori/a – história*, termo do qual ele se apropriou, de ambos os autores gregos supracitados.

Sustento que, não foi por mero acaso, muito ao contrário, que Josefo escolheu para a primeira palavra do título da primeira obra, exatamente *i(stori/a - historía*, que se traduz do grego clássico, por várias formas convergentes em termos semânticos (Liddell e Scott, 1997: 385) [17] por: "*investigação, inquerimento, pesquisa*", mais detalhadamente, por: "*um estudo, um aprendizado (obtido) por investigação, por inquerimento, por pesquisa*", ou ainda: "*o conhecimento deste modo obtido*", tal qual utilizado por Heródoto. Como se vê em Aristóteles, *i(stori/a – historía* pode ser

17 Dicionário Grego-Inglês de Liddell e Scott (ver bibliografia ao final deste capítulo).

traduzida por *"um relato da pesquisa (investigação) de alguém"*, ou já simplesmente: *"uma narrativa, história"*.

E é assim que analisarei, neste capítulo, o conteúdo narrativo de Josefo em (Istori/a)Ioudai+kou= Pole/mou= Pro\j (Rwmaiou/j[18]: *História da Guerra Judaica contra os Romanos.* Este é o correto título grego da obra que ficou comumente conhecida por *Guerra Judaica.* E quando mencionei acima, que não foi por acaso que Josefo utilizou a palavra *i(stori/a* em sua primeira obra, tomei por base os títulos das célebres obras de Heródoto e de Tucídides, respectivamente mais conhecidas pelos títulos: *As Guerras Persas* e *História da Guerra do Peloponeso*, as quais, entretanto, têm como título original, em grego clássico, também respectivamente: (Hrodo/tou= (Istori/ai[19]: *Histórias de Heródoto* e Qoukudi/dou= (Istori/ai[20]: *Histórias de Tucídides.* Como se vê, é como se Josefo igualmente tivesse se proposto a escrever as *"Histórias de Josefo"*, já em sua primeira produção literária.

Contudo este padrão historiográfico foi mantido, por Josefo, até outra de suas mais importantes obras, redigida quase vinte anos depois da primeira. Trata-se de um relato paralelo ao da Bíblia Hebraica, portanto uma longa e detalhada história dos hebreus e dos judeus. Embora a historiografia contemporânea a chame de *Antiguidades Judaicas*, na verdade seu título original em grego remete, uma vez mais, à ideia de *história*, visto que a palavra, em grego clássico:)Arxaiologi/aj é traduzida (Bailly: 2000, 280)[21] por: *"história da antiguidade"*, tal qual utilizara Platão. O título dado por Josefo, portanto, à obra a que me refiro é:)Ioudai+kh=j)Arxaiologi/aj[22], o qual tem por tradução exata, não *Antiguidades Judaicas*, mas sim: *História da Antiguidade Judaica.*

Concluo, a partir do acima exposto, que Josefo sempre quis revestir suas obras com um aspecto historiográfico, de *i(stori/a*, ou seja, de *"investigação, inquerimento, pesquisa"*, ou ainda, de *"um relato oriundo da sua pesquisa, da sua investigação"*, tal qual igualmente haviam feito, meio milênio antes, na Grécia, Tucídides e Heródoto, afinal, a presença do modelo de historiografia clássica, grega, é nítida no conjunto dos relatos de Josefo, embora não se possa desconsiderar a noção de historiografia hebraica, sobre a qual tratarei, mais adiante.

---

18 Transliterando-se para o alfabeto latino: *Historía Ioudaïkoû Polémoû Pròs Romaioús.*

19 Novamente transliterando-se para o alfabeto latino: *Herodótoû Historíai.*

20 Uma vez mais transliterando-se para o alfabeto latino: *Thoukydídoû Historíai.*

21 Dicionário Grego-Francês de Anatole Bailly (ver bibliografia ao final do presente capítulo).

22 Transliterando-se para o alfabeto latino: *Ioudaïkēs Archaiologías.*

Flávio Josefo e sua obra historiador de Roma, da Judéia e do Judaísmo

A meu juízo, não há dúvida de que Josefo foi um tríplice historiador: de Roma, da Judéia e do judaísmo. Para começar, filio-me à posição de Mireille Hadas-Lebel, quanto à relevante contribuição deste autor à história de Roma, tal qual ela afirmou e apresentei em fragmento desta autora, acima transcrito, o qual faz referência, também, à interseção da história judaica com a romana: a atuação de Vespasiano e Tito durante a 1ª revolta judaica contra o Império. De fato, tem razão Hadas-Lebel, uma vez que Josefo, em *História da Guerra Judaica contra os Romanos* narra um significativo acontecimento da história de Roma: a vitória do Império sobre uma Judéia rebelada, tendo por protagonistas, como generais romanos enviados para sufocar a revolta, inicialmente ainda durante o reinado de Nero – Vespasino –, e subsequentemente o filho deste, Tito – na altura em seu pai já era Imperador. Em suma, a história do movimento revoltoso na Judéia tem por protagonistas romanos, portanto, os dois primeiros Imperadores da dinastia dos Flávios.[23]

Vou além, contudo, acerca desta correta avaliação de Hadas-Lebel. Devo acrescentar, que narrar a trajetória destes dois líderes romanos na Judéia não se constituiu como a única referência a autoridades romanas interagindo com esta província. Josefo nos fornece, ao menos em outros três momentos, o contato entre os judeus, mais precisamente o judaísmo, com três outros governantes romanos: o general Pompeu[24], o Procurador Pôncio Pilatos[25] e o Imperador Calígula[26], tal qual transcreverei e analisarei, logo a seguir.

---

23 Vespasiano, que reinou de 69 a 79 d.C. e Tito, líder máximo romano de 79 a 81 d.C. A este sucedeu seu irmão e último Imperador Flávio – Domiciano, que governou de 81 a 96 d.C.

24 Pompeu, Júlio César e Crasso formaram o 1º Triunvirato a comandar a República Romana, em seu último século (I a.C.).

25 Pôncio Pilatos foi Procurador da Judéia, entre os anos de 26 e 36 d.C. - portanto durante o reinado de Tibério - 14 a 37 d.C. – e ficava sediado em Cesaréia Marítima, mas que rumava a Jerusalém, acompanhado de sólida guarnição romana, ao menos durante as três grandes festas de peregrinação do calendário judaico, à sua cidade sagrada: *Pêssach (Páscoa), Shavuot (Pentecostes) e Sucot (as Tendas ou Tabernáculos).*

26 Calígula reinou de 37 a 41 d.C., entre os governos dos Imperadores Tibério e de Cláudio (41 a 54 d.C.).

Outrossim, se considerarmos o relato desta mesma obra, notamos a contribuição de Josefo também, e sobretudo, como historiador da Judéia, visto que seu testemunho nos dá significativos detalhes não apenas sobre a revolta judaica de 66 a 73 d.C. contra Roma, mas também, para a história judaica, Josefo recua ao período helenístico, mais precisamente a partir do reinado de Antíoco IV Epífanes e a Revolta dos Macabeus, ainda que tal recuo constitua uma pequena parte, presente no Livro I. Nesta mesma obra, Josefo também nos fornece um panorama da Judéia, de seu território e de seus aspectos sociopolíticos e culturais, especificamente no período romano, até o fim do conflito bélico supracitado.

E onde se insere a afirmação de que ele também foi um historiador do judaísmo? Uma narrativa paralela à da Bíblia Hebraica é o conteúdo específico de *História da Antiguidade Judaica* (Paul: 1983, 84 - 85) escrita em 20 livros e concluída no reinado de Domiciano.[27] É a história de Israel, portanto, que Josefo ali nos apresenta, desde a cosmogonia judaica[28] até o início da revolta no ano 66, altura na qual governava a Judéia, o Procurador romano Géssio Floro. Em *Contra Apião* (Paul: 1983, 85), Josefo faz uma *"[...] apologia do judaísmo como nação e religião [...]."* *Vida de Josefo (ou Autobiografia)*, embora voltada à trajetória do autor, é dentre sua produção literária, a que menos nos fala das histórias de Roma, da Judéia e do judaísmo.

Como me proponho a analisar, no presente capítulo, fragmentos de Josefo, especificamente em *História da Guerra Judaica contra os Romanos*, composta por 7 livros e publicada no final do reinado de Vespasiano - entre os anos 75 e 79 d.C., quanto a esta obra, embora eu deva ressaltar que nem sempre se possa confiar nos relatos ali registrados, posto que portadores de significativa carga de ambiguidade, ora pró-judaica e anti-romana, ora pró-romana e anti-judaica – mais por razões políticas do que culturais – como veremos quanto aos objetivos que o levaram a redigir esta sua primeira obra –, devo destacar que nela há passagens nas quais Josefo simultaneamente nos fornece dados para a história de Roma – naturalmente quanto à Judéia Romana –, da Judéia propriamente dita, e também do judaísmo do século I d.C., em seus aspectos sociais, políticos e culturais. Em todos os excertos abaixo transcritos, portanto, estas três "histórias" são claramente perceptíveis e, em geral, nos momentos em que a narrativa nos dá informações preciosas sobre a religião dos judeus e o modo

27 Precisamente no décimo terceiro ano de seu governo (93 - 94 d.C.).

28 O relato bíblico da visão hebraica da "criação do mundo", encontrado no início do primeiro Livro da Torá: Bereshit – Gênesis (em grego), portanto no Pentateuco.

pelo qual ela atuou, como resistência, ao domínio romano na Judéia. Tudo, por conseguinte, interligado: história romana, história judaica e história do judaísmo.

Passemos aos fragmentos:

1) (Josefo, GJ, I: 152 – 153):

> Nas calamidades até aquele momento, nada agrediu tanto a nação como o Templo, até então não visto, ter sido desvelado pelos estrangeiros. Pompeu, em companhia de seus seguidores, tendo, na verdade, entrado na parte mais sagrada do Templo, lugar em que somente ao Sumo Sacerdote era permitido entrar, contemplou os objetos do interior: o candelabro e luminárias, a mesa, os vasos para libação e incensórios, todos de ouro maciço, um acúmulo de fragrâncias e o depósito de dinheiro sagrado, que somava dois mil talentos. Ele (Pompeu), porém, não tocou nem nestes, nem em quaisquer outros dentre os tesouros do Templo, entretanto no dia seguinte à (sua) captura, ordenou aos guardiães purificar o Templo e dar prosseguimento aos sacrifícios, como de costume.

Observemos que ao nos informar que "*[...] nada agrediu tanto a nação como o Templo, até então não visto, ter sido desvelado pelos estrangeiros. Pompeu, em companhia de seus seguidores, tendo, na verdade, entrado na parte mais sagrada do Templo, lugar em que somente ao Sumo Sacerdote era permitido entrar [...]*", Josefo nos conta parte da *história* romana, quando Pompeu, após ter conquistado, um ano antes, o reino helenístico dos Selêucidas, entra em Jerusalém – 63 a.C. – e, ademais, penetra no interior do Templo. Este foi o primeiro ato do lento e gradual domínio político de Roma sobre a Judéia. Este mesmo trecho simultaneamente nos transmite o momento da história da Judéia, no qual esta, após ter sido autogerida por uma dinastia judaica – a dos Asmoneus[29] –, começa gradualmente a perder sua autonomia diante do avanço inexorável de Roma face ao Oriente Próximo. E, ainda, ao citar a profanação do espaço sagrado do Templo, levado a cabo por Pompeu, sobretudo do seu principal recinto – o Santo dos Santos –, Josefo registra um momento relevante da história do judaísmo. Mas outro fator nos chama a atenção neste mesmo excerto. O autor nos assegura que Pompeu não apenas deixou de tocar no tesouro do Templo, mas também

29 A dinastia asmonéia ou asmoniana foi a natural sucessora dos irmãos Macabeus, os quais, juntamente com seu pai – Matatias – a partir de 167 a.C. sublevaram-se contra o domínio dos Selêucidas, então sob o reinado de Antíoco IV Epíphanes.

preocupou-se em purificá-lo e dar seguimento aos sacrifícios habituais. Ora, como em geral ocorre nos relatos de Josefo – sobretudo os da *Guerra Judaica* – há uma ambiguidade que subjaz a seu texto: teria um conquistador romano sido tão benevolente com o espaço sagrado maior de um povo ao qual desejava dominar e não tocado em seu tesouro? Ou, por outro lado, o autor nos quer transmitir a força do judaísmo diante do conquistador estrangeiro? Questões, como a primeira indagação supra, é que nos fazem desconfiar do relato de Josefo, ao passo que, a narrativa sobre a tomada do Templo, por Pompeu, parece-me, esta sim, bastante verossímil.

2) (Josefo, *GJ*, II: 169 – 174):

> Pilatos, tendo sido enviado à Judéia por Tibério, como procurador, introduziu, furtivamente à noite em Jerusalém, as efígies de César cobertas, as quais são chamadas de estandartes. Isto provocou grande agitação entre os judeus durante o dia. Estes ficaram consternados diante da visão, como se as suas leis tivessem sido esmagadas com os pés, pois não era permitido colocar imagens na cidade, enquanto a indignação do povo da cidade agitava as pessoas do campo, que afluíam juntas em multidão. Apoiando-se em Pilatos (indo) a Cesaréia, (os judeus) imploraram-lhe retirar os estandartes de Jerusalém e guardar (respeitar) as leis de seus antepassados. Quando Pilatos recusou-se , eles caíram prostrados ao redor de sua casa e por cinco dias e noites inteiros permaneceram imóveis naquela posição. No dia seguinte, Pilatos tomou seu assento de magistrado no grande estádio e convocando a multidão, com a aparente intenção de respondê-la, deu o sinal combinado, a seus soldados armados, para cercarem os judeus. Encontrando-se estes dentro de um anel triplo de tropas, os judeus ficaram em silêncio, face a esta visão inesperada. Pilatos, após ameaçar trucidá-los, caso eles se recusassem em admitir imagens de César, fez sinal a seus soldados para desembainharem suas espadas. Em consequência disso, os judeus, em ação combinada, atiraram-se em conjunto ao chão, estenderam seus pescoços e exclamaram que eles estavam mais preparados para morrer do que para transgredir a Lei. Pilatos, enormemente admirado com a pureza do fervor religioso, ordenou retirar imediatamente os estandartes de Jerusalém.

Embora a ortodoxia judaica nomeie os cinco primeiros Livros da Bíblia Hebraica por *"A Lei de Moisés"*, a palavra hebraica *Torá* (Unterman: 1992, 264) traduz-se por *"ensinamento"* constituindo-se em um dos alicerces básicos da religião judaica e pode ser entendida de três formas: a) o ensinamento judaico presente no Pentateuco – os cinco primeiros Livros da Bíblia, assim conhecidos em grego, e pelos cristãos, na obra que estes chamam de *Antigo Testamento* -, b) o ensinamento de toda a Bíblia Hebraica - a *Tanach*, ou ainda, c) em sentido amplo, engloba o conjunto da tradição judaica. No 2º Livro da *Torá*, o *Shemót* - *Êxodo*, no *Pentateuco*, precisamente em seu capítulo XX, tomamos ciência do Decálogo - os Dez Mandamentos - as dez principais Leis do judaísmo, enviadas pelo Deus de Israel a Moisés e seu povo eleito, no Sinai. O texto bíblico, traduzido diretamente do original hebraico (Melamed: 1996, 134 – 135)[30], nos informa o seguinte:

> 1) E falou Deus todas estas palavras, dizendo: 2) Eu sou o Eterno, teu Deus, que te tirei da terra do Egito, da casa dos escravos. 3) Não terás outros deuses diante de mim. 4) Não farás par ti imagem de escultura, figura alguma do que há em cima, nos céus, e abaixo, na terra, nem nas águas, debaixo da terra. 5) Não te prostrarás diante deles, nem os servirás, pois Eu sou o Eterno, teu Deus [...].

O fragmento bíblico, supracitado, é absolutamente claro. Inicialmente, o Deus de Israel condena a adoração a outras divindades – relembremos que os hebreus, na altura do Êxodo – século XIII a.C. – viveram em um Egito politeísta e cercados por povos igualmente portadores de vasto panteão. Por conseguinte o povo eleito somente poderia adorar seu Deus único. Em seguida, Ele proíbe a confecção de quaisquer tipos de imagem – dos céus, da terra e das águas –, e vai além: admoesta seu povo a jamais se prostrar diante de outros deuses, por conseguinte às tradicionais representações iconográficas destes. Ora, como os judeus, na Jerusalém do século I d.C., poderiam aceitar imagens de César – o Imperador Tibério –, em sua cidade sagrada? A provocação de Pilatos, tal qual narrada em *Guerra Judaica*, provocou forte reação dos judeus.

No entanto, tal qual Pompeu, ao menos segundo o relato de Josefo, Pilatos recua e isto, uma vez mais nos remete a minhas considerações já traçadas, ou seja, há uma ambiguidade subjacente à narrativa de Josefo, a mesma do caso do episódio

30 Esta versão bilíngue hebraico – português encontra-se em "*A Lei de Moisés e as "Haftarot" (com tradução, explicações e comentários pelo Rabino Meir Matzliah Melamed)* – ver bibliografia ao final deste capítulo.

de Pompeu no Templo: após sua provocação às tradições judaicas, teria o Prefeito romano da Judéia sido tão compreensivo diante destas e da perseverança dos judeus em seguir as normas da Torá? Ou, por outro lado, o autor novamente pretende nos apresentar a força do judaísmo diante do governante estrangeiro? De qualquer modo, este episódio cristaliza a ideia de que a obra de Josefo é *"história de Roma"*, *"história da Judéia"* e, sobretudo, uma *"história do judaísmo"* no século I d.C. Avancemos para o terceiro excerto, abaixo transcrito, o qual novamente envolve um líder romano – desta feita o Imperador Calígula (Gaios) – e o Templo de Jerusalém, e, uma vez mais, a questão do veto às imagens no judaísmo.

3) (Josefo, GJ, II: 184 – 203):

> A insolência com a qual o imperador Gaius desafiou (a sorte - o destino – th\n tu/xhn [31]) ultrapassou todos os limites: ele desejava ser considerado um deus e ser aclamado como tal, [...], e sua impiedade estendeu-se até mesmo sobre a Judéia. De fato, ele enviou Petronius com um exército a Jerusalém, para instalar (colocar) no Templo estátuas dele próprio (de Gaius / Calígula); caso os judeus se recusassem a admiti-las, suas ordens eram condenar à morte os recalcitrantes e reduzir à escravidão todo o restante do povo. Mas estas ordens, como a sequência mostrou, estavam sob os cuidados de Deus.[32] (qe%¤ d" aãra tw=n projtagma/twn eãmelen) [...]. Os judeus reuniram-se com suas esposas e filhos na planície de Ptolemaida e imploraram a Petronius para primeiro dar atenção às leis de seus antepassados e em seguida a eles mesmos. Até então transigindo com a vasta multidão e suas súplicas, ele deixou as estátuas e suas tropas em Ptolemaida e avançou em direção à Galiléia, onde ele convocou para Tiberíades a população, inclusive todas as pessoas de distinção. Lá ele frisou o poder dos romanos e as ameaças do Imperador e, além disso, apontou a imprudência da solicitação deles, todas as nações súditas, ele advertiu, haviam erigido, em cada uma de suas cidades, estátuas de César, juntamente com aquelas de seus outros deuses, e que somente eles (os judeus) se oporiam a esta prática, o que equivalia quase a uma rebelião, agravada por insulto. Quando os judeus expuseram (não somente sua Lei ancestral derivada de seus pais - to\n no/mon kai\ to\ pa/trion), (cujo – ti) (costume – e)/

31 Transliterando-se para o alfabeto latino: *tēn týchēn.*

32 Tradução da versão inglesa.

qoj) (estabelecia em princípio/ formulava como proposição) – proteinome/nwn) (mas também - kai\) (que – w(j) (representação / imagem – dei/khlon), (nem de Deus – ou)de\ qeou=), nem de modo algum de homem (ou)x o(/pwj a)ndro/j), fosse posta (qe/sqai) não somente no interior [na parte mais profunda] do Templo - (ou) kata\ to\n nao\n mo/non) (mas(e) nem a)ll" ou)de\) [...] (no campo – th=j xw/raj)[33], Petronius, tomando a palavra disse: "Mas eu também devo fazer cumprir a lei do meu senhor, se eu transgredí-la e os poupar, eu serei morto, com justiça. Guerra será feita sobre vocês por ele, que me enviou, não por mim, já que eu também, como vocês, estou sob ordens." Com isto a multidão gritou que estava pronta para suportar tudo pela Lei. Petronius, tendo verificado seu clamor, disse: "Então vocês vão à guerra com César?" Os judeus responderam que eles ofereciam sacrifício duas vezes ao dia a César e ao povo romano, mas que caso ele desejasse erguer estas estátuas, ele primeiro deveria sacrificar toda a nação judaica, e então eles próprios se apresentaram, suas esposas e seus filhos prontos para o massacre. Estas palavras encheram Petronius de admiração e piedade diante de um espetáculo de incomparável devoção deste povo à sua religião e sua inabalável resignação à morte. Então, por ora, ele os dispensou, nada sendo decidido.[...]. Desta cidade (Antióquia) ele (Petronius) dirigiu-se às pressas para relatar a César sua expedição na Judéia e as súplicas da nação, acrescentado que, a não ser que ele desejasse destruir o país, assim como seus habitantes, ele deveria respeitar a Lei deles e revogar as ordens. A este despacho *Gaius respondeu em termos desmedidos, ameaçando matar Petronius por seu atraso na execução de suas ordens. Entretanto, aconteceu que os portadores desta mensagem ficaram retidos pelo mau tempo por três meses no mar, enquanto outros, que trouxeram a notícia da morte de Gaius tiveram uma viagem afortunada. Então Petronius recebeu esta última informação vinte e sete dias mais cedo do que a carta que trazia sua própria sentença de morte.*[34]

---

33 É a seguinte, em conjunto, a transliteração para o alfabeto latino, do excerto de Josefo aqui citado, embora não na sequência encontrada em sua obra, pois alterei a colocação de palavras para dar sentido em português, como visto ao longo do excerto supratranscrito : *"tòn nómon kaì tò pátrion ti éthos proteinoménōn hos deikēlon oudè theoû ouch hópōs andrós thésthai ou katá tòn naòn mónon tēs chōras"*.

34 Negritos de destaque meus.

Inicio a análise deste longo fragmento, ressaltando o fato de que, uma vez mais, líderes romanos são nele retratados, em ação quanto à Judéia: o comandante militar Petronius / Petrônio e o Imperador Gaius / Calígula. Notemos que isto reforça as propostas de Hadas-Lebel no sentido de que Josefo teve papel de *historiador de Roma*, ainda que em seu elo com a Judéia. A mesma passagem igualmente volta a nos mostrar - tal qual ocorrera no excerto que narra o episódio da provocação de Pilatos - a força da resistência judaica, com base em sua Lei ancestral – a *Torá* –, diante da tentativa romana de infringi-la, com o uso de imagens, as quais, como lembra Josefo, acima, foram plenamente aceitas pelos povos politeístas subjugados ao domínio romano. E este é mais um exemplo que nos revela Josefo como *historiador da Judéia.* Contudo, é no papel de *historiador do judaísmo*, que este autor destaca-se no trecho acima transcrito.

Em especial, chamo a atenção para o excerto extraído diretamente do original grego[35], o qual é bastante esclarecedor da tradição ditada pela *Torá / Pentateuco*, no já supratranscrito capítulo 20 (parte) do Livro *Shemót / do Êxodo.* O modo como os judeus seguiam fielmente a Lei – a *Torá* – é, precisamente, assim descrito abaixo (Josefo: *GJ*, II: 195):

> [...]to\n no/mon kai\ to\ pa/trion e)/qoj proteinome/nwn kai\ w(j ou)de\ qeou= ti dei/khlon, ou)x o(/pwj a)ndro/j, ou) kata\ to\n nao\n mo/non a)ll" ou)de\ [...]th=j xw/raj qe/sqai [...].
>
> [...] não somente a Lei ancestral de seus pais cujo costume estabelecia que nem representação de Deus, mas também nem de modo algum de homem, fosse posta na parte mais sagrada do Templo e nem [...] no campo.[36]

E por que destaquei este fragmento, propositalmente buscando seu original em grego? Não apenas para mostrar a práxis judaica das normas da *Torá*, mas, em especial, para destacar três pontos: a) primeiramente, fica claro que não há hipótese, para o judaísmo, de se aceitar o uso de imagens em quaisquer terras judaicas – seja em Jerusalém – sobretudo no Templo – seja também na área rural da Judéia; b) notemos que, não é por acaso, que no original de Josefo, o autor destaca – entre vírgulas – a

35 Da versão bilíngue grego-inglês, publicada pela Loeb Classical Library, da Universidade de Harvard, de *História da Guerra dos Judeus contra os Romanos* (ver bibliografia ao final deste capítulo).

36 Livre tradução minha, direto do original grego de Flávio Josefo.

expressão *"ou)x o(/pwj a)ndro/j – nem de modo algum de homem"*. Isto é um direto recado a Calígula, para que ele entenda que estátuas suas jamais seriam permitidas no Templo de Jerusalém, já que nem do próprio Deus de Israel havia.

Por fim, c) Josefo destaca o local mais sagrado do Templo de Jerusalém - o Santo dos Santos – no qual encontrava-se a presença do Deus de Israel, na época do 1º Templo – o de Salomão, com a materialidade, segundo a tradição, da Arca da Aliança, a qual continha as Tábuas da Lei e, por conseguinte, o Decálogo. Esta desapareceu quando o Império Neobabilônico – em 587 a.C. – destruiu esta edificação sagrada hierosolimita. Na altura do 2º Templo – também conhecido por "de Herodes" – nada mais havia neste recindo mais profundo, mais interior do Templo. Fisicamente vazio, porém sempre com a presença do Deus dos judeus. Assim nos informa Josefo: *"kata\ to\n nao\n - no interior [na parte mais profunda] do Templo"*. Sabemos que (Bailly, 2000: 1311) o substantivo masculino grego, declinado para o caso nominativo: *nao/j – naós* traduz-se por: *"habitação de um deus"*, *"templo"*, mas o que nos interessa aqui é: *"parte interior do templo onde era colocada a estátua do deus [...]"*, isto, segundo Heródoto, portanto não no caso judaico, mas sim do mundo clássico e politeísta, como o Egito Faraônico, por exemplo, como se vê pela tradução *"espécie de nicho [...] onde era depositada a estátua de um deus, no Egito"*, tal qual exatamente nos cita Heródoto. Portanto, nem no *nao/j - naós, o Santo dos Santos do Templo de Jerusalém*, era permitido haver estátuas / imagens nem do Deus de Israel, quanto mais de homens e - sobretudo - de um que dominava a Judéia naquela altura – o Imperador romano Calígula.

Mais um ponto deve ser levantado, sobre a longa passagem acima: novamente Josefo reforça a resistência judaica, com base em sua Lei religiosa ancestral - tal como fizera ao narrar o episódio com Pilatos – entretanto, a título de compreensão da postura deste autor, diante de Roma, observemos que Josefo nos apresenta um Pompeu, um Pilatos e um Petrônio que são – ou se tornam – condescendentes e tolerantes com o judaísmo. Apenas a imagem de Calígula nos é mostrada como a de um soberano desmedido, autoritário e destrutivo. Se o próprio Calígula, morto, foi defenestrado pela história romana, por que Josefo teria que tê-lo salvado? Mas é interessante notarmos como ele ameniza – e muito – a posição dos três outros líderes romanos supracitados. Esta é a porção de Josefo visivelmente pró-romana em *História da Guerra dos Judeus contra os Romanos* – ao passo que a pró-judaica encontra-se na exaltação da força de resistência de seu povo, preferindo a morte a trair os preceitos da *Torá*.

Por fim, há uma última questão, esta diretamente vinculada à uma noção de história presente em Josefo, mas não a ideia de historiografia clássica, mas sim hebraica. Refiro-me ao fato de que ele começa sua narrativa - presente no fragmento supratranscrito - afirmando que: "*A insolência com a qual o imperador Gaius desafiou (a sorte - o destino – th\n tu/xhn) ultrapassou todos os limites: ele desejava ser considerado um deus e ser aclamado como tal, [...], e sua impiedade estendeu-se até mesmo sobre a Judéia.*" Propositalmente destaquei a expressão grega *th\n tu/xhn* [37], posto que a noção de "destino", para a historiografia hebraica, é bastante significativa - como veremos logo a seguir -, já que é o Deus de Israel quem conduz os destinos da humanidade. Não por acaso, Josefo faz questão de ressaltar que, apesar da agressividade da determinação de Calígula: "*Mas estas ordens, como a sequência mostrou, estavam sob os cuidados de Deus.*". E qual sequência foi esta? Observemos o final do relato acima transcrito, o qual nos conta que:

> [...]Gaius respondeu em termos desmedidos, ameaçando matar Petronius por seu atraso na execução de suas ordens. Entretanto, aconteceu que os portadores desta mensagem ficaram retidos pelo mau tempo por três meses no mar, enquanto outros, que trouxeram a notícia da morte de Gaius tiveram uma viagem afortunada. Então Petronius recebeu esta última informação vinte e sete dias mais cedo do que a carta que trazia sua própria sentença de morte.

Defendo que, embora não claramente expresso nas palavras deste fragmento, subjacentemente Josefo sustenta a intercessão do Deus de Israel, em favor dos judeus, o qual tendo o poder de intervir no destino, fez com que uma viagem "*afortunada*", portanto, com fortuna - sorte - bom destino, tivesse conduzido à Judéia, primeiramente, a notícia da morte de Calígula, ainda que os portadores da determinação do Imperador, quanto à exigir o cumprimento de suas ordens – colocar estátuas suas no Templo de Jerusalém, condenar à morte os obstinados resistente judeus, escravizar o restante do povo e matar Petrônio –, tivessem partido em viagem, mais cedo, rumo à Judéia. Ora, não vemos aí um claríssimo exemplo, em Josefo, da noção de historiografia hebraica: o Deus de Israel é o Senhor da história? Tal noção o autor trazia consigo, em paralelo à de historiografia grega, ou seja, à ideia de história na Antiguidade Clássica.

---

37 Substantivo feminino singular, declinado para o caso acusativo.

Flávio Josefo e sua historiografia

De que modo Josefo estruturou suas narrativas? Quais metodologias ele utilizou para este fim? Em primeiro lugar, precisamos compreender o que vem a ser o termo *"metodologia"*. Ele é o resultado da adição de três palavras gregas: meta/ + o(do/j + lo/goj. Podemos traduzir (Liddell e Scott: 1997, 501, 543 e 476 - 477) meta/ - metá⊠ por *"em busca / procura de"*, o(do/j - hodós[38] por *"caminho"* e lo/goj - lógos[39] por *"palavra", "discurso", "mandamento, "razão", "pensamento" ou "narrativa / história"*. É precisamente estas duas últimas traduções, que nos interessam aqui. Portanto, meta/ + o(do/j + lo/goj = *metodologia*, ou seja, *"o caminho em busca do qual se chega à narrativa, à história"*. Retomo, assim, minhas indagações acima, isto é, *quais metodologias Josefo utilizou para produzir os seus relatos?* Dois modelos: o grego, por conseguinte o clássico, a noção de historiografia clássica, e o hebraico, a ideia de história para os judeus. Comecemos por esta última e, posteriormente, avancemos para a primeira.

Embora haja historiadores que defendam que a narrativa bíblica tem, por essência, um cunho religioso, a meu ver ela é também portadora de história, afinal, a religião de Israel é a base primeira de sua história. História, política e religião estão absolutamente interligadas na história antiga de Israel. Sendo assim, entendo que a literatura bíblica possa sim ser empregada como fonte histórica, mesmo porque, à medida na qual recuamos no tempo, tornam-se escassas ou mesmo inexistentes, outras fontes sobre a história de Israel. Os primeiros documentos não hebraicos, que começam a dar base histórica ao relato bíblico surgem, concretamente, só a partir do Êxodo – século XIII a.C. –, como, por exemplo, a conhecida fonte epigráfica faraônica, chamada *"Memorial de Israel"* ou *"Estela de Merenptah"*, na qual este Faraó faz registrar suas vitórias e, cita, ainda que rapidamente que *"Israel está vencido e sem sementes"*. Ora, houve então um *"Israel"* no Egito. Um povo, é o que me parece mais claro. A arqueologia começa a nos dar sinais da história de Israel, ainda que por meios indiretos, a partir de artefatos que começam a ser encontrados, no Oriente Próximo, e são datados do início do I milênio anterior à nossa era.

De qualquer modo, há livros históricos na Bíblia hebraica, sobretudo aqueles que nos relatam importantes passagens da história de Israel, como a organização da Confederação Tribal (séculos XIII a XI a.C.), a formação da Monarquia Unificada de

38 Em caracteres latinos.

39 Idem nota acima.

Israel – sob os reinados de Saul, Davi e Salomão - fins do século XI e maior parte do X a.C. – até cerca de 922 a.C.), o Cisma entre as antigas dez tribos do Norte – formando o novo Reino de Israel –, e as duas do sul, Benjamin e Judá, as quais, por sua vez, constituíram o Reino de Judá. Até mesmo o relato de 1 e 2 Macabeus - ainda que considerados apócrifos para o judaísmo - por terem sido grafados em grego, portanto não teriam inspiração divina - ambos nos revelam a resistência judaica ao domínio do reino helenístico dos Selêucidas e o sucesso deste movimento revoltoso, o qual levou a Judéia a ser governada, pela dinastia judaica dos Asmoneus, por cerca de um século (da primeira metade o II a.C. a 37 a.C.), quando então Herodes Magno consegue, com o apoio romano, vencer o último líder desta dinastia: Antígono – cujo nome grego já nos aponta a solidez da helenização na Judéia.

Josefo e sua narrativa nos surgem, primeiro como um significativo agente descritivo da história da Judéia, especificamente de um período não tratado pela Bíblia: sua lenta e gradual conquista, efetuada por Roma. Inicialmente usando o rei Herodes Magno, como um líder local, porém fantoche nas mãos de Roma, e, quando seu filho e sucessor, Arquelau foi destituído de seu poder, por Augusto, sucederam-se como líderes diretos romanos, na Judéia, Prefeitos (de 6 a 41 d.C.) e Procuradores (de 44 a 66 d.C. – data da eclosão da 1ª revolta judaica contra Roma, na Judéia),[40] a qual teve Josefo por testemunha ocular. E, em segundo lugar, Josefo busca dar um revestimento historiográfico à literatura bíblica, especificamente em sua obra *História da Antiguidade Judaica / Antiguidades Judaicas*, tal qual veremos, logo a seguir, através da transcrição de (Josefo, *AJ*: I, 5), a qual efetuei a partir do texto presente na obra de Denis Lamour sobre Flávio Josefo (Lamour: 2006, 51), a saber:

> Empenhei-me em escrever a presente obra, traduzida dos livros hebraicos, pensando que ela seria digna de atenção de todos os gregos: minha intenção é contar toda a nossa história antiga, além de expor nossas constituições.

É importante ressaltarmos o fato de Josefo deixar claro, na introdução de seu relato paralelo ao bíblico – livro e transcrição supracitados –, que ele o fez a partir

40 Do ano 41 ao de sua prematura morte, em 44 d.C., reinou sobre a Judéia, Herodes Agripa ou Agripa I, que era neto de Herodes Magno e conseguiu este cargo por intermédio do Imperador Cláudio (41 – 54 d.C.), ao qual dera apoio em sua ascenção ao trono de Roma.

dos originais hebraicos da *Tanach* [41], e isto é bem lembrado por H. ST. J. Thackeray, tradutor de *Guerra Judaica,* da coleção Loeb Classical Library, de Harvard, o qual na introdução desta tradução nos afirma que (Thackeray, 1989: ix): *"Ele descreve suas "Antiguidades" como uma tradução das Escrituras hebraicas (e)k tw=n (Ebrai+kw=n meqhrmhneume/nhn gramma/twn, A.i.5) [...]".* Tal expressão grega, traduz-se, exatamente, por: *"de acordo como traduzido / interpretado dos textos escritos / registros hebraicos".* É digno de ressalva, quanto a esta frase, o fato de que o verbo *meqermhneu/w – methermēneúō* (Bailly, 2000: 1237) pode significar tanto *"traduzir"* quanto *"interpretar".* Ora, há uma nuance bastante significativa, a meu juízo, que altera o sentido da intenção de Josefo, caso utilizemos uma ou outra tradução para o verbo *meqermhneu/w,* cujo particípio perfeito passivo é *meqhrmhneume/noj – methērmēneuménos.* Caso consideremos o sentido desta expressão - da introdução da *História da Antiguidade Judaica* – como *"traduzido",* então Josefo nos informa que ele escreveu seu relato historiográfico em sua obra supracitada, *"de acordo como traduzido dos textos escritos / registros hebraicos".* Isto nos remete a uma simples consulta, em termos objetivos, ao texto bíblico. No entanto, se considerarmos o outro significado que carrega este verbo, ou seja, *"interpretado",* então isto nos revela a subjetividade de Josefo, ao redigir *História da Antiguidade Judaica* a partir não da simples *tradução* dos textos da *Tanach,* mas sim da sua própria *"interpretação"* do registro bíblico hebraico. E sustento que é impossível que Josefo, para redigir *"Antiguidades Judaicas",* tenha deixado de, antes de fazê-lo, *"interpretar"* a seu modo, e não simplesmente *"traduzir",* a narrativa bíblica.

Retomando o fragmento acima transcrito em (Josefo: *AJ,* I: 5), notemos que o próprio autor nos informa os seus dois objetivos, ao se propor a compor esta obra: a) reescrever a totalidade da história e das tradições antigas judaicas e, sobretudo, b) informá-las a todos os gregos, portanto ao mundo clássico. Citei isto, pois é esta mesma justificativa, que Josefo nos apresenta, como motivação para escrever *História da Guerra Judaica contra os Romanos.* É praticamente unânime, na historiografia contemporânea, a defesa de que esta fora uma obra de *"propaganda",* encomendada a Josefo, por seu protetor, o qual lhe concedera a cidadania romana – o Imperador Vespasiano. Tanto Tessa Rajak quanto Seth Schwartz convergem com esta afirmação ao defender que (Rajak, 1983: 10): *"Outra doutrina estabelecida – esta tendo inspirado (imposto, dominado) quase que concordância universal – é que a "Guerra Judaica"foi composta como história oficial, ou propaganda, incumbida (encarregada)*

41 A Bíblia Hebraica.

pelos Imperadores Flávios, e por consequência tendo, na realidade, seus interesses e aqueles do Estado romano."

E quais interesses eram estes? Em fins do ano 71 ou 72 d.C. (Schwartz, 1990: 9 - 10) "*Vespasiano empenhou-se em uma reorganização estratégica da fronteira oriental do Império Romano. [...]. Em conexão com sua política oriental Vespasiano incumbiu (encarregou) Josefo de produzir um tratado propagandístico em aramaico sobre a revolta judaica, destinado a partas, babilônios, árabes, adiabenos e outros judeus de além do Eufrates.*" O leitor deve estar se perguntando: "*em aramaico*"? "*Josefo redigir um "tratado propandístico" em aramaico*"? Sim. O aramaico - língua semita próxima ao hebraico e falada por Jesus e os judeus, em geral, no início do século I de nossa era, posto que o hebraico restringia-se basicamente à elite sacerdotal e política de Jerusalém – foi, originalmente, a língua dos arameus, povo que se infiltrou, no I milênio a.C. na Assíria e na Babilônia. Ora, uma vez esta última – o Império Neobabilônico – ter sido conquistada por Ciro, pelos Aquemênidas, o Império persa passou a adotar o aramaico como língua franca em suas satrapias e, foi assim que o aramaico tornou-se o idioma comum da Judéia. Na Introdução da versão bilíngue grego-inglês de *História da Guerra Judaica contra os Romanos*, da coleção Loeb, de Harvard, H. ST. J. Thackeray nos informa que (Thackeray, 1989: ix) tomamos ciência, a partir do prefácio de Josefo, nesta obra, de que a versão grega não se constituiu no primeiro rascunho de tal relato, já que ela fora precedida por uma versão em aramaico. Thackeray complementa, ainda, que (Thackeray: 1989, ix) a versão aramaica se perdeu. E mais. O relato em grego não foi uma tradução literal do aramaico. Aliás, o próprio Josefo nos informa isto, ao registrar (Josefo: *GJ*, I: 3):

> [...] proponho relatar detalhadamente aos que estão sob a hegemonia romana traduzindo para a língua grega, aquilo que tendo composto em minha língua pátria, anteriormente enviara aos bárbaros do interior.

A "*língua pátria*" do autor era o aramaico e, ao se referir "*aos bárbaros do interior*", Josefo dá sustentação à afirmação supra, de Seth Schwartz, qual seja, a de que o texto de *Guerra Judaica* era (Schwartz: 1990, 10) "*destinado a partas, babilônios, árabes, adiabenos e outros judeus de além do Eufrates.*" Se para o mundo helênico, o bárbaro era o estrangeiro, que não compreendia o seu idioma, ainda que vivesse nas *póleis* gregas, para os romanos, "*bárbaro*" era todo aquele que habitava fora das fronteiras do Império, portanto, são estes os "*bárbaros do interior*" aos quais se referiu Josefo, ou seja, os judeus além do Eufrates e todos os povos citados por Schwartz, enquanto que, mesmo súditos que não falavam latim, como os egípcios ou os próprios judeus que viviam dentro do território imperial, estes, para os romanos, não eram considerados bárbaros.

Retomando os objetivos de Vespasiano, ao incumbir Josefo da tarefa de relatar a tais povos, o que se passara com os judeus em sua revolta contra Roma, entendo que o escopo deste Imperador foi admoestar não apenas os judeus que viviam fora da Judéia, mas também outros povos para além das fronteiras romanas – precisamente seus vizinhos do Oriente Próximo -, para que eles não ousassem sublevar-se contra o Império, caso contrário teriam o mesmo fim que os judeus: a destruição de suas estruturas socioculturais e políticas, como ocorrera com Jerusalém e seu Templo.

Objetivando, doravante, centrar-me especificamente nos modelos historiográficos de Josefo, transcreverei, mais adiante, não apenas uma completa introdução de *História da Antiguidade Judaica* - (Josefo, *AJ*, I: 1 - 5), bem como de *História da Guerra Judaica contra os Romanos* - (Josefo, *GJ*, I: 1 - 3), ambas por serem portadoras de conteúdos convergentes, os quais nos revelam o estilo de preâmbulo de sua historiografia, como também, em direto cotejamento com o modelo grego de historiografia, traçarei um paralelo deste último texto, com aquele de outra guerra, presente na narrativa introdutória de *Histórias de Tucídides* [42] a qual também será trazida a este capítulo (Tucídides, *GP* [43], I: XXII – 2 - 4).[44]

Em suma: é indubitável que Josefo seguiu os padrões clássicos de historiografia. No entanto, também é certo que ele lançou mão do modelo historiográfico hebraico. Começarei tratando deste – e o demonstrando na narrativa de Josefo – para logo a seguir fazer o mesmo, quanto ao modelo historiográfico grego, igualmente transcrevendo fragmentos os quais nitidamente ilustram esta afirmação.

Flávio Josefo e a historiografia hebraica

Lucien Poznanski, tratando de Josefo, (Poznanski: 1997, 121) defende que ele foi um:

---

42 Título literal de História da Guerra do Peloponeso, como sua obra ficou mais conhecida.

43 Abreviação para "Guerra do Peloponeso".

44 No caso da obra tucidideana, a divisão *GP*, I: XXII - 2 - 4) significa: Livro I, capítulo XXII e parágrafos 2 a 4).

> "Historiador que se apega à tradição historiográfica grega de Tucídides e àquela do Políbio da época helenística, *ele uniu à sua escritura sua própria concepção, herdada de uma história judaica a qual ele põe sob a exclusiva proteção do Deus de Israel*."[45]

Convergindo com esta afirmação, John Bright cunhou duas expressões, as quais cristalizam, a meu juízo, com grande precisão, a noção hebraica, e por conseguinte judaica, de *história*. Diz-nos este autor (Bright: 1980, 480): "*Iahweh, o único Deus, Senhor Soberano da história*" e, logo adiante, ao tratar daquele que chama o Segundo Isaías, Bright sustenta que (Bright: 1980, 481):

> "[...] o profeta podia assegurar a seu povo *que Iahweh tinha o controle absoluto da história.*"[46]

Quanto ao termo "Iahweh", julgo relevante aqui registrar, que se trata do nome que a historiografia consagrou para o Deus de Israel, uma vez que Ele jamais O revelou a Moisés, quando por este lhe foi perguntado em *Shemót / Êxodo*, 3, 13 - 15 (Melamed: 1996, 105)[47], a saber:

> E disse Moisés a Deus: Eis que quando eu vier aos filhos de Israel e lhes disser: o Deus de vossos pais enviou-me a vós, e dirão para mim: - Qual é o seu nome? – Que direi a eles? E disse Deus a Moisés: *Serei O que Serei*. E disse: Assim dirás aos filhos de Israel: "*Serei*", enviou-me a vós. E disse ainda Deus a Moisés: Assim dirás aos filhos de Israel: *O Eterno Deus de vossos pais, o Deus de Abrahão, o Deus de Isaac e o Deus de Jacob enviou-me a vós. É este o meu nome para sempre*, é este o meu memorial para todas as gerações.[48]

Esclarecida esta questão, retomo à da noção hebraico-judaica de historiografia. Não apenas John Bright vem somar-se à posição de Lucien Poznanski, quanto ao fato de que o Deus Israel é o Senhor da história. Em relevante trabalho sobre as histo-

45 Grifos de destaque meus.

46 Idem nota anterior.

47 Relembro: versão bilíngue hebraico – português de "*A Lei de Moisés e as "Haftarot" (com tradução, explicações e comentários pelo Rabino Meir Matzliah Melamed)* – (ver bibliografia ao final deste capítulo).

48 Grifos de destaque meus.

riografias clássica e moderna, Arnaldo Momigliano também nos transmite valiosa contribuição acerca dos historiadores hebreus – por conseguinte – judeus, já que estes mantiveram a mesma tradição daqueles, que foram seus ancestrais. Ensina-nos este renomado historiador (Momigliano: 2004, 39 – 40):

> Se passarmos para os historiadores hebreus, assim como os lemos na Bíblia [...]. [...] os historiadores hebreus selecionavam períodos especiais para relatar em seus livros [...]. Mas o que temos na Bíblia é uma história contínua das origens do mundo. [...]. A seleção fundamentava-se em uma linha privilegiada de *eventos que mostrava a relação especial que Jeová – mantinha com Israel.* Assim, para o historiador hebreu, a historiografia logo se tornou uma narração de eventos a partir da origem do mundo, de uma forma que nenhum historiador grego jamais conheceu. [...]. *O deus hebreu é um deus da verdade. [...]. Se deus é verdade, seus seguidores têm a obrigação de preservar um registro verdadeiro dos acontecimentos em que deus manifestou sua presença.* Cada geração é obrigada a transmitir um relato verdadeiro do que aconteceu para a geração seguinte. A lembrança do passado é uma obrigação religiosa do judeu que era desconhecida para os gregos. Consequentemente, *a confiabilidade em termos judeus coincide com a veracidade dos transmissores e com a verdade última do deus em que acreditam os transmissores.*[49]

À vista de todo o arcabouço teórico acima exposto, como aplicá-lo às narrativas de Flávio Josefo? Vários fragmentos de suas obras adequam-se, com perfeição, a esta questão. Inicialmente, relembremos os seus relatos, já acima transcritos, os quais têm por protagonistas Pompeu, Pôncio Pilatos e Calígula. Em todos eles, Josefo nos deixa claro a vitória do judaísmo – e dos judeus – sobre todos os três líderes romanos. Pompeu, embora tendo profanado o Templo de Jerusalém, acabou por respeitá-lo, Pilatos ainda que havendo provocado os judeus, através das imagens de Tibério César em Jerusalém, recuou diante da força da fé judaica às suas tradições e, por fim, Calígula, segundo Josefo o mais intransigente de todos, não conseguiu fazer valer a suas ordens – instalar estátuas suas no Templo –, por ter morrido antes que Petrônio determinasse o massacre dos judeus. Todas estas passagens são um claro indício, em Josefo, da intercessão do Deus de Israel por seu povo eleito. Se tais episódios ocorre-

49 Grifos de destaque meus.

ram exatamente como nos foram relatados, não sabemos com absoluta certeza, porém é fato que o Templo foi preservado até o ano 70 d.C. - mais de um século após a chegada de Pompeu a Jersualém - em 63 a.C. De igual modo, a Judéia e os judeus sobreviveram a Pilatos e a Calígula. E, quanto a este último, podemos considerar verídico o relato de Josefo, visto que sabemos que Fílon de Alexandria[50] esteve em Roma, entre 39 e 40 d.C., para solicitar ao Imperador Calígula, que este não reivindicasse honras divinas aos judeus. Portanto, o relato de Josefo torna-se bastante verossímil. Especificamente quanto a este episódio, ele nos revela não apenas sutil, mas claramente, como o Deus de Israel atuou em defesa dos judeus. Sólido exemplo disto é a expressão que destaquei, na altura na qual transcrevi o relato entre Calígula e os judeus.

Trata-se de (Josefo, *GJ*, II: 186): qe%¤ d" aãra tw=n projtagma/twn eãmelen cuja tradução, termo a termo, é a seguinte: qe%¤ - por Deus - d" aãra - e no mesmo instante – tw=n projtagma/twn – das ordens – eãmelen - bem regulado/regrado)[51], fragmento o qual, em português fica assim registrado: *(das ordens (de Calígula) no mesmo instante bem reguladas/regradas (controladas) por Deus)*[52] , ou ainda, de modo mais adequado e compreensível, em português, a ideia transmitida a nós, por Josefo, foi: "*as ordens de Calígula imediatamente estiveram absoluta e perfeitamente controladas por Deus*"[53]

O modelo de historiografia clássica

Quando nos referimos à ideia de historiografia clássica, na realidade é à grega que devemos nos remeter. Os historiadores romanos dela fizeram uso. E foi na Grécia Clássica que nasceu a *história* pelas mãos de Heródoto e – a meu juízo ainda com mais objetividade – por Tucídides. Uma simples fórmula nos resume e nos dá a dimensão precisa do quem a ser o padrão historiográfico grego: eãkfrasij + e)na/rgeia + au)toyi/a[54], ou seja: descrição + clareza + visão com os próprios olhos. Espera-se, portanto, que o historiador grego descreva com clareza o que ele assistiu com seus próprios olhos – como testemunha ocular dos fatos que pretender narrar – ou, ao menos, que

---

50 Ilustre e respeitado líder da comunidade judaica alexandrina do século I d.C., tendo sido diplomata, historiador e filósofo.

51 Tradução minha, termo a termo, do original grego.

52 Tradução sequencial minha, do original grego de Josefo.

53 Livre tradução minha do original grego de Josefo e negritos de destaque meus.

54 Transliterando-se para o alfabeto latino: *ékphrasis* + *enárgeia* + *autopsía.*

lance mão de informações confiáveis, as quais tenha recebido de outras testemunhas. Carlo Ginzburg nos fornece sólida explicação acerca de tal arcabouço teórico, o qual apresentarei mais a seguir. Antes, porém, julgo adequado apresentar as características dos historiadores gregos, tal qual, mais uma vez com grande precisão, nos ensina Arnaldo Momigliano.

Em primeiro lugar, segundo ele (Momigliano: 2004, 37 - 38): *"[...] todos os historiadores gregos [...] estão preocupados com a confiabilidade dos dados que deverão usar."* Isto é justificável pelo fato de que eles desejam passar a seus leitores o que julgam ser a verdade dos fatos por eles narrados. Prossegue este mesmo autor, afirmando que: *"Os historiadores gregos nunca pretendem contar todos os fatos da história a partir da origem do mundo [...]"* e, especificamente neste ponto, diferenciam-se de Josefo, por exemplo, quando este se propõe a redigir *História da Antiguidade Judaica*, portanto, exatamente, um relato da história dos hebreus e dos judeus, tal qual apresentado na Bíblia, ou seja, desde a cosmogonia. Prossegue Momigliano, quanto aos historiadores gregos: *"[...] e nunca acreditam que poderão fazer seus relatos sem "história", sem pesquisa. Cada historiador grego está preocupado com a importância qualitativa daquilo que vai dizer. Sua tarefa é preservar a memória de fatos passados importantes e de apresentá-los de uma maneira* ***confiável e atrativa.***"[55]

Contudo, produzir um relato *"atrativo e interessante"* aos olhos do leitor, nem sempre é possível, no ofício do historiador helênico. Observemos que, no que tange à forma como suas narrativas deveriam ser levadas a seus leitores, Momigliano ainda nos diz que (Momigliano: 2004, 39): *"Por outro lado, os historiadores gregos estavam bastante conscientes da importância da apresentação literária. Pelo menos a partir da época de Tucídides, eles sabiam que, sob certas circunstâncias, uma forma literária atraente poderia trabalhar contra os interesses da verdade."* Equivale dizer o seguinte: a verdade deveria vir em primeiro plano, ainda que esta estivesse inserida em uma narrativa portadora de contornos não atraentes. Concordo, plenamente, com esta visão de Momigliano, visto que é exatamente Tucídides, no início de suas Qoukudi/dou (Istori/ai[56] - *Histórias de Tucídides,* cujo título mais conhecido é *História da Guerra do Peloponeso*, que nos revela o seguinte (Tucídides, *GP*[57], I: XXII, 4[58]):

55 Grifos de destaque meus.

56 Em caracteres latinos: *Thoukydídou Historíai.*

57 GP = Guerra do Pelponeso.

58 Livro I, capítulo XXII, parágrafo 4º.

> Talvez *a falta do fabuloso* (no relato) *pareça menos agradável ao ouvido*, no entanto todos *aqueles que desejarem examinar* não só a *clareza (a verdade clara) (to\ safe\j) dos fatos ocorridos*, como também a dos vindouros, de modo semelhante pelo conteúdo humano, julgarão o meu relato útil e isto bastará."[59]

E por que razão, embora defenda a clareza – a e)na/rgeia – necessária à sua narrativa, este historiador ateniense reconhece que a possibilidade da ausência de contornos "fabulosos" em seu relato possa soar estranho aos ouvidos de seus leitores helênicos? Simples, a meu ver. Até o apogeu da época clássica grega – século V a.C. –, a qual foi palco da aparição de Heródoto – imediato antecessor de Tucídides – no cenário literário grego, os helenos haviam estado acostumados, por séculos, a um outro tipo de narrativa: a mitológica. E, como sabemos, uma das principais características desta é exatamente o "fabuloso", o qual, entretanto, era crível para os gregos - sua teogonia, por exemplo. Sendo assim, Tucídides demonstra-se preocupado com a sua nova forma de narrar, mas ancora-se na clareza que utiliza para isto, utilizando pesquisa - i(stori/a - *história* -, para alcançar o que ele defende ser a verdade dos fatos.

Com relação aos antigos modelo e entendimento gregos de história, utilizados por Josefo, Carlo Ginzburg[60] nos ensina que (Ginzburg: 1991, 91 – 100): os historiadores clássicos pretendiam transmitir uma sensação de verdade, que era um componente de seu ofício, indicando ademais que as três grandes noções-pilares, que sustentavam a historiografia grega na Antigüidade eram a e)na/rgeia - *enárgeia*, a au) toyi/a – *autopsía* e a eãkfrasij – *ékphrasis*, que respectivamente significam: visão clara ou clareza; o ver com os próprios olhos; e descrição.

Com referência ao termo e)na/rgeia, Ginzburg esclarece que este indica o que é claro, que imprime vida, vinculando-se à experiência direta, enquanto seu adjetivo e)nargh/j – enargēs significa claro, palpável, concluindo que e)na/rgeia remete à certeza da verdade histórica. Um historiador clássico, portanto, reconhecia que a verdade de suas palavras era transmitida por meio de e)na/rgeia, com o objetivo de convencer seu leitor. No que tange à palavra au)toyi/a, o mesmo autor lembra que na Grécia era comum e desejado que o historiador fosse uma testemunha bastante vinculada aos fatos que relatava, levando-se em conta a au)toyi/a, a qual remetia à visão direta, olhar

59 Grifos de destaque meus.

60 Em brilhante artigo de sua autoria, intitulado: *"Apontar e Citar - A Verdade da História"*, publicado na Revista de História da UNICAMP (ver bibliografia ao final deste capítulo).

este que demonstrava que as informações chegadas por meio de boatos eram tidas como inferiores, isto é, menos relevantes. No tocante à eãkfrasij, Ginzburg aponta que seu conceito abrangia um campo amplo, que ia da descrição de ações - como a guerra - ou de situações - como a peste - às descrições geográficas e etnográficas.

Em conclusão, as três noções-pilares, supracitadas, articulam-se a partir da primeira, como o mesmo autor ainda demonstra, afirmando que a e)na/rgeia - *enárgeia* era um instrumento adequado para transmitir a au)toyi/a - *autopsía*, ou seja, era conferido ao historiador relatar sua experiência direta, como testemunha, àqueles aos quais se dirigia, apresentando a estes uma realidade impalpável, e ainda ressaltando que a eãkfrasij – *ékphrasis* tinha como meta a e)na/rgeia - *enárgeia*, a qual, por sua vez, e como já dito, remetia à sensação de verdade, ou de forma mais clara, como emerge da sucessão a seguir, de autoria de Ginzburg: *"narração histórica – descrição – impressão de vida - verdade"*. Portanto, vê-se que um historiador que se propusesse a se enquadrar no método de produção historiográfica grega da Antiguidade, por conseguinte, clássica - posto que também perceptível na historiografia romana - deveria levar em conta a convergência das três noções acima referidas: *eãkfrasij + e)na/rgeia + au)toyi/a*, cuja justaposição leva ao seguinte resultado: um historiador portador de uma descrição, amparada em uma visão clara, oriunda de seus próprios olhos, garantindo a verdade, que se esperava obter a partir de uma precisão direta e concreta.

O modelo historiográfico grego em Flávio Josefo e Tucídides

É incontestável a presença da noção de *história* clássica, especificamente a grega, nas obras de Flávio Josefo, sobretudo em *História da Guerra Judaica contra os Romanos e História da Antiguidade Judaica*. E mais. É igualmente nítido que Josefo teve Tucídides, como seu paradigma historiográfico. Afirmo isto a partir de duas sólidas constatações: a) toda a descrição, acima apresentada, tanto de Arnaldo Momigliano quanto de Carlo Ginzburg, acerca do modelo de *história* para os gregos, é facilmente detectável nas introduções das duas obras de Josefo, igualmente supracitadas; b) o início de *Guerra Judaica* é, praticamente, uma cópia – em termos de estrutura de narrativa historiográfica –, da introdução das *Histórias de Tucídides – História da Guerra do Peloponeso,* redigida meio milênio antes. Tal semelhança, aliás, não se atém à estrutura, mas também ao conteúdo, visto que tanto Josefo quanto Tucídides narram, cada qual, a guerra que vivenciaram, por conseguinte, que foram testemunhas oculares: a do Peloponeso, entre Atenas e a Liga de Delos x Esparta e a Liga do Peloponeso – de 431 a 404 a.C. e a dos judeus contra os romanos – de 66 a 73 d.C.

Objetivando iluminar estas minhas duas constatações, basta que eu apresente, a seguir, os três textos supracitados. Passemos, portanto, a transcrever as narrativas de Josefo e a de Tucídides. Um rápido olhar analítico e comparativo, sobre elas, irá corroborar o meu ponto de vista logo acima exposto. Primeiramente Josefo, em *AJ -Antiguidades Judaicas* - ou, mais precisamente, em *História da Antiguidade Judaica* -)Ioudai+kh=j)Arxaiologi/aj. Em seguida, novamente Josefo, em *GJ* - *Guerra Judaica* - ou, com mais exatidão, em *História da Guerra Judaica contra os Romanos* - (Istori/a) Ioudai+kou= Pole/mou= Pro\j (Rwmaiou/j e, finalmente, Tucídides em *GP* - *História da Guerra do Peloponeso* - ou, com maior precisão, em *Histórias de Tucídides* - Qoukudi/dou= (Istori/ai.

(Josefo, *AJ* [61], I, 1 - 5 [62]): [63]

> Aqueles que tentam escrever história, segundo me parece, estão motivados não por uma única razão, mas por várias, bastante diferentes entre si. De fato, desejando manifestar o seu talento literário e ávidos por conseguir a reputação conferida por essa atividade, alguns lançam-se com ardor nesta área de estudos; outros, para bajular os personagens evocados por sua narrativa, investem nesse trabalho um esforço tão grande que, em alguns casos, pode ser superior a suas forças; outros, ainda, sentem-se obrigados, pela pressão dos acontecimentos de que eles próprios haviam participado, a mostrá-los da maneira como se desenrolaram através de uma apresentação de conjunto; por fim muitos são levados a publicar, visando ao interesse geral, a história de acontecimentos que, apesar da utilidade de serem conhecidos, permanecem ignorados. Orientei-me por essas duas últimas razões: na verdade, vivi a guerra que nós, os judeus, travamos contra os ro-

61 AJ = Antiguidades Judaicas.

62 Livro I, parágrafos 1 a 5.

63 Transcrição retirada da tradução em português, presente na obra de Denis Lamour - páginas 50 e 51 (ver bibliografia ao final deste capítulo). As referências bibliográficas constantes ao final deste livro de Lamour nos indicam, que ele utilizou como fonte, no que concerne ao texto de *Antiguidades Judaicas*, o seguinte: *Antiquités Judaïques*, cujo texto foi estabelecido, com tradução e notas, por Étienne Nodet e publicada em Paris, pelas Éditions du Cerf - 1990 e 1995, ressaltando, porém, tratar-se de dois volumes que só chegam até o Livro V de *História da Antiguidade Judaica*, obra a qual é formada por 20 livros, todos publicados pela coleção Loeb Classical Library, da Universidade de Harvard.

> manos, acompanhei seus diferentes episódios e seu desfecho; assim, senti-me forçado a narrá-la, de forma detalhada, por causa das narrativas anteriores, que haviam manifestado menosprezo pela verdade.[64] Empenhei-me em escrever a presente obra, (e)k tw=n (Ebrai+kw=n meqhrmhneume/nhn gramma/twn – de acordo como traduzido / interpretado dos textos escritos / registros hebraicos)[65], pensando que ela seria digna de atenção de todos os gregos: minha intenção é contar toda a nossa história antiga, além de expor nossas constituições.

(Josefo, *GJ*[66], I, 1 - 3 e 7 - 8 [67]): [68]

> Quando se estabeleceu a guerra dos judeus contra os romanos (...) os não presentes por acaso(oi(ou) paratuxo/ntej) aos acontecimentos, mas reunindo, a partir do que ouviram dizer, relatos fortuitos e discordantes, escreveram de forma sofística, ao passo que os que *estavam presentes (as testemunhas oculares)* (oi(parageno/menoi) relataram falsamente os fatos ou por adulação aos romanos ou ódio aos judeus; os escritos deles conti-

64 Negritos de destaque meus, que revelam a intenção de Josefo em convencer seu leitor, de que ele narrara a guerra judaico-romana por necessidade da verdade e não por ter sido incumbido por Vespasiano a fazê-lo, questão já tratada anteriormente neste capítulo.

65 Inserção minha, com tradução mais precisa, a partir do original grego, tal qual citado por H. ST. J. Thackeray, tradutor de *Guerra Judaica,* da coleção Loeb Classical Library, de Harvard, o qual na introdução desta tradução nos afirma que (Thackeray, 1989: ix): *"Ele descreve suas "Antiguidades" como uma tradução das Escrituras hebraicas (e)k tw=n (Ebrai+kw=n meqhrmhneume/nhn gramma/twn, A.i.5) [...]"* – tal qual já informara anteriormente neste capítulo. E, a exata tradução deste fragmento grego de Josefo, foi por mim feita, como já acima apresentado, a partir de consultas ao Dicionário Grego-Francês de Anatole Bailly (ver bibliografia ao final deste capítulo).

66 GJ = Guerra Judaica.

67 Livro I, parágrafos 1 a 3 e 7 a 8.

68 Transcrição do original grego de Josefo, extraído da publicação da coleção Loeb Classical Library, da Universidade de Harvard (ver bibliografia ao final deste capítulo), original grego este que foi traduzido, na íntegra, e com os destaques dos termos gregos em negrito, pela Professora Doutora Silvia Damasceno, de Língua e Literatura Gregas, do Instituto de Letras da UFF -Universidade Federal Fluminense e da Faculdade de Letras da UFRJ- Universidade Federal do Rio de Janeiro. O presente texto encontra-se em minha dissertação de mestrado.

nham ora acusação ora elogio, porém de nenhuma maneira precisão histórica. Nestas circunstâncias,[...] e)gw\ [...])Iw/shpoj Matqi/ou pai=j, [ge/nei (Ebrai=oj] e)c (Ierosolu/mwn i(ereu/j [...]."-[...] eu [...] Josefo, filho de Mathias, de origem (nascimento / ascendência / família hebraica), sacerdote de Jerusalém [...][69], que no início da guerra lutei contra os romanos, posteriormente *tendo estado presente por acaso* (paratuxw\n) entre eles por coação (necessidade) (e)c a)na/gkhj), proponho relatar detalhadamente aos que estão sob a hegemonia romana traduzindo para a língua grega, aquilo que tendo composto em minha língua pátria, anteriormente enviara aos bárbaros do interior." [...]. "Embora os escritores em questão atrevam-se a dar a seus trabalhos o título de histórias, contudo ao longo destes, exceto pela absoluta falta de informação segura, eles parecem, em minha opinião, não alcançar seus próprios objetivos.[70]

(Tucídides, *GP* [71], I: XXII, 2 - 4 [72]) [73]:

Quanto aos fatos ocorridos na guerra, julguei conveniente escrever procurando saber não a partir de informações de *(pessoas) estando presentes por acaso* (tou= paratuxo/ntoj) (aos fatos), nem em conformidade com minha opinião, mas sim relatando minuciosamente com exatidão cada um (dos fatos) aos quais tanto *eu mesmo estive presente (como testemunha ocular)* (au)to/j parh=n), quanto por informações obtidas da parte de outros, com o maior rigor possível. Eu fiz descobertas, porém, de maneira muito trabalhosa, porque *os que estando presentes (as testemunhas oculares)* (oi(pa/rontej) a cada um dos acontecimentos não disseram as mesmas coisas acer-

69 Este pequeno fragmento (com seu original grego destacado) apresenta tradução mais precisa, quanto ao termo ge/noj / ge/nei e por isso foi analisado no início deste capítulo.

70 Negritos de destaque meus, por sua importância na análise de Josefo empregando o modelo historiográfico grego (clássico).

71 GP = Guerra do Pelponeso.

72 Livro I, capítulo XXII, parágrafos 2 a 4.

73 Idem nota anterior, referente à valiosa tradução da Professora Doutora Silvia Damasceno (UFF / UFRJ) neste caso, entretanto, quanto ao original de Tucídides, em grego clássico, também extraído da publicação da coleção Loeb Classical Library, da Universidade de Harvard (ver bibliografia ao final deste capítulo).

> ca deles, mas sim (disseram) segundo sua parcialidade ou conforme sua lembrança. Talvez a falta do fabuloso (no relato) pareça menos agradável ao ouvido, no entanto todos aqueles que desejarem examinar não só a *clareza (a verdade clara)* (to\ safe\j)dos fatos ocorridos, como também a dos vindouros, de modo semelhante pelo conteúdo humano, julgarão o meu relato útil e isto bastará.[74]

É digno de nota, por mim, esclarecer o porquê de eu ter destacado em negrito, expressões dos originais gregos tanto de Josefo quanto de Tucídides. Note-se que a palavra tu/xh – *týchē* compõe o radical de diversos termos utilizados por ambos os historiadores e, como ela se traduz por *"sorte / destino / acaso"*, entendo que foram empregadas para reforçar o fato de que não se pode aceitar, no modelo historiográfico grego, a presença de pessoas, presentes "por acaso" ou meramente pelo "destino" aos fatos que desejassem narrar. Isto não configura verdadeiras "testemunhas oculares", as quais são fundamentais para dar credibilidade ao relato do historiador grego, por conseguinte, transmitir "verdade". E isto vale para todos aqueles que se apoiaram na ideia de história clássica, para a produção de suas obras, como foi o caso de Josefo.

Conclusão

Procurei traçar, no presente capítulo, na medida permitida por seu espaço, uma reflexão e uma análise de quem foi Flávio Josefo, filho de Matthias. Quais suas identidades, como transcorreu a sua trajetória, quais os reais objetivos de suas obras, socioculturais e políticos e, sobretudo, que autor foi ele: um narrador de histórias de Roma, da Judéia, dos judeus e do judaísmo e que buscou como alicerces para a sua historiografia tanto a noção hebraica / judaica de história quanto, e sobretudo, o modelo historiográfico grego, ou seja, a ideia de história na Antiguidade Clássica.

Embora seja perfeitamente detectável a ambiguidade no conteúdo das obras de Josefo, não se pode desqualificá-lo como um historiador de relevância - ainda que talvez parcial - da Antiguidade, sobretudo do século I d.C. Josefo é mais uma luz que vem se somar às narrativas contemporâneas a ele – portanto do século I d.C -,

74 Negritos de destaque meus, não apenas para exemplificar o modelo historiográfico grego, em Tucídides, bem como para demonstrar semelhanças – inclusive de palavras – entre o seu texto e o de Josefo, ou melhor, entre o deste e o daquele, visto que Josefo o teve por paradigma historiográfico.

como por exemplo as obras de Fílon de Alexandria ou ainda o conjunto literário neotestamentário, sobretudo os relatos dos Evangelhos. Por esta razão, ainda que com ressalvas à absoluta credibilidade de seus relatos, sua contribuição para o pesquisador da Antiguidade é relevante, estando Josefo ao lado de vários outros historiadores, tais como: Heródoto, Tucídides, Políbio, Plutarco, Tácito, Suetônio e Tito Livio.

Documentação Textual

JOSEPHUS. *The Jewish War*. Livros I a VII, tradução do grego para inglês de H. ST. J. THACKERAY. Cambridge-Massachusetts e Londres: Loeb Classical Library - Harvard University Press, 1989.

ä ø å ú - A Lei de Moisés e as "Haftarot". Tradução, explicações e comentários pelo Rabino Meir Matzliah Melamed. São Paulo: Templo Israelita Brasileiro Ohel Yaacov, 1996.

THUCYDIDES. *History of the Peloponesian War.* Books I and II. Tradução do grego para inglês de C.F.SMITH. Cambridge-Massachusetts e Londres: Loeb Classical Library - Harvard University Press, 1991.

Referências Bibliográficas:

BAILLY, Anatole. *Le Grand Bailly. Dictionnaire Grec-Français*. Paris: Hachette, 2000.

BOVER, José María e O' CALLAGHAN José (edição crítica). *Nuevo Testamento Trilingüe*. Madrid : Biblioteca de Autores Cristianos, 2001

BRIGHT, John. *História de Israel*. Tradução de Euclides Carneiro da Silva. São Paulo: Paulinas, 1980.

GINZBURG, Carlo. "Apontar e Citar - A Verdade da História", *in Revista de História nº 2/3*. Campinas: Unicamp, 1991.

HADAS-LEBEL, Mireille. *Flávio Josefo. O Judeu de Roma*. Tradução de Paula Rosas. Rio de Janeiro: Imago, 1991.

LAMOUR, Denis. *Flávio Josefo*. Coleção Figuras do Saber. Tradução de Guilherme João de Freitas Teixeira. São Paulo: Estação Liberdade, 2006.

LIDDELL e SCOTT. *An Intermediate Greek-English Lexicon*. Oxford: Oxford University Press, 1997.

LOBIANCO, Luís Eduardo. *O Outono da Judéia (séculos I a.C. - I d.C.). Resistência e Guerras Judaicas sob o Domínio Romano – Flávio Josefo e sua Narrativa.* Niterói-RJ: Dissertação de Mestrado defendida no PPGH-UFF: Programa de Pós-Graduação em História da Universidade Federal Fluminense, sob a Orientação do Professor Doutor Ciro Flamarion Santana Cardoso, 1999.

MOMIGLIANO, Arnaldo. *As Raízes Clássicas da Historiografia Moderna.* Tradução de Maria Beatriz Borba Florenzano. Bauru-SP: EDUSC – Editora da Universidade do Sagrado Coração, 2004.

PAUL, André. *O Judaísmo Tardio - História Política.* Tradução de Benôni Lemos. São Paulo: Paulinas, 1983.

POZNANSKI, Lucien. *La Chute du Temple de Jérusalem.* Bruxelas: Éditions Complexe, 1997.

RAJAK, Tessa. *Josephus. The Historian and his Society.* Londres: Duckworth, 1983.

SCHWARTZ, Seth. *Josephus and Judaean Politics.* Leiden, Nova York, Copenhagen e Colônia: E.J. Brill, 1990.

THACKERAY, H. ST. J. (Tradução para a lingua inglesa e Introdução) de JOSEPHUS. *The Jewish War.* Books I – VII. Cambridge-Massachusetts e Londres: Loeb Classical Library - Harvard University Press, 1989.

UNTERMAN, Alan. *Dicionário Judaico de Lendas e Tradições.* Tradução de Paulo Geiger. Rio de Janeiro: Jorge Zahar Editor, 1997.

VELHO, Gilberto. *Projeto e Metamorfose: Antropologia das Sociedades Complexas.* Rio de Janeiro: Jorge Zahar Editor, 1994.

20
A ideia de História em Tácito

Fábio Duarte Joly
Universidade Federal de Ouro Preto

Atribui-se ao senador Cornélio Tácito, que viveu entre a segunda metade do século I e primeira metade do século II, um lugar de destaque no que se convencionou designar de "historiografia antiga", uma forma que abarca desde as *Histórias*, de Heródoto (século V a.C.) às *Res Gestae* de Amiano Marcelino, do final do século IV d.C.. Forma esta que supõe um largo espaço temporal, com algumas épocas mais representadas do que outras (por exemplo, para os séculos V e IV a.C. há Heródoto, Tucídides e Xenofonte, mas para os trezentos anos que separam a morte de Alexandre até a batalha de Ácio apenas três relatos sobrevivem: Políbio, Diodoro Sículo e Dionísio de Halicarnasso) (Marincola: 2007, 1).

"Historiografia antiga" remete então a um processo de generalização que engloba autores de língua grega e latina, que compuseram ao longo de cerca de um milênio, sob sociedades distintas, constituindo um *corpus* demasiadamente heterogêneo e, sobretudo, fragmentado, pois dependente da sobrevivência de manuscritos medievais.[1] Caso da própria obra de Tácito: de suas *Histórias*, uma narrativa dos eventos que transcorreram da morte de Nero em 68 até o fim do governo de Domiciano em 96, restam-nos apenas os cinco primeiros livros (o quinto está incompleto), de um total de doze; dos *Anais*, que cobrem o período de Augusto a Nero, de um total de dezoito livros sobreviveram os livros I a IV, o início do V, o livro VI, sem seu início, e os livros XI (sem o início) a XVI (sem o final).

Ademais, ao falarmos em historiografia antiga pressupomos uma analogia com outra forma, igualmente variada e com difíceis contornos: "historiografia mo-

---

1 Sigo o conceito de "forma" como elaborado por Guarinello (2003).

derna". Em geral, a primeira é definida por oposição à segunda, sendo esta apresentada como uniforme e com subdivisões facilmente classificáveis (Pitcher:2009, 27). Esta noção, por exemplo, explica as recorrentes tentativas de se extrair princípios metodológicos das obras dos historiadores antigos, que estariam presentes em proêmios e digressões de seus escritos, e que supostamente moldariam toda a economia de suas narrativas. Princípios metodológicos que constituíram suas ideias de História, a serem contrastadas com nossas modernas definições de como se conceber o ofício do historiador (ver, por exemplo, Hartog, 2001). Em tal analogia o contraste mais ressaltado é entre uma pretensa objetividade da historiografia moderna e a subjetividade da historiografia antiga, debate este que se desenvolveu no âmbito dos estudos sobre os historiadores gregos e romanos por meio da localização de uma tensão entre verdade e retórica. Em outras palavras, em que medida a construção retórica das narrativas antigas seria um obstáculo a um relato objetivo acerca do passado?

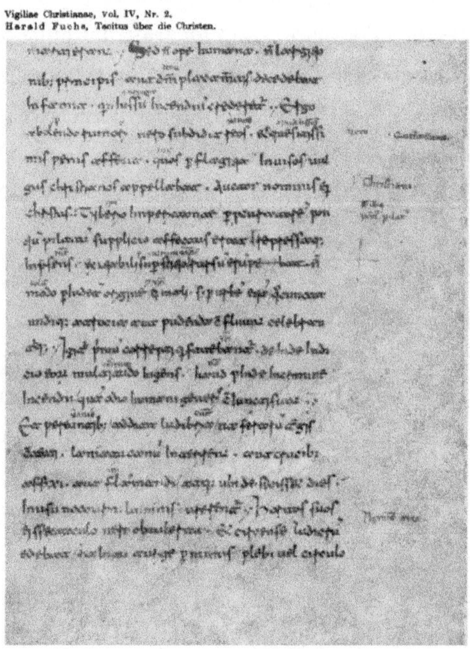

Anais XV, 44, em *Mediceus* II, manuscrito do século XI que contém os livros 11 a 16 dos *Anais* e os cinco primeiros livros das *Histórias*, de Tácito. Trata-se do mais antigo e principal manuscrito a partir do qual outras cópias foram feitas. A tradição manuscrítica da obra taciteana é detalhada por C. W. Mendell (1957: 225-378). Fonte: Fuchs, 1950: 65.

Essa questão inicialmente se colocou no tocante à história primitiva de Roma, dada a ausência de textos coevos. Assim, T. P. Wiseman, em *Clios's Cosmetics* (1979), perguntou-se como Tito Lívio escrevera sobre períodos remotos da história romana para os quais não existiam relatos contemporâneos. Sua resposta é que teria se servido de técnicas retóricas para construir estórias plausíveis, possibilitando que poucos vestígios compusessem uma narrativa, que seria igualmente julgada do ponto de vista retórico por sua audiência, de modo que seria equivocado lê-la como leríamos história contemporânea. Essa ênfase na retoricidade da narrativa foi considerada um elemento unificador da historiografia antiga, no sentido de conformar os relatos acerca de todos os períodos da história greco-romana. Em outro texto, Wiseman assim afirma o entendimento que se deveria ter do peso da evidência na historiografia antiga:

> Para um historiador moderno, com senso crítico, o que importa, acima de tudo, é a qualidade da evidência. Um romano concordaria, mas não entenderia da mesma maneira. Em retórica, *evidentia* significa uma "ilustração vívida"; no discurso filosófico, significa "auto-evidência". Com *evidentia*, não há necessidade de argumentos: você apenas vê que o fato é verdadeiro. E se atinge esse objetivo tornando explícitas "todas as circunstâncias que se imaginam razoáveis de terem acontecido". Isto é, a invenção do detalhe circunstancial era um caminho para se chegar à verdade. (Wiseman, 1993: 146)

Um marco dessa forma de interpretação foi a obra de A. J. Woodman, *Rhetoric in classical historiography* (1988), que ressaltou a concepção de *inuentio*, como definida por Cícero no *De inventione*,[2] que tornaria a historiografia antiga essencialmente um gênero retórico, devendo ser classificada mais como literatura do que história. A retórica atuaria na manipulação de verdades factuais por razões dramáticas, de maneira que o resultado seria antes uma narrativa do que poderia ter acontecido, e não do que aconteceu. Portanto, para Woodman, as historiografias antiga e moderna contrapõem-se, devido ao papel da *inuentio*, "um conceito que é naturalmente a antítese de 'científico'" (1988: 199). Todavia, não é tão natural que a ideia que Cícero apresente, em textos sobre oratória, fosse a visão consensual na Antiguidade de como a história deveria ser escrita... Como ressalta Luke Pitcher (2009, 23), há que se evitar o apelo psicológico de uma única fonte.

2 Cícero, *De Inventione* 1.9: *Inventio est excogitatio rerum verarum aut veri similium, quae causam probabilem reddant.*

O tratamento retórico de um texto de natureza historiográfica não exclui *a priori* procedimentos de investigação e análise de evidências. No caso da Antiguidade, podemos entender uma narrativa como um relato cronológico da própria época do autor e/ou de eventos anteriores a ele, contendo um esforço sistemático de representar uma série de eventos com base no exame crítico de relatos de outras fontes para uma audiência que tem acesso independente a fontes comparáveis, e isso com o objetivo de modificar condutas no futuro (Potter: 1999, 22). Isto é, ao historiador cabe fornecer a seus leitores ações de personagens históricos que primem tanto pela grandeza positiva quanto pela negativa, a fim de que tenham referenciais para suas próprias ações. No livro IV dos *Anais*, Tácito apresenta uma reflexão nesse sentido:

> Todas as nações e cidades são regidas ou pelo povo ou pelos principais cidadãos ou por um só. Uma forma de governo escolhida e composta a partir destas é mais fácil de ser louvada do que produzida, ou, caso venha a ser, não pode ser duradoura. Pois então que a plebe era forte, que os senadores tinham poder, deviam ser conhecidas a natureza do vulgo e por quais modos, com moderação, fosse tratado; os que sabiam com perfeição o caráter dos senadores e principais cidadãos, eram considerados experientes e conhecedores dos tempos. Como na situação inversa Roma não é outra coisa que se um imperasse, esta busca e transmissão terá sido de interesse, pois poucos por prudência as coisas honestas das más, as úteis das prejudiciais discernem, a maioria é ensinada pelo que acontece aos outros. (*Ann.*, IV, 33)[3]

Este caráter pragmático da historiografia antiga tem sido enfatizado desde pelo menos o Renascimento e particularmente no caso de Tácito, com o desenvolvimento do que se convencionou denominar de "tacitismo", um fenômeno cultural europeu que se desdobrou entre os séculos XVI e XVIII e caracterizado por uma leitura de Tácito como fonte de *exempla* para a cena política da Idade Moderna (Schellhase: 1976; Burke: 1996).

3 Foram utilizadas as edições da Les Belles Lettres. Quanto às traduções citadas ao longo do texto, tive como base, para os *Anais*, a de Leopoldo Pereira, e, para as obras menores de Tácito, as de Agostinho da Silva. As traduções das passagens das *Histórias* são de minha autoria.

A dimensão européia da recepção de Tácito é atestada pelas várias edições, traduções e comentários publicados a partir do século XVII, em geral utilizando o texto latino estabelecido pelo erudito holandês Justus Lipsius, ele próprio um dos primeiros comentadores políticos de Tácito, em seus *Politicorum libri sex*, de 1589 (Morford, 1993). Baltasar Álamos de Barrientos, com seu *Tácito español ilustrado con aforismos* (Madrid, 1614), exemplifica o tipo de apropriação comum à época ao se figurar o historiador latino como um intelectual moderno cujo pensamento tem validade universal. A obra acima é dedicada ao Duque de Lerma, favorito de Felipe III, e expressa a recontextualização de Tácito ao ambiente político espanhol (Bermejo, 2010: 27).
Fonte: Bermejo, 2010: 93.

A definição acima de narrativa, por mais ampla que seja, permite uma chave de entrada para uma discussão da ideia de História em Tácito que não fique presa às dicotomias entre objetividade e subjetividade, entre verdade e retórica. Observada em seu conjunto, a obra de Tácito revela-se como a formulação de uma memória específica sobre a República e o Principado tendo em vista a posição social do escritor e as possibilidades de atuação e sobrevivência política que vislumbrava no período que compôs seus textos, entre os principados de Nerva e Trajano. Sua escrita da história situa-se num contexto de competição aristocrática por honra, fenômeno já existente no período republicano, mas agora remodelado pela presença do imperador. Para se entender essa questão é preciso ter em mente o conjunto da obra taciteana, e não restringir a análise a suas obras consideradas "maiores", as *Histórias* e os *Anais*.

As duas primeiras obras de Tácito que vieram a lume, a *Vida de Agrícola* e a *Germânia*, já são indicativas dessa perspectiva. Em 98, Tácito divulgou uma *laudatio funebris* de seu sogro, Júlio Agrícola, governador da Bretanha entre 78 e 85, e morto em 93. O intervalo entre a morte e o pronunciamento desse discurso fúnebre explica-se, por um lado, pela ausência de Tácito em Roma à época da morte de Agrícola, e, por outro, pela morte de Domiciano em 96, circunstância política que permitiu a Tácito expressar seu ponto de vista sobre esse imperador quando se iniciava uma nova dinastia com Nerva, tendo Trajano como *socius imperii*. Com o elogio de Agrícola Tácito simultaneamente faz uma apologia de um determinado comportamento político no Principado, representado por seu sogro, e faz uma auto-retratação, com o intuito de se inserir no novo principado que então se inaugurava, por ter aderido ao governo de Domiciano.

No proêmio da *Vida de Agrícola* (*Agric.*, 1-3), ecoando as *Origines* de Catão, Tácito coloca como seu objetivo relatar os feitos e costumes de homens ilustres (*clarorum virorum facta moresque*). Argumenta que, sob Domiciano, imperador hostil aos méritos, os relatos sobre homens virtuosos eram cerceados e, portanto, suas memórias deixavam de ser transmitidas à posteridade, aspecto este ligado ao próprio patrulhamento do Senado por delatores do imperador.

> Demos sem dúvida grande demonstração de paciência, e, se os tempos antigos viram o que havia de extremo em liberdade, nós o tivemos quanto à escravidão, porque até o uso do falar e do ouvir, por espionarem, nos tiraram. (*Agric.*, 2)

Contudo, ainda no proêmio Tácito deixa vislumbrar que esse "servilismo" da aristocracia era voluntário, revelando, assim, uma clara adesão ao governo de Domiciano. Isso se evidencia quando afirma que, mesmo sob seus sucessores, Nerva e Trajano, a *inertia* poderia persistir como comportamento dominante:

> O certo é que, pela natural debilidade humana, mais tardos são os remédios do que os males; assim, pois, como nossos corpos crescem com lentidão e rápidos se extinguem, assim também mais facilmente se oprimem do que restabelecem o talento e o estudo; efetivamente, da própria inércia vem agrado, e à inação, odiada primeiro, depois se deseja. (*Agric.*, 3)

Ao final do proêmio, Tácito resume seu ponto de vista ao contrastar a "memória da escravidão passada" (*memoriam prioris servitutis*) com o governo de Nerva que teria conciliado principado e liberdade (*principatum ac libertatem*). Nesse sentido, ao longo da obra, o elogio de Agrícola caminhará *pari passu* com o denegrimento de Domiciano. Tácito opera uma *damnatio memoriae* desse imperador ao mesmo tempo em que resgata a memória de seu sogro. Uma demonstração de *pietas* filial que, contudo, tem por objetivo último promover o próprio Tácito perante o novo principado.

A história da subjugação romana da Bretanha é a narrativa que servirá de pano de fundo para essa disputa de memórias na relação entre aristocracia e imperador, visto que o imperador é mostrado como capaz de coibir a transmissão das memórias de homens de virtude, assim como usurpa a glória de seus feitos, a exemplo do que fazia Domiciano. Nessa linha, Tácito relata que, em 83, Agrícola atingiu o auge de sua glória no governo da Bretanha ao derrotar os caledônios, um dos últimos povos bretões ainda não subjugados, selando a conquista da ilha. Em Roma, Domiciano se exaspera, com o seguinte pensamento que Tácito lhe atribui:

> Considerava isto muito temível, que o nome de um particular sobrepujasse o do príncipe; em vão teria jogado no silêncio as ocupações do foro e o brilhantismo das artes civis, se agora outro lhe roubava a glória militar; do resto poderia ele, facilmente, não fazer caso, mas o valor de um bom general deveria caber ao imperador. (*Agric.*, 39, 2-3)

Tácito distingue assim duas atividades preponderantes no Principado. Por um lado, a civil, exercida na cidade de Roma, ou seja, as magistraturas. Por outro, a atividade militar exercida nas províncias. Para Tácito a primeira tem a inação fomentada pelo imperador enquanto a segunda, não estando sob controle direto deste, possibilitaria um acesso à glória pessoal. No entanto, o próprio Tácito faz questão de ressaltar que o desejo de rivalizar com o imperador ou com seus superiores não fizeram parte dos objetivos de Agrícola. Pelo contrário, foi a ponderação que marcou as suas primeiras experiências militares na Bretanha. Nos combates não almejava a glória pessoal e toda vitória revertia ao chefe (*Agric.*, 5, 3-4). Tácito reúne todas essas qualidades em determinado momento da narrativa quando claramente alça como modelo político o *uir militaris*. Ao comentar sobre o envio de Agrícola para o governo da Aquitânia, cargo que ocupou antes de assumir a Bretanha, escreve:

> Julgam muitos que falta sutileza ao espírito militar por ser a jurisprudência dos acampamentos mais firme e mais grosseira e, por mais despachada, não exercitar as habilidades do foro. Agrícola, por sua natural prudência e embora tratando com civis, procedia com brandura e com justiça. Além disso,

> dividia o tempo entre os cuidados e as distrações: quando assembléias e tribunais o exigiam, grave, atento, severo, mais vezes, porém, misericordioso; logo que satisfazia à sua obrigação, mais nenhum sinal do poder: despia a taciturnidade, a altivez e a dureza. Nele, o que é raríssimo, nem a brandura diminuía a autoridade, nem a severidade o afeto. (*Agric.*, 9, 2-6)

Na parte da obra destinada a narrar os empreendimentos militares de Agrícola na Bretanha, Tácito busca justamente demonstrar ao leitor a importância política de *uires militares* da qualidade de seu sogro para a extensão e preservação do império romano. De acordo com a interpretação de Dylan Sailor (2008, 73), no tratamento que Tácito confere à participação de Agrícola no contexto de competição intra-elite por glória, essencial para a expansão e pacificação imperial, a Bretanha é retratada retoricamente como um espaço à parte do restante do Império e, portanto, alheio à influência do *princeps*. Nesse sentido, o Império configura-se como um processo constantemente auto-renovável de expansão, se movido por uma elite que busca afirmar-se pela glória militar, construindo laços internos de reciprocidade, mas sem descartar a hierarquia.

Tem-se aqui é o mesmo princípio advogado na *Germânia*, tratado etnográfico publicado em 98. A postura de Agrícola diante de seus superiores – de emulação positiva, mas sem rompimento da hierarquia – é aquela que Tácito transplanta para a sociedade germânica, anulando assim os limites étnicos, sociais e políticos entre romanos e germanos. Para Tácito, é o sentimento de superioridade militar o que melhor caracteriza os povos germânicos: germano (*germanus*) seria equivalente a vencedor (*uictor*). Tal sentimento transcende os particularismos de cada povo (*gens*) que habita a Germânia, transformando-os em uma nação (*natio*). No discurso taciteano da *Germânia*, a esfera militar aparece como a ordenadora da comunidade nos seus aspectos políticos, econômicos e familiares. Guerra e política são indissociáveis, a primeira sendo pressuposto da segunda: a própria atividade política decorre da atividade guerreira.

Nesse sentido, os germanos são apresentados como o inverso dos bretões, como caracterizados na *Vida de Agrícola*. Os bretões não são autóctones, mas aparentados aos gauleses, que teriam invadido a ilha (*Agric.*, 11). Os germanos, pelo contrário, desenvolveram-se sem contato com outros povos (*Germ.*, 4). Também no tocante às riquezas, as regiões se opõem: enquanto a Bretanha tem ouro, prata e outros metais (*Agric.*, 12), na Germânia, de acordo com Tácito, isso foi negado pelos deuses e tais metais adentram na região apenas por trocas comerciais ou presentes (*Germ.*, 5). Por fim, assim como no caso dos bretões (*Agric.*, 12), a força guerreira dos germanos reside na infantaria (*Germ.*, 6), mas enquanto os bretões são retratados como inclinados a serem vencidos pela falta de unidade, os germanos são representados como resolutos, pois a honra depende da guerra (*Germ.*, 6).

É através da demonstração de seu valor militar, o não abandono do campo de batalha, que o indivíduo tem acesso aos ritos religiosos e às atividades políticas da comunidade. Para essas últimas, a posse de armas é inclusive um pré-requisito. Na assembléia a aprovação das propostas encaminhadas pelos chefes se dá pela aclamação com as armas (*Germ.*, 11, 6). Ademais, é o pai quem decide se o filho está apto a tornar-se um guerreiro. Sem armas não há honra e reconhecimento do jovem como membro da comunidade. Por sua vez, quando já integrado, cabe ao jovem compor um séqüito militar, o *comitatus*.

O princípio motor do *comitatus* é a disputa entre os guerreiros por prestígio perante o chefe. Este, por seu turno, serve-se do seu séqüito para rivalizar em prestígio com os demais chefes. No campo de batalha, é a emulação mútua entre comandantes e comandados que impera. O chefe (*princeps*) é o centro da comunidade guerreira germânica. Ele fornece o padrão de conduta para seus subordinados e estes combatem, não visando uma glória pessoal, mas a glória do chefe. A este cabem os méritos da vitória. Em contrapartida, os guerreiros exigem do comandante demonstrações de liberalidade (*liberalitas*). Como já ressaltara Erwin Wolff (1934,128), o *comitatus*, como representado por Tácito na *Germânia*, é uma organização romana, embora não exatamente igual, mas semelhante.

A articulação entre a *Vida de Agrícola* e a *Germânia* também pode ser aprofundada no tocante à relação entre memória e história. Do mesmo modo que o relato de Tácito sobre a Bretanha ratifica a conquista da ilha, efetuada por seu sogro, transmitindo a memória daqueles que empreenderam sua subjugação, no caso da Germânia é como se a conquista literária se antecipasse à conquista militar, ainda a ser realizada, visto que sob Domiciano tal não se deu. Convém lembrar que, à morte de Nerva, Trajano estava com seus exércitos na Germânia para lançar uma ofensiva. Há, portanto, um componente político nesta obra taciteana que se coaduna com aquele do escrito anterior, isto é, a *damnatio memoriae* de Domiciano e louvor do novo Principado. Pode-se aventar como hipótese que, na *Germânia*, Tácito busca rebater alegação de que Domiciano teria conquistado a Germânia, um ponto já citado na biografia de Agrícola, quando afirma que esse imperador teria encenado um "falso triunfo" de vitória sobre os germanos (*Inerat conscientia derisui fuisse nuper falsum e*

Germania triumphum, emptis per commercia, quorum habitus et crinis in captivorum speciem formarentur: at nunc veram magnamque victoriam tot milibus hostium caesis ingenti fama celebrari, Agric., 39). Assim como, na *Vida de Agrícola*, Tácito passa em revista os antecedentes da conquista da Bretanha (*Agric.*, 13-14), na *Germânia* (37) lista os embates entre romanos e germanos desde a fundação de Roma para concluir que, após Calígula, foram comemorados muito mais triunfos do que propriamente vitórias sobre os germanos.

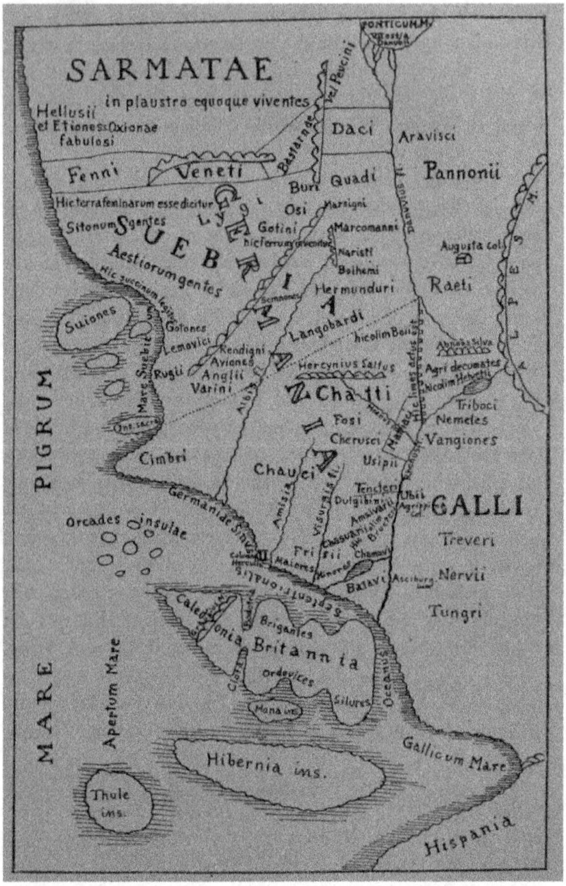

Representação da Bretanha e Germânia de acordo com a descrição de Tácito. Nesta prevalece a ideia de que, quanto mais longe das fronteiras do Império Romano, menos civilizados são os povos, chegando a beirar o maravilhoso (Thomas, 2009: 67-70). Assim, enquanto Batavos e Matiacos, habitando a margem ocidental do Reno, são valorosos e leais a Roma (*Germ.*, 29), os Fenos, na extremidade setentrional, vivem como num estado de natureza, à semelhança de animais (*Germ.*, 46).
Fonte: Miller, 1898: 111.

Em suma, a leitura dessas obras iniciais de Tácito revela uma associação entre escrita da história e império, no sentido de que se tem a necessidade tanto de militares quanto de literatos para consolidação do império de Roma sobre outros povos, de forma que a presença do imperador não pode se mostrar como um óbice para a expansão da glória. Tal visão obviamente não era exclusiva de Tácito, mas, sem dúvida, representava o ponto de vista de determinados círculos aristocráticos, sobretudo daqueles de proveniência provincial (como eram o próprio Tácito e Agrícola, ambos oriundos da Gália). Nos *Anais*, chega a afirmar que a vinculação pessoal ao imperador e a prática de emulá-lo era comum dentre os "homens novos" que progressivamente adentravam na política romana:

> Homens novos, procedentes dos municípios e colônias e até mesmo das províncias, foram admitidos no Senado e introduziram a parcimônia a que estavam afeitos; e ainda que alguns tivessem sorte ou habilidade para atingir uma abastada velhice conservaram o mesmo gênero de vida. Foi, no entanto, Vespasiano quem deu impulso a essa severidade de costumes, vivendo ele mesmo ao antigo modo de vestuário e mesa. O desejo de agradar e imitar o príncipe fez mais que qualquer lei coercitiva ou medo de punição. (*Ann.*, 3, 55)

Logo, para Tácito, a restauração moral de Roma provinha das províncias, ótica esta que refletia a mudança da composição social da elite em Roma e das próprias regras da sucessão imperial após a morte de Nero em 68, quando, ainda segundo Tácito, fora desvelado um dos segredos do império, o de que um imperador podia ser feito fora de Roma (*Hist.*, I, 4). O seu quadro dos povos bretões e germânicos insere-se assim nesse contexto mais amplo, marcado por uma reorganização das forças políticas no Império Romano.

Esse contexto da produção taciteana foi particularmente realçado por Ronald Syme, que, com sua obra *Tacitus*, de 1958, marcou uma reorientação e reabilitação desse historiador latino. Reabilitação no sentido de se contrapor a uma historiografia, que, desde o século XIX e sobretudo na Alemanha, tratou de centrar fogo na possibilidade de se extrair informações históricas precisas da obra taciteana.[4] Na interpretação

4 Gaston Boissier, em seu *Tacite* (1903), sintetiza bem esse momento: "[Na Alemanha] esforçava-se, por meio de análises delicadas, de colocá-lo em contradição consigo mesmo ou com os historiadores de seu tempo; buscava-se, em seu caráter, nos seus princípios

de Syme, os escritos de Tácito caracterizam-se por narrar o ocaso da antiga aristocracia senatorial italiana e ascensão dos homens novos das províncias, cujas qualidades literárias, oratórias e militares mostrar-se-iam mais relevantes para a manutenção do Império. Em suas palavras:

> O tema de Cornélio Tácito nas *Histórias* e *Anais* não é meramente a estória de dez imperadores, da morte de Augusto ao assassinato de Domiciano. É a luta entre o poder imperial e o Senado romano. Oligarquia é o fato permanente da história romana, republicana ou imperial, e constante em muitos aspectos, salvo na sua composição. O recrutamento dessa oligarquia, suas titulações, comportamento e vicissitudes, tal é a preocupação do historiador Tácito. Em disputas políticas os protagonistas nem sempre são os reais adversários, menos ainda os eventuais vencedores. Quando a luta das facções aristocráticas em Roma se desenvolveu e transformou, envolvendo a Itália e o restante do mundo, liberaram-se forças que levaram ao fim o sistema republicano de governo e impuseram a monarquia. E a monarquia, embora gerasse concórdia e preservasse a *nobilitas* por um tempo, levou-a à ruína nos anos de paz. César precisava de agentes e ministros; e os *novi homines* viram o caminho aberto para o talento e ambição, todas as barreiras derrubadas. (Syme, 1967: 583)

É interessante que, do mesmo ano de publicação de *Tacitus*, é outro livro, pouco citado, de sua lavra – *Colonial Elites. Rome, Spain and the Americas* –, em que Syme (ele também um "provincial", nascido na Nova Zelândia), escreve que "a força e vitalidade de um império é freqüentemente devida à nova aristocracia da periferia", de modo que é "instrutivo em diferentes épocas e civilizações estudar a origem, composição e comportamento das elites coloniais ou provinciais" (Syme: 1958, 4-5). Logo, para Syme, a obra de Tácito não é apenas uma história política do Império, tradicionalmente centrada nos imperadores, mas uma história social, a partir da qual é possível reconstituir trajetórias individuais de aristocratas que seriam reveladoras de padrões mais amplos de mobilidade da elite imperial.

A associação entre uma nova elite imperial e uma ética política de adequação ao Principado é o grande tema que subjaz na terceira obra publicada por Tácito, antes

---

políticos, nas suas relações, motivos para tornar seu testemunho suspeito; tentava-se por toda sorte de raciocínios e pesquisas reabilitar os príncipes que condenara".

da redação das *Histórias* e *Anais*: o *Diálogo dos Oradores*, de aproximadamente 102, ou seja, nos primeiros anos do governo de Trajano (Grimal: 1990, 153). Contudo, sua data dramática situa-se entre 74 ou 75, sob o reinado de Vespasiano. Tácito, a pedido de um amigo, Fábio Justo, propõe-se a relatar um diálogo, que ouvira quando jovem, acerca do declínio da eloquência. Quatro são os interlocutores, todos senadores: Curiatius Maternus, Marcos Aper, Julius Secundus e Vipstanus Messalla. Sobre o primeiro pouco se sabe, mas Aper e Secundus são de origem gaulesa (Brink: 1993, 338), enquanto Messalla é o único romano no debate.

Quanto a sua estrutura, a obra abre com a menção da recepção negativa que teve na corte a tragédia *Catão* de Maternus, o que suscita entre os senadores citados um debate sobre o declínio da eloquência (*Dial.*, 2, 1-4, 2). Segue-se então um discurso de Aper (5, 1-10, 8) sobre a utilidade da oratória, visando a exortar Maternus a retornar a sua prática em vez de compor tragédias. Maternus rebate a fala de Aper com um discurso em favor da poesia para justificar sua posição (11, 1-13, 6). Com a chegada de Messalla, Secundus propõe a este que ele profira uma defesa dos oradores antigos (16, 1). É o que ele faz (25, 1-35, 5), após um segundo discurso de Aper (16, 4-23, 6), elogiando a oratória moderna. Um terceiro par de discursos encerra a obra. Secundus procura explicar o declínio da oratória tendo em vista as condições políticas do Principado (36, 1-40, 1). O discurso final de Maternus segue este mesmo raciocínio (40, 2-42, 2).

O *Diálogo dos Oradores*, em suas linhas gerais, objetiva descartar o *topos* de que o passado é superior ao presente, contido no *topos* do declínio da eloquência. Relacionada a este ponto, por sua vez, está a proposta de uma ética política, adequada ao Principado, apresentada mediante a discussão da forma de discurso cabível ao regime imperial. Ética, política e retórica mostram-se intimamente inter-relacionadas ao longo da obra (Joly: 2009).

Cabe notar aqui o conteúdo do último discurso de Secundus, que explica o declínio da eloquência como resultado do estabelecimento do Principado. Segundo ele, a República caracterizou-se por ter sido um período de *perturbatio* e *licentia*, o que contribuía com material para o orador. Na ausência de um "indivíduo moderador", era o orador quem persuadia o povo errante (*erranti populo persuaderi poterat*, *Dial.*, 36, 2). Disto decorria o acúmulo de honras e aumento de influência. Secundus reconhece que o regime instaurado por Augusto, ao estabelecer a paz, acarretou o declínio da eloquência, mas restabeleceu a ordem. Este discurso, ao caracterizar negativamente a República, já revela uma valorização do presente. O discurso de Maternus, que encerra o *Dialogus*, centra-se neste aspecto. Diz ele que a eloquência republicana é discípula da licença (*sed est magna illa et notabilis eloquentia alumna licentia*, *Dial.*, 40, 2) e que o monopólio do exercício da justiça pelo imperador tornou-a desnecessária, mas, em contrapartida, assegurou a concórdia no Estado.

Estas ideias, ao final da obra, apontam para um aspecto relevante do pensamento político de Tácito que se desdobrará nas *Histórias*, compostas entre 108 ou 109, e nos *Anais*, escritos entre 115 a 120, em que predomina uma avaliação ambivalente do Principado, no sentido de que esta forma de governo, se, por um lado, finalizou com a turbulência do período republicano, por outro, acarretou uma perda de liberdade no agir e no falar.

Essa visão, como transparece nas últimas duas obras de Tácito, deriva da representação da República como um momento histórico de liberdade, mas continuamente ameaçado pelo espectro da guerra civil, conceito este que ronda as obras finais do autor. Nos *Anais* é comum inclusive servir-se da estratégia retórica de descrever a situação em Roma, no Principado Júlio-Cláudio, por meio de analogias militares e, principalmente, pela comparação do regime com um estado de guerra civil (Keitel: 1984). Nas *Histórias* chega a dedicar quatro livros para narrar os acontecimentos de um só ano (69 d.C.), o ano das guerras civis que sucederam a morte de Nero, com os oito restantes dedicados a 26 anos (de 70 a 96) (Marques: 2010, 45). No que tange a escrita da história, as guerras civis também representam um grande divisor de águas. No proêmio dos *Anais* Tácito escreve:

> A princípio foram reis os que governaram a cidade de Roma. L. Bruto instituiu o consulado e a liberdade. As ditaduras eram temporárias; e o poder dos decênviros não durou mais de dois anos, nem por muito tempo o dos tribunos militares. Foi curta a dominação de Cina, como também a de Sila; e o poder pessoal de Pompeu e Crasso passou logo para César, como também as armas de Lépido e Antônio foram suplantadas pelas de Augusto, que aceitou o governo, sob o nome de príncipe, cansados que estavam todos das discórdias civis (*qui cuncta discordiis ciuilibus fessa nomine principis sub imperium accepit*).(*Ann.*, I, 1)

E sobre a ascensão de Augusto, logo depois observa:

> Depois de mortos Bruto e Cássio não houve mais lutas públicas; Pompeu foi oprimido na Sicília, Lépido despojado, Antônio morto e à facção de

> Júlio César só restava um chefe, César Otaviano, que, renunciando ao título de triúnviro, e assumindo o consulado, contentou-se depois com o poder tribunício, para proteger a plebe, e seduziu com larguezas a soldadesca, com distribuição de víveres ao povo e com a doçura da paz a todos. Em seguida, ousando cada vez mais, concentrou em si as magistraturas, as funções senatoriais e as leis, já sem encontrar oposição, porque os mais altivos tinham morrido nos combates e proscrições, e o resto da nobreza, na proporção em que era disposta à escravidão, se acrescentava, com a nova ordem de coisas, em honras e riquezas e preferia a segurança do presente aos perigos passados. Nem as províncias recusaram obedecer, desgostosas do governo do Senado e do povo romano, por causa das rivalidades dos poderosos e da avareza dos magistrados, contra os quais não valiam leis, frustradas sempre pela força, pelas intrigas e pelo dinheiro. (*Ann.*, I, 2)

A esta perda da liberdade na esfera política, esta "servilização" da aristocracia, corresponde simultaneamente uma degeneração literária, tanto da escrita da história como da posição do historiador. Tácito traça um painel da historiografia imperial como marcada por dois pólos opostos: adulação e crítica contumaz. Lemos nas *Histórias*:

> Começo minha obra no segundo consulado de Sérvio Galba, que tinha por colega Tito Vínio. Desde a fundação da cidade, oitocentos e vinte anos decorridos, muitos autores já trataram, quando os feitos do povo romano eram lembrados com igual eloqüência e liberdade. Depois que a batalha de Ácio conferiu todo poder a um só, no interesse da paz, cessaram aqueles grandes talentos. A verdade foi de muitos modos rompida, seja pela ignorância da coisa pública que agora era de um só (*inscitia rei publicae ut alienae*), seja pelo desejo de lisonjear (*libido adsentandi*), ou pelo ódio aos dominadores, ficando portanto o cuidado pela posteridade entre a hostilidade e a sujeição. Mas é fácil ter aversão à ambição de um escritor quando a difamação e a inveja são aceitas por ouvidos propensos. A adulação (*adulatio*) é desonroso crime de escravidão (*servitus*); a maldade é falsa espécie de liberdade (*libertas*). (*Hist.*, I, 1)

Nos *Anais*, é mais breve, porém o tom é o mesmo:

> De Tibério, Caio, Cláudio e Nero, enquanto vivos o medo não deixou falar com verdade; depois de mortos, o ódio recente falseou as narrativas. Eis porque empreendi narrar, de Augusto pouco e seu fim, e depois o principado de Tibério e os seguintes, sem ira nem afeição, pois destas causas mantenho distância. (*Ann.*, I, 1)

Temos aqui Tácito apontando as conseqüências literárias da mudança institucional na sociedade romana, que redirecionou o poder e o conhecimento do povo de Roma para uma só pessoa, o imperador. Com essa inter-relação entre historiografia e regime político, Tácito indica que o imperador redefiniu a escrita da história no sentido de que, a partir do Principado, todas as narrativas passaram a estar influenciadas pela relação pessoal entre o *princeps* e os historiadores. Os termos *adulatio* e *adsentatio* apontam que se tende a adotar versão dos fatos esposada pelo objeto da adulação, isto é, o imperador, de modo que a *auctoritas* do *princeps* impõe a versão que o mau historiador acaba por transmitir.

Ao apresentar tal crítica, Tácito se coloca como capaz de superar tal relação de animosidade ou adulação frente aos imperadores e oferecer uma narrativa cuja autoridade repousa na sua própria capacidade de escrever como se estivesse fora da estrutura de dominação do Principado. Reconhece que seu *cursus honorum* desenvolveu-se sob os imperadores, de Vespasiano a Domiciano (*mihi Galba Otho Vitellius nec beneficio nec iniuria cogniti. dignitatem nostram a Vespasiano inchoatam, a Tito auctam, a Domitiano longius provectam non abnuerim, Hist.*, I, 5), mas que isso não o impedirá de narrar *sine ira et studio*, como se não tivesse sido beneficiado ou injuriado por qualquer um deles. Trata-se de uma confissão retórica de autonomia, que representa uma garantia de verdade histórica.

Ora, a conduta que Tácito apresenta aqui, no tocante à escrita da história, é similar àquela que retrata em Agrícola, ao apresentá-lo também como um indivíduo que, embora sua carreira estivesse imersa na conjuntura política do Principado, conseguiu manter um nível de autonomia, comprovando, nas palavras de Tácito, que, mesmo sob maus imperadores, existiram homens virtuosos. Nos *Anais*, ao comentar sobre a vida de M. Lépido, que falecera sob Tibério, Tácito sintetiza esse comportamento ideal:

Sobre Lépido, tenho notícia de que foi um homem circunspecto e sábio naqueles tempos: muita coisa corrigiu das exageradas adulações dos outros, e, entretanto, pôde manter sua autoridade e crédito perante Tibério. Isso me leva a pôr em dúvida se a benevolência dos príncipes para com outros é determinada, como tudo mais pelo destino ou acaso do nascimento, ou se depende de nós mesmos, estando a nosso alcance achar entre a contumácia repentina e a subserviência disforme (*inter abruptam contumaciam et deforme obsequium*) um caminho isento de ambições e perigos. (*Ann.*, 4, 20)

A conduta política que Tácito postula para o Principado, como ilustrada acima, entre a liberdade e a escravidão, tem por objetivo a preservação da *auctoritas* da aristocracia frente ao *princeps*, assim como a autoridade do historiador mantém-se por afastar-se da completa adulação ou enfrentamento. A ideia de História de Tácito não separa o senador e o historiador. A escrita sobre o passado é uma forma de atuação política sob um regime que paulatinamente limitará os canais tradicionais pelos quais a aristocracia exibia seu prestígio e poder, como os triunfos militares e a atividade oratória em assembléias. Mas, acima de tudo, tal escrita apresenta-se como a tentativa de circular memórias alternativas àquelas ligadas à casa imperial.

Referências bibliográficas

Bermejo, S. M. *Translating Tacitus: the reception of Tacitus's works in the vernacular languages of Europe, 16th-17th centuries.* Pisa: Plus-Pisa University Press, 2010.

Boissier, G. *Tacite.* Paris: Hachette, 1934.

BRINK, C. O. History in the *Dialogus de Oratoribus* and Tacitus the Historian: a new approach to an old source. *Hermes*, vol. 121, n. 3, 1993, p. 335-349.

Burke, P. Tacitism, Scepticism, and Reason of State. In: BURNS, J. H.; GOLDIE, M. (eds.), *The Cambridge History of Political Thought 1450-1700.* Cambridge: Cambridge University Press, 1996, p. 479-498.

Fuchs, H. Tacitus über die Christen. *Vigiliae Christianae*, vol. 4, n. 2, 1950, p. 65-93.

Grimal, P. *Tacite.* Paris: Fayard, 1990.

GUARINELLO, N. L. Uma morfologia da História: as formas da História Antiga. *Politeia: História e Sociedade*, vol. 3, n. 1, 2003, p. 41-62.

HARTOG, F. *A história de Homero a Santo Agostinho.* Belo Horizonte: Editora da UFMG, 2001.

KEITEL, E. Principate and civil war in the *Annals* of Tacitus. *American Journal of Philology*, vol. 105, 1984, p. 306-325.

MARINCOLA, J. Introduction. In: MARINCOLA, J. (ed.), *A companion to Greek and Roman historiography*. London: Blackwell, 2007, p. 1-9.

MARQUES, J. B. *Estruturas narrativas* nos *Anais* de *Tácito. História da Historiografia*, vol. 5, 2010, p. 44-57.

MENDELL, C. W. *Tacitus: The man and his work*. New Haven: Yale University Press, 1957.

MILLER, K. *Mappaemundi: die ältesten Weltkarten*. Vol. VI: Rekonstruierte Karten. Stuttgart: Jos. Roth'sche Verlagshandlung, 1898.

Morford, M., Tacitean *prudentia* and the doctrines of Justus Lipsius. In: Luce, T. J.;Woodman, A. J. (eds.), *Tacitus and the Tacitean tradition*. New Jersey: Princeton University Press, 1993, p. 129-151.

PITCHER, L. *Writing ancient history. An introduction to classical historiography*. London: I. B.Tauris & Co Ltd, 2009.

POTTER, D. S. *Literary texts and the Roman historian*. London: Routledge, 1999.

SAYLOR, D. *Writing and empire in Tacitus*. Cambridge: Cambridge University Press, 2008.

Schellhase, K. C. *Tacitus in Renaissance Political Thought*. Chicago: The University of Chicago Press, 1976.

Syme, R. *Colonial Elites. Rome, Spain and the Americas*. London: Oxford University Press, 1958.

______. *Tacitus*. 2ª ed. Oxford: Oxford University Press, 1967.

Tacite. *Annales*. Texto estabelecido e traduzido por Henri Goelzer. 3 vols. Paris: Les Belles Lettres, 1953.

______. *Histoires*. Texto estabelecido e traduzido por Henri Goelzer. 2 vols. Paris: Les Belles Lettres, 1951.

______. *La Germanie*. Texto estabelecido e traduzido por Jacques Perret. Paris: Les Belles Lettres, 1949.

______. *Vie d'Agricola*. Texto estabelecido e traduzido por E. de Saint-Denis. Paris: Les Belles Lettres, 1948.

______. *Dialogue des Orateurs*. Texto estabelecido por Henri Goelzer e traduzido por Henri Bornecque. Paris: Les Belles Lettres, 1936.

TÁCITO. *Anais*. Trad. Leopoldo Pereira. São Paulo: Ediouro, s/d.

______. *Obras menores*. Trad. Agostinho da Silva. Lisboa: Horizonte, 1974.

THOMAS, R. F. The *Germania* as literary text. In: WOODMAN, A. J. (ed.), *The Cambridge Companion to Tacitus*. Cambridge: Cambridge University Press, 2009, p. 59-72.

Wiseman, T. P. *Clio's Cosmetics: Three Studies in Greco-Roman Literature*. Leicester: Leicester University Press, *1979*.

______. Lying historians: Seven types of mendacity. In: Gill, C.; Wiseman, T. P. (eds.), *Lies and Fiction in the Ancient World*. Exeter: University of Exeter Press, 1993, p. 122-146.

Wolff, E. Das geschichtliche Verstehen in Tacitus *Germania*. *Hermes*, 69, 1934, p. 121-166.

Woodman, A. J. *Rhetoric in classical historiography*. Portland: Areopagitica Press, 1988.

21

Plínio, o jovem, e a História: eloquência e posteridade

> Não esqueças de tua condição mortal e que o resultado de teu trabalho é o único meio de livrar-te dela [a mortalidade], pois todo o restante é frágil e perecível e está sujeito como [estão sujeitos] os homens, a ruína e ao desaparecimento". (Plínio, o Jovem. Ep.II.10.4)

Renata Lopes Biazotto Venturini
Universidade Estadual de Maringá

Introdução

Antes de extraírmos um significado substancial dos documentos escritos literários é preciso especificar as características que envolvem sua constituição. Compreender a natureza de uma obra é o primeiro passo na ótica das pesquisas históricas. Diante de todas as possibilidades de interação entre história e literatura, já devidamente ampliadas, enquanto historiadores, não podemos negligenciar a importância da linguagem. Lyn Hunt (1995, 131-132) bem nos lembrou que "a crítica literária tem ensinado ao historiador reconhecer o papel ativo da linguagem, dos textos e das estruturas narrativas na criação e na descrição da realidade histórica." Nesta mesma direção encontramos o estudo de Eric Auerbach (1987, 23) afirmando que "a linguagem nos delata". Sempre devemos perguntar quem é o indivíduo que a profere.

Não podemos esquecer que toda produção literária é tributária do mundo onde foi concebida e conhecida. Instituição viva e flexível, o material literário nos permite entrever a produção literária como um processo, simultâneo ao processo histórico. A relação entre textos e contextos é uma relação de intertextualidade, ou seja, o texto e o contexto deveriam ser analisados por meio de um processo que visasse o diálogo entre eles e não a busca de relações causais de reflexão entre ambos. Assim, a aparente oposição cede lugar ao intercâmbio.

Um texto literário reflete os conflitos sociais e ideológicos de seu tempo. Isto porque o escritor é o medidor de duas forças, a saber: a do público e a da obra. Evidentemente, o papel do escritor no interior da sociedade deve ser relevante para esta análise, posto que é ele, em última instância, o criador da obra.

Caius Plinius Caecilius Secundus (62-113 d.C.), mais conhecido como Plínio, o Jovem era originário de Cômo. É com saudosismo e com menção sempre entusiasmada que nos remete a sua terra natal. Proveniente de uma família equestre, iniciou seu *cursus honorum* ainda jovem. Aos dezessete anos serviu no exército na Síria (*Ep.* I.10.2) ocupando o cargo de tribuno militar no ano de 81 d.C..Posteriormente assumiu o tribunado da plebe, foi questor, prefeito do erário de Saturno, cônsul, curador do rio Tibre e finalmente, governador da província do Ponto-Bitínia.

Representação de Caio Plínio Cecílio Segundo na catedral de Cômo

Fonte: https://commons.wikimedia.org/wiki/File:Como_-_Dom_-_Fassade_-_Plinius_der_Jüngere.jpg

As cartas[1] enviadas por Plínio aos amigos, sem abandonar as informações sobre a política imperial, estendiam-se a uma esfera de problemas mais amplos. Por meio da correspondência podemos entrever a prática social durante os anos de 96-109 d.C., a maneira de viver dos romanos, a vida cotidiana dos senadores tanto na *Urbs* quanto em suas casas de campo. Os assuntos tratados vão desde problemas de natureza econômica até a discussão de temas urbanos – negócios públicos, ocupação de cargos, discussões jurídicas. Na condição de grande proprietário rural e de homem público, seus escritos resultam do íntimo contato com cidadãos romanos que exerceram diferentes funções no sistema político-administrativo de Roma.

Quando levamos em conta o primeiro objeto a ser examinado na obra de Plínio o Jovem de que fala Anne-Marie Guillemin (1938,1) –"o caráter do autor e de quem ele fala revelado pela Carta" –, sabemos que é particularmente delicado querer apresentar um quadro coerente dos grupos sociais no período imperial. Todavia, diante da correspondência pliniana nos deparamos com a presença de uma sociedade hierarquizada, dominada pela ordem senatorial e pela ordem equestre, ambas recrutadas segundo os critérios da fortuna. Basta destacarmos que o elenco de correspondentes de Plínio pertence à elite romana e é depositário de valores morais, culturais e ideológicos provenientes do antigo *mos maiorum*.

Dentre os amigos de Plínio que figuram nas cartas encontramos os escritores Tácito, Quintiliano, Suetônio, o filósofo Eufrates, de quem pouco conhecemos senão por meio das missivas que traçam o retrato de um homem sábio e sem orgulho, sério e amável; Corélio Rufo, Tito Aristo, homens que decidem tranquilamente sobre sua vida e sua morte diante da prática do suicídio; Aquílio Régulo, delator e caçador de testamentos; mulheres que fazem a honra de sua posição como Arria (esposa de Cecina Peto), a esposa de Espurina, a sua própria esposa – Calpúrnia. Acrescenta-se, ainda, homens ilustres como Plínio, o Velho, Virgínio Rufo, Trebônio Rufino, Júnior Máurico, Vocônio Romano, Máximo entre tantos outros. Os destinatários são senadores, membros da ordem equestre, governadores de província, funcionários municipais e indivíduos ligados a sua vida familiar. Nas palavras de Eugéne Allain eles

1 A obra de Plínio, o Jovem é basicamente epistolar. Apresenta um total de 365 cartas distribuídas em dez livros. Os nove primeiros livros reúnem a correspondência de caráter privado e o décimo livro é dedicado a sua correspondência com o imperador Trajano. É autor também do *Panegírico de Trajano*, discurso pronunciado por ocasião da posse do consulado.

reúnem o conjunto de características das cartas como os hábitos, os sentimentos e as ambições de Plínio. Assim, poderíamos encontrar em

> (...) Vocônio Romano a figura do compatriota, do amigo de infância, do protegido; *em Tácito, com o qual Plínio esteve ligado desde os doze anos, a incessante disputa das glórias sonhadas*; em Máximo, alto funcionário, rico e letrado, o amigo amadurecido e o rival na carreira; enfim, a correspondência com Calpúrnia e sua família revela toda ternura a que estava suscetível o coração virtuoso e bom do marido casado novamente aos trinta e seis anos (1901,14) (grifo meu).

A grande maioria dos destinatários figura esporadicamente no conjunto das cartas. Com o objetivo de discutirmos a história como o discurso que se difere da eloquência, a história e sua utilidade nas missivas plinianas, Cornélio Tácito (55-117 d.C.)[2] ocupa um lugar visivelmente importante, tanto pela frequência quanto pela natureza das relações epistolares. Alguns anos mais velho (aos 46 anos Plínio escreve "nós temos quase a mesma idade" - *Ep.*VII.20 -, aproximadamente sete anos de diferença) era o modelo para nosso autor.

Tácito era provavelmente originário da província da Gália. Advogado, percorreu o *cursus honorum* sendo nomeado questor sob o governo de Vespasiano, pretor com o imperador Tito e durante o reinado de Domiciano exerceu a questura. Foi cônsul no ano de 97 d.C. e governador da província da Ásia, no ano de 112 d.C.

Plínio, o Jovem considera Tácito seu condiscípulo. Está seguro de que a posteridade os imitará, que estudos semelhantes os unem por laços estreitos. Na *Epistola* IX.23 nos informa que durante um espetáculo do Circo, foi indagado por um cavaleiro romano, a respeito de sua origem. O vizinho lhe perguntou; "Quem és tu?"; Tácito respondeu: "Tu deves me conhecer pelos meus escritos". O cavaleiro hesitou dizendo: "És Tácito?, ou és Plínio?". Esta incerteza é motivo de júbilo para Plínio. Embora não se considere um historiador, busca na história a posteridade. O caminho que percorre encontra em Tácito a satisfação desse propósito.

2 Tácito se dedicou a composição de suas *Histórias* (de Galba a Domiciano) durante o reinado de Trajano. Tal obra se completa com os *Anais* (desde Tibério até Nerva). Também é de sua autoria *Vida de Agrícola*, *Germania* e provavelmente *Diálogo dos oradores*.

História e eloquência

A história em oposição ao passado heróico presente nos poemas homéricos nasce com Heródoto (480-425 a.C.) e Tucídides (460-400 a.C.). O primeiro propõe a investigação dos fatos narrados. Tal investigação sistemática é designada por François Hartog (2001:17), como o desenvolvimento do *hístor*: "o historiador seria aquele que não economiza nem seu tempo, nem sua pena, nem seu dinheiro para percorrer espaços e ver com os próprios olhos". Trata-se, portanto, de uma preocupação com os testemunhos, mais recorrente na narrativa de Tucídides para quem o passado, por ser produto do tempo, é fabuloso – *mythódes* -.

Heródoto e Tucídides se colocavam como sujeitos de sua narrativa. Essa mudança de sujeito dos cantares antigos sob a inspiração das Musas – presentes nos poemas homéricos -, inaugura um novo tipo de saber que ora serve para manter a memória dos grandes e maravilhosos feitos, ora pressupõe o domínio dos acontecimentos do presente.

Com o objetivo de apresentar e "marcar as etapas da longa escrita do conceito de história" dando voz aos próprios historiadores Hartog (2001, 13) constrói uma genealogia de tal conceito passando por gregos e romanos, "de Homero a Santo Agostinho". Embora os autores selecionados nem sempre possam ser designados como historiadores, auxiliaram na reflexão a respeito da escrita da história. Plínio, o Jovem, em particular, é mencionado por meio da *Epistola* V.8 endereçada a Titínio Capitão, procurador nos governos de Domiciano e Trajano. Nas primeiras linhas revela o pedido de seu destinatário

> Persuades-me a escrever uma história e não persuades-me sozinho: com frequência muitos animaram-me a isso e eu próprio o quero, não porque estou convencido de que o farei bem (pois seria temeridade crê-lo, a não ser após havê-lo comprovado), mas porque me parece particularmente belo que alguém não deixe morrer os que merecem a eternidade e que, com a fama dos outros, aumente a sua. Com efeito, nada me atrai tanto quanto o amor e o desejo de permanência, a coisa mais digna do homem, sobretudo para aquele a quem, consciente de não ter nenhuma culpa, não apavora a memória da posteridade. (...) Com efeito, um discurso e um poema têm curto encanto, a não ser que haja neles elevada eloquência; a história deleita, de qualquer modo que seja escrita. De fato, os homens são curiosos por

> natureza e deixam-se seduzir pelo conhecimento, ainda que despojado, dos fatos, a ponto de serem comandados até por rumores e fábulas (*Ep*. V.8.1-2, 4. *Apud* Hartog: 2001, 167)

Mesmo podendo seguir o exemplo de seus ancestrais, como as histórias escritas pelo tio e pai adotivo Plínio, o Velho, ele justifica sua preferência pelos discursos públicos e acrescenta

> Advoguei causas importantes e graves. Mesmo que tenho só uma tênue esperança, estou decidido a retomá-las, para que não morra comigo este meu importante trabalho, se não lhe dedico o que me resta de zelo. Com efeito, se tens em conta a posteridade, o que não foi acabado equivale ao não começado. Dirás: 'Podes simultaneamente reescrever teus discursos e compor uma história'. Praza os deuses! Mas uma coisa é grande demais para que se possa realizar bem a outra. (...) Por essas razões não estou disposto a confundir e misturar dois gêneros diferentes, tanto mais opostos quanto importantes, nem, perturbado por essa espécie de mistura e confusão, fazer numa o que devo fazer na outra.
> (*Ep*. V.8.6-7 e 11. *Apud* Hartog: 2001, 167-169)

A diferença entre ser historiador ou orador reside na composição do discurso, na entonação e na escolha dos assuntos narrados. Trata-se de uma discussão a respeito do historiador enquanto o sujeito que escreve, em oposição ao orador sempre preocupado em obter o reconhecimento de seu público, pois ele "reformula e acentua a diferença entre a eloquência do advogado e a história. Uma e outra conta (*narrat*), mas diferentemente"(Hartog: 2001, 183).

Plínio, o Jovem na condição de escritor e orador transfere sua experiência e sua prática política ao mundo das letras. Por meio da *recitatio*[3] promovia o conhecimento de suas obras ao público. Seus ouvintes não se restringiam a membros de círculos culturais e políticos dominantes, mas incorporavam clientes ligados as elites destes

3 Recitação ou ação de ler em voz alta; leitura pública. Como tal podia ocorrer no *Auditorium,* nos *fora* imperiais e nas salas de banhos. Os escritores mais abastados reuniam-se, especialmente, na biblioteca do Templo de Apolo. As leituras também podiam acontecer em salas fechadas para um público selecionado.

circuli. Eles nasciam em função das relações de amizade, das afinidades políticas e literárias e também, como um prolongamento do sistema de clientelas coletivas.

Plínio aconselhava aqueles que faziam suas leituras a serem duplamente *sanus*, isto é, ser sadio de corpo e de espírito. No primeiro sentido ele devia cuidar do bom estado de sua voz; no segundo, lembrava que os ouvintes deveriam ser escolhidos entre indivíduos *sani*. A *Epistola* I.13, endereçada ao cônsul Sósio Senecio ilustra esta preocupação

> "A maioria, sentada nos lugares públicos, perde o tempo a dizer bagatelas quando deveria consagrá-lo a escutar; de tempo em tempo pergunta se o leitor entrou, se seu prefácio foi lido, se a leitura está adiantada; somente então, mesmo nesse momento sem se apressar e com negligência, eles entram; e se ainda não estão presentes desde o início, retiram-se antes do final, uns com precaução e vagarosamente, outros francamente e sem vergonha (...) Entretanto, é preciso apenas louvar e aprovar aqueles cujo gosto em escrever e ler não é resfriado pela apatia e pelo desdém de tais ouvintes."

Se por um lado as *recitationes* constituíam uma forma de levar ao público o conhecimento dos textos escritos, por outro lado representavam um caminho para a divulgação do próprio nome. Segundo Anne-Marie Guillemin (1937) os discursos no senado ou diante de um tribunal eram lidos e posteriormente publicados por Plínio. Essa prática se tornou uma forma de publicação inicial, o mais barato e o mais rápido meio de fazer com que os trabalhos fossem conhecidos do grande público educado.

A eloquência judiciária, em particular, era uma fonte de carisma na medida em que criava uma intensa emoção coletiva. Todavia, o grande orador não era somente aquele que respondia ao apelo coletivo, mas aquele que enriquecia o modelo tradicional. Eram sempre as virtudes da *fides*[4] e da *diligentia*[5] que os gestos do orador ideal colocavam em cena. Na *Epistola* I.20, endereçada a Tácito, Plínio apresenta uma longa

---

4 *Fides*: mostra-se como a personificação divina da boa fé que deve presidir as convenções políticas entre os povos, bem como as relações pessoais. Designa a confiança mútua e implica a reciprocidade entre as partes envolvidas. É antes de tudo, uma qualidade social (Hellegouarc'h, 1972).

5 *Diligentia*: é a qualidade daquele que executa uma tarefa em favor de outro com um cuidado escrupuloso (Hellegouarc'h, 1972).

justificativa para o cuidado com a preparação do discurso. Os advogados no ato da defesa, deveriam adotar o estilo longo e abundante, jamais conciso

> Pois quando são tratados longamente, quase todos os sujeitos ganham uma verdadeira força e um verdadeiro peso e como uma arma no corpo um discurso penetra no espírito menos pelo impacto do que por uma lenta pressão. (...) Veja as estátuas, as imagens dos deuses, as pinturas, enfim as representações dos homens, dos animais, mesmo das árvores: para que sejam belas, nada lhes proporciona mais valor do que as grandes proporções.(...) Em favor dessa opinião que eu te submeto atestando as leis que marcam há muito tempo as defesas e convidam os oradores não à concisão, mas à abundância, isto é, a exatidão, qualidade que caminha ao lado da brevidade somente em causas menos importantes. Eu acrescentarei que utilizo o modelo de um excelente mestre.[6] (...) Entretanto, tu dirás que muitas pessoas preferem uma defesa curta. Sim, mas eu te falo de preguiçosos de quem não se pode tomar a delicadeza e a inércia como regra do gosto. (*Ep*. I.20.2,11,23)

Plínio, o Jovem transferiu sua experiência e sua prática de advogado para a eloquência e também seguiu as lições de Quintiliano. O elogio que faz a um jovem de talento é fruto de sua concepção acerca da oratória. Ele define qual deve ser o comportamento do orador, "o orador, com efeito, deve ser elevado, sublime, às vezes até ardente, deve arrebatar-se e, com frequência, ladear as peripécias. Pois na maior parte do tempo os altivos sobrevoam abismos" (*Ep*. IX.26.2). O enaltecimento se completa quando apresenta dois jovens advogados de talento

> Que belo dia! Chamado em conselho pelo prefeito da cidade, eu ouvi advogar em lados contrários dois jovens de grande esperança, de grande talento, Fusco Salinator e Ummidio Quadrato, um belo golpe de lutadores que fará honra não somente à nossa época, mas a toda literatura. Dos dois lados, admirável consciência e segurança, bela constância, entonação do latim, voz grave, memória segura, muito talento, todas as qualidades de

6 Trata-se do seu mestre de oratória, Quintiliano (30 d.C.-?). Em suas *Instituições Oratórias* escreve que a história é agradável, mas suas qualidades devem ser evitadas pelo orador "(Hartog, 2001:165).

> cada um deles me ofereceram duplo prazer ao mesmo tempo: é que eles se dirigiam a mim como um guia, um mestre, mostrando aos ouvintes que me tomavam como modelo, marchando sob meus passos. (Plínio, o Jovem. *Ep.* VI.11,1-2)

O aprendizado da eloquência era também uma preocupação de Tácito, principalmente no Principado quando ela perdeu sua força de argumentação, esvaziada de todo conteúdo substancial. A escola de retórica já não preparava os jovens para a prática dos tribunais. Em *Diálogo dos oradores* encontramos uma teorização acerca da decadência da oratória, motivada por três questionamentos fundamentais: a diferença entre a retórica e a poética na formação do cidadão; a comparação entre a oratória moderna e a antiga e as causas de tal decadência motivadas, sobretudo, pelas instituições políticas que levaram a perda da *libertas* republicana

> La gran oratoria, al igual que la llama, se alimenta com combustible, se aviva com el movimiento y brilla mientras se quema. La elocuencia de los antiguos em nuestra cuidad se ha desarrollado de idéntico modo. Em efecto, aunque les oradores actuales han conseguido lo que era posible em uma situación política estable, tranquila y feliz, parece, em todo caso, que podían obtener mayores logro com aquellas turbulencias y anarquia, porque em médio del desorden general y careciendo de um jefe único, cada orador tenía tanta habilidad cuanta podia emplear em ganarse a um pueblo desorientado. De ahí las continuas propuestas de ley y la etiqueta de hombre popular; de ahí los alegatos de magistrados que casi pernoctaban em las tribunas; de ahí las acusaciones a reos influyentes y las enemistades que caían hasta sobre famílias enteras; de ahí las facciones de los poderosos y el frecuente antagonismo entre el senado y la plebe. (...) No hablamos de algo tranquilo y sin problemas, mas que se complace com la honradez y la moderación, sino que se trata de aquella grande y notable elocuencia hija del libertinaje al que lós imbéciles se empeñan em llamar libertad, compañera de sediciones, aguijón del pueblo sin freno, desleal, sin disciplina, rebelde, temerária, arrogante, que no surge em las Cuidades com buenos cimientos institucionales (1999, 209-210; 215).

A atuação de Plínio, o Jovem como advogado, deixa claro tanto sua precaução diante dos anos de terror e de perseguição que caracterizaram o reinado de

Domiciano, quanto os laços de amizade que envolviam os pedidos, quer fossem para atuar na acusação, quer na defesa. Em ambos os casos, a preocupação com a jurisprudência e a preocupação com a eloquência se uniam à prática judiciária de nosso autor.

Plínio iniciou sua carreira jurídica aos dezenove anos (*Ep.* V.8.8), defendendo uma causa no tribunal dos centúmviros 7. Foi neste espaço da Basílica Júlia destinado às causas civis que defendeu Júnio Pastor e Ácia. Escrevendo a Suetônio, ele faz menção ao caso de Júnio

> "Eu me encarreguei da causa de Júnio Pastor e durante meu sonho eu vi minha sogra aos meus pés me pedindo para não advogar. Para mim, tratava-se de advogar sendo ainda muito jovem, advogar diante das quatro câmaras reunidas, de advogar contra cidadãos mais poderosos e até mesmo, contra amigos de César. Qualquer uma dessas circunstâncias poderia me fazer perder toda firmeza após um sonho tão ameaçador. Eu advoguei mesmo assim, tendo calculado: *é um presságio excelente entre todos, defender sua pátria.* Pois me pareceu um dever maior valorizar minha pátria, e se possível mais do que minha pátria. Tudo caminhou bem e foi exatamente essa defesa, que me abriu as portas para o renome. " (*Ep.* I.18.3-4)

Esta referência aos "amigos de César", provavelmente alude a Tito, porque Plínio raramente atribuía a Domiciano os seus títulos. Observamos que ele se utiliza da palavra *adulescentelus* e não de *iuvenis* ao se referir a tal experiência jurídica, certamente por ser um processo da sua juventude.

A decisão de Plínio pela defesa de Júnio Pastor, interpretando o sonho que teve, foi associar a causa em questão com a defesa de sua própria pátria. Esta *fides* a Roma (*Epistola* I.18.4) era para ele o melhor de todos os presságios e poderia servir de exemplo as inquietações de Suetônio 8.

---

7 Conforme podemos ler nas cartas o tribunal dos centúmviros se apresenta como o principal espaço para as causas civis para um jovem advogado buscando reconhecimento no início de sua carreira jurídica - *Epistolae* IV.24.3 e V.8.5 -. Este tribunal parece estar reservado às causas privadas, cujos exemplos são constantes no livro IV da correspondência (*Epistolae* IV,14 / IV.16/ IV.17 / IV.19 / IV.24).

8 Tais inquietações são resultantes de um sonho que gerou em Suetônio um certo temor em atuar em um processo, cuja audiência ocorreria em breve (*Epistola* I.18.1). Segundo Anne-Marie Guillemin (1937) esta preocupação não era uma simples superstição, pois

Defender ou acusar, a atuação como advogado exigia um conhecimento do direito. Lembrando que não é da natureza do direito ser absoluto e imutável, entendemos a consulta de Plínio ao amigo Aristão na *Epistola* VIII.14, a respeito do direito senatorial. Partindo do pressuposto que o direito público e o direito civil faziam parte do direito senatorial, e considerando que as perseguições haviam se findado, Plínio questiona sobre como proceder diante da liberdade possível. Ele e o amigo Aristão tinham conhecido uma "cúria trêmula e muda, onde era perigoso dizer o que se gostaria e lastimável dizer aquilo que se queria, (...) quando se solicitava do senado apenas uma completa inação. (....) Estes males, nós os vimos e sofremos sendo já senadores." (*Epistola* VIII.18.8-9). As indagações[9] de Plínio são apresentadas no parágrafo sexto na mesma carta

> Quais poderes tinham aqueles que propunham as causas, quais os direitos daqueles que emitiam um voto, qual o papel dos magistrados, qual a liberdade dos outros; em qual momento é preciso ceder, e em qual momento é preciso resistir; quando é preciso se calar, quanto tempo falar; como dividir[10] uma proposição não inteiramente aceita; como acrescentar uma opinião já proposta; resumindo, todos os costumes senatoriais estão determinados pelo modo confiável de ensinamento, o exemplo.

A vivência jurídica de Plínio, cujas lembranças saudosas aparecem na *Epistola* IV.24 mostram dois aspectos que sempre se colocavam como importantes para este jurisconsulto, "servi à causa dos amigos e à utilidade da eloquência. A eloquência foi útil ao meu avanço, (...), a amizade dos bons cidadãos me serviu, pois ela me nutriu...".

Certamente, a eloquência teve um papel importante na carreira de Plínio, o Jovem. Nas últimas linhas encontramos o termo *fiducia* – "... *quod fidissimum praecipiendi genus, exemplus docebantur*...". O direito ditado pelos homens deveria ter como

---

acreditava-se na intervenção da *Providentia* nas causas humanas e o sonho era um meio de comunicação com os homens.

9 *Epistola* VIII.18 . As indagações de Plínio tem como referência a questão dos libertos do cônsul Afrânio Dexter que havia morrido sem que fosse possível saber se fora ou não um suicídio. Para a sentença havia a dualidade de opiniões: exílio ou condenação à morte.

10 *Epistola* VIII.18.6 : "... *quae distinctio pugnantium sententia*..." – quando um senador estava de acordo com apenas parte da opinião proposta mas não concordava totalmente com ela, ele solicitava que se apresentassem duas propostas distintas para serem votadas.

princípio a fidelidade segundo os costumes antigos. Era sempre se baseando nesta confiança que o jurista deveria conduzir o seu procedimento legal.

A eloquência era uma virtude particular no campo político e jurídico. Jean-Michel David, destaca que ela estava associada a uma fonte de carisma

> "A eloquência tornou-se uma necessidade de primeira importância para os membros da aristocracia. (...) A capacidade de se dirigir aos seus concidadãos era uma das dimensões essenciais da personalidade do indivíduo." (1990,135)

Na elaboração de seus discursos Plínio exaltava a dicção copiosa. Ele lamenta a decadência das ações no tribunal dos centúmviros

> "Não há mais advogados com os quais se tenha o prazer de advogar, a maioria nada questiona e muitos são jovens desconhecidos vindos para fazer exercícios de declamação com tal audácia e com tal presunção que meu caro Atílio parecia estar certo dizendo que as crianças ensaiavam a advocacia nas causas dos centúmviros. (...). Agora as barreiras da discrição estão rompidas, tudo se abre a todos; já não se faz mais introduzir, força-se a porta." (*Ep*. II.14.2 e 4)

Embora a eloquência judiciária empregada no fórum não consistisse em *orationes*, mas consistisse em *actiones*[11], Plínio primava pela elaboração do discurso (*Ep*. VI.2). O triunfo da brevidade na correspondência está em bilhetes, em convites para jantar, em novidades solicitadas aos amigos, em agradecimentos, mas não propriamente nos discursos jurídicos.

Nos exemplos ilustrados pela correspondência, Plínio coloca-se como protagonista ao encorajar os amigos ao mundo das letras, ressaltando a importância da oratória na prática jurídica faz dela sinônimo da imortalidade. A busca do renome tão almejada por Plínio era o caminho que os homens virtuosos deveriam percorrer sempre.

11 As *orationes* eram formas elaboradas, corrigidas e posteriormente publicadas, do discurso. As *actiones* eram discursos breves.

(*CIL V 5262 = ILS 2927*): carreira púbica de Plínio, o Jovem. Esta inscrição encontrava-se originalmente nas termas de Cômo, por sua própria disposição testamentária. Desde a Idade Média a placa foi transferida para Milão e conservada na Basílica de Santo Ambrosio
Fonte: http://ancientrome.ru/art/artworken/index.htm?id=558

Como proceder, quais causas aceitar eram outras preocupações de Plínio. Escrevendo ao cônsul Quadrato ele aconselha aos advogados para escolher as causas dos amigos, as causas sem defensor e as causas que podem servir de exemplo. Suas justificativas para cada escolha estão nos parágrafos seguintes

> Por que as causas dos amigos? Isto dispensa uma explicação! Por que as causas sem defensor. Porque são aquelas que mostram a coragem e a generosidade do advogado. Por que aquelas que podem servir de exemplo? Porque é uma escolha importante induzir os indivíduos quer seja para o bem quer seja para o mal. Desta três classes por ambição talvez, eu acrescentaria as causas ilustres e aquelas que têm repercussão. Às vezes a justiça quer que se trabalhe para a glória e para a fama, isto é, que se trabalhe em causa própria. (*Ep.* VI.29.2-3)

Plínio se interroga a respeito do papel que os indivíduos deveriam desempenhar na vida pública;" creio que todos os homens devem desejar a imortalidade ou a morte. Aqueles que pretendem a primeira, devem se aplicar e trabalhar sempre; aqueles que estão resignados à segunda, devem procurar o prazer e o repouso" (*Ep.*IX.3.2). A imortalidade poderia ser obtida por meio de atos ou produção escrita de um indivíduo após a morte em sua memória. Poderia ser resultante de ações militares ou poderia ser adquirida com o exercício da vida pública, provando suas atitudes políticas como *diligentia*, *cura*, todas formas particulares da *uirtus*.

A *uirtus* não exprimia uma superioridade material. Designava a situação ou qualidade do *uir* e se aplicava aqueles que se distinguiam nas atividades que exerciam como oradores, magistrados, chefes militares. Nesse sentido, expressava o mérito pessoal independente da condição material, dialogando com a tradição do *mos maiorum*.

Entre escrever uma história e ser um eloquente advogado, Plínio estava resignado a eloquência. Hartog justifica tal decisão afirmando que

> Enquanto a eloquência do fórum triunfa e se consuma no presente, a história, memória *rerum gestarum*, endereça-se à posteridade, como promessa de imortalidade: ela se encarrega do desejo de permanência. Os autores latinos são particularmente sensíveis à diferença entre esses dois regimes de temporalidade. Além do mais, fazendo brilhar a glória de seu objeto, o historiador aumenta, no mesmo movimento, sua própria reputação (*fama*).(2001,184)

Caberia ao cidadão procurar o renome resignando-se com o mundo. Por meio de seus escritos e de sua atuação pública Plínio buscava garantir sua imortalidade, bem como a de seus amigos. Esse é "o contrato da história em Roma" (Hartog, 2001:184).

História e posteridade

Embora não possamos ler nas missivas plinianas uma definição para *o que é história*, podemos encontrar uma resposta para a sua *utilidade* e vislumbrar, mesmo que de modo apenas indicativo, *os seus métodos*. Na simples narrativa sobre a história de um golfinho milagroso na África Hiponense, Plínio (*Ep.* IX.33.1.) faz menção à autenticidade do fato narrado, nesse caso garantida pelo tio Plínio, o Velho já haver registrado tal acontecimento em sua *História Natural*. Acrescenta que "a história não deve ultrapassar os limites da verdade " pois "uma narrativa honesta é suficiente para as belas ações "(*Ep*. VII.33.10). No prefácio da *Epistola* I.1, quando é questionado por Septício a respeito da publicação de suas cartas , informa já tê-las recolhido, todavia sem observar a ordem das datas, pois não era uma história que ele compunha. Ele registra a sua importância acrescentando que "a história tem poder, dignidade, majestade" (*Ep*.IX.27.1), poder de preservar a memória de indivíduos que são dignos da posteridade. Plínio, o Jovem e Cornélio Tácito se entendem como merecedores dela

> (...) A posteridade nos terá em conta? Eu o ignoro, mas nós, seguramente, merecemos que ela o faça, eu não digo por nosso talento (o propósito seria orgulhoso), mas por nossa aplicação, nosso trabalho e nosso respeito à posteridade. Continuamos na via que seguimos, se ela nos conduziu apenas a algum grande renome, ela com certeza nos tirou da obscuridade e do silêncio. (Plínio, o Jovem. *Ep*. IX.14)

A relação de Plínio e Tácito, presente em vários momentos da correspondência, nos serve como parâmetro para caracterizar a busca do renome. Ambos consulares e com a mesma situação social[12], vários laços os mantinham unidos. Na condição de cônsul Tácito pronunciou o elogio do tutor de Plínio, Virginio Rufo (*Ep*. II.1); atuaram juntos na acusação do procônsul Mario Prisco empreendida pelos africanos (*Ep*. II.11); recomendou-lhe a candidatura do amigo comum Júlio Naso (*Ep*. VI.9); trocaram seus escritos com frequência para correções recíprocas (*Epistolae* VII.20 e VIII.7), uma atividade de "mestre para mestre; de aluno para aluno" nas palavras de Tácito (*Ep*. VIII.7); foram amigos íntimos de Ausinio Rufo (*Ep*.IV.15), Plínio lhe pediu para encontrar professores para uma escola em Cômo (*Ep*.IV.13), sua terra natal.

As cartas endereçadas a Tácito são mais formais nos quatro primeiros livros. Temos a impressão que a amizade entre eles não era íntima, diversamente das epístolas dos livros VII, VIII e IX. Enquanto na *Epistola* I.20 encontramos um discurso acadêmico, um certo conhecimento começa a ser vislumbrado na *Epistola* VI.9, mostrando-se ainda mais estreito, quando Plínio escreve "precisamos estar mais fortemente ligados já que tantos laços se formaram entre nós, em razão dos nossos estudos, dos nossos costumes, da nossa reputação" (*Ep*. VII.20).

---

12 A carreira de Tácito também pode ser conhecida por meio da correspondência, em especial as *Epistolae* II.1.6. e IV.13.1 nos informam sobre o cargo de pretor no ano de 88 d.C. e a respeito do consulado no ano de 97 d.C.

Publius (Gaius) Cornelius Tacitus

Fonte: https://commons.wikimedia.org/wiki/File:Gaius_Cornelius_Tacitus.jpg

O reconhecimento social de Tácito era para Plínio a garantia da imortalidade. A pedido do próprio historiador, ele relata fatos de sua vida privada. Na *Epistola* VI.16, responde a solicitação do amigo narrando os acontecimentos que envolveram a morte do tio, Plínio, o Velho. A descrição dos fatos permitiria a sua glória prolongada pela imortalidade dos escritos do historiador

> "Por meu lado, eu admiro homens para quem os deuses concederam o privilégio de praticar ações dignas de serem escritas ou de escrever livros dignos de serem lidos, e admiro ainda mais aqueles que possuem os dois dons. Entre esses últimos está meu tio, graças aos seus livros e aos teus." (*Ep*. VI.16.3)

Plínio segue descrevendo minuciosamente o fenômeno da erupção do Vesúvio no ano de 79 d.C. e sugere a Tácito que possa completar sua descrição a partir da experiência pessoal. Embora não preocupado em escrever uma história "pois uma carta não é uma história; escrever para um amigo não é escrever para o público" (*Ep.* VI.16.22), coloca-se como testemunho do acontecimento mantendo a sequência completa daquilo que ele mesmo assistiu e dos fatos que lhe foram imediatamente contados. Esta narrativa se completa na *Epistola* VI.20, na qual a erupção é descrita segundo seu próprio testemunho. Caberia a Tácito julgar se os relatos eram dignos de entrar para a história, e portanto, tornarem-se imortais.

Considerando que a obra de Tácito estava seguramente destinada ao renome, Plínio pede para que ele insira em suas *Histórias* e recomende à posteridade sua atuação como advogado em particular, em favor da província da Bética e a acusação que pronunciou contra Bébio Massa. Após o proconsulado na Bética, a província abriu um processo de *repetundis*[13] contra Massa. Embora ele fosse amigo pessoal de Domiciano, tendo exercido um papel funesto como delator nos últimos anos do reinado, o julgamento transcorreu sem que o imperador interviesse. Plínio e o questor Herênio Senécio foram designados para sustentar a acusação (*Ep.* VII.33.4). O processo levou a condenação de Bébio Massa. Seus bens foram confiscados em favor do Estado. O condenado respondeu com uma nova acusação de lesa-majestade contra Senécio. Esta atitude revelava o sinal dos novos tempos: as perseguições se sucederam. Ao lado de Senécio, o questor Helvídio e o pretor Aruleno Rústico foram condenados à morte. Júnio Máurico, Arria e Fânia[14] foram banidos. Plínio descreve sua atuação buscando a imortalidade através dos atos públicos

> Todos estes fatos, qualquer que seja a importância, tu os tornará mais conhecidos, mais gloriosos, mais belos, mas eu não te peço para exagerar em teus elogios. Pois a história não deve transpor os limites da verdade, e uma narrativa exata basta para as belas ações. (*Ep.* VII.33.10)

A ligação de Plínio com a província da Bética se deu com o processo contra Bébio Massa. Ele se nega a atender o pedido do poeta Otávio Rufo utilizando-se dos

---

13 Trata-se de uma condenação por extorsão.

14 Júnio Maurico era irmão de Aruleno Rústico. Arria era mulher de Trásea Péto (*Ep.* VI.16.10) e mãe de Fânia, esposa de Helvídio (*Ep.* IX.13.3). Plínio nos informa sobre o exílio e sua morte na *Ep.* VII.19.9-10.

princípios do código de amizade e clientela, que pressupunham a criação de um vínculo com aquele a quem se havia prestado um favor. Nos dois casos, isto é, a relação de Plínio com os habitantes da Bética e a relação de Plínio com Rufo, existem laços de fidelidade (*fides*).

Além do já citado processo movido pela província da Bética contra o delator Bébio Massa, Plínio atuou em três outros casos. Nos parágrafos finais da *Epistola* VI.29.8-11, encontramos tais indicações

> Eu apoiei os habitantes da Bética contra Bébio Massa; tratava-se de saber se eles tinham o direito de inquérito, e eles obtiveram. Eu os apoiei uma segunda vez na sua defesa contra Cecílio Clássico; tratava-se de saber se as pessoas da província podiam ser punidas como cúmplices e agentes do procônsul; elas o foram. Eu acusei Mário Prisco que, depois de ter sido condenado em virtude da lei de restituição, ia se beneficiar da brandura de uma lei cuja severidade era insuficiente pela enormidade de seus crimes; ele foi banido. Eu defendi Júlio Basso, que embora imprudente e desinformado, não era culpado; após o julgamento, ele manteve sua posição no senado. Recentemente eu falei por Vareno, que pediu o direito de trazer testemunhas; ele o obteve.

O segundo processo em que Plínio teve um papel importante, condenava Mário Prisco. Na *Epistola* II.11.1-2, endereçada a Arriano Maturo[15], ele descreve longamente a causa em que, juntamente com Tácito, foi convocado pelo senado para atuar em favor da província. Conforme o segundo parágrafo desta carta, Mário era acusado pelos africanos de extorsão quando governou a província na qualidade de procônsul

> Tu te sentes feliz cada vez que tem lugar no senado alguma tarefa digna desta grande assembleia, pois se o apego ao recolhimento tu levas consigo no retiro, em teu coração vejo sempre o cuidado com a majestade pública. Conheça então o que se passou nestes dias; o fato teve bastante repercussão

15 Ligado a Plínio pelo interesse literário, conforme as *Epistolae* I.2.1 / IV.8.4 e VII.21, onde aparece como destinatário. Na *Ep.* III.2.2 tal interesse se estende à vida pública. Plínio o introduz no meio político ressaltando sua origem equestre e recomendando sua ascensão na carreira das honras.

> pela condição de seus heróis, foi útil pela severidade do exemplo e não seria esquecido pela importância. Mário Prisco, acusado pelos africanos que ele governou na qualidade de procônsul, renunciou a sua defesa, e pediu que seu caso fosse enviado a uma comissão. Tácito e eu, nomeados pelo senado para sustentar a acusação julgamos conforme o nosso dever de lhe fazer conhecer que Prisco tinha ultrapassado por sua monstruosa crueldade, os delitos que era possível serem reenviados a uma comissão, pois recebeu somas em dinheiro para condenar inocentes e até mesmo, levá-los à morte.

No processo de Mário Prisco o senado conduziu uma extensa investigação preliminar. A acusação de extorsão, - "*pecunias accepisset*" (*Ep.* II.11.8) –, era julgada como um crime político que deveria ser condenado a pena máxima, usualmente alguma forma de exílio. Em um processo senatorial, o cônsul - neste caso tratava-se de Cornuto Tertulo –, era tecnicamente o juiz, que usava o senado como seu *consilium.*

A condenação de Mário Prisco em nome da província se mostrava como um exemplo (*Ep.* II.11.1), na medida em que vingava homens honestos que haviam sofrido as perseguições de Domiciano. No reinado de Trajano, momento em que Prisco é julgado [16], desenvolveu-se um espírito de solidariedade em todos aqueles que faziam oposição às injustas severidades que se abateram nos anos de terror. Era a *fides* de Plínio e de Tácito, para com os homens honestos, que estava sendo aplicada.[17]

O julgamento de Tácito aplicado ao *imperium* de Domiciano nos serve de exemplo para elucidarmos nas palavras de Arnaldo Momigliano (2004,165) que seus escritos destacaram "os aspectos mais indesejáveis do governo tirânico". A utilidade da história residia no seu papel educador, pois a descrição dos fatos deveria servir de exemplo para aquilo que deveria ser evitado. Trata-se de uma *historia magistra* (Hartog: 2001, 221) e suas lições demonstram a difícil convivência entre principado e liberdade. As instituições romanas "não são mais conhecidas como a realização de um ideal, mas como um mal menor, como um meio entre a dominação despótica e a impossível liberdade" (Michel: 1969, 216).

---

16 Segundo SHERWIN-WHITE, o proconsulado de Mário Prisco está fixado entre os anos de 97-98 e sua acusação ocorreu, provavelmente, na segunda metade do ano de 98 d.C.. (1966:160)

17 Na *Epistola* IX. 13, Plínio lembra a condenação de Helvídio e a obra que compôs para que as injustiças praticadas por Domiciano não fossem esquecidas. Outros exemplos podem ser lidos nas *Epistolae* III.9 e III.11 da correspondência.

É preciso lembrar que na Roma imperial dos primeiros séculos a herança da filosofia estóica penetra na formação do cidadão e condiciona a vida política. De certo modo, Tácito não enalteceu a pessoa do *principis*, mas seus fins políticos, bem como os princípios que legitimavam e que justificavam sua presença à frente do poder imperial.

Nas relações entre o estoicismo e o poder imperial é preciso distinguir os casos. Segundo Jean-Marie André , a época de Augusto legou uma filosofia integrada às gerações seguintes, mas pouco ativa do ponto de vista doutrinal. No período júlio-claudiano, em particular a partir do ano de 65 d.C., vivenciou seu período mais crítico. Todavia

> (...) reconquistou a primazia cultural, espiritual , política, graças aos ensinamentos de Sêneca , prolongado por um tipo de regência moral. O discurso do poder soberano no outono de 54 d.C., o *De Clementia*, sublinhava com clareza a reconciliação do poder e do pensamento dominante. Após o reinado da retórica político-judiciária, auxiliares do absolutismo do príncipe, acreditava-se assistir ao triunfo da sabedoria, da filosofia, (...) de uma filosofia que foi capaz de ensinar os costumes e iluminar o Estado. (1994: 17-18)

Em contrapartida, na dinastia de alguns Flávios, como Vespasiano e Domiciano, os escritores são expulsos, os estóicos exilados ou condenados à morte. As reprovações de ordem moral se mostram na acusação de imoralidade delegada aos filósofos e na reação estrangeira. A moral romana possuía uma orientação nítida, cujo fim era a subordinação do homem à cidade, e o filósofo era um estrangeiro.

Em Tácito observamos que as razões de ordem moral estão associadas às razões de ordem política. Para ele o *imperium* perdeu seu caráter propriamente político e se tornou sinônimo do instinto de dominação. Com a instituição do principado, ele se tornou um traço moral do indivíduo

> O principado é um poder pessoal. Um homem, por sua autoridade, seus meios, seu nascimento, é imposto, reivindicou o direito de conduzir os negócios públicos no interesse dos cidadãos, recebeu para isso, competências legais. De início, não seria possível considerar a situação de maneira mais realista, o homem que domina. Há um nome, um prenome, um sobrenome (*agnomen*), à maneira romana, cada um com um sentido, evocando a personalidade sob um aspecto do todo. Onde abstratamente nós pensamos magistraturas, cargos, organização, os Romanos do Império se contentam

> com nomes próprios, 'César', 'Augusto'. Em Tácito o nome próprio exprime o poder supremo (Béranger: 1990, 189-190).

Tácito era um homem tipicamente imperial. Em sua leitura diante do *imperium* podemos identificar a soberania do imperador mas não propriamente a extensão de seu poder: o que caracterizava o *principatus* era uma "sucessão de intervalos irregulares", bem como a "ausência de regras" entre os poderes atribuídos ao *princeps* e a atitude de cada um deles face a face com "um poder real e absoluto". As capacidades do príncipe eram avaliadas de acordo com seu civismo, com sua moderação e com a defesa da *libertas.* O poder imperial, absoluto em sua essência, deveria "favorecer a emancipação da *res publica* " (Béranger: 1953, 259).

Domiciano continuou a monarquia absoluta, centralizada e burocrática, acentuando o despotismo. Com Nerva iniciou-se um período visto pelos senadores como de restauração da *libertas publica.* Sobre os passos de Nerva e destinado a modificar a política instaurada por Domiciano, Trajano representou a retomada da tradição romana. Ele simbolizava a nova cúria, pois era o representante do novo grupo de senadores originário das províncias romanizadas, amplamente resguardada por Tácito. Nesta atmosfera de moralidade o historiador buscava aperfeiçoar a arte de exercer bem o seu papel como homem público. Portanto, ele se opunha ao *tyrannus,* que era o símbolo da soberba, da luxúria, da crueldade e da inércia. No Prefácio de suas *Histórias* escreveu

> 1.[1] O início de minha obra será o consulado de Sérvio Galba (cônsul pela segunda vez) e Tito Vínio (...) [3] Por mim, Galba, Oto, Vitélio não são conhecidos graças a favores ou injustiças. Nossa carreira política deveu seu início a Vespasiano, seu progresso a Tito, seu impulso mais arrojado a Domiciano, não poderei negar; mas os que professam credibilidade inalterável devem falar de quem quer que seja sem amor e sem ódio. [4] Pelo que, sendo a vida suficiente, reservei para minha velhice tratar do principado do divino Nerva e do reino de Trajano, matéria mais rica e mais segura, em vista da rara felicidade de um tempo como o nosso, em que é lícito sentir o que se quer e dizer o que se sente.
>
> 2. Realizo uma obra rica em desventuras, atroz por seus combates, dividida por sedições, selvagem mesmo na própria paz": quatro príncipes assassinados a ferro; três guerras civis, muitas guerras externas, muitas guerras mistas; prosperidade no Oriente, adversidades no Ocidente (...)

> 4.[1] Mas, antes das outras coisas que decidi escrever, devo retroceder, para verificar qual o estado da Urbe, qual a moral do exército,quais as atitudes das províncias, o que em todo orbe da terra estava são e o que estava doente, a fim de que se conheçam não só as circunstâncias e os resultados dos acontecimentos, que na maior parte foram fortuitos, mas também sua disposição e suas causas. (*apud* Hartog: 2001, 209 e 213)

A obra de Tácito é uma meditação sobre a parcela de liberdade que o principado poderia assegurar aos cidadãos

> Ela conduz naturalmente o historiador a uma reflexão sobre o papel da lei e das instituições e descobre que a liberdade depende do bem querer do príncipe, que as leis não são nada sem os costumes. A decadência dos costumes, o desaparecimento do espírito de liberdade, persuadem-no da necessidade do principado. Ele se interroga sobre o papel que os indivíduos podem usufruir sob tal regime. Ele traça um ideal de conduta que justifica a condição dos cidadãos sob o império. A *libertas* se torna uma qualidade individual como entre os estoicos... (Ducos: 1977, 216)

Eis a tarefa de Plínio comungada por Tácito para quem a glória reservada às tarefas mais difíceis era o "supremo desejo dos sábios" e "a mais eminente de todas as virtudes" (*Anais* V.33,38 e *Histórias* IV.6).

Plínio e Tácito se interrogaram a respeito do papel que os indivíduos podiam desempenhar na vida pública. Para Plínio, mais do que o reconhecimento de sua obra, a notoriedade do historiador atraia a simpatia de um público amplo e diferenciado. Tácito sempre evocava exemplos de homens virtuosos, dignos da posteridade e que poderiam servir de modelo. A história era ao mesmo tempo *testis temporum* e *magistra uitae.*

Considerações finais

Na correspondência pliniana encontramos o conjunto de valores que faz parte do *mos maiorum* romano. Por meio de seus escritos e de sua atividade pública, Plínio procura garantir sua imortalidade, bem como a de seus amigos. Neste caso, a atividade literária se mostra como um dos caminhos possíveis para se chegar a *gloria*. Basta lembrarmos que Plínio ocupa um lugar na sociedade romana do século II d.C., que define sua participação na vida pública e a dimensão de sua influência política. Após ter exercido uma oposição moderada durante o reinado de Domiciano, Plínio se torna um dos ideólogos e participantes mais ativos do poder imperial, principalmente durante o reinado de Nerva e de Trajano. Dirigente de um círculo político-cultural e amigo íntimo de Trajano, ele ilustra a ótica do *princeps*, mas sobretudo, ilustra a ideologia de um grupo senatorial de conciliação permanente entre a cúria e o imperador, um grupo aspirando legitimar a política do governante e orientar os interesses dos senadores. As informações fornecidas por suas cartas sobre seus recursos, suas propriedades, seu gênero de vida são representativas das condições de existência de um provincial, pertencente à elite municipal de Cômo, que chegou ao senado na época dos Flávios.

Tácito era de origem provincial. Como homem novo via no Império a principal garantia do universalismo de pensamento e de uma paz mundial, uma vez que ele fez sua carreira administrativa e senatorial que o levou ao consulado. Mais tarde, entre os anos de 112-113 d. C. foi nomeado por Trajano procônsul da província da Ásia. Neste período ele já havia publicado as *Histórias* e os *Anais* e figurava como um intelectual que, a pedido do imperador, buscava contribuir para a unidade romana do império. Suas ideias políticas demonstram o pessimismo diante das instituições romanas e a luta entre dois elementos antagônicos, o poder e a liberdade, durante o governo dos Flávios, sobretudo Domiciano. A história que Tácito escreveu é uma sucessão de atos individuais desonrosos ou nobres que deveriam se mostrar úteis para sublinhar a boa conduta dos indivíduos para com a sociedade.

Plínio, o Jovem e Tácito se identificaram com o meio social que os envolvia e que estava presente em seus escritos. Tal identidade pode ser atestada por sua escala de valores, já que suas palavras estavam fundamentadas na certeza de que a virtude era o supremo bem. Eles ocupavam uma posição privilegiada na sociedade e admiravam os homens de moral. Deste modo, é necessário levar em conta o caráter histórico, filosófico e a vocação moralizadora-estética de suas obras.

Na releitura de Plínio e Tácito nem sempre encontramos a preocupação com conceitos históricos. Eles não se questionaram a respeito da escrita da história, mas escreveram a seu modo um discurso histórico. Esse discurso é subjetivo e histórico porque os valores e as experiências que identificam nossos autores interferem na escrita do texto que produziram. A utilidade da história residia na possibilidade do renome e no exemplo à posteridade.

Referências bibliográficas

Fontes impressas

SECUNDUS, Caius Plinius Caecilius. *Lettres.*(Livres I-III). Traduit par Anne-Marie Guillemin. Sixieme tirage. Paris: Belles Lettres, 1987.

SECUNDUS, Caius Plinius Caecilius. *Lettres.*(Livres IV-VI). Traduit par Anne-Marie Guillemin. Troisieme tirage.Paris: Belles Lettres, 1967.

SECUNDUS, Caius Plinius Caecilius. *Lettres.*(Livres VII-IX). Traduit par Anne-Marie Guillemin. Troisieme edition. Paris: Belles Lettres, 1967.

TÁCITO. *Historias.* Traducción de José María Requejo. Madrid: ediciones Clásicas, 1997.

TÁCITO. *Anales.* Traducción de José Luis Moralejo. Madrid: Gredos, 1979.

TÁCITO, Cornélio. *Agrícola. Germania. Diálogo sobre los oradores.* Traducción de J.M.Requejo.Madrid: Editorial Gredos, 1999.

Bibliografia

ALLAIN, Eugéne. *Pline Le jeune et ses héretiers.* Paris: Fontemoig, 1901.

ANDRÉ, J.-M. "Les écoles philosophiques aux premiers siécles de l'empire". *ANRW.* Berlim/New York, II, 36.1: 8-77, 1992.

AUERBACH, Eric. *Mimesis. A representação da realidade na literatura Ocidental.* São Paulo: Perspectiva, 1987.

BÉRANGER, Jean. *Recherches sur l'aspect l'idéologique du Principat.* Verlag Friedrich Reinhardt Ag Basel, 1953.

______."Léxpression Du pouvoir suprême chez Tacite". In: NICOLET, Claude (dir.). *Du pouvoir dans l'Antiquité: mots et réalites.* Genève: Librairie Droz, 1990. p. 181-205. (Cahiers du Centre Gustave Glotz, I)

CALBOLI, Gualtiero. "Pline le Jeune entre pratique judiciaire et l'éloquence épidictique". *Bulletin de l'Association Guillaume Budé.* Paris: Belles Lettres, XLIV, 4: 358-374, 1985.

CIZEK, Eugen. *Mentalités et institutions politiques romaines.* Paris: Hachette/Fayard, 1990. (Pluriel).

______. *L'Époque de Trajan.* Circonstances politiques et problèmes idéologiques. Paris: Belles Lettres, 1983.

DAVID, Jean-Michel. "Le patronat judiciaire à la fin de la Republique Romaine". *L'Informations Historique.* Paris: Armand-Collin, 52,4: 133-136. Octobre/1990.

DUCOS, MIchèle. "la libertè chez Tacite: droits de l'individu ou conduite individuelle?" *Bulletin de l'Association Guillaume Budé.* Paris: Belles Lettres, 2: 194-217, 1977.

GUILLEMIN, Anne- Marie. *Le Public et la Vie Littéraire à Rome.* Paris: Belles Lettres, 1937.

______. *Les Lettres de Pline le Jeune.* Paris: Hachette, 1938.

HARTOG, François. A história de Homero a Santo Agistinho. Belo Horizonte: Editora UFMG, 2001.

HELLEGOUARC'H, J. *Le vocabulaire latin des relations et des partis olitiques sous la République.* Paris: Belles Lettres, 1972.

HUNT, Lyn. "História, cultura e texto". In: ______ *A nova História cultural.* Trad. de Jefferson Luís Camargo. São Paulo: Martins Fontes, 1995. p. 131-132.

MICHEL, Alain. *La philosophie politique a Rome D 'Auguste a Marc Aurele.* Paris: Armand Collin, 1969.

MOMIGLIANO, Arnaldo. *As raízes clássicas da historiografia moderna.* Baur/SP: EDUSC, 2004.

SHERWHIN-WHITE, A.N. *The Letters of Pliny.* A historical and social commentary. Oxford: Oxford University Press, 1985.

Sites

http://pt.wikipedia.org/wiki/Ficheiro:Como_-_Dom_-_FassadePlinius_der_J%C3%BCngere.jpg. Acessado em 12/07/2012.

http://pt.wikipedia.org/wiki/Ficheiro:Gaius_Cornelius_Tacitus.jpg. Acessado em 12/07/2012.

http://en.newikis.com/commons_Corpus_Inscriptionum_Latinarum,_Vol_V.html. Acessado em 14/07/2012.

22

A Ideia de História em Suetônio[1]

Vicente M. Ramón Palerm
Miguel Á. Rodríguez Horrillo
Universidad de Zaragoza

Com antecipação a um estudo pormenorizado e *microestrutural*, por assim dizer, de Suetônio e seu conceito de história em termos absolutos, procede deter-se suscintamente em dois problemas de natureza *macroestrutural* que vêm constituindo, na história da historiografia greco-latina, uma verdadeira *crux philologica*. Referimo-nos, em primeiro lugar, à debatida e permanente questão sobre a dependência ou independência que a historiografia e a biografia mostram em sua morfologia genérica; em segundo lugar, devemos centrar o *status* da originalidade e/ou tradição que Suetônio experimenta a respeito da tradição biográfica mais acreditada. Assentados medida do possível nessas duas colocações, convém aprofundar-se estritamente na trama cultural e histórico-literária da biografia suetoniana.

Historiografia e biografia

Na arquitetura dos gêneros que presidem, *grosso modo*, o objetivo da historiografia latina, é obrigada à consulta a um estudo modelar pela consideração das epígrafes correspondentes e pela facilidade legível com que coloca e define os problemas de maior consideração. Trata-se do artigo que Cizek (1985: 15-33) dedica ao particular. Logo no início, devemos saudar o caráter flexível, alheio a qualquer dogmatismo

1 Tradução de Maria Aparecida de Oliveira Silva.

axiomático, que preside o discurso do autor. O certo é que o estudo da história em Roma abarca um extenso conjunto de gêneros relativamente autônomos, cujas interdependências saltam aos olhos permanentemente. Assim ocorre com a analítica, os comentários, as crônicas, as próprias *vidas*. Deve-se admitir que o termo *história*, em Roma, assume um espectro semântico muito considerável. De fato, julgada a natureza dos fatos com critérios débeis, os escritores latinos de maior renome integravam seus respectivos relatos em um universo genérico da *história*. Na verdade, a distinção entre biografia e história (caberia dizer melhor entre *vida* e *história*, uma vez que, a rigor o termo biografia não está documentado na literatura greco-latina recente) está longe de ser precisa no mundo antigo. É mérito, entre nós, um recente trabalho do professor Valcárcel (Valcárcel: 2009: 19-39) a revisão panorâmica do problema, onde brilha a dificuldade de estabelecer limites apropriados. É provável, a atitude mais prudente consiste em propor para a biografia (ao menos para a biografia política) o caráter de *genus proximum* da historiografia (Geiger: 1985, 21-29). Na verdade, convém sublinhar que - se nos atemos a testemunhos factuais de que dispomos - a distinção entre biografia e historiografia se torna ausente no âmbito da biografia intelectual ou literária. No entanto, lá onde comparece irrefutavelmente a biografia greco-latina de recorte político observamos o interesse declarado dos autores para matizar similitudes que ambos os gêneros patenteiam (Ramón Palerm: 1992, 17-18). De fato, Nepos refere-se de forma inequívoca (*Pelópidas* I 1, *Epaminondas* IV 6) que o objeto capital do biógrafo consiste em seu trabalho sinóptico, na escolha sintética dos detalhes que, sobre o personagem, procede trazer a síntese; e efetivamente se trata do mesmo ponto em que incidente Plutarco (*Alexander* I 1, *Nícias* I 5) para delimitar o desempenho da sua tarefa histórico-literária. Assim é, o critério quantitativo, do resumo de compendio, resulta essencial nos autores para fixar os limites da biografia na relação com a historiografia (Valcárcel: 2009: 33-36). Por outro lado, parece razoavelmente fiável que, no início das *Vidas dos Césares* (infelizmente perdido na tradição textual), Suetônio tinha manifestado a correspondente distinção genérica que consta em Nepos e em Plutarco: obviamente, nós encontramos ante uma conjectura que, contudo, não deve ser negligenciada (Geiger: 1985, 21, n. 3; Valcárcel: 2009, 37).

O gênero biográfico em Suetônio

A originalidade ou o vínculo da biografia suetoniana quanto a estruturas genéricas preexistentes é tarefa amplamente debatida no seio da investigação especializada (em geral, são relevantes as contribuições de Cizek: 1977, 1985; Picón: 1998, 2009).

Com efeito, acreditamos que devem ser afiadas à hipótese tradicional, de natureza especulativa, que sugeriu com perspicácia Leo (Geiger: 1985: 11-18; Picón: 1998, 68-70; 2009: 71). O filólogo alemão se valia de formulações excessivamente *rigorosas* e propunha que, na esfera grega, havia existido dois modelos biográficos: por um lado, a característica da escola peripatética, que teria usado um esquema formal da natureza cronológica a fim de traçar o perfil vital de personalidades significativas na vida cultural (este esquema, o cronológica, teria se movido após as vidas de políticos e militares de importância); por outro lado, o inerente à escola alexandrina, que havia modificado o esquema anterior mediante a proposta de uma estrutura sistemática a qual atesta as condições da personagem mediante categorias anexas ao mesmo, de modo que o esquema cronológico resultava subsidiário em um modelo que se atinha à descrição de literatos. Pois bem, assim as coisas, o modelo de Suetônio teria aplicado o esquema alexandrino, de maneira incipiente, aos esboços vitais de estadistas no mundo romano.

Na atualidade, estudos recentes orientam a um modelo explicativo que defende com pertinácia a originalidade distintiva dos grandes biógrafos sobre personalidades políticas no mundo greco-latino, durante um lapso temporal que medeia entre o século I a.C. e o II d.C. (a saber, Nepos, Plutarco e Suetônio). Devemos à sagacidade exegética de Geiger (Geiger: 1985) a análise da questão, de acordo com as provas documentais com que hoje contamos, sem alimentar construções de teor especulativo. De fato, na antiguidade helenística dispomos de biografias concebidas para literatos e intelectuais, mas não de biografias de personalidades políticas, cuja proposta é um argumento que não faz sentido explicar *obscura per obscurius*. Por outro lado, convém diferenciar a atenção óbvia ao gênero biográfico da verificação de biografias helenísticas de viés político, as quais carecem de testemunhos contrastantes que avalie sua existência. Em suma, esta perspectiva nos torna a Cornélio Nepos, em si, o pioneiro da biografia política para o mundo greco-latino, mediante um esquema fundamentalmente cronológico de confrontação entre heróis gregos e romanos, um esquema que adotaria – com mais consistência erudita e embalagem formal - Plutarco de Queronea (Ramón Palerm: 1992; 2009: 41-46).

Em vista das circunstâncias, convém centrar o ofício de Suetônio no desenvolvimento da biografia política, com o propósito de examinar a sua contribuição particular à consolidação de um gênero e aprofundar-se nas possíveis conexões que mostra respeito à tradição biográfica precedente. Na verdade, resulta matéria amplamente contestada matéria e tangencialmente abordada por nós anteriormente. Há aqui dois pontos cardeais que o presidiram, até na atualidade, a discussão sobre o problema: trata-se basicamente de dois, a saber, a dependência que Suetônio exibe sobre os modelos preexistentes e a morfologia interna do esquema biográfico que destila a produção de Suetônio (muito especialmente no concernente às *Vidas dos Césares*).

Em relação à primeira incógnita, não fazemos senão nos ajustarmos às colocações metodológicas e doutrinárias que temos defendido na gênese da biografia política para o mundo greco-romano. Se conseguirmos interpretá-la corretamente, a força dos fatos deixa Nepos como *inventor* de um gênero que causou fortuna no âmbito romano, com Suetônio, e no grego, com Plutarco. Não é o propósito deste ensaio reincidir em questões já consabidas sobre a relação Nepos-Plutarco, parcialmente sintetizado algumas linhas acima. Assim estabelecido, cabe interrogar-se sobre a influência que o par Nepos-Plutarco pôde exercer em nosso biógrafo. Recentemente, tem-se examinados com critérios rigorosos tal circunstância (Picón: 2009, 71-79), de modo que, de acordo com as indagações, a contribuição do modelo plutarquiano à arquitetura das *Vitae* em Suetônio parece praticamente nula. Na verdade, como demostra Picón (Picón: 2009, 77-78), o enfoque estrutural de Suetônio difere sensivelmente do que mostra o queronense, considerando, além disso, que não só Suetônio, mas mesmo Plínio ou Tácito fazem menção alguma das *Vidas Paralelas*. Desta forma, resta examinar a possível influência de Cornélio Nepos na tarefa suetoniana (Picón: 2009, 73-76). Acontece que a abordagem inicialmente cronológica do esquema em Nepos não é tão rígido como poderia se julgar, graças ao testemunho que o biógrafo tardo-republicano lega na *Vida de Epaminondas* (I 3-4), detectamos que a sucessão cronológica ao longo da biografia se vê harmonizada pelas correspondentes categorias, rubricas ou *species*. Mesmo assim, o biografo sanciona a possibilidade de permutar a ordem nos assuntos inerentes à *vida pública* e à *vida privada* do herói cujo retrato se traça. O fato é que, se olhar bem, essa combinação do sistema cronológica e *per species* resulta permeável, com o tempo, o esquema estrutural da biografia Suetônio, quem enriquece mediante seu particular selo literário o projeto formal de Nepos. Como demonstra o professor Picón (1998, 70-79, e especialmente 2009: 79-106), as *Vida de Augusto* e de *César* são canônicas para explicar o retículo com que se tece a configuração das biografias em Suetônio. Estas *Vidas* se apresentam como modelos respectivos dos relatos biográficos que informam o conjunto das *Vidas dos Césares*. Deste modo, na *Vida de Augusto* prima a divisão cronológica, enquanto na *Vida de César* destaca o modelo *per species*. Acrescente a isso a inclusão de elementos próprios da arte da retórica, como a *laudatio* e o *vituperio*, com a adição dos dados correspondentes à vida pública e à vida privada do mandatário: todo o qual nos perfila, em cuidadosa amálgama, o quadro da estrutura biográfica anexa ao esquema de Suetônio.

Feitas estas considerações de caráter geral que orientam sobre o marco *macroestrutural*, formal, da biografia suetoniana, procede discernirmos o conteúdo intrínseco do período histórico, do homem, da obra, do conceito de história que transmite Suetônio.

Cenário cultural e literário

A morte de Domiciano significou a abertura de novos tempos para a literatura latina. Após o breve período de governo de Nerva, os reinados de Trajano e Adriano propiciaram uma época de relativo esplendor para a literatura latina e para a cultura em geral.

Este pequeno oásis cultural é explicado pelo abandono por parte do imperador de uma posição de liderança no que diz respeito à literatura: contra a tendência seguida por seus antecessores, tanto Trajano como Adriano, apesar de seu grande interesse na cultura – inclusive de tom heleno -, não adotaram uma posição condutora para determinar as linhas mestras que definirão os interesses culturais da época, forçando assim a liberdade criativa do período.

Graças a esta posição discreta dos imperadores, os *circuli* literários (Cizeck: 1991, 19) serão um cenário idôneo para o cultivo das artes literárias de mão de autores vinculados como sempre às atividades governamentais, mas com o detalhe, pelo menos, da inclusão progressiva de autores ligados à nova e poderosa burocracia imperial. O próprio Suetônio desempenhará sua carreira neste âmbito, aspecto que terá não pouca importância no fôlego da sua obra, de modo que esta poderá ser entendida, por vezes, como um efeito derivado de seu trabalho como um alto funcionário, circunstância que acontecerá também com outros autores (Della Corte: 1967, 28; Wallace-Hadrill: 1983, 22). Esta condicionante determinará em grande modo o material empregado e talvez o acesso ao mesmo, modificando a maneira habitual de encarar a manipulação de fontes, estabelecendo-se uma ligação clara entre esse novo mundo dos documentos a sua disposição e a natureza de sua obra.

A fase vital de Suetônio discorre em um ambiente que, no contexto cultural, vive um momento de forte especialização definida pela erudição que recorre às do momento. Não se trata simplesmente da criação de obras literárias, mas é o estudo das mesmas e da cultura em seu sentido mais amplo, o que define o universo de autores como Suetônio. Aspectos como as tradições de Roma, a evolução das artes liberais e história de teor insignificante e anedótico ocupam um lugar destacado no desenvolvimento literário da época. Estamos na aurora da confirmação do arcaísmo cultural, com nomes como Frontão e Aulo Gélio, alcançará seu nível máximo.

Este *revival* do passado cultural romano, que começa a dar seus primeiros passos neste momento, não conota uma visão *romanocentrista* que exclua o heleno do mundo ilustrado do momento. A cultura grega é assumida como um elemento para se considerar seriamente e, precisamente com o Imperador Adriano (Bardon: 1968, 394), que terá uma de suas eras douradas ouro em Roma, dando lugar a uma enriquecedora coexistência do selo grego e do romano vinda de outra época, mas potencializada no momento tanto pelas inclinações culturais do imperador como pela especial dedicação mostrada na no mundo heleno ao antiquarismo. E é que, além das possíveis influências diretas que o grego possa ter na obra de Suetônio e em sua ideia de gênero biográfico, seu labor literário, particularmente a menor, tem muito do tom erudito e antiquário que percorria o mundo helenístico.

Além disso, a simpatia de Suetônio por Cícero (uma contingência já assinalada, Macé: 1900, 288-298) nos leva, como é natural, ao universo literário do grande Quintiliano (D'Anna: 1954, 104). Essa simpatia pelo Arpinate, além de melhorar a imagem do orador (Della Corte: 1967, 49-50), cristaliza no cultivo de um estilo simples e flexível que tem como ensino fundamental a deliberada ausência da *obscuritas* (D'Anna: 1954, 103-104; Della Corte: 1967, 35), com uma variedade de estilo que pode ser visto quase recorrentemente e que esconde uma simplicidade alheia à qualquer esforço retórico (Wallace-Hadrill: 1983, 19).

Coordenadas pessoais

Os detalhes sobre a vida de Suetônio foram julgados de maneira admirável – e de certo modo, todavia insuperável – por Macé (Macé: 1900, 31-47). Os dados dispersos que nos dão tanto o próprio Suetônio como o epistolário de seu mentor Plínio, o Jovem delineiam uma rotina no desempenho de altas funções na corte perfeitamente consolidada, não sem uns poucos titubeios com a milícia (Wllace-Hadrill: 1983, 4), logo abandonados, apesar da tradição familiar, e da pouca repercussão (Syme: 1958, 778), que delineia um perfil pessoal escassamente ligado à tradicional trajetória política em Roma. O desempenho dos postos *a studiis, a bibliothecis* e *a epistulis* (os dois primeiros sob Trajano, o último e mais importante sob Adriano [Wallace-Harill: 1983, 5]) supõem, mesmo dentro da classificação equestre, uma trajetória considerável (Townend: 1961, 103): não devemos esquecer a exigência de alguns encargos, embora sejam discretos, implicavam para seu desempenhou um nível de erudição consideravelmente amplo, uma característica que Suetônio reunia de maneira patente (Townend: 1961, 102).

A carreira deste modesto *eques* se desenvolve por período não muito extenso. Nascido por volta de 69, se aceitarmos a correção que Macé (Macé: 1900, 59; Baldwin: 1983, 3-4, para os testemunhos) propôs a data de 77 d. C. sugerido por Mommsen, talvez Hippo (como parece epigrafia, embora nada é certo [Syme: 1984, 1337; Baldwin: 1983, 31, e abaixo]), a sua atividade tanto quanto nós compete desenvolve por isso apenas quinze anos, de 105 d. C., em que Plínio chama-o a publicar uma obra (que poderia ser o *De viris illustribus* [Macé: 1900, 68; Wallace-Harill: 1983, 4]) até 122 d. C., ano em que fulminantemente destituído e seu rastro se perde, concretamente enquanto se encontrava acompanhando o imperador em terras da Bretanha (*História Augusta, Vida de Adriano* X 5), embora a sua presença aqui seja duvidosa ao falar de alguns estudiosos (Syme: 1984ª, 1341).

A descoberta de uma epígrafe em Hipona (Wallace-Hadrill: 1983, 5; *editio princeps* em *AE* 1953, nº 73, cf. imagem Townend: 1961, 104) abriu, aparentemente, novas possibilidades para lidar com a compreensão da fase final da vida de Suetônio, muito embora muito não possa ser adicionado aos dados já conhecidos, dados que a epígrafe ao menos confirma (Townend: 1961, 105). Assim, parece clara uma certa relação entre a queda de Suetônio e de Septício Claro, o poderoso prefeito da guarda pretoriana de Adriano e protetor de Suetônio – não em vão sabemos por Juan Lido que lhe dedicou a *Vida dos Doze Césares* –, uma queda em desgraça causada, talvez, por sua relação pouco própria com a imperatriz Sabina (Wallace-Hadrill: 1983, 6), embora qualquer proposta caia no terreno da especulação. O teor da mencionada dedicatória, este personagem, próximo ao círculo de Plínio (Macé: 1900, 88), seria em grande medida responsável pela ascensão de Suetônio, e, certamente, a sua caída em desgraça também implicaria a Suetônio, o qual parece mais sensato que um possível confronto entre o imperador e sua *ab epistulis* (Wallace-Hadrill: 1983, 6): a ideia de patronagem é fundamental para o mundo cultural e vital de Suetônio; e as posições obtidas por este meio padecem de uma clara dependência do protetor (Baldwin: 1983, 36).

O trabalho do *ab epistulis* era muito mais do que um mero escriba: controlava uma grande equipe e seu trabalho era o de um *grammaticus* (Macé: 1900, 94-97) em ambas as línguas (Townend: 1961ª, 379), o que confirma uma perícia no grego apreciável em algumas de suas obras. Frente ao orador dedicado ao ensino da arte retórica, em franco retrocesso por esse paulatino desaparecimento da vida no foro que assinalara Tácito em seu *Dialogus* (Cizeck: 1991, 10-11), o trabalho do *grammaticus* se centrava no estudo e a explicação dos autores literários (Macé: 1900, 53), o que implica essa continuada convivência com o melhor da literatura que tão própria é deste momento cultural e que resulta realmente útil para seu trabalho na estilística da correspondência imperial, correspondência que supunha um dos pilares fundamentais de máquina burocrática imperial uma cada vez mais poderosa. Desde a época de Augusto, e como o próprio Suetônio indica, a preocupação dos imperadores pela consolidação das bibliotecas e pela provisão deste tipo de postos, de um modo talvez menos profissionalizado seus primeiros passos – o próprio Augusto propôs a Horácio o posto de *a epistulis* (Suetônio, *Vida de Horácio*) – é uma realidade que o próprio Suetônio exemplifica, especialmente se nós aceitamos o cargo *a studiis* estava à frente da biblioteca pessoal do imperador (Van't Dack: 1963, 180), o qual faria que em sua primeira fase, quase preparatória, Suetônio tinha estado à frente da biblioteca privada do imperador e, com o tempo, das bibliotecas públicas.

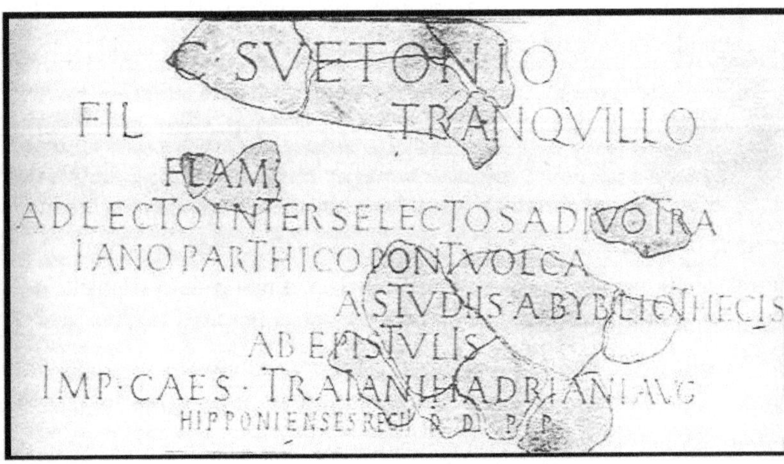

A Epígrafe de Hipona (*Apud* Towned, 1961).

O importante desta carreira, que durou, como dissemos, poucos anos, é compreender o significado que tem para a natureza da obra de Suetônio. Mais adiante do possível acesso que Suetônio pudesse ter à documentação dos arquivos palacianos, a característica definidora de seu trabalho era, insistimos, seu retorno constante à literatura, a única maneira de explicar esse conhecimento de detalhes minúsculos e anedóticos que sustentam boa parte de sua obra.

Obra

Se bem que a única obra conservada praticamente integral e seguramente a mais ambiciosa é a *Vida dos Doze Césares*, também ademais as seções *De rhetoribus* e *De grammaticis* do *De viris illustribus*. A produção de Suetônio foi relativamente ampla e desenvolvida em não muito tempo, com uma cronologia que é simplesmente um mistério (Baldwin: 1983, 380). Supor que a passagem de Plínio, *Epístolas* V 10 refere-se ao *De Viris illistribus* (Macé: 1900, 68) parece tarefa especulativa (Baldwin: 1980, 380) e tampouco lança muita luz sobre a compreensão da ampla e variada produção suetoniana.

Preservamos fragmentos de atribuição complexas que nos preserva o catálogo presente no *Suda* (SV, 895 Adler), com a particularidade de que as duas edições para o uso, a de Reifferscheid (1860, reeditado 1971) e a de Roth (1875), apresentam um *corpus* de fragmentos realmente diferente: o rigor e prudência do segundo contrasta com a facilidade com que Reifferscheid acomoda textos de origem muito diversa simplesmente sob critérios de conteúdo.

Como dizemos, o *Suda* nos proporciona uma ampla lista de títulos que apresentamos de maneira sumária sob a classificação de Wallace Hadrill (Wallace-Hadrill: 1983, 43), que recolhe e melhora a já ultrapassada de Macé (Macé: 1900, 354-355 cf. Schanz-Hosius de 1922: 58-63), assumindo os *Prata* como título que aglutinaria, de forma enciclopédica, muitos desses títulos (Schmidt: 1991).

1. *Obras de lexicografia:*

De genere vestium (Roth 281): conhecemos o título por Sérvio, *Ad Aen.* VII 612. Traria-se com certeza de uma obra sobre as diferentes roupas, seus nomes e características (Macé: 1900, 306; Schmidt: 1991, 3808-3809).

Liber de vitiis corporalibus (Roth: 302): de conteúdo duvidoso, mas certamente faria referência aos defeitos físicos que também têm refletido em nas *Vidas dos Doze Césares* (Macé: 1900, 331-335), os quais desempenham um papel não desprezível na mesma (Coussin: 1953, 235).

Περὶ δυσφήμων λέξεων ἤτοι βλασφημιῶν καὶ πόθεν ἑκάστη [*Sobre os termos malsonantes e blasfêmias e de onde vem cada uma*] (ROTH 282): talvez escrita em grego, reunia em listas classificadas por tipologia humana (mulheres, deuses...) denominações e termos malsonantes (MACÉ, 1900: 267-269).

2. *Obras sobre instituições:*

Περὶ τῶν παρ'Ἕλλησι παιδιῶν βιβλίον [*Livro sobre os jogos entre os gregos*] (Roth: 275-278): Também, talvez, escrito em grego, está dedicado aos jogos dos gregos, aspecto que também tem abundante prédica nas *Vidas dos Doze Césares* (Macé: 1900, 280-284).

De Romanorum lusibus (Roth: 278-280): forma com o título anterior uma unidade dedicada, como dizemos, para jogos, neste caso romano (Wallace-Hadrill: 1983, 46). O testemunho de Aulo Gélio, 9, 7, 3 parece assegurar que estamos ante um grupo de, pelo menos, três livros, acrescentando a estes, talvez, o *De puerorum lusibus*, embora qualquer afirmação caia na especulação (Cf. Schmidt: 1991, 3809-3810, com bibliografia).

Περὶ τοῦ κατὰ Ῥωμαίους ἐνιαυτοῦ [*Sobre o ano entre os romanos*] (Roth: 281): empregado entre outros por Macróbio, Censorino e São Isidoro, que continha valiosa informação sobre os nomes dos meses, a casuística em termos legais dos dias, assim como a reforma juliana do calendário, que de novo nos leva a alguns dados das *Vidas dos doze Césares* (Macé: 1900, 307-310).

Περὶ Ῥώμης καὶ τῶν ἐν αὐτῇ νομίμων καὶ ἠθῶν βιβλία β' [*Os dois livros sobre Roma e os seus usos e costumes*] (Roth: 282-283) teria uma temática referente aos costumes com um segundo livro de tom legal (Wallace-Hadrill: 1983, 133), embora o pouco que sabemos – o título em grego provém do *Suda* – convida à prudência (Macé: 1900, 303).

De institutione officiorum (ROTH 302-303) conservamos um só fragmento de tom etimológico (GL Keil II 387, 23), mas, considerando seu uso certo nas *Vidas dos doze Césares* (Wallace-Harill: 1983, 75), resulta possível afirmar que continua a tradição de obras sobre as magistraturas como Semprônio Tuditano (MACÉ, 1900: 298-300), sendo usado até mesmo no oriente (Schmidt: 1991, 3809).

3. *Obras biográficas:*

De viris illustribus: conhecemos esta obra tanto pelas seções conservadas, relativas aos gramáticos e retóricos, como pelo resumo que, de maneira sumamente flexível, realizou São Jerônimo para seus *De viris illustribus* (Wallace-Hadrill: 1983, 57). No total, a obra se comporá de vida dos poetas, oradores, historiadores, filósofos, gramáticos e retóricos, em uma ordem indeterminada (Schanz-Hosius de 1922: 55). Apesar das expectativas de que uma obra deste título e conteúdo poderia oferecer, ao invés de uma história literária gerada pela soma das biografias dos diferentes personagens, nos encontramos ante algo muito diferente (Funaioli de 1932: 608). A crítica rastreou até a saciedade dados úteis em termos modernos, mas o que Suetônio nos oferece é um ramalhete de anedotas e dados dispersos que nos fazem lembrar claramente a deriva antiquária e de detalhes que move a obra, um gênero literário por outro lado não novo em Roma (Baldwin: 1983, 380).

Περὶ ἐπισήμων πορνῶν [*Sobre as meretrizes famosas*] (Roth: 302): a rigor, não se trataria de uma obra com o tom rude, como parecia indicar Macé (Macé: 1900, 325-327), mas sim de uma obra de erudição sobre meretrizes ao modo das que conheceu no mundo helenístico (Wallace-hadrill: 1983, 48).

De regibus (Roth: 302-303): sabemos que Suetônio reunia em três livros os reis da Europa, Ásia e África (Ausônio, *Epístola* XIX).

4. *Varia:*

Περὶ τῶν ἐν τοὶς βιβλίοις σημείων α´ [*Sobre as indicações presentes nos livros*] (Roth: 281) tratado dedicado ao estudo dos signos e sinais gráficos empregados nas obras literárias, de forte tradição helenística.

Περὶ τὴς Κικέρωνος πολιτείας α´ [*Sobre a constituição de Cícero*] (Roth: 281) se trata de um trabalho polêmico contra Dídimo do qual pouco sabemos (Macé: 1900: 284).

De rebus variis (ROTH, 303): provavelmente, se trata simplesmente de uma denominação alternativa de *Prata* (Wallace-Hadrill: 1983, 43).

Uma das características fundamentais desta vasta e rica produção é, como já salientou Macé, a unidade clara da mesma. O material anedótico e antiquário que recorre a diferentes títulos é um fato que obcecou a crítica, que tentava encontrar possível material comum entre as *Vidas dos Doze Césares* e restante das outras obras. Além dessa vontade - hoje fora do lugar - por rastrear possíveis passagens que sirvam como um ponto de apoio para a reconstrução das obras perdidas, essas coincidências revelam um tom semelhante na totalidade da produção suetoniana que permite inserir sua obra literária na marca deixada pela dedicação cultural e profissional de Suetônio.

A cronologia, como indicamos, é um labor de muito difícil reconstrução, e esta mesma ideia de unidade da obra aponta a falta de uma evolução que permitiria levantar qualquer tipo de cronologia aproximada (Baldwin: 1983, 47). Nem mesmo a mais ambiciosa das obras, a *Vida dos Doze Césares*, admite uma cronologia aproximada. As tentativas de ligar as diferentes partes desta obra a intensidade e qualidade das fontes empregadas constituem uma perspectiva que parece perder força, uma vez que não é fácil dizer que Suetônio o foi fechado o acesso a todos os arquivos depois de sua queda em desgraça (Baldwin: 1983, 45). Também perde peso a teoria de Bowersock, que viu na *Vida de Domiciano* uma obra da juventude da época de Trajano (Bowersock: 1969, 122-123; cf. Alfödy: 1979, 253), e na *Vida de César* um efeito restauração do personagem por Trajano (Bowersock de 1969: 123): como observaremos, a inclusão de César tem implicações claras na concepção historiográfica de Suetônio, que vão além da possível restauração do personagem.

Fontes

O trabalho pioneiro na investigação suetoniana de Macé marcou a consagração de um modo de analisar as fontes de Suetônio e seu manejo que tem de novo grande relação com o desempenho de cargos oficiais (Galand-Hallyn: 1991, 3577-3578).

As três primeiras vidas formam um grupo unitário que tem atraído a atenção da crítica pela profusão de documentos empregados. Macé limita o uso dos arquivos de maneira sistemática por parte de Suetônio a estas três primeiras vidas (Macé: 1900, 181). Ademais considera o uso das cartas de Augusto como um exemplo claro do acesso de Suetônio a material vedado à circulação, somente o alcance de alguém que, como Suetônio, tinha acesso aos arquivos palatinos (Macé: 1900, 117-118; Gascou: 1984, 463; para arquivos e natureza cf. De Coninck: 1991, 3675-3683). Esta perspectiva perdeu peso porque ao constatar-se o uso desses documentos por Quintiliano (I 7, 22, Baldwin: 1983, 48), o que garante que o manejo dessas cartas era algo relativamente fácil em certos sectores da cultura romana, o que não exclui que Suetônio tivesse acesso aos originais quase que exclusivamente (De Coninck: 1991, 3684-3685). No entanto, não há de se considerar esta circunstância como um desencadeador que definirá a obra de Suetônio (De Coninck: 1991, 3687).

A clara discrepância existente entre as três primeiras vidas e as restantes foi uma das razões que facilitaram o pronto descrédito de Suetônio no tocante ao manejo de fontes. Um exemplo dessa avaliação negativa foi o trabalho meticuloso de Flach, o qual colocou em evidência as falhas cronológicas e as toscas generalizações que apresenta a obra (Flach: 1972, 275-279). Segundo Flach esses defeitos foram o resultado negativo do emprego sistemático de espécies por sistema que caracteriza as vidas (Flach: 1972, 288; Gascou: 1984, 349-456). Esta crítica bem fundada é seguramente o melhor ponto de partida para compreender a verdadeira dimensão do uso de documentos por Suetônio. Wallace-Hadrill afirma que a este respeito que "ele não se transforma de erudito em historiador, mas define sua nova tarefa em sua velha forma"[2] (Wallace-Hadril: 1983, 62), e ele é o melhor ponto de partida para estudo do uso das fontes de Suetônio. Porque Suetônio não é um historiador, nem sequer com um sistema próprio de um historiador no seu uso. O autor que nos ocupa lia os documentos que biografados tinha deixado (cf. e.g. *Vida de César*, 55-56; *Vida de Augusto*, 85-86), e os combinava com biografias e dados extraídos de obras historiográficas, mas sem a sistematicidade que esperaríamos de um historiador (Wallace-Hadrill: 1983, 62-66). Em suma, Suetônio coleta e usa anedotas, dados isolados perdem seu sentido histórico principal quando inseridos no novo esquema *per species*.

A característica definidora desta maneira de usar as fontes pode ser observada em um dado que já Macé contribuiu à investigação suetoniana: o autor cita documentos sem modificá-los de modo algum (Macé: 1900, 55). Este fato contrasta claramente com a modificação sistemática dos documentos que de maneira paradigmaticamente e no mesmo momento histórico podemos observar em Tácito. Neste sentido, a obsessão pela autenticidade, com detalhes relativos não só ao estilo dos imperadores (cf. *Vida de César*, 55; *Vida Augusto*, 86, *Vida de Tibério*, 71; Macé: 1900, 57), mas também referentes à "paleografia" dos documentos (*Vida de Augusto*, 88, Baldwin: 1983, 104) aponta para uma perspectiva mais própria de um *grammaticus* que de um historiador.

Obviamente, estamos ante o labor de erudito literário que tem uma concepção historiográfica muito específica e que se centra, seguramente por razões de caráter literário, no período republicano, um labor que se mede por umas constantes muito diferentes das que valorizamos em um historiador no seu uso. O uso das fontes não responde à busca de dados para a criação de uma imagem sistemática do passado, mas para a composição de um afresco de anedotas e dados que exigem do leitor um esforço maior diante das lacunas que suas biografias apresentam, em claro contraste com a narrativa analítica (Della Corte: 1967, 148): como bem aponta Steidle (Steidle de 1963: 34; Wallace-Hadrill: 1983, 13), Suetônio requer de seus leitores um conhecimento prévio do quadro histórico para o pleno entendimento dos fatos.

No que diz respeito às obras não preservadas, pouco ou nada podemos obter no que as fontes são concernentes, exceto, é claro, do *De grammaticis* e *De rhetoribus*. A imagem oferecida por essas obras, em relação às fontes, se aproxima *grosso modo* a estes usos próprios de um antiquário que não busca criar uma imagem sistemática do

2 "he did not transform himself from scholar to historian, but set about his new task in his old way".

passado nem da vida dos biografados. Desta maneira, uma vez mais, a perspectiva do autor impregna a perspectiva geral da obra.

O universo histórico do princeps

A *Vidas dos Doze Césares* gira em torno da figura do imperador, constituído em uma figura que imprime continuidade à história de Roma. Neste sentido, não é menor a inclusão da figura de César na sequência dos Césares, dado que a rigor é uma figura claramente diferente da que exibem os imperadores, como demonstra sua ausência dos *Annales* tacitianos. Mas, como já assinalou Steidle (Steidle: 1963, 45), a importância desta inclusão se verifica em um dos aspectos fundamentais do pensamento suetoniano, que certas incoerências da obra chegam ocasionalmente a escurecer. A morte de César constitui um ponto de continuidade clara que ademais vem acoplada a uma concepção do Principado na que não há espaço para a progressão nas instituições e as colocações reflexivas do mesmo: Suetônio admite a realidade do poder unipessoal e o faz compreendendo este regime como uma realidade monolítica, que começa com o ditador César (Steidle, de 1963: 65-66; Baldwin, 1983: 234), cuja *Vida* apresenta não poucas particularidades que ilustram esse caráter preparatório do poder do ditador (Baldwin: 1983, 217) . O pequeno fascínio que esta perspectiva pode apresentar muda completamente quando assumimos a ideário nas obras de Tácito, que, obviamente, também admite o Principado como uma realidade, mas a partir de uma orientação muito diferente. A aceitação de Suetônio envolve a criação de uma nova perspectiva na avaliação dos elementos definidores da política romana, que passa principalmente pela atenção aos indivíduos em detrimento das instituições, o traço que tinha sido definidor da historiografia republicana (Baldwin: 1983, 214), uma mudança que leva necessariamente acoplada o exame da sucessão dos diversos imperadores (Lewis: 1991, 3638-3639).

Esta concentração no indivíduo dá lugar ao surgimento de uma nova ideia de *princeps* que recorre de maneira um tanto difusa todas as *vidas* (Cizeck: 1977, 36) e se assemelha a um modelo muito simples de compreensão da realidade política. A melhor prova disso é o ligeiro interesse que Suetônio demonstra pelos meandros profundos do funcionamento político, na fronteira um conceito tão importante no ideário tacitiano como o de *libertas*, que está completamente ausente da obra (Wallace-Hadrill: 1983, 110), e que se materializava em certa maneira a reação das velhas classes senatoriais ante o Principado.

As bases sobre as quais se desenvolve a compreensão do ideal de *princeps* se baseiam na ideia do gestor ideal: o imperador atua e Suetônio observa (Lewis: 1991, 3628). O vínculo de Suetônio às classes alijadas da velha aristocracia senatorial favorece o aparecimento de uma perspectiva alheia em grande maneira às ideias herdadas da era republicana: não se trata simplesmente a perspectiva do *eques* no sentido estrito que defendia della Corte (Della Corte: 1967, 166), mas um ideário vinculado a estes novos grupos de personagens com uma ocupação técnica que, devido ao desempenho das suas funções, têm uma consciência clara das necessidades da gestão do império (Lewis: 1991, 3632), sem a lastro que pode supor o velho ideário republicano detectável em Tácito: simplesmente os grandes temas do pensamento histórico romano estão ausentes (Syme: 1984, 1273; Bradley: 1991, 3713) e, em vez disso, chegar à época um pragmatismo claro porquanto afeta o governo do Império. Mas isso tampouco nos leva a buscar na obra de Suetônio um manual do bom gestor: todas as colocações sobre essa ideia do imperador cristalizam graças a uma técnica biográfica centrada nos detalhes e em detrimento das grandes sistematizações, o que priva as biografias de qualquer tom didático (Bradley: 1991, 3713), que exigiriam mais sistematicidade.

Obviamente, o ponto de partida destas ideias mantém muita relação com as colocações presentes em dois importantes documentos que se mostram uma maior sistematização que as *Vidas dos Doze Césares*: *Res gestae* de Augusto, quase o credo fundador do Principado, e o *Panegírico* de Plínio, o Jovem, que nos situa à época de Suetônio (Bradley: 1991, 3716).

Em relação ao primeiro documento, já Macé (Macé: 1900: 152-158) indicou com bom senso que o uso do que mesmo se realizava com uma liberdade que apontava para uma evolução das abordagens relativas à propaganda augustana (Wallace-Hadrill: 1983, 167-169). Podemos observar ainda as *Res gestae* mediante a progressiva restauração das posições contrárias à de Augusto, deixando clara a distância entre o documento e a realidade mesma do governo de Augusto (Baldwin: 1983, 235-239), uma realidade que curiosamente se mantém em um ponto intermediário entre as duas imagens opostas que Tácito apresenta nos *Annales*, I 9-10, após a morte do primeiro *princeps* (Baldwin: 1983: 249). Em suma, a importância da reforma e do uso das *Res gestae* reside no carácter pioneiro deste documento sobre a reflexão do ideal de *princeps* como gestor e restaurador do estado.

O Anfiteatro Flávio, século I d. C.

Fonte: – imagem do autor - Miguel Ángel Rodríguez Horrillo

A proximidade pessoal desempenha um papel não menor na importância que o ideário exposto no *Panegírico* de Plínio, o Jovem apresenta para Suetônio, umas concomitâncias de relevância e interesse (Wallace-Harill: 1983, 155). O discurso teve na época uma repercussão considerável no protegido de Plínio (Bradley: 1991, 3709).

A análise do labor do *princeps* se verifica sob uma codificação de *mores* não assimilável ao sistema republicano, "Até a época de Trajano, o principado era tradição, e *mos maiorum* tinha agora de incluir os feitos e os princípios dos imperadores anteriores"[3] (Baldwin: 1983, 337). É precisamente essa grande lacuna que se abre entre o modelo historiográfico de Suetônio e Tácito: o biógrafo assume uma perspectiva completamente diferente da do historiador, certamente mais comprometida com a realidade presente (menos otimistas Schanz-Hosius: 1922, 50-51). O interessante de fato é compreender que estamos ante um exame das *virtutes* e os *vitia* dos imperadores e seu impacto na sociedade (Wallace-Hadrill: 1983, 128).

Desde a época helenística louvor do bom governante foi plasmado no exame das virtudes do bom rei, maneira pela qual ele está inserido, em paralelo com Plínio, o próprio Suetônio (Wallace-Hadrill: 1983, 146). No entanto, essa inserção em uma tradição com tão amplo percurso não de nos levar a engano no que a sua sistematicidade se refere: as *virtutes* imperiais são inumeráveis (Wallace-Hadrill: 1983, 152) e pouco concretas (Bradley: 1991, 3723), o que, a nosso entender, se insere dentro da indefinição do mundo de virtudes tradicionais romanas. Somente os vícios, lembra-nos Wallace-Hadrill (Wallace-Hadrill: 1983, 156; Bradley: 1991, 3703), apresentam uma maior sistematicidade, uma característica que não temos de atribuir a um interesse escabroso por parte de Suetônio. O biógrafo se preocupa com a efetiva gestão do Império e seu funcionamento, e isso faz com que a gama de virtudes se amplie a mesma dramatização dessa gestão, adaptando-se o catálogo de virtudes praticamente a cada circunstância.

Típico do período e próximo aos ideais do *Panegírico* é a crescente preocupação por aspectos completamente ausentes nas *Res gestae* e que abrem novas perspectivas para a compreensão do mundo do *princeps*. Os indivíduos mais próximos ao imperador, sua preocupação com a cultura e seus costumes privados são aspectos que se inserem no universo cultural (Bradley: 1991, 3718). E uma característica que a crítica destacou de maneira unânime é a importância que apresenta em Suetônio a observação das ordens sociais, aspecto intimamente ligado à avaliação pragmática da realidade, longe do pessimismo dos historiadores romanos (Alfödy: 1981-1982, 353-354).

3 "To the age of Trajan, the principate was tradition, and *mos maiorum* had now to subsume the deeds and principles of former emperors".

O universo suetoniano, como aquele fornecido pelas cartas de Plínio, exibe uma proximidade clara do sector equestre à antiga classe senatorial (Wallace-Hadrill: 1983, 100), o que tem implicações de grande profundidade no design social e compreensão (Alfödy: 1981-1982, 358-359). O velho conceito ciceroniano de *concordia ordinum* se apresenta como um elemento de forte coesão que atua como uma pedra de toque de cada diferente *princeps*: a recusa aos tiranos é um fator que em Suetônio aparece por de maneira unânime por todos os setores da sociedade romana (Wallace-Hadrill: 1983, 113). Esta ideia não remete em absoluto a uma ideia de igualdade entre as diferentes *ordines*, mas mesmo exatamente o contrário: a ordenação hierárquica da sociedade deve ser escrupulosamente assegurada pela figura do *princeps* (Wallace-Hadrill: 1983, 117), quase como uma virtude mais.

Para além da sua importância na ordem geral da sociedade, o posto equestre apresenta uma posição interessante na obra de Suetônio, que não deve ser tampouco sobrevalorizada ou oposta à dos senadores (Gascou: 1976, 267). O avanço do Império supõe a ampliação das responsabilidades deste grupo, um fato que sem reservas aprova Suetônio (*Vida de César*, 41,3; Baldwin: 1983, 340), e que supõe um bom ponto de comparação da perspectiva tacitiana como característica suetoniana (Gascou: 1976, 268). Mesma comparação apresenta a avaliação da plebe no imaginário suetoniano. Frente ao desprezo quase geral verificável na adjetivação que Tácito emprega ao referir-se à plebe, a postura de Suetônio é realmente mais moderada (Baldwin: 1983, 341).

Estas avaliações individuais dos diferentes setores sociais são o ponto de partida para essa ideia de renovada *Concordia* (Cizeck: 1977, 173) que desenha um mundo de relações entre o imperador e Roma. Em suma, temos uma coesão e organização dos diferentes setores sociais (Alfödy: 1981-1982, 364) não por causa de sua equalização, uma vez que a hierarquia desempenha, como se diz, um papel fundamental (Gascou: 1976, 269) mas ante uma estratificação da sociedade em dois, opondo o imperador ao resto da sociedade. Este fato, que poderia parecer a evolução lógica do desenvolvimento da figura do *princeps*, é uma realidade completamente ausente do pensamento tacitiano; e aqui reside precisamente a sua importância: a vanguarda da reflexão sobre o principado é tomada por escritores não pertencentes a grupos que tradicionalmente tinham se ocupado com estas questões, e que ademais atuam como se desconhecessem obras do teor que apresenta Tácito (Syme: 1984, 1258-1259).

Todas estas abordagens delineiam um universo que, apesar de sua clara falta de sistematicidade, supõe um claro e em certa maneira inovador modelo de aproximação da sociedade. Não estamos, como temos insistido, ante um modelo de reflexão política ou moral (*contra* Gascou: 1984: 675-706), mas ante uma visão moderada do funcionamento da sociedade que se sustenta precisamente no ideal plasmado na ausência de tensões entre as diferentes *ordines* (Cizeck: 1977, 178).

Por outro lado, Suetônio não está completamente alheio a um fenômeno de desenvolvimento político do Principado que Tácito compreendeu de maneira clara. Com o fim da dinastia Júlio-Claudiana, o plano militar adquire um certo peso (Della Corte: 1967, 143). Não se trata de dar conta das ações bélicas dos diversos imperadores, aspecto que depara uma imagem um pouco limitada e sem narrativa bélica (Cf. e.g. *Vida de Augusto* 20-25; Wallace-Hadrill: 1983, 16), mas fazer constar essa importância do exército que também colocava Tácito nas *Histórias*. Contudo, apesar disso, estamos longe da fria compreensão tacitiana da importância do exército: Suetônio se move, de maneira quase idílica, em um mundo certamente urbano, que compreende esta dinâmica pouco profunda.

Religião: o mundo sobrenatural

Como um bom filho de seu tempo, Suetônio outorga aos aspectos sobrenaturais um papel considerável (Macé: 1900, 60-62), especialmente na *Vida de Galba*, 18 (Gascou: 1984, 447-450). Além disso, assistimos a uma defesa da religião em termos tradicionais (Cizceck: 1977, 165; Della Corte: 1967, 74), que cristaliza principalmente no aplauso à supressão de cultos estrangeiros (*Vida de Cláudio*, 25, 5; *Vida de Nero*, 56). Os grupos religiosos que começam a ganhar força no Império são condenados abertamente, como ocorria com Tácito. Deste modo, a expulsão de Claudio dos judeus é saudada (*Vida de Cláudio*, 25, 4), passagem em que pode esconder uma referência um tanto difusa ao Cristianismo, embora nada pareça decisivo (Baldwin: 1983: 354- 358).

Assim, a atenção dada aos prodígios é uma questão generalizada nas *Vidas*, com um exemplo paradigmático já na *Vida de Augusto*, 90-92 (llace-hadrill: 1983, 189), mas com uma sistemática que sofre pela combinação de aspectos completos de pleno cunho tradicional e de uma ampla gama de fenômenos prodigiosos e sonhos em igualdade de condições (Baldwin: 1983, 359). Este aparente desajuste tem seu ponto de encontro no claro sentido funcional da religião tradicional – algo que caracteriza de maneira geral a religião romana –, e a muito diferente função dos traços prodigiosos, os quais prenunciam as novas orientações que a consciência religiosa do Império está adotando. Em suma, tanto estes dois aspectos como a crítica decidida aos cultos estrangeiros representam em Suetônio, apesar de que as incongruências presentes à primeira vista possam apontar para o contrário, um todo que deixa entrever claramente a dupla dimensão que adquire o religiosa em Suetônio: por um lado, essa clara tendência estatal da religião tradicional, o que leva a condenar os cultos estrangeiros; por outro, uma necessidade paulatinamente crescente de oferecer resposta a condicionantes de cunho puramente individual e pessoal, faceta solucionada com a preocupação individual pelo sobrenatural (Baldwin: 1983, 359).

Cultura grega e cultura romana

A πολυμαθία (*polymathía*) suetoniana abarca desde o próprio desempenho de seus cargos um rico conhecimento da literatura grega (Townend: 1961a, 379). O imperador Adriano estabeleceu, como é sabido (BARDON, 1968: 394), um impulso decisivo e global à helenidade em Roma, o que, em última análise, não conseguiu trazer nada além de confirmar um longo processo de contato cultural com séculos decorridos (o que de certa maneira se esconde por trás dos proêmios de *De grammaticis* e *De rhetoribus* [Wallace-hadrill: 1983, 30-31]).

Tem-se defendido que as *Vidas dos Doze Césares* respondem aos gostos da época (Bardon: 1968, 440), e esta afirmação deve se somar o restante das outras obras, mesmo as mais específicas em termos de conteúdo, que dão conta clara desse profundo significado do grego inerente à cultura de Suetônio e sua época (Wallace-Hadrill: 1983, 202).

No entanto, a importância do elemento grego não reduz o grande papel que o velho sistema cultural romano desempenha nas *Vidas dos Doze Césares*. A tese de Stuart, que via no mundo das *Laudationes funebres* o melhor antecedente das biografias dos imperadores, deve ser matizado, mas não rejeitada completamente, uma vez que certas características destas laudationes são antecedentes claros de alguns aspectos das biografias (Steidle: 1963, 110), mas não se pode defender que estes discursos remonta a divisão *per species*. Os *exempla* e a presença dessas virtudes antes indicadas tem sua origem no conglomerado de ideias históricas de onde as *laudationes* são simplesmente um veículo a mais e de onde a historiografia é, como é natural, a nossa melhor via de exploração (Steidle: 1963, 113), um gênero que observa relação estreita com as próprias *laudationes*.

Na mesma linha, um traço que entronca de maneira clara com o ideário romano de todos os tempos é o escrupuloso cumprimento do velho axioma *philosophia per exemplis*. Como bem assinala Steidle, uma análise comparativa com Plutarco permite ver a clara atenção que Suetônio fornece a realização prática dos valores, em detrimento das bordas mais metafísica apresenta a realidade (Steidle: 1963, 118-121; Bradley: 1991, 3723): os fatos tomam seu significado de maneira isolada, como ocorria de certo modo com os *exempla* na historiografia romana - quase convertidos em anedotas em Suetônio (Murphy: 1991, 3780-3791) - praticamente abandonando o interesse por desenhar de maneira nítida a personalidade dos diferentes personagens. Não se trata de uma questão formal, como bem demonstrou Steidle (Steidle: 1963, 175-176; Lewis: 1991, 3662-3663), mas um critério anexo ao conteúdo, que adquiri por ele mesmo seu sentido (Della Corte: 1967, 151).

Esta união, em aparência pouco harmoniosa, tem sua origem e explicação, uma vez mais, no conflitivo e mutante do momento histórico em que Suetônio cria suas obras. O impulso do fator grego (Cizeck: 1977, 174) convive de maneira clara com a funcionalidade das novas vias de pensamento romano desenhadas por novos grupos implicados no funcionamento do Império (Cizeck: 1977, 177-178).

Referências bibliográficas

ALFÖLDY, 1979, G. Alföldy, "Marcus Turbo, Septicius Clarus, Sueton und die Historia Augusta", *ZPE* 36, 1979, p. 233–253.

ALFÖLDY, 1981–1982, G. Alföldy, "Römisches Staats- und Gesellschaftsdenken bei Sueton", *AncSoc* 11–12, 1981–1982, p. 349–385.

D'ANNA, 1954, G. D'Anna, *Le idee letterarie di Suetonio*, Florencia, 1954.

BALDWIN, 1983, B. Baldwin, *Suetonius*, Amsterdam, 1983.

BARDON, 1968, H. Bardon, *Les empereurs et les lettres latines d'Auguste à Hadrien*, París, 1968.

BOWERSOCK, 1969, G. Bowersock, "Suetonius and Trajan" en *Hommages à Marcel Renard*, Bruselas, 1969, p. 119–125.

BRADLEY, 1991, K. R. Bradley, "The imperial idea in Suetonius' "Caesares", *ANRW* II 33, 5, 1991, pp. 3701–3732.

CIZECK, 1977, E. Cizeck, *Structures et idéologie dans "Les Vies des douze Césars de Suétone*, Bucarest–París, 1977.

CIZECK, 1991, E. Cizeck, "Les genres de l'historiographie latine", *Faventia* 2, 1985, p. 15–33.

CIZECK, 1991, E. Cizeck, "La literature et les cercles culturels et politiques à l'époque de Trajan", *ANRW* II 33, 5, 1991, pp. 3–35.

DE CONINCK, 1991, L. de Coninck, "Les sources docimentaires de Suétone, "Le XII Césars": 1900–1990." *ANRW* II 33, 5, 1991, p. 3675–3700.

DELLA CORTE, 1967, F. della Corte, *Suetonio, eques romanus*, Florencia, 1967².

COUISSIN, 1953, J. Couissin, "Suétone physiognomoniste dans les Vies des XII Césars", *REL* 31, 1953, p– 234–256.

VAN'T DACK, 1968, E. VAN'T DACK, "A studiis, a bybliothecis", *Historia* XIII, 1968, p. 177–184.

FLACH, 1972, D. Flach, "Zum Quellenwert der Kaiserbiographien Suetons, *Gymnasium* 79, 4, 1972, p. 273–288.

FUNAIOLI, 1932, G. FUNAIOLI, "C. Suetonius Tranquillus" *RE* IV A, 1932, Cols. 593–641.

GALAND-HALLYN, 1991, P. Galand-Hallyn, "Bibliographie suétonienne (Les "Vies des XII Césars") 1950–1988. Vers une réhabilitation", *ANRW* II 35, 5, 1991, p. 3576–3622.

GASCOU, 1976, J. Gascou, "Suétone et l'odre équestre", *REL* 54, 1976, p. 157–277.

GASCOU, 1984, J. Gascou, *Suétone historien*, Roma, 1984.

GEIGER, 1985, J. Geiger, *Cornelius Nepos and Ancient Political Biography*, Stuttgart, 1985.

LEWIS, 1991, R. G. Lewis, "Suetonius' "Caesares" and their literary antecedents", *ANRW* II 33, 5, 1991, p. 3623–3674.

MACÉ, 1900, A. Macé, *Essai sur Suétone*, París, 1900.

MURPHY, 1991, J. P. Murphy, S.J., "The anecdote in Suetonius' Flavian "Lives", *ANRW* II 33, 5, 1991, p. 3780–3793.

PÉREZ JIMÉNEZ, 1985, A. Pérez Jiménez, *Plutarco. Vidas Paralelas*, I, Madrid, 1985.

PICÓN, 1998, V. Picón, *Suetonio, Vidas de los Césares*, Madrid, 1998.

PICÓN, 2009, V. Picón, "La biografía en Suetonio y la escritura biográfica: análisis literario de la *Vita Divi Augusti* y la *Vita Divi Iulii*", en V. Valcárcel (ed.), *Las biografías griega y latina como género literario*, Vitoria-Gasteiz, 2009, p. 69–108.

RAMÓN PALERM, 1992, V. Ramón Palerm, *Plutarco y Nepote. Fuentes e interpretación del modelo biográfico plutarqueo*, Zaragoza, 1992.

RAMÓN PALERM, 2009, V. Ramón Palerm, "Plutarco y la biografía política en Grecia: aspectos de innovación en el género", en V. Valcárcel (ed.), *Las biografías griega y latina como género literario*, Vitoria-Gasteiz, 2009, p. 41–67.

REIFFERSCHEID, 1971, F. REIFFERSCHEID, *C. Suetonius Tranquillus praeter Caesarum libros Reliquiae, edidit Augustus Reifferscheid*, Hildesheim–Nueva York, 1971 (=Leipzig, 1860).

ROTH, 1875, C. L. Roth, *C. Suetoni Tranquilli quae supersunt omnia, recensuit C. L. Roth*, Leipzig, 1875.

SCHANZ–HOSIUS, 1922, M. Schanz, C. Hosius y G. Krüger, *Geschichte der römischen Literatur, dritter Teil, die Zeit von Hadrian 117 bis auf Constantin 324*, Munich, 1922.

SCHMIDT, 1991, P. L. Schmidt, "Suetons "Pratum" seit Wessner (1917)", *ANRW* II 33, 5, 1991, p. 3794–3825.

STEIDLE, 1963, W. Steidle, *Sueton und die antike Biographie*, Munich 1963².

SYME, 1958, R. Syme, *Tacitus*, Oxford, 1958.

SYME, 1984, R. Syme, "Biographers of the Caesars", en A. Birley, ed., *Roman papers III*, Oxford, 1984, pp. 1251–1275 (=*MH* 37, 1980, pp. 104–128).

SYME, 1984a, R. Syme, "The travels of Suetonius Tranquillus", en A. Birley, ed., *Roman papers III*, Oxford, 1984, p. 1337–1349 (=*Hermes* 109, 1981, pp. 105–117).

TOWNEND, 1961, G. B. Townend, "The Hippo Inscription and the career of Suetonius", *Historia* X, 1961, pp.99–109.

TOWNEND, 1961a, G. B. Townend, "The post of ab epistulis in the Second century", *Historia* X, 1961, p. 375–381.

VALCÁRCEL, 2009, V. Valcárcel, "La ambigua relación entre la biografía y la historia", en V. Valcárcel (ed.), *Las biografías griega y latina como género literario*, Vitoria–Gasteiz, 2009, p. 19–39.

WALLACE–HADRILL, 1983, A. Wallace–Hadrill, *Suetonius*, Londres, 1983.

23

A construção de uma proposta de ars governatoria na obra História Romana, de Díon Cássio

Ana Teresa Marques Gonçalves
Universidade Federal de Goiás

Poucos têm sido os trabalhos dedicados ao estudo dos governos severianos, devido principalmente à fragmentação das fontes textuais e, acreditamos, também à ausência de uma tradução da obra de Dion Cássio para o português. Esta tem sido bastante negligenciada pelos historiadores em solo pátrio, como temos atestado em vários eventos dos quais temos participado. Sempre nos lembramos da afirmação de Jean Orieux, num texto sobre a construção de biografias: "Outros disporão, sem dúvida, de chaves diferentes para forçar as portas da História" (Orieux: 1989, 41). As nossas principais ferramentas neste capítulo são os procedimentos hermenêuticos aplicados à obra diônea.

Pela releitura da obra *História Romana*, escrita por Dion Cássio, temos buscado aprofundar nossos estudos acerca da formação e da manutenção do poder em Roma e identificar um padrão narrativo na explicação dos processos de sucessão imperial, dando especial relevo à relação dos Príncipes com os Senadores, com os soldados e com as elites provinciais, sem no esquecermos dos eqüestres, dos membros da corte e da plebe.

Os Imperadores Severos passaram para a História como homens que basearam a seu poder somente na força dos exércitos. Força esta conseguida mediante o aumento dos soldos e da distribuição de donativos aos Pretorianos e legionários. Esta imagem, que ainda perdura em muitos trabalhos, tem sua origem numa famosa passagem da obra de Dion Cássio. Este autor afirmou que as últimas palavras de Septímio Severo aos filhos e herdeiros, antes de morrer, teriam sido: "Permaneçam unidos, enriqueçam os soldados e não se preocupem com os demais" (Dion Cássio.

História Romana, LXXVII.17.4). Contudo, ao analisarmos a obra completa de Dion, conseguimos perceber que eles se preocuparam em basear o seu poder em outras instâncias, além da militar. Eles procuraram conhecer o Império que governavam, visitar as elites que os apoiavam, disseminar o culto imperial, entre tentas outras formas de garantir o poder e a legitimidade, que o estudo do relato diôneo como um todo nos permite identificar.

Por sua vinculação à ordem senatorial, sendo um de seus membros, Dion ressalta em sua obra a posição de destaque exercida pelo Senado ao longo da História Romana. Contudo, percebemos como este autor demonstra em sua narrativa a forma pela qual o Conselho foi perdendo muito de sua honra e de seu poder de atuação frente aos Príncipes. Como afirma o próprio Dion Cássio: "É mais difícil conservar algo do que consegui-lo" (Dion Cássio. *História Romana*, XLIV.41.2), numa referência à relação de Júlio César com os Senadores.

A noção de Monarquia Militar, muito aplicada pelos historiadores quando se referem aos governos severianos, deve, assim, ser redimensionada. Todo poder estabelecido, para ter uma maior duração, necessita desenvolver cânones de autoridade, baseados na expressão de mecanismos que garantam que uma ordem proferida seja implementada. Assim, na obra diônea, principalmente pela análise da descrição dos processos de sucessão imperial, podemos perceber como as relações entre as forças sociais de apoio e de oposição aos Príncipes se estabeleceram e se integraram no cenário político. Pela análise das relações de patronato e de *amicitia*, desenvolvidas principalmente entre Príncipes e Senadores e Príncipes e membros das elites provinciais, pode-se notar como cada ascensão ao poder foi marcada pelo redirecionamento das forças políticas.

Dion Cássio expressa em sua obra, utilizando o vocabulário político fornecido pela koiné, a passagem dos romanos por três formas de governo: Basiléia, Democracia e Monarquia, que demarcaram fronteiras específicas e diferenciadas para a atuação de forças sociais no governo do Império. A parte da obra que nos chegou menos fragmentada refere-se aos governos das primeiras dinastias, ou seja, Júlio-Cláudia, Flávia e Antonina (a parte concernente aos Severos é bastante lacunar, apesar de fundamental para o conhecimento do período, bem como os primeiros livros dedicados à Realeza e à República). O governo de Otávio, visto como sucessor de Júlio César, mas mais maleável no contato com os Senadores, é indicado por Dion como momento de inflexão no exercício do poder em Roma, e por isso é em contraposição a ele que todos os outros governos são descritos e pensados. Assim, acreditamos que a crise do período Severiano seja encarada por Dion Cássio como um afastamento dos princípios que fundaram o sistema político do Principado.

Os próprios autores antigos tinham noção de que o ato de se exercer o poder podia ser comparado a uma forma de teatro. Dion Cássio, numa passagem de sua obra *História Romana*, afirma: "(Governante): Vives como numa espécie de teatro, cujos espectadores são todos os habitantes do Império e não te será possível esconder nem o menor erro" (Dion Cássio. *História Romana*, LII.34.2). É uma forma bastante interessante de descrever o poder dos Príncipes. Para Dion, "muitas vezes a Fortuna restabelecia em muito pouco tempo aos que haviam fracassado" (Dion Cássio. *História Romana*, XLII.1.1). O poder é encarado, desta forma, como uma gangorra, na qual quem está por baixo pode pela ação da Fortuna se restabelecer no alto em pouco tempo, e vice-versa. E o grande erro de Júlio César teria sido acreditar que só a ação dos soldados e a ambição pelo dinheiro seriam capazes de "produzir, proteger e aumentar o poder" (Dion Cássio. *História Romana*, XLII.49.4-5). Como Senador, Dion reflete sobre o real poder de ação de seus companheiros, percebendo que um poder baseado apenas na riqueza e na força militar não se estabeleceria por muito tempo. Afirma Dion:

> César, com efeito, não ganhou o ódio de forma injustificada, pois foram os próprios senadores que haviam animado suas novas e excessivas honras e o haviam feito vaidoso aqueles mesmos que depois o censuraram pelos mesmos atos e difundiram rumores sobre o prazer com que as havia recebido e de como altivamente se comportava desde que lhe haviam outorgado tantas honras (Dion Cássio. *História Romana*, XLIV.3.1).

Dion mostra-se em sua obra favorável a um poder centralizado, pois para ele: "não é próprio da maioria conseguir a virtude" (Dion Cássio. *História Romana*, XLIV.2.2). Mas tudo se resumia a quem detinha o poder de comando, ou seja, na forma da condução dos negócios públicos. Como bem diz Cesare Letta (1979, 169), Dion soube tecer reflexões políticas a respeito da situação geral de seu tempo e buscou sugerir algumas opções de governo, nas quais a aristocracia senatorial ocuparia função relevante na reconstrução do Estado Romano.

Segundo Dion Cássio:

> A democracia tem um nome ilustre e parece proporcionar a todos certa igualdade de direitos a partir da igualdade perante a lei, mas nos fatos se põe de manifesto que não coincide em absoluto com seu nome. (...) Uma

> cidade que é tão grande e que governa a parte maior e mais importante do mundo habitado, e que tem poder sobre homens de muitas e diferentes raças e possui muitas e grandes riquezas, e que se lança a todo tipo de empreendimentos e tem êxito tanto individual quanto coletivamente, é impossível que pratique a moderação numa democracia e mais impossível ainda que se chegue ao acordo em que se pratique a moderação. De modo que, se Marco Bruto e Caio Cássio tivessem parado para pensar nisso, nunca teriam matado um líder e protetor da cidade, nem teriam se tornado culpados por muitas desgraças para si mesmos e para os demais homens de então (Dion Cássio. *História Romana*, XLIV.2.4-5).

Sendo assim, percebe-se como no pensamento diôneo o assassinato de um líder acaba por trazer maiores desgraças do que a sua manutenção no poder, ao abrir espaço para a eclosão de guerras internas. E a guerra civil era o campo do incontrolável, do imprevisível, do improvável, por isso era tão perigosa, pois não se podia prever a quem a Fortuna iria agraciar. Parece-nos que fica claro na obra diônea que se deveria evitar a guerra civil, pela manutenção no poder de homens clementes, capazes de manterem a concórdia no seio da sociedade romana e na relação com as províncias. Só assim se conseguiria manter a abundância e evitar o caos social, como o vivido pelo próprio Dion, durante as guerras civis de 193 a 197 d.C.

A aquiescência ou o consenso deveriam ser provocados. Não haveria efeitos de poder sem os meios que permitissem obter um mínimo de consentimento. A força legitimada não seria suficiente. O recurso às dramatizações sociais, ao imaginário, à eficácia simbólica completaria a força necessariamente (Balandier: 1997, 98). A representação transforma-se, deste modo, em máquina de fabrico de respeito e de submissão, num instrumento que produz constrangimento interiorizado, necessário onde quer que falte o possível recurso a uma violência imediata (Chartier: 1990, 22). A eficiência dos sistemas de segurança imperial dependia necessariamente da economia de força. Em outras palavras, a força deveria ser mantida como componente inativa do poder, enquanto o soberano usasse preferencialmente seu poder simbólico (Luttwak: 1999, 266-267).

Nenhum sistema político pode se apoiar apenas sobre uma força física de coação, mas antes deve alcançar um consenso maior para permitir um domínio duradouro. Ambos, coação e consenso têm, portanto, de existir sob qualquer forma de relação e de associação (Luhman: 1980, 29-31). Como estudou Norbert Elias, em sua obra *A*

Sociedade de Corte, que se refere ao funcionamento da corte francesa, o soberano só se preocupa com consenso se há conflitos a serem gerenciados. O poder absoluto se instala e tenta por todos os meios se manter no comando exatamente porque existem tensões entre as várias forças sociais (Elias: 2001, 140-151). E este poder absoluto estudado por Elias pode, em alguns momentos, ser comparado com aquele instituído por Otávio Augusto e mantido por seus sucessores, pois o Imperador Romano também sobrevivia em meio a várias tensões e conflitos sociais, e, como os soberanos modernos franceses, buscava em várias instâncias, inclusive simbólicas, a legitimação para a sua soberania.

Segundo Pierre Bourdieu, o poder simbólico é o poder de fazer ver e fazer crer, de confirmar ou de transformar a visão de mundo e, deste modo, a ação sobre o mundo, portanto de modificar o próprio mundo. É o poder quase mágico que permite obter o equivalente daquilo que é obtido pela força física ou econômica, graças ao efeito específico de mobilização. O poder simbólico é capaz de produzir efeitos reais sem dispêndio aparente de energia (Bourdieu: 1989:, 14-15). Os símbolos do poder (trajes, insígnias, entre outros) são chamados de capital simbólico por Bourdieu, ou seja, outros instrumentos usados pelos poderosos para não precisarem ficar sempre recorrendo à força.

Todavia, a recepção destes símbolos se converte numa questão complicada. Os atos simbólicos sempre supõem atos de conhecimento e de reconhecimento, atos cognitivos por parte daqueles que são seus destinatários. Para que uma troca simbólica funcione, é preciso que ambas as partes tenham categorias de percepção e de avaliação idênticas (Bourdieu: 1996,168). Porém, como atenta Roger Chartier, há uma enorme variabilidade e pluralidade de compreensões ou incompreensões das representações propostas nas imagens e nos textos antigos (Chartier: 1990, 21).

Os sistemas simbólicos são, deste modo, instrumentos de conhecimento e de comunicação (Bourdieu: 1989, 9), isto é, os símbolos comunicam mensagens e auxiliam os homens a imporem a visão que têm de sua própria posição neste mundo, a visão de sua identidade social (Boudieu: 1989, 139). Desta forma, os governantes se utilizam dos símbolos e das imagens para se imporem como governantes, pois a política é, por excelência, o lugar da eficácia simbólica (Bourdieu: 1989, 159), já que a produção das idéias acerca do mundo social acha-se sempre subordinada de fato à lógica da conquista do poder, que é a da mobilização do maior número. As representações têm uma eficácia propriamente simbólica porque mexem com crenças mobilizadoras e é por isso que a vida política pode ser comparada com um teatro, pois os representantes sociais fazem uma representação de seu poder e tornam-se agentes, isto é, ações e situações são representadas, visando mobilizar a população (Bourdieu: 1989, 175).

O poder simbólico é um poder que aquele que lhe está sujeito dá àquele que o exerce, um crédito com que ele o credita, uma *fides*, uma *auctoritas*, que ele lhe confia, pondo nele a sua confiança. É um poder que existe porque aquele que lhe está sujeito crê que ele existe (Bourdieu: 1989, 188). O homem político retira a sua força política da confiança que um grupo põe nele. Este grupo põe nele todas as suas esperanças. E assim ele consegue legitimidade e autoridade para governar. Em troca, os súditos esperam receber a ordem e a estabilidade, para que possam ter condições de se sustentarem e de manterem suas famílias. O Príncipe dá benefícios aos que dele se aproximam, garantindo prestígio social e riqueza para aqueles que vencem a competição pelo poder.

Para Bourdieu, o processo de simbolização cumpre sua função essencial de legitimar e justificar a unidade do sistema de poder, fornecendo-lhe o estoque de símbolos necessários à sua expressão. Além disso, a manutenção da ordem simbólica contribui diretamente para a manutenção da ordem política, pois os símbolos integram o sistema de expressão de uma época e as relações de produção, circulação e consumo de bens simbólicos ajudam na ordenação das relações sociais (Bourdieu: 1999, 69, 99 e 354). Kaplan e Lasswell nos lembram que o poder pode repousar sobre credos e lealdades tanto quanto sobre interesses, sem falar do hábito e da apatia. O poder acarreta apenas o controle efetivo sobre a política; os meios pelos quais o controle é tornado efetivo são muitos e variados (Kaplan;Lasswell: 1979, 112).

A autoridade é freqüentemente confundida com a legitimidade. Na sua relação com o poder, a autoridade e a legitimidade estão entrelaçadas complexamente. A aceitação do poder passa a ser, por vezes, o critério central da autoridade, enquanto o sucesso serviria muitas vezes como uma das fontes da legitimidade. A relação da legitimidade com a autoridade é indissociável, já que só quando os governantes possuem autoridade, no sentido de deterem capacidade de elaboração de resoluções para os problemas surgidos, é que podem alcançar legitimidade, no sentido do governo ser visto e aceito como justo e legítimo pelos governados. A autoridade conseguida pelo governante ajuda a legitimar o poder e o governo, pelo próprio fato de que a capacidade para emitir comunicações, que podem ser elaboradas por razões convincentes, ajuda aqueles que emitem as comunicações a serem olhados como tendo o direito à posição governante que ocupam (Friedrich: 1974, 94-100).

Por isso, a partir de uma releitura da obra diônea, discordamos de autores que sustentam a prerrogativa de que o governo dos Príncipes severianos foi se transformando cada vez mais numa Monarquia Militar, tendo seu ápice nos governos de Septímio e Caracala. Adolph de Ceuleneer, em sua obra *Essai sur la Vie et le Règne de Septime Sévère,* publicada em 1874, afirmou que:

> Ele (Septímio Severo) sabia que o Império não tinha outro sustentáculo que as espadas dos soldados. Ele quis fazer de suas tropas as defensoras da dinastia, os guardiões da hereditariedade imperial. (...) Grave inconseqüência de sua política: baseando todas as suas esperanças no poder militar, ele devia – e podia - ter tornado este poder o mais forte possível, mas ele preferiu fazer os soldados amarem as riquezas e levarem uma vida desregrada. Ele corrompeu o exército, distribuindo benesses jamais vistas; ele o corrompeu se mostrando muito afável ao seu olhar e cobrindo os legionários de privilégios. A corrupção, a insolência e a devassidão dos soldados foram as principais causas da queda do poder romano. Todo o segredo da política de Severo se acha nas palavras que ele endereçou a seus filhos em seu leito de morte: Enriqueça os soldados, e não dê nenhum olhar para o resto (Celeuneer: 1874, 153).

Para C. Fourquet de Dorne, que escreveu sua obra em 1905, era fundamental e imprescindível manter o Império sob a força das armas, principalmente a partir dos primeiros Severos, porque havia a necessidade de manter a extensão imensa do Império, evitar revoltas dos povos conquistados e impedir incursões bárbaras. Ele não percebeu nenhuma outra forma de se lidar com os povos conquistados e com os territórios anexados (Fourquet de Dorne: 1970, 1-165). Outros autores que compartilham esta concepção militarista, e de certa forma a fundaram, são Edward Gibbon, que identificou Septímio como o principal autor do declínio do Império, devido ao processo de militarização e barbarização que teria sido empreendido por este governante (Gibbon: 1989, 102-103), e Maurice Platnauer, que numa obra publicada em 1918, defendeu que Septímio fundou sua dinastia apoiando seu poder pessoal somente no exército, formando uma autocracia militar e destruindo totalmente a tradição dos Antoninos (Platnauer: 1918, 196).

Tal postura historiográfica se cristalizou ao longo do século XX. Segundo Francesco De Martino:

> Septímio Severo, o fundador da dinastia mediante uma usurpação militar, se afastou decisivamente dos princípios do governo iluminado dos Antoninos e desde o início fez a barbarização do Estado romano, apoiando-se no elemento militar constituído a partir da massa rude da província. (...) A ascensão dos Severos implica uma luta decisiva contra a velha classe dirigente, um maior favor em direção às classes inferiores, das quais era extraído o elemento militar, a progressiva militarização dessas classes e definitivamente o nascimento de uma monarquia militar fundada sobre o elemento popular (De Martino: 1974, 393-394).

Mais adiante nesta mesma obra, *Storia della Costituzione Romana*, Francesco De Martino, aprofunda esta concepção, afirmando que durante a dinastia severiana o regime imperial se transformou numa monarquia absoluta fundada sobre a força do exército (De Martino: 1974, 402).

Outro exemplo desta concepção encontra-se na obra de F.W. Walbank, que observa que após o "verão dos Antoninos" inicia-se uma "usurpação militar do poder" que levou à "queda de Roma" (Walbank: 1981, 50-54). Assim, foi exatamente esta militarização do governo que foi identificada como uma das principais causas da "decadência" do Império, iniciada com a dinastia severiana.

Num livro editado em italiano em 1957 e publicado em português em 2002, Indro Montanelli mantém viva esta concepção militarista, afirmando que Septímio mandou matar os seus opositores e transformou definitivamente o Principado numa monarquia hereditária de modelo militar. Segundo este autor, esta militarização foi implementada devido à necessidade de uma mão de ferro para opor uma barreira à catástrofe que se organizava, e Septímio a teria implantado com o apoio exclusivo do exército (Montanelli: 2002, 272-273).

Já para o hisoriador Mikail Rostovtzeff:

> O governo de Septímio Severo e de seus sucessores imediatos foi simultaneamente o último estágio da evolução iniciada pelos Antoninos e o primeiro da nova evolução, que depois das terríveis experiências da segunda metade do século III, terminou com uma transformação absoluta do Império Romano conforme o modelo oriental (...). Septímio Severo foi um usurpador militar que recebeu o poder das mãos dos soldados, e o conservou porque os soldados quiseram sustentá-lo. Impôs-se ao Senado pela força; o reconhecimento e a legitimação de seu poder foram votados pelo

> Senado sob a pressão da força armada (...). Tendo contra si o Senado e uma parte muito importante da aristocracia provincial, Septímio se viu obrigado a outorgar incessantes concessões ao exército (...), transformado, pelo menos em parte, em um corpo de camponeses sedentários" (Rostovtzeff: 1937, 253-254)

Estas concessões feitas ao exército foram, para os expoentes desta historiografia, a marca visível do poder do exército no período severiano e a certeza de que os Imperadores só precisavam das legiões para se manterem no governo.

Paul Petit, por sua vez, também viu no fato de o governo de Septímio ter se iniciado após um longo tempo de guerra civil o motivo pelo qual ele buscou apoiar o seu poder no exército. Comenta que foram "as condições de sua chegada ao poder que impuseram a Septímio Severo a necessidade de se apoiar no exército contra seus competidores presentes e para assegurar para o futuro a duração de uma dinastia nova" (Petit: 1974, 56). Deste modo, preferiu-se "a formação de uma monarquia militar e absoluta ao Principado de um filósofo" (Petit: 1974, 39). Exatamente esta mesma visão é oferecida por Donald Dudley, na obra *Roman Society*, usando, para expressar este cenário, os conceitos de Autocracia Militar e de Estado Totalitário, e buscando, por intermédio destas noções, explicar a ascendência do elemento militar sobre todos os demais, como uma garantia de permanência no poder para os primeiros Severos (Dudley: 1991, 263-266).

Outra posição instigante é a de Guido Clemente, em seu livro *Guida alla Storia Romana*. Nele, o autor defende que o período pode ser denominado de uma Monarquia Militar porque Septímio Severo era um Imperador Militar, isto é, dedicou-se a inúmeras operações bélicas, dentro e fora dos limites imperiais. Além disso, Clemente consegue identificar a preocupação de Septímio com a construção de uma boa imagem para o exército, que ele chama de "propaganda para tornar o Imperador popular no exército", mas só consegue perceber esta imagem de bom general, e nenhuma outra (Clemente: 1977, 267-271).

Indubitavelmente, o elemento militar parece ser uma chave importante para a compreensão do período severiano, tanto para perceber as forças sociais que apoiaram os governantes quanto para entender as que se opuseram a eles. Para estes autores, parece que os Severos não se preocuparam em cooptar os elementos senatoriais e eqüestres, nem buscaram agradar a plebe ou os provinciais, nem muito menos construir uma imagética e um culto imperiais, pois a dedicação dos elementos militares parecia lhes bastar. Para Jean Gagé, por exemplo:

> A militarização do Império romano começa com a dinastia dos Severos (...), pois a partir deste momento se rompeu o acordo entre o poder imperial e a aristocracia imperial (...). Mesmo quando o imperador não é de início um chefe militar, ele tem seu poder baseado no exército. (Gagé: 1964,250-251).

Maurice Bésnier, além de compartilhar esta opinião, ainda acrescenta:

> O que caracteriza o governo de Septímio Severo e dos outros imperadores africanos e sírios e o que o distingue essencialmente daquele dos Antoninos, é que ele dá ao exército dentro do Estado um lugar preponderante (...). Nem uma única vez o Senado tentou opor um candidato àquele do exército: é nos campos de batalha que se decidem os destinos do Império. Mas o exército durante quarenta e dois anos permanece fiel à mesma família, salvo o breve intervalo do reino de Macrino. Esta monarquia militar é uma monarquia hereditária (Bésnier: 1937, 109).

Outro historiador que defende a concepção de que se estruturou, principalmente a partir do governo de Septímio Severo, uma Monarquia Militar, isto é, um governo baseado somente no apoio militar, usado para sustentar uma política anti-senatorial, foi Eugène Albertini, que afirmou que foi com os Severos que o lugar do exército nas mudanças políticas tornou-se decisivo, ou seja, Septímio iniciou a prática de usar as legiões contra os senadores (Albertini, 1938:243-260). Esta mesma concepção aparece no texto de André Alfoldy, *La Grand Crise du Mond Romain au IIIe. Siècle,* no qual se afirma que o Senado "perdeu completamente a iniciativa política. Um bem-estar prolongado (durante a dinastia dos Antoninos) tinha efeminado os senadores" (Alfoldy: 1938, 9).

Já C. E. Van Sickle apresenta uma concepção bastante interessante sobre as fontes de legitimidade e sua transformação ao longo do Império. Segundo este autor, durante o Alto Império, houve uma inexorável evolução de um estado baseado em magistraturas para um indistinto despotismo, isto porque as bases de legitimação do soberano se modificaram. Para ele, havia três possibilidades de legitimação para o governante: o Senado, o exército e a religião. De Augusto até o período dos Antoninos, os Imperadores teriam buscado o apoio dos senadores; dos Severos até Constantino, o apoio estaria no exército; e de Constantino em diante, a legitimação da autoridade teria vindo da religião (Van Sickle: 1939, 153-160). O autor vê esta "evolução" de fontes legitimadoras, defendendo que apenas o apoio de só uma delas era capaz de manter o Imperador no poder.

Na obra de André Piganiol, o autor diz que Septímio Severo era um africano que não tinha nenhum patriotismo romano e que representou a vingança de Aníbal, ajudando a destruir o Império (Piganiol: 1949,396): "Os Antoninos se mantiveram unidos à classe senatorial e consideraram os senadores seus delegados. Os Severos, ao contrário, insistiram sobre o caráter militar de seu poder" (Piganiol: 1949, 399-400). Interessante notar que esta concepção de Septímio como o responsável pela "Revanche de Aníbal" reaparece numa obra de 1989, de Joel Le Gall e Marcel Le Glay, *L'Empire Romain*, na qual Septímio aparece caracterizado como o Imperador-Soldado por excelência (Le Gall; Le Glay: 1989, 556) e a famosa frase de Dion Cássio, dita por Septímio no leito de morte, é novamente utilizada para justificar esta caracterização (Le Gall; Le Glay: 1989,575).

Emilio Gabba, em sua obra sobre o exército romano, defende que os vínculos severianos com o exército foram gerados por causa da necessidade de garantir os interesses sucessórios, ou seja, a política militar de Severo estava largamente dominada pelos interesses dinásticos, visando passar aos filhos o comando imperial. Como os senadores preferiam a adoção, ao estilo dos Antoninos, no momento da sucessão, Septímio teria se baseado na força das legiões para garantir o governo para seus filhos (Gabba: 1974,53).

Já para Michael Grant, deve-se entender a militarização severiana pela necessidade de se multiplicar as tropas na Península Itálica, pois Septímio entendia que "tudo dependia do exército". Ele transformou o exército na mais atrativa carreira e criou uma nova aristocracia militar, no lugar da antiga aristocracia senatorial civil (Grant: 1974,258-259). Esta noção de aristocracia militar também aparece na obra *The Climax of Rome*, de 1968, na qual defende que o período severiano é o clímax do exército romano (Grant: 1997, 35), mas ao longo do livro já se percebe a preocupação do autor em determinar outras fontes de poder para o Imperador além do exército, citando inclusive a apropriação de alguns elementos de propaganda vindos dos Antoninos (Grant: 1997, 91). Esta preocupação se manteve em sua obra *The Severans: The Changed Roman Empire*, publicada em 1996, na qual Grant, apesar de continuar usando a conceituação de Monarquia Militar (Grant: 1996, 34-38), também ressalta a importância das leis, das mulheres, da concepção de família e das obras públicas executadas pelos Severos (Grant: 1996, 45-73).

Contudo, parece-nos imprescindível compreender melhor o real poder do exército, principalmente no que concerne à ascensão, manutenção e legitimação dos soberanos no comando imperial, pois nenhum dos Imperadores desde Otávio deixou de buscar o apoio do segmento militar. Como ironizam Le Gall e Le Glay, Septímio devia seu governo ao exército, mas ele não era o primeiro! (Le Gall; Le Glay: 1989, 556). Desde Otávio, os Imperadores não descuidaram de contar sempre com o apoio de um braço armado. Como coloca Le Roux, o apoio do Senado tornou-se complementar àquele dado pelas tropas, enquanto no passado era o contrário. Sabendo que tem ao seu lado o apoio dos soldados, que sempre podem optar por um novo líder/patrono, a partir das benesses que lhes são prometidas, o governante acabava procurando garantir também a simpatia de alguns senadores, de membros das elites provinciais e da plebe urbana de Roma (Le Roux: 1987, 45).

No livro *L'Empire Romain en Mutation, des Sévères à Constantin,* Jean-Michel Carrié e Aline Rousselle discutem, ao longo do primeiro capítulo, vários destes argumentos tradicionais e a qualificação de Septímio como um Imperador militar e autocrata. Segundo estes autores, Septímio deveria ter sua imagem mais ligada ao direito, devido às suas destacáveis aptidões para o governo civil e para os princípios fundadores do direito romano, do que aos aspectos militares (Carrié; Rousselle: 1999, 55). Sem dúvida, Septímio integrou uma longa série de governantes impostos ao Senado pelo exército, mas fez questão de ser legitimado pelo Senado quando entrou em Roma, tanto que correu com suas legiões para chegar a Roma, e discursar diante dos senadores, antes que Pescênio Nigro o fizesse. Da mesma forma, fez questão que os filhos fossem aceitos como seus herdeiros pelos senadores (Carrié; Rousselle: 1999, 73-75). Carrié já havia defendido anteriormente esta posição, acrescentando que Pertinax, que passou para a História como um Imperador vinculado ao Senado, foi um comandante militar muito mais conhecido e admirado do que Septímio (Carrié: 1993, 85).

Guido Barbieri nos oferece, em seu texto *Aspetti della Politica de Settimio Severo,* uma longa lista de homens novos que foram agraciados por *adlectiones* oferecidas por Septímio, com a intenção de conseguir ampliar sua base de apoio no Senado. Se Septímio só se importava com o apoio do exército, por que gastaria tanto dinheiro para aumentar o censo destes aristocratas e os alçar ao Senado através das *adlectiones* ? Pela lista oferecida e analisada por Barbieri, podemos perceber que são, em sua maioria, eqüestres com longa carreira pública e vindos de todas as partes do Império (Barbieri: 1952, 12-31). B. Forte comenta que durante os governos de Septímio e Caracala houve um aumento de 67 % de senadores advindos de regiões gregas, tanto que ele defende que o fato de Caracala ter buscado se aproximar da imagem de Alexandre Magno acabou auxiliando-o a conseguir um certo apoio destes senadores de origem grega, como veremos no segundo capítulo (Forte: 1972, 465). Calderini, por sua vez, questiona se a adoção da imagem de "Vingador de Pertinax" por Septímio teria agradado mais ao exército, pois Pertinax havia sido um comandante conhecido, ou aos senadores, que o haviam indicado para o comando imperial (Calderini: 1949,49).

Além disso, Carrié e Rousselle nos lembram que Septímio nunca foi um general de carreira e que ele vinha de uma família extremamente ligada ao Senado (Carrié; Rousselle: 1999, 72). Outros pesquisadores já haviam indicado, anteriormente, esta situação de Septímio. Numa obra bastante citada, *Septimius Severus, Roman Bureaucrat,* Mason Hammond chama a atenção para a carreira civil de Septímio como *advocatus fisci, praefectus fabrum e legatus iuridicus* antes de ele ingressar na carreira militar, como comandante da quarta legião Cita, estacionada na Síria, devendo-se a isso a sua recorrente preocupação com as leis e o fato de estar sempre cercado de jurisconsultos (Hammond: 1940, 137-173).

Deve-se também destacar que vários autores têm questionado a imagem de Septímio, que aparece descrito de uma forma muito favorável enquanto soberano no relato diôneo e que foi o responsável pela escrita da obra, como um bom general na condução das tropas. Eles defendem que Septímio era melhor estrategista do que combatente. Como, por exemplo, Calderini, que comenta que as qualidades de Septímio eram muito mais civis do que militares, pois analisando detidamente os relatos de Dion Cássio e de Herodiano, verifica-se que, apesar de estar presente nos campos de batalha, Septímio só esteve à frente das legiões na batalha de *Lugdunum* contra Clódio Albino, e com resultados bastante controversos. Nas outras operações bélicas, ele teria cedido o lugar à frente das legiões para os seus generais de confiança (Calderini: 1949, 495-496).

A. J. Graham, no texto *Septimius Severus and his Generals,* defende que Septímio estava sempre no comando, durante as guerras internas e externas, mas planejando estratégica e taticamente as operações e deixando a frente das legiões para os seus generais de confiança. Contudo, ao contrário de Calderini, conclui que Septímio esteve à frente das legiões em três ocasiões: na batalha de *Lugdunum*, contra Clódio Albino, em algumas batalhas da Segunda Guerra Pártica e na primeira batalha contra os Bretões. Apesar disto, termina seu texto afirmando que Septímio foi um grande organizador de vitórias, não apenas por seus sucessos como estrategista, mas principalmente sabendo escolher bem os seus subordinados, porém, jamais poderia ser considerado um grande comandante de campo (Graham: 1973, 255-275).

J. B. Campbell ainda acrescenta:

> Não há nenhuma razão para Severo ter tido qualquer inclinação pessoal para uma autocracia militar. Ele não era num sentido pleno um homem militar, pois teve maior treinamento nas leis, e chegou a governador da Panônia com menos experiência militar do que muitos outros governadores (Campbell: 1984, 401).
>
> "Não existe nenhuma evidência real que suporte a idéia de que Severo deliberadamente degradou o Senado e ignorou todas as convenções da relação tradicional mantida entre Senado e Imperador" (Campbell: 1984, 404)

Eric Birley, no texto *Senators in the Emperor's Service,* demonstrou que apesar da incrementação da utilização de eqüestres, desde os Antoninos, os Severos continuaram usando senadores em cargos importantes. Birley também lembra que Severo nunca serviu como tribuno militar e que, realmente, na Panônia teve o seu primeiro comando consular (Birley: 1988, 89-91). Esta mesma conclusão aparece no texto de J. Fitz, no qual ele comenta: "O sucesso de Septímio Severo nas guerras civis foi devido em grande parte aos seus generais, seus comandantes de exército, seus governadores e seus amigos" (Fitz: 1971, 425). Desta forma, nem para se ganhar uma guerra se podia contar apenas com o exército, quanto mais para se manter no poder. Isto nos ensina Anthony Birley, em seu artigo *The Coups d'Etat of the Year 193*, no qual ele apresenta todos os homens importantes, senadores, governadores, familiares de Septímio que o ajudaram a conquistar e manter o poder, dando uma certa ênfase para os de origem africana, como o próprio Imperador (Birley: 1969, 247-280).

Como enfatiza J. B. Campbell:

> Permanece curioso o fato de que Septímio Severo não celebrou nenhum triunfo em todo o seu governo. Ele recusou um triunfo votado pelo Senado em 195, e esta recusa pode ser explicada pelo argumento de que ele não queria receber um triunfo vindo de uma guerra civil. Mas é mais difícil explicar porque ele recusou um triunfo em 202, após o seu real sucesso na Guerra Pártica. A História Augusta sugere que um ataque de gota impe-

> diu o imperador de permanecer de pé na carruagem triunfal (*HA*, Vida de Severo, 16.7). Isto é plausível, pois seria embaraçoso para o Imperador participar de cerimônia tão digna sentado. As vitórias foram celebradas com distribuições de dinheiro e com sete dias de suntuosos jogos e espetáculos (Dion Cássio. *História Romana,* LXXVII,1.1) (Campbell: 1984, 142)

Talvez se pudesse ajuntar a estes argumentos arrolados por Campbell o fato de que Septímio não teria estado realmente à frente de seus exércitos em ambas as ocasiões nas quais foi agraciado com um triunfo pelo Senado, e que mesmo tendo direito como *Imperator* à cerimônia, tenha preferido comemorar as vitórias por outros meios.

A *auctoritas* imperial deveria, assim, ser sem igual a partir da formação da monarquia como descrita por Dion, a partir do governo de Otávio. Somente o Imperador deveria possuir tantas vitórias militares a comemorar; ninguém além dele deveria ter um *genius* tão invejável; nenhum outro parecia lhe fazer frente em idéias, ideais, valores e virtudes. Seus méritos deveriam ser capazes de manter a unidade e sua liderança era rememorada constantemente nas inscrições, estátuas e prédios públicos, além das moedas e festas. O poder fora redimensionado para garantir a paz e a prosperidade para Roma e as províncias, pela manutenção da segurança e da ordem. O Imperador na percepção severiana de Dion é antes de tudo um "decididor", para usar o temo cunhado por Fergus Millar (1992,207), aquele que sabe o que é melhor para a comunidade e que toma decisões em seu nome, visando sua perpetuação. Como demonstra Zvi Yavetz, no artigo "Existimatio, Fama and the Ides of March", o *consensus civitatis* é formado a partir da imagem pública do Príncipe, que conta com a *credulitas* para controlar os *timores* (Yavetz: 1974,64-65).

Devemos ressaltar ainda que Dion Cássio insere, em seu relato, vários discursos que acreditamos serem de suma importância para captarmos a posição diônea a respeito da expressão ao poder no mundo romano. Esta técnica narrativa e retórica de se interpor a transcrição de discursos num relato cronológico é bastante antiga, remontando a autores gregos, como Tucídides. De acordo com Frank W. Walbank (1985, 243), em seu artigo "Speeches in Greek Historians", estes discursos inseridos no relato dificilmente eram totalmente fiéis ao que fora dito por aqueles apontados como sendo seus enunciadores. Mais comumente, retratavam a opinião do autor da obra e, algumas vezes, apenas indicavam de modo bastante geral a opinião daqueles que teriam sido seus enunciadores. Na maior parte das vezes, a inclusão destes debates se tornava uma *oratio obliqua*, isto é, um instrumento retórico, bastante utilizado pelos autores antigos gregos e romanos, para despertar a atenção de seus leitores/ouvintes sobre o assunto que estava sendo tratado. Como afirmam C. Perelman e L. Olbrechets-Tyteca (1996,50), o objetivo de toda argumentação é provocar ou aumentar a adesão dos espíritos às teses que apresentam a seu assentimento e criar nos leitores/ouvintes uma disposição para a ação.

Clifford Geertz tem sido um grande estudioso deste "Estado Teatral", tomando como exemplos as realezas de Bali e Java, entre outras, em obras como *Negara* (1991) e *Nova Luz Sobre a Antropologia* (2001). Sua idéia principal é provar como a política é em si uma ação simbólica. Nos rituais teatrais das realezas tradicionais, representação e realidade se encontram absolutamente vinculadas. Em meio a rituais, Geertz analisa como o soberano é transformado em ícone, imagem mestra, que, como representação, não morre jamais. Como pessoa e como mito, o soberano é uma imagem evidente do poder. Assim, o Imperador é antes de mais nada o lugar da imaginação e de uma grande representação. Através dos monumentos, dos retratos, das estátuas, dentre outros artifícios, os reis se esforçam para construir e perpetuar uma determinada memória de seu governo. Memória esta que depende de algumas lembranças e de diversos esquecimentos (Schwarcz, 1998:25-33 e 517-523).

Todo sistema de poder é um dispositivo destinado a produzir efeitos, entre os quais os que se comparam às ilusões criadas pelas ilusões do teatro. O Príncipe deve se comportar como ator político para conquistar e conservar o poder. Sua imagem e as aparências que tem poderão assim corresponder aos que seus súditos desejam encontrar nele (Balandier: 1980, 6).

E essas imagens dos soberanos são documentos importantes para se entender o poder desenvolvido num determinado momento histórico e a criação de identidades. Segundo Carlo Ginzburg, a análise iconográfica é um instrumento importantíssimo para se fazer uma reconstrução histórica (Ginzburg: 1989, 57). Para este autor, imagem é ao mesmo tempo presença e sucedâneo de algo que não existe ou não está presente (Ginzburg: 2001, 12). Da mesma forma, representação é algo que faz às vezes de realidade representada e, portanto, evoca a ausência; por outro, torna visível a realidade representada e, portanto, sugere a presença (Ginzburg: 2001, 85). É o caso, por exemplo, das estátuas que são espalhadas pelo Império, evocando ao mesmo tempo a presença e a ausência dos governantes nas cidades provinciais. Michel Vovelle nos lembra que a imagem, no sentido mais amplo do termo, transmite um testemunho privilegiado, tanto direto quanto oblíquo, massificado ou único. Muito mais do que uma ilustração, acompanhando e comentando, a imagem se tornou parte integrante da elaboração de um discurso, que não pode prescindir dela (Vovelle: 1997, 31).

Como afirma Bordenave, o uso de imagens para a difusão de uma cultura política, que muitos consideram um fenômeno moderno, é realmente muito antigo. A comunicação foi o canal pelo qual os padrões de vida de uma determinada cultura foram transmitidos aos homens (Bordenave: 1982, 17 e 28). Por isso, para Bordenave, cultura pode ser considerada como um vasto sistema de códigos de comunicação (Bordenave: 1982, 54). E os homens na Antigüidade já sabiam articular os símbolos existentes para criar uma imagem de si para seus súditos; imagem esta que deveria estar de acordo com os padrões culturais aceitos pela sua sociedade, para que fosse compreendida e mantida na memória. O soberano precisava definir quais as mensagens a serem passadas, adequadas a um determinado contexto, e estabelecer quais os meios de comunicação mais adequados para a difusão (Figueiredo: 1994, 32), tirando o máximo de eficiência com os recursos disponíveis.

As palavras do poder não circulam como as outras. Elas necessitam de uma comunicação calculada; procuram efeitos precisos; não desvendam senão uma parte da realidade, pois o poder também deve sua existência à apropriação da informação, dos conhecimentos exigidos para governar, administrar, e para exercer seu domínio (Balandier: 1980, 13).

O soberano tem a obrigação de governar de uma maneira exemplar. Se não conseguir fazê-lo na prática, deve ao menos se aproximar da exemplaridade na imagem passada aos súditos. Nos regimes tradicionais, em que abundam os símbolos, a transfiguração provocada pelo poder e a encenação da hierarquia se tornam evidentes. Tudo se relaciona ao soberano, se simboliza e se dramatiza por ele. Ele está no centro da representação: palácio, cortesãos, festas, cerimônias, tudo depende dele (Balandier: 1980, 17). Destarte, as imagens não criam sozinhas a adesão e a confiança dos súditos, mas elas contribuem imensamente para isso, porque o soberano se reveste de símbolo de ordem e de unidade (Balandier: 1980, 62-65).

O soberano não segue a ordem comum, está separado dela; essa distância constitui e marca sua diferença, que manifesta sua capacidade e legitimidade no exercício do poder. A ascensão ao poder impõe separação, recolhimento, comporta um aprendizado de obrigações que moldam a imagem do soberano (Balandier: 1997, 71). Todo poder requer uma representação, um *decorum*, um cerimonial e suas pompas, uma distância em relação aos súditos (Balandier: 1997, 103).

Dion é antes de tudo um membro do Senado e é deste *locus* que ele produz o seu discurso. Em múltiplos momentos da narrativa, ele ressalta sua posição senatorial, como, por exemplo, quando descreve sua presença num banquete promovido por Septímio para os senadores, por ocasião de seus Jogos Decenais:

> E nós participamos juntos de um banquete, em parte real em parte com um estilo bárbaro, no qual foram servidos não somente todas as costumeiras carnes cozidas, mas também carne crua e diversos animais ainda vivos (Dion Cássio. *História Romana*, LXXVII.1.3).

Há atualmente uma ampla tendência historiográfica a se enfatizar a importância da relação dos Príncipes com as elites provinciais, já que estas tiveram papel fundamental na construção de um consenso mínimo que permitiu a manutenção da estrutura territorial imperial por tantos séculos. Referimo-nos, por exemplo, às obras *Globalizing Roman Culture: Unity, Diversity and Empire* (2005), de Richard Hingley, e *Imperial Ideology and Provincial Loyalty in the Roman Empire* (2000), de Clifford Ando, nas quais os autores enfatizam a importância da relação dos soberanos com os membros das elites provinciais (principalmente o capítulo 6 da obra de Ando e o capítulo 3 da obra de Hingley, sendo que este último autor, num texto publicado em português em 2010, no livro *O Imperialismo Romano: Novas Perspectivas a partir da Bretanha,* relativiza um pouco suas posturas, percebendo que as elites são por si só bastante heterogêneas e sua relação com o Príncipe não pode ser vista de forma única e homogênea, passando por sucessivos processos de incorporação e de marginalização (Hingley: 2010, 74-82).

Não poderíamos deixar de citar neste capítulo a obra basilar de Greg Woolf, *Becoming Roman: the Origins of Provincial Civilization in Gaul,* na qual o autor, a partir da situação gaulesa, analisa o processo de romanização das províncias, ou seja, exatamente as relações implementadas entre o poder central em Roma, figurado pelo soberano, e os provinciais, enfatizando o papel das elites e dos legionários estacionados para defesa dos limites imperiais (Woolf: 1998, 18 e 31). Tal obra serviu de inspiração para os estudos arqueológicos de Stephen Trow, Simon James e Tom Moore realizados na Gália e descritos na obra *Becoming Roman, Being Gallic, Staying British* (2009), na qual os autores percebem como é possível para um morador do Império Romano cultivar em si múltiplas identidades, nada excludentes e/ou competitivas, mas sobrepostas e capazes de engendrarem caracteres específicos de comportamento.

Autores que têm se dedicado ao estudo dos aspectos culturais romanos também têm enfatizado a importância de se redimensionar as relações travadas entre governantes e provinciais. Lembremos, por exemplo, os artigos que compõem a obra *Experiencing Rome: Culture, Identity and Power in the Roman Empire* (2000), editada por Janet Huskinson, ou os artigos sobre a Antiguidade Clássica da obra *Empires* (2001), editada por Susan E. Alcock entre outros, nos quais se demonstram a diversidade cultural dos povos dominados e a necessidade de relações diversas a serem produzidas com as províncias e com seus habitantes.

Diversos pesquisadores têm se debruçado especificamente sobre a inserção da elite de fala grega, como é o caso de Dion, no seio imperial. A leitura de suas obras tem nos feito repensar a noção de "Segunda Sofística", cunhada a partir de um excerto da obra de Filostrato, *Vidas dos Sofistas.* Simon Swain, em sua obra *Hellenism and Empire,* chega a gerar o termo "greicidade" (*Greekness*) (Swain: 1996, 28) para explicar a reconstituição da koiné e a adoção de um aticismo construído de forma quase artificial, feita nos séculos II e III de nossa era, por alguns autores que escreveram em grego, como é o caso diôneo. Tom Whitmarsh, no livro *Greek Literature and the Roman Empire: the Politics of Imitation* (2001), retoma o pensamento de Swain de forma crítica, tentando demonstrar como a utilização de cânones culturais gregos serviu para demonstrar como os romanos conseguiam superar os modelos helênicos (Whitmarsh: 2001, 23).

Clifford Ando já havia defendido em sua obra, *Imperial Ideology and Provincial Loyalty in the Roman Empire,* fruto de sua Tese de Doutorado, a possibilidade de criação de um consenso com o apoio dos grupos provinciais. Ou ao menos a necessidade de reafirmação da necessidade de um consenso mínimo capaz de garantir a estabilidade e a abundância, frente a freqüentes conflitos, buscando transformar um *imperium* em uma *patria* (Ando: 2000, 277). Falar de províncias não é apenas se referir aos patronos e decuriões, mas também às plebes citadinas e aos elementos armados estacionados ou de passagem pelas cidades. É muito instigante o conceito de "poder potencial" da plebe formulado por Henrik Mouritsen em sua obra *Plebs and Politics in the Late Roman Republic* (2001). Apesar do autor estar refletindo sobre as crises do regime republicano de governo, o termo "poder potencial" da plebe parece-nos bastante adequado para repensar a relação do Príncipe com os membros deste estrato social no Alto Império Romano, a partir das informações coletadas na obra de Dion Cássio.

Na obra *Empire of Honour* (1997), J. E. Lendon suscita a questão de como os homens passam a ter e a desenvolver autoridade (Lendon, 1997:3). A *auctoritas* no sentido latino deve ser conquistada por ações que, por sua vez, devem ser vistas como dignas e adequadas. Não se herda autoridade. E o poder para se manter por mais tempo deve ser associado à conquista da autoridade. É este processo de conquista, construção e manutenção de autoridade por parte dos soberanos que identificamos no relato diôneo. O que Lendon denomina de honra na realidade é uma combinação de várias atitudes, valores, insígnias, cargos, que possibilitam a demonstração pública de dignidade, que vai se convertendo em autoridade, isto é, na possibilidade de ter suas ordens atendidas.

Lembremos que Dion Cássio, ao ter nascido na cidade de Nicéia na Bitínia, ou seja, na região da Ásia Menor, encaixa-se perfeitamente na figura de um membro de uma elite provincial que passou a ocupar, durante o governo de Cômodo, uma posição de destaque no Senado de Roma, buscando construir sua honra, sua fama e sua glória. No dizer de Eugène Cizek, apesar da inserção de novos membros no Senado, a *forma mentis* senatorial não desapareceu. Os senadores continuaram se distinguindo do resto da população por sua forma de vida e suas aspirações. Era o orgulho dos *patres* e seu prestígio que os mantinham coesos (Cizek: 1990,160), apesar da diversidade crescente de sua origem territorial. Com a entrada de tantos "novatos", foram os costumes ancestrais e uma ética particular, baseada principalmente nos princípios estóicos, que lhes garantiram um mínimo de coerência social e de espírito de corpo. Pertencer ao grupo senatorial era compartilhar noções morais e culturais tão antigas quanto o surgimento do primeiro Senado. Os homens novos aderiam imediatamente aos valores e tradições do Senado (Chastagnol: 1970, 314).

O período de vida de Dion Cássio Cocceiano se estendeu provavelmente de 150 a 235 d.C. Era filho do Governador da Cilícia e foi feito Governador de Pérgamo e Smyrna, Cônsul em 220 d.C., Procônsul na África, Governador da Dalmácia e da Panônia e Cônsul novamente em 229 d.C., como o próprio Dion indica na sua obra. Assim, vê-se como foi um homem acostumado a cargos importantes e capazes de fazerem a ponte entre a capital e os provinciais. Acreditamos que esta experiência se refletiu em sua obra, pois ela contem inúmeros dados sobre a relação dos Príncipes com os Senadores em Roma e com as elites provinciais (e muitos membros destas elites que foram alçados ao Senado na capital).

Sua obra nos chegou por meio de onze manuscritos produzidos no século XI, que copiavam extensas e diversas partes de sua obra. A maior parte do texto que compõe a obra diônea foi recuperada dos epitomes dos monges bizantinos João Xiphilino, monge copista em Constantinopla, e Zonaras, secretário do Imperador Alexis I e monge copista do Mosteiro de Athos. Pelos fragmentos dos primeiros livros, percebe-se que a narrativa começa com a chegada de Enéias à Península Itálica, prolonga-se para a descrição do sistema de Realeza e se estende até as primeiras conquistas territoriais romanas. Dion chega a citar diretamente Plutarco, para falar de Pirro (Dion Cássio. *História Romana,* IX.8.2).

Uma das riquezas da obra diônea é a adaptação dos conceitos romanos que Dion tem que fazer para escrever sua obra em grego. Vejamos alguns exemplos. Dion Cássio percebe, por exemplo, que a *auctoritas* (descrita a partir do conceito de *dínamis* em grego) se converteu numa das mais importantes virtudes a ser exercida no governo de Otávio. Ao determinar que o Senado deveria se reunir ao seu chamado num dia no qual costumeiramente seus membros não se encontravam, Dion reforça que tal ação senatorial só se efetivou devido à *auctoritas* de Otávio. E afirma:

> "Devido à amplitude do termo *auctoritas* (*dínamis*), (...) é impossível traduzi-lo em grego com uma única palavra que lhe atribua todo o significado. Quando os senadores se reúnem num lugar diferente do habitual, ou em um dia diverso do que foi pré-estabelecido, sem uma convocação legal, (...) obtiveram de Augusto o direito de poderem fazê-lo" (Dion Cássio. *História Romana,* LV.3.5).

Assim, Otávio tinha a autoridade previamente aceita de reunir o Senado quando precisasse, pois tinha *dínamis/auctoritas,* a capacidade de bem agir e de levar os outros à ação. É mais que persuasão, pois se converte na possibilidade de agir individualmente em prol da comunidade, já que advém da mutualidade, da reciprocidade, da troca de interesses, que garantiriam influência e prestígio. Não se adquire por herança ou por pressão familiar, visto que é uma virtude individual a ser conquistada no trato social, como Tibério, sucessor de Otávio perceberia após sua ascensão ao poder. *Auctoritas* não é um bem conquistado para sempre, mas necessita ser constantemente readquirida e validada, já que o *auctor,* ou seja, o que possui autoridade, precisa expressá-la constantemente, visto que ele é antes de tudo um garantidor da estabilidade (Galinsky: 1998, 15). Enquanto o conceito de autoridade é indicado pelo termo *dínamis,* Tibério tem seu bom nascimento numa família patrícia indicado pelo uso do termo Eupátrida (Dion Cássio. *História Romana,* LVII.1.1).

Interessante notar como Dion percebe o governo de Otávio, chamado nestas passagens de César, por não ter recebido ainda o título de Augusto (Dion vai começar a descrever no livro LV os fatos ocorridos em 29 a.C. e Otávio só recebeu o título em

27 a.C.), como um recomeço, visto concentrar-se o poder nas mãos de um só indivíduo, descrito em grego como uma *monarchía,*ou seja, poder (*arché*) nas mãos de um só (*mono*). Já o período régio é apontado em grego como uma *Basiléia*, momento no qual havia um *Basileus/Rex* no comando. Deste modo, verificamos como Dion aponta que o governo autocrático de Otávio não é uma retomada da Realeza, pois se converte num outro tipo de disposição de forças políticas. E é no livro cinqüenta e dois que se dá no relato diôneo o famoso debate Agripa-Mecenas, no qual Agripa defende a retomada da democracia, que se converteria na formação de uma república senatorial (Dion usa o termo democracia cada vez que quer se referir à forma de governo republicano), enquanto Mecenas se posiciona favorável à concentração do poder nas mãos do Príncipe. Ressaltemos uma pequena parte da argumentação de Mecenas:

> Não pense que eu te aconselho a instaurar uma tirania e de tornar escravos o povo e o Senado; (...) quero é que tu legisles sobre todas as questões mais importantes em colaboração com os melhores homens. (...) Que tu mantenhas o controle dos conflitos de acordo com as decisões tomadas em conjunto com os teus conselheiros e que todos os outros cidadãos obedeçam instantaneamente às tuas ordens. Que tu controles a escolha dos magistrados e que sejas tu a fixar os prêmios e as punições (...). Que todo resultado seja mérito da tua virtude (...) (Dion Cássio. *História Romana,* LII.15.1-3).

Segundo Dion, após ouvir os dois longos discursos, Otávio preferiu os conselhos de Mecenas. Todavia:

> "César não começou a colocar rapidamente em ação todas as sugestões que lhe foram apresentadas, pois temia incorrer em erros, se tivesse pretendido impor uma transformação rápida e improvisada no estilo de vida da comunidade. Então, introduziu algumas reformas mais rapidamente, outras num segundo momento, enquanto outras, deixou para que seus sucessores as empreendessem. (...) Assim, assumiu o prenome de *imperator.* Não me refiro ao título que, tomando por base a antiga constituição, era concedido a alguns comandantes que conseguiam as vitórias militares (...), mas tornou-o o título que designava o possuidor do poder (*kratos*) (...) (Dion Cássio. *História Romana,* LII.41.3).

Percebe-se como, no pensamento diôneo, a concessão de poder a Otávio cria uma nova forma política, que ele denomina de monarquia, pelo poder concentrado nas mãos de um só homem. Porém, não se trata da Basiléia, conhecida pelos romanos na época da Realeza, nem do estabelecimento de uma Tirania, pois seu poder vinha de sua *auctoritas*, reconhecida pelos senadores e pelo povo romano. Com o poder nas mãos de Otávio se restabelece a reciprocidade, se refunda um tempo de concórdia, no qual os conflitos são contidos pela concessão de prêmios e punições de acordo com a virtude e a clemência do soberano.

Como nos lembra Paul Veyne, no capítulo 1, intitulado "O que era um Imperador Romano ?", do livro *L´Empire Gréco-Romain*, o Príncipe exercia um cargo de alto risco, pois ocupava o poder não como proprietário, mas como mandatário da coletividade e era por esta encarregado de dirigir a República. O poder imperial seria, portanto, uma delegação, uma missão confiada a um indivíduo pretensamente escolhido ou aceito pelo povo romano. Assim, a sucessão de Césares seria, em tese, uma cadeia perpétua de delegações. Um Imperador não sucederia o outro por herança de maneira automática, mas em seu cargo, em cuja posse era explicitamente investido, pois jamais se conseguiu estabelecer uma regra automática de ascensão, a partir de um consenso e da promessa de manutenção de paz, prosperidade e unidade (Veyne: 2005, 15-17).

Deste modo, os herdeiros de Otávio contavam apenas com a vinculação ora à família Júlia, ora à *gens* Cláudia, de Lívia, para se mostrarem como capazes de manterem a situação de paz e prosperidade, que seriam atributos fundamentais da magistratura imperial. Somente com a instituição da *Lex Vespasiani de Imperium*, criou-se um formato jurídico e de atribuição de cargos e títulos específicos para se garantir o acesso ao poder. Os primeiro herdeiros buscaram se apresentar como continuadores da obra otaviana, sem contarem com caminhos sucessórios delineados previamente.

Segundo Karl Galinsky, no seu livro *Augustan Culture*, não se adquire autoridade para governar por herança ou por pressão familiar, visto que é uma virtude individual a ser conquistada no trato social, como Tibério, primeiro sucessor de Otávio perceberia após sua ascensão ao poder. *Auctoritas* não é um bem conquistado para sempre, mas necessita ser constantemente readquirida e validada, já que o *auctor*, ou seja, o que possui autoridade, precisa expressá-la constantemente, visto que ele é antes de tudo um garantidor da estabilidade, da ordem capaz de trazer abundância (Galinsky: 1998, 15).

Por exemplo, ao relatar os governos de Calígula (volume sexto, livro cinqüenta e nove) e de Nero (volume sexto, livros sessenta e um, sessenta e dois e sessenta e três), Dion indica que todas as suas ações indicam um grau de *mania*, ou seja, o fato do homem não ser mestre de si, não se auto-controlar, não se auto-dirigir. Como nos relembra Paul Veyne, um homem que não é senhor de si jamais poderia governar de forma adequada seus súditos, segundo a moral aristocrática romana (Veyne: 1988, 13). Nero é ainda descrito como capaz de perpetrar ações que geravam o risível (*geloía*) (Dion Cássio. *História Romana*, LXII.29.1), o que também pode ser encarado como uma manifestação de *mania*. Torna-se assim fundamental para a compreensão do relato diôneo a verificação dos termos gregos usados por Dion para se referir ao exercício do poder e da autoridade em Roma.

Na obra, Dion explica porque resolveu produzi-la. Ele teria sido inspirado por sonhos para escrevê-la. Após o assassinato de Pertinax, escreveu um panfleto descrevendo os sonhos e os prodígios que precederam a tomada do poder por Septímio Severo. A obra chamou-se *Sobre os Sonhos e Presságios* e foi dedicada ao próprio Imperador, para quem enviou uma cópia de presente em 193 d.C., e se disse inspirado pela Fortuna para escrever esta obra. Vários dos *omina imperii* e *omina mortis* encontrados na obra de Dion vieram desta obra inicial dedicada ao novo Imperador. Interessante notar que enquanto sua cidade natal, Nicéia na Bitínia (Dion Cássio. *História Romana*, LXXVI.15.3), apoiava Pescênio Nigro, um de seus filhos mais importantes e ricos, que era Dion Cássio, escrevia uma obra defendendo o nome de Septímio Severo para assumir o comando imperial. Septímio agradeceu a cópia com uma longa carta de próprio punho. Dion ficou tão emocionado com a resposta do Príncipe que, na mesma noite que recebeu a carta, teve um sonho no qual um poder divino lhe ordenava escrever uma obra de História. Decidiu, então, contar a História das Guerras Civis que se seguiram ao assassinato de Cômodo. Chamou a obra de *Guerras Civis* e novamente dedicou-a ao Imperador; a obra lhe foi entregue em 197 d.C. (Dion Cássio. *História Romana*, LXXIII.23.1-5). O sucesso da obra teria incentivado-o a escrever uma História de Roma de seus primórdios até o governo de Septímio, usando estas duas obras iniciais.

Dion estava decidido a parar sua narrativa com a morte de Septímio, mas após a morte de Caracala, filho e sucessor deste Príncipe, teve outro sonho. Nele, Dion via todo o exército romano colocado sobre uma grande planície. O Imperador estava de pé sobre um palanque falando às tropas. Quando viu Dion de pé próximo a ele, tentando ouvir o que dizia às legiões, Septímio virou-se para Dion e falou: "Chegue mais perto,

Dion, para que você possa ouvir com cuidado tudo o que está sendo dito e ver o que está sendo feito, e escreva sobre isso" (Dion Cássio. *História Romana*, LXXIX.10.1-3). Dion interpretou este sonho como a vontade de Septímio de que continuasse escrevendo a História de Roma, mesmo após a sua morte. E foi exatamente o que Dion Cássio fez (Birley: 1971, 289; Barnes: 1984, 245; Freyburger-Galland: 1997, 13).

A obra mais conhecida sobre Dion Cássio e seus escritos é *A Study of Cassius Dio* (1964), de Fergus Millar. Nela, o autor analisa a composição da narrativa, mas se prende basicamente à análise dos livros que nos chegaram mais completos, ignorando os fragmentos. Autores mais contemporâneos têm proposto novas formas de análise da narrativa diônea, como na obra *Severan Culture* (2007), editada por Simon Swain, Stephen Harrison e Jás Elsner, que possui vários artigos dedicados à narrativa de Dion Cássio, bem como na obra *A Companion to Greek and Roman Historiography* (2011), editada por John Marincola, na qual também encontram-se importantes artigos concernentes às obras produzidas em grego em geral e ao relato diôneo em particular.

Estamos entre eles. A noção de *ars* no mundo latino pode ser aproximada do termo grego *techné*, por meio do qual se expressa uma capacidade, uma possibilidade de ação, uma forma de conhecimento e de realização. Os demiurgos gregos, por exemplo, detinham *techné*, ou seja, um conjunto de habilidades advindas da aprendizagem e da reprodução de ações coordenadas na fabricação de elementos ou no empreendimento de múltiplas tarefas que para serem realizadas tinham que ser produzidas pelos que detinham a capacidade de bem agir. A ação, assim, dependia do ato de conhecer, sejam os instrumentos utilizados e/ou a forma de melhor manejá-los. Neste capítulo, apropriamo-nos da noção de arte, *ars*, no seu sentido antigo mais amplo, isto é, a possibilidade de expressar um conhecimento no âmbito da política imperial romana.

Da mesma forma como Ovídio escreveu a sua obra *A Arte de Amar* (*Ars Amatoria*), disponibilizando conselhos que tinham por objetivo facilitar o ato da sedução, ou seja, reunindo conhecimentos que despertariam a habilidade de convencer um parceiro a se entregar ao amor, acreditamos encontrar na obra *História Romana* de Dion Cássio Cocceiano informações que nos permitem construir uma espécie de *ars governatoria* para os Imperadores Severianos, isto é, um conjunto de conselhos referentes à habilidade de bem governar o Império, de conquistar a anuência das divindades e de convencer os súditos de que estaria no comando imperial o homem mais virtuoso e mais capaz de gerar um consenso mínimo possibilitador de manter a estabilidade institucional que, por sua vez, desencadearia uma época de abundância e concórdia. No imaginário político romano, as características de um governo se misturam intrinsecamente com os vícios e virtudes daqueles que exercem o poder, pois é a demonstração destas virtudes e/ou a sua ausência que norteia a ação a ser empreendida pelo soberano. Sua principal função enquanto magistrado mais elevado em honra e status, portanto, em *dignitas* e *auctoritas,* é tomar medidas que garantam a estabilidade, a concórdia entre as ordens, a regularidade econômica, a capacidade de organização das instituições, visto que somente num ambiente estável seria possível a prodigalidade. A natureza e as divindades, de igual maneira, necessitam da ordem, da tradição, das regras, do que se repete para que se garanta a abundância, a colheita farta, o pagamento de impostos e tudo o que depende destes campos que mesclam sagrado e profano. Deste modo, o Príncipe é antes de tudo um ordenador e, para sê-lo, necessita conhecer a arte de bem governar, de subordinar as forças naturais e divinas, de manter estruturas e de renegociar posições.

Alain Tranoy, no capítulo 3, do livro *História do Mediterrâneo,* dirigido por Jean Carpentier e François Lebrun, explicita que o que marcou a formação do Império territorial romano foi a busca por uma unidade de gestão, conseguida por meio de uma legislação a ser compartilhada, de aspectos culturais relativizados e da extensão do culto imperial para as províncias, que por seu intermédio possuíam um canal de demonstração de lealdade ao estilo administrativo romano (Tranoy: 2000, 70). Para este autor, a única forma de unidade possível para se pensar o Mediterrâneo durante a conquista romana seria a busca de uma unidade de gestão, que trouxesse benesses para os envolvidos.

A formatação desta unidade era tarefa do ocupante do cargo imperial. Ser Príncipe era garantir esta unidade de gestão, responsável pela prosperidade, e a boa gestão dependia da boa ordenação das estruturas políticas e econômicas. Somente se poderia ser honradamente governado por um homem que soubesse governar as suas paixões. Como recorda Veyne, quando se obedece a um chefe que é senhor de si próprio, não se obedece verdadeiramente a um chefe, mas à moral a que o chefe é o primeiro a obedecer (Veyne: 1987, 13-14). O homem primeiro tem que se ordenar internamente para só então poder transmitir a ordem a outros. Um ser que não se equilibra não consegue suscitar o equilíbrio.

Dion, como vimos anteriormente, expressa sua preferência pela manutenção de um líder autocrático, mas capaz de manter a ordem, do que sua substituição pela discórdia, pela guerra civil, sempre imprevisível. Na narrativa diônea, Roma teria passado por três formas de governo: Basiléia (Realeza), Democracia (República) e Monarquia (Principado), sendo esta última a melhor delas, pois seria conduzida por um líder único, escolhido entre os melhores e que usaria os *eupátridas* (os patrícios), os senadores como fiéis conselheiros. Para Dion, o único problema nesta forma de governo é que ela teria sido paulatinamente desvirtuada pelo aumento do poder de decisão dos homens em armas, propensos a pensar em suas próprias benesses em detrimento da manutenção da ordem e da estabilidade, que garantiriam benesses para todos.

O poder é encarado antes de tudo como a instância de expressão de boas qualidades, pois num mundo político sem regras explícitas capazes de limitarem os atos de governo, só restava a esperança nas boas escolhas, nas atitudes éticas. Mas tudo se resumia a quem detinha o poder de comando, ou seja, na forma da condução dos negócios públicos. Para Dion:

> A parte que vai demasiado longe em qualquer assunto nem sempre triunfa, precisamente porque pode se equivocar; nem a parte que tem mais força vence sempre, porque se excede, pois ambas as partes estão sujeitas de igual maneira à irracionalidade humana e à instabilidade da Fortuna, já que como os pratos de uma balança muitas vezes a sorte das partes não obedecem às expectativas de cada um, mas ao inesperado das coisas. (Dion Cássio. *História Romana,* XLIV.27.2).

Não havia como prever o fim de uma guerra civil. Só a Concórdia garantiria a manutenção da abundância, a força do Império territorial e evitaria os dissabores de uma guerra, que colocasse em campos opostos os próprios cidadãos romanos. A força deveria ser dirigida contra os estrangeiros dominados e não contra outros cidadãos. A Fortuna, responsável por pilotar a vida dos homens, como diz Pierre Grimal (1992, 178), não podia ser controlada. Mas a Concórdia podia garantir que não se colocasse a Fortuna à prova:

> Cada vez que alguns começam uma sedição ou buscam pagar com violência a violência ou levam a cabo suas vinganças por meio de armas sem ter em conta o apropriado nem o humanitário, mas somente mirando a própria ambição e o poder, produz-se um círculo inexorável de males e se produzem alternativamente contínuas desgraças por compensação. (...) Acaso não vês quanto tempo temos perdido lutando uns contra os outros e quantas e quão grandes desgraças temos padecido e, o que é ainda mais terrível que isso, temos causado ? (...), como feras que se destroem entre si" (Dion Cássio. *História Romana,* XLIV.29.1 e 30.1-7).

A Discórdia levava à guerra civil, que negava a *Humanitas,* e fazia os homens agirem como feras selvagens, sem respeitar o *mos maiorum* e todas as leis que ordenavam a civilização. Os romanos se identificavam como seres dotados de *Humanitas.* Como enfatiza Paul Veyne (1991:283), *Humanitas* significava cultura literária, virtude de humanidade e estado de civilização, era o que separava o selvagem daquele que seguia as regras da vida em comunidade. Era a tolerância posta em prática. A Concórdia, ligada à *Humanitas,* a seu tempo, era o que garantia a liberdade de pessoas que deveriam se ver como "vizinhos, concidadãos e parentes" (Dion Cássio. *História Romana,* XLIV.32.5).

O termo Concórdia significava para os romanos a união em torno de uma mesma vontade, de uma comunidade de idéias, interesses e sentimentos. Sua importância era considerada tão grande que esta concepção foi divinizada ainda nos primórdios do sistema republicano. O primeiro templo erguido na cidade de Roma dedicado à Concórdia foi consagrado por Camilo em 367 a.C., para comemorar a ascensão de plebeus ao Consulado, medida esta que propiciou a diminuição das tensões existentes entre plebeus e patrícios no início da formação do regime republicano (Amit: 1962, 135). G. Hamberg (1945, 19-20) vincula a concepção de Concórdia àquela de *Fides.* Para ele, a base do ideal da Concórdia seria a organização de um contrato de fidelidade entre as forças sociais, a partir de uma releitura romana da concepção grega da noção de *Homonoia,* na qual a lealdade, a *Fides,* seria um dos fundamentos do estabelecimento da Concórdia. Assim, a Concórdia representaria ao mesmo tempo a piedade dos cidadãos, a prosperidade dos novos tempos e/ou a harmonia social, necessárias para a manutenção do Império.

Gérard Freyburger, no clássico livro *Fides: Étude Sémantique et Religieuse depuis les Origines jusqu´à l´époque Augustéenne,* defende que o termo veicula os registros mais diversos, sendo encontrado em vários campos, como o moral (junto às noções de *pudor* e *continentia*), o social (junto às noções de *dignitas* e *gloria*), o jurídico (junto às noções de *iustitia* e *aequitas*), o religioso (junto às noções de *religio* e *ius*), e o institucional (junto à noção de *imperium*). Desta maneira, *fides* designa uma disposição interior do indivíduo que o liga a uma certa atitude, exigida pelos outros, que demonstra um engajamento preciso, supõe reciprocidade, prestígio social e obrigações mútuas. *Fides* é ao mesmo tempo ato (*foedus*) e poder (*potestas*) (Freyburger: 2009, 15). No relato diôneo, produzido em grego, aparece como *peithomai* ou como *pepoitha,* com o mesmo sentido do termo latino.

Para manter o comando imperial, seria necessário contar com "a grandeza das intenções, a boa sorte e a possibilidade de exercer magistraturas durante o maior tempo possível" (Dion Cássio. *História Romana,* XLIV.43.2). Estes três pilares seriam o segredo de um bom ato de governar: qualidades adquiridas e passíveis de serem expressas, a anuência do divino e permanecer no poder por um tempo longo o suficiente para por em prática boas ações.

Deste modo, o momento da sucessão de um Príncipe era revestido de ansiedade, pois poderia trazer em si a desordem e o caos. Por isso, vários soberanos foram cumulando seus escolhidos de honras e cargos, nos quais poderiam expressar suas virtudes. Mas não era um processo político fácil suceder nem bons nem maus Imperadores, ou seja, ocupar o lugar de alguém que conseguiu formar consenso em torno de si ou de quem construiu o dissenso. Cada soberano aclamado necessitava refazer a ordem, reorganizar as forças sociais, restabelecer contatos com as províncias, reconstruir laços de patronato e de *amicitia.* Cada início de governo era um recomeço, mesmo entre os membros de uma mesma família. Toda autoridade deve ser construída no início de cada governo e reconstruída incessantemente por atos e omissões (Galinsky: 1998, 7). Retomando-se Balandier:

> A linguagem política só mostra uma parte da realidade, pois o poder deve também sua existência à sua apropriação da informação, de conhecimentos adquiridos para governar e administrar, exercer uma dominação. (...) A arte do silêncio faz parte da arte política" (Balandier: 1997, 102).

Não se adquire autoridade para governar por herança ou por pressão familiar, visto que é uma virtude individual a ser conquistada no trato social, como Tibério, primeiro sucessor de Otávio perceberia após sua ascensão ao poder. *Auctoritas* não é um bem conquistado para sempre, mas necessita ser constantemente readquirida e validada, já que o *auctor,* ou seja, aquele que possui autoridade, precisa expressá-la constantemente, visto que ele é antes de tudo um garantidor da estabilidade, da ordem capaz de trazer abundância (Galinsky: 1998, 15).

Como afirma Martin Hose (2007, 464), Dion viu-se confrontado por um problema na composição interna de seu trabalho no III século d.C.: prévios paradigmas de interpretação da história romana tornaram-se impraticáveis depois das guerras civis, que se estenderam de 193 a 197 d.C. Após a violência ocorrida, ele percebeu que as ações humanas eram impulsionadas pela avareza, pela ambição e pelo medo. Em sua *ars governatoria,* ou seja, na sua forma de relatar a História de Roma, podemos perceber que o governo era um prolongamento do caráter do governante, que deveria ser um autocrata, mas detentor de um poder absoluto limitado pelas virtudes postas em ação em prol dos cidadãos.

Como coloca Norbert Elias (1994, 63-79), no livro *A Sociedade dos Indivíduos*, as ações humanas são marcadas pelos sentimentos de medo e desejo, no passado e no presente. Esses sentimentos geram auto-imagens, capazes de inspirarem as ações humanas mais louváveis e as mais deploráveis, dependendo do julgamento moral de cada cultura na qual elas se desenvolvam. Nas palavras de Elias:

> Por outro lado, também é possível que tenhamos tão pouca capacidade de suportar as catástrofes da história que aniquilaram a vida e o sentido, e de diminuir o sofrimento que os seres humanos causam uns aos outros, justamente por não nos dispormos a abrir mão das fantasias com que tradicionalmente enfeitamos nossa existência. Na verdade, somos impelidos pelo curso da história humana como os passageiros de um trem desgovernado, em disparada cada vez mais rápida, sem condutor e sem o menor controle por parte dos ocupantes. Ninguém sabe aonde a viagem nos levará ou quando virá a próxima colisão, nem tampouco o que pode ser feito para colocar o trem sob controle. Será que nossa capacidade de controlar nosso destino, como pessoas em sociedade, é tão insatisfatória assim, simplesmente por sentirmos tanta dificuldade em pensar no que há por trás das máscaras com que nos sufocamos, nascidas do desejo e do medo, e nos vermos como somos?
> (Elias: 1994, 69).

Dion Cássio, em sua narrativa, também apresenta um painel de desejos, ambições e medos humanos que caracterizaram as querelas políticas, econômicas e sociais marcantes no cenário de constituição da esfera de poder em Roma. Como afirma Balandier: "O soberano tem o poder, mas o poder por sua vez também domina quem o detém" (Balandier: 1997,32). Portanto, temos que ter sempre em mente que, apesar de estar escrevendo sobre o passado da sociedade na qual vivia, seu pensamento estava profundamente influenciado pelo que viu ocorrendo durante os governos severianos, na forma e no conteúdo do que narrou em sua História.

Referências bibliográficas

Documentação Textual

CASSIO DIONE. *Storia Romana.* Trad. Alessandro Stroppa. Milano: BUR, 1998.

CASSIUS DIO. *Histoire Romaine.* Trad. Denis Roques. Paris: Les Belles Lettres, 1990.

DION CASIO. *Historia Romana.* Trad. Domingo Plácido Suárez. Madrid: Gredos, 2004.

Dio's Roman History. Trad. Earnest Cary. London: William Heinemann, 1961. (The Loeb Classical Library).

Obras Gerais

ALBERTINI, E. *L'Empire Romain.* Paris: Félix Alcan, 1938.

ALCOCK, S. E.; D´ALTROY, T. N.; MORRISON, K. D.; SINOPOLI, C. M. *Empires.* Cambridge: University Press, 2001.

ALFOLDY, A. La Grande Crise du Monde Romain au III Siècle. *L'Antiquité Classique.* Bruxelles, 7:5-18,1938.

ALFÖLDY, G. The Crisis of the Third Century as Seen by Contemporaries. *Greek, Roman and Byzantine Studies.* Durham,15:89-111,1974.

AMES, C. El Título Imperial Romano y la Problemática del Principado. *Estudios Clásicos.* Madrid, 41:49-64, 1999.

AMIT, M. Concordia: Idéal Politique et Instrument de Propaganda. *Iura.* Napoli,13:133-169,1962.

ANDO, C. *Imperial Ideology and Provincial Loyalty in the Roman Empire.* Berkeley: University of California Press, 2000.

BALANDIER, G. *O Poder em cena.* Brasília: Edunb, 1980.

______. *O Contorno: poder e modernidade.* Rio de Janeiro: Bertrand, 1997.

______. *A Desordem: elogio do movimento.* Rio de Janeiro: Bertrand, 1998.

BARBIERI, G. *L'Albo Senatorio da Settimio Severo a Carino.* Roma: A. Signorelli, 1952.

______. Aspetti della Politica di Settimio Severo. *Epigraphica.* Milano,14:3-48,1953.

BARNES, T. D. The Composition of Cassius Dio's Roman History. *The Phoenix.* Toronto,38:240-255,1984.

BÉSNIER, M. *Histoire Romaine.* Paris: PUF, 1937. t.4, v.1.

BIRLEY, A. *Septimius Severus: the african emperor.* London: Eyre and Spottiswoode, 1971.

______. The Coups d'Etat of the Year 193. *Bouner Jahrbucher.* Bonn,169:247-280,1969.

______. (ed.). *Roman papers.* Oxford: Clarendon Press, 1984. v.3.

BIRLEY, E. Senators in the Emperor's Service. In: *The roman army.* Amsterdan: J. C. Gieben, 1988. p.197-214.

BORDENAVE, J. E. D. *O Que é comunicação.* São Paulo: Brasiliense, 1982.

BOURDIEU, P. *O poder simbólico.* Rio de Janeiro: Bertrand, 1989.

______. *A economia das trocas simbólicas.* São Paulo: Perspectiva, 1999.

______. *Razões práticas: sobre a Teoria da Ação.* Campinas: Papirus, 1996.

BURKE, P. *O Mundo como teatro.* Lisboa: Difel, 1992.

______. *A fabricação do Rei.* Rio de Janeiro: Jorge Zahar, 1994.

CALDERINI, A. *I Severi.* Bologna: Livinio Capelli, 1949.

CAMPBELL, J. B. *The Emperor and the Roman Army.* Oxford: Clarendon Press, 1984.

CARRIÉ, J.-M. Eserciti e Strategie. In: MOMIGLIANO, A.; SCHIAVONE, A. (dir.). *Storia di Roma.* Torino: Giulio Einaudi, 1993. V.3(1), p.83-93.

______; ROUSSELLE, A. *L'Empire Romain em Mutation, des Sévères a Constantin.* Paris: Seuil, 1999.

CEULENEER, A. de. *Essai sur la Vie et le Régne de Septime Sévère.* Liège: Université de Liège, 1874.

CHARTIER, R. *A História cultural: entre práticas e representações.* Rio de Janerio: Difel, 1990.

CHASTAGNOL, A. L'Évolution de l'Ordre Sénatorial aux III° et IV° Siècles de notre ère. *Revue Historique.* Paris, 496: 305-314, 1970.

CIZEK, E. *Mentalités et Institutions Politiques Romaines.* Paris: Fayard, 1990.

CLEMENTE, G. *Guida alla Historia Romana.* Milano: Mondadori, 1977.

DE MARTINO, F. *Storia della Costituzione Romana.* Napoli: Dott. Eugenio Jovene, 1974. v.4, parte 1.

DUDLEY, D. *Roman Society.* London: Penguin, 1991.

ELIAS, N. *A Sociedade de Corte.* Rio de Janeiro: Jorge Zahar, 2001.

______. *A Sociedade dos Indivíduos.* Rio de Janeiro: Jorge Zahar, 1994.

FIGUEIREDO, R. *O que é Marketing Político.* São Paulo: Brasiliense, 1994.

FITZ, J. The Policy of Septimius Severus in the Military Direction of the Civil War between 193 and 1297. In: *Acta of the Fifth International Congress of Greek and Latin Epigraphy.* Oxford: Basil Blackwell, 1971. p.425-429.

FORQUET de DORNE, C. *Le Césars Africains et Syriens et l'Anarchie Militaire.* Roma: L'Erma di Bretschneider, 1970.

FORTE, B. *Rome and the Romans as the Greeks Saw Them.* Rome: American Academy in Rome, 1972.

FREYBURGER, G. *Fides.* Paris: Les Belles Lettres, 2009.

FREYBURGER-GALLAND, M. L. *Aspects du Vocabulaire Politique et Institutionnel de Dion Cassius.* Paris: E. de Boccard, 1997.

FRIEDRICH, C. J. *Tradição e Autoridade em Ciência Política.* Rio de Janeiro: Zahar, 1974.

GABBA, E. Sulla Storia Romana di Cassio Dione. *Rivista Storica Italiana.* Napoli,67(3):289-381,1955.

______. Storici Greci dell'Impero Romano da Augusto ai Severi. *Rivista Storica Italiana.* Napoli,71(3):361-381,1959.

______. *Per la Storia dell'Esercito Romano in Età Imperiale.* Bologna: Pátron, 1974.

GAGÉ, J. *Les Classes sociales dans l'Empire Romain.* Paris: Payot, 1964.

GALINSKY, K. *Augustan culture.* Princeton: University Press, 1998.

GEERTZ, C. *A Interpretação das Culturas.* Rio de Janeiro: Guanabara, 1989.

______. *Negara: O Estado-Teatro no Século XIX.* Rio de Janeiro: Bertrand, 1991.

______. *Nova luz sobre a Antropologia.* Rio de Janeiro: Jorge Zahar, 2001.

GIBBON, E. *Declínio e queda do Império Romano.* São Paulo: Companhia das Letras, 1989.

GINZBURG, C. *Mitos, emblemas, sinais.* São Paulo: Companhia das Letras, 1989.

______. *Olhos de madeira.* São Paulo: Companhia das Letras, 2001.

GRAHAM, A. J. Septimius Severus and his Generals. In: FOOT,M.R.D. (ed.). *War and society.* London: Paul Elek, 1973.

GRANT, M. *The Severans.* London: Routledge, 1996.

______. *The army of the Caesars.* London: Weidenfeld and Nicolson, 1974.

______. *The climax of Rome.* London: Phoenix, 1997.

GRIMAL, P. *Dicionário da mitologia Grega e Romana.* Rio de Janeiro: Bertrand, 1992.

HAMBERG, G. *Studies in Roman Imperial Art.* Copenhagen: Ejnar Munkigaard, 1945.

HAMMOND, M. Composition of the Senate A.D. 68-235. *Journal of Roman Studies.* London, 47: 74-81, 1957.

______. The Transmission of the Powers of the Roman Emperor from the Death of Nero in A.D. 68 to that of Alexander Severus in A.D. 235. *Memoirs of the American Academy in Rome.* Rome, 24: 118-128, 1956.

______. Septimius Severus, Roman Bureaucrat. *Harvard Studies in Classical Philology.* Cambridge, 51:63-133,1940.

HINGLEY, R. *Globalizing Roman Culture.* London: Routledge, 2005.

______. *O Imperialismo Romano.* São Paulo: Annablume, 2010.

HOSE, M. Cassius Dio: A Senator and Historian in the Age of Anxiety. In: MARINCOLA, J. (ed.). *A Companion to Greek and Roman Historiography.* London: Blackwell, 2007. p. 461-467.

HUSKINSON, J. (ed.). *Experiencing Rome.* London: Routledge, 2000.

KAPLAN, A.; LASSWELL, H. *Poder e sociedade.* Brasília: Edunb, 1979.

LE GALL, J.; LE GLAY, M. *L'Empire Romain.* Paris: PUF, 1989.

LENDON, J. E. *Empire of Honour..* Oxford: Clarendon Press, 1997.

LE ROUX, P. L'Empereur et l'Armée Romaine. *Revue des Études Latines.* Paris, 63: 42-49, 1987.

LETTA, C. La Composizione dell'Opera di Cassio Dione. In: *Ricerche di Storiografia Greca di Età Romana.* Pisa: Giardini, 1979. p.117-189.

LOBUR, J. A. *Consensus, Concórdia and the Formation of Roman Imperial Ideology.* London: Routledge, 2008.

LUHMANN, N. *Legitimação pelo procedimento.* Brasília: Edunb, 1980.

LUTTWAK, E. N. *La Grande Strategia dell'Impero Romano.* Milano: BUR, 1999.

MARINCOLA, J. (ed.). *A Companion to Greek and Roman Historiography.* London: Blackwell, 2007.

______. (ed.). *Greek and Roman Historiography.* Oxford: University Press, 2011.

MAZZA, M. *Lotte Sociali e Restaurazione Autoritaria nel III Secolo d.C.* Catania: Università, 1970.

MILLAR, F. *The Emperor in the Roman World.* London: Duckworth, 1992.

______. *A Study of Cassius Dio.* Oxford: Clarendon Press, 1964.

______. The Emperor, the Senate and the Provinces. *Journal of Roman Studies.* London,56:156-166,1966.

MONTANELLI, I. *História de Roma.* Lisboa: Setenta, 2002.

MOURITSEN, H. *Plebs and politics in the Late Roman Republic.* Cambridge: University Press, 2001.

ORIEUX, J. A Arte do Biógrafo. In: Duby, G. *História e Nova História.* Lisboa: Teorema, 1989. p. 33-42.

PERELMAN, C.; OLBRECHTS-TYTECA, L. *Tratado da argumentação: a nova Retórica.* São Paulo: Martins Fontes, 1996.

PETIT, P. *Histoire Générale de l'Empire Romain.* Paris: Seuil, 1974. v. 1, 2 e 3.

PIGANIOL, A. *Histoire de Rome.* Paris: PUF, 1949.

PLATNAUER, M. On the Date of the Defeat of C. Pescennius Niger at Issus. *Journal of Roman Studies.* London,8:146-153,1919.

______. *The life and reign of the Emperor Lucius Septimius Severus.* Oxford: University Press, 1918.

ROSTOVTZEFF, M. *Historia Social y Económica del Imperio Romano.* Madrid: Espasa-Calpe, 1937. v.2.

SCHWARCZ, L. M. *As barbas do Imperador.* São Paulo: Companhia das Letras, 1998.

SWAIN, S. *Hellenism and Empire.* Oxford: University Press, 1996.

______; HARRISON, S.; ELSNER, J. *Severan Culture.* Cambridge: University Press, 2007.

SYME, R. The Senator as Historian. In: *Histoire et Historiens dans l'Antiquité.* Genève: Fondation Hardt, 1956. t.4, p.187-201.

TRANOY, A. "O Mediterrâneo Antigo ou a Busca da Unidade". In: CARPENTIER, J.; LEBRUN, F. *História do Mediterrâneo.* Lisboa: Estampa, 2000. p.27-116.

TROW, S.; JAMES, S.; MOORE, T. *Becoming Roman, Being Gallic, Staying British.* Exeter: Oxbow, 2009.

VAN SICKLE, C. E. Changing Bases of the Roman Imperial Power in the Third Century A. D. *L'Antiquité Classique.* Bruxelles,8:153-170,1939.

VEYNE, P. *Como se Escreve a História.* Lisboa: Setenta, 1987.

______. *L´Empire Gréco-Romain.* Paris: Seuil, 2005.

______. O Indivíduo Atingido no Coração pelo Poder Público. In: ______ et alli. *Indivíduo e Poder.* Lisboa: Setenta, 1988. p.9-23.

______. *La Société Romaine.* Paris: Seuil, 1992.

______. La Famille et l'Amour sous le Haut-Empire Romain. *Annales.* Paris, 46(6): 35-63, 1991.

VOVELLE, M. *Imagens e imaginário na História.* São Paulo: Ática, 1997.

WALBANK, F. W. *La pavorosa Revolución.* Madrid: Alianza, 1981.

______. *Studies in Greek and Roman History and Historiography.* Cambridge: University Press, 1985.

WHITMARSH, T. *Greek Literature na the Roman Empire.* Oxford: University Press, 2001.

WINTERLING, A. *Politics and Society in Imperial Rome.* Oxford: Wiley-Blackwell, 2009.

WOOLF, G. *Becoming Roman.* Cambridge: University Press, 1998.

YAVETZ, Z. *La plèbe et le prince.* Paris: Découverte, 1984.

______. Existimatio, Fama and the Ides of March. *Harvard Studies in Classical Philology.* Cambridge,78:35-65,1974.

Alameda nas redes sociais:
Site: www.alamedaeditorial.com.br
Facebook.com/alamedaeditorial/
Twitter.com/editoraalameda
Instagram.com/editora_alameda/

Esta obra foi impressa em São Paulo no inverno de 2017. No texto foi utilizada a fonte Minion Pro em corpo 10,25 e entrelinha de 15 pontos.